Springer-Lehrbuch

Springer
*Berlin
Heidelberg
New York
Barcelona
Hongkong
London
Mailand
Paris
Singapur
Tokio*

R. Gröschner · C. Dierksmeier
M. Henkel · A. Wiehart

Rechts- und Staatsphilosophie

Ein dogmenphilosophischer Dialog

Professor Dr. Rolf Gröschner
Dr. Claus Dierksmeier
Dr. Michael Henkel
Alexander Wiehart M.A.
Friedrich-Schiller-Universität Jena
Rechtswissenschaftliche Fakultät
Lehrstuhl für Öffentliches Recht und Rechtsphilosophie
Carl-Zeiß-Straße 3
D-07743 Jena
Telefon 03641/942220
Telefax 03641/942222
E-mail   r.groeschner@recht.uni-jena.de

ISBN 3-540-64628-0 Springer-Verlag Berlin Heidelberg New York

Die Deutsche Bibliothek - CIP-Einheitsaufnahme
Rechts- und Staatsphilosophie: ein dogmenphilosophischer Dialog / von Rolf Gröschner ... - Berlin; Heidelberg; New York; Barcelona; Hongkong; London; Mailand; Paris; Singapur; Tokio: Springer, 2000
   (Springer-Lehrbuch)
   ISBN 3-540-64628-0

Dieses Werk ist urheberrechtlich geschützt. Die dadurch begründeten Rechte, insbesondere die der Übersetzung, des Nachdrucks, des Vortrags, der Entnahme von Abbildungen und Tabellen, der Funksendung, der Mikroverfilmung oder der Vervielfältigung auf anderen Wegen und der Speicherung in Datenverarbeitungsanlagen, bleiben, auch bei nur auszugsweiser Verwertung, vorbehalten. Eine Vervielfältigung dieses Werkes oder von Teilen dieses Werkes ist auch im Einzelfall nur in den Grenzen der gesetzlichen Bestimmungen des Urheberrechtsgesetzes der Bundesrepublik Deutschland vom 9. September 1965 in der jeweils geltenden Fassung zulässig. Sie ist grundsätzlich vergütungspflichtig. Zuwiderhandlungen unterliegen den Strafbestimmungen des Urheberrechtsgesetzes.

Springer-Verlag ist ein Unternehmen der Fachverlagsgruppe BertelsmannSpringer.
© Springer-Verlag Berlin Heidelberg 2000
Printed in Germany

Die Wiedergabe von Gebrauchsnamen, Handelsnamen, Warenbezeichnungen usw. in diesem Werk berechtigt auch ohne besondere Kennzeichnung nicht zu der Annahme, daß solche Namen im Sinne der Warenzeichen- und Markenschutz-Gesetzgebung als frei zu betrachten wären und daher von jedermann benutzt werden dürften.

SPIN 10574807   64/2202-5 4 3 2 1 0 - Gedruckt auf säurefreiem Papier

Vorwort

Die Besonderheit dieses Buches ergibt sich aus seinem Untertitel: Klassische Lehrbuchthemen der Rechts- und Staatsphilosophie werden nicht monologisch präsentiert, sondern im Dialog zwischen vier Gesprächspartnern entwickelt, und zwar auf der Grundlage einer tatsächlich in dialogischer Auseinandersetzung durchgeführten Vorlesung. Der Form und dem Inhalt solcher Dialogik entsprechend wird hier auch keiner Letztbegründung „des" Rechts und „des" Staates das Wort geredet; das sachliche und pädagogische Hauptinteresse ist vielmehr auf eine philosophische Fundierung der freiheitlichen Ordnung des Grundgesetzes gerichtet. Dogmatik und Dogmengeschichte dieser Ordnung sollen so zu deren Dogmenphilosophie vertieft werden. Der im Untertitel angekündigte „dogmenphilosophische Dialog" führt deshalb vom etwa platonischen, kantischen oder hegelischen Philosophieren immer wieder zurück zu den basalen Fragen, die speziell eine im Geltungsbereich des Grundgesetzes (aus)gebildete Juristenpersönlichkeit interessieren.

Ein weiteres Spezifikum ist der interdisziplinäre Ansatz. Während Gröschner, auf dessen langjährigen Lehrerfahrungen die Konzeption des Buches beruht, als ordentlicher Professor für Öffentliches Recht und Rechtsphilosophie die von ihm so genannte dogmenphilosophische Fragestellung bevorzugt, stehen Dierksmeier und Wiehart für eine philosophische und Henkel für eine politiktheoretische Sicht der Dinge.

Die vorangestellten Initialen (D, G, H und W) bezeichnen den jeweiligen Autor. Da ihm das Urheberrecht an seinem Text zusteht, empfehlen wir folgende Zitierweise:

Autor, in: Gröschner/Dierksmeier/Henkel/Wiehart, Rechts- und Staatsphilosophie, S. X.

Jena, im April 2000

Rolf Gröschner
Claus Dierksmeier
Michael Henkel
Alexander Wiehart

Inhaltsübersicht

Einführung: Rechts- und Staatsphilosophie im dogmenphilosophischen Dialog

§ 1   Platon und das Muster des Staates

§ 2   Aristoteles und das Ziel der Gemeinschaft

§ 3   Die Römer und die Kunst der Jurisprudenz

§ 4   Mittelalterliche Glaubenslehren und das Problem des Naturrechts

§ 5   Machiavelli und der Begriff der Macht

§ 6   Neuzeitliches Selbstverständnis und die These von der Menschenwürde

§ 7   Hobbes und die Autorität des Staates

§ 8   Locke und der Schutz von Freiheit und Eigentum

§ 9   Rousseau und das Prinzip der Republik

§ 10 Kant und die Pflicht zum Recht

§ 11 Hegel und die Wirklichkeit der Freiheit

Ausblick: Neuere Strömungen der Rechts- und Staatsphilosophie

Inhaltsverzeichnis

Einführung:
Rechts- und Staatsphilosophie im dogmenphilosophischen Dialog 1

    I. Rechts- und Staatsphilosophie im Dialog 1

    II. Rechts- und Staatsphilosophie als Dogmenphilosophie des Grundgesetzes 2
        1. Das Anliegen der Dogmenphilosophie 2
        2. Das Rechtsverhältnis als Grundfigur des positiven Rechts 5

§ 1 Platon und das Muster des Staates 9

    I. Zum richtigen Umgang mit Platons Schriften 9
        1. Zu den Eigenheiten der platonischen Schriften 9
        2. Zu Platons Schriftkritik und der Unterscheidung von knowing how und knowing that 10
        3. Zum Verhältnis von Politeia und Nomoi 12

    II. Platons Staatsentwurf 13
        1. Fundamentale Strukturen des Staates 13
            a) Die Konfliktstruktur des Staates 13
            b) Politeia und Stasioteia 15
        2. Der gerechte Staat als stabiler Staat 16
            a) Staat und Bedürfniserfüllung: Platons funktionale Definition von „polis" 16
            b) Grade der Bedürfniserfüllung: Minimalstaat, wahrer Staat, Luxusstaat und gereinigter Staat 17
            c) Staatliche Stabilität: die Philosophenherrschaft 19
            d) Die Idee der Gerechtigkeit 22
            e) Poppers Einwände 24

    III. Realität und Realisierbarkeit des Musterstaates 27
        1. Platons Staatsentwurf als Muster 27
        2. Zur Realisierbarkeit eines mustergültigen Staates 29

§ 2 Aristoteles und das Ziel der Gemeinschaft 31

I. Aristoteles' Schriften und ihre Wirkung 31

II. Der Staat als Gemeinschaft 32
 1. Aristoteles' Staatsdefinition in ihrem Verhältnis zu jener Platons 32
 2. Der Staat und seine Teile 34
 3. Eudaimonia als Ziel des Staates 36
 4. Der Mensch als physei politikon zoon 39

III. Relationale Gerechtigkeit 43
 1. Das Gerechte als das Normgemäße und als das Gleiche 43
 2. Gemeinwohl, Freiheit, phronesis: polites und politische Regierung 46
 3. Auf der Suche nach der besten Ordnung 51

§ 3 Die Römer und die Kunst der Jurisprudenz 57

I. Zum methodologischen Erbe der römischen Jurisprudenz 57
 1. Zwölftafelgesetz und Konditionalprogramme 57
 2. Vorklassischer Formularprozeß und Gesetzeskonkretisierung 62
 3. Klassische Rechtswissenschaft und Fallgruppenbildung 64

II. Die Techne der Jurisprudenz 65
 1. „Techne" – zwischen Erfahrung und Wissenschaft 65
 2. „Techne", nicht „Methode" 69
 3. Hermeneutische „Spirale", nicht hermeneutischer „Zirkel" 72
 4. Die Spirale der „ars boni et aequi" 73

III. Das Berufsethos der Juristen 75
 1. Zur Tugend der Einzelfallgerechtigkeit 75
 2. Zum Ethos des „Zwischen" 78

§ 4 Mittelalterliche Glaubenslehren und das Problem des Naturrechts ... 81

I. „Dunkles Mittelalter"? 81

II. Augustinus' Lehre vom gottgefälligen Leben 82
 1. Die Gotteslehre 82
 2. Die Staatslehre 84

III. Thomas von Aquins Naturrechtslehre 86
 1. Die Lehre vom Widerstandsrecht 87
 2. Die Gesetzes- und Regierungslehre 88

  3. Die Gemeinschaftsordnung 90

 IV. Das Problem des gerechtfertigten Krieges 93

 V. Luthers Lehre von den zwei Regimenten 96
  1. Die Freiheit eines Christenmenschen 96
  2. Das weltliche Regiment 98
  3. Naturrechtlicher und positivrechtlicher Widerstand 100

 VI. Die Radbruchsche Formel und der bleibende Anspruch des Naturrechts 101

§ 5 Machiavelli und der Begriff der Macht 107

 I. Machiavelli und seine Zeit 107
  1. Naturrecht, neuzeitlicher Realismus und Machiavellismus 107
  2. Zum Problem des Epochenwechsels, insbesondere der „Neuzeit" 108

 II. Machiavellis Il Principe 111
  1. Die Tradition der Fürstenspiegel und der vermeinte Wissenschaftscharakter des Principe 111
  2. Die Herrschaftslehre des Principe 112
   a) virtù, fortuna und die Stabilität der Herrschaft 113
   b) Der Effekt herrschaftlichen Handelns und der Schein der Tugend 115
   c) Die Komplexität der sozialen Welt und das Denken in Dichotomien 117
  3. Die Ethik der Macht 118

§ 6 Neuzeitliches Selbstverständnis und die These von der Menschenwürde 125

 I. Würde und weltanschauliche Neutralität 125

 II. Vorneuzeitliche Selbstverständnisse 126
  1. Würde kraft Anerkennung 126
   a) Die dignitas des Humanisten, insbesondere bei Cicero 126
   b) Ein sozialwissenschaftliches Würdekonzept 129
  2. Würde kraft Gottebenbildlichkeit, insbesondere bei Anselm von Canterbury 133

 III. Das neuzeitliche Selbstverständnis 136
  1. Würde als Entwurfsvermögen: Pico della Mirandola 136

    2. Würde und menschliche Selbstbehauptung, insbesondere bei
       Blaise Pascal 141
    3. Würde als unbedingter Wert: Immanuel Kant 144

§ 7 Hobbes und die Autorität des Staates 149

   I. Das Werk des Thomas Hobbes 149

  II. Das Gedankenexperiment des Naturzustands 150

 III. Die Beendigung des Naturzustands durch die Konstituierung des
     Staates 154
    1. Vernunft und die dictates of reason 154
    2. Recht und Gesetz bei Hobbes 156
    3. Hobbes als Denker der Neuzeit 157
    4. Die Konstruktion des Leviathanvertrages 160
    5. Die legitime Autorität des Staates: Schutz und Gehorsam 162

 IV. Hobbes als Ahne des Rechtspositivismus 166

  V. Hobbes als liberaler Theoretiker 169

§ 8 Locke und der Schutz von Freiheit und Eigentum 173

   I. Zugang zu Lockes Philosophie 173
    1. Zugang über die Wirkungsgeschichte 173
    2. Zugang über die Sprachphilosophie 174
       a) Erkenntnistheoretische Grundlagen: Empirismus oder
          Rationalismus? 174
       b) Zur Definitionslehre 176

  II. Lockes Staatsphilosophie als Limitationstheorie 178
    1. Der Lockesche Naturzustand 178
    2. Der Lockesche Eigentumsbegriff 181
    3. Locke als Rechtstheologe? 182

 III. Lockes Rechtsphilosophie als Freiheitstheorie 184
    1. Der Lockesche Freiheitsbegriff 184
    2. Freiheit und Eigentum in der Dogmenphilosophie des Grund-
       gesetzes 186
       a) Lockes negatorische Freiheitskonzeption 186
       b) „Eigentumsgarantie", nicht „Eigentumsfreiheit" 188
    3. Gewaltenteilung bei Locke 189

§ 9 Rousseau und das Prinzip der Republik 193

I. Grundlagen der Rousseauschen Rechts- und Staatsphilosophie 193
  1. Rousseau als Republiktheoretiker 193
  2. Rousseaus Theorie des Naturzustands 194

II. Rousseaus Philosophie der Republik 197
  1. Titel und Untertitel des Contrat Social als Programm 197
  2. Der Contrat Social als Vertragstheorie 199
  3. Der Contrat Social als Republiktheorie 200
     a) Die neue Existenzweise des Citoyen 200
     b) Die Transformation der natürlichen in die republikanische
        Freiheit 203
  4. Rousseau und das Republikprinzip des Grundgesetzes 206

§ 10 Kant und die Pflicht zum Recht 211

I. Einführung 211
  1. Der intellektuelle Hintergrund 211
  2. Das Werk 212

II. Die Moralphilosophie 214
  1. Handeln 214
  2. Das Gute 216
  3. Der kategorische Imperativ 217

III. Die Rechtsphilosophie 221
  1. Moral und Recht 221
  2. Der Rechtsbegriff 222
  3. Der Republikbegriff 225
  4. Weltstaat? 227

§ 11 Hegel und die Wirklichkeit der Freiheit 233

I. Grundlagen der Hegelschen Rechts- und Staatsphilosophie 233

II. Einige zentrale Begriffe Hegelschen Denkens 236

III. Recht und Freiheit 238
  1. Wille und Freiheit 241
  2. Das abstrakte Recht 243
  3. Die Moralität 244
  4. Die Sittlichkeit 245
     a) Die Familie 247
     b) Die bürgerliche Gesellschaft 247

      c) Der Staat 249
  5. Hegel und der Verfassungsstaat 250
  6. Hegel, der Sozial- und der Umweltstaat 252
  7. Hegel und das Völkerrecht 254

Ausblick: Neuere Strömungen der Rechts- und Staatsphilosophie 257

  I. Rechts- und Staatsphilosophie nach Hegel.. 257

  II. Zur Rechts- und Staatsphilosophie der Gegenwart................................ 259
    1. Rawls' Liberalismus und der Kommunitarismus........................... 259
    2. Kelsens Reine Rechtslehre... 262
    3. Habermas' Diskurstheorie.. 265

  III. Angewandte und systematische Philosophie 268

Anmerkungen 273

Personenregister 305

Sachregister 309

Einführung: Rechts- und Staatsphilosophie im dogmenphilosophischen Dialog

I. Rechts- und Staatsphilosophie im Dialog

H Warum führen wir einen Dialog und schreiben nicht, wie üblich, eine monologische Abhandlung?
G Weil wir auf sokratische Weise philosophieren. Philosophiegeschichtlich gesehen ist es nämlich die Hauptfigur der meisten platonischen Schriften, Platons Lehrmeister Sokrates (um 470-399 v. Chr.), gewesen, der den Dialog als die angemessene Art des Philosophierens in die Welt gebracht hat. Ungeachtet der erst noch zu diskutierenden Unterschiede zwischen sokratischem und platonischem Philosophieren sind wir jedenfalls insofern Sokratiker, als wir die gesprächsweise Überprüfung von Argumenten in Rede und Gegenrede für die Grundbedingung richtiger Urteile sowohl in der Jurisprudenz als auch in der Philosophie halten.[1]
D Dialogisches Philosophieren ist heutzutage im akademischen Kontext und überhaupt in den Medien der Philosophie – nicht zuletzt im Internet[2] – sehr verbreitet. Die Einsicht, man könne philosophisches Wissen nicht monologisch im Alleingang hervorbringen, sondern bedürfe der Ergänzung und Kritik anderer Denker und Disziplinen, wird mittlerweile weitgehend geteilt.
G Zudem eignet sich die Dialogform ja auch hervorragend dazu, unsere unterschiedlichen fachwissenschaftlichen Perspektiven darzustellen. D und W können ohne Umschweife Philosophisches, H Politik- und Sozialwissenschaftliches und ich Verfassungsrechtliches zum jeweiligen Thema beisteuern. Und genau hier liegt für mich der Vorteil unseres dialogischen Vorgehens: Recht und Staat sind nun einmal Phänomene, die man von verschiedenen Seiten betrachten muß, um das Ganze in den Blick zu bekommen. Deshalb darf sich der Jurist beispielsweise nicht einbilden, seine Sicht des Staates als juristische Person sei mehr als ein Teilaspekt des ganzen Staatsphänomens oder die Kenntnis des „positiven", staatlich gesetzten Rechts sei schon die Antwort auf die – bereits philosophische – Frage nach Richtigkeit und Gerechtigkeit dieses Rechts.
W Unsere Diskussion wird sich allerdings keineswegs darin erschöpfen, unterschiedliche Positionen unverbindlich nebeneinander zu präsentieren: Wir veranstalten weder eine Talkshow, noch eröffnen wir einen Supermarkt der Meinungen, worin sich der Konsument aussuchen soll, was ihm gerade gefällt. Vielmehr bemühen wir uns um die jeweilige Sache und suchen dabei die Auseinandersetzung über die herrschenden Disziplingrenzen hinweg. Unser Dialog wird daher oft die Gestalt eines Streitgesprächs annehmen.

H So manchen Dissens werden wir hier jedoch nicht entscheiden können, sondern späteren Dialogen oder dem eigenen Weiterdenken überlassen müssen.
G Wir behandeln die Frage nach Recht und Staat also weder von einer einzigen Position aus noch auf notwendigen Konsens hin, sondern in einem Gespräch, das Raum läßt für unterschiedliche Orientierungen und zum selbständigen Denken anregen soll.[3]
W Damit stellen wir uns in die Tradition der platonischen Dialoge, welche auch nicht eine bestimmte philosophische Doktrin lehren, sondern uns das Philosophieren näher- und beibringen wollen.

II. Rechts- und Staatsphilosophie als Dogmenphilosophie des Grundgesetzes

1. Das Anliegen der Dogmenphilosophie

H Bevor wir mit Platon beginnen, sollten wir aber klären, was unseren Dialog als „dogmenphilosophisch" qualifiziert.
W Dieses Adjektiv erscheint auf den ersten Blick tatsächlich als eine ziemlich befremdliche Wortschöpfung. Denn als „dogmatisch" bezeichnet man gemeinhin eine Haltung des sturen Beharrens auf unbegründeten Überzeugungen. Wer wie G den Terminus „Dogmenphilosophie" in die Rechts- und Staatsphilosophie einzuführen versucht, steht demnach unter Erklärungszwang.
G Solche Skepsis dürfte darauf beruhen, daß nicht jedem der juristische Gebrauch des Begriffs Dogmatik vertraut ist – wobei man einräumen muß, daß die Rechtswissenschaft sich insoweit auch nicht durch besondere begriffliche Klarheit hervorgetan hat: Obwohl das Wort „dogmatisch" in rechtswissenschaftlichen Erörterungen häufig verwendet wird, fehlt eine allgemein anerkannte Inhaltsbestimmung. Fürs erste erscheint mir der Hinweis wichtig, daß die Bezeichnung „Dogmatik" weder aus der Philosophie noch aus der Theologie, sondern aus der antiken Medizin stammt, nämlich aus der Schule des Hippokrates (etwa 460-370 v. Chr.), in der „dogma" einen auf Beobachtung beruhenden, durch Verallgemeinerung gewonnenen und in einer Kunstlehre (techne) vermittelbaren Erfahrungssatz bezeichnete.[4]
D Ein Dogma ist in dieser Tradition demnach kein mit kirchlicher Autorität verkündeter Glaubenssatz, sondern eine wissenschaftlich begründete und deshalb in der betreffenden Wissenschaft bis auf weiteres – nämlich bis zu ihrer Widerlegung – anerkannte Lehrmeinung. Dies steht ganz im Gegensatz zu jenem Dogmatismus, der sich einer Begründung religiöser oder philosophischer Grundpositionen entzieht.
G In der Rechtswissenschaft nun läßt sich Dogmatik bestimmen als Herstellung eines lehrbaren Ordnungszusammenhangs zwischen Begriffen, Regeln, Prinzipien und Instituten des positiven Rechts, die zusammen dessen Bestand an Dogmen bilden.
W Wenn schon Fachausdrücke wie „Dogma" beziehungsweise „dogmatisch" zu Mißverständnissen zwischen Juristen und Philosophierenden führen, frage ich

sicherheitshalber lieber gleich, was hier unter „Begriff", „Regel", „Prinzip" und „Institut" zu verstehen ist.
G Die wichtigsten juristischen Begriffe sind Gesetzesbegriffe und Rechtsbegriffe, wobei letztere primär durch die Rechtslehre geprägt und – soweit akzeptiert – von der Rechtsprechung übernommen werden. Beispiele aus dem Zivilrecht wären etwa „Positive Vertragsverletzung" und „culpa in contrahendo". Regeln sind subsumtionsfähige Rechtssätze, die im Einzelfall entweder gelten oder nicht gelten, während Prinzipien im Sinne der Rechtsdogmatik abwägungsrelevante Optimierungsgebote sind, die immer gelten, aber im Einzelfall miteinander konkurrieren können und dann zwecks Herstellung praktischer Konkordanz entsprechend gewichtet werden müssen. Das Gebot der Straßenverkehrsordnung, links zu überholen, ist eine Regel, wohingegen etwa das Neutralitätsgebot des Art. 4 Abs. 1 GG ebenso ein Prinzip ist wie jedes der sechs Verfassungsprinzipien der Art. 20 Abs. 1, 20a und 28 Abs. 1 GG (Republik, Demokratie, Rechts-, Sozial-, Bundes- und Umweltstaat). Institute schließlich sind die bestimmenden Regelungsformen von Rechtsverhältnissen, beispielsweise eigentumsrechtliche Herausgabeansprüche oder polizeirechtliche Überwachungsbefugnisse bzw. in der älteren Fassung des Institutionenbegriffs: Eigentum oder Polizeibefehl.
H Was aber bedeutet nun das Wort „Dogmenphilosophie"?
G Ich habe es in Anlehnung an den gebräuchlichen Ausdruck „Dogmengeschichte" gebildet, der eine spezifische Art juristischer Wirkungsgeschichte bezeichnet. Sie fragt nach der Herkunft und Entwicklung der soeben näher bestimmten „Dogmen" (Begriffe, Regeln, Prinzipien und Institute) des positiven Rechts. Ihre bekanntesten Spielarten sind die Begriffs- und die Institutionengeschichte, etwa die Geschichte des Verwaltungsakts, des öffentlichrechtlichen Vertrages oder – neuerdings – des sogenannten informalen Verwaltungshandelns.
H Ich verstehe: Dogmengeschichte ist also nicht einfach dasselbe wie Rechtsgeschichte. Während die Rechtsgeschichte ganz allgemein an der historischen Entwicklung einer Rechtskultur interessiert ist, konzentriert sich die Dogmengeschichte in qualitativ-auswählender Geschichtsforschung auf die Herausbildung und argumentative Durchsetzung von Rechtsgedanken, die auch heute noch von hoher Relevanz sind.
G Während die Dogmengeschichte die historische Entstehung bestimmter Dogmen untersucht, analysiert nun die Dogmenphilosophie deren philosophischen Gehalt. So läßt sich beispielsweise der Begriff des Rechtsverhältnisses in der Tradition der deutschen Zivilrechtslehre dogmengeschichtlich maßgeblich auf Friedrich Carl von Savigny (1779-1861) zurückführen, der in seinem achtbändigen Werk über das *System des heutigen römischen Rechts* einen Paragraphen (§ 52) dem „Wesen der Rechtsverhältnisse" widmet, in dem er das Rechtsverhältnis definiert „als eine Beziehung zwischen Person und Person, durch eine Rechtsregel bestimmt".[5] Dogmen*philosophisch* dagegen hat Savigny diesen Grundbegriff der Rechtswissenschaft auf eine wenig tragfähige Basis gestellt, weil er die das Rechtsverhältnis jeweils bestimmenden Regeln des positiven Rechts mit den vorpositiven oder metajuristischen Freiheitsbedingungen des Rechts vermengt hat.[6] Für den Anfang muß es aber genügen, die von uns in Aussicht gestellte Dogmenphilosophie des Grundgesetzes an dessen erstem Artikel zu exemplifizieren: Art. 1 Abs. 1 Satz 1 GG enthält mit der „Würde des Menschen" einen Be-

griff, der sich weder aus dem Text noch aus dem System des Grundgesetzes erschließt und zu dessen Bestimmung daher schon die erste Kommentatorengeneration der fünfziger Jahre auf die Philosophie zurückgegriffen hat. Bekanntgeworden ist die „Objektformel", mit der Günter Dürig in Anlehnung an die Selbstzweckhaftigkeit des Menschen bei Kant eine Verletzung der Menschenwürde dadurch bestimmt hat, daß der „konkrete Mensch zum Objekt, zu einem bloßen Mittel, zur vertretbaren Größe herabgewürdigt wird".[7] Solange man dies als herrschende Lehre hinnimmt, kann man damit dogmatisch arbeiten, ohne sich weitere philosophische Gedanken zu machen. Wir dagegen machen uns diese Gedanken, denken also sowohl dogmatisch, indem wir von einer noch immer prominenten Begriffsbildung ausgehen, als auch philosophisch, indem wir ihre kantische Grundlage kritisch würdigen. Das soeben thematisierte Sowohl-als-auch einer dogmatischen Herangehensweise und einer philosophischen Vertiefung kennzeichnet unseren dogmenphilosophischen Ansatz auch hinsichtlich vieler anderer Dogmen.

D Da also für jede konsequente Rechtswissenschaft der Rückgriff auf die philosophische Reflexion unverzichtbar ist, erscheint es redlicher und wissenschaftlich ertragreicher, die zur gehaltvollen rechtswissenschaftlichen Theoriebildung erforderlichen Rückgriffe auf philosophisches Gedankengut nicht auf dem Wege verschleierter Privatmetaphysik vorzunehmen, sondern in kritikfähiger dogmenphilosophischer Weise.

H Dann würde ich aber gern noch einmal wissen, was an dieser Reflexion spezifisch *dogmenphilosophisch* ist.

G Dogmenphilosophisch nennen wir unseren Dialog, weil er zentrale Begriffe, Regeln, Prinzipien und Institute (Dogmen) des Grundgesetzes auf ihren philosophischen Kern zurückführt.

W Ohne uns vorab in ohnehin meist fruchtlose Programmdiskussionen verstricken zu wollen, möchte ich dieses Unternehmen aber doch schon zu Beginn etwas weiter hinterfragen. Denn ganz offenbar gehört Dogmenphilosophie zu den Bindestrich-Philosophien, die sich dadurch vom „systematischen" Philosophieren unterscheiden, daß sie alles philosophische Bemühen nicht nach eigenen, philosophisch ausgewiesenen Standards beurteilen, sondern vielmehr nach der Brauchbarkeit in jenem philosophiefremden Kontext, der durch das, was vor dem Bindestrich steht, angezeigt wird – im Falle einer Rechts- oder Dogmen-Philosophie also nach der Brauchbarkeit für Rechtspraxis und Rechtswissenschaft. Dogmenphilosophie wäre demnach nur Magd der Jurisprudenz (ancilla iurisprudentiae – in Anlehnung an die traditionelle christliche Auffassung, wonach Philosophie ancilla theologiae zu sein habe).

G Ich sehe nicht, was daran anstößig sein soll. Schließlich wollen wir nicht mit begrifflichen Glasperlen spielen, sondern konstruktiv nach außen wirken. Das aber können wir nur, wenn wir einen Beitrag zur Lösung anstehender juristischer Probleme leisten.

W Die Frage aber ist doch, ob Philosophie tatsächlich in diesem Sinne „konstruktiv" wirken soll: Ist es ihre Aufgabe, für das Bestehende, wie etwa für die durch das Grundgesetz gestiftete staatliche Ordnung, eine Legitimation zu liefern, kleinere interne Korrekturen vorzunehmen und so zum Systemerhalt beizutragen?

Oder soll sie nicht vielmehr das Bestehende radikal hinterfragen und sich die Option offenhalten, eine tiefgreifende Umgestaltung anzumahnen?
G Welchen Status unser Nachdenken über das Recht je und je gewinnen wird und bei welchen Fragen wir – oder einzelne von uns – ein nicht an rechtsdogmatischen, sondern an rein philosophischen Kriterien orientiertes Denken für erforderlich halten, um zu verstehen, was Recht und Staat im Innersten zusammenhält, muß sich an den jeweils zu verhandelnden Gegenständen zeigen. Wir sollten auf Ihre Frage also erst am Ende unseres Gesprächs zurückkommen.
W Einverstanden. Einleitend sei aber wenigstens darauf hingewiesen, daß es sich bei Dogmenphilosophie wie etwa auch bei Medizinischer Ethik, Ökologischer Ethik, Sozialethik und Wirtschaftsethik um eine Disziplin der sogenannten „Angewandten Ethik" handelt. Davon unterscheidet sich eine im strengen Sinne „systematische" Philosophie kurz gesagt dadurch, daß sie selbst bestimmt, mit welchen Fragen sie beginnt, in welcher Ordnung und auf welche Weise sie antwortet sowie nach welchen Kriterien sie ihre Ergebnisse beurteilt. Wenn ich in unserem Gespräch auch nur an wenigen ausgewählten Stellen an den größeren systematischen Kontext, worin die Rechts- und Staatsphilosophie des jeweiligen Autors steht, erinnern darf, bin ich damit schon zufrieden.
G Bevor wir uns aber auf die philosophischen Klassiker einlassen und mit dem Streitgespräch über das rechtsphilosophische Detail beginnen, lassen Sie mich noch mein spezifisch juristisches Vorverständnis von Recht und Staat wenigstens so weit explizieren, daß klar ist, wovon wir ausgehen, wenn vom Verfassungsstaat des Grundgesetzes die Rede ist. Mein Vorschlag lautet, alles Recht – also auch das Verfassungsrecht – von der dogmatischen Grundfigur des Rechtsverhältnisses her zu verstehen und den Verfassungsstaat von der staatlichen Regelungsbefugnis im Verfassungsrechtsverhältnis her.
W Das bedarf der Erläuterung.

2. Das Rechtsverhältnis als Grundfigur des positiven Rechts

G Für Zivilrechtler ist es eine Selbstverständlichkeit, daß Rechte und Pflichten stets aufgrund von Rechtsverhältnissen entstehen, die den in ihnen bestehenden Rechtspositionen Status und Struktur (etwa als absolute oder relative Rechte) verleihen. Wer dies nicht in dem bereits zitierten Paragraphen 52 des Savignyschen *Systems* nachlesen will, braucht nur § 241 BGB aufzuschlagen: „Kraft des Schuldverhältnisses ist der Gläubiger berechtigt, von dem Schuldner eine Leistung zu fordern". Zivilrechtlich ebenso selbstverständlich wie die allgemeine Regelung des § 241 ist die Einteilung der besonderen Schuldverhältnisse in solche aus Vertrag, aus quasi-vertraglichen Beziehungen und aus Gesetz, beispielsweise aus Bereicherung, aus unerlaubter Handlung oder aus Eigentümer-Besitzer-Verhältnissen.
H Gut, das mag für's Zivilrecht gelten; im Öffentlichen Recht ist der Terminus des Rechtsverhältnisses aber doch weit weniger gebräuchlich ...
G Leider – weil es gewiß nicht schwierig wäre, das Bund-Länder-Verhältnis ebenso als Rechtsverhältnis zu begreifen wie das Staat-Bürger-Verhältnis und weil man das Öffentliche Recht dann von derselben dogmatischen Grundfigur her strukturieren könnte wie das Zivilrecht[8] – und übrigens auch das Strafrecht, denn

selbstverständlich ist auch das Verhältnis der Strafverfolgungsbehörden zu Angeschuldigten, Beschuldigten und Angeklagten ein Rechtsverhältnis. Seit der Strafgefangenenentscheidung[9] ist selbst das Strafvollzugsverhältnis ein Rechtsverhältnis, in dem sich der Strafgefangene auf Grundrechte berufen kann, was bei unbefangener Lektüre des Art. 1 Abs. 3 GG schon mit dem Inkrafttreten des Grundgesetzes im Jahre 1949 hätte klar sein müssen. Indessen war es in den ersten Jahrzehnten der Bundesrepublik Deutschland unter Juristen noch weit verbreitet, die Staat-Bürger-Beziehung als Subordinationsverhältnis sozusagen von „oben", von der Souveränität „des Staates" her zu strukturieren, statt von dem durch Art. 1 Abs. 3 GG begründeten Grundrechtsverhältnis her. Wenn es dort heißt, die Grundrechte binden Gesetzgebung, vollziehende Gewalt und Rechtsprechung – also alle drei staatlichen Gewalten – als „unmittelbar geltendes Recht", dann bedeutet dies für eine dogmatisch sensibel gehandhabte, den dogmenphilosophischen Hintergrund mit bedenkende „Subordinationstheorie" zweierlei: Erstens ist die Rede von „dem" Staat im Singular dogmatisch immer ungenau, weil die Grundrechtsbindung der drei staatlichen Gewalten in Gesetzgebungs-, Verwaltungs- und Prozeßrechtsverhältnissen eine je spezifische ist (und unser Bundesstaat im übrigen 17 Subjekte kennt, denen Staatsqualität zukommt: den Bund und 16 Länder); zweitens kann „Subordination" wegen der Grundrechtsbindung aller staatlichen Gewalt jedenfalls keine Unterordnung in dem Sinne mehr bezeichnen, in dem früher vom „allgemeinen Gewaltverhältnis" gesprochen wurde, das den Untertanen – wie Otto Mayer noch in der letzten Auflage seines *Deutschen Verwaltungsrechts* (1924) formulierte – gegenüber dem „Urrecht" des Staates auf Gehorsam eine prinzipielle Gehorsamspflicht auferlegte.[10] Wegen Art. 1 Abs. 3 GG gibt es weder ein solches „Urrecht" des Staates, das den Grundrechten der Bürger überlegen ist, noch „Gewaltverhältnisse", in denen etwas Höheres als Recht gilt. Auch die Staat-Bürger-Verhältnisse sind unter der Geltung und im Rechtsstaat des Grundgesetzes selbstverständlich Rechtsverhältnisse.

H Damit kann ich verfassungsrechtsdogmatisch leben. Nur darf man bei einer solchen Betrachtung nicht vergessen, daß der Staat auch überlegene Machtorganisation ist. Schließlich muß er das Recht ja auch durchsetzen können. Und darum muß er stärker sein als die Bürger oder als gesellschaftliche Organisationen und Institutionen.

G Nur folgt jene Stärke juristisch gesehen nicht aus höherem, sondern aus inhaltlich anderem Recht, nämlich aus der staatlichen Grundbefugnis, einseitig Recht zu setzen und durchzusetzen. Nicht Subordination ist der Topos zur Unterscheidung von Privatrecht und Öffentlichem Recht, sondern die Einseitigkeit der Regelungsbefugnis, definiert als Rechtssetzungs- und Rechtsdurchsetzungsbefugnis. Die wichtigsten Rechtssetzungsaktivitäten der drei staatlichen Gewalten – Verabschiedung eines Gesetzes durch die Legislative, Erlaß eines Verwaltungsakts durch die Exekutive und Verkündung eines Urteils durch die Judikative – dokumentieren zugleich das Grundphänomen staatlich garantierten Rechts: seine *Geltung* sowie deren drei Modalitäten im gewaltenteiligen Staat des Grundgesetzes: die Gesetzesgeltung, die Bestandskraft eines Verwaltungsakts und die Rechtskraft eines Urteils. Der mündige Bürger der Bundesrepublik Deutschland braucht all dies erst hinzunehmen, wenn seine Zweifel an der Rechtmäßigkeit der ihn belastenden Regelungen in eigens dafür vorgesehenen Rechtsschutzverfahren ausgeräumt sind. Auch von diesen grundrechtlich gewährleisteten Rechtsschutzmöglichkeiten her (Art. 19 Abs. 4 GG) ist er Bürger eines Verfassungsrechtsverhältnisses, nicht Untertan eines Gewaltverhältnisses. Zur dogmenphilosophischen Stärkung und Erweiterung dieses Ergebnisses, das unseren Verfassungsstaat als Rechtsstaat ausweist, sei auch auf die Präambel des GG verwiesen, in der es (insoweit seit 1949 unverändert) heißt, „das Deutsche Volk" habe sich „kraft seiner verfassungsgebenden Gewalt dieses Grundgesetz gegeben". Der Begriff der verfassunggebenden Gewalt erinnert an den in der französischen Revolution durch den Abbé Sieyès geprägten Begriff des pouvoir constituant und stellt das Grundgesetz damit in die demokratisch-republikanische Tradition der Volkssouveränität – ganz im Gegensatz zu der erwähnten etatistisch-subordinationstheoretischen Tradition der Staatssouveränität.[11]

H Ich halte es für problematisch, Volkssouveränität und Staatssouveränität in dieser Weise gegeneinanderzustellen, weil sie – jedenfalls im modernen Staat – zusammengehören und sozusagen zwei Seiten derselben Medaille sind. Denn: das Volk kann als solches ja nicht handeln, weil es kein Subjekt ist; handeln kann nur der Staat, der sein Machtpotential aber wiederum vom Volk erhält – woher sollte es sonst kommen? Im übrigen folgt die Stärke des Staates nicht aus irgendeinem Recht, sondern sie ist ein faktisches Potential, das dem Staat durch die Zustimmung des Volkes zur staatlichen Ordnung zuwächst. Insoweit kann man sich diesbezüglich etwa an Hobbes halten, mit dem wir uns ja auch auseinandersetzen werden.

G Meine Entgegensetzung von Staats- und Volkssouveränität war historisch gemeint. Im systematischen Rahmen des modernen Verfassungsstaates haben Sie selbstverständlich recht: dort ist das Volk der *Träger* und der Staat das *Subjekt* der Souveränität.

H In einem gewissen Sinn kann man diese Zweiseitigkeit der Souveränität schon der Formel der bereits zitierten Amerikanischen Unabhängigkeitserklärung entnehmen, in der es heißt, daß Regierungen „ihre gerechte Gewalt von der Einwilligung derer, die regiert werden, herleiten".[12] Das Potential der Regierung kommt vom Volk, während das Volk selbst aber nicht regiert. Allerdings muß man hier „Regierung" als Staatsleitung, als „government" verstehen.

G Die zitierte Passage aus der Unabhängigkeitserklärung bietet einen schönen Übergang zu unseren rechts- und staatsphilosophischen Klassikern, weil sie die Frage aufwirft, wie man sich die „Einwilligung" der Regierten vorzustellen und was man unter „gerechter Gewalt" eines Staates zu verstehen hat. Hauptgegenstand der Einwilligungsfrage werden die sogenannten Vertragstheorien (insbesondere bei Hobbes, Locke und Rousseau) sein, Vordenker der Gerechtigkeitsfrage dagegen ist Platon. Mit seiner Philosophie und vor allem mit seiner Art des Philosophierens wollen wir uns nun beschäftigen.

§ 1 Platon und das Muster des Staates

I. Zum richtigen Umgang mit Platons Schriften

1. Zu den Eigenheiten der platonischen Schriften

W Die soeben gewonnene Einsicht, daß das positive Recht von seinen Rechtsverhältnissen her zu verstehen ist, läßt uns nicht erkennen, welche Eigenschaften Verhältnisse haben müssen, um Rechtsverhältnisse zu sein. Damit ist die Frage aufgeworfen, aufgrund welcher Merkmale wir eine Regelung oder einen Zustand als rechtens beziehungsweise als gerecht bezeichnen dürfen. Platon (um 427-347 v. Chr.)[1] ist es, der als erster diese Frage in aller Schärfe stellt und systematisch, nämlich durch Begründung und Entfaltung eines Musters des gerechten Staates, beantwortet. Seine Position anhand der platonischen Texte zu rekonstruieren, ist allerdings so ohne weiteres nicht möglich.
G Das müssen Sie genauer erläutern, weil man sich in rechts- und staatsphilosophischen Zusammenhängen angewöhnt hat, ohne weiteres Problematisieren auf „die" platonische Gerechtigkeits- und Staatskonzeption zu verweisen.
W Wer sich auf Platons Texte naiv und unter Mißachtung ihrer Eigenheiten bezieht, zeigt damit nur, daß er ein Wissen (über diese Texte) beansprucht, worüber er schlicht nicht verfügt.[2]
G Sokrates, dessen Meisterschüler Platon ja war, läßt grüßen. Denn das berühmte sokratische Prinzip des Nichtwissens (*Apologie* 21d) ist in seinem Kern gegen bloß eingebildetes, angemaßtes oder vermeintliches Wissen gerichtet. Worin aber sollen die Eigenheiten der platonischen Schriften bestehen?
W Am auffälligsten ist, daß Platon seine Philosophie (abgesehen von kurzen Briefpassagen) in dramatisch komponierten, mythenreichen Dialogen niederlegt, worin er selbst nirgends als Sprecher vorkommt. Dabei läßt er nicht einmal erkennen, durch welche Figur er spricht, ob immer durch dieselbe oder einmal durch diese, dann wieder durch jene. Womöglich gibt er seine Position in den Dialogen überhaupt nicht preis.
G Bemerkenswert ist aber doch zumindest, daß fast immer Sokrates die gesprächsführende Rolle innehat. Offenbar spricht Platon also, wie ja auch meist stillschweigend vorausgesetzt, durch die Figur seines wichtigsten Lehrers.
W Ganz so einfach verhält es sich sicherlich nicht. Denn Platon läßt auch Sokrates Argumente vorbringen, die so offensichtlich fehlerhaft sind, daß man sie nicht für den Ausdruck der platonischen Auffassung wird halten dürfen. Im *Sophistes* und *Politikos* wird Sokrates zudem als Gesprächsführer abgelöst, der *Parmenides*

zeigt Sokrates sogar in der Defensive und gar nicht kommt er vor in den umfangreichen rechts- und staatsphilosophischen *Nomoi*. Doch damit nicht genug: Platon zieht auch noch die Authentizität vieler der wiedergegebenen Gespräche auf unterschiedliche Weise in Zweifel: Etwa mittels für den heutigen Leser weniger ins Auge fallender Anachronismen[3] oder, wie etwa im *Symposion*, mittels einer Rahmenhandlung, die das eigentliche philosophische Gespräch hinstellt als bereits weit zurückliegend, schlecht erinnert oder nur aus unzuverlässigen Quellen bekannt. Platon scheint also – im Gegensatz zu allen herrschenden schriftstellerischen Gepflogenheiten – seine eigene Position durch mehrere Kunstgriffe vor dem Leser vollständig verborgen zu halten.
G Und warum?

2. Zu Platons Schriftkritik und der Unterscheidung von knowing how und knowing that

W Offenbar hielt er alle Arten sprachlicher Äußerungen, zu denen man den Äußernden nicht unmittelbar befragen kann, für ungeeignet zur Vermittlung dessen, was man durch Philosophieren erreichen soll. Ausführlicher formuliert er seine „Schriftkritik" im Dialog *Phaidros*, prägnant im *Siebenten Brief*: „Es gibt ja auch von mir darüber [nämlich über das philosophisch Wichtigste] keine Schrift und kann auch niemals eine geben; denn es läßt sich keineswegs in Worte fassen wie andere Lerngegenstände, sondern aus häufiger gemeinsamer Bemühung um die Sache selbst und aus dem gemeinsamen Leben entsteht es plötzlich – wie ein Licht, das von einem übergesprungenen Funken entzunden wurde – in der Seele und nährt sich dann schon aus sich heraus weiter." Nur die wenigen, denen ein solches Licht aufgeht, könnten eine schriftliche Abhandlung darüber richtig verstehen. „Alle übrigen würden sich entweder mit unaufrichtiger Geringschätzung aufblasen und damit der Sache nicht gerecht werden oder mit der hohen eitlen Hoffnung, sie hätten irgend etwas Erhabenes gelernt" (341b-342a).
D Manche meinen, daß es sich bei diesem Funken um eine urplötzlich auftretende, anders nicht zugängliche Einsicht handelt, welche allerdings späterhin argumentativ ausgewiesen werden kann. Andere wiederum behaupten, es handele sich dabei um ein Wissen, das nur Auserwählten zuteil wird und darum auch nicht sprachlich mitteilbar oder gedanklich rekonstruierbar ist.
G Wenn Platon unausweisbare Wissensansprüche erhoben hätte, wäre er hinter Sokrates zurückgefallen. Denn dessen alltäglich praktizierte Dialogik bestand nach allem, was man von ihr aufgrund der nicht ganz einfachen Quellenlage sagen kann – Sokrates hat ja keine Texte hinterlassen, auf die man sich wie sonst in der Philosophie berufen könnte – darin, seine Gesprächspartner einigermaßen penetrant daraufhin zu befragen, ob sie ihre Behauptungen über das Gute, Wahre, Gerechte und Schöne gegen Einwände verteidigen könnten. Nehmen wir also sowohl diese sokratische Aufforderung des Rede- und Antwortstehens und des Begründens von Behauptungen ernst ...
W ... als auch Platons Mahnung, sich nicht vorschnell und philosophiebeflissen im stolzen Besitz „der" Platoninterpretation zu wähnen. Versuchen wir statt dessen, eine möglichst sachhaltige Deutung der zitierten Stelle aus dem *Siebenten Brief* zu finden. Folgender Vorschlag: Platons Philosophie in schriftlichen Formu-

lierungen erschöpfend zu vermitteln ist deshalb nicht möglich, weil Platon mit seinen Texten gar keine Wissensinhalte vermitteln wollte, sondern ein bestimmtes know how – unter anderem die Fähigkeit, mit Äußerungen, Attitüden, Argumenten und ganzen Theorien richtig umzugehen.[4] Die Platontexte sollen im folgenden daher in erster Linie genutzt werden, unser Problembewußtsein zu schärfen und unsere Kompetenz zu erweitern, rechts- und staatsphilosophische Fragen zu stellen und zu behandeln. Und dazu eignen sie sich gerade deshalb hervorragend, weil sie keine eindeutig identifizierbare Doktrin traktatartig entwickeln, sondern sich nur allzuoft der ungezügelten Bewegung des argumentierenden Denkens überlassen. Auf diese Weise wird der Leser zum eigenständigen Nachvollziehen, Kombinieren und Bewerten angeregt. Dieser zu nichts drängende Charakter der platonischen Texte ist es, der alle spätere europäische Philosophie, um Whiteheads berühmtes Urteil zu zitieren, zu „a series of footnotes to Plato"[5] macht.

G Es scheint also, daß die verbreitete Vorstellung, Sokrates habe nur die Fragen gestellt, während Platon die Antworten darauf formuliert habe, revidiert werden muß; Platon stünde vielmehr insofern in Sokrates' Nachfolge, als er seine Philosophie als dialogische Kunst (techne) betreibt.

D Daß Platon, wie W sagt, „gar keine Wissensinhalte vermitteln" wollte, halte ich für eine ziemlich steile These – warum hat er sich dann geradezu enzyklopädisch allen großen philosophischen Themen gewidmet?

W Ich behaupte ja nicht, daß Platon Wissensinhalte nicht vorgestellt und diskutiert hätte. Explizit – wie etwa Aristoteles, Kant und Hegel – eine bestimmte Lehre entfaltet, begründet und propagiert hat er in seinen Schriften aber nirgends. Durch sie wirkt er vielmehr, Sokrates folgend, als Maieutiker (von maia, Hebamme), der den Leser bei der Wahrheitssuche unterstützt wie eine Hebamme die Schwangere bei der Niederkunft (*Theaitetos* 148e-151d), anders ausgedrückt: ihm hilft, sein Erkenntnisvermögen zu entfalten und zu perfektionieren. Daß dieser philosophischen Praxis ein (in den Platontexten selbst nicht ausformuliertes) philosophisches System zugrundeliegt, das sich sehr wohl traktatartig darstellen läßt und eben diese Praxis begründen muß, sei hier bloß am Rande erwähnt – die Forschung spricht in diesem Zusammenhang von dem „esoterischen Platon" (von griechisch eso: darin, hinter), dem Platon, der sich „in" oder „hinter" den Texten befindet, ohne dort explizit zum Ausdruck zu kommen, und unterscheidet ihn von dem exoterischen Platon (von exo: außen) der Dialoge und Briefe. Dieses System kann allerdings nur rekonstruiert werden auf Grundlage einer so profunden Kenntnis der platonischen Schriften, wie wir sie im Rahmen unserer dogmenphilosophischen Debatte nicht erwerben können.[6]

G Sie sagten, Platon wolle mit seinen Texten ein know how vermitteln. Was genau ist darunter zu verstehen?

W „Knowing how" (Wissen-Wie) bezeichnet ein Gebrauchswissen, das in der Kenntnis besteht, wie wir Vermögen, Fähigkeiten, Fertigkeiten und Ressourcen anwenden müssen, um ein bestimmtes Ziel zu erreichen. Demgegenüber besteht „knowing that" (Wissen-Daß) im Erkennen der Wahrheit einer Aussage, Konzeption oder ganzen Theorie.

G Wie wär's mit einem Beispiel?

W Worin ein solches Satzwissen besteht, denke ich, ist klar: Es ist jenes Wissen, das man sprachlich – etwa in Aufsätzen, Büchern, Vorträgen usw. – vollständig vermitteln kann. Über ein solches Wissen verfügt zum Beispiel, wer weiß, daß eine Schreibmaschine aus diesen und jenen Bauteilen besteht und daß diese und jene kausalen Prozesse beim Tippen in ihr ablaufen. Diese Kenntnis ist aber weder notwendig noch hinreichend, um die Schreibmaschine auch effektiv zu bedienen: Sogar der Armlose, der schon aus körperlichen Gründen niemals imstande sein wird, zu tippen, kann ein solches knowing that durch Studium einschlägiger Handbücher erwerben, andererseits wird eine Sekretärin durch solche Lektüre ihre stenotypistischen Fertigkeiten nicht verbessern. Denn sie verfügt über ein Wissen, wie man die Schreibmaschine bedient, das nur durch häufigen Umgang mit dem Gerät zu erwerben ist. Entsprechendes gilt auch für den Gebrauch von Begriffen, Sätzen und Argumenten, den Platon uns in seinen Dialogen an Positiv- wie Negativbeispielen vorführt. Deshalb hielt er in der von ihm gegründeten Akademie denn auch regelrechte Definitions- und Diskussionsübungen ab.[7] Der „ausgelernte" platonische Philosoph zeichnete sich nun nicht so sehr durch ein in Sätzen vollständig vermittelbares Wissen aus, sondern durch Kompetenz im Umgang unter anderem mit Sätzen und Theorien.

D Die „Unaussprechlichkeit" des know how ist nun erläutert, deshalb also die Funken- und Lichtmetaphorik?

W So ist es. Um sie vollends zu verstehen, müßten wir jedoch Platons gesamte Psychologie und Erkenntnistheorie entfalten. Hier nur folgende Skizze: Der Funke steht für das Phänomen, daß wir know how oft plötzlich erwerben. Denken wir an eine Figur beim Tanzen oder eine Technik im Sport: Auch nach langem Training will uns nichts gelingen, dann plötzlich geht uns, wie man auch im Deutschen sagt, „ein Licht" auf und wir beherrschen den lange vergebens geübten Bewegungsablauf und können nun daran gehen, ihn zu perfektionieren und mit anderen Bewegungen zu verknüpfen: Der Funke ist übergesprungen, das Licht breitet sich aus. Entsprechend verhält es sich mit den philosophischen Fertigkeiten; man erwirbt sie nach einigem Training plötzlich und entwickelt sie dann immer weiter, bis man seine Seele vollständig zu einer tugendhaften Seele umstrukturiert hat; dann erst darf man sich „Philosoph" beziehungsweise „Philosophin" nennen.

3. Zum Verhältnis von Politeia und Nomoi

H Eigentlich wollten wir ja nur Platons Rechts- und Staatsphilosophie diskutieren und nicht gleich platonische Philosophen werden. Welcher dogmenphilosophisch relevante Rechts- und Gerechtigkeitsbegriff läßt sich nun aus den Texten Platons gewinnen?

W Zuerst aber noch ein paar Worte zu unserer Textgrundlage: Bereits die Titel der beiden umfangreichsten Dialoge, der *Politeia* und Platons vielleicht letztem Werk: den *Nomoi*, weisen auf ihre rechts- und staatsphilosophische Thematik hin:[8] „Politeia" ist das griechische Wort für die gesamte Beschaffenheit eines Staates und nur in zweiter Linie für ein Verfassungsgesetz. Deshalb lautet eine gängige deutsche Übersetzung dieses Titels durchaus zutreffend *Der Staat*. *Nomoi* wird traditionell mit *Gesetze* eingedeutscht, was allerdings für uns, die wir unter Gesetzen meist kodifizierte Rechtsnormen verstehen, etwas irreführend ist; eine dem weiten griechischen nomos-Begriff angemessenere Übersetzung wäre „Normen" oder „Regeln".[9]

G Muß man aber nicht zwischen *Politeia* und *Nomoi* sorgfältig unterscheiden? Jedenfalls behaupten das viele Rechtsphilosophen: Die *Politeia* entwerfe demnach den idealen Staat, der auf positive Gesetze ganz verzichten kann. Erst später – wahrscheinlich unter dem Eindruck eigenen Scheiterns beim Versuch, ihn zu verwirklichen – habe Platon erkannt, daß dieses Ideal auf Erden nie realisiert werden wird, und sich schließlich in den *Nomoi* zu der realistischeren Konzeption eines auf Gesetze gegründeten Staates durchgerungen.

W Ich denke, daß im folgenden hinlänglich deutlich werden wird, daß die *Nomoi* keineswegs eine gesetzestheoretische, womöglich gar alterspessimistische Korrektur der *Politeia* darstellen:[10] Die *Nomoi* haben lediglich eine etwas andere Zielsetzung: Der Gesprächsführer dieses Dialogs, ein nicht weiter identifizierter Athener, entwickelt darin ein System von Normen, das auch als Gesetzeswerk für jene (damals vielleicht sogar tatsächlich) geplante Koloniegründung tauglich sein soll, an deren Gesetzgebung einer der Gesprächspartner, der Kreter Kleinias, beteiligt ist. Trotz aller dafür unerläßlichen Rücksichtnahmen auf das in damaligen griechischen Stadtstaaten Übliche und bei aller Detailliertheit, die ein solches Projekt erfordert, muß aber auch das in den *Nomoi* geschaffene Gesetzeswerk an dem in der *Politeia* – dort allerdings umwillen einer individualethischen Theorie der Gerechtigkeit – entfalteten Staatsentwurf orientiert bleiben. Die *Nomoi* thematisieren demnach die Umsetzbarkeit des in der *Politeia* entfalteten Musters, korrigieren es aber nicht. Als Ausgangspunkt für eine ausschließlich rechtsphilosophisch interessierte Interpretation eignen sich die einführenden Bemerkungen in den *Nomoi* zur Struktur des Staates zudem sogar besser als die rein moralphilosophische Fragestellung, mit der die *Politeia* beginnt und ausschließlich um derentwillen die dortige Staatskonzeption entfaltet wird. Durch diesen Aufbau läßt Platon übrigens erkennen, daß man Rechts- und Staatsphilosophie nicht unabhängig von Ethik betreiben kann.

H Können wir nicht ohne Umschweife zur Rechts- und Staatsphilosophie kommen?

W Einverstanden; denn auch Platon begnügt sich in seinen Dialogen damit, die Leser auf das Erfordernis einer systematischen Grundlegung nur hinzuweisen, ohne sie dort auszuarbeiten. Das ist im Falle der Rechts- und Staatsphilosophie dann legitim, können wir bei für sie basalen und unstrittigen Phänomenen beginnen.

H Dann laß uns endlich beginnen!

II. Platons Staatsentwurf

1. Fundamentale Strukturen des Staates

a) Die Konfliktstruktur des Staates

W Beim Philosophieren über Recht und Staat geht Platon aus von den eigenen Erfahrungen in Athen und auf Syrakus sowie Beobachtungen anderer Staaten. Im

Siebenten Brief resümiert er: „Schließlich mußte ich an allen heutigen Staaten (poleis) erkennen, daß sie insgesamt eine schlechte Verfassung (politeia) haben ..." (326a). Die Geschichte der Staaten ist, so Platon, eine Geschichte von Bürgerkriegen, Umstürzen, Verfall. Was ist die Ursache für solche Instabilität? Könnte man sie finden, könnte man sie vielleicht beseitigen und so Stabilität, auf Griechisch: „soteria", schaffen.[11]

D Das Wort „soteria" kennen wir doch vor allem aus der christlichen Religion; „soter" bezeichnet dort Christus als „Retter" aus der Erbsünde, und „Soteriologie" die entsprechende Lehre. Zu welcher Art von Heil soll uns nach Platon nun die gute Staatsverfassung verhelfen?

W So etwas wie eine Erbsünde kannte man zu Platons Zeiten nicht; an die Götter als soteres wandte man sich daher vor allem um Beistand in konkreten Situationen, meist bei Gefahren, die bereits Erreichtes bedrohen. „Erhaltung" ist daher oft die passende Übersetzung. In diesem Sinne bezeichnet „soteria" auch in Platons *Nomoi* (etwa 715d, 960b, 969c) eine Hilfe für bestimmte, allerdings regelmäßig auftretende Notsituationen, welche die Staaten in ihrem Bestand gefährden.

D Um welche Notsituationen handelt es sich dabei und warum treten sie regelmäßig auf?

W Platon nennt zwei Ursachen: Erstens die Vernichtung beziehungsweise Eroberung durch einen übermächtigen äußeren Feind: In diesem Sinne behaupten Kleinias und Megillos zu Beginn der *Nomoi*, daß staatliche Normen letztlich die Funktion erfüllen, Erfolg im Krieg zu gewährleisten (625c ff.). Was aber ist es, das einen äußeren Feind übermächtig macht? Dies läßt Platon dort den anonymen Athener unter anderem am Beispiel der zunehmenden militärischen Schwäche der Perser erläutern: „... die Ursache davon sehen wir darin, daß sie dem Volk das Freie (eleutheron) zu sehr entzogen und das Despotische (despotikon) über Gebühr steigerten und dadurch das Freundschaftliche (philon) und das Gemeinsame (koinon) im Staat beseitigten." Gibt es keinen Gemeinsinn, verfolge die Führung rücksichtslos lediglich ihre Interessen, vor allem ihren Machterhalt, „und so hassen sie und werden gehaßt mit feindseligem und unerbittlichem Haß; wenn sie andererseits in die Notlage kommen, daß die Völker für sie kämpfen müssen, dann finden sie nichts Gemeinsames (koinon) bei ihnen, das mit der Bereitschaft gepaart wäre, sich willig in Gefahren und Kämpfe zu wagen; sondern obwohl sie unzählige Tausende von Leuten besitzen, sind doch diese alle zum Krieg unbrauchbar" (697c-e).

H Diese Zitate sprechen ja staats- und rechtsphilosophische Schwergewichte an: Freiheit, Despotie, Zusammengehörigkeit, Gemeinschaft ...

W Beschränken wir uns vorerst auf folgenden Aspekt: Es ist demnach die innere Verfaßtheit eines Staates, die den Bürgern die Fähigkeit gibt, als Gemeinschaft effektiv zu handeln. Diese Fähigkeit ist für außenpolitische Erfolge entscheidend. Außenpolitisches Versagen kann also auf die zweite mögliche Ursache für staatliche Notsituationen zurückgeführt werden: Auf eine innere und selbstverursachte Schwäche. Doch wie ist eine innere Schwäche überhaupt möglich? Die Antwort des Atheners in den *Nomoi* lautet: Aufgrund der Struktur eines jeden Staates. Denn in ihm leben Einzelpersonen beziehungsweise Gruppen zusammen, die sich voneinander unterscheiden durch ihre Interessen und ihre Vorstellungen von dem, was richtig ist. Der Staat ist also eine intern in potentiell konfligierende Bestand-

teile strukturierte Einheit. Da das Ausbrechen eines offenen inneren Konfliktes niemals ausgeschlossen werden kann, sind alle Staaten aufgrund ihrer Struktur zumindest potentiell instabil.
D Wenn es die Struktur des Staates ist, die diese Instabilität erzeugt, worin liegt dann der Unterschied zwischen stabilen und instabilen Staaten und kann es demnach überhaupt einen stabilen Staat geben?
W Nicht in dem Sinne, daß man die Gefahr eines offenen Konflikts je ganz ausschließen könnte. Platon versucht daher, eine Organisationsform zu finden, die es so weit wie nur irgend möglich unterbindet, daß der potentiell immer vorhandene Konflikt ausbricht.
D Demnach liegt es also gar nicht an einer strukturellen Instabilität, daß ein bestimmter Staat instabil wird, sondern an den je besonderen Umständen.
W Keineswegs. Vielmehr verhält es sich so, daß der Staat aufgrund seiner Struktur immer dazu tendiert, sich aufzulösen. Nur unter ganz bestimmten Umständen, die sich nicht von selbst einstellen, sondern vom Menschen planend geschaffen werden müssen, löst er sich entgegen dieser Tendenz faktisch nicht auf. In allen bisher bekannten Staaten jedoch, so Platons Diagnose, konnte und kann die Konfliktstruktur ihre Wirkung ungehindert entfalten. Daher geschah und geschieht in ihnen permanent folgendes: „Wenn es zu einem Kampf um die Herrschaft gekommen war, bemächtigten sich die Sieger der Staatsgeschäfte so ausschließlich, daß sie den Besiegten nicht den geringsten Anteil an der Herrschaft gaben, weder diesen selbst noch ihren Nachkommen, sondern sie leben ständig auf der Hut voreinander, damit nicht irgendeinmal einer an die Macht kommt und sich gegen sie erhebt, weil er sich an die frühere Unbill erinnert. Dies sind zweifellos, behaupten wir jetzt, keine Verfassungen (politeiai), noch sind das richtige Gesetze (orthoi nomoi), die nicht um des Gemeinsamen (koinon) des gesamten Staates willen gegeben wurden. Sind sie aber bloß umwillen einiger Leute gegeben, so nennen wir diese 'Parteigänger' (stasiotai), aber nicht 'Bürger' (politai), und was sie als deren Recht (dikaia) bezeichnen, wird törichterweise so genannt" (*Nomoi* 715a-b). Werden also die strukturbedingten Interessenkonflikte zu groß, ist kein einheitliches staatliches Handeln mehr möglich. Es kommt zu lähmenden inneren Spannungen, die auch ohne, daß sie sich in einem Bürgerkrieg entladen, schließlich zur Auflösung der Einheit führen: Die polis befindet sich dann im Zustand der stasis.
G Was heißt das?

b) Politeia und Stasioteia

W „Stasis" bedeutet wörtlich: Stand und im übertragenen Sinne: Konflikt, Aufstand, Standpunkt und Konfliktpartei. Geläufig ist dieser Ausdruck wohl eher dem Althistoriker; denn die griechische Geschichte bis zum Ende der klassischen Zeit besteht zu einem bedeutenden Teil aus der Geschichte innerer Konflikte – zuerst zwischen rivalisierenden Adelsklüngeln, dann, zumindest in Athen, zwischen Oligarchen und Demokraten.[12]
G Zwischen deren Fronten geriet ja auch Sokrates, was letztlich dann sogar zum Todesurteil geführt hat.[13]

W Wer nun als Angehöriger einer solchen Interessengruppe nicht am Gemeinwohl orientiert ist, handelt auch nicht als Bürger der polis, ist daher im strengen Sinne des Wortes kein „Staatsbürger" (polites) mehr, sondern ist ein Parteigänger (stasiotes).
G „Staatsbürger" und „Partei" darf man hier selbstverständlich nicht im Sinne des heutigen Sprachgebrauchs verstehen.
W Die Verfassung einer solchen polis, worin sich eine der Konfliktparteien als die bestimmende Kraft durchsetzt und weiterhin die Interessen der Unterlegenen mißachtet, ist demnach keine Staatsverfassung (politeia), sondern eine „Parteienverfassung" (stasioteia), die ausschließlich auf Gewalt beruht (*Nomoi* 832c).
G Wenn Rousseau, worauf wir noch ausführlicher zurückkommen werden, seine Unterscheidung zwischen dem an der volonté générale orientierten Citoyen und dem an Partikularinteressen ausgerichteten Bourgeois trifft, hat er also offenbar nichts anderes, als eine, um mit Whitehead zu sprechen, Fußnote zu Platon verfaßt.
W Ganz recht. Ein Staat mit einer stasioteia bleibt trotz aller herrschaftssichernden Maßnahmen im Zustand der stasis. Denn die Unterdrückten werden weiterhin versuchen, das Unterdrückungsregime abzuschütteln. Auf diese Weise ist also, wie Platon vor allem im achten Buch der *Politeia* anhand der Analyse von Timokratie, Oligarchie, Demokratie und Tyrannis ausführt, kein stabiles Gemeinwesen zu realisieren. Und wie viele innere Gegner die Gewaltherrscher auch immer eliminieren – neue Interessenkonflikte zwischen den Überlebenden können auf diese Weise niemals ganz ausgeschlossen werden. Aussicht auf soteria besteht nur dann, organisiert man die Konfliktstruktur so, daß eine stabile Versöhnung der Parteien erreicht wird. Das aber kann nur gelingen, wenn alle Parteien die dazu geschaffene Ordnung als in ihrem Interesse ansehen und sie anerkennen.

2. Der gerechte Staat als stabiler Staat

a) Staat und Bedürfniserfüllung: Platons funktionale Definition von „polis"

W Die staatsphilosophische Frage ist damit in aller Deutlichkeit gestellt: Wie muß der Staat gestaltet werden, damit die Bürger ein gemeinsames Interesse an seinem Fortbestehen haben und zielgerichtetes staatliches Handeln durch innere Konflikte nicht beeinträchtigt oder gar unmöglich wird?
G Woher aber stammt das grundlegende Interesse der Menschen, überhaupt in Staaten zusammenzuleben?
W Die Antwort der *Politeia*: Daher, „weil jeder einzelne von uns sich selbst nicht genügt, sondern gar vieles bedarf" (369b). „Unser Bedürfnis" (chreia), das wir nicht ohne andere hinreichend erfüllen können, ist es also, das uns Staaten bilden läßt (369c).
D Die Frage ist natürlich, um was für ein „Bedürfnis" es sich da handelt: eines, das wir alle schon kennen, oder eines, das uns die Philosophie unterstellt? Und ferner: muß man den Staat *absichtlich* errichten, oder reicht es aus, daß die Men-

schen, geleitet von ihren je verschiedenen Bedürfnissen, so handeln, als ob sie wüßten und wollten, daß ihr Zusammenwirken den Staat bilde?
W Platon maßt sich jedenfalls nicht an, bestimmte einzelne Bedürfnisse von vornherein und für alle Menschen festzuschreiben. Mit „Bedürfnis" verweist er denn auch nur auf das Faktum, daß der Mensch, der außerhalb jeder arbeitsteiligen Gemeinschaft lebt, keine spezifischen Fähigkeiten und keinen Antrieb, sich selbst (in welche Richtung auch immer) zu vervollkommnen, entwickeln würde: Ohne einen nach Funktionen gegliederten Staat gäbe es weder anspruchsvolles Handwerk, noch Technik, noch höhere Bildung, und somit auch keine Kenntnis der Zusammenhänge, die uns dazu bringen, in Gemeinschaft zu leben. Diese Einsicht wird Aristoteles in seiner Konzeption des physei politikon zoon vertiefen, aber bereits Platons Sokrates hat die Funktion der Bedürfniserfüllung in die Definition von „polis" aufgenommen.[14] Staat ist demnach nichts anderes als „Zusammenwohnen" (xynoikia) mehrerer Menschen zu dem Zweck, einander gegenseitig die Erfüllung der vielen unterschiedlichen Bedürfnisse, die ein Mensch haben kann, zu ermöglichen (*Politeia* 369c). Ein gänzlich dysfunktionales Zusammenleben dürfte man demnach nicht als „Staat" bezeichnen. Einzelne staatliche Institutionen und gesetzliche Vorschriften hingegen sind gemäß dieser Bestimmung keine notwendigen Bedingungen für Staatlichkeit.
H Darin unterscheidet sich die platonische aber von der neuzeitlichen Staatsauffassung. Wir sollten uns klar darüber sein, daß man einerseits vom Staat in einem weiteren Sinne sprechen kann und dann alle möglichen politischen Verbände meint. Unter diesen Begriff fielen dann auch beispielsweise die griechischen poleis oder Platons Vorstellungen von diesen. Andererseits muß man von einem Staat im engeren Sinne sprechen, womit nur solche politischen Verbände gemeint sind, wie sie im Europa der Neuzeit entstanden.
W Der Einfachheit halber sei „Staat" hier jedoch auch weiterhin im platonischen Sinne verwendet.

b) Grade der Bedürfniserfüllung: Minimalstaat, wahrer Staat, Luxusstaat und gereinigter Staat

W Eine weitere Besonderheit der platonischen Staatsdefinition besteht in ihrer Normativität; denn sie konstituiert eine Qualitätsskala für Staaten: Ein Zusammenwohnen erfüllt demnach um so mehr seine Funktion als Staat, je besser Bedürfnisse in ihm befriedigt werden. Platon läßt Sokrates nun folgende Niveaus der Bedürfniserfüllung unterscheiden: Um die basalen körperlichen Bedürfnisse wie nach Nahrung, nach einer schutzbietenden Unterkunft und nach Kleidung zu befriedigen, bedarf es nur eines Minimalstaates von knapp einer Handvoll Spezialisten – Platon nennt Bauern, Baumeister, Weber und Schuhmacher –, die sich gegenseitig mit ihren Produkten beliefern. Um einander die Bedürfnisse möglichst effizient und gut zu erfüllen, sollte sich jeder nur um seinen Aufgabenbereich kümmern und die entsprechenden Fähigkeiten immer weiter perfektionieren. Diese Forderung bedingt eine Tendenz zu weiterer Arbeitsteilung und Spezialisierung: „Denn der Ackersmann ... wird sich nicht selbst den Pflug machen können, wenn er recht gut sein soll, noch auch die Hacke und die anderen zum Ackerbau gehörigen Werkzeuge" (*Politeia* 370c-d). Es sind also Werkzeugmacher und in ihrem Gefolge Holzbearbeiter, Schmiede usw. erforderlich. Um auch in der polis selbst nicht produzierbare Güter zu erhalten, wird Handel betrieben, wozu Überschüsse erwirtschaftet werden sowie die erforderliche Infrastruktur, ein leistungsfähiges Geld- und Marktwesen entstehen müssen. Wurde all das realisiert, eignet sich der Staat endlich dazu, alle basalen Bedürfnisse vollkommen und sicher zu befriedigen; Sokrates bezeichnet ihn daher als „wahrhaften Staat" (alethine polis; 372e), d.h. als Staat, der diesen Namen im höchsten Maße verdient, weil er im Sinne der platonischen Definition höchst funktionstüchtige Staatlichkeit repräsentiert.

H Das ist erstaunlich, denn hier ist nirgendwo von Herrschaft oder Regierung die Rede. Dieser „arbeitsteilige" Staat ist also herrschaftslos, anarchisch, damit aber unpolitisch. Ein solches Gebilde kann man nicht ernsthaft als politischen Verband ansehen. Aber zunächst einmal eine Frage: Warum soll ein solcher Staat stabil sein?

W Das behauptet ja niemand. Die Befriedigung von Bedürfnissen schafft im Gegenteil nur allzuoft größere Bedürfnisse, denn der Mensch ist nicht frei von Pleonexie, dem Streben nach immer mehr (von pleon: mehr und echein: haben, also: Mehrhabenwollen, Habsucht). Daher kann keineswegs ausgeschlossen werden, daß die Bürger eines wahrhaften Staates ihr Idyll aufgeben und an dessen Stelle eine polis schaffen, in der man sich nun nicht mehr nur die grundlegendsten, sondern alle erdenklichen Wünsche – bis hin zu den extravagantesten und exzentrischsten – erfüllen lassen kann: Der wahrhafte tendiert daher zu einem „schwelgenden Staat" beziehungsweise „Luxusstaat" (tryphosa polis; *Politeia* 372e). Dieser braucht Heer und Polizei (gemäß der Effizienzforderung muß es sich dabei um Profis handeln), weil ohne Eroberungen der gewünschte Luxus nicht aufrechtzuerhalten wäre und bereits geschaffener Reichtum sowohl Eroberer anzieht, als auch innere Verteilungskämpfe verschärft.

H Jetzt kommt also das Phänomen der Herrschaft ins Spiel.

W Mit hauptberuflichen Soldaten und Polizisten – Platon nennt sie Wächter (phylakes; 374d ff., Singular: phylax) – schafft man sich aber ein besonderes Problem: Einerseits werden sie nur dann schlagkräftig agieren, sind sie bereit, ohne zu zögern Gewalt anzuwenden, andererseits kann sich deren Gewaltbereitschaft auch gegen die Bürger des eigenen Staates und die staatliche Ordnung wenden. Sollen die Wächter den Staat schützen ohne aber seine Funktion, Bedürfnisse zu erfüllen, zu gefährden, müssen sie daher lernen, ihre Aggressivität zu kontrollieren und ausschließlich gegen seine Feinde zu richten. Wo aber, fragt Platon, „sollen wir zugleich eine sanfte und aggressive Gemütsart auffinden? Denn die sanftmütige Natur ist ja derjenigen entgegengesetzt, in welcher die Aggression vorherrscht" (375c). „Männer ..., die das rechte Maß halten" zwischen Milde und Wildheit (423e), können die Wächter daher nur durch eine Erziehung werden, die ihnen neben militärischer Qualifikation auch ethische Kenntnisse und moralisches Urteilsvermögen vermittelt, sie also nicht zuletzt auch philosophisch bildet (375e, 376b, 411c-412a).

G Heißt das, daß nach Platon ausschließlich Männer Wächter werden dürfen?

W Keinesfalls; ausdrücklich und zum Erstaunen seiner Zeitgenossen propagiert die *Politeia* diesbezügliche völlige Gleichstellung der Frau (451c-457b, 540c), was Platon den Titel des ersten feministischen Philosophen einbrachte.[15] Um

WächterInnen nun vor verderblichen und daher letztlich staatsgefährdenden Einflüssen vor allem seitens des sozialen Umfeldes zu schützen, ist es unerläßlich, aus dem Luxusstaat bestimmte Bedürfnisse und Einrichtungen zu deren Befriedigung zu verbannen. Die „schwelgende" polis, wird Bedürfniserfüllung in ihr nur konsequent betrieben, muß also, um durch ihre Leistung bei der Befriedigung von Bedürfnissen sich selbst nicht der Grundlagen jeglicher Bedürfnisbefriedigung – nämlich dem Vorhandensein gleichermaßen gewaltbereiter wie milder Wächter – zu berauben, auf die Befriedigung bestimmter Bedürfnisse verzichten. Einen schwelgenden Staat, der einen solchen Verzicht leistet, dürfen wir als „gereinigten" Staat bezeichnen – in Anlehnung an Sokrates' Ausruf: „Und beim Hunde ... ohne es gemerkt zu haben, reinigen wir wieder den Staat, von dem wir vorher sagten, er schwelge" (399e). Aus der platonischen Definition von „polis" ergibt sich also – berücksichtigen wir bestimmte menschliche Eigenheiten wie etwa die Pleonexie und die Beeinflußbarkeit durch das soziale Umfeld – eine logisch-begriffliche Tendenz zu einem Staat, in dem alle Bedürfnisse befriedigt werden können, nur nicht solche, welche die Erziehung seiner Wächter beeinträchtigen und den Staat selbst in seinem Bestand gefährden.
D Abgesehen davon, daß es eine amüsante Vorstellung ist, sich die Angehörigen von Bundesgrenzschutz und Polizeikräften bei der philosophischen (Nach-)Schulung vorzustellen: Ist nun der von gewissen Bedürfnissen „gereinigte" Staat derjenige, den wir suchen, nämlich: der stabile Staat?

c) Staatliche Stabilität: die Philosophenherrschaft

W Dies behauptet jedenfalls der platonische Sokrates. Um die Wächter vor korrumpierenden Einflüssen zu bewahren, dürfen sie etwa nicht in einer Gesellschaft aufwachsen, worin es vor allem auf Reichtum und geschickte Selbstinszenierung ankommt; denn ein solches Normensystem würde dazu führen, daß sie um materielle Güter und Gelegenheiten der Selbstdarstellung untereinander und mit den Nicht-Wächtern in einheitsgefährdende Konkurrenz treten.
H Die Stabilität dieses gerechten Staates beruht demnach auf der Beseitigung von Konflikten, und das scheint mir doch eine sehr problematische Konzeption zu sein. In der Soziologie wird, wie ich meine zu Recht, darauf verwiesen, daß Konflikte für den Wandel einer Gesellschaft – oder wenn man will: für ihre dauernde Anpassung an Veränderungen – notwendig sind.[16] Versucht man aber, die Konflikte aus dem öffentlichen Leben zu verdrängen (was im übrigen wohl nur mit polizeistaatlichen Mitteln zu realisieren ist), führt dies umgekehrt zu einer Verlangsamung des sozialen Wandels, zu Erstarrung und schließlich sogar zum Zusammenbruch der Gesellschaft. Wir haben ja mit den sozialistischen Staaten Mittel- und Osteuropas gute Anschauungsbeispiele für diese Prozesse. Man kann nun in Platons gerechtem Staat eine derartige erstarrende Gesellschaft sehen. Eine solche Platon-Interpretation hat der Philosoph Karl Popper (1902-1994) vorgeschlagen. Nach Popper bedeutet Stabilität in Platons Staat die Abwesenheit jeglicher Veränderung. Platons Staat ist nach Popper „der zum Stillstand gebrachte, der versteinerte Staat."[17] So scheint das Ziel der Stabilität doch fragwürdig zu sein, es sei denn, man versteht sie als Stabilität im Wandel.

G Es gibt nicht nur eine Soziologie, sondern auch eine Dogmenphilosophie des Konflikts. Wenn wir uns an die dogmatische Grundfigur des Rechtsverhältnisses erinnern und dessen wesentliche Funktion in der Regelung potentiell streitiger – also konfliktträchtiger – Lebensverhältnisse sehen, dann können wir die gesamte Rechtsordnung als den institutionalisierten Versuch verstehen, dem Konflikt zwischen einzelnen, zwischen gesellschaftlichen Gruppen und zwischen Bürger und Staat einen rechtlichen Rahmen zu geben, um ihn wenn nicht schon vermeiden so doch wenigstens entscheiden zu können. Man denke an den Konflikt zwischen Rauchern und Nichtrauchern, der durch die Verfassung strukturell bereits hinreichend vorentschieden ist: Die allgemeine Handlungsfreiheit des Rauchers aus Art. 2 Abs. 1 GG ist zum Schutze des Rechts des Nichtrauchers auf körperliche Unversehrtheit aus Art. 2 Abs. 2 GG so zu beschränken, daß auf der Ebene des einfachen Rechts in den jeweiligen funktionellen Zusammenhängen praktische Konkordanz zwischen den konkurrierenden Rechten hergestellt wird. Bei juristischen Staatsprüfungen darf deshalb regelmäßig nicht geraucht werden, in öffentlichen Räumen je nach Funktion des Raumes und im Freien regelmäßig unbeschränkt. Der Staat des Grundgesetzes ist also gerade kein konfliktfreier, sondern ein dem Konflikt Raum gebender Staat. Er unterdrückt Konflikte nicht mit Gewalt, sondern er löst sie mit den Mitteln des Rechts – und erst in letzter Konsequenz einer amtlichen Vollstreckung mit staatlichem Zwang.

D Wie wäre Poppers Überlegung, daß der auf Konflikteliminierung dringende Staat notwendig zur Gewaltherrschaft führt, aus platonischer Perspektive zu beantworten?

W Diese Kritik trifft, wie berechtigt sie an sich auch sein mag, Platon gerade nicht; denn die politeia unterscheidet sich, wie oben ausgeführt, von der stasioteia ja gerade darin, daß Konflikte in ihr nicht gewaltsam gelöst beziehungsweise unterdrückt werden. Sobald die Erzieher der Wächter andere Mitbürger unterdrücken müssen, um geeignete Verhältnisse zur Wächtererziehung zu schaffen, verfällt der Staat in stasis und Instabilität. Gelingen kann die „Reinigung" des Luxusstaates daher nur unter Zustimmung seitens der gesamten Bevölkerung und unter allgemeiner Anerkennung der Wächter als konfliktschlichtender Instanz.

H Aber was heißt denn da Zustimmung? Für mich sieht dieser Zustimmungsakt wie eine Selbstentmündigung aus: Die Bevölkerung überträgt in einem einmaligen Akt den Wächtern die Befugnisse zur „Reinigung" des Staates – und dann? Wie werden beispielsweise die Wächter zur Verantwortung gezogen? Was geschieht, wenn die Bevölkerung ihre Zustimmung nach einiger Zeit versagt? Der demokratische Verfassungsstaat hat dieses Problem der Verantwortlichkeit der politischen Führung durch das Verfahren regelmäßiger Wahlen gelöst. Ein solches Verfahren paßt natürlich nicht in Platons Konzeption, würde diese vielmehr ad absurdum führen, weil ja die politische Führung dann wieder vom Urteil der bedürfnisorientierten Nicht-Wächter abhinge. Und so bleibt das von Popper herausgehobene Problem, wer es garantiert – und vor allem: wer es kontrolliert –, daß die Wächter zum Wohle der Allgemeinheit und eben gerade nicht am Eigeninteresse orientiert handeln? So gesehen ist Poppers Vorwurf, beim platonischen Staat handle es sich um eine Diktatur, nicht von der Hand zu weisen.

W Platon würde antworten, daß die Wächter, sind sie nur richtig erzogen, Eigeninteressen, die mit den Interessen der Bauern, Handwerker, Händler usw. kollidieren können, gar nicht haben; sie sind lediglich auf sportliche und militärische Ehren aus sowie auf die Anerkennung als hinreichend selbstbeherrscht, also auf ein ganz spezifisches Sozialprestige, das sie nur durch Enthaltsamkeit, hartes Training und philosophische Übung erwerben können. Nach materiellen Gütern zu streben, würde sie daher von ihren eigenen Lebenszielen nur abbringen. Man könnte sie diesbezüglich mit Leistungssportlern vergleichen, die als solche auch kein Interesse haben, einem Konditor die Torten wegzunaschen. Ebensowenig kann ein Konflikt unter den Herrschenden auftreten; denn die obersten Staatsämter werden mit Menschen besetzt, die an politischer Macht gar nicht interessiert sind; bei ihnen handelt es sich um die voll ausgebildeten Philosophinnen und Philosophen, die als solche ihre Seele vollkommen tugendhaft gebildet haben, so daß sie sich beim Handeln weder von Besitz- noch Machtstreben leiten lassen, folglich über konfliktträchtige Eigeninteressen nicht verfügen.

H Kennst Du eigentlich solche Philosophen?

W Laß uns später auf die Realisierbarkeit dieses Entwurfs eingehen. Zunächst einmal gibt der platonische Sokrates durchaus gute Gründe für die Philosophenherrschaft an: „Wenn nicht ... entweder die Philosophen Könige werden in den Staaten oder die jetzt so genannten Könige und Gewalthaber wahrhaft und gründlich philosophieren und also dieses beides zusammenfällt, die Staatsgewalt und die Philosophie, ... eher gibt es keine Erholung von dem Übel für die Staaten ..." (*Politeia* 473c-d, s. 499b-c). Am liebsten würden die Philosophen ungestört von politischen Verpflichtungen ihren wissenschaftlichen Forschungen nachgehen; Regierungsverantwortung übernehmen sie ausschließlich aus der Einsicht, daß staatliche Stabilität nur dann zu erreichen ist, wenn eben solche Menschen, wie sie es sind, herrschen: Menschen, welche um die hier skizzierten staats- und rechtsphilosophischen Zusammenhänge detailliert wissen, dieses Wissen auch anwenden und das ihnen anvertraute Gemeinwesen daher effektiv und stabil organisieren und regieren können.

G Die Philosophenköniginnen und -könige sind demnach offenbar selbst Wächter?

W Sie rekrutieren sich tatsächlich aus Wächtern – Platons Sokrates bezeichnet sie auch als „vollkommene Wächter" (*Politeia* 414b, 428d) –, müssen diese allerdings an Wissen übertreffen; denn für einen einfachen Wächter reicht es aus, eine wahre Meinung (doxa) bezüglich seiner Funktion in der polis zu haben, zu der er auch etwa durch Indoktrination gebracht werden kann. Propaganda und Lügen gehören ja zu den von Platon ausdrücklich erlaubten Mitteln der Philosophenherrschaft (*Politeia* 389b-c, *Nomoi* 664a). Ebensoleicht könnte der einfache Wächter von seiner Meinung aber auch wieder abgebracht werden – etwa durch feindliche Rhetorik. Dieser Gefahr dürfen die Staatsorganisatoren und Regierenden selbstverständlich nicht ausgesetzt sein; daher müssen sie über ein gut ausgewiesenes und insofern gefestigtes einschlägiges Wissen (episteme, gnome) verfügen (vgl. *Menon* 96e-98a).

G Wie können sich die Philosophen ihres herrschaftslegitimierenden Wissens aber so sicher sein?

W Um darauf angemessen zu antworten, müßten wir selbstverständlich Platons Erkenntnistheorie rekonstruieren ...[18]

H Erkenntnistheorie rekonstruieren? Das ist mir alles viel zu philosophisch. Ich traue solchen Lehren nicht, die mir weismachen wollen, daß der Besitz irgendwelcher Erkenntnisse, die mir selbst nicht oder noch nicht zugänglich sind, zur Unfehlbarkeit der Staatslenker führen werde. Das ist unrealistisch – und unnötig: Gewaltenteilung, öffentliche Kontrolle und Wahlen sind mir da die erfolgversprechenderen Verfahren. Und solches gibt es bei Platon nicht.

W Nach Platon wären die Nicht-Philosophen ja auch inkompetent, eine solche Kontrolle auszuüben; nur die – einander durchaus ständig kontrollierenden und korrigierenden – Philosophinnen und Philosophen sind aufgrund ihres Wissens qualifiziert, sich selbst als jene zu erkennen, die mit der zum Herrschen erforderlichen Kenntnis und Charakterbildung ausgestattet sind, und sie allein sind fähig, dies aufgrund ihres diagnostischen know how ohne Voreingenommenheit von sich selbst mit vollem Recht zu behaupten.

H Da könnte also ein beliebiger Klüngel daherkommen, sich als Philosophengremium vorstellen und nur mit Hinweis auf eine eigene überlegene Einsicht in eine eigene überlegene Herrschaftskompetenz alle Macht beanspruchen – und das auch noch zu Recht?

W Diesen Anspruch erheben sie, so Platon, in der Tat dann zu Recht, wenn es sich bei ihnen tatsächlich um Philosophen handelt. Eine andere Frage ist die, ob sich ein solches Gremium politisch je durchsetzen wird. Das bezweifelt auch Platon, worauf wir später kurz zurückkommen werden.

H Du hast gesagt, daß die Philosophen kein Interesse an der Machtausübung hätten. Ich denke, Platon verkennt hier, daß man durchaus ein Interesse an der Macht haben muß, um ein kompetenter Politiker sein zu können. Die richtigen Einsichten müssen ja auch durchgesetzt werden – und dazu bedarf es der Macht. Alle Berufung auf höhere politische Einsichten ist doch vergebens, wenn man nicht imstande ist, mittels Macht diese Einsichten auch umzusetzen. Und Macht wird nur der erringen, der an ihr auch ein Interesse hat und sogar eine gewisse Lust an ihr empfindet. Warum sollte das problematisch sein? Ich denke, daß diesbezüglich bei Platon eine problematische Machtfeindlichkeit zum Ausdruck kommt.

G Das Stichwort „Lust" greife ich gern auf: Wer keine Lust dazu hat, sich i.S.d. Art. 21 Abs. 1 GG („Die Parteien wirken bei der politischen Willensbildung des Volkes mit") aktiv an der Politik zu beteiligen, kann es ja bleiben lassen. Für die anderen ist die Lust an parteipolitischer Betätigung und damit immer auch die Lust an der Macht durch Art. 21 GG geradezu institutionalisiert. Das Grundgesetz rechnet damit und die politische Wirklichkeit bestätigt es, daß Menschen sich in Parteien organisieren, weil sie Macht im Staate ausüben wollen. Gerade deshalb wird auch damit gerechnet, daß jeweils genügend Kandidaten vorhanden sind, die sich nach Art. 38 GG als Abgeordnete zur Wahl stellen.

d) Die Idee der Gerechtigkeit

W Wer sich von Lüsten – welchen auch immer – leiten läßt, kann nach Platon jedoch nicht gerecht sein; denn Gerechtigkeit (dikaiosyne) ist, wie nach Vorarbeiten im *Gorgias* vor allem in der *Politeia* entfaltet, nichts anderes als jene Organisationsform einer in zumindest potentiell konfligierende Bestandteile strukturierten Einheit, worin jeder Bestandteil diejenige Funktion (ergon) in der Einheit und für die Einheit übernimmt, die er aufgrund seiner Beschaffenheit am besten erfüllen kann. Gerecht zu sein, heißt demnach nichts anderes, als über eine gut funktionierende innere Ordnung (kosmos, taxis) zu verfügen (*Gorgias* 506c-507e).

G Das hört sich ja kompliziert an; Platons eigene berühmte Formulierung ist da viel einfacher: Gerechtigkeit bestünde demnach darin, „das Seinige zu tun" (ta hautou prattein: *Politeia* 433b).

W Der Sokrates der *Politeia* versieht diese allzu einfache und an sich nichtssagende Faustformel allerdings mit der Klausel: „wenn es auf gewisse Weise geschieht" (433b) und überläßt es so dem philosophischen know how des Lesers, zu eruieren, worin diese „gewisse Weise" besteht.[19] Ich denke, daß meine – zugegeben etwas komplizierte – Reformulierung der Gerechtigkeitsbestimmung diese „gewisse Weise" erkennen hilft.

G Sehr konkret ist Ihre Reformulierung allerdings nicht.

W Selbstverständlich nicht: Gerechtigkeit ist ja auch eine ganz abstrakte Form, in die alle konkreten Einzeldinge, handelt es sich bei ihnen nur um Einheiten mit interner Konfliktstruktur, gebracht werden können. Platon bezeichnet eine solche abstrakte Form als „idea" oder „eidos" und das In-eine-bestimmte-Form-gebracht-Sein eines konkreten Einzeldings metaphorisch als dessen „Teilhabe" (methexis, metalepsis) an der entsprechenden Form.

G Jetzt sind wir bei der berüchtigten Ideenlehre angelangt, die viele für das Herzstück der platonischen Philosophie halten.

W Die Theorie der Formen bildet unleugbar einen unverzichtbaren Bestandteil des platonischen Systems. Von „der platonischen Ideenlehre" – dieser Ausdruck wurde erst durch Philosophiegeschichtsbücher des 19. Jahrhunderts geläufig[20] – darf man jedoch nur mit der Einschränkung sprechen, daß es sich hierbei um eine Lehre des „esoterischen Platon" handelt, die sich in den platonischen Schriften nicht einmal ansatzweise ausgearbeitet findet; der exoterische Platon hingegen beschränkt sich auf wenige Andeutungen und einige dunkle Mythen und Bilder ...

G ... wie etwa das berühmte „Höhlengleichnis" (*Politeia* 514a ff.), in dem gefesselte Höhlenbewohner die Schatten, die von Gegenständen an die Höhlenwand geworfen werden, für die realen Gegenstände halten, weil sie von Geburt an nichts anderes zu Gesicht bekommen haben ...

W ... ich muß Sie unterbrechen, bevor Sie so richtig mit der Nacherzählung loslegen! Auf dieses Gleichnis sollten wir erst später (und auch dann nur ganz kurz) zurückkommen; denn Platon bringt es in einem anderen Zusammenhang, nämlich dem staats- und rechtsphilosophischen Kontext der Herrschererziehung. Und von dort her muß es auch verstanden werden. Platons schriftstellerische Zurückhaltung bezüglich der Ideen veranlaßte die Forschung jedenfalls zu den abenteuerlichsten Deutungen. Wir aber dürfen uns hier damit begnügen, an die Warnung im *Siebenten Brief* vor allzu simplen und leichtfertigen Interpretationen zu erinnern – eine Warnung, die sich vor allem an Juristen wendet, denen nicht nur die logische, erkenntnistheoretische und ontologische Kompetenz, sondern auch die Ausdauer, sich differenziert mit dieser schwierigen Problematik zu beschäftigen, regelmäßig fehlt.[21]

G Harte Worte gegen die Juristenzunft!

W Hart, aber im platonischen Sinne gerecht. Denn wer bloß vorgibt, etwas über die Ideen zu wissen, ohne es zu wissen, verstößt nicht nur gegen das Prinzip des sokratischen Nichtwissens, sondern, zumindest in allen relevanten Fällen, auch gegen die Gerechtigkeitsforderung Platons: Denn wer sich vor anderen, etwa vor seinen Studenten, eine Kenntnis zuschreibt, die er in Wirklichkeit gar nicht hat, und aus dieser vermeintlichen Kenntnis bestimmte Handlungen, wie etwa Studierende zu belehren, vollzieht, erfüllt im Kreise der davon Betroffenen nicht jene Funktion, die ihm aufgrund seiner (mangelnden) Kompetenz zusteht, sondern maßt sich eine bedeutendere an – in unserem Beispiel die des Lehrers. Mit Platon gesprochen: Er tut nicht das Seine, weil er als Lehrer auftritt, obwohl er im Grunde nicht besser Bescheid weiß als seine Schüler. In all den Fällen, wo aus Wissen Handlungskompetenz abgeleitet wird, ist der sokratische Satz vom Nichtwissen demnach nichts anderes als ein Sonderfall der platonischen Gerechtigkeitsforderung. An diesem Beispiel zeigt sich auch die Abstraktheit der Gerechtigkeit: Gerecht müssen nicht nur Staaten formiert sein, sondern auch Vorlesungen, Theateraufführungen, Sportveranstaltungen und überhaupt jedes zielgerichtete Zusammensein bis hin zum candle light dinner pour deux, wenn es denn seine jeweilige Funktion erfüllen und sich stabil entwickeln soll.
D Ich denke, wir können es jedem selbst überlassen, diese und andere Beispiele durchzuspielen. Aber eigentlich wolltest Du ja Hs und Gs Kritik an der Philosophenherrschaft und der lustfreien Machtausübung entkräften ...
W Das ist jetzt, nach Darstellung der Gerechtigkeitskonzeption, zumindest ansatzweise möglich: Denn auch die menschliche Seele (psyche) ist eine funktionale Einheit von zumindest potentiell konfligierenden Elementen. Als solche kann auch sie in eine gerechte Form gebracht werden. Zu diesen Elementen gehören unter anderem die Lüste, die mit den übrigen psychischen Antrieben um den bestimmenden Einfluß auf das Handeln und die gesamte Lebensgestaltung konkurrieren. Herauszufinden, welche Seelenteile es im einzelnen nun gibt und welchen von ihnen es zukommt, den Menschen zu leiten, ist Hauptaufgabe der platonischen Ethik, die demnach in derselben Strukturtheorie gründet wie die Rechts- und Staatsphilosophie. Daher übrigens darf Platon in der *Politeia* seelische anhand der anschaulicheren staatlichen Gerechtigkeit erläutern (368c-369a). Das Ergebnis sei hier nur knapp skizziert: Die Lüste, wie überhaupt alle affektiven und emotionalen Antriebe, erweisen sich dabei als ungeeignet, die Seele so zu leiten, daß diese ihre Funktion erfüllen kann. Wer sich also von Lüsten wie etwa der Lust zur Machtausübung bestimmen läßt, ist ungerecht, psychisch instabil und wird die entsprechenden Eigeninteressen beim Regieren über das Gemeinwohl stellen, wodurch er den Staat in Instabilität stürzt. Machtfeindlich, wie H behauptet, ist Platon deshalb selbstverständlich nicht – mit Vehemenz klagt er ja Macht für die Philosophen ein. Lustfeindlich allerdings ist er – aber mit gutem Grund.

e) Poppers Einwände

H Nun, das mit der Gerechtigkeit klingt ja auf den ersten Blick ganz plausibel. Aber eben nur auf den ersten Blick. Wenn „das Seine" zu tun nur individuell rollengerechtes Verhalten bedeutet, also der Lernende lernt, der Lehrende lehrt, der Richter urteilt, dann habe ich damit kein Problem. Das scheint mir dann zwar eine etwas simple Gerechtigkeitskonzeption zu sein, aber die wäre zumindest unproblematisch. Aber man kann die Sache mit dem je „Seinigen" auch anders sehen, und da bin ich nochmal bei Poppers Platon-Kritik. Popper führt aus, daß der Vorschlag, jeder solle das Seine tun, die Verteidigung einer Klassenherrschaft darstelle. Wenn der gerechte, also stabile Staat, derjenige Staat ist, in dem jeder der drei Stände, d.h. Philosophen, Wächter und Nicht-Wächter, seiner eigenen Arbeit nachgeht, dann bedeutet dies, daß der dritte Stand von der Politik ausgeschlossen ist. Das ist schon eine Diktatur. Und die diktatorischen Maßnahmen – wie die Propagandalügen oder die Eugenik (*Politeia* 459d f.) –, die Platon den Philosophen zubilligt, sind auch nicht gerade erfreulich. Ich habe meine Zweifel, ob solche Maßnahmen wirklich zur Stabilität eines Staates beizutragen vermögen, mal ganz abgesehen von der Tatsache, daß solche Konzepte natürlich mit einer freiheitlichen Politik gänzlich unvereinbar sind.

W Daß Platon unseren Vorstellungen von Staat und Freiheit nicht entgegenkommt und sich daher kaum als legitimatorische Autorität bestehender Verhältnisse funktionalisieren läßt, trifft sicherlich zu. Eine Eugenik und eine Klassenherrschaftsideologie hat Platon aber keineswegs entwickelt. Popper scheint die platonischen Mythen so abschreckend wie möglich zu interpretieren.

H Ja, die Interpretation Poppers hat ihre Schwierigkeiten und ist durchaus zu Recht heftig kritisiert worden, insbesondere weil sie vielfach unhistorisch ist. Poppers Interpretation ist ganz von modernen liberalen Auffassungen und seinem politischen Engagement für die liberale Demokratie geprägt. Wie man dazu steht, ist nochmal eine andere Frage. Aber legt man Poppers moderne liberaldemokratische Maßstäbe zugrunde, dann ist seine Kritik an Platon gerechtfertigt, obwohl natürlich die Frage bleibt, ob man damit dem Anliegen Platons tatsächlich gerecht wird. Festzuhalten ist aus meiner Perspektive jedenfalls, daß Platon aus der Sicht moderner liberaler Prinzipien betrachtet, ein autoritäres, bevormundendes Staatsmodell entwickelt hat. Außerdem bleibt der Vorwurf, daß Platon einen historisch notwendigen Zerfallsprozeß der poleis konstruiert hat. Popper nennt eine solche Geschichtsphilosophie „Historizismus".[22]

W Sachlich stärkere Deutungen der kritisierten Platontexte passen allerdings viel besser ins platonische System.[23] So etwa kann man gar nicht oft genug betonen, daß die „Entwicklung" von einem Minimalstaat zum „gereinigten" Staat keinen historischen Prozeß darstellt, sondern die begriffliche Konstruktion – „durch den logos", wie es bei Platon heißt (*Politeia* 369a,c) – eines Musterstaates aus der funktionalen Staatsdefinition und einigen zusätzlichen anthropologischen Annahmen. Damit soll gezeigt werden, welche Bedürfnisse und welche Arten von Einrichtungen zur Bedürfnisbefriedigung Instabilität mit sich bringen und wie ein Staat gestaltet sein muß, damit er bei maximaler Stabilität seine Funktion, Bedürfnisse zu befriedigen, am besten erfüllt. Historische Prognostik ist dabei nicht intendiert. Dies gilt auch von der in der *Politeia* beschriebenen „Verfallsgeschichte", gegen welche Popper den Historizismus-Vorwurf erhebt. Sie macht vielmehr nur jene Tendenzen anschaulich, die sich aus strukturbedingten Schwächen ergeben; ob und wann es tatsächlich zu den Verfallsentwicklungen kommt, die in einem bestimmten Gemeinwesen aufgrund dessen spezifischer Beschaffenheit angelegt sind, bleibt kontingent und entzieht sich strukturtheoretischer Erkennbarkeit. Platon propagiert auch keine Klassen oder Stände im herkömmlichen

Sinne; denn Kriterium der Zugehörigkeit zu einer der Gruppen ist allein die psychische Verfaßtheit, namentlich das Verfügen über politisch relevantes Strukturwissen und einen Charakter, sich beim politischen Handeln konsequent am Gemeinwohl (und nicht etwa an der eigenen Machtlust) zu orientieren. Standes- oder Klassendünkel, Eitelkeiten bezüglich familiärer Abstammung, irrationale Herrschaftsbegründungen wie jene des Gottesgnadentums oder einer Herrscherdynastie und ähnliches (*Politeia* 485a-486b) würden unter den Philosophenkönigen daher nur als deutliche Zeichen von Unwissen und charakterlichem Unvermögen, folglich von mangelnder politischer Qualifikation und Pseudophilosophentum gelten. Im auch von Familien „gereinigten" Staat der *Politeia* erweist sich jeder Mensch vielmehr erst im Laufe seiner Erziehung als geeignet oder ungeeignet, ein Wächter oder gar ein Philosophenkönig zu werden (412b-414b). Und gerade durch die Fähigkeit zu sachlicher und gemeinwohlfördernder Kritik kann man seine politische Qualifikation nachweisen und in einen höheren „Stand" aufrücken. Die oft gescholtene „Eugenik" der Philosophenkönige besteht daher in nichts anderem als der erziehungsbegleitenden Beurteilung der Heranwachsenden nach deren Eignung, das Gemeinwohl zu fördern.

H Na ja, ich lese an der einschlägigen Stelle (459d-e), daß „jeder Treffliche der Trefflichen am meisten beiwohnen" müsse, „die Schlechtesten aber den ebensolchen umgekehrt; und die Sprößlinge jener sollten aufgezogen werden, dieser aber nicht, wenn uns die Herde recht edel bleiben soll".

W Platons Dialoge sind eben keine theoretischen Abhandlungen, sondern literarische Texte, deren Bilder philosophisch anspruchsvoll zu interpretieren uns überlassen bleibt. Im vorliegenden Fall könnte man die Vereinigung der „Trefflichen" vor dem Hintergrund sokratischer Fortpflanzungsmetaphorik (man erinnere sich an den Begriff der Maieutik) deuten als Zusammensein zum Zweck der philosophischen Bildung.

H Das ist mir zu weit hergeholt. Im übrigen zweifle ich, ob es je einen Menschen geben wird, der über die von Platon geforderte Beurteilungskompetenz verfügt.

W Solche Menschen fallen auch nach Platon nicht vom Himmel; in der *Politeia* beschreibt er ausführlich die – Körper und Seele alles abverlangende – Erziehung zum Philosophenkönig. In diesem Zusammenhang und als Bild für den langen und harten Weg zu jenen Kenntnissen und Tugenden, worüber verfügen muß, wer Philosoph und legitimer Herrscher sein will, steht auch das berühmt-berüchtigte „Höhlengleichnis", das G bereits erwähnte ...

G ... und auch gerne ausgeführt hätte, da das Gleichnis heute in Gestalt vieler vor den Fernseher gebannter Dauerkonsumenten von TV-Schatten erschreckende Realität geworden ist ...

W ..., wovon ich allerdings immer noch abrate; denn, um es wirklich zu verstehen, müßten wir die gesamte platonische Erkenntnistheorie und Ontologie rekonstruieren.

H Lassen wir mal das Höhlengleichnis dahingestellt. Ich will lieber nochmal auf die Problematik des staatlichen Erziehungssystems zu sprechen kommen. Was sich Platon da vorstellt, ist doch in höchstem Maße unrealistisch. Wie man vernünftig politisch handelt, kann man nicht in einem abstrakten Erziehungsprozeß lernen, sondern man lernt es, indem man am politischen Prozeß teilnimmt, sich

auf die politische Praxis einläßt, sich engagiert und so ein politisches know how gewinnt.
W Platon fordert alles andere als einen „abstrakten" Erziehungsprozeß. Der Nachwuchs soll im Gegenteil möglichst früh möglichst viel Erfahrung sammeln (etwa als Zuschauer bei Schlachten; *Politeia* 466d-468a) und zu diesem Zweck bald selbst politische Verantwortung übernehmen (539e). Der platonische Philosophenkönig ist also kein Lehnstuhlphilosoph und steht einem nichtphilosophischen Staatsmann an politischer Praxis in nichts nach (484d). Dies ist für den platonischen Sokrates selbstverständlich und wird von ihm als unstreitig vorausgesetzt, weshalb er diesen Teil der Erziehung nicht lang und breit in der *Politeia* ausführt. Ungewöhnlich und erläuterungsbedürftig ist demgegenüber die Forderung an die Träger des höchsten Staatsamtes, spezifisch philosophische Einsichten und Fertigkeiten zu gewinnen, was sie allerdings, Platon zufolge, erst in fortgeschrittenem Alter (nach 540a ab fünfzig) und nach dem Bestehen unzähliger lebensweltlicher Prüfungen (413c-414a) werden vollenden können. Wem oder was überlassen wir es andererseits hier und jetzt, jemanden zum politischen Verantwortungsträger zu bestimmen? Nur dem Zufall und dem Geschick, sich in irgendeinem Parteiapparat durchzusetzen und sich in den Medien gefällig zu präsentieren. Ob auf diese Weise tatsächlich immer nur diejenigen an die Macht kommen, die am geeignetsten sind, das Gemeinwohl zu fördern, wage ich mit Platon – man denke etwa an das Bild vom Schiff in der *Politeia* (487e-489a) – zu bezweifeln.
H Eine solche Entscheidung muß sich aber ihrer Kriterien vergewissern, das heißt, sie muß Rechenschaft ablegen, ob sie politische Kritik oder philosophische Kritik sein will. A propos Kritik. Ich habe da noch einen prinzipiellen Einwand gegen das platonische Projekt, ein Staatsideal begrifflich zu entwerfen: Was soll eigentlich ein solches Ideal, wenn es offensichtlich gar nicht realisierbar ist?

III. Realität und Realisierbarkeit des Musterstaates

1. Platons Staatsentwurf als Muster

W Platon selbst läßt Sokrates darauf antworten: „Meinst du also, einer sei ein minder guter Maler, der, nachdem er ein Muster (paradeigma) gemalt hätte, wie ein vollkommen schöner Mann aussehen würde, und in seinem Bilde alles gehörig beobachtet hätte, hernach nicht aufzeigen könnte, daß es einen solchen Mann auch geben könne? – Beim Zeus, ich nicht! sagte er. – Wie nun? Haben nicht auch wir durch begriffliche Konstruktion (logos) ein Muster (paradeigma) aufgestellt eines guten Staates? – Freilich. – Meinst du also, daß wir deswegen minder gut geredet haben, wenn wir nicht aufzeigen können, es sei möglich, einen Staat so einzurichten, wie es beschrieben wurde? – Freilich wohl nicht, sagte er" (*Politeia* 472d-e). Hs Einwand verfehlt demnach die Funktion des platonischen Staatsentwurfs; bei ihm handelt es sich nämlich um ein „paradeigma", d.h. um ein Muster.
H Muß man Muster nicht als etwas verstehen, das als Beispiel tatsächlich existiert – wie etwa ein Warenmuster, das sich in nichts von dem Produkt, das man damit anpreist, unterscheidet.

W Nein; denn beim platonischen paradeigma handelt es sich um ein Muster ganz anderer Art: Der gemalte Mustermann ist ja ebensowenig aus Fleisch und Blut, wie sich der begrifflich konstruierte Staat bereisen läßt. Beide geben uns aber Maßstäbe an die Hand, an denen wir die äußere Schönheit von konkreten Männern beziehungsweise Stabilität und Gerechtigkeit von konkreten Staaten ermitteln können. Im Falle des Mustermanns ist das Entscheidungsverfahren vergleichsweise simpel: Man stelle ein reales dem mustergültigen Mannsbild zur Seite und je größer die Ähnlichkeit, desto schöner der Mann.

H Das ist aber ein sehr akademisches Beispiel; das *eine* Muster männlicher Schönheit gibt es wohl nicht.

W Dann nehmen wir eben etwas Wirklichkeitsnäheres: So werden mit hohem praktischen Nutzen in unterschiedlichsten Bereichen Farbmuster eingesetzt, die es durch bloßes Danebenhalten, ohne aufwendige und destruktive – etwa chemische – Verfahren erlauben, z.B. die Marmorart einer Gesteinsprobe oder die Zusammensetzung und Herkunft des Tons einer antiken Vase zu bestimmen.

G Auch die Juristerei hat hierfür ein einschlägiges Beispiel zu bieten: die sog. Ringelmannskala aus der Anlage zu § 4 der Ersten Bundesimmissionsschutzverordnung. Dort sind in 6 Farbfeldern 4 verschiedene Grautöne zwischen weiß und schwarz abgedruckt und einmal pro Jahr wird höchst amtlich verglichen, ob die Abgasfahne unserer häuslichen Heizungsanlage heller ist als der Grauwert 1 dieser Skala – erst dann ist der jährlich erforderliche Nachweis immissionsschutzrechtlicher Unschädlichkeit der Anlage erbracht. Die gedruckten Grauwerte der Skala, an denen der reale Verschmutzungsgrad der durch den Schornstein in den Himmel geblasenen Heizungsabluft gemessen wird, sind dabei durchaus Muster im Sinne Platons.

W Komplizierter ist die Anwendung des platonischen Staatsmusters, da wir dabei nicht sinnliche Merkmale wie Formen, Farben oder Grautöne zu vergleichen haben, sondern sinnlich nicht wahrnehmbare strukturelle Eigenschaften. Zuerst muß daher aus der Fülle der empirischen Eigenheiten eines bestimmten Staates dessen strukturelle Verfaßtheit ermittelt werden. Dann erst kann man die Strukturmerkmale des konkreten mit jenen des Musterstaates vergleichen und je nach dem Grad der Ähnlichkeit Stabilität und Gerechtigkeit des untersuchten Gemeinwesens diagnostizieren. Darüber hinaus dient Platons Muster auch als Vorbild bei Staatsgründungen – eine solche wird ja in den *Nomoi* erwogen – und bei Versuchen, einen bestehenden Staat stabiler und gerechter zu gestalten. Entsprechend könnte übrigens auch ein gemalter Mustermann Verwendung finden: Etwa als Schmink- und Bodybuilding-Anleitung für den eitlen Mann oder als Vorgabe für dessen Schönheitschirurgen.

H Das Verhältnis zwischen einem vorgefundenen Staat und dem Musterstaat ist aber immer noch nicht deutlich geworden. Meint Platon allen Ernstes, aus einer Definition plus einigen zusätzlichen Annahmen den Staatsgründern und Politikern hinreichend differenzierte Orientierung für ihre tägliche Arbeit bieten zu können? Das ganze wirkt doch sehr undifferenziert und schematisch. Staaten werden ja nicht wie ein Haus am Reißbrett entworfen und dann nach Plan „gebaut" ...

2. Zur Realisierbarkeit eines mustergültigen Staates

W Ein Prinzip, aus dem allein eine lückenlose Rechtsordnung zu deduzieren wäre, oder das Gemälde eines bis ins Kleinste ausgearbeiteten und in allem normativ letztbegründeten Idealstaates hat Platon weder tatsächlich noch seinem Anspruch nach geliefert. Erinnern wir uns an die obigen Beispiele für Muster: Vom Gemälde des Idealmannes bis hin zur Ringelmannskala stimmen diese Muster – anders als etwa Warenmuster – lediglich in einzelnen, genau definierten Merkmalen mit den Gegenständen, die nach ihnen beurteilt werden, überein: Ein gemalter Mann atmet nicht, wurde nicht geboren und hat keine seelischen Eigenschaften, ein mit Grautönen bedrucktes Papier hat eine andere Form und riecht anders als Rauch. Entsprechendes gilt auch für Platons Staatsmuster: Nur auf die abstrakten Strukturmerkmale, die in ihm handhabbar dargestellt sind, kommt es bei seiner Verwendung an. Was in den *Nomoi* und der *Politeia* vorgeführt wird, ist denn auch – abgesehen von der Gewinnung des Musters – nichts anderes als die beispielhafte Umsetzung in einer jeweils bestimmten Situation spezifisch menschlichen Zusammenlebens, wobei kulturelle Vorgaben und herrschende Gewohnheiten (*Nomoi* 740a) selbstverständlich ebenso berücksichtigt werden müssen wie artspezifische, meteorologische und geographische Voraussetzungen (747d-e). Für die Fälle, worin solche und andere faktische Umstände es nicht erlauben, einen Staat nach Vorbild des Musters zu realisieren, werden in den *Nomoi* aus dem Muster des besten Staates denn auch Vorschläge einer zweit- und drittbesten staatlichen Ordnung entwickelt (739a-b). Situationsvergessenheit und sturen, wirklichkeitsfremdes Beharren auf begrifflichen Konstruktionen darf man gerade Platon also nicht vorwerfen.
H Soll das heißen, daß das Muster nur beschränkt gültig ist und wir über seine Gültigkeit von Fall zu Fall zu entscheiden hätten?
W Keineswegs; als Muster bleibt es für alle Fälle verbindlich, weil wir ja nur aufgrund des Musters entscheiden können, welcherart Staat am zweit- beziehungsweise drittbesten ist.
H Ergibt sich aber dann nicht das oben bereits angesprochene Problem der faktischen Relevanz des Musters, wenn es nur unter ohnehin nie vorliegenden Idealbedingungen unmittelbar anwendbar ist?
W Diese Frage müssen wir von den Problemen um Geltung und Reichweite des Musters zuerst einmal sorgfältig unterscheiden; es ist die Frage, ob wir aufgrund unserer Beschaffenheit als Menschen je in der Lage sein werden, einen mustergültigen Staat zu errichten. Auch wenn dies nicht der Fall wäre, sollten wir es in unserem eigenen Interesse wenigstens versuchen – und bereits dazu benötigen wir das Muster, weil wir sonst gar nicht wissen würden, worauf wir hinarbeiten und wonach wir Erarbeitetes beurteilen sollen. Übrigens scheinen mir die einleitend als „Optimierungsgebote" interpretierten Verfassungsprinzipien unseres Grundgesetzes Muster durchaus in dem erläuterten Sinne zu sein.
G In der Tat. So fordert etwa das Umweltstaatsprinzip des Art. 20a GG die bestmögliche Sicherung (Schutz und Pflege) unserer natürlichen Lebensgrundlagen, wobei „bestmöglich" wie immer bei Prinzipien und im Falle möglicher Prinzipienkonkurrenzen bedeutet: bezogen auf die tatsächlichen und rechtlichen Möglichkeiten. Dieser Bezug auf das faktisch und juristisch Machbare – etwa auf die

Finanzkraft und die Ermessensspielräume einer umweltfreundlichen Stadtverwaltung – zeigt, daß Art. 20a GG keine versteinerte Regel ist, unter die einfach subsumiert werden könnte. In seiner dogmenphilosophischen Struktur läßt sich das Umweltstaatsprinzip wie jedes andere Verfassungsprinzip deshalb durchaus als ein Muster im platonischen Sinne interpretieren. Art. 20a GG zeichnet sozusagen das Bild eines ökologisch vollkommenen Staates – im vollen Bewußtsein der vielen Umstände, die eine vollständige Verwirklichung dieses „grünen" Musterstaates de facto und de iure verhindern.

H Die Frage nach der Verwirklichbarkeit des mustergültigen Staates hat mir aber trotzdem noch niemand beantwortet.

D Du hast recht: ein Ideal, das sich nicht beziehungsweise nur unter irrealen oder unzumutbaren Bedingungen realisieren oder anstreben läßt, taugt meines Erachtens auch als Ideal nicht viel. Wozu ein Orientierungswert, wenn niemand sich an ihm erfolgreich orientieren kann?

W Wie bereits lang und breit ausgeführt, sehe ich nicht, warum die Bedingungen, einen mustergültigen Staat zu verwirklichen, irreal oder unzumutbar sein sollen. Was die von H angesprochene Realisierbarkeit betrifft, schlage ich vor, bei Platon selbst nachzulesen, der genau hierzu schreibt: „Wir müssen aber folgendes auf jede Weise bedenken, daß alles eben Gesagte wohl niemals auf solch günstige Umstände treffen wird, daß es sich alles so ganz nach unserem Plan beisammenfindet: einerseits Menschen, die sich gegen ein solches Zusammenleben nicht sträuben, sondern die es auf sich nehmen, das ganze Leben hindurch ein festgesetztes, mäßiges Vermögen zu besitzen und sich eine Kindererzeugung vorschreiben zu lassen, wie wir sie für jeden einzelnen angegeben haben, und auf Gold zu verzichten und auf manche andern Dinge, die offenbar der Gesetzgeber aufgrund des eben Dargelegten noch hinzufügen wird; ferner aber auch bei Land und Stadt, wie er es vorgeschrieben hat ..., fast als ob er damit Träume erzählen oder gleichsam aus Wachs eine Stadt und ihre Bürger formen wollte" (*Nomoi* 745e-746a; auch *Politeia* 471c-472a, 499c-d). Für uns Menschen stehen die Aussichten also denkbar schlecht, was aber, es sei nochmals betont, Geltung und Nützlichkeit des Musters keinen Abbruch tut.

§ 2 Aristoteles und das Ziel der Gemeinschaft

I. Aristoteles' Schriften und ihre Wirkung

W Wie Platon sucht Aristoteles (384-322 v. Chr.)[1] nach dem Muster für Staaten, die auch er über ihre Funktion bestimmt. Von Platon unterscheidet er sich allerdings erstens in der Art, wie er die Funktion des Staates als Ziel aller menschlichen Gemeinschaft konzipiert, zweitens in einer positiveren Bewertung bestehender Staaten und drittens darin, daß er nicht ein Muster, das immer gilt, an die Hand gibt, sondern mehrere Muster für jeweils unterschiedliche Bedingungen entwirft: Aristoteles berücksichtigt die Anwendbarkeit eines Musters also bereits bei dessen Konzipierung.

G Daher wird Platon ja gemeinhin als „Idealist" bezeichnet, der seinen Idealstaat gerade nicht im Hinblick auf konkrete Verhältnisse entwickelt. Aristoteles gilt demgegenüber als „Realist".

W Diese Gegenüberstellung hat sogar berühmten bildnerischen Ausdruck gefunden: Im Zentrum von Raffaels Fresko *Die Schule von Athen* gestikulieren Aristoteles und der greise Platon ihre jeweilige (vermeintliche) Grundposition: Platon zeigt nach oben, Richtung Reich der Ideen, Aristoteles nach unten, down to earth.

G Aus Ihrer Formulierung spricht ja kein besonderer Respekt gegenüber diesem Kulturgut.

W Wir wollen uns ja nicht der Bildungsbeflissenheit schuldig machen – zumal dann nicht, wenn sogenannte Kulturgüter philosophische Positionen zur Unkenntlichkeit vereinfachen und damit nur philosophischer Halbbildung Vorschub leisten. Aus rechtsphilosophischer Perspektive jedenfalls – für Erkenntnistheorie und Ontologie gilt übrigens, ohne dies hier ausführen zu können, Entsprechendes – ist jede plakative Kontrastierung des „Realisten" Aristoteles mit dem „Idealisten" Platon unhaltbar; denn auch Aristoteles bietet eine Strukturanalyse menschlichen Zusammenlebens und keine erfahrungswissenschaftliche Theorie, was sich bereits daran zeigt, daß er zur politischen Orientierung ein abstraktes Schema durchaus idealtypischer Staatsformen entwickelt. Aristoteles dürfte man, um ihn von Platon abzuheben, lediglich aufgrund der oben bereits genannten Unterschiede als „Realist" bezeichnen: Aufgrund der positiveren Bewertung des Vorfindlichen und der größeren Anwendungsbezogenheit seiner Muster sind seine politischen Schriften voll von detaillierten Beispielen aus der griechischen Geschichte, die, anders als Platons Mythen und dessen sorgfältig literarisch zubereiteten Anspielungen auf das Zeitgeschehen, den Althistorikern gute Dienste als Quellen leisten.

H Gerade die größere Differenziertheit und Erfahrungsnähe sind es, die Aristoteles bis heute auch für die Politikwissenschaft so attraktiv machen – deutlich attraktiver als Platon, wie ich meine. So verwundert nicht, daß es bis heute eine wichtige aristotelische Tradition politischen Denkens auch in der Politikwissenschaft beziehungsweise in der Grauzone zwischen Politikwissenschaft und politischer Philosophie gibt.[2]

D Und auch die wirtschaftsphilosophischen Denker haben stets bei Aristoteles angeknüpft, sei es durch bloßes Referat seiner Lehre von Ökonomie und Chrematistik in wirtschaftstheoriegeschichtlicher Hinsicht,[3] sei es durch produktive Anverwandlung seiner wertgebundenen und gerechtigkeitsorientierten Analysen des wirtschaftlichen Handelns für den heutigen Kontext.[4]

W Wenn gegenwärtig nicht nur in der Wirtschaftsphilosophie, Rechts- und Staatsphilosophie, politischen Philosophie und Politikwissenschaft, sondern etwa auch in der Ethik – nicht zuletzt in der Angewandten Ethik – auf Aristoteles intensiv wie extensiv zurückgegriffen wird, auf Platon aber nicht, so liegt dies sicherlich auch daran, daß Aristoteles seine Philosophie auf eine uns vertraute Weise verschriftlichte. Zumindest bei seinen uns zusammenhängend überlieferten Texten – die von Aristoteles selbst publizierten Schriften kennen wir nur aus Berichten und von Fragmenten – handelt es sich um traktatartige Vorlesungsmanuskripte, die zur Veröffentlichung ursprünglich nicht vorgesehen waren. Sie lassen einen klaren Aufbau erkennen und enthalten eine Fülle von terminologischen Fixierungen; ihre Sprache ist trocken und manchmal so knapp, daß man aufgrund des Kontextes zwar weiß, was gemeint sein muß, nicht aber, wie Aristoteles es in der vorliegenden Wendung ausdrückte. Die gängigen Übersetzungen versuchen freilich, die Holprigkeiten zu mildern und einen einigermaßen flüssigen Text zu bieten: Während die Platonübersetzungen immer hinter der literarischen Qualität des Originals zurückbleiben, wird Aristoteles daher regelmäßig von seinen Übersetzern stilistisch übertroffen. Das *Corpus Aristotelicum* umfaßt zudem nicht nur solche Werke, die wir heute als „philosophisch" bezeichnen würden, sondern etwa auch physikalische, astronomische, biologische und technologische Schriften. Die Rechts- und Staatsphilosophie entfaltet Aristoteles als Fortsetzung seiner moralphilosophischen Hauptschrift, der *Nikomachischen Ethik*, in den *Politika*. Diesen Titel, der eigentlich so viel heißt wie „politische Angelegenheiten", übersetzt man sprachlich etwas ungenau, dafür aber inhaltlich durchaus treffend mit „Politik" (das griechische Wort hierfür wäre „politike", nicht „politika").

H Dieser Schrift sollten wir uns jetzt zuwenden.

II. Der Staat als Gemeinschaft

1. Aristoteles' Staatsdefinition in ihrem Verhältnis zu jener Platons

W Beginnen wir mit den ersten beiden Sätzen der *Politik* (die auch gleich, selbst in der Übersetzung, ein gutes Beispiel geben für die spröde Sachlichkeit des aristotelischen Stils): „Da wir sehen, daß jeder Staat (polis) eine Gemeinschaft (koinonia) ist und jede Gemeinschaft eines Gutes wegen besteht (denn um des für gut Gehaltenen willen tun alle alles), ist klar, daß zwar alle Gemeinschaften auf irgendein Gut zielen, am meisten aber und auf das unter allen bedeutendste die von allen bedeutendste und alle übrigen umfassende. Diese ist der sogenannte

Staat (polis) und die staatliche Gemeinschaft (he koinonia he politike)" (I 1 1252a). Es gibt demnach mehrere menschliche Gemeinschaften, wobei jede über ihre besondere Funktion bestimmt ist und sich von anderen menschlichen Gemeinschaften dadurch unterscheidet, welches Gut beziehungsweise welche Güter der Mensch durch sie erreichen kann. Der Staat ist dabei keine Gemeinschaft neben all den anderen, sondern jene, die alle übrigen beinhaltet; das Gut, dessen Realisierung die staatliche Gemeinschaft ermöglicht und welches sie gegenüber den anderen Gemeinschaften charakterisiert, umfaßt demnach alle Güter, um derentwillen Gemeinschaften überhaupt bestehen. Zudem befördert sie aber noch ein bestimmtes, nämlich das bedeutendste Gut, weswegen sie nicht bloß die umfassendste, sondern darüber hinaus auch die bedeutendste Gemeinschaft darstellt. Der Staat ist folglich mehr als die Summe der Gemeinschaften, aus denen er besteht.

G Inwiefern? Überhaupt vermisse ich hier, wie schon bei Platon, einigermaßen konkrete Aussagen völlig.

W Ähnlichkeit mit Platons Konzeption besteht durchaus. Denn „Gut" bezeichnet nichts anderes als den Gegenstand eines Bedürfnisses im weiten platonischen Sinne. Der Staat ist folglich auch nach Aristoteles ein Zusammenleben um der gegenseitigen Bedürfniserfüllung willen; als Definition von „Staat" reicht ihm – im Gegensatz zu Platon – diese Charakterisierung aber nicht. Er unterscheidet daher zwischen dem Oberbegriff eines solchen Zusammenlebens, das er als „koinonia" (Gemeinschaft) bezeichnet, und dem spezifischeren Begriff der polis als dem Spezialfall der umfassendsten und bedeutendsten Gemeinschaft. Und dies hat folgende, durchaus beabsichtigte Konsequenz für die Bewertung tatsächlich bestehender Staaten: Während Platon alle Arten des Zusammenlebens, die ihrer Funktion, Bedürfnisse zu erfüllen, nur mangelhaft und auf Dauer gar nicht nachkommen können – wie der Minimalstaat, der wahre und der Luxusstaat –, so konzipiert, daß sie zum Musterstaat in Konkurrenz stehen und durch ihn schließlich ganz ersetzt werden sollen, bleiben nach Aristoteles die einzelnen unvollkommenen Gemeinschaften im Staat weiterhin als funktionale Bestandteile erhalten. Sie müssen als solche sogar erhalten bleiben, weil der Staat als Zusammenfassung aller Gemeinschaften seine mannigfaltigen Funktionen ohne sie gar nicht alle erfüllen könnte.

G Das alles ist immer noch sehr abstrakt. Außerdem versteht Aristoteles unter „Gemeinschaft" offenbar doch etwas ganz anderes als Platon unter „Staat"; man braucht nur eine Seite in der *Politik* weiterzulesen und stößt auf die Beispiele: Ehe, die Beziehung Herr-Knecht, Familie und Dorf. Und wie dieser Unterschied zu Platon die angebliche Erfahrungsfreundlichkeit der aristotelischen Staatskonzeption begründen soll, sehe ich nicht.

W Wir werden gleich noch Konkreteres, unter anderem die Interpretation der von Ihnen aufgezählten Gemeinschaften, diskutieren. Wir müssen aber so abstrakt beginnen, um nicht das irreführende Vorurteil vom „Empiriker" Aristoteles zu festigen, wonach dieser sich damit begnüge, zu beschreiben, woraus vorfindliche staatliche Gemeinschaften faktisch nun eben einmal bestehen. Lassen Sie uns daher noch kurz im Abstrakten verweilen und sehen, ob wir nicht aus den ersten zwei Sätzen der *Politik* Aristoteles' Bereitschaft, bestehende Gemeinschaften als beispielhaft zu würdigen, verständlich machen können. Aristoteles geht so vor, daß er Platons Staatsbegriff auf eine Weise verändert, die es ihm erlaubt, die Funktion, Bedürfnisse zu erfüllen, als notwendiges (nicht aber hinreichendes) Merkmal der Staatlichkeit beizubehalten. Daher muß er nicht wie Platon fordern, alle unvollkommenen Gemeinschaften – wie etwa die gemäß der *Politeia* aus dem Musterstaat zu eliminierende Familie oder die dörfliche Gemeinschaft des Minimalstaates – zu überwinden, sondern kann sie als konstituierende Elemente der sie umfassenden staatlichen Gemeinschaft begreifen. Als „Teile" des Staates (P I 1 1252a, 2 1253a, 3 1253b) können sie gegebenenfalls auch dann ihre jeweilige Funktion gut erfüllen, wenn der Staat als ganzes versagt. Folglich ist es durchaus möglich, daß bestehende Staaten trotz all ihrer Unzulänglichkeiten sogar vorbildliche Gemeinschaften enthalten. Der aristotelische Rechts- und Staatsphilosoph darf auf seiner Suche nach der besten staatlichen Ordnung daher sehr wohl hoffen, selbst in insgesamt gescheiterten Staaten einzelne funktionstüchtige Gemeinschaften zu beobachten. In einem solchen Falle müßte dann nicht die gesamte staatliche Gemeinschaft verändert werden, sondern nur jene ihrer Bestandteile, die nichts oder nur unzulänglich dazu beitragen, Güter zu realisieren.

G Aristoteles würde demnach nicht ganz zu Unrecht als der konservative Evolutionär gelten – gegenüber dem progressiven Revolutionär Platon.
W Durchaus. Denn Platon hat aufgrund seiner Staatsdefinition gar nicht die Möglichkeit, einzelne funktionale Gemeinschaften des Staates isoliert zu betrachten; jedwede stasioteia gefährde somit immer gleich die Erfüllung schlechthin aller Bedürfnisse, um derentwillen Menschen zusammenleben; jeder instabile, ungerechte Staat könne daher, so Platon, nur im Ganzen, nicht aber durch begrenzte, bereichsspezifische Veränderungen saniert werden.

2. Der Staat und seine Teile

G Nun aber zu den Teilen des Staates im einzelnen!
W Aristoteles schreibt: „Wie in anderen Bereichen, so dürfte jemand auch diesbezüglich am trefflichsten seine Untersuchungen anstellen, wenn er die Dinge so, wie sie von Anfang an geworden sind, betrachtet. Als erstes ist es notwendig, daß sich diejenigen verbinden, die nicht ohne einander sein können, wie erstens das Weibliche und das Männliche der Fortpflanzung wegen (und dieses nicht aufgrund eines überlegten Präferierens, sondern wie auch bei den anderen Tieren und Pflanzen ist es natürlich (physikon), danach zu streben, ein anderes, das so beschaffen ist, wie man selbst, zu hinterlassen), zweitens das von Natur (physei) Regierende und Regierte aufgrund der Erhaltung (soteria). Denn, was mit dem Verstand vorauszuschauen vermag, ist von Natur regierend und von Natur herrschend, was mit dem Körper zu arbeiten vermag, wird regiert und ist von Natur dienend. Daher nützt dem Herrn und dem Diener dasselbe" (I 2 1252a). Wenn Aristoteles so vorgeht, daß er das „Werden" des Staates „von Anfang an" betrachtet, bietet er selbstverständlich ebensowenig wie Platon mit der Abfolge Minimalstaat – wahrer Staat – Luxusstaat – gerechter Staat eine historische Rekonstruktion der geschichtlichen Entstehung von politischen Verbänden. Er unternimmt vielmehr eine Strukturanalyse des Staates und beginnt mit dessen Elementen, die er nach der Basalität ihrer Funktion ordnet. Die in diesem Sinne ursprünglichste Gemeinschaft ist demzufolge diejenige zwischen Mann und Frau,

weil sie der Reproduktion und Versorgung der Nachkommen mit dem Lebensnotwendigsten, also der Arterhaltung dient. Auf die Erhaltung (soteria) des einzelnen Menschen zweckt die Gemeinschaft von „Herr und Knecht", wie man traditionell gern übersetzt, ab.
D Auf das Wort „soteria" sind wir ja bereits in unserem Platondialog gestoßen. Dort bestimmten wir es als Hilfe in Notsituationen.
W Genau in diesem Sinne ist es auch hier zu verstehen: als Ziel jener Gemeinschaft, welche die Lebenserhaltung und den Lebensunterhalt ihrer Mitglieder sichern soll und sie auf diese Weise vor lebensbedrohlichen Umständen bewahrt. Zu diesem Zweck finden sich ein Planungskompetenter und ein Ausführungskompetenter zusammen und verteilen die Aufgaben entsprechend der Fähigkeiten unter sich. Zur Beschreibung dieses Verhältnisses bedient Aristoteles sich sowohl einer politischen als auch einer hauswirtschaftlichen Metaphorik, wenn er einmal von Regierendem und Regiertem, dann von Herr und Sklave spricht. Damit will er offenbar andeuten, daß man auf diese Gemeinschaft in verschiedenen Handlungsbereichen und unter verschiedenen Bezeichnungen stoßen kann. Uns heutigen liegen sicherlich Paarungen wie Meister-Geselle, Chef-Mitarbeiter, Führungskraft-Sachbearbeiter und Befehlshaber-Befehlsempfänger näher. Auch Heere, der moderne Verwaltungsapparat und Unternehmen beruhen demnach auf dieser Gemeinschaft.
G Was aber könnte dann die so häufig im Zitat vorkommende Wendung „von Natur" (physei) bedeuten? Beschäftigungsverhältnisse beruhen schließlich auf Verträgen und selbst die Gemeinschaft zwischen Herr und Sklave zu einer Zeit, da es noch kein positives Recht gab, setzt doch wohl nur eine entsprechende soziale Konvention voraus. Meint Aristoteles demgegenüber mit seinem „von Natur", daß es eine Frage der biologischen Anlage sei, ob jemand zum Planer geeignet ist oder nicht, und daß die Menschen einem genetisch determinierten Trieb folgen, wenn sie solche Gemeinschaften eingehen? Ein Blick auf die als erste genannte koinonia zwischen Mann und Frau legt eine solche Interpretation ja zumindest nahe.
W Aristoteles' Text wird man mit ihr allerdings nicht gerecht. Denn „physis" – „physei" ist dessen Dativ – verwendet Aristoteles nicht in dem uns wohl naheliegenden (wenn auch problematischen) Sinne von „Natur", nämlich als Inbegriff jener Objekte, die Gegenstand der neuzeitlichen Naturwissenschaften sind. Vielmehr versteht er unter der physis einer Sache das, worumwillen sie besteht, also ihre Funktion: „Die Natur (physis) aber ist das Ziel (telos): Denn wie beschaffen jedes ist, wenn die Entwicklung ihr Ziel erreicht hat, von diesem sagen wir, daß es die Natur jedes einzelnen sei ... ".[5] Natürlich (physikos), von Natur (physei) beziehungsweise naturgemäß (kata physin) ist für eine Gemeinschaft demnach, grob gesagt, das zur Erfüllung ihrer Funktion Unentbehrliche.
G Bisher haben wir aber nur zwei der von Aristoteles unterschiedenen Gemeinschaften besprochen. Das Haus, das Dorf und der Staat stehen noch aus.
W Der oikos, nur unzureichend mit „Haus" wiederzugeben, setzt sich zusammen aus den beiden ersten Gemeinschaften: Es ist der in agrarischen Gesellschaften vorherrschende Verband von Mann, Frau, Kindern, Bediensteten und Nutzvieh. Eine ganz eigene koinonia mit eigenen, über die bisherigen hinausgehenden Zielen bildet dagegen das „Dorf", dem wohl am ehesten unsere kommunalen Einheiten entsprechen. Jedenfalls besteht erst das Dorf zur Befriedigung von „Bedürf-

nissen über den Tag hinaus" (P I 2 1252b). Zu denken wird hierbei etwa sein an die Verfügbarkeit von Gütern, die eine spezialisierte Produktion oder Handel voraussetzen, an das Vorhandensein eines Marktes, das Feiern gemeinsamer Feste, die Ausübung von religiösen Kulten und die Errichtung von Kultstätten sowie, auf heutige Verhältnisse übertragen, das Verfügen über Gelegenheiten des sozialen Kontaktes und der Unterhaltung wie etwa über Gasthäuser, Kinos, Diskotheken ...

G Augenblick: Dies sind doch keine Aufgaben unserer Kommunen, sondern private Unternehmungen. Gegenstand der noch immer so genannten „Daseinsvorsorge" – die heute besser „Infrastrukturvorsorge" heißen sollte – sind im Rahmen der gemeindlichen Selbstverwaltungsaufgaben nach Art. 28 Abs. 2 GG beispielsweise Energie- und Wasserversorgung, Abwasser- und Müllbeseitigung, Straßen- und Wegebau, Verkehrs- und Beförderungseinrichtungen, Bildungs- und Kulturangebote, Krankenhäuser und Friedhöfe ...

W Aristoteles darf man diesbezüglich eben nicht als modernen Staatsrechtler lesen; ihm geht es schlicht darum, die Befriedigung welcher Bedürfnisse eine Gemeinde voraussetzt. Ob die Bedürfnisse nun durch Institutionen der Gemeinde selbst oder durch in ihr wirksame Privatleute erfüllt werden, ist dabei unerheblich. Man könnte es deutlicher auch so ausdrücken: Die einzelnen Gemeinschaften sind über die spezifischen Entfaltungsmöglichkeiten, die sie dem Menschen bieten, bestimmt: Die Beziehung zwischen Mann und Frau für sich genommen, d.h. wenn wir von ihr alle Einbettung in einen sozialen und kulturellen Kontext abstrahieren, kann tatsächlich nur zur Zeugung von Nachkommen und deren notdürftige Aufzucht dienen. Von der drängendsten Sorge ums Überleben entlastet und freigesetzt zu Ackerbau wie zur Erzeugung einfacher Artefakte wird der Mensch in der Gemeinschaft zwischen Planendem und Ausführendem. Die Gelegenheiten, sich zu entfalten, sind auf einem einsam gelegenen Gutshof aber immer noch äußerst gering im Vergleich zu jenen, die wir im „Dorf" vorfinden. Der Staat schließlich ist eben jene koinonia, deren Funktion es ist, alle menschlichen Bedürfnisse – so auch das Bedürfnis nach wissenschaftlicher Bildung, wie sie nur Universitäten vermitteln können – zu erfüllen und darüber hinaus noch das „bedeutendste und alle übrigen umfassende" Gut, wie es im ersten Zitat hieß (I 1 1252a), bereitzustellen.

G Und dieses wäre?

W Nicht nur zu leben, sondern „gut zu leben" (eu zen; I 2 1252b, III 9 1280a, b).

G Diese Angabe ist allerdings sehr erläuterungsbedürftig.

W Aristoteles hat sie ja auch ausführlich erläutert in jener Schrift, deren Fortsetzung die *Politik* ist: in der *Nikomachischen Ethik*.

3. Eudaimonia als Ziel des Staates

W Anstelle von „gut Leben" (eu zen) spricht Aristoteles auch oft von „eudaimonia", ein Ausdruck, der sich zusammensetzt aus dem Adverb „eu", „gut", und einem Wort, das sich von „daimon" herleitet.

G Der daimon lebt als Dämon ja durchaus in unserer Sprache fort.

W Nur daß er bei uns, unter dem Einfluß des Christentums, in den Rang eines teuflischen Geists gesunken ist. Zur Zeit des Aristoteles bezeichnete „daimon" demgegenüber eine meist nicht näher bestimmte Schicksalsmacht, die dem Menschen nicht nur das Schlechte, sondern auch das Gute zuteilt.[6] „Eudaimonia" steht demnach für nichts anderes als ein gutes Geschick, moderner ausgedrückt: für das Gelingen des Lebens.

G Traditionell übersetzt man „eudaimonia" aber mit „Glück" oder „Glückseligkeit" ...

W ... was allerdings in der Neuzeit, nicht zuletzt bei Kant, zu vielen Mißdeutungen des antiken Philosophierens geführt hat: Eudaimonia besteht nämlich keineswegs in lebenslangem Wohlbefinden und beständiger Zufriedenheit oder im Begünstigtsein durch den Zufall, sondern darin, das Leben als ganzes gut zu führen, also nicht nur bezüglich unseres Empfindungswohls, sondern durchaus etwa auch in moralischer Hinsicht.[7]

D Ich frage mich aber, wie man angesichts der ganz unterschiedlichen und allzuoft einander widerstreitenden Interessen der Menschen dieser begrifflichen Bestimmung einen eindeutigen Inhalt zuweisen können soll.

W Eine solche Kritik findet sich bereits bei Immanuel Kant.[8] Wenn eine eindeutige inhaltliche Bestimmung von „eudaimonia" darin bestünde, einzelne Glücksgüter wie Prestige, Reichtum oder Gesundheit aufzuzählen und deren Vorzüge zu preisen, gebe ich Dir und Kant selbstverständlich recht; denn Reichtum kann bekanntlich den Charakter verderben, Prestigestreben Vermögen und Gesundheit kosten und Krankheit sich erweisen als (im Rückblick wünschenswerter) Anlaß zur Umgestaltung eines bislang erbärmlichen Lebens. Doch auf diese Weise geht Aristoteles ja gerade nicht vor. Vielmehr bestimmt er „eudaimonia" so, daß er dem Menschen damit nicht genau eine konkrete Lebensführung beziehungsweise Präferenzordnung vorschreibt. Mit Blick auf die Staatsphilosophie sei hier der Gedankengang von Buch I, Kapitel 6 der *Nikomachischen Ethik* skizziert und ergänzt durch Ausführungen aus der *Politik*: Wenn es überhaupt eine spezifisch menschliche eudaimonia gibt, dann muß sie, so Aristoteles, im Vollbringen der eigentümlichen Leistung des Menschen bestehen. Arterhaltung durch erfolgreiche Reproduktion, nacktes Überleben, körperliches Wohlbefinden und verläßliche sinnliche Wahrnehmung sind Ziele auch anderer Lebewesen. „Logos aber hat der Mensch als einziges unter den Lebewesen" (P I 2 1253a).

G Mit „logos" kommt schon wieder ein griechisches Wort ins Spiel. Hätte man es nicht einfach mit „Sprache" übersetzen können?

W Das Problem ist, daß „logos" (Plural: „logoi") – eine Allerweltsvokabel, deren Bedeutung von Wort, Text, Gespräch, Rede, Sprache über Thema, Definition bis hin zu Überlegung, Erklärung, Berechnung, Argument und schließlich Vernunft reicht – hier nicht nur die Fähigkeit zu sprechen bezeichnet, sondern ein ganzes Bündel von zusammenwirkenden Vermögen: so etwa den Verstand oder Intellekt als Vermögen allgemein des begrifflichen Denkens, im besonderen aber die Vernunft oder ratio als Vermögen des Begründens. Die Rationalität ist es denn auch, auf die man Aristoteles' ursprünglich so weite Bestimmung des Menschen über seine logos-Verfaßtheit im Laufe der Philosophiegeschichte formelhaft reduzierte: „Der den logos Habende" (ho ton logon echon; etwa EN VI 1 1138b) wurde auf diese Weise zum „animal rationale" beziehungsweise „vernunftbegabten (wörtlich: vernünftigen) Lebewesen" und führt als solches bis heute meist nur die pa-

pierene Existenz eines selbstverständlich gewordenen Exempels der Definitionslogik.
G Wie dem auch sei. Der Mensch verfügt also nach Aristoteles als einziges Lebewesen über logos. Worin besteht dann seine spezifische Leistung beziehungsweise eudaimonia?
W In der vollkommenen Entfaltung seines logos-Vermögens. Mit Aristoteles' eigenen Worten ausgedrückt: Eudaimonia ist „Wirken der Seele (psyche) gemäß dem logos oder zumindest nicht ohne logos" (EN I 6 1098a). Dabei umfaßt das psychische Wirken alles, was ein Lebewesen als lebende organische Einheit macht.[9] Diese Bestimmung der menschenspezifischen eudaimonia besagt folglich nichts anderes, als daß der Mensch genau dann ein gelingendes Leben führt, wenn er gemäß dem logos lebt.
G Ist sie damit aber nicht so weit, daß sie fast nichtssagend wird?
W Tatsächlich formuliert sie einen Zusammenhang, der so grundlegend ist, daß wir ihn meist gar nicht extra thematisieren. Doch genau darin besteht eine der Hauptaufgaben der Philosophie, nämlich das zur Sprache zu bringen, was allen als selbstverständlich erscheint. Dies ist der erste Schritt, um das Selbstverständliche in Frage zu ziehen und zu überprüfen. Nur so können wir uns von vielleicht ja falschen Selbstverständnissen befreien. Aristoteles' Definition von „eudaimonia" ist zudem gehaltvoller, als es auf den ersten Blick erscheinen mag. Denn sie besagt immerhin, daß das gesamte Leben des Menschen, inklusive seines körperlichen Verhaltens, logos-geformt ist.
G Was soll das heißen?
W Daß der Mensch als solcher gar nicht anders kann, als sich, seine Welt, sein Verhältnis zu ihr und sein Verhalten zum Gegenstand eines logos zu machen und aus diesem Verständnis heraus zu handeln.
G Wenn der Mensch aber gar nicht anders kann, als „gemäß dem logos oder zumindest nicht ohne logos" zu leben, dann würde ja das Leben eines jeden Menschen schon bereits deshalb gelingen, weil es ein menschliches Leben ist.
W Daß man die Formel „gemäß dem logos oder zumindest nicht ohne logos" in diesem rein deskriptiven Sinne mißverstehen könnte, hat auch Aristoteles in aller Deutlichkeit gesehen. Deshalb erläutert er sie durch „gemäß dem Gutsein" (kat' areten) und bestimmt „eudaimonia" auch als „Wirken der Seele (psyche) gemäß dem Gutsein" (EN I 6 1098a, P VII 8 1328a, 13 1332a). Demnach gelingt das menschliche Leben nur dann, wenn in ihm das spezifisch Menschliche, das logos-Vermögen, auf gute Weise entfaltet wird, d.h. wenn der Mensch ein richtiges Selbst- und Weltverständnis gewinnt sowie die Haltung, sich beim Handeln nur von den richtigen Grundsätzen leiten zu lassen. Das spezifisch menschliche Gutsein – traditionell wird „arete" mit dem etwas altertümlichen „Tugend" übersetzt – besteht demnach sowohl in der theoretischen Haltung, gemäß dem richtigen (orthos) logos zu denken, als auch der praktischen, aus dem richtigen logos zu handeln (EN VI 13 1144b).
G So wie Sie die aristotelische Position formulieren, erinnert sie sogar an Kants Forderung, nicht nur pflichtgemäß zu handeln, sondern auch aus Pflicht – z.B. nicht nur aus Furcht vor Sanktionen das Lügen zu unterlassen, sondern aus dem Bewußtsein, daß man schlicht nicht lügen soll. Doch während Kant versucht, eine unbedingte Verpflichtung aus der Rationalität des Menschen zu begründen,

scheint Aristoteles allein daraus, daß der Mensch mit einem logos-Vermögen nun eben einmal ausgestattet ist, zu folgern, daß der Mensch dieses Vermögen entfalten und ihm gemäß auch leben soll. Damit begeht Aristoteles offenbar den sogenannten „naturalistischen Fehlschluß" von einer rein deskriptiven (beschreibenden) Prämisse auf eine präskriptive (vorschreibende) Konklusion.
W Leider fehlt uns hier der Raum für einen Systemvergleich zwischen Kant und Aristoteles.[10] Den von Ihnen eben formulierten Standardeinwand[11] gegen Aristoteles' Ansatz können wir nach unserer Präzisierung des eudaimonia-Begriffs allerdings leicht entkräften. Denn es hat sich gezeigt, daß Aristoteles keineswegs naiv von dem bloßen Vorhandensein des logos-Vermögens darauf schließt, daß es auch entfaltet werden soll. Vielmehr behauptet er ganz zu Recht, daß der Mensch als solcher gar nicht leben kann, ohne dabei vom logos bestimmt zu sein. Es erhebt sich für den Menschen also gar nicht die Frage, ob er sein logos-Vermögen entfalten soll oder nicht; er kann gar nicht anders, als es zu entfalten. Nur wie er es entfaltet, nach und aus welchen logoi er lebt, kann und muß er selbst entscheiden. Trifft er dabei die falsche Wahl, scheitert sein Leben, wählt er in jeder Hinsicht den jeweils richtigen logos, hat er das geleistet, was er leisten kann, damit sein Leben gelingt.
G So weit zur Eudaimonie. Weshalb soll sie deshalb aber jenes Gut sein, um dessentwillen Staaten überhaupt bestehen?
W Ganz einfach: Isoliert und nur auf uns alleine gestellt, können wir keine befriedigende Antwort auf die Frage nach dem richtigen logos finden und die Praxis, aus ihm zu leben, nicht erwerben; dazu reicht unser charakterliches und kognitives Vermögen schlicht nicht hin. Ohne andere Menschen sind wir ja nicht einmal imstande, unser Sprachvermögen zu entfalten, geschweige denn eine hinreichend differenzierte Begrifflichkeit zu entwickeln, um diese Frage auch nur zu stellen. „Die Stimme (phone) zwar ist Signal von Schmerz und Lust, weshalb sie auch den anderen Lebewesen zukommt (denn bis dahin ist deren Natur gekommen: Wahrnehmung von Schmerz und Lust zu haben sowie diese einander zu signalisieren), der logos aber dient dazu, das Nützliche und Schädliche zu klären und damit auch das Gerechte und das Ungerechte; denn dies ist den Menschen gegenüber den anderen Lebewesen eigentümlich, allein eine Wahrnehmung von gut und schlecht, gerecht und ungerecht sowie dem übrigen zu haben: Die Gemeinschaft darin erzeugt Haus und Staat" (P I 2 1253a).

4. Der Mensch als physei politikon zoon

W Daraus folgt, „daß der Staat (polis) zu den naturgemäßen Dingen gehört und daß der Mensch ein von Natur politisches Lebewesen (physei politikon zoon) ist" (P I 2 1253a).
G Da haben wir endlich die berühmte Wendung vom „physei politikon zoon". Nur scheint mir Ihre wörtliche Übersetzung von „politikon" mit „politisch" doch etwas irreführend, zumindest wenn man den heute gängigen Sprachgebrauch zugrundelegt; demnach könnte man meinen, Aristoteles hätte zum Ausdruck bringen wollen, daß der Mensch von Natur aus ein Lebewesen sei, das sich politisch engagiert.

W Das ist hier selbstverständlich nicht gemeint, obzwar das Adjektiv „politikos" im Griechischen durchaus auch den Politiker bezeichnet.
G Sachlich treffender scheinen mir Übersetzungen wie „gemeinschaftsbezogen" oder „zum Staate gehörig".
W Will man sich wirklich exakt ausdrücken, müßte man ohnehin zu ausführlicheren Umschreibungen greifen wie etwa: „Wesen, das von Natur aus so beschaffen ist, daß sein Leben nur in einem Staat gelingen kann, " oder, „das sich nur in einem Staat auf richtige Weise entfalten kann". Doch welches Etikett wir auch immer wählen, verstehen werden wir diese Prägung allein aus ihrem systematisch-philosophischen Zusammenhang. Und darauf kommt es ja schließlich an.
G In diesen Zusammenhang gehört aber sicherlich auch ein bekannter aristotelischer Begriff, den Sie bisher nicht vorgestellt haben: „Entelechie", zusammengesetzt aus „en", „telos" und „echein", also wörtlich: das In-sich-das-Ziel-Haben, bezeichnet das Ziel, woraufhin etwas angelegt ist und welches dessen Entwicklung vorantreibt. Demnach wäre etwa die reife Pflanze die Entelechie, die bereits im Keim wirksam ist und den gesamten Reifeprozeß steuert. In Analogie hierzu könnte man das zoon politikon als Entelechie des Menschen auffassen, mithin als Entwicklungsprinzip, das während des gesamten Lebens im Menschen wirksam ist – ob er nun in einem Staat lebt und seine Vollendung realisieren kann oder nicht.
W Ein solcher Vergleich zwischen dem Bezogensein des Samens auf die ausgewachsene Pflanze und dem des Menschen auf sein Sein als politikon zoon legt es jedoch sehr nahe, Aristoteles als Vertreter eines „Aristotelismus" mißzuverstehen, den er selbst weder begründete noch vertrat. Die neuzeitliche Polemik gegen die aristotelische Rechtsphilosophie, wie sie sich vor allem an einer Konzeption des zoon politikon entzündete, welche sich am Vorbild organischen Wachstums orientiert, ...
H ... und wie wir sie bei Hobbes näher kennenlernen werden, ...
W ... trifft aber nicht den Autor der *Politik*, sondern bestenfalls einige mittelalterliche Theoretiker, die sich auf diese Schrift berufen. Denn nach Aristoteles strebt der Mensch die staatliche Gemeinschaft – anders etwa als die sexuelle Beziehung – ja gerade nicht aus einem wie auch immer gearteten biologisch determinierten Drang an. „Von Natur" zielt er vielmehr ausschließlich deshalb darauf ab, einem politischen Verband anzugehören, um etwas zu verwirklichen, wozu er alleine nicht imstande ist: eudaimonia als vom richtigen logos bestimmtes, gelingendes Leben. Zudem verwendet Aristoteles selbst den Ausdruck „entelecheia" keineswegs konsequent.[12] Da er also mehrdeutig und im Zusammenhang mit der zoon politikon-Konzeption irreführend ist, sollten wir diesen Ausdruck zumindest in staats- und rechtsphilosophischen Kontexten meiden.
H Solange man das damit Gemeinte nicht aus dem Blick verliert.
W Um dieser Gefahr zu begegnen, sollten wir uns kurz an den sachlichen Zusammenhang erinnern, worin wir auf das physei politikon zoon gestoßen sind: Die Natur (physis) einer Gemeinschaft hatten wir mit Aristoteles bestimmt als dasjenige, worumwillen sich die Menschen zu dieser Gemeinschaft zusammenschließen. Das Ziel jeder koinonia gründet demnach in den menschlichen Zielen, die ihrerseits die menschliche Natur ausmachen. Diese besteht erstens, wie bei anderen Lebewesen auch, in der Art- und Selbsterhaltung, zweitens, im Unterschied zu

Pflanze und Tier, in der richtigen Entfaltung des richtigen logos. Diejenige Gemeinschaft nun, die es dem Menschen eröffnet, alle diese Ziele zu erreichen, ist die vollkommene Gemeinschaft, der Staat. Als solche umfaßt er erstens alle übrigen Gemeinschaften, die er nicht nur addiert, sondern so organisiert, daß sie ihre jeweiligen Funktionen für sich und im Zusammenspiel mit den anderen optimal erfüllen können. Insofern ist er die umfassendste Gemeinschaft. Darüber hinaus ermöglicht uns nur der Staat, das bedeutendste Gut zu erwerben, die eudaimonia als Gelingen des menschlichen Lebens im ganzen. Dies macht ihn zur bedeutendsten Gemeinschaft und den Menschen zum Wesen, das von Natur ein Leben im Staat anstrebt.

G Das „physei" in der Formel vom politikon zoon und als Beiwort zu den genannten Gemeinschaften hätten wir damit ebenso geklärt wie die beiden ersten Sätze der *Politik*, worin Aristoteles die polis als bedeutendste und umfassendste koinonia charakterisiert. Eines ist aber vielleicht noch nicht ganz deutlich geworden: Warum soll nicht die Familie oder die Gemeinde dazu hinreichen, daß wir uns über das richtige Leben verständigen? Wozu benötigen wir, Aristoteles zufolge, letztlich immer den Staat?

W In der Familie, verstanden als gutshofartige Gemeinschaft, hören wir neben den Lauten des Nutzviehs bestenfalls die Meinung der Bediensteten und Eltern; deren Sicht der Dinge zu hinterfragen und zu überprüfen oder auch nur als eine unter vielen möglichen zu begreifen, kann uns gar nicht in den Sinn kommen, solange wir keine anderen Ansichten kennenlernen. Mit der dörflichen Gemeinschaft steht es da schon besser: Dort begegnet uns eine Auswahl an unterschiedlichen Charakteren, die Einschätzungen einzelner Situationen prallen auf dem Markt und im Wirtshaus aufeinander, und man pflegt eine gemeinsame Religion, die in Mythen und vielleicht ja sogar Begriffen über die Alltagssprache hinaus mit Vokabular und Bildern zur Reflexion versorgt. Die Entfaltung des logos auf dörflichem Niveau wird allerdings nicht sonderlich differenziert, kaum geordnet und alles andere als grundlegend ausfallen, die vorgefundenen Lebensformen werden sich voneinander im großen ganzen nicht unterscheiden. Erst der Staat, Offenheit vorausgesetzt, bringt die Konfrontation mit einer Vielzahl von Entwürfen – bedingt etwa durch die soziale Differenzierung oder die Bekanntschaft mit Angehörigen fremder Kulturen und unterstützt durch den Umstand, daß es sich einige Bürger leisten können, mit ihrer Lebensführung zu experimentieren. Es gibt mannigfaltige Orientierungshilfen und Anlässe zur Reflexion: so etwa einen Kunst- und Wissenschaftsbetrieb, eine Fülle von Bildungsangeboten und nicht zuletzt Philosophinnen und Philosophen ...

H Mein persönliches Vertrauen in die Fähigkeit von Philosophen, zum Gelingen unseres Lebens beizutragen, ist beschränkt.

W Zumindest Rechts- und Staatsphilosophen sowie Politikwissenschaftler wirst Du aber hoffentlich nicht für ganz nutzlos halten. Denn aus der Bestimmung des Menschen als physei politikon zoon folgt ja keineswegs, daß er nur seinen natürlichen Trieben folgen müsse, um mit anderen Menschen einen stabilen und der Eudaimonie förderlichen Staat zustandezubringen. Hierfür muß er sich im Verein mit den anderen Bürgern die entsprechenden politischen Fähigkeiten erst erarbeiten. Wie nun die polis deshalb die umfassende und bedeutendste Gemeinschaft ist, weil die Menschen nur in ihr eudaimonia verwirklichen können, so sind politisches Wissen und Wirken deshalb allen anderen Wissenschaften und Tätigkeiten übergeordnet, weil sie dasjenige zum Gegenstand haben, worumwillen es Staaten überhaupt gibt und worin das umfassendste und höchste Gut des Menschen besteht: die eudaimonia. Daher ist es die Politik – als theoretische wie praktische Disziplin –, die letztlich bestimmt, „welche von den Wissenschaften in den Staaten erforderlich sind und was für welche ein jeder wie weit lernen soll. ... außerdem gibt sie die Gesetze, was zu tun und zu lassen ist" (EN I 1 1094a-b).

H Die Politikwissenschaft als Königin der Wissenschaften – das gefällt mir... Jedenfalls ist es doch wohl eine bis heute (und gerade heute) richtige Einsicht, daß der Mensch des Staates bedarf, um sich entfalten zu können und um eudaimonia zu erlangen.

W Aristoteles unterscheidet übrigens durchaus zwischen einer Ethik im engeren Sinne als Theorie des individuellen Gutseins und einer Politik im engeren Sinne als Theorie des Gutseins von Staaten. Beide allerdings handeln von der eudaimonia beziehungsweise dem Gutsein des Menschen und behandeln diesen einen, beiden gemeinsamen Gegenstand nur aus unterschiedlichen Blickwinkeln. Aus der von uns eingenommenen Perspektive der Politik stiftet die Verfaßtheit des Menschen als physei politikon zoon diesen sachlichen Zusammenhang. Würden wir uns ihm von der Ethik her angenähert haben, hätten wir ihn aus Aristoteles' Handlungs- und Tugendtheorie, wie er sie in der *Nikomachischen Ethik* entfaltet, entwickeln müssen. Gemäß der *Politik* dürfen Ethik und Politik deshalb nicht inhaltlich getrennt voneinander betrieben werden, weil einerseits der einzelne Mensch nur in einem guten Staat gut leben und sich zum guten Menschen entfalten kann: „Wer aber zur Gemeinschaft nicht fähig ist oder sie aufgrund seiner Unabhängigkeit nicht braucht ist kein Teil des Staates, sondern Tier oder Gott" (P I 2 1253a). Andererseits muß der Staat, um gut zu sein und seine Funktion zu erfüllen, gute Bürger haben. Auch insofern ist es also nach Aristoteles offensichtlich, „daß sich der Staat, der diese Bezeichnung wahrhaft verdient und nicht nur so heißt, um das Gutsein (arete) kümmern muß. Denn sonst wäre die Gemeinschaft nur ein Beistandspakt ... und das Gesetz (nomos) ein Abkommen ..., aber nicht imstande, die Bürger gut und gerecht zu machen" (P III 9 1280b). Der Staat ist folglich bereits als solcher Erziehungs- und Tugendstaat.[13]

G Im Staat des Grundgesetzes liegt die Erstverantwortung für die Erziehung bei den Eltern, die nach Art. 6 Abs. 2 GG sowohl das „natürliche Recht" als auch die „zuvörderst ihnen obliegende Pflicht" zur „Pflege und Erziehung" ihrer Kinder haben – weshalb die Bundesrepublik Deutschland kein „Erziehungsstaat" im aristotelischen Sinne ist. Nach ständiger Rechtsprechung des Bundesverfassungsgerichts enthält Art. 7 Abs. 1 GG („Das gesamte Schulwesen steht unter der Aufsicht des Staates") aber auch einen staatlichen Erziehungsauftrag, der im schulischen Bereich der Elternverantwortung nicht nach-, sondern gleichgeordnet ist.[14] Obwohl diese Gleichordnung gewisse dogmatische Probleme bereitet (die hier nicht zur Debatte stehen), reicht sie dogmenphilosophisch ohne weiteres aus, um eine Gleichschaltung der Schule zu verhindern, wie Deutschland sie in zwei totalitären Regimen im 20. Jahrhundert erleben mußte. Denn selbst nach Gleichordnungsrechtsprechung hat die Schule die elterliche Verantwortung für den Gesamtplan der Erziehung zu respektieren. Im übrigen hat die Schule auch einen

Bildungsauftrag, der in der weltanschaulich neutralen Ordnung des Grundgesetzes nicht mit einer ideologischen Indoktrination der Schüler einhergehen darf, sondern die Vielfalt möglicher Antworten auf die Frage einer guten Ordnung des individuellen, gesellschaftlichen und staatlichen Lebens darstellen muß. Insofern wünschte ich mir als Rechtslehrer, daß ein Grundverständnis für die Fragen, die wir hier diskutieren, schon in der Schule – jedenfalls im Gymnasium – vermittelt würde.

III. Relationale Gerechtigkeit

1. Das Gerechte als das Normgemäße und als das Gleiche

W „Da in allen Wissenschaften und technai[15] das Ziel ein Gut ist, ist es in der bedeutendsten von allen das höchste Gut und das am meisten Gute. Diese [Wissenschaft beziehungsweise techne] ist die politische Fähigkeit (politike dynamis), das politische Gut ist das Gerechte (dikaion), dieses ist das für die Gemeinschaft Nützliche" (P III 12 1282b). Diese Passage gibt einen Hinweis, warum Aristoteles aus all den Themen, die für das Gelingen des menschlichen Lebens relevant sind, gerade die Klärung des Gerechten – wie etwa in obigem Zitat aus P I 2 1253a – als unsere Aufgabe bei der Entfaltung des logos besonders hervorhebt: Denn Gerechtigkeit (dikaiosyne) ist das höchste Gut der Politik.

H Da Aristoteles zuvor Eudaimonie als Gegenstand der Politik bestimmte, müßten demnach Gerechtigkeit und Eudaimonie dasselbe sein.

W Aus der Perspektive der Politik ist dies tatsächlich der Fall. Denn die Politik nimmt die eudaimonia des Menschen ja als Ziel der Gemeinschaft in den Blick, und das in ihr thematische menschliche Gutsein ist jenes, das im Staat herrschen muß, damit in ihm dieses Ziel erreicht werden kann. Die Gerechtigkeit als das spezifisch politische Gutsein (politike arete) unterscheidet sich demnach nicht in Inhalt und Umfang von dem Gutsein des Menschen überhaupt; sie ist vielmehr jener Aspekt des ganzen Gutseins, der sichtbar wird, betrachtet man, worin dieses Gutsein im Verhältnis zu den anderen Menschen besteht: „Diese Gerechtigkeit ist nun zwar das vollkommene Gutsein, nicht aber schlechthin, sondern in bezug auf den anderen (pros heteron). ... Vollkommen aber ist sie, weil, wer sie hat, das Gutsein auch auf den anderen (pros heteron) anwenden kann. ... Sie tut nämlich das dem anderen – dem Regierenden oder dem Gemeinschaftsmitglied – Nützliche" (EN V 3 1129b-1130a).

H Das klingt beim ersten Hören wie eine Forderung nach Altruismus, Nächstenliebe und Selbstlosigkeit.

W Damit hat die aristotelische Gerechtigkeitskonzeption aber überhaupt nichts zu tun. Denn der mit der Wendung „pros heteron" ausgedrückte Fremdbezug liegt ja durchaus im eigenen Interesse und ist begründet in der Abhängigkeit der eigenen eudaimonia vom Gelingen des Lebens und dem Gutsein auch der anderen Gemeinschaftsmitglieder. Bei dieser Gerechtigkeit handelt es sich demnach nicht um die Tugend des herzensguten Mitmenschen, sondern um Kompetenz und Integrität des politisch erfahrenen, gebildeten und klugen Bürgers, der an der Gestaltung seines Gemeinwesens engagiert mitwirkt. Das durch ihn erzeugte Gerechte (dikaion) ist demnach nichts anderes als das Normgemäße (nomimon, von dem ja bereits von Platon her bekannten „nomos") in einem sehr weiten Sinne – es umfaßt sowohl die richtige Gesetzgebung, allgemein: das Herrschen jener Normen im Staat, die das Gelingen des Lebens fördern, als auch deren Befolgung durch die Mitglieder der Gemeinschaft. „Deshalb nennen wir auf eine Weise das 'gerecht', was in der politischen Gemeinschaft eudaimonia und deren Teile erzeugt und erhält" (EN V 3 1129b).

H Demnach gibt es, Aristoteles zufolge, auch eine andere Verwendungsweise von „gerecht"?

W Durchaus. Jedoch handelt es sich bei ihr genaugenommen nur um einen Spezialfall – einen „Teil", wie Aristoteles sich auch hier ausdrückt (EN V 5) – der bisher erläuterten Gerechtigkeit, der selbst wiederum in zwei große Arten zerfällt. Das Gerechte in diesem Sinne ist das Gleiche (ison), wie es in Situationen einmal der Verteilung von Gütern, einmal des Ausgleichs für den Verlust von Gütern verwirklicht werden soll (EN V 6-8).

D Im Mittelalter, namentlich bei Thomas von Aquin, wurden diese beiden Arten der Gleichheit unter den Titeln „iustitia distributiva" und „iustitia commutativa" thematisch. Auch heute sprechen wir noch von „zuteilender" und „ausgleichender Gerechtigkeit".

W Zuerst zur ausgleichenden Gerechtigkeit: Sie bewirkt das „Herstellen des Richtigen in den Beziehungen des Austauschs" (EN V 5 1131a, 7 1131b). Für die Organisation des Staates ist sie daher weniger relevant. Denn anzustreben ist sie erstens immer dann, wenn man ein Gut hergibt, um ein anderes zu bekommen, wie bei Tausch und Kauf, also vor allem im ökonomischen Handeln und überall dort, wo man Verträge schließt und sich verabredet. Zweitens ist kommutative Gerechtigkeit das Ziel, wenn eine Vereinbarung nicht eingehalten wird oder man – wie etwa bei Diebstahl, Beleidigung und Mord – unfreiwillig eine Einbuße erleidet.

G Während es für die Vertragsverhältnisse des Zivilrechts völlig klar ist, daß es hier um Ausgleich und damit um die iustitia commutativa geht, wird dies für die Rechtsverhältnisse des Strafrechts nicht immer gesehen: Strafe ist Ausgleich für begangenes Unrecht durch Wiederherstellung des Rechts oder – in einer durch Hegel berühmt gewordenen Formulierung – „Negation der Negation" des Rechts.[16]

W Mit Blick auf die zuteilende Gerechtigkeit müssen wir besonders ein Merkmal der ausgleichenden Gerechtigkeit hervorheben: Für sie macht es keinen Unterschied, „ob ein Guter einen Schlechten beraubte oder ein Schlechter einen Guten ... Sondern nur auf den Unterschied hinsichtlich des Schadens schaut das Gesetz und behandelt sie als Gleiche: ob der eine Unrecht tut, der andere Unrecht erleidet und ob der eine schädigte, der andere geschädigt worden ist" (EN V 7 1132a).

G Art. 3 Abs. 1 GG sagt dazu in schöner Schlichtheit: „Alle Menschen sind vor dem Gesetz gleich" und bringt damit den rechtsstaatlichen Grundgedanken zum Ausdruck, daß es nicht etwa die Natur ist, die uns Menschen gleich macht, sondern das Gesetz. Verfassungsrechtlich gilt dies allerdings – anders als bei Aristoteles – nicht nur für Zivil- und Strafrechtsverhältnisse, sondern für alle Rechtsverhältnisse.[17]

W Bei Aristoteles bezieht sich die durch ausgleichende Gerechtigkeit angestrebte Gleichheit ausschließlich auf die Güter: Das erhaltene Gut soll ihrgemäß gleich viel wert sein wie das gegebene Gut. Ihre Formel ist: $W_{G_a}=W_{G_b}$ (wobei W_{G_x} für den Wert des Gutes x steht). Die am Austausch beteiligten Menschen kommen in dieser Gleichung nicht vor. Man muß sozusagen nur die „Zahl" (arithmos) des jeweiligen Wertes der ausgetauschten Güter ermitteln, um festzustellen, ob kommutative Gerechtigkeit vorliegt oder nicht: Im Anschluß an Aristoteles sprechen wir daher davon, daß es sich bei ihr um „arithmetische" Gerechtigkeit handelt. Zuteilende Gerechtigkeit besteht demgegenüber in der Gleichheit zwischen Verhältnissen – und zwar solchen zwischen dem Wert eines Menschen und dem Wert des Gutes, das er zugeteilt bekommt.

H Womit Aristoteles ja wohl nicht meint, daß es minderwertige Menschen gebe.

W Nicht in dem Sinne, wie wir es heute – etwa in Debatten um Euthanasie – gewohnt sind, „minderwertig" zu hören. Der Wert (axia, EN V 6 1131a) eines Menschen ist nach Aristoteles lediglich das Maß dafür, wie viel ein Mensch in einem bestimmten Handlungsbereich zum Erfolg beitragen kann. „Denn wenn jemand in der Flötenkunst überlegen wäre, es ihm aber an guter Herkunft und Schönheit sehr fehlte, soll man diesem dennoch die besseren Flöten geben, auch wenn jedes einzelne davon – ich meine die gute Herkunft und die Schönheit – ein größeres Gut ist als die Flötenkunst und der Flötenkunst proportional mehr überlegen ist als jener in der Flötenkunst" (P III 12 1282b-1283a). Für jemanden, der wenig oder nichts zum Gelingen einer musikalischen Darbietung beitragen könnte, wäre es demnach zwar durchaus gerecht, daß er kein Instrument erhält und nicht ins Orchester aufgenommen wird. Die aberwitzige Konsequenz aber, daß deshalb sein Leben als ganzes wertlos und er womöglich gar zu eliminieren sei, zieht Aristoteles selbstverständlich nicht.

G Dennoch sollten wir sehr vorsichtig sein, Menschen in politischen Zusammenhängen nach ihrer Wertigkeit gegeneinander abzuwägen. Denken Sie etwa an die Erfahrungen, die man im 20. Jahrhundert mit einem menschenverachtenden Totalitarismus machte.

W Ihre Mahnung zur politischen Korrektheit kann ich nur bekräftigen. Wir werden ja noch ausführlich denjenigen Begriff behandeln, der gegen alle in der Neuzeit so vehement auftretenden Versuche in Stellung gebracht wurde und wird, den Menschen auf seine Funktionen in einem übergeordneten Zusammenhang zu reduzieren: den Begriff der Menschenwürde. Aristoteles konnte da noch viel gelassener vom „Wert" eines Menschen sprechen; denn das menschliche Individuum sah sich in der Antike noch nicht oder zumindest nicht in dem Maße von der völligen Auflösung in einem System bedroht. Der Sache nach ist dieser Sprachgebrauch des Aristoteles nicht anstößiger als der Inhalt eines Zeugnisses. Vielleicht sollten wir „axia" an dieser Stelle daher nicht mit „Wert", sondern lieber mit „Kompetenz" übersetzen.

H Nun aber zurück zur zuteilenden Gerechtigkeit.

W Da es sich bei der iustitia distributiva um eine Gleichheit von Verhältnissen handelt, ist ihre Formel, mathematisch gesprochen, die Formel einer Proportion: $K_{M_a}:W_{G_a}=K_{M_b}:W_{G_b}$ (die Kompetenz des Menschen a verhält sich zum Wert des Gutes, das a zugeteilt bekommt, wie die Kompetenz des Menschen b zum Wert des Gutes, das b erhält). Die zuteilende Gerechtigkeit selbst ist insofern

„proportionale" Gerechtigkeit. Ihr gemäß gilt: Je kompetenter der Mensch, desto höher der Wert des zugeteilten Gutes. Prägnant drückt Aristoteles diesen Zusammenhang mit der Forderung aus, daß „den Gleichen Gleiches zukommen soll" (P III 12 1282b).
H Auf welche Güter bezieht sich nun diese Gerechtigkeit?
W „... auf die Zuteilung von Anerkennung, Besitz und dem anderen, so viel auf die Gemeinschaftsmitglieder der staatlichen Ordnung verteilt werden kann" (EN V 5 1130b). Der hier mit „Anerkennung" übersetzte Ausdruck „time" bezeichnet nicht nur das Sozialprestige („Ehre"). Denn mit hohem gesellschaftlichen Ansehen verbunden ist in der Antike immer auch die Erwartung der Anerkennenden wie der Anspruch seitens des Anerkannten, daß dieser an der Gestaltung seiner Gemeinschaft gemäß der ihm entgegengebrachten Anerkennung teilnimmt.[18] Mit der distributiven haben wir somit jene Gerechtigkeit gefunden, nach der wir entscheiden sollen, wer wie an der Gestaltung der Gemeinschaft zu beteiligen ist (P III 9, 12 f.).

2. Gemeinwohl, Freiheit, phronesis: polites und politische Regierung

W Aus dem bisher Entfalteten wird bereits klar, wer regieren soll: All und nur jene, die kompetent sind, den Staat so zu organisieren und zu leiten, daß er das Gelingen des Lebens seiner Mitglieder so gut wie möglich fördert.
H Ähnlich weit sind wir auch schon bei Platon gekommen. Welche Staatsform entspricht nun nach Aristoteles dieser Forderung am besten?
W Nähern wir uns einer Antwort über den Begriff des Bürgers (polites): „Bürger ist im allgemeinen der am Regieren und Regiertwerden Teilhabende, in jeder Staatsordnung (politeia) ein anderer, in der besten aber, wer es vermag und präferiert, regiert zu werden und zu regieren auf das Leben gemäß dem Gutsein hin" (P III 13 1283b-1284a, auch P III 1, III 4 1277a). Aus dieser Bestimmung folgt, daß nicht jeder, der einen Beitrag zum Gelingen des Staates leistet, wie unverzichtbar er für dessen Funktionieren auch sein mag, deshalb bereits Bürger ist. Sklaven oder Gastarbeiter etwa wären auch in einer polis, die ohne deren Leistungen gar nicht existieren könnte, keine Bürger. In den Stand eines polites könnte man nach Aristoteles aber auch nicht bloß durch Verleihung der Staatsbürgerschaft gehoben werden. Polites ist nur, wer an der Regierung, auf welche Weise auch immer, tatsächlich partizipiert und die polis besteht, genau genommen, nur zwischen den Bürgern. Aristoteles kann und muß deshalb und aufgrund seiner Bestimmung des Staates allein über seine Funktion sogar behaupten, daß sich die politische Gemeinschaft in der Menge der Bürger, die zur Realisierung der eudaimonie ihrer Bewohner hinreichen, erschöpft (P III 1 1275b). Die entscheidende Frage nach der distributiven politischen Gerechtigkeit lautet demnach, wie viele Bewohner eines Staates aufgrund welcher Qualifikation Bürger sein sollen.
G Das Ziel des Staates und der Bürger bleibt aber die eudaimonia aller Bewohner?
W Durchaus. Denn kümmerten sich die Regierenden nur um ihre eigenen Vorteile, könnten sie erstens, wie ja bereits Platon erkannte, kein auf Dauer stabiles und der Entfaltung des Gutseins förderliches Gemeinwesen zustandebringen,

zweitens würden sie sich im Versuch, ihre Macht gegen die Widerstände der Untertanen aufrechtzuerhalten, ganz aufreiben und darüber schließlich die Suche nach dem richtigen logos vernachlässigen, nur aus dem heraus eudaimonia ja realisiert werden kann.[19] „Es ist nun klar, daß die Staatsordnungen, welche auf das Gemeinwohl sehen, die gemäß dem schlechthin Gerechten richtigen sind, welche aber nur auf den Eigennutz der Regierenden blicken, sind alle verfehlt und Abweichungen von den richtigen Staatsordnungen: Denn sie sind despotische, der Staat aber ist eine Gemeinschaft von Freien" (P III 6 1279a).

G Mit den Begriffen des Gemeinwohls und der Freiheit sind weitere zentrale Begriffe der Rechts- und Staatsphilosophie angesprochen. Besonders Rousseaus Versuch, sie zusammenzudenken, wird uns später noch beschäftigen. Worin das Gemeinwohl nach Aristoteles besteht, läßt sich aufgrund der bisherigen Ausführungen leicht angeben: offenbar in der eudaimonia als Ziel des Staates. Was aber versteht Aristoteles unter „Freiheit" (eleutheria)?

W Das wesentliche Merkmal des Freiseins wurde bereits oben in der Bestimmung des Bürgers genannt: nämlich zu regieren und regiert zu werden.[20]

G Dies klingt wie eine Vorwegnahme des Rousseauschen Freiheitsbegriffs, der ja so emphatisch von Kant übernommen und ausgebaut wurde. Demnach besteht Freiheit kurz gesagt darin, einem selbstgegebenen Gesetz zu gehorchen.

W Ich habe nichts dagegen, Aristoteles so anspruchsvoll wie möglich zu interpretieren, wenn mir auch scheint, daß seine Rede von der Teilhabe am Regieren und Regiertwerden schwächer zu verstehen ist – nämlich entweder in dem Sinne, daß der Regierende nicht über den von ihm erlassenen Normen steht, so daß, was immer er festsetzt, er auch sich selbst vorschreibt (P III 16 1287a), oder so, daß selbst der Regierende, ist er nicht gerade Monarch, immer auch damit rechnen muß, daß er sich mit seiner Auffassung unter den Mitregierenden nicht durchsetzt und sich an eine Regelung zu halten hat, die ihm mißfällt (P III 4). Fest steht jedenfalls, daß nach Aristoteles all jene frei sind, die an der Regierung partizipieren, also die Bürger. Auch der Zusammenhang zwischen Gemeinwohlorientierung und Freiheit, wie ihn Aristoteles sieht, ist klar: Nur wer beim politischen Handeln auf die eudaimonia aller Bewohner des Staates abzielt, darf und soll an der Regierung teilnehmen. Folglich ist die Gemeinwohlorientierung eines Regierenden notwendige Bedingung für die Legitimität seiner bürgerlichen Freiheit.

G Einen Ausdruck aus obigem Zitat müssen wir noch erläutern: den der „despotischen" Staatsordnungen.

W Auch er versteht sich aus dem Zitat von selbst: Despotisch (von „despotes", eigentlich „Herr" im Gegensatz zu Knecht und Sklave) ist eine Staatsordnung genau dann, wenn nicht alle und nicht nur die dafür Qualifizierten an der Regierung teilnehmen. Das Gegenteil hiervon ist, wie nicht anders zu erwarten, die politische Regierung, worin distributive Gerechtigkeit realisiert ist: „die politische ist eine Regierung (arche) der Freien und Gleichen" (P I 7 1255b, auch III 4 1277b).

H An Deinen Übersetzungen gefällt mir, daß Du „arche" mit „Regierung" wiedergibst. Oft spricht man hier von „Herrschaft". Und auch, wenn man sich nicht zu sehr um Worte streiten sollte, so mag doch die Sensibilität für den richtigen Ausdruck auch eine solche für die Unterschiede zwischen Phänomenen befördern. Und der Ausdruck „Herrschaft" verweist eben auf ein Phänomen, das sich auf ein

Verhältnis zwischen Ungleichen bezieht, während Freie und Gleiche eben gleich sind, was man mit dem Ausdruck „Regierung" viel schöner zum Ausdruck bringen kann. Nochmal zurück zum Begriff des Bürgers: Du sprichst immer nur davon, daß diejenigen, die zu Recht Bürger sind, über die Qualifizierung oder Kompetenz verfügen, den Staat so zu gestalten, daß eudaimonia beziehungsweise menschliches Gutsein in ihm möglichst gut verwirklicht werden kann. Sehr aussagekräftig ist das ja nicht gerade.

W Eine ähnliche Kritik hast Du ja bereits Platon gegenüber geäußert. Auch für Aristoteles gilt: Um zu klären, worin ihm zufolge das Gutsein besteht, das einen Menschen zum Bürger qualifiziert, müßten wir seine gesamte Ethik entfalten. Denn der gute Bürger ist vom insgesamt guten Menschen nur in einem despotischen Gemeinwesen verschieden. In der politischen Gemeinschaft, die tatsächlich auf die eudaimonia ihrer Mitglieder abzielt, herrschen selbstverständlich diejenigen, die über das Wissen und Können verfügen, ein gutes Leben zu führen (P I 13 1260a, III 4, III 18). Um die Frage nach den Charakteristika des zu Recht im gerechten Staat Regierenden zu beantworten, müßten wir folglich die gesamte aristotelische Konzeption des guten Menschen und gelingenden Lebens entfalten. Mit Blick auf unser Gespräch über die römische techne der Jurisprudenz will ich hier eine in der *Nikomachischen Ethik* zentrale Art des Gutseins aber wenigstens erwähnen, die Aristoteles an mehreren Stellen der *Politik* (etwa III 4 1277b, IV 1 1289a, VII 9) hervorhebt: Die phronesis ist die „Haltung, mit wahrem logos Handlungen zu vollziehen, die das für den Menschen Gute und Schlechte betreffen" (EN VI 5 1140b). Anders als etwa die Wissenschaft (episteme) bezieht sich phronesis demnach „nicht nur auf das Allgemeine, sondern muß auch den Einzelfall kennen; denn sie ist handlungsbezogen (praktike), die Handlung (praxis) aber geht auf den Einzelfall" (EN VI 8 1141b). Sie ist somit die Entfaltung des logos-Vermögens in praktischer Hinsicht. Als solche unterscheidet sie sich auch von der herstellenden (und nicht handelnden) Haltung der später näher zu erläuternden techne und macht den, der sie hat, zu einem in jeder Hinsicht guten Menschen und nicht bloß zu jemandem, der über eine begrenzte Fachkompetenz verfügt. Wir könnten „phronesis" daher mit „praktische allgemeinmenschliche Klugheit" übersetzen.

D Bei Platon hingegen qualifizierte gerade ein Wissen (episteme) zur Teilnahme an der Philosophenherrschaft. Aristoteles scheint sich mit seiner phronesis-Konzeption davon deutlich abzusetzen.

W Ob die Differenz zwischen Aristoteles und seinem Lehrer Platon diesbezüglich wirklich so groß ist, wie oft behauptet, sowie ob und gegebenenfalls worin sich die platonische episteme von der aristotelischen phronesis unterscheidet, müssen wir hier offenlassen. Fest steht nur, daß sie beide jeweils eine ähnliche systematische Funktion erfüllen: Jede von ihnen dient als zentrale Konzeption bei der Bestimmung des gerecht und insofern rechtmäßig Regierenden.

H Ich möchte noch bei der phronesis, der Klugheit, verweilen und darauf hinweisen, daß phronesis genau das Vermögen darstellt, das man als „politisch" bezeichnet: Politisches Denken und Handeln ist kluges Denken und Handeln. Von daher erleichtert ein angemessenes Verständnis von Klugheit auch ein Verständnis dessen, was Politik ist. Allerdings steht einem solchen Verständnis heute der Umstand im Wege, daß der Begriff der Klugheit im Laufe seiner geschichtlichen

Entwicklung besonders seit dem 18. Jahrhundert einen Bedeutungswandel und eine damit einhergehende Abwertung erfahren hat. Ein Ergebnis dieses Prozesses besteht darin, daß man in unserer Zeit unter Klugheit oft Verschlagenheit, Cleverness oder Geschicklichkeit zum Zwecke der Beförderung persönlicher Vorteile, mithin unter Klugheit eine moralisch eher zweifelhafte Angelegenheit versteht. Ein solches Verständnis paßt dann auch zu so mancher landläufigen Auffassung von Politik als moralisch fragwürdigem Geschäft – eine Auffassung, der wir noch unter dem Stichwort „Machiavellismus" begegnen werden. Aber bei Aristoteles können wir lernen, daß ein solches Verständnis von Klugheit viel zu kurz greift. Es gilt zunächst zu betonen, daß nicht bereits jedes taktisch geschickte oder zweckrationale Handeln als solches klug ist.

W Dies betont bereits Aristoteles selbst, wenn er phronesis deutlich unterscheidet von „deinotes" – dem Vermögen, Mittel zu vorgegebenen Zwecken zu finden und erfolgreich anzuwenden (EN VI 13 1144a, VII 11 1152a). Demgegenüber ist der Kluge (phronimos) charakterisiert durch die Fähigkeit, „sich trefflich über das für ihn Gute und Nützliche zu beraten, nicht teilweise etwa über das Wie bezüglich Gesundheit und Stärke, sondern das Wie bezüglich des gut Lebens (eu zen) im ganzen" (EN VI 5 1140a).

H Es geht bei Klugheit also nicht einfach um das Erreichen von einzelnen Zwecken, sondern um ein gelingendes Zusammenleben. Genau deshalb gehört sie ja zum Bereich der praxis, also zum Handeln, nicht zur techne, zum Herstellen. Damit ist auf folgendes verwiesen: während die Ergebnisse des Herstellens künstlerische und technische Produkte sind, sind wir selbst in unseren Beziehungen zu anderen Menschen das „Ergebnis" des klugen Handelns. Das Handeln hat also seinen Zweck nicht außer sich, sondern ist Selbstzweck.

G Auf den Begriff der Selbstzweckhaftigkeit werden wir auch in unserem Gespräch über die Menschenwürde stoßen. Was meinen Sie hier damit?

H Lassen Sie mich die Selbstzweckhaftigkeit, wie ich sie hier verstehe, vorerst an einsichtigen Beispielen erläutern: eine Liebesbeziehung ist ebenso Selbstzweck wie etwa das Zusammensein in geselliger Runde mit Freunden. In solchen sozialen Beziehungen geht es nicht primär um das Erreichen eines bestimmten Zieles, sondern einfach darum, zusammenzusein und sich in diesem Zusammensein wohlzubefinden. Und das Vermögen, das Zusammensein gelingen zu lassen, ist die Klugheit.

W Mit dieser Bestimmung nimmst Du aber den aristotelischen Begriffen der Freundschaft beziehungsweise der Liebe (EN VIII f.) und der Klugheit ihren tugendethischen Gehalt. Denn philia und phronesis haben nach Aristoteles schließlich kein unspezifisches Wohlbefinden zum Ziel, sondern die in der *Nikomachischen Ethik* ausführlich behandelte Vervollkommnung als Mensch. Ebensowenig aristotelisch ist Deine Beschränkung auf den Bereich des Zusammenlebens. Denn Aristoteles betrachtet phronesis in erster Linie als individuelles Gutsein, weshalb er Klugheit, wie im letzten Zitat, ja auch vom einzelnen her, nämlich als Eigenschaft des Klugen (phronimos) bestimmt. Daß der einzelne eudaimonia nur als Bürger einer gelingenden politischen Gemeinschaft verwirklichen kann, hat demgegenüber den systematischen Status nur eines weiterführenden Gedankens.

H Mir geht es jetzt auch weniger darum, Aristoteles als Moralphilosophen zu interpretieren. Vielmehr möchte ich seine Klugheitskonzeption in politik- und sozialphilosophischer Richtung folgendermaßen weiterdenken: Das Gelingen von sozialen Beziehungen ist nicht ein für allemal zu sichern, sondern ist eine sich im Einzelfall oder in der je konkreten Situation, die sich wandelt und verändert, immer wieder neu stellende Aufgabe. Mithin hat es kluges Handeln mit Dingen zu tun, die veränderbar sind. Es kommt also darauf an, in der konkreten Situation das Richtige beziehungsweise das Gute zu tun. Das gelingt aber nur, wenn man die konkreten Umstände der jeweiligen Situation in Rechnung stellt. Diese Umstände wiederum sind geprägt von den personalen Konstellationen, also etwa davon, welche Absichten, Interessen, Launen oder Befindlichkeiten die anderen in die Situation „einbringen" und diese gilt es zu berücksichtigen, will man der Situation entsprechend angemessen handeln. Wir alle kennen das aus dem Alltagsleben, wo es uns besonders bewußt wird, wenn wir in schwierigen Situationen handeln müssen (etwa bei einem Streit unter Freunden oder Ehepartnern) und wir uns fragen, was darin das richtige Handeln ist. So würde ich die Klugheit umschreiben als das an den jeweils konkreten Umständen einer Situation – also den personalen Konstellationen – orientierte Handeln. Kluges Handeln ist somit auch kein nur sachorientiertes Handeln, sondern ein primär situationsorientiertes und damit insbesondere personorientiertes Handeln.

W Ob man personorientiertes so scharf von sachorientiertem Handeln trennen darf, wage ich zu bezweifeln. Aristoteles jedenfalls verfährt diesbezüglich schon deshalb nicht so schematisch, weil jedes wahrhaft „personorientierte" Handeln auf die moralische „Sache" abzielt, den anderen in seinem Gutsein als Mensch zu fördern. Phronesis bezieht sich, wie bereits zitiert, demnach durchaus auch „auf das Allgemeine", bloß eben „nicht nur" (EN VI 8 1141b).

H Mit Blick auf eine Theorie der Politik gilt es jedenfalls festzuhalten, daß Klugheit etwas ist, das überall im sozialen Leben vorkommt, sie ist insofern ein Modus von Interaktion, den wir alle aus unserem persönlichen Leben kennen. Aber es ist dieselbe Klugheit, die politisches Handeln ausmacht. In der Politik nämlich geht es auch um das gelingende Zusammenleben von Menschen und zwar um das Zusammenleben eines Volkes und um das Zusammenleben von politischen Verbänden. Diese Aufgaben stellen sich tagtäglich neu und die Politiker sind tagtäglich damit beschäftigt, verschiedene Interessen, Auffassungen, politische Absichten und Vorstellungen miteinander zu vermitteln. Und dies gelingt ihnen dann, wenn sie klug handeln, wenn sie eben jene Interessen, Auffassungen usw., oder allgemeiner gesprochen: die Selbstverständnisse aller Beteiligten angemessen berücksichtigen, so daß die politischen Entscheidungen, die ja dann für alle verbindlich sind, auch von allen akzeptiert werden. Daraus kann man übrigens ersehen, daß die Forderung nach „sachlicher" Politik oder diejenige, Politiker müßten „Fachmänner" sein, ganz verfehlt ist und nur ein Unverständnis von Politik offenbart. In der Politik hat man es nicht mit Sachen zu tun, sondern mit Menschen. Gute Politik, also kluge Politik, versucht nicht Sachen gerecht zu werden, sondern Menschen, die sich für bestimmte Sachen einsetzen. Handelt man rational im Sinne der Klugheit, so befördert man damit zugleich das Gute, weil man den Menschen mit ihren Interessen, Auffassungen, Selbstverständnissen, gerecht wird.[21] Politik ist daher eine ethische Angelegenheit – und genau das sagt Aristoteles ...

W ... nur daß der aristotelische im Unterschied zum modernen Politiker seine Mitbürger und Mitbewohner in ihren Präferenzen, Meinungen und Selbstverständnissen nicht unbedingt bestätigt, sondern als Menschen zu verbessern unternimmt. Denn Aristoteles konzipiert die polis ja ausschließlich von ihrem letztlich individualethisch begründeten Ziel her, Bürger und Bewohner zu guten Menschen zu bilden und sie in den Stand zu setzen, ein gutes Leben zu führen. Im Gefolge Platons und gegen die Verfechter unserer modernen Staatsauffassung propagiert er damit nicht nur den Erziehungs- und Tugendstaat, sondern auch eine Politik, die insofern durchaus „sachlich" ist, als sie ausschließlich um der allgemeinmenschlichen eudaimonia willen betrieben wird. Und „Fachmänner" sind nach Aristoteles als Politiker nur deshalb nicht geeignet, weil eudaimonia kein isolierter und in einem begrenzten Handlungsbereich herstellbarer Gegenstand, sondern eine Beschaffenheit des Lebens im ganzen ist.

G H und W mögen sich über die korrekte Aristotelesinterpretation ein andermal weiterstreiten. Lassen Sie uns jetzt zu der Frage kommen, welche Staatsform Aristoteles zufolge eudaimonia und politische Gerechtigkeit am ehesten sicherstellen kann.

3. Auf der Suche nach der besten Ordnung

W Wie ja bereits ganz zu Beginn ausgeführt: Aristoteles gibt, anders als Platon, nicht das eine in jedem Einzelfall gültige Staatsmuster an die Hand (es sei denn, man möchte bereits die Forderung einer politischen und das Verbot einer despotischen Ordnung als „Muster" bezeichnen). Denn es steht von vornherein ja gar nicht fest, wie viele Bewohner eines Staates Bürgerqualitäten haben. Anders als Platons Sokrates, der in der *Politeia* nahezulegen scheint, daß sich immer nur wenige als Regenten eignen, rechnet Aristoteles mit der Möglichkeit, daß einer, einige oder viele die Kompetenz dazu haben. Daraus, wie viele Bürger ein Staat im Verhältnis zu seiner Gesamtbevölkerung hat, entwickelt Aristoteles nun eine Einteilung der Regierungsformen, die er mit der Unterscheidung zwischen politischer und despotischer Ordnung kreuzt. Auf diese Weise erhalten wir sechs Staatsformen (EN VIII 12, P III 7 ff.): Ist die Alleinherrschaft (Monarchie) am Gemeinwohl orientiert, handelt es sich um ein Königtum (basileia), wenn nicht, um eine Tyrannis, regieren wenige gerecht, bilden sie eine Aristokratie, wenn ungerecht, eine Oligarchie, regieren viele auf politische Weise, spricht Aristoteles von „Politie" (politeia), herrschen viele despotisch, von „Demokratie".

H Mit „Demokratie" bezeichnet Aristoteles hier allerdings nicht unsere parlamentarische Regierungsform, sondern die attische Basisdemokratie.

G „Basisdemokratie" darf dabei natürlich nicht in jenem Sinne verstanden werden, in dem die „Basis" die Parteibasis ist und nicht das Volk. Überhaupt sollte man das Wort „Demokratie" so sorgsam wie nur irgend möglich verwenden, z.B. im Rahmen des Art. 20 Abs. 1 Satz 1 GG („Alle Staatsgewalt geht vom Volke aus") ausschließlich in der Bedeutung eines Staatsstrukturprinzips und nicht im Sinne einer „Demokratisierung" der Gesellschaft. Zudem sagt die hier normierte Volkssouveränität nur etwas aus über die Trägerschaft dieser Souveränität und über die Verfahren, in denen sich die demokratische Willensbildung des Volkes „in Wahlen und Abstimmungen und durch besondere Organe" der drei staatlichen

Gewalten vollziehen soll, aber nichts über das Ziel dieser Verfahren: das Gemeinwohl. Bei der Erörterung Rousseaus werden wir sehen, daß hierfür dogmenphilosophisch nicht das Demokratie-, sondern das Republikprinzip einschlägig ist.
W Die Basisdemokratie nach attischem Vorbild jedenfalls ist nach Aristoteles deshalb ungerecht und eine despotike, weil einseitig am Interesse des einfachen und armen Volks (demos) orientiert, während ihre zu Aristoteles' Zeiten mächtigste Gegenspielerin, die Oligarchie, nur den wenigen (oligoi), reichen Machthabern dient. Oligarchen und Masse sind zum Regieren deshalb gleichermaßen ungeeignet, weil die einen ihre finanzielle Überlegenheit überheblich und dünkelhaft macht, die anderen durch ihre Mängel mit Minderwertigkeitsgefühlen und entsprechender Bosheit belastet sind. Zudem haben Arme keine Muße zur Entfaltung ihres logos-Vermögens (P IV 11). Überhaupt müssen, so Aristoteles, all jene vom Kreis der Bürger ausgeschlossen werden, die das Erwerbsleben ganz beansprucht (P VI 4 1319a, VII 9) ...
D ... eine nach heutigem Empfinden verwegene Ansicht, würde sie doch alle Berufstätigen von vornherein als Bürger disqualifizieren.
W Diese Position klingt nur dann so fremd, wenn Du unseren Bürger-Begriff zugrundelegst. Aristoteles hingegen bezeichnet ja ausschließlich denjenigen als „polites", der sich hauptsächlich um die Staatsangelegenheiten kümmert. Und dieser findet tatsächlich keine Zeit, einem Beruf neben der Tagespolitik nachzugehen.
G Einen Republikaner im Rousseauschen Sinne muß aber zumindest befremden, daß Aristoteles gerade Aristokratie und Königsherrschaft neben der Politie als gerechte Regierungsformen vorstellt.
W Der aristotelische König beziehungsweise Aristokrat darf allerdings ebensowenig wie der platonische „Philosophenkönig" mit einem Gewaltherrscher verwechselt werden. Denn der König als König ist seinen Mitbewohnern in jeder Hinsicht charakterlich überlegen und verfügt besonders über die am vollkommensten entfaltete phronesis im Staate, so daß er sich beim Regieren mehr als alle anderen vom Gemeinwohl leiten läßt (P III 17, VII 3 1325b). Vor allem aber bleibt er nur so lange König, als ihn die Bewohner als solchen anerkennen: „Denn wenn sie ihn nicht vorziehen, ist er sofort kein König mehr, sondern Tyrann ..." (P V 10 1313a) und die politische basileia schlägt um in eine despotische Tyrannis. Königtum und Aristokratie eignen sich allerdings nur für kaum organisierte und kaum differenzierte Gemeinwesen. Denn höhere Komplexität und Pluralität überfordern bald einen einzelnen oder wenige Regenten (P III 16).
H Jetzt sollten wir aber endlich auf die auch unter modernen Verhältnissen funktionstüchtige und insofern dogmenphilosophisch interessanteste Regierungsform zu Sprechen kommen: die politeia.
W Im Umgang mit dem Wort „politeia" ist allerdings besondere interpretatorische Vorsicht geboten. Denn Aristoteles verwendet diesen Ausdruck nicht nur anders als Platon, sondern in seinen eigenen Schriften zumindest doppeldeutig. Bei Platon bilden politeia und stasioteia einen Gegensatz, der bei Aristoteles durch charakterisierende Adjektive ausgedrückt wird und als Paarung von „politike politeia" beziehungsweise „politike arche" auf der einen Seite und „despotike politeia" beziehungsweise „despotike arche" auf der anderen erscheint. Der Ausdruck „politeia" steht in solchen Zusammenhängen lediglich für „Ordnung (taxis)

der Bewohner eines Staates" (P III 1 1274b, IV 1 1289a), ohne daß mit „Ordnung" nur die richtige Organisationsform gemeint wäre. Wir übersetzten ihn bisher mit „Staatsordnung". Im Rahmen der Lehre von den Staatsformen hingegen bezeichnet er eine ganz bestimmte unter den insgesamt sechs Staatsordnungen, nämlich jene der politischen Regierung vieler (P IV 8 f.) – nur in diesem Sinne sprechen wir hier von „Politie". Die Politie wird nun, so Aristoteles, nur dort entstehen, wo der Mittelstand die bevölkerungsstärkste Gruppe bildet, und hat deshalb die besten Chancen, eine stabile und dauerhaft gerechte Gemeinschaft zu formen, weil ihre Bürger einerseits hinreichend materiell abgesichert sind, um die nötige Zeit und Unabhängigkeit aufzubringen, sich charakterlich für die Regierung zu qualifizieren, nicht aber so viel besitzen, um überheblich zu werden und zu glauben, sich nun nicht mehr um das eigene menschliche Gutsein kümmern zu müssen (P IV 11f.).

D Hört sich sehr reizvoll an ...

W ... ist bisher allerdings wohl noch nie realisiert worden. Die Menschen in modernen Industrie- und Dienstleistungsgesellschaften jedenfalls reiben sich allzusehr im Erwerbsleben unter dem dort herrschenden, den Menschen nur allzuoft auf seinen Marktwert reduzierenden Konkurrenzdruck auf. Demgegenüber erscheint die Politie als gelassene, den Menschen umfassend bildende Gemeinschaft bescheidener Müßiggänger.

H Moment, Moment. Ich möchte an dieser Stelle eine andere Perspektive vorschlagen. Ich halte die Behauptung, die Politie sei bisher noch nicht realisiert worden, für etwas voreilig, ja sogar für falsch. Ich denke, daß die Prinzipien der Politie, wie Aristoteles sie uns vorstellt, im modernen Verfassungsstaat durchaus realisiert sind und ich bin ferner der Auffassung, daß man die Vorstellungen des Aristoteles vom Bürger auch anders interpretieren kann, als Du es tust.

W Aristoteles selbst sieht im klassischen Sparta eines der wenigen Beispiele einer Politie. Die Mehrzahl der spartanischen Bürger verfügt aber nur deshalb über politische Kompetenz, weil man dort ein auf militärische Tugenden reduziertes Ideal menschlichen Gutseins verfolgt (P III 7 i.V.m. IV 9, VII 2). Wie soll dann ein moderner Großstaat mit seiner weltanschaulichen Offenheit und Pluralität eine Politie im aristotelischen Sinne sein können?

H Eins nach dem anderen. Zunächst kann man natürlich nicht leugnen, daß es zwischen dem modernen Staat und der Politie des Aristoteles erhebliche Unterschiede gibt. Der wohl wichtigste ist die Subjektivität im modernen Sinne, wie sie vor allem in subjektiven Rechten zum Ausdruck kommt. Mit der neuzeitlichen Entwicklung subjektiver Rechte werden wir uns namentlich bei der Behandlung der betreffenden Klassiker: Locke, Kant und Hegel befassen. Aber man kann ja nach den Gemeinsamkeiten fragen, die hinter den Unterschieden liegen. Tut man dies, so gelangt man zu *Prinzipien* der staatlichen Ordnung. Und bezüglich dieser Ordnungsprinzipien ist zweifellos festzustellen, daß diejenigen des modernen Verfassungsstaates im wesentlichen auch diejenigen der aristotelischen Politie sind. Allerdings steht die Realisierung dieser Prinzipien heute im Vergleich zur griechischen Antike unter ganz verschiedenen Verwirklichungsbedingungen. Was die objektive Ordnung anbelangt, ist im Grundsätzlichen jedoch Übereinstimmung zwischen der aristotelischen Politie und dem Verfassungsstaat festzustellen.

W Worin soll dieses Grundsätzliche denn bestehen?

H Ich hebe nur einen Aspekt hervor: Aristoteles bezeichnet die Politie – wie Du bereits ausgeführt hast – als die Selbstregierung der Freien und Gleichen, der Bürger. Die Bürger sind die Politie. Und hierin besteht auch die grundsätzliche Übereinstimmung mit dem modernen Verfassungsstaat: auch er ist die Form der Selbstregierung freier und gleicher Bürger, auch beruht nicht auf der Herrschaft eines Despoten und führt die Regierung nicht auf den Willen Gottes zurück. Gewiß waren in Aristoteles' Vorstellung – ganz im Sinne der realen Verhältnisse seiner Zeit – zahlreiche Menschen, etwa die Frauen, von der Bürgerschaft ausgeschlossen; doch ist dies mit Blick auf das Prinzip nicht entscheidend. Der Ausschluß gehört zu jenen Realisierungskontexten, die sich von den heutigen unterscheiden. Aber dieser Unterschied betrifft nicht die Qualität, sondern die Quantität der Bürgerschaft: Aufgrund eines gewandelten Gleichheitsverständnisses gehören bei uns heute auch beispielsweise Frauen zur Bürgerschaft, wobei daran zu erinnern ist, daß das Frauenwahlrecht in den meisten Verfassungsstaaten noch keine hundert Jahre alt ist. Aber wie in der Politie des Aristoteles gilt das Prinzip der Selbstregierung der Bürgerschaft, auch wenn diese Bürgerschaft heute sehr viel mehr Menschen umfaßt, als sich Aristoteles hätte vorstellen können. Und bezüglich der Realisierung dieses Prinzips existieren noch mehr Übereinstimmungen. So werden in der Politie die Regierungsämter nach bestimmten Verfahren und Regeln besetzt und ausgeübt und auch wenn die Ausgestaltung heute bei uns eine ganz andere ist, so kennt doch auch der moderne Verfassungsstaat das Gesetzmäßigkeits- und das Amtsprinzip.

W Aber wie ist es mit der zum politischen Leben bei Aristoteles vorausgesetzten Muße und Kompetenz der Bürger?

H Diesbezüglich gilt es, das Folgende zu bedenken. Zunächst ist das Bild des Bürgers, das Du hier im Anschluß an Aristoteles gezeichnet hast, in gewisser Weise ein Idealbild, sozusagen handelt es sich dabei um den Idealbürger, der nur den politischen Angelegenheiten lebt. Aber für Aristoteles hängt die Realisierung der Politie meiner Meinung nach nicht von der Existenz solcher Idealbürger ab, weil solche Bürger auch für ihn wohl nicht den Normalfall darstellten. Jedenfalls deutet darauf der Umstand hin, daß Aristoteles im vierten Buch der *Politik* institutionelle Vorschläge zur Lösung des Problems der Abkömmlichkeit macht, also des Problems, daß die Bürger auch tatsächlich ihre Bürgerrechte und -pflichten wahrnehmen (können) und nicht durch andere Tätigkeiten, denen sie natürlich auch nachgehen, daran gehindert werden. So schlägt er vor, den ärmeren Bürgern für die Teilnahme an den Bürgerversammlungen Geld zu zahlen und umgekehrt die reichen Bürger für die Nichtteilnahme zu bestrafen. Das heißt, daß die Frage der Abkömmlichkeit wohl zu einem guten Teil ein gewissermaßen organisatorisches Problem darstellt. Aber zweifellos bleiben noch zahlreiche Fragen, etwa die von Dir thematisierte nach der Entwicklung politischer Kompetenz. Hier stellen wir fest, daß die Politik heute von Berufspolitikern „gemacht" wird, und daß heute nur sehr wenige Bürger einmal in ihrem Leben ein politisches Amt innehaben. Diese Umstände haben damit zu tun, daß moderne Gesellschaften – anders als jene zur Zeit des Aristoteles – ohne Spezialisierung, Professionalisierung und bürokratische Organisation nicht auskommen. Aber all dies sind in meinen Augen nur Kontextbedingungen der Realisierung der bürgerlichen Selbstbestimmung, die wir Heutigen eben anders organisieren müssen, als man es in der antiken polis tun konnte. Wir haben heute verschiedene Möglichkeiten, den daraus resultierenden Problemen zu begegnen, etwa durch die Massenmedien, die es dem Bürger erlauben, sich hinreichend zu informieren, ohne Versammlungen besuchen zu müssen oder durch den Umstand, daß Wahlen an arbeitsfreien Tagen stattfinden etc. Ich muß es bei diesen wenigen Hinweisen belassen, denn natürlich sind die Probleme im Detail außerordentlich komplex. Aber auf alle Fälle halte ich daran fest, daß die Ordnung der Politie des Aristoteles und diejenige des modernen Verfassungsstaates in denselben Prinzipien fundiert sind.[22]

W Jetzt scheinst Du mir aber wieder den heutigen Bürgerbegriff zugrundezulegen. Da, wie Du ja selbst bestätigst, im modernen Staat nur wenige regieren, folglich nur wenige Einwohner Bürger im aristotelischen Sinne sind, müßten wir doch gemäß Aristoteles' Schema nicht in einer Politie, sondern eigentlich in einer Aristokratie beziehungsweise Oligarchie leben.

H Nun, dies wäre ein einseitiges Urteil, weil es wiederum nicht die grundlegenden Prinzipien berücksichtigt. Die Tatsache, daß wir bei uns angesichts der Bedeutung der politischen Parteien und des Berufspolitikertums eine „politische Klasse" vorfinden, darf nicht den Blick darauf verstellen, daß diese nicht auf Adelsvorrechten oder Geldvermögen beruht, sondern der Zugang zu ihr offen ist für alle Bürger. Zudem bleibt die politische Klasse abhängig vom Votum der Bürger (allgemeines und gleiches Wahlrecht) und von der öffentlichen Meinung. Wir haben hier also in gewissem Sinne eine Mischung von aristokratischen oder oligarchischen und demokratischen Elementen. Nun spricht Aristoteles genau von einer solchen Verfassung, von der Verfassung der Mischung. Darunter versteht er eine Verfassung, die sowohl Elemente der Demokratie als auch der Oligarchie enthält (P IV 7 1293b); und von einer solchen Mischverfassung sagt er, sie sei die stabilste (IV 12 1297a). Die Mischverfassung bringt die unterschiedlichen Tendenzen der „reinen" Oligarchie und der „reinen" Demokratie zum Ausgleich.[23] Ich halte es für nicht besonders kühn, den modernen Verfassungsstaat als Mischverfassung im Sinne des Aristoteles zu verstehen. Darauf deuten ja bereits Begriffe wie derjenige der repräsentativen Demokratie hin.

W Abgesehen von allen Detailproblemen gibt es aber einen grundsätzlichen Einwand gegen Deine Deutung der Politie als modernen Verfassungsstaat. Denn sie reduziert Aristoteles' politische Philosophie auf eine Theorie der staatlichen Organisation und ignoriert den von Aristoteles selbst immer wieder hervorgehobenen systematischen Zusammenhang zwischen Politik und Ethik. So gingst Du ja bereits im Falle des phronesis-Begriffs vor ...

H ... wo ich allerdings durchaus die ethische Qualität der Klugheit herausarbeitete.

W Dann verwenden wir „ethisch" offenbar unterschiedlich. Berücksichtigt man bei der Interpretation der *Politik* jedenfalls auch die Konzeptionen von telos, eudaimonia, logos und Gerechtigkeit, wird es allerdings kaum gelingen, in den Entfaltungsmöglichkeiten, die uns unsere „brave new world"[24] insgesamt – die aristotelische polis zielt ja auf das gute Leben im ganzen ab – eröffnet, das aristotelische Ideal einer Gemeinschaft zu sehen, die den Menschen als solchen umfassend perfektioniert. Zu drückend hierfür sind gegenwärtig besonders die wirtschaftlichen Systemzwänge, die uns mittlerweile bereits so selbstverständlich erscheinen, daß wir gar nicht mehr auf die Idee kommen, sie zu hinterfragen und zu prüfen, ob sie für die Entfaltung unseres menschlichen Gutseins überhaupt gut sind. Hier sehe ich eine (heutzutage jedoch kaum wahrgenommene) Aufgabe der Philosophie: dem Menschen zu helfen, kritische Distanz zu den Ideologien zu gewinnen, welche die herrschenden Verhältnisse verklären, und Gegenentwürfe zur Diskussion zu stellen. Von Texten der philosophischen Tradition werden wir uns dabei nur dann Unterstützung erhoffen dürfen, wenn wir sie aus ihrem jeweiligen philosophischen System heraus verstehen und aus ihnen nicht nur jene Passagen isolieren, die unser Selbstverständnis zu bestätigen und unsere Lebensweise zu legitimieren scheinen.

D Das klingt ja reichlich düster: „brave new world", „Systemzwänge", von Ideologie verklärt etc. – Wäre im Fahrwasser des Aristoteles nicht auch eine hellere Variante des philosophischen Bemühens, die eigene Zeit in Gedanken zu erfassen, möglich? Hatten wir es nicht als einen Vorzug des Aristoteles herausgestellt, in seinem polis-Konzept ganz unterschiedliche Strukturen und Untereinheiten zugunsten von Vielfalt und Freiheitlichkeit integrieren zu können und müßte demnach nicht die ungeheure soziale Freisetzungsdynamik, welche von den explosionsartigen Produktivitätszuwächsen in der Wirtschaftsgeschichte ausging und heute mehr und verschiedenartigere Freiheit für mehr Menschen denn je ermöglicht, in der Theorie des Gemeinschaftslebens entsprechend philosophisch gewürdigt werden? Und: Ist es nicht eine – den „logos" sittlich und technisch schärfende – eminente Freiheitserfahrung, aus eigener Kraft für seinen Unterhalt aufkommen zu können? Könnte man dies nicht geradezu als Tugend reformulieren? Und stellt ferner nicht die moderne Form der partizipativen Wirtschaftslenkung über Beteiligungskapital und die dem auf Unternehmerseite korrespondierende Shareholder-Orientierung das gerade Gegenstück zu ökonomischem Systemzwang und Entmündigung dar?

W Und ich würde gerne wissen, ob Deiner hinter Suggestivfragen versteckten Strategie zur Rechtfertigung der gerade herrschenden ökonomischen Praxis nicht entfaltungshemmende Vorstellungen von Tugend, Freiheit und dem Gelingen des Lebens zugrundeliegen. Dies werden wir aber nur durch ein Philosophieren herausbekommen, das sich einen den Menschen befreienden Blick für die Mängel unserer so freiheitlich und glänzend daherkommenden „schönen neuen Welt" offenhält.

§ 3 Die Römer und die Kunst der Jurisprudenz

I. Zum methodologischen Erbe der römischen Jurisprudenz

G Es sind die römischen Juristen gewesen, die ihre Wissenschaft als „iuris prudentia" und deren Anwendung als „ars" („Kunst") beschrieben und betrieben haben. Da diese Kunst einer gleichermaßen wissenschaftsgeleiteten wie praxisorientierten Rechtsfindung den Charakter aller juristischen Entscheidungstätigkeit bis heute bestimmt, wenden wir uns nach der griechischen Philosophie nun den Römern und ihrer Jurisprudenz zu.[1]

W Bedürfte die Rede von „den Römern" angesichts der über tausend Jahre römischer Geschichte „ab urbe condita" (seit der Gründung der Stadt Rom, die traditionell im Jahre 753 v. Chr. angesetzt wurde) und dem Ende des weströmischen Reiches (476 n. Chr.) nicht der Präzisierung?

G Für unser Thema einer Dogmenphilosophie der juristischen Kunst genügt es, wenn wir die römische Rechtsgeschichte mit der Zwölftafelgesetzgebung (um 450 v. Chr.) beginnen lassen und uns dann auf die Entwicklung des klassischen Rechts der Kaiserzeit (seit 27 v. Chr.) sowie auf dessen Kodifikation durch den letzten oströmischen Kaiser, Justinian (533 n. Chr.), konzentrieren.

1. Zwölftafelgesetz und Konditionalprogramme

G Das Zwölftafelgesetz (lex duodecim tabularum) – benannt nach zwölf auf dem Forum Romanum aufgestellten Tafeln – enthielt zunächst Bestimmungen über den Zivilprozeß. Sein Anfang lautete: „si in ius vocat, ito; ni it, antestamino".[2] Das heißt: „Wenn er (der Kläger) jemanden vor Gericht ruft, soll dieser gehen. Wenn er nicht geht, soll der Kläger Zeugen aufrufen". Betrachten wir die logische Struktur dieser altrömischen Rechtsnorm: Beide Sätze sind als „Wenn"-Sätze formuliert, an deren tatbestandliche Erfüllung bzw. Nichterfüllung eine bestimmte Rechtsfolge geknüpft wird. Heute nennt man dies eine konditionale Programmierung und als Jurist weiß man, daß Konditionalprogramme noch immer die Standardstruktur von Rechtsnormen bilden.

H Sie haben eine hohe Meinung vom Methodenbewußtsein des Durchschnittsjuristen.

G Weil ich davon überzeugt bin, daß die Universität das entsprechende Wissen noch immer vermittelt. Lassen Sie uns die Zwölftafelnorm also unter Methodenaspekten diskutieren und zunächst der Frage nachgehen, wie die Tatbestandsbegriffe beschaffen sind, also die Begriffe auf der „Wenn-Seite" der Norm, mit denen die Bedingungen formuliert werden, bei deren Erfüllung die Rechtsfolgen der „Dann-Seite" eintreten sollen. Im Rahmen des Subsumtionsmodells der traditionellen juristischen Methodenlehre – nach dem die Rechtsfindung wesentlich in einem „Subsumtion" genannten Verfahren besteht, das mit dem formal-logischen Schluß des „Justizsyllogismus" endet – müßte es sich um eine „abstrakt-generelle" Regelung handeln, unter die dann ein (angeblich) „konkret-individueller" Sachverhalt subsumiert wird. Die Begriffe werden dabei im wesentlichen von den Gegensätzen zwischen „abstrakt" und „konkret" sowie zwischen „generell" und „individuell" her verstanden. „Abstrakt" soll in diesem Verständnis heißen: abgesehen vom konkreten Sachverhalt und „generell": nicht bezogen auf eine bestimmte Person.

D Die letztgenannten Bestimmungen sind insofern hilfreich, als wir uns auf die damit angesprochenen Grundfragen der juristischen Methodenlehre konzentrieren können und uns nicht mit der philosophischen Diskussion über den Status des Allgemeinen und dessen Verhältnis zum Besonderen zu befassen brauchen.[3]

G Fragen wir uns also, ob der Satz „Wenn er vor Gericht ruft" abstrakt-generell im Sinne der traditionellen juristischen Methodenlehre ist. Da „er" auch mit „der Kläger" oder vielleicht besser noch mit „jemand" übersetzt werden kann, scheint klar, daß damit keine bestimmte Person gemeint ist; nicht minder klar scheint es zu sein, daß „vor Gericht rufen" keinen konkreten Sachverhalt bezeichnet, in dem ein namentlich benannter Kläger gegen einen namentlich benannten Beklagten aufgrund eines zwischen beiden bestehenden Rechtsverhältnisses in den Formen des einschlägigen Prozeßrechts Klage erhebt.

D Wieso „scheint" es nur klar zu sein – ist es denn nicht klar?

G Wenn der Tatbestand wirklich „abstrakt" formuliert wäre, müßte es Ihnen ohne Bezugnahme auf konkrete Fälle möglich sein, anzugeben, was „in ius vocare" bedeutet, etwa, ob das „Rufen" wörtlich zu verstehen ist und wenn ja, ob der Ruf öffentlich oder gegenüber dem Gericht zu erfolgen hatte – wobei für letzteres noch zu fragen wäre, ob „ius" in seiner prozessualen Bedeutung für den Gerichtsmagistrat, für den Einzelrichter oder für ein Kollegialgericht steht und ob es dem Kläger überlassen blieb, an wen er sich wandte.[4]

D Soll das eine Prüfung im römischen Zivilprozeßrecht werden?

G Keineswegs, denn Sie haben die methodologisch entscheidende Antwort bereits gegeben: Selbst so schlichte Formeln wie das archaische „in ius vocare" erschließen sich in ihrer rechtlichen Bedeutung erst aus den durch sie geregelten Lebensverhältnissen. Weil die nach den Zwölftafeln durchgeführten „forensischen" – auf dem Forum stattfindenden – Verfahren im öffentlichen Bewußtsein präsent waren, kannte ein potentieller Kläger nicht nur die „abstrakte" Formel der vocatio in ius, sondern er wußte, was er konkret zu tun hatte, um etwa einen säumigen Schuldner zu verpflichten, vor dem Gerichtsmagistrat zu erscheinen; und der Beklagte wiederum wußte, daß er sich nur durch sein Erscheinen auf dem Forum – bzw. zwecks Verhandlungslösung in dessen Nähe – dem vollstreckungsrechtlichen Zugriff der manus iniectio entziehen konnte.[5]

H Das ist also im römischen Recht des Zwölftafelgesetzes so. Kann man auch ein aktuelles Beispiel geben, um die Probleme des Verstehens von Rechtstexten als grundsätzliche juristische Probleme aufzuzeigen, die heute so relevant sind wie vor 2500 Jahren?

G Dazu biete ich ein Beispiel aus dem aktuellen Verwaltungsprozeßrecht an. § 81 Abs. 1 Satz 1 VwGO lautet: „Die Klage ist bei dem Gericht schriftlich zu erheben". In wiederum ausschließlich methodologischer Absicht frage ich: Was heißt hier „schriftlich"?

W Da ich prozeßrechtlich hinreichend naiv bin, spiele ich freiwillig das Versuchskaninchen: „Schriftlich" heißt, daß eine mündliche Erklärung nicht ausreicht, sondern eine hand- oder maschinengeschriebene erforderlich ist.

G Kann eine solche Erklärung auch per Telefax übermittelt werden?

W Das kommt darauf an, wie weit die Gerichte mit der Zeit gehen beziehungsweise bereits gegangen sind.

G Sie sprechen schon wie ein Jurist („Es kommt darauf an ...") und verweisen damit auf die Bedeutung der Lebenswelt beim Verstehen von Rechtstexten. Wenn Faxgeräte und deren Nutzung so weit verbreitet sind wie heute, kann und darf das Wort „schriftlich" (unter bestimmten, hier nicht interessierenden Umständen) in der Tat auch auf eine Klageerhebung per Telefax erstreckt werden. Noch vor zehn Jahren war dies anders und in den noch nicht verschriftlichten Lebensverhältnissen der germanischen Zeit war es selbstverständlich, daß zur „Erhebung" einer Klage – daher der rechtstechnische Ausdruck – das Erheben der Stimme und Rufe wie „diebio", „feurio", „mordio" gehörten ...[6]

W Warum aber sind Sie so bemüht, die Lebensverhältnisse als entscheidende Instanz allen Rechtsverstehens darzustellen?

G Mir geht es letztlich darum, die in dieser Form erst im 19. Jahrhundert aufgekommene Spaltung des Rechtsfindungsprozesses in die Auslegung angeblich allgemeiner, einem rechtlichen Sollen angehörender Normen einerseits und in die Feststellung besonderer, angeblich dem Sein der Tatsachen zugehöriger Sachverhalte andererseits zu überwinden. Dadurch, daß der sogenannte Dualismus von Sein und Sollen mit demjenigen von Besonderem und Allgemeinem verbunden wurde, wird den Juristen ein geradezu schizophrener Zustand zugemutet: als Norminterpreten werden sie nach „oben", in die Höhen abstrakt-genereller Sollensbegriffe verwiesen, als Normanwender sollen sie dagegen „unten", im Alltagsleben feststellen, was konkret-individuell der Fall gewesen ist – obwohl wir seit der Anwendung des Zwölftafelgesetzes wissen (oder zumindest hätten wissen können), daß Auslegung und Anwendung des Rechts eine Einheit sind, weil Normtexte rechtssprachliche Regelungen von Lebensverhältnissen sind, die ihren Sinn stets von diesen tatsächlichen Lebensverhältnissen her erhalten.[7]

W Ich verstehe: Mit der Betonung der Lebenswelt argumentieren Sie gegen schematische und unzulässig simplifizierende Vorstellungen des Rechtspositivismus. Können Sie das Gesagte an einem Beispiel verdeutlichen?

G Um ein drastisches Beispiel aus dem Strafrecht zu nehmen: Was eine „grausame" Tötung eines Menschen und daher ein Mord i.S.d. § 211 StGB ist, läßt sich nur von jenen schrecklichen Lebensverhältnissen her verstehen, in denen es zu besonders peinigenden Tötungshandlungen und einem entsprechend qualvollen Tod gekommen ist. Wer wissen will, welche Handlungen gemeint sind, wird in Kommentaren zu § 211 StGB Konkretes finden, beispielsweise das planmäßige Verhungernlassen eines einjährigen Kindes. „Abstrakt" ist das Wort „grausam" für den Benutzer des Kommentars also gerade nicht. Denn für den Rechtsanwender sind die Kommentarfälle nichts anderes als der lebensweltliche

Bedeutungsbereich dieses Wortes. „Grausam" ist methodologisch gesehen die Überschrift über einer Reihe von Fällen, nämlich über genau derjenigen Fallreihe, die von dem betreffenden Mordmerkmal erfaßt wird.[8] Wenn wir eine Tötungshandlung unter den Tatbestandsbegriff „grausam" subsumieren, subsumieren wir nicht etwa einen gegenständlichen Sachverhalt unter einen Rechtsbegriff, sondern vergleichen wir den vorliegenden, nur (alltags-)sprachlich erfaßbaren Fall mit der (rechts-)sprachlich geregelten Fallreihe. Die sogenannte Subsumtion stellt sich dabei stets als ein argumentativ zu begründendes juristisches Ähnlichkeitsurteil heraus. Daß dieses Ähnlichkeitsurteil dann in der Form des „Justizsyllogismus" immer auch als formal-logischer Schluß *dargestellt* werden kann, ändert nichts an der Tatsache, daß es auf andere Weise, nämlich durch einen Fallvergleich, *hergestellt* wird.[9]

W Ihrer Kritik am Subsumtionsmodell der juristischen Methodenlehre stimme ich im Ergebnis zu. Nur scheint mir in der Begründung dieser Kritik einiges durcheinanderzugehen. Vor allem sehe ich keinen Gegensatz darin, einmal eine bestimmte Einzelhandlung unter den Begriff grausam zu subsumieren, einmal diese Einzelhandlung mit den Elementen der Fallreihe für „grausam" zu vergleichen und bei hinreichender Ähnlichkeit zu urteilen, daß die Einzelhandlung grausam ist. Vielmehr besteht ein solches Vergleichen doch in nichts anderem als einem Verfahren zur Begründung der Subsumtion: „Diese Tötung ist grausam". Sie aber stellen die Subsumtion als (unangemessenes) Alternativverfahren der Ähnlichkeitsfeststellung gegenüber.

G Darin folge ich dem in der juristischen Methodenlehre tatsächlich vorherrschenden Sprachgebrauch, wonach Subsumtion den Akt der Begründung eines Urteils durch einen „Justizsyllogismus" bezeichnet.

W Was verstehen Juristen unter „Justizsyllogismus"?

G Den aus drei Sätzen bestehenden Schluß von einem Obersatz (dem Tatbestand des Gesetzes) und einem Untersatz (dem Sachverhalt des Falles) auf einen Schlußsatz (die Rechtsfolge). Standardbeispiel dafür: Alle Mörder sind mit lebenslanger Freiheitsstrafe zu bestrafen, T ist Mörder, also ist T mit lebenslanger Freiheitsstrafe zu bestrafen.[10] Jeder Jurist sieht auf den ersten Blick, wo die Probleme stecken: im Obersatz, nämlich in der Auslegung des Gesetzes, und im Untersatz, nämlich in der Feststellung des Sachverhalts. Die Subsumtion endet mit dem Urteil: T ist Mörder.

W Jetzt wird mir klar, warum ich Ihre Kritik am Subsumtionsmodell mißverstehen mußte. Denn Philosophierende verwenden den Fachausdruck „Subsumtion" offenbar in einem anderen Sinne als Juristen. Zumindest in der Logik bezeichnet man seit Gottlob Frege (1848-1925) damit nämlich keine Methode, die Richtigkeit eines Satzes beziehungsweise eines Urteils festzustellen, sondern das Fallen (beziehungsweise Fallenlassen) eines Gegenstandes unter einen Begriff. Davon unterscheidet man die Subordination als die Unterordnung eines Begriffs unter einen anderen Begriff. So etwa subsumieren wir mit dem Satz „Abels Tötung ist Mord" durchaus ein Einzelding (in diesem Falle eine ganz bestimmte von Kain vollzogene und in der Bibel, 1. Mose 4.3-9, lebensweltlich beschriebene Handlung) unter den Begriff des Mordes.

G Also kann „Gegenstand" bzw. „Einzelding" im Sinne der Logik auch ein Fall im juristischen Sinne sein?

W Selbstverständlich. Ganz anders verhält es sich mit dem Satz „Das planmäßige, hinterhältige Töten des Bruders aus Neid auf die göttliche Anerkennung, die dessen Opfer erfuhr, ist Mord"; denn damit sprechen wir von keinem Einzelding, sondern sagen aus, daß der Begriff des planmäßigen, hinterhältigen Tötens des Bruders aus Neid auf die göttliche Anerkennung, die dessen Opfer erfuhr, dem Oberbegriff des Mordes untergeordnet ist.
G Ein weniger kompliziertes Beispiel hätte hier wohl nicht gereicht?
W Nein, denn ich wollte Ihr Beispiel des planmäßigen Verhungernlassens eines einjährigen Kindes an Spezifität noch überbieten, um auf ein weiteres Problem, das ich mit der juristischen Ausdrucksweise habe, hinzuweisen. Es geht um das Wort „abstrakt". Aus Sicht der Logik jedenfalls ist ein Allgemeinbegriff, wie wenige Einzeldinge unter ihn auch fallen mögen, als solcher immer abstrakt und niemals konkret. Daß dies selbst für den so exklusiven Begriff der kainhaften Tötungen gilt, läßt sich bereits daran ersehen, daß grundsätzlich die Möglichkeit besteht, ihn durch zahlreiche unterschiedliche Einzelhandlungen zu exemplifizieren, auch wenn faktisch nur eine oder auch – Kain ist schließlich bloß eine mythische Figur – gar keine solche Handlung je vollzogen wurde und werden wird. Sie hingegen verstehen „konkret" offenbar im Sinne von: „in sehr geringem Grade abstrakt" – und tatsächlich ist der Begriff der kainhaften Tötung viel spezifischer und damit viel weniger abstrakt als der des Mordes. Konkret in dem Sinne, daß er der (Individual-) Begriff einer einzelnen, in Raum und Zeit stattfindenden Handlung wäre, ist er allerdings nicht.
G Das alles mag für den Sprachgebrauch der Logik ja durchaus gelten. In der Sache sind wir uns aber, denke ich, einig: Rechtsnormen werden wir kunstgerecht weder verstehen noch anwenden können, wenn wir sie „abstrakt" in dem Sinne interpretieren, daß wir von den konkreten Lebensverhältnissen, die sie regeln sollen, absehen. Diese Einsicht ist es, die uns die römische Jurisprudenz besonders eindrucksvoll verdeutlicht. Getreu ihrem Motto „omnis definitio in iure civili periculosa est" (D. 50, 17, 202) – jede Definition auf dem Gebiet des Zivilrechts ist gefährlich – haben die Römer eben *nicht* versucht, „abstrakte" Allgemeinbegriffe zu definieren, um unter sie im Sinne des von manchen Methodenlehrern bis heute so genannten „Justizsyllogismus" im Wege einer formal-logischen Operation subsumieren zu können.
W In der Sache stimme ich Ihnen tatsächlich ganz und gar zu. Ich sehe aber nicht ein, warum wir in der Logik bewährte Fachtermini wie „Subsumtion" und „abstrakt" deshalb gleich ganz verwerfen sollen, weil sie einige Juristen und Rechtswissenschaftler in ihren Methodenlehren offenbar auf irreführende Weise verwenden.[11] Ich schlage demgegenüber vor, lieber genau zu unterscheiden zwischen der Definition eines Ausdrucks und den Kriterien, mit deren Hilfe wir feststellen können, ob dieser Ausdruck auf einen Gegenstand zutrifft, zwischen Logik und juristischer Methodenlehre. Um festzustellen, ob Abels Tötung ein Mord im Sinne des Strafrechts war, muß der Jurist nämlich weder wissen, daß er die logische Operation der Subsumtion vollzieht, wenn er Kain prädiziert, ein Mörder zu sein, noch die Definition von „Mord" kennen; was er für seine diagnostische Arbeit benötigt, ist lediglich eine Zusammenstellung von gut identifizierbaren Merkmalen, an denen er möglichst leicht und zuverlässig erkennen kann, ob in einem bestimmten lebensweltlichen Fall ein Mord vorliegt oder nicht. Bei der von Ihnen

so gepriesenen Fallreihe handelt es sich offenbar um nichts anderes als eine solche geordnete Kriteriensammlung, die in rechtsdogmatischen Zusammenhängen eine Definition selbstverständlich nicht ersetzen kann.

G Für einen gestandenen Dogmatiker, dem es auf präzise Begriffsbestimmungen ankommt, versteht sich letzteres in der Tat von selbst. Und es ist auch nichts dagegen einzuwenden, die Unterordnung eines Gesetzesbegriffs, beispielsweise des „Anspruchs" (Legaldefinition des § 194 BGB: „Recht, von einem anderen ein Tun oder ein Unterlassen zu verlangen") unter einen rechtsdogmatischen Oberbegriff – etwa unter den des „relativen Rechts" – als „Subordination" zu bezeichnen. Nur geht es vorliegend nicht um Definitionen und Subordinationen im Sinne der Dogmatik, sondern um die sogenannten Subsumtionen im Rahmen der Rechtsanwendung. Mit etwas Geduld werden wir schon herausfinden, wie beides miteinander zusammenhängt und wie es sich unterscheidet. Fürs erste stimme ich Ihnen aber zu, daß es *Grade der Abstraktion* gibt und eine Definition wie die des „Anspruchs" i.S.d. § 194 BGB (die als rein dogmatische Festlegung von der Definitionsangst der Römer nicht erfaßt würde) hochgradig abstrakt ist und einen hohen Abstraktionsgrad aufweisen darf, weil ihre Funktion nicht in der Lösung konkreter Fälle besteht, während das Mordmerkmal „grausam" in § 211 StGB die Funktion hat, bestimmte Tötungshandlungen zu erfassen, und deshalb nur in sehr geringem Grade abstrakt sein darf beziehungsweise – wie wir Juristen im Gegensatz zu den Philosophen dann sagen würden – möglichst „konkret" sein muß.

2. Vorklassischer Formularprozeß und Gesetzeskonkretisierung

G Noch sind wir dabei, das methodologische Erbe der römischen Jurisprudenz zu prüfen, um herauszufinden, ob es sich lohnt, die Erbschaft anzunehmen. In ganz groben Strichen ist die methodologische Entwicklung in den knapp tausend Jahren zwischen dem Zwölftafelgesetz und der Justinianschen Sammlung des klassischen Rechts im (später so genannten) Corpus iuris civilis etwa so verlaufen: Zunächst ist die Jurisprudenz von einem sakralen Geheimkult einer Priesterkaste unter Führung des „pontifex maximus" zu einer öffentlich betriebenen profanen Rechtspflege erstarkt: Die Pontifikaljurisprudenz, die ihr priesterliches Herrschaftswissen hinter magischen Formeln verborgen hielt, wurde im Legisaktionen- und später im Formularprozeß von der Jurisdiktion des Prätors abgelöst, durch dessen Edikte das Recht fortgebildet und verfeinert wurde.[12]

D Ist die Struktur der Normen und der Rechtsanwendung demnach von da an gleichgeblieben?

G In den uns interessierenden methodologischen Fragen ja, wie ein Beispiel aus dem prätorischen Formularprozeß belegen mag. Typisch für die Rechtspflege in republikanisch-vorklassischer Zeit war die Zweiteilung des Zivilprozesses in ein Verfahren vor dem praetor und ein anschließendes Urteilsverfahren beim iudex. Ein Urteil durch Einzel- oder Kollegialrichter (die sämtlich als Geschworene, d.h. als Laienrichter tätig wurden) konnte erst ergehen, wenn der Prätor als Gerichtsherr die Prozeßvoraussetzungen und die Schlüssigkeit der Klage bejaht und eine entsprechende Klageformel gegeben hatte („iudicium dare").[13] Ohne die dadurch eröffnete Klagemöglichkeit (actio) gab es kein subjektives Recht, während das heutige Recht – mit Ausnahme des § 42 Abs. 2 VwGO, in dessen „Klagebefugnis" uns ein Relikt „aktionenrechtlichen" Denkens begegnet – vom Vorrang des materiellen Anspruchs ausgeht. Wir sollten uns einmal eine prätorische formula ansehen: Der Kläger wurde in ihr mit dem Blankettnamen „Aulus Agerius" (A.A.) bezeichnet (was auf aulus, reich und agere, klagen zurückgeführt wird), der Beklagte mit „Numerius Negidius" (N.N., von numerare, zahlen und negare, leugnen). Mit diesen Blanketten versehen lautete die Formel für eine Leistungsklage etwa: „Wenn es sich erweist, daß N.N. dem A.A. hundert Scheffel besten afrikanischen Weizens zu geben verpflichtet ist, soll der Richter N.N. verurteilen, dem A.A. soviel Geld zu geben, wie diese Sache wert ist".[14]

H In dieser Formel ist ja nun wirklich nichts hochgradig Abstraktes im Sinne unserer Gradeinteilung der Abstraktionen enthalten; nicht einmal die Parteien sind mit den Gattungsbegriffen des „Klägers" und des „Beklagten" benannt.

G Und auch irgend etwas hochgradig Allgemeines vermag ich nicht zu erkennen. Eben deshalb scheint mir die Beschäftigung mit dem römischen Formularprozeß gut geeignet zu sein, die Subsumtionsideologie der akademischen Methodenlehren gegenwärtiger Rechtswissenschaft kritisch zu hinterfragen: Auch wenn die Formel im jährlichen Edikt des Prätors aufgeführt und dadurch Gesetz geworden war, wurde sie nicht als abstrakt-generelle Norm angewandt, unter die im Sinne der Logik subsumiert wurde, sondern als Konditionalprogramm, das die Bedingungen angab, unter denen vergleichbare Fälle so und nicht anders zu entscheiden waren. Die Laienrichter wußten, welche Fälle gemeint waren; was ihnen abverlangt wurde, war deshalb keine formallogische Deduktion, sondern ein schlichtes Ähnlichkeitsurteil.[15]

H Heute wird Juristen – nach einer langen und teuren Ausbildung – allerdings mehr abverlangt als dieser „common sense" der römischen Laienrichter.

G Ja, und zwar zum einen, weil der heutige Richter iudex *und* praetor in einer Person ist und ihm deshalb niemand das professionelle Urteil über die Zulässigkeit der Klage abnimmt; zum anderen, weil unser Recht natürlich ungleich komplexer und komplizierter geworden ist – da die Lebensverhältnisse sich entsprechend verändert haben – und deshalb auch die Begründetheit einer Klage nur professionell beurteilt werden kann. Die Professionalisierung heutiger Juristen besteht unter Methodenaspekten aber insbesondere darin, die Tatbestandsbegriffe des positiven Rechts in Studium und Referendarzeit so konkret wie möglich zu vermitteln und daher rechtzeitig an das Arbeiten mit Kommentaren heranzuführen. Für den Streit zwischen A.A. und N.N., was im Falle eines nicht vereinbarten Weizenpreises zu gelten habe, müßte man sich mit der Standardkommentierung des *Palandt* zu § 433 Abs. 2 BGB für den Listenpreis und mangels eines solchen für den Marktpreis entscheiden. Das ist ökonomisch differenzierter, methodologisch aber nicht weniger konkret als im alten Rom, zumal § 453 BGB den Marktpreis noch zu demjenigen am Erfüllungsort zur Erfüllungszeit konkretisiert. Der Prätor hat insoweit seinen Nachfolger im *Palandt* gefunden.

H Gibt es einen Zusammenhang zwischen dem „iudicium" des Prätors und jenem juristischen sensus, den man als „Judiz" bezeichnet?

G Ich sehe hier einen engen Zusammenhang: Judiz ist die Fähigkeit zu einem professionellen (quasi prätorischen) Vor-Urteil über die Schlüssigkeit und Erheblichkeit von Rechtsbehauptungen, die sich exemplarisch nach der Lektüre von Klage und Klageerwiderung äußert, wenn ein erster Eindruck formuliert wird, wieviel „an der Sache dran" ist. Selbstverständlich muß dieses prima-facie-Urteil im weiteren Verfahren bei Bedarf revidiert werden (je seltener dazu Bedarf besteht, desto sicherer das Judiz), so daß Judiz als die Kunst eines – mit Bindestrich zu schreibenden – revisiblen Vor-Urteils bestimmt werden kann.[16] Auf das in der besonderen Schreibweise zum Ausdruck gebrachte hermeneutische Grundphänomen der Vorurteilshaftigkeit allen Urteilens werden wir später noch eingehen.

3. Klassische Rechtswissenschaft und Fallgruppenbildung

G Kommen wir zu den Klassikern, deren Rechtsregeln uns in den *Institutionen* und *Digesten* des erstmals 1583 unter diesem Titel erschienenen *Corpus iuris civilis* überliefert sind, und nehmen wir ein gegenüber der republikanischen Zeit verfeinertes prätorisches Edikt: „Der Prätor sagt: formlose Vereinbarungen, die weder arglistig herbeigeführt wurden noch gegen Gesetze ... verstoßen ..., werde ich anerkennen" (D. 2, 14, 7). Die konditionale Programmierung ist ebenso unverkennbar wie das Vorbild für § 123 Abs. 1 BGB (arglistige Täuschung) und § 134 BGB (gesetzliches Verbot). Aber auf die sogenannte Rezeption des materiellen römischen Rechts können wir uns aus Zeit- und Raumgründen nicht einlassen.

H Ich würde aber schon gerne auf den Umstand hinweisen, daß nicht zuletzt die Glossierung und Kommentierung der (wiederentdeckten) Rechtssammlung Justinians im hohen Mittelalter entscheidend zur Entwicklung einer gemeineuropäischen Rechtskultur beigetragen hat. Der Hinweis hierauf scheint mir angesichts der gegenwärtigen Rechtsentwicklung im Rahmen der europäischen Integration nicht unwichtig zu sein.[17]

D Worin besteht denn nun das unter dogmenphilosophischem Gesichtspunkt Wesentliche der klassischen römischen Jurisprudenz?

G In methodologischer Hinsicht in der Tatsache, daß die Entstehung und Anwendung der wichtigsten, in den *Institutionen* und *Digesten* des *Corpus iuris* überlieferten Rechtsregeln nicht Ausdruck theoretischer Prinzipienbildung war, sondern Ergebnis eines praktischen, aus Erfahrung gewonnenen Sinnes für ähnliche und daher gleich zu behandelnde Fälle. Ein Lehrstück dafür ist der von Celsus (Prätor um 107, Konsul 129 n. Chr.) als Respondierjurist – das ist ein Rechtsgelehrter, der in einem „responsum" auf Rechtsfragen antwortete[18] – verfaßte Satz „impossibilium nulla obligatio est" (Unmögliches begründet keine Verpflichtung: D. 50, 17, 185; vgl. § 306 BGB). Respondierjuristen dachten sich einen terminus technicus wie den der Unmöglichkeit (impossibilium) nicht aus Freude an der Erfindung abstrakter Begriffe aus, sondern zur Lösung konkreter Fälle, die ihnen zur Begutachtung vorlagen. Und damit vergleichbare Fälle auch von Rechts wegen gleich behandelt werden konnten – eine Grundforderung der Gerechtigkeit, die den gebildeten Römern aus der Vertrautheit mit der griechischen Philosophie selbstverständlich war[19] – formulierten sie ihre Antwort so, daß nicht nur der vorliegende Fall, sondern ganze *Fallgruppen* erfaßt wurden. So mußte etwa die Frage beantwortet werden, ob Fälle tatsächlicher Unmöglichkeit – wie der Fall einer versprochenen Sache, die zum Zeitpunkt des Versprechens bereits nicht mehr existierte – mit Fällen rechtlicher Unmöglichkeit gleichzustellen waren, beispielsweise mit dem Fall einer zur Übereignung versprochenen nichtverkehrsfähigen Sache („res extra commercium"). Und die römischen Klassiker befanden, was im Rahmen des § 306 BGB bis heute gilt: daß ein Versprechen in beiden Fällen keine Verpflichtung begründet, weil „impossibilium" sowohl die Fallgruppe der tatsächlichen als auch der rechtlichen Unmöglichkeit umfaßt.[20]

D Und Sie behaupten nun, daß das Denken in Fallgruppen dem entspricht, was Sie vorher am Beispiel „grausamer" Tötungen zur „Fallreihe" vorgetragen haben. Deshalb der Rückgriff auf die Römer?

G Ja, und weil die Genese und die Wirkung des klassischen römischen Rechts gut erforscht sind und kein Zweifel daran besteht, daß die Römer weit entfernt davon waren, in den Dualismen der deutschen Rechtsphilosophie und Methodenlehre des 19. und 20. Jahrhunderts zu denken. Wenn aber unstreitig ist, daß § 306 BGB römisch-rechtlichen Ursprungs ist und der Begriff „unmögliche Leistung" die Fallgruppen rechtlicher und tatsächlicher Unmöglichkeit erfaßt, dann habe ich nicht die mindeste Veranlassung, die Begriffsbildung des § 306 BGB und dessen Anwendung „modern" dualistisch zu konstruieren. Dann bleibe ich ganz bewußt bei den Alten und lasse methodologisch alles beim alten. Eben deshalb bin ich fest entschlossen, die Rechtsklugheit der „iuris prudentia" gegen „szientistische" Rechtsfindungsmodelle, die am Wahrheitsbegriff exakter Wissenschaften wie der Geometrie oder der Physik orientiert sind, und die „Kunst" gegen die „Methode" zu verteidigen.

W Dann ist hier der Ort, diese bisher recht unbestimmt gebliebenen Begriffe zu präzisieren.

II. Die Techne der Jurisprudenz

1. „Techne" – zwischen Erfahrung und Wissenschaft

G Am Beginn der *Digesten* (D. 1, 1, 1 pr.) steht der berühmte Satz des Celsus „ius est ars boni et aequi" („Das Recht ist die Kunst des Guten und Gerechten"). Ich schlage vor, ihn als Leitsatz für unsere weiteren Überlegungen zu verwenden und dabei vom Begriff der „ars" auszugehen.[21]

W „Ars" ist die lateinische Entsprechung des griechischen Wortes „techne", das wir bereits bei Platon kennengelernt haben und das dort unter anderem das know how der philosophischen Gesprächsführung bezeichnet. Ins Deutsche übertragen läßt sich „techne" beziehungsweise „ars" nicht mit einem einzigen Wort. Denn die wortgeschichtlich am nächsten liegende Bezeichnung „Technik" steht bei uns vor allem für die praktische Anwendung naturwissenschaftlicher Forschungsergebnisse und die traditionelle Wiedergabe mit „Kunst" läßt uns zuerst an Schöpfungen der Musik, Plastik, Malerei und Literatur denken. Der Begriff der techne beziehungsweise ars umfaßt zwar auch all dies, in der Antike galten aber gerade solche Arten besonderen menschlichen Könnens als exemplarisch für techne und ars, die nach heutigem Verständnis weder zur Technik, noch zur Kunst gehören: alle Arten des Handwerks, die Kompetenz als Feldherr, als Steuermann sowie als Verwalter der eigenen Güter, die Weissagung und schließlich, Paradebeispiel einer techne bei Platon und Aristoteles: die Medizin.[22]

G Auch für unsere Dogmenphilosophie der juristischen Kunst wollen wir einen medizinischen Technebegriff heranziehen, und zwar jenen, den der „Urvater" der Medizin, Hippokrates, und seine Schüler in den Schriften des *Corpus Hippocraticum* gebraucht haben (insbesondere in den als original geltenden Büchern I und III der *Epidemien* und im *Prognostikon*).[23] „Techne" bezeichnet dort primär die Kunst der Diagnose (sowie sekundär der Prognose) und Hippokrates schärft durch die genaue Schilderung seiner ärztlichen Diagnosepraxis den Blick viel besser für das, was bei der sogenannten juristischen Subsumtion vor sich geht, als dies in den dualistischen Modellen der traditionellen juristischen Methodenlehre geschieht.

W Ihre These lautet also, daß das, was die juristischen Methodenlehrer (aber, wie wir gesehen haben, nicht die Logiker) mit „Subsumtion" bezeichnen, nichts anderes als Diagnose ist.

G Exakt. Diagnostizieren, „diagignoskein" (*Epidemien* I, 23) bedeutet bis heute: an konkreten Symptomen zu erkennen, woran der Patient leidet und den so erhobenen Befund auf den richtigen medizinischen Nenner zu bringen oder in Juristensprache: den Einzelfall als „Fall von ..." zu erkennen und bei seinem fachspezifischen Namen zu nennen. Dieses „Herauskennen" des Einzelfalles aus einer vergleichbaren Reihe von Fällen ist die wesentliche Aufgabe der juristischen Subsumtion wie der medizinischen Diagnose. Hierfür ein Beispiel: Es klopft. Herein tritt ein Patient mit geschwollener Wange und klagt über Schmerzen im Bereich der Ohrspeicheldrüse. Nach kurzem Betasten und Befragen diagnostiziert der Arzt Dr. Weißkittel: „parotitis epidemica" oder Mumps. Es klopft an einer anderen Tür. Herein tritt ein Kläger mit geschwollener Wange und erzählt die Geschichte einer mit einer Ohrfeige endenden Auseinandersetzung. Nach kurzer Verhandlung diagnostiziert der Richter Schwarzkittel: „Körperverletzung i.S.d. § 823 Abs. 1 BGB". In beiden Beispielen kommt es auf die nur durch praktische Erfahrung erwerbbare Fähigkeit an, das jeweilige theoretische Wissen um die Krankheitsmerkmale von Mumps beziehungsweise um die Tatbestandsmerkmale einer Körperverletzung in ein Wiedererkennen dieser Merkmale im Einzelfall umsetzen zu können.

W Dieses Beispiel zeigt auch, daß jede kunstgerechte Diagnose eine Kenntnis allgemeiner Zusammenhänge voraussetzt, also nicht ausschließlich auf der Erfahrung einander ähnlicher Einzelfälle beruhen kann. Denn daraus, daß D, G, H, W und viele andere, deren Wangen sich in dem beschriebenen Zustand befanden, zur selben Zeit an Mumps erkrankt waren, folgt ja noch lange nicht, daß jeder Mensch mit diesen Merkmalen unter parotitis epidemica leidet; es folgt nicht einmal, daß solche Merkmale überhaupt irgend etwas mit dieser Krankheit zu tun haben. Eine bloß zufällige Koinzidenz ausschließen können wir nur, indem wir den Allsatz: „Jeder Mensch, dessen Wange so und so angeschwollen ist und auf diese und jene Weise schmerzt, hat Mumps" beweisen. Nur wer aufgrund einer solchen als wahr erkannten universalen Aussage seine Diagnose trifft, darf sich als jemand bezeichnen, der eine „techne" ausübt, als Technit (technites). Diese Bedingung arbeitete – an Beispielen ebenfalls aus der Medizin – bereits Aristoteles im ersten Abschnitt seiner *Metaphysik* heraus: „Techne entsteht, wenn aus vielen Aussagen der Erfahrung (empeiria) eine allgemeine Auffassung über die ähnlichen Einzelfälle wird" (I 1 981a).

H Das hört sich ja so an, als ob die techne irgendwann ganz von alleine aus der Erfahrung hervorginge.

W Selbstverständlich ist das nicht der Fall; der Nachweis etwa eines kausalen Zusammenhangs zwischen dem Wirken der Mumpserreger und dem spezifischen Anschwellen und Schmerzen der Backen, kann schließlich nur durch sorgfältige medizinische Forschung erbracht werden. Aristoteles macht in diesem Zitat aber auch gar keine Aussage über den techne-Erwerb, sondern formuliert den Unterschied zwischen dem Begriff der techne und jenem der Empirie. Hierzu folgendes Beispiel: Eine Großmutter, die in ihrem langen bäuerlichen Dasein nur allzuoft miterleben mußte, wie Mitglieder ihrer Familie erkrankten und wodurch sie jeweils wieder gesund wurden, mag durchaus in der Lage sein, aufgrund dieser Erfahrung sowie einer intimen Kenntnis sonstiger Eigenheiten und Ähnlichkeiten unter den Verwandten ihren darniederliegenden Lieblingsenkel mit einfachsten Mitteln schneller und nachhaltiger zu heilen, als ein Arzt, den man eigens aus der weit entfernten Stadt holen müßte, dies mit all seinen Apparaten und Medikamenten könnte.

G Dann sollten wir, Ihrer und Aristoteles' Meinung nach, die medizinische Versorgung der Bevölkerung getrost wieder in die heilenden Hände von Kräuterhexen und Medizinmännern legen?

W Zu den Grenzen der Erfahrung wollte ich ja gerade kommen: Denn gegenüber der erst kürzlich aus fremdem Tal in die Familie eingeheirateten Frau, die sich bei dem Enkel ansteckt, würde die Großmutter als Heilerin wahrscheinlich ebenso versagen wie vor Symptomen, die ihr bisher noch nicht untergekommen sind. Und zu erklären, warum jenes Kraut, jener Umschlag ihrem Enkel geholfen hat, wäre sie erst recht nicht imstande; sie könnte lediglich auf ähnliche Fälle verweisen, etwa eine Krankheit ihres verstorbenen Mannes, dem der Enkel ja in allem so ähnlich sei, wo die gleichen Mittel geholfen hätten.

G Läßt uns dieses Beispiel aber auch besser verstehen, was Jurisprudenz ist? Wenn der Arzt darin dem Juristen entspricht, wem in unserer Rechtskultur sollte dann etwa die Großmutter entsprechen?

W Beispielsweise dem aus Gerichtssälen berichterstattenden Journalisten, der selbst zwar über kein Judiz verfügt und auch sonst einen miserablen Richter oder Anwalt abgäbe, aber immerhin gelernt hat, den Ausgang von Prozessen zuverlässig und früh, vielleicht sogar früher als die jeweils beteiligten Fachleute, etwa aus der Stimmung, die im Gerichtssaal herrscht, vorherzusehen.

G Die universitäre Rechtslehre dient nicht der Ausbildung von Gerichtsreportern, sondern der dogmatischen Durchdringung des Systems des positiven Rechts samt seiner geschichtlichen, gesellschaftlichen, wirtschaftlichen und philosophischen Grundlagen.[24] Bei aller Wertschätzung der praktischen Erfahrung, die für eine sachgerechte Rechtsanwendung unabdingbar ist, geht das im Jurastudium erworbene theoretische Wissen dieser Erfahrung doch immer voraus.

W Doch bisher haben wir das Verhältnis von techne und Erfahrung nur exemplifiziert und sind daher in unserer Darstellung selbst ganz im Bereich der Erfahrung verblieben; Aristoteles formuliert für uns nun die „allgemeine Auffassung" zu diesen Beispielen und hilft uns auf diese Weise, in Sachen empeiria und techne auch zu „Techniten" zu werden: „Wenn nun jemand den Begriff (logos) hat ohne Erfahrung und das Allgemeine kennt, den Einzelfall darin aber nicht kennt, wird er sich oft in der Behandlung irren; denn das, was behandelt werden soll, ist der Einzelfall. Aber dennoch glauben wir, daß das Wissen und das Sich-auf-etwas-Verstehen der techne eher zukommen als der Erfahrung, und wir halten die Techniten für kompetenter als die Erfahrenen, weil sich Kompetenz für alle eher gemäß dem Wissen ergibt: Dies deshalb, weil die einen den Grund wissen, die anderen nicht. Denn die Erfahrenen wissen zwar das Daß, das Warum wissen sie aber nicht; die anderen (nämlich: die Techniten) jedoch kennen das Warum und den Grund" (Met. I 1 981a).

H Aber das Erforschen der Gründe fällt doch, zumindest einem gängigen Vorverständnis nach, in die Zuständigkeit der Wissenschaft und gerade nicht der Technik.

W Dies ist durchaus auch die Position des Aristoteles, wie er sie in der *Zweiten Analytik* entwickelt und in Buch VI, Abschnitt 3 der *Nikomachischen Ethik* zusammenfaßt. Für unsere Thematik herausgegriffen sei hier nur, daß er Erkenntnis (episteme) unter anderem als „Haltung, Beweise zu führen" (hexis apodeiktike; EN VI 3 1139b) bestimmt und von techne als der „Haltung, mit wahrem logos etwas herzustellen" (poietike; EN VI 4 1140a) unterscheidet. Der Jurist ist demnach insofern Technit, als er dazu beiträgt, mit wahren Aussagen (etwa über das geltende Recht) und mit schlüssigen Argumenten ein richtiges und gerechtes Urteil herzustellen. Er muß also in der Lage sein, seine Beiträge zur Rechtsfindung im Einzelfall und nach Maßgabe der geltenden Richtigkeits- und Gerechtigkeitsstandards zu begründen. Nur in diesem Sinne gilt für ihn, daß er das Warum seines Vorgehens kennen muß.

G Prozeßrechtlich sind die „Entscheidungsgründe" notwendiger Bestandteil jedes gerichtlichen Urteils und sämtliche urteilsrelevanten Schriftsätze (insbesondere Klagen und Rechtsmittel) sind zu begründen. Da dies vernünftigerweise auf jenes Urteil hin erfolgt, das man erstrebt, sind die gesamten „forensischen", bei den Römern auf dem Forum und heute im Gerichtssaal stattfindenden Aktionen der Beteiligten eines Prozesses auf die Hervorbringung einer Entscheidung ausgerichtet und damit im aristotelischen Sinne poiesis (Herstellen).

H Wie unterscheidet sich aber nun die wissenschaftliche Kenntnis des Warum von der „künstlerischen", namentlich der juristischen?

W Der Wissenschaftler als solcher strebt, so Aristoteles, danach, jede Voraussetzung, die er für eine Begründung machen muß, selbst wieder zu begründen, bis er auf Voraussetzungen stößt, die selbst nicht mehr wissenschaftlich begründbar sind. Worin solche wissenschaftlich unhintergehbaren Prinzipien bestehen, ob und gegebenenfalls wodurch sie ihrerseits ausgewiesen werden können oder sollen – diese große und im Laufe der Philosophiegeschichte so unterschiedlich behandelte Frage –, müssen wir hier ganz offen lassen. Für unseren Zusammenhang einschlägig ist nur, daß der Wissenschaftler die Ausarbeitung eines vollständigen Systems des Wissens betreibt, ohne sich dabei von anderen Zielen leiten zu lassen als dem Begründen beziehungsweise Erklären. Der Technit, der ja durch eine herstellende (poietike) und keine beweisende (apodeiktike) Haltung charakterisiert ist, hat demgegenüber als Ziel nur sein Produkt – im Falle der Medizin die Gesundheit des Patienten, im Falle der Jurisprudenz das gerechte und richtige Urteil. Alle anderen Tätigkeiten sind nur Mittel zu diesem Zweck. Daher bemüht sich der

Jurist als solcher jeweils nur so weit um Begründung, als dies zur Hervorbringung einer kunstgerechten Entscheidung im Einzelfall unerläßlich ist.
G Jedenfalls der rechtsanwendende Jurist, um den es uns hier geht.
W Der Jurist – Entsprechendes gilt für jeden anderen Techniten – ist aber auch Mensch und als solcher dazu aufgefordert, ein know how zu erwerben, das über die unmittelbare Rechtsanwendung hinausgeht und ihm die Kompetenz verleiht, seine eigene Praxis und besonders das Rechtssystem, worin er agiert, grundlegend zu hinterfragen. Zu diesem Zweck wird er durchaus Wissenschaft im aristotelischen Sinne wie etwa Rechts-, Staats- und Moralphilosophie betreiben müssen. Andernfalls läuft er Gefahr, an menschlichem Gutsein einzubüßen und eine déformation professionnelle (berufsbedingte Charaktermißbildung) zu erleiden, die ihn unter anderem an herrschenden Meinungen unkritisch festhalten, altehrwürdigen Routinen, ohne zu prüfen, ob sie für den Menschen förderlich sind, folgen und schließlich dem gerade bestehenden System oder Regime, wie ungerecht es sich auch gebärden mag, ganz ergeben sein läßt.
G Auf die Frage, inwieweit ein Jurist auch als Jurist ein guter Mensch sein muß, werden wir später noch zurückkommen.

2. „Techne", nicht „Methode"

G Auf dem jetzt gelegten Fundament müßte sich ohne größere Schwierigkeiten einsehen lassen, weshalb die „techne" der Juristen keine „Methode" im strengen Sinne des Wortes ist. „Methode" bezeichnet wörtlich den Weg (hodos) von ... nach ... (meta), beschreibt also eine lineare „Vor-gehens-weise", die immer dieselbe Richtung beibehält, die also beispielsweise „deduktiv" vom Allgemeinen zum Besonderen oder „induktiv" vom Besonderen zum Allgemeinen voranschreitet. Ein Hin- und Hergehen zwischen Allgemeinem und Besonderem, wie es für die Kunst der Rechtsfindung charakteristisch ist, sollte man deshalb nicht als „Methode" bezeichnen – auch wenn die traditionellen „Methodenlehren" sich selbst so nennen.
W Das Festhalten am Methodenbegriff dürfte seinen Grund vielleicht darin haben, daß „Methode" nach exakter Wissenschaft klingt und die Juristen ja bekanntlich bemüht sind, den Anschein strenger Wissenschaftlichkeit zu wahren.
G Gut möglich. Es ist allerdings erst die Dominanz des Exaktheitsideals der Mathematik und der Naturwissenschaften gewesen, die der Jurisprudenz – zu Unrecht – ihr wissenschaftliches Selbstbewußtsein gegenüber Deduktionen nach Art der Geometrie („more geometrico") und Induktionen etwa im Sinne der experimentellen Physik genommen hat.[25] Spätestens seit Hans-Georg Gadamers (geb. 1900) *Wahrheit und Methode* (1960) müßte aber klar sein, daß eine hermeneutische Wissenschaft wie die Jurisprudenz ihren Richtigkeitsanspruch auf andere Weise einlösen kann und muß als durch die Einhaltung lediglich induktiver oder deduktiver Methoden. Dabei ist es keineswegs so, daß die Jurisprudenz sich diesbezüglich nach einem philosophischen Trend richten müßte; vielmehr hat Gadamer „Die exemplarische Bedeutung der juristischen Hermeneutik" unter dieser Überschrift in einem eigenen Kapitel behandelt und die „Konkretisierung des Gesetzes im jeweiligen Fall" zurecht als Vorbild für die allgemeine hermeneutische Kunst der „Applikation" herausgestellt.[26] Es ist die Philosophie, die sich

sozusagen eine Scheibe von der Jurisprudenz abgeschnitten hat, nicht umgekehrt. Und es kommt auch nicht von ungefähr, daß Gadamer dabei auf Savignys Auslegungslehre im ersten Band des *Systems des heutigen römischen Rechts* (1840) verweist:[27] der Romanist Savigny hat das römische Recht eben nicht nur dogmatisch, sondern auch methodologisch fruchtbar gemacht.[28]

W Ob sich deshalb wirklich „die" Philosophie methodisch an der Jurisprudenz orientieren soll, bliebe erst noch ausführlich zu prüfen. Sicherlich aber wird es Sie freuen zu hören, daß der von Ihnen kritisierte Methodenbegriff seit einigen Jahrzehnten sogar in der Philosophie der Mathematik und Physik eine schlechte Presse hat.[29]

H Kehren wir zu den Römern zurück: Beim Studium der Celsus-Formel ist mir aufgefallen, daß die „ars boni et aequi" nicht etwa auf „iuris prudentia" bezogen wird, sondern auf „ius".

G Genau gelesen: Die Definition von „ius" mittels des Merkmals „ars" zeigt, daß die klassischen römischen Juristen – und die Juristengenerationen, die ihnen aufgrund der Rezeption des römischen Rechts gefolgt sind – *das Recht selbst* als techne der Fallentscheidung begriffen haben, und zwar unabhängig davon, ob es als Gesetz, Plebiszit, Senatsbeschluß, Kaisererlaß, Magistratsedikt oder Gutachten eines Respondierjuristen vorlag (so die Aufzählung der Arten des geschriebenen Rechts in I. 1, 2, 3). Soweit ein responsum in die *Institutionen* Justinians aufgenommen war (die weitgehend den Institutionen des klassischen Juristen Gaius entsprechen), hatte es ohnehin – wie die *Institutionen* insgesamt – Gesetzeskraft.

H In erster Linie waren die Institutionen aber als Lehrbuch gedacht. Und als solches haben sie sich nach der Erfindung des Buchdrucks (sie wurden schon 1468 in Mainz zum ersten Mal gedruckt) in der Geisteswelt Europas verbreitet wie kein anderes Rechtsbuch; durch diese weite Verbreitung haben sie jene Romanisierung des europäischen Rechtsdenkens bewirkt, das wir unter dem Stichwort „Rezeption" ja bereits angesprochen haben.

G An den „Artistenfakultäten" der mittelalterlichen Universitäten (den Vorläufern der Philosophischen Fakultäten) gehörte eine Institutionenvorlesung, deren Besuch in vielen Studienordnungen vorgeschrieben war, sozusagen zum guten Ton – und sie wurde nicht nur von Juristen besucht, sondern auch von anderen artistischen Scholaren, die damit Bildung und Ansehen erwarben.[30]

D Auch heute dürften ruhig juristische Grundkenntnisse zur geisteswissenschaftlichen Bildung gehören. Das zeitgenössische Philosophieren über das Recht gewönne darüber vielleicht wieder die erforderliche „Bodenhaftung".[31]

G Vielleicht kommen ja auch wieder einmal Zeiten, in denen eine im studium generale erworbene Bildung gefragt ist. Aber auch wenn wir auf spezielle Fähigkeiten und Fertigkeiten abstellen, kann eine wenigstens grobe Vorstellung von der Bedeutung der Institutionen für heutige Juristen nicht als irrelevant bezeichnet werden. Schließlich sind es nicht nur einzelne Inhalte des römischen Rechts gewesen, die unsere Rechtsordnung geprägt haben (beispielsweise den Allgemeinen Teil des BGB mit seiner Grundunterscheidung zwischen Personen und Sachen), sondern es war und ist der Denkstil des professionellen Berufsstandes der iuris consulti, der eine romanistische Prägung deutscher Juristen bewirken kann und sollte.[32]

D Ja, aber neben der methodologischen Tradition des römischen Rechts sollten wir seine sachliche Relevanz nicht vernachlässigen.
G Nehmen wir die Institutionenregeln über den Tierschaden (I. 4, 9 pr.). Der durch Wildheit eines Tieres verursachte Schaden wird dort unter Rückgriff auf das Zwölftafelgesetz wie folgt umschrieben: „Zum Beispiel wenn ein Pferd, das zum Ausschlagen neigt, jemanden mit dem Huf getroffen hat oder ein Rind, das die Eigenart hat, mit den Hörnern anzugreifen, jemanden angegriffen hat", finde die betreffende Klage nur bei den Tieren statt, die sich gegen ihre – an sich zahme – Natur („contra naturam") verhalten; „ist dagegen die Wildheit angeboren, entfällt sie. Wenn zum Beispiel ein Bär seinem Eigentümer entkommen ist und dann Schaden angerichtet hat, kann der frühere Eigentümer nicht belangt werden, weil er aufhört, Eigentümer zu sein, sobald das wilde Tier entwichen ist". Abgesehen von der ausdrücklich betonten Anknüpfung an die „lex duodecim tabularum" ist die methodologische Kontinuität der konditionalen Programmierung ein schöner Beleg für die hier verfolgten Zusammenhänge.[33]
D Dann gibt es aber noch eine andere Kontinuität: die ausdrückliche Nennung von Beispielen, die jeden Zweifel an der Konkretheit der Regelungsintention und an der fallbezogenen Bedeutung der verwendeten Begriffe ausschließt.
G Die methodologisch wichtigste Einsicht ist jedoch die zum Wegfall der Eigentümereigenschaft eines Bärenhalters gegebene Begründung – „quia desinit dominus esse, ubi fera evasit": weil er aufhört, Eigentümer zu sein, sobald (wörtlich: wo) das wilde Tier entwichen ist. Hier haben wir jene Einheit dogmatischen und pragmatischen Denkens vor uns, die den Stil der römischen Jurisprudenz kennzeichnet und die bis heute die beste Gewähr für die Beherrschung einer Rechtsmaterie bietet. Wer den Grund (die ratio oder griechisch: den logos) einer Regelung verstanden hat, versteht sie auch auf vergleichbare Fälle anzuwenden. Im Sinne der oben erläuterten Konzeption der „Fallreihe" sind Tatbestandsbegriffe wie „Haustier" (§ 833 Abs. 1 Satz 2 BGB) dann nicht einfach reihenkonstituierende Überschriften, sondern Überschriften, die in Kurzform den Regelungsgrund der Reihenkonstituierung enthalten: im Beispielsfall des Haustieres die grundsätzliche Beherrschbarkeit der Tiergefahr. Tatbestandsbegriffe sind also *abgekürzte Regelungsgründe,* deren juristisch bedeutsame Abstraktion allein darin liegt, daß sie nicht einen Einzelfall beschreiben, sondern die ratio decidendi für alle – auch und gerade zukünftige – Fallentscheidungen bereitstellen.[34] Hier haben wir die bisher zurückgestellte Abstraktionsleistung gesetzlicher Tatbestandsbegriffe: Es wird insofern vom Fall abstrahiert, als der Regelungsgrund angegeben wird, der dann auch den Grund für die Gleichbehandlung vergleichbarer Fälle darstellt.
W Ich darf daran erinnern, daß es die Kenntnis von allgemeinen Zusammenhängen und Gründen ist, die eine techne von bloßer Erfahrung unterscheidet.
G Und ich möchte wiederholen, daß die Jurisprudenz seit römischen Zeiten eine solche techne ist, die sich in der Suche nach den verallgemeinerungsfähigen Gründen einer juristischen Entscheidung schon immer von einer reinen Technik der *Fall*-Lösung unterschieden und als dogmatikgestützte Kunst der *Problem*-Lösung verstanden hat.[35]
H Wenn die Römer ihre Rechtsregeln aber trotz allen dogmatischen Selbstbewußtseins so anwendungsbezogen formuliert haben, daß stets klar war, welche

Fälle gemeint waren, dann haben sie damit doch eine Art Fallrecht geschaffen wie wir es heute noch im angloamerikanischen case-law vorfinden?
G In der Tat wird diese Parallele häufig gezogen. Nur ist der Abstand zum kontinentaleuropäischen Recht in methodologischer Hinsicht wesentlich geringer als üblicherweise gelehrt wird. Zwar braucht der deutsche Richter nicht wie sein britischer oder amerikanischer Kollege direkt auf die Originalentscheidung zurückzugreifen, die das Präjudiz für seinen Fall darstellt, doch wird er sich die einschlägigen Normen des anzuwendenden Gesetzesrechts über Kommentare ebenfalls auf Präjudizien hin erschließen. Und falls es eine wirklich einschlägige Vorentscheidung gibt, wird er – nicht anders als im case-law – auf deren Grundlage entscheiden. Das kann hier nicht weiter vertieft werden, doch sei die Behauptung gewagt, daß es eine ungebrochene Kontinuität in der Kunst der Entscheidung nach Präjudizien gibt, die das römische Recht sowohl dem angloamerikanischen als auch dem kontinentaleuropäischen Recht vererbt hat und die im übrigen in der Rechtsprechung der Europäischen Gerichtshöfe in Luxemburg und Straßburg den Alltag des Judizierens nach Unionsrecht und Europäischer Menschenrechtskonvention bestimmt.[36] Jeder europäische Richter ist froh, wenn es ein „simile" – ein Ähnliches, d.h. ein Urteil in einem vergleichbaren Fall – gibt, das im deutschen Gerichtsalltag gern zum „Schimmel" verballhornt wird. Ein legendärer Königlich-Bayerischer Amtsrichter soll auf die Aussage seines Gerichtsdieners „Kein Schimmel vorhanden" mit sicherem Gespür für die hermeneutische Unmöglichkeit, ohne „simile" überhaupt urteilen zu können, verfügt haben: „Warten, bis Schimmel kommt".
W Als Dogmenphilosophen dürfen wir uns aber nicht damit begnügen, die Unmöglichkeit vorurteilsfreien Urteilens mit Metaphern wie „hermeneutischer Zirkel", „Hin- und Herwandern des Blicks" zwischen Fall und Norm oder „Hin- und Hergehen" zwischen Allgemeinem und Besonderem lediglich zu umschreiben ...
G Lassen Sie uns die Metaphern also in gemeinsamer Anstrengung begrifflich präzisieren. Vielleicht helfen wir dem Königlichen Amtsrichter damit auf den Schimmel hinauf und der Philosophie vom hohen Roß herunter.

3. Hermeneutische „Spirale", nicht hermeneutischer „Zirkel"

G Klären wir erst einmal den Begriff „Hermeneutik": Er geht auf das griechische Wort für Mitteilung, „hermeneia" zurück und verweist damit zugleich auf den Götterboten Hermes, dem es in der Sagenwelt der griechischen Mythologie zukam, den Menschen die göttlichen Botschaften als Herold und Dolmetscher zu verkünden, d.h. in einer den Menschen verständlichen Sprache zu vermitteln.[37] Heute bedeutet Hermeneutik ganz allgemein Lehre vom Verstehen, insbesondere vom Verstehen von Texten. Die spezifische Wendung, die Gadamers erwähnte Monographie der Hermeneutik gegeben hat, ist die einer Rehabilitierung des Vorurteils – wobei „Vor-Urteil" besser mit Bindestrich zu schreiben wäre, weil es nicht ein verständnishemmendes, sondern ein verständnisförderndes Vorverständnis bezeichnet, das Bedingung allen Verstehens ist.
H Das „Vor-Urteil" ist uns ja schon bei der Behandlung des Judiz begegnet.
G Gadamer hat nun den „hermeneutischen Zirkel" vom Verdacht des „circulus vitiosus", eines logisch fehlerhaften Zirkels befreit, indem er überzeugend nach-

gewiesen hat, wie der Verstehensprozeß eines Textes als ein ständiger Prozeß der Verbesserung von Vorverständnissen verläuft. Für die Auslegung und Anwendung eines Gesetzestextes (die Gadamer zurecht nicht als getrennte Vorgänge, sondern als hermeneutische Einheit behandelt) bedeutet dies eine dauernde Vermittlung zwischen dem Vorverständnis der Gesetzesbegriffe und der Lebensverhältnisse, deren Regelung das Gesetz intendiert. Wer nichts vom Leben (vor-)versteht, versteht keinen tatbestandlich erfaßten Lebenssachverhalt und wer nichts vom Recht (vor-)versteht, kommt mit dem Regelungsgehalt des Gesetzes nicht zurecht.[38] Dafür hat sich – nicht nur in der Jurisprudenz – die Metapher „hermeneutischer Zirkel" etabliert. Weil „Zirkel" hier aber ein Lehnwort aus dem Lateinischen („circulus") ist, das schlicht „Kreis" bedeutet (und nicht das Gerät meint, mit dem er gezeichnet werden kann) und Juristen bei der Rechtsfindung sich nicht im Kreise drehen und nicht immer wieder zum Ausgangspunkt zurückkehren sollten, spricht man besser von einer hermeneutischen Spirale.

W Noch besser wäre es, auf Metaphern (von „metapherein", übertragen; daher „metaphorisch": im übertragenen Sinne) wie „Zirkel" und „Spirale" überhaupt zu verzichten.

G Solange Metaphern uns helfen, komplexe Zusammenhänge verständlich abzukürzen, sehe ich keinen Grund zum Verzicht darauf.

4. Die Spirale der „ars boni et aequi"

G Kommen wir auf Celsus' „ars boni et aequi" zurück und bemühen wir uns um eine Bestimmung der aequitas. Den römischen Juristen galt sie als eine der „iustitia" eng verwandte, auf angemessene Behandlung des Einzelfalls abzielende Grundtugend, die mit „Billigkeit" mehr schlecht als recht übersetzt wäre, weil damit heute eher Ungleichbehandlung als Gleichbehandlung assoziiert wird.[39]

W Und nicht ganz zu unrecht; bestimmt doch bereits Aristoteles in einem (lesenswerten) Kapitel über das Verhältnis von Billigkeit (epieikeia) und Gerechtigkeit (dikaiosyne) das Billige (to epieikes) als „Korrektur des Gesetzes, soweit es auf Grund seiner Allgemeinheit mangelhaft ist" (EN V 14 1137b).[40]

G *Die* Diskussion sollten wir nach allem bisher Gesagten vermeiden, weil die römische „aequitas" gerade *nicht* auf einer – wie auch immer zu verstehenden – Unterscheidung zwischen der Allgemeinheit des Gesetzes und der Besonderheit des Falles beruht, sondern auf der kunstgerechten Vermittlung beider.[41] Im übrigen betreiben wir hier weder Begriffs- noch Rechtsgeschichte, sondern Dogmenphilosophie. Und in dogmenphilosophischer, durch Art. 3 GG geprägter Terminologie ist mit „aequitas", „Angemessenheit" oder „Sachgerechtigkeit" sowohl die Gleichbehandlung gleicher als auch die Ungleichbehandlung ungleicher Fälle gemeint und damit zugleich die spezifische „Einzelfallgerechtigkeit".

D Nach einer bekannten Formel des Bundesverfassungsgerichts ist „wesentlich Gleiches" gleich und „wesentlich Ungleiches" ungleich zu behandeln.[42] Mir stellt sich dabei die Frage, was denn „wesentlich" gleich beziehungsweise „wesentlich" ungleich ist, oder anders: müssen wir nicht zuerst um das Wesen von etwas wissen, um anschließend „wesentliche" Differenzen ausmachen zu können?

H Ich bin mir nicht sicher, ob die Rede vom „Wesen" in Gerichtsurteilen oder juristischen Abhandlungen tatsächlich in einem philosophisch rechenschaftsfähi-

gen Sinn zu verstehen ist. Ich glaube, daß das „Wesen" im juristischen Sprachgebrauch nur eine argumentative Vernebelungsfunktion hat: Man spricht weihevoll vom „Wesen", um nicht mehr genau ausweisen zu müssen, worin beispielsweise sich Übereinstimmungen und Unterschiede bestehen.
W Ein Beispiel für die lähmende Wirkung von Metaphern auf das Denken. Denn „Wesen" wird in diesem Zusammenhang im übertragenen Sinne gebraucht und nicht in dem (später in unserem Gespräch über Anselm von Canterbury noch zu erläuternden) Sinne des philosophischen Fachausdrucks „Essenz".
G Wie schon für den Anfängerschein im Verfassungsrecht bekannt sein muß, kann man zwei Größen als solche niemals miteinander vergleichen (z.B. nicht Äpfel mit Birnen), weil ein Vergleich stets ein „tertium comparationis" (ein Drittes des Vergleichs), einen Vergleichsmaßstab voraussetzt (etwa Form oder Vitamingehalt der zu vergleichenden Früchte), anhand dessen dann die „wesentliche" Gleichheit oder Ungleichheit der Vergleichsgrößen ermittelt wird. Erst wenn dieser Vergleichsmaßstab durch die „Wesens"-Metapher vernebelt wird, haben H und W recht; ansonsten kann das „Wesen" durchaus dieselbe Abkürzungsfunktion haben wie andere Metaphern der Rechtssprache (etwa die „Rechtsquelle") auch.
W Zurück zu den Römern!
G Für Celsus wie für heutige Juristen ist der Vergleichsmaßstab immer ein rechtlicher, in der dialogischen Auseinandersetzung um die richtige Entscheidung jeweils im Einzelfall und zwischen den Kontrahenten zu präzisierender Maßstab. Versetzen wir uns dazu nochmals in die Zeit der klassischen Respondierjuristen zurück und sehen wir uns die oben nur angedeuteten Fälle tatsächlicher und rechtlicher Unmöglichkeit etwas genauer an: A hat B die Übereignung eines Sklaven – der im römischen Recht bekanntlich im Eigentum seines Herrn stand – Zug um Zug gegen Zahlung eines Preises X versprochen. Zum Zeitpunkt des Versprechens war der Sklave aber bereits tot. Muß der vereinbarte Preis dennoch bezahlt werden? Die als Lehrsatz in die *Institutionen* Justinians übernommene Antwort lautet: Wenn sich jemand eine Sache versprechen läßt, die es in der Welt nicht mehr gibt, „zum Beispiel den toten Stichus, den er am Leben glaubte", dann ist das Versprechen unwirksam (I. 3, 19, 1). Am nächsten Tag wird unser Rechtsgelehrter mit folgendem Fall konfrontiert: C hat sein Versprechen eingelöst, die verstorbene Geliebte des D heimlich auf dessen Grundstück zu begraben. Muß D die ausgehandelte Vergütung entrichten?
D Warum nennen Sie ihn ausgerechnet D?
G Da der Fall sowieso erfunden ist, können Sie gern eine andere Kennzeichnung vornehmen. Mir kommt es auf den Vergleich der beiden Fälle an: im ersten Fall ist eine Übereignung des lebenden Stichus tatsächlich unmöglich; im zweiten Fall ist die tote Geliebte zwar begraben und damit das Vertragsversprechen scheinbar erfüllt, es fragt sich jedoch, ob der Fall dem ersten nicht in rechtlich relevanter Hinsicht gleicht. Die Antwort der *Institutionen* lautet: Unmöglichkeit liegt auch dann vor, wenn die versprochene Leistung zwar tatsächlich erbracht werden kann – und in unserem fingierten Fall ja tatsächlich erbracht wurde –, das Recht aber die Leistung als unmöglich bewertet. Da der Leichnam im römischen Recht als nicht verkehrsfähige „res extra commercium" galt, wäre auch im zweiten Fall keine Zahlungsverpflichtung begründet worden (I. 3, 19, 2).[43]
H Was wollen Sie uns damit sagen?

G Zweierlei: Erstens, daß die „ars boni et aequi" eine Kunst der Gleichbehandlung ist, die nicht auf abstrakter Ebene demonstrierbar ist, sondern nur durch praktische Handhabung juristischer Maßstäbe in konkreten Fällen; und zweitens, daß die Römer ihre Rechtspraxis sehr wohl als wissenschaftsgeleitete, dogmengestützte Praxis betrieben haben. Für diese inzwischen ja hinreichend präzisierte Denkweise der klassischen römischen Juristen hatte „ars boni" keinen eigenständigen philosophischen Gehalt, weil „das Gute" (bonum) sich erst in der kunstgerechten Entscheidung konstituierte.[44] Insofern hat Celsus eine schöne Bestimmung des spiralförmigen Prozesses gegeben, der bei der Herstellung einer angemessenen und ausgewogenen Entscheidung im Hinblick auf die Güte (das bonum) respektive die Gelungenheit dieser Entscheidung entsteht. Lassen Sie uns abschließend diskutieren, wie die römischen Klassiker den entsprechenden Gedanken formuliert haben.

III. Das Berufsethos der Juristen

1. Zur Tugend der Einzelfallgerechtigkeit

G Ein ebenso berühmter Satz wie der des Celsus ist ein Satz des Domitius Ulpianus (um 170-228 n. Chr.), der als Ulpiansche Formel zum geflügelten Wort römischer Gerechtigkeitsvorstellungen geworden ist: „iustitia est constans et perpetua voluntas ius suum cuique tribuens" (I. 1, 1 pr.; in D. 1, 1, 10 pr. endet der Satz dagegen mit „tribuendi") – „Gerechtigkeit ist der unwandelbare und dauerhafte Wille, einem jedem sein Recht zukommen zu lassen".[45] In dieser Formel muß zunächst einmal beachtet werden, daß es um die Bestimmung der Gerechtigkeit (iustitia) und nicht des Rechts (ius wie bei Celsus) geht; des weiteren ist zu beachten, daß es nicht heißt, jedem müsse „das Seine" zukommen. Bei Ulpian ist ausdrücklich die Rede davon, daß einem jeden „sein Recht" zuteil werde – was in heutiger Terminologie bedeutet, daß hier vom Recht im *subjektiven* Sinne die Rede ist, nicht wie bei Celsus vom Recht im *objektiven* Sinne. Während das objektive Recht die kunstgerecht gestalteten Regelungen bereitstellt, nach denen Fallgruppen systematisch richtig entschieden werden können, erfordert die Gerechtigkeit den in jedem einzelnen Streitfall zu betätigenden Willen, den subjektiven Rechten der Streitenden – unter bestmöglicher Wahrung der Gegenrechte – zur Durchsetzung zu verhelfen.
W Was ist hier unter „Wille" zu verstehen? Immerhin ein in der Philosophie heftig umstrittener Begriff.
G Ulpian war kein Philosoph, sondern hoher Verwaltungsbeamter und, für uns interessant, Rechtssystematiker. Seine Leistung besteht daher nicht in einer philosophischen Fundierung des römischen Rechts und der Entwicklung einer präzisen rechtsphilosophischen Begrifflichkeit, sondern in der Beschreibung des Selbstverständnisses der römischen Jurisprudenz, trotz aller systematischen Leistung der Dogmatik in der Anwendungsbezogenheit ihrer techne an der Tugend der Einzelfallgerechtigkeit orientiert zu sein.[46]
W Wenn „voluntas" hier in einem von Ulpian selbst nicht weiter präzisierten alltagsjuristischen Sinne zu verstehen ist, sollten wir aber wenigstens auf das kul-

turwissenschaftliche Problem aufmerksam machen, „voluntas" vorschnell mit „Wille" zu übersetzen. Denn es ist sehr fraglich, ob die Antike den Begriff eines Vermögens kannte, einzelne Handlungen gegebenenfalls auch gegen die eigene biologische, psychische und insbesondere charakterliche Verfassung zu vollziehen.[47] „Voluntas" bei Ulpian meint demgegenüber eher ein Bestreben, das seine Unwandelbarkeit und Dauerhaftigkeit dadurch erhält, daß es sich zur Charaktereigenschaft, zum Ethos (von griech. ethos: Charakter), verfestigt.

G Vielleicht kann uns ein anderer römischer Autor bei der Bestimmung der Ulpianschen voluntas als juristisches Ethos weiterhelfen: Quintilian (um 40 - ca. 96 n. Chr.), Anwalt und erster aus kaiserlicher Kasse besoldeter Rhetorikprofessor in Rom (unter Vespasian ab 71), ist in seiner *Institutio oratoria* (*Ausbildung des Redners*) nämlich durchgängig darum bemüht, den Begriff der Rhetorik („ars bene dicendi": die Kunst, gut zu reden) mit dem Ethos des Redners (als „vir bonus") zu verbinden: „bene dicere non possit nisi bonus" – gut zu reden vermag nur ein guter Mensch.[48]

W Daraus, daß jemand ein guter Redner ist, folgt aber keineswegs, daß er auch ein guter Mensch ist. Denn „gut" ist kein Adjektiv wie etwa „brünett". Nehmen wir den Beispielsatz: „Maria ist eine brünette Diebin". Er impliziert logisch folgende beiden Sätze: „Maria ist eine Diebin" und „Maria ist brünett". Ganz anders verhält es sich mit: „Maria ist eine gute Diebin"; daraus folgt zwar ebenso, daß Maria eine Diebin ist, „Maria ist gut" folgt daraus aber nicht. Im Gegenteil: Das Gutsein als Mensch insgesamt ist unvereinbar mit einer kriminellen Lebensführung. Anders als bei „brünett" ist der sprachliche Sinn von „gut" also ganz offenbar davon abhängig, bei welchem Wort es als Adjektiv steht: Eine brünette Diebin ist auf keine andere Weise brünett als eine brünette Juristin, Rednerin oder Politikerin, aber eine gute Politikerin ist in einer anderen Hinsicht gut als eine gute Diebin, eine gute Juristin in einer anderen als ein guter Mensch.[49] Quintilian müßte folglich erst noch begründen, daß jemand, der als Jurist beziehungsweise Redner gut ist, durch das, was ihn in dieser Hinsicht gut macht, gut regelmäßig zugleich auch als Mensch ist.

G Quintilian arbeitet nicht mit der von Ihnen erläuterten Doppeldeutigkeit. Vielmehr bestimmt er „bene dicere" in vierfacher Weise näher: als „grammatice" (grammatisch richtig), „Latine" (stilistisch gut), „apte" (angemessen) und „honeste" (tugend- oder ehrenhaft).[50] Und in der Tugend- oder Ehrenhaftigkeit des juristischen Redners liegt natürlich auch die Bestimmung dessen, was den Mann (vir) zum guten Mann (vir bonus) macht. Die Forderung, tugend- oder ehrenhaft zu reden, haben die römischen Juristen im allgemeinen und Quintilian im besonderen nicht als ethisches Postulat einer elaborierten Moralphilosophie formuliert, sondern als pädagogische Aufgabe einer rechtsrhetorischen Bildung zur sachbezogenen Juristenpersönlichkeit. Das von Cato (dem Älteren) geprägte Wort vom „vir bonus dicendi peritus", vom redeerfahrenen Ehrenmann, wird von Quintilian in einem geradezu modern anmutenden Sinne als Unbestechlichkeit interpretiert: das Vertrauen in einen guten Anwalt sei ein Vertrauen, das „neque cupiditas corrumpat nec gratia avertat nec metus frangat" (XII 1, 24), das weder durch Begehrlichkeiten noch durch Beziehungen oder Ängste korrumpiert werden dürfe.

§ 1 der Bundesrechtsanwaltsordnung ist noch immer in diesem Sinne zu verstehen: „Der Rechtsanwalt ist ein unabhängiges Organ der Rechtspflege".

W Sie stimmen mir demnach wenigstens darin zu, daß ein guter Redner und Jurist nicht bereits als solcher ein guter Mensch im vollen moralischen Sinne ist, sondern eben nur insofern, als er sich vor Gericht als unbestechlich erweist und sein dortiges Tun ganz in den Dienst der Rechtspflege stellt. Ansonsten aber könnte er unbeschadet seiner rhetorischen und juristischen Qualifikation der übelste Bursche sein? Das scheint mir nun aber doch etwas zu schematisch konstruiert ...

H Warum schematisch? Diese Sichtweise vermeidet zumindest überzogene moralische Ansprüche an den Menschen in seiner Rolle als Jurist. Zu einem guten Juristen gehört es, ein guter Jurist zu sein, und ob er zu Hause seine Frau schlägt, steht auf einem anderen Blatt.

G Quintilians Perspektive ist jedenfalls die des teilnehmenden Anwalts und Rhetoriklehrers, der die internen Gefahren kennt, die dem System von korrupten Akteuren drohen und der diesen Gefahren durch eine kontinuierliche Erziehung zur Sachlichkeit vorbeugen will. „Rhetorik" ist hier gerade nicht eine Technik der Überredung durch „eristische" (von griechisch „eris", Streit) Kunstgriffe (Schopenhauer), sondern die Kunst des Überzeugens durch sachliche Argumente.[51] Es ist sehr zu begrüßen, daß die derzeit als eigenständige Disziplin wiederentstehende Rechtsrhetorik an diese Tradition anknüpft und die Sachlichkeit juristischen Redens als die eigentliche Kunst in den Vordergrund stellt.[52]

W Der gute Jurist muß also doch mehr leisten, als nur nicht bestechlich zu sein und sich in Ausübung seiner Tätigkeit nicht von persönlichen Vorlieben, politischen oder ökonomischen Interessen leiten zu lassen. Denn Sachlichkeit setzt ein ganzes Bündel an weiteren Charaktereigenschaften voraus: etwa Ausdauer und begriffliche Sorgfalt beim (wissenschaftlich informierten) Anwenden und Auslegen von Rechtstexten, Genauigkeit und Scharfsinn bei der Argumentation sowie die Bereitschaft, sich von besseren Gründen überzeugen zu lassen.

D Könnte es sein, daß inzwischen in Vergessenheit geraten ist, weshalb wir auf Quintilian zurückgegriffen haben?

G Zur Interpretation von „voluntas" in der Ulpianischen Formel. Im Schlußsatz seines zwölfbändigen opus magnum schreibt Quintilian: „quod magis petimus: bonam voluntatem" (XII 11, 31). Was er mehr als alles andere fordert, ist die „bona voluntas", die wir Juristen uns seit römischen Zeiten nicht als Willen zur Moralität vorzustellen haben, sondern als das „gute Bestreben" zur Durchsetzung des Rechts im Einzelfall. Wegen der Streitbezogenheit allen Rechts ist aber klar, daß ein solches Bestreben für *alle* Seiten eines streitigen Rechtsverhältnisses vorausgesetzt werden und allen Rechtsuchenden zugutekommen muß. Im einfachsten Falle eines lediglich zweiseitigen Gläubiger-Schuldner-Verhältnisses haben wir also zwei materiellrechtlich begründete Rechtsdurchsetzungswillen – den des klagenden Gläubigers und den die Begründetheit des klägerischen Anspruchs bestreitenden beklagten Schuldners – sowie ein prozeßrechtlich fundiertes Ethos: des Richters, jedem „sein Recht" zuzuteilen.

D Wenn mich nicht alles täuscht, interpretieren Sie Ulpians Formel, jedem Beteiligten eines Rechtsstreits das ihm gebührende „ius suum cuique" zuzuteilen, von der dogmatischen Grundfigur des Rechtsverhältnisses und damit von jener Rechtsverhältnisdogmatik her, die Sie uns als Ertrag heutiger Rechtswissenschaft vorgestellt haben.[53] Ist das nicht anachronistisch?

G Selbstverständlich ist die Dogmatik des Rechtsverhältnisses erheblich verfeinert worden, dessen Dogmen*philosophie* ist aber dieselbe geblieben, weil sie von der schlichten Rechtstatsache ausgeht, daß subjektive Rechte auf Rechtsverhältnissen beruhen und deshalb das Recht des einen immer in eine Relation zu den Rechten und Pflichten anderer gebracht werden muß. Da diese Tatsache in der Praxis des Judizierens in aller Regel zu einem nicht unerheblichen Aufwand führt, setzt das Anstreben einer angemessenen Entscheidung die Bereitschaft voraus, die Mühen eines umfangreichen Aktenstudiums, langwieriger Beweisaufnahmen und einer wohlvorbereiteten Verhandlungsführung auf sich zu nehmen. Das dogmenphilosophische Erbe der römischen Jurisprudenz besteht daher letztlich in der Einsicht, daß alle Kunst der Jurisprudenz nichts nützt, wenn sie nicht in jedem Einzelfall von dem Bestreben getragen ist, adäquat, gerade dem vorliegenden Einzelfall entsprechend, zu entscheiden.

H Das Eingehen auf gegenteilige Tatsachenbehauptungen und anderslautende Rechtsansichten gehört selbstverständlich dazu.

G „Selbstverständlich" ist treffend formuliert, weil dieses Eingehen auf die Gegenseite zum Selbstverständnis jedes Juristen gehören sollte, das er aus der Gewöhnung an die Alltagsanforderungen seines Berufs entwickelt hat.

H Der Jurist braucht also kein Lehrbuch der Ethik zu studieren, um ein solches Berufsethos zu entwickeln. Er muß sich nur einlassen auf eine Praxis, die ihre eigenen Regeln hat.

2. Zum Ethos des „Zwischen"

G Die Grundregel der Prozeßpraxis ist schon ausweislich ihrer lateinischen Formulierung römisch-rechtlichen Ursprungs: audiatur et altera pars – auch der andere Teil möge gehört werden.[54] Daraus ließe sich ohne Mühe eine ausgefeilte Dialogik des Prozeßrechts entwickeln: Klageerhebung-Klageerwiderung, Replik-Duplik, Einrede-Gegeneinrede, Schlüssigkeit des Klägervorbringens-Erheblichkeit der Beklagteneinlassung et cetera – all dies sind prozeßrechtliche Institute beziehungsweise richterliche Prüfungsstationen, die in der Gegen-Seitigkeit des „Was haben Sie dazu zu sagen?" geradezu hörbar dialogisch sind.

D Es erscheint mir wichtig, wenigstens kurz darauf hinzuweisen, daß Gerechtigkeit demnach auch und gerade in Verfahrensformen zum Ausdruck kommt.

G Genau. Auf der Grundlage der Rechtsverhältnislehre ist aber nicht erst das Prozeßrecht, sondern schon das materielle Recht dialogisch strukturiert: Es besteht aus Rechtsverhältnissen, in denen Ansprüche geltend gemacht werden, die auch außergerichtlich und schon vorprozessual einen Beanspruchten voraussetzen und eine Einigung im dialogischen „Zwischen" ermöglichen.[55]

D Im dialogischen Was?

G Im dialogischen *Zwischen* – dieses substantivierte Verhältniswort habe ich mir von Martin Buber (1878-1965) geborgt[56], weil es so kurz und prägnant wie kein anderes Wort zum Ausdruck bringt, worum es bei der Kunst der Rechtsfindung geht: um Entscheidungen lebensweltlicher Streit- oder Konfliktfälle, die bei allen Ansprüchen der Dogmatik an überzeugende juristische Begründungen von den Konfliktparteien aufs Ganze gesehen nur dann akzeptiert werden, wenn ihre „Sache" so verhandelt wird, daß das Spezifikum ihres Streits – und „Sache" heißt ursprünglich gar nichts anderes als „Streitsache" – zur Sprache kommt, in wechselseitiger Auseinandersetzung im jeweiligen Zwischen behandelt und sachgerecht, eben aus jenem Streitverhältnis heraus und ihm entsprechend beurteilt wird. Gerechtigkeit als Sachgerechtigkeit ist dialogische Gerechtigkeit, die auf ein *Ethos des Zwischen* angewiesen ist. Um die Herstellung eines solchen Zwischen muß der Richter sich schon deshalb bemühen, weil er nicht weiß, was sich im vorliegenden Fall „in Wirklichkeit" zugetragen hat – da er nicht dabei war, und *wenn* er dabei war, ist er befangen und darf den Fall nicht entscheiden.

D Dann gehen Sie also davon aus, mit dem „Ethos des Zwischen" nicht nur das Selbstverständnis der römischen Juristen, sondern eine Voraussetzung jeder an lebensweltlicher Gerechtigkeit orientierten Jurisprudenz auf den Begriff bringen zu können?

G So ist es. Deshalb erscheint es mir auch nicht weiter erstaunlich, daß die rechtshistorische Forschung Vorläufer der Ulpianschen Formel bereits im Kodex Hammurabis, im alten Ägypten und in der griechischen Philosophie nachgewiesen hat.[57] Seit jeher und bis auf weiteres gilt: ohne das beständige Bestreben, dem Einzelfall gerecht zu werden, läßt sich das subjektive Recht des Einzelnen nicht verteidigen und damit auf Dauer auch das objektive Recht nicht aufrechterhalten.

D Wenn ich Sie richtig verstanden habe, ist Ihre Dialogik als Rechtsethik an Sachgerechtigkeit und damit „in the long run" an der Akzeptanz richterlicher Urteile durch die Beteiligten orientiert. Wo bleibt da der Anspruch auf dogmatische Richtigkeit?

G Im Verfassungsstaat des Grundgesetzes ist diese Frage durch Art. 97 Abs. 1 GG beantwortet: „Die Richter sind unabhängig und nur dem Gesetze unterworfen". Freigesetzt von Weisungen haben sie die Verantwortung dafür, die Sachgerechtigkeit im „Zwischen" der Beteiligten zu verwirklichen, aber eben nur nach Maßgabe des Gesetzes, an das sie schon durch Art. 20 Abs. 3 GG gebunden sind. Letztlich besteht die Kunst der richterlichen Urteilsfindung deshalb darin, den lebensweltlichen Anspruch der Rechtsuchenden mit dem dogmatischen Anspruch der Rechtsgelehrten in einer vom Laien wie vom Fachmann gleichermaßen akzeptierten Entscheidung in Einklang zu bringen. Auch und gerade diese Einheit von praktischem Ergebnis und kunstgerechter Begründung ist es, die mich trotz der von W betonten Verwechslungsgefahr von einer „Kunst" der Rechtsfindung sprechen läßt und die neuerdings zurecht unter dem Begriff einer juristischen Ästhetik thematisiert wird.[58]

D Die juristische Wahrheit[59] wird also neuerdings durch die juristische Schönheit ersetzt?

G Mit dem Kriterium der „Gelungenheit" einer sowohl im Ergebnis als auch in der Begründung überzeugenden Entscheidung, auf das in der angeführten aktuellen Entwicklung abgestellt wird, ist keine Ästhetisierung der juristischen Kunst verbunden, sondern die philosophisch adäquate Erfassung dessen, was Juristen die „Stimmigkeit" eines Urteils nennen. Bei einiger Erfahrung – ohne die es auch insoweit nicht geht – läßt sich nach aufmerksamer Lektüre der Urteilsgründe sagen, ob der Duktus der Begründung, die Darlegung der Argumente und Gegenargumente und deren Gewichtung „stimmt" („paßt") oder nicht (von Stilfragen, die leider immer weniger beachtet werden, ganz abgesehen).

D Von dem Gedanken lasse ich mich gern überzeugen, daß ein Urteil, welches stimmig begründet ist, als künstlerisch gelungen bzw. ästhetisch gefällig erscheint.[60] Aber wir wollen das Ganze doch nicht umdrehen und sagen, dasjenige Urteil mit dem schönsten Schein sei auch das juristisch beste, oder?
G Eine so schön rhetorische Frage enthält immer schon die richtige sachliche Antwort.
W Abschließend sollten wir noch einmal auf unsere Ausgangsfrage zurückkommen: Was heißt es, als Jurist gut zu sein? Die bisherigen Ausführungen zeigten, daß juristisches Gutsein das Gutsein schlechthin als Mensch nicht umfaßt und im vollen Umfange weder zur Voraussetzung noch Folge hat, sondern im perfekten Beherrschen einer techne besteht. Als deren wesentliche Qualitätsmerkmale wurden Sachlichkeit und Orientierung am forensischen Zwischen herausgearbeitet. Die Bezeichnung „Jurisprudenz", wenn man die darin enthaltene „prudentia" im Sinne der bereits behandelten aristotelischen phronesis versteht, erweist sich dann allerdings als etwas irreführend. Denn eine alle Bereiche des menschlichen Lebens durchdringende praktische Klugheit, aufgrund der wir in der Lage sind, ein in jeder Hinsicht gelingendes Leben als uneingeschränkt gute Menschen zu führen, – mit einem Wort: phronesis – dürfen wir einem Juristen und Redner, wie gut er auch immer sein mag, nicht bereits als solchem zuschreiben. „Jurisprudenz" bezeichnet demnach nicht die durch Juristerei erworbene allumfassende, praktische Lebensklugheit, sondern die techne-relative, Urteile herstellende Klugheit im begrenzten Handlungsbereich des Rechtsstreits.
G Einverstanden. Und da wir die Jurisprudenz als techne oder eben als Kunst charakterisiert haben, brauchten wir auf die soeben kurz erinnerte phronesis philosophisch nicht mehr näher einzugehen. Gegenüber der Juristenzunft würde ich zusammenfassend gern noch einmal betonen, daß unser methodologisches Interesse primär auf das angewandte Recht („ius, quo utimur", I. 1, 2, 12) gerichtet war, während wir die systembildende oder dogmatische Leistung der römischen Juristen nur am Rande erwähnt haben. Es sollte aber hinreichend deutlich geworden sein, daß es bei der Differenzierung zwischen „dogmatischer" und „angewandter" Rechtswissenschaft oder zwischen „Rechtsdogmatik" und „Jurisprudenz" nicht um eine Alternative geht, sondern um *Grade der Abstraktion*: Je höher das dogmatische Interesse an einer fallunabhängigen Systematik von Rechtsbegriffen, desto höher der Abstraktionsgrad. Daß wir die hochgradig abstrakten Begriffe etwa der Verfassungsdogmatik (allen voran Würde und Freiheit) nicht geringschätzen, wird sich im weiteren Verlauf unseres Dialogs zeigen.

§ 4 Mittelalterliche Glaubenslehren und das Problem des Naturrechts

I. „Dunkles Mittelalter"?

D Anders als bei der Untersuchung des griechischen und römischen Rechtsdenkens hat man die Arbeit an und mit den rechtsphilosophischen Überlegungen des Mittelalters oft vernachlässigt, weil man der vor allem durch die Philosophie der Aufklärung verbreiteten Ansicht vom „dunklen Mittelalter" folgte.[1]
H Nun, die jüngere Geschichtsforschung jedenfalls zeigt, daß das Mittelalter ganz und gar nicht eine düstere und einfältige Zeit war, wenngleich sie wie alle Zeiten ihre dunklen Seiten hat.
G Wie kam es überhaupt zu dieser Einschätzung?
D Denker der Renaissance, der Reformation und der Aufklärung setzten sich in der einen oder anderen Weise von mittelalterlichen Positionen ab, um neuartigen Sichtweisen zum Durchbruch zu verhelfen. Dazu mußte das Mittelalter oft als Negativfolie herhalten, damit das Neue besser ins Licht zu setzen war. So entstand nach und nach der Eindruck, im mittelalterlichen Denken sei das irdische Leben einzig und allein zur Vorbereitung auf das Himmelreich verstanden, das Irdische und Endliche aber als ein Jammertal und der Leib als ein Gefängnis der Seele angesehen worden, bis schließlich am Ende der Zeiten das wahre, eigentliche und höhere Leben der Geister unter der direkten Regentschaft Gottes beginne. Tatsächlich hatten aber nur wenige mittelalterliche Theologen ein solches Bild von der Wirklichkeit. Der strenge Gegensatz, der hier zwischen irdisch-sinnlichem und himmlisch-geistigem Leben aufgebaut wird, existierte so zumindest in den Köpfen der Denker, mit denen wir uns im folgenden befassen, nicht.
W Doch selbst wenn wir uns ernsthaft um die mittelalterlichen Philosophien bemühen, wird uns deren systematisch zentrale Konzeption, der jeweilige Gottesbegriff, große sachliche Probleme bereiten.
D Das stimmt. Die von uns im folgenden herangezogenen Denker – Augustinus, Thomas von Aquin und Luther – verstanden sich sämtlich als Theologen. Ob dies Auswirkungen hat auf ihre Theorien von Recht und Staat – und welche –, müssen wir sorgfältig untersuchen, z.B. anhand der Frage, ob ihre jeweiligen Gedanken auch ohne die Legitimation durch biblischen Offenbarungsglauben bestehen können.

II. Augustinus' Lehre vom gottgefälligen Leben

1. Die Gotteslehre

D Beginnen wir chronologisch mit Augustinus (354-430).² Seine Staatslehre kann nur im Gesamtzusammenhang seines Denkens verstanden werden. Deshalb ziehen wir neben dem oft zitierten Gottesstaat (*De Civitate Dei*) auch seine Schriften über die Trinitätslehre (*De Trinitate Dei*) und den wahren Begriff der Religion (*De Vera Religione*) heran. Augustinus geht von heute ungewöhnlich erscheinenden Fragestellungen aus: ob das Recht und das Gute in der Welt – mit oder ohne Gottes Hilfe – hergestellt werden kann oder ob das Böse – mit oder ohne Mitwirken satanischer Mächte – siegen wird. Ein zentrales Problem war dabei: Wie kann die menschliche Seele das von Gott geforderte Gute und Rechte bewahren und trotz der Endlichkeit und Sündhaftigkeit der menschlichen Existenz in der geschichtlichen Welt umsetzen? Die Seelen- und Gotteslehre des Augustinus, welche hierauf zu antworten versuchen, wirkten bis weit in seine Rechtstheorie hinein.

W Um beurteilen zu können, ob und wie staatliches Handeln das Gute fördern kann, müssen wir also die Augustinische Seelen- und Gotteslehre hinreichend verstanden haben.

D Augustinus folgt einem Menschenbild, wonach die Menschen sich, obschon irdisch-endliche Existenzen, zum Göttlichen erheben können. Es besteht daher ein Dualismus von sinnlicher und geistiger Orientierung der Seele. So wie die Menschen in der Lage sind, an überirdischer Orientierung teilzuhaben bzw. sich das Göttliche einzuverleiben („per deum quo fruitur", REL XII, 25), können sie sich auch davon abwenden. Wenn sie das göttliche Wirken zulassen, dann entsteht in ihnen, so Augustinus, das Gute. Demnach ist das am Menschen und in seinem Handeln bisweilen aufscheinende Gute nicht als selbstmächtiges Werk des Menschen allein zu betrachten, sondern als Wirken seines Gottes an und in ihm. Gott transformiert die Weltgeschichte zur individuellen Erlösungsgeschichte und zur Heilsgeschichte der menschlichen Gattung. Will man weltliches Geschehen angemessen beurteilen, muß man diesen göttlichen Einfluß berücksichtigen, meint Augustinus.

H Heißt das, daß Gott nach dieser Auffassung immer mal in die Geschichte eingreift?

D Nun, nicht als separater Akteur. Das göttliche Wirken erfüllt sich in der menschlichen Seele, die potentiell Ebenbild ihres Schöpfers ist („imago Dei", nach Gen 1, 26; Div. 83, 54.4 et 74) und aktuell gottähnlich werden kann („ad dei similitudinem", REL X 19). Der Weg zur Gottesbegegnung verläuft demzufolge über die psychologische und philosophische Selbsterkenntnis. Nur so, meint Augustinus, kommt das göttlich Gute in die Welt. Den Rückzug nach innen („in te ipsum redi", REL XXXIX 72) zu ermöglichen, ist deshalb Aufgabe *jeder* menschlichen Organisation des Lebens. Darum steht ganz generell für Augustinus das Äußere des Menschen hinter seinem Innenleben zurück und dient als dessen Ausdruck und Umsetzungsbedingung. Das äußere Leben hat dem inneren Leben des Menschen zu dienen und es nicht zu hindern.

H Heißt das, daß auch die staatliche Ordnung in den Dienst dieses Zweckes gestellt wird?
D In der Tat. Jede angestrebte Verbesserung der Lebensverhältnisse muß dem Gesamtrahmen der göttlichen Heilsordnung entsprechen. Ohne Erkenntnis der Heilsordnung gibt es nach Augustinus weder irdisches noch überirdisches Heil.
H Wer aber kann – und wie – diesen Orientierungsrahmen angemessen erkennen?
D Da die Heilsordnung von Gott stammt, kann sie nur durch Kommunikation mit ihm eingesehen werden. Erst wenn der Wille des einzelnen Menschen in den Willen Gottes einstimmt bzw. sich ihm unterordnet, wird ein Gelingen der irdischen Existenz und vor allem Seligkeit, die das eigentliche Lebensziel eines jeden darstellt, möglich. Denn wo die individuelle Lebensordnung an der göttlichen Heilsordnung ausgerichtet wird, kann sich die menschliche Seele den irrleitenden Einflüssen des alltäglichen Lebens entziehen und sich statt dessen stabil am wahren Guten ausrichten. Darum sei es die Pflicht eines jeden (und der Wunsch eines jeden einsichtigen) Menschen, Gottes Willen zu entsprechen: das diesbezügliche christlich-demütige Einwilligen in den Heilsplan Gottes wird zur ersten Tugend. Konsequenterweise darf es, ja kann es für den Gläubigen, keinen Willen – auch keinen staatlichen – über dem Gottes geben.
H Womit sich natürlich die Frage aufdrängt, wie man diesen göttlichen Willen ermittelt bzw. wie man aus göttlicher Perspektive gut und böse unterscheidet, damit man richtig handeln kann.
D Diese Frage beleuchtet einen besonders kritischen Punkt in Augustinus' Theorie. Wenn es nämlich keinen allgemein gangbaren und also auch allgemein kritisierbaren Weg zur Erkenntnis des göttlichen Heilswillens gibt, so bliebe nur – um die Welt nicht orientierungslos ihrem Geschick zu überlassen – das Vertrauen auf das heilsgeschichtliche Sonderwissen der Theologen.
H Was ein Problem wäre – nicht nur in staatstheoretischer Hinsicht ...
D Augustinus aber verschränkt das theologische Wissen mit der allgemeinmenschlichen Vernunft. Sicherlich: der Mensch ist durch die Erbsünde von Gott abgefallen, seine Existenz ist korrumpiert und seine Vernunft ist nicht allein fähig, den Menschen der Erlösung zuzuführen. Der menschliche Wille ist deshalb auf zweierlei Anleitung angewiesen: auf „Autorität und Vernunft" („auctoritatem atque rationem", REL XXIV 45). Denn wie aus der noch kindlich unaufgeklärten Individualgeschichte nur die liebevolle „Autorität" der Eltern herausführt, bevor man aus eigener Einsicht leben kann, so muß Autorität ebenfalls die ersten Schritte der Menschheit aus den Wirrnissen der Gattungsgeschichte leiten. Alle weiteren Entfaltungen des individuellen und historischen Menschen lenkt und leitet dann in stets steigendem Maße die „Vernunft" (REL VIII 14). Das menschliche Leben muß daher so eingerichtet sein, daß die orientierenden Kräfte von Autorität und Vernunft den Menschen im rechten Maße zukommen.
W Jetzt bekomme ich aber langsam Schwierigkeiten mit dem Verlauf unseres Gesprächs. Mich stört, wie unreflektiert wir in Augustinus' Vorstellungswelt verbleiben und wie wenig wir uns von einer an Augustinus angelehnten feierlich-christlichen Ausdrucksweise befreien können. So etwa war von dem „Heil" und seinem Gegenteil, den „Wirrnissen", die Rede, ohne daß mitgeteilt worden wäre, was darunter eigentlich zu verstehen sei und warum der Mensch das eine anstre-

ben, aus dem anderen „herausgeführt" werden soll. Die Rückgriffe auf Erbsünde und Gottebenbildlichkeit schließlich scheinen mir gänzlich biblischer Mythologie verhaftet. Mir jedenfalls gelingt es nicht, in dem bisher zu Augustin Gesagten eine sachhaltige Philosophie auszumachen. Denn der Begründungszusammenhang und all die zugrundeliegenden sachlichen Fragen – wenn überhaupt vorhanden – blieben bisher verborgen. Leiten wir mit einer solchen Darstellung daher nicht eher bestenfalls zu Doxographie (von doxa, Meinung, also bloßem Referieren von Meinungen), schlimmstenfalls zu hemmungslosem Psittazismus (von psittacus, Papagei)[3] und einem wortgewaltigen Scheinwissen an, als zu sachhaltiger Philosophie?

D Das Problem sehe ich; jedoch glaube ich kaum, es vermeiden zu können. Schließlich stellt sich die Gedankenwelt des Mittelalters uns als ein weitgehend Fremdes dar. Mir scheint es nicht gerechtfertigt, Augustinus' Theorie allein deshalb zu verwerfen, weil sie in christlich-mythologischem Gewande daherkommt. Freilich muß man prüfen, ob sie sich unabhängig dieser Einkleidung argumentativ verteidigen läßt, doch dazu wäre sie erst einmal in ihrer Eigenart zur Kenntnis zu nehmen.

G Das sehe ich ebenso. Über das Problem der angemessenen Darstellung der mittelalterlichen Philosophie mögen sich D und W allerdings ein andermal weiterstreiten. Wir sollten lieber fortfahren mit der Frage, wie Augustinus im Rahmen seiner christlichen Vorstellungen die irdischen Lebensordnungen gestaltet wissen wollte.

2. Die Staatslehre

D Wichtig ist, daß im irdischen Leben vor allem die rechte Ordnung der Güter herrscht. Höchstes Gut überhaupt ist für Augustinus der himmlische Friede („pax caelestis", CIV XIX 13), er kann jedoch auf Erden nicht erreicht werden. Das oberste erreichbare irdische Gut stellt deshalb die Vorbereitung auf den himmlischen Frieden und seine Antizipation im Glauben dar. Bedingung dazu ist zunächst das innermenschliche Besiegen der Leidenschaften durch Vernunft. Die Vernunft kann ihre Funktion aber nur erfüllen, wenn der Mensch äußerlich in Frieden gelassen wird und innerlich am wahren Gott orientiert ist. Darum muß, so Augustinus, die irdische Sozialordnung einerseits für zivilen Frieden sorgen („pax terrestris"/„pax terrena", CIV XIX 17) und andererseits die wahre Religion fördern. Für beides ist der „Staat" zuständig.

H Auch hier ist „Staat" selbstverständlich nur in einem weiteren Sinne zu verstehen. Im engeren Sinne ist der Staat wie bereits erwähnt ein neuzeitliches Phänomen.

D In dem politischen Verband, den Augustinus vor Augen hat, ist Herrschaft nicht bloß durch sich selbst rechtens, sondern mit Sonderrechten nur deshalb versehen, weil sie dem gottgefälligen Leben den Boden bereiten kann.

H Ja, aber der Staat wird doch nicht nur nach einem äußeren Maß, sondern auch nach einem inneren Maß – etwa der Gerechtigkeit – zu beurteilen sein, oder?

D Das stimmt. Jedoch verknüpft Augustinus das innere und das äußere Beurteilungskriterium staatlichen Handelns miteinander; er argumentiert: Wenn gesagt werde, ein Staat sei Republik, öffentliche Sache, Angelegenheit des Volkes, und ein Volk sei eine Rechts- und Interessengemeinschaft, so müsse – damit von Recht überhaupt gesprochen werden könne – in diesem Staat auch Gerechtigkeit herrschen. Dies sei nur dann der Fall, wenn jedem das Seine zukomme, also auch dem wahren Gott der wahre Glaube entgegengebracht werde, denn nur wer Gott diene, folge der rechten Ordnung der Dinge und schaffe Gerechtigkeit (CIV XIX 21). Ohne religiöse Orientierung gebe es keine Gerechtigkeit, ergo kein Recht, also im eigentlichen Sinne keinen Staat. In *diesen* Gedankenzusammenhang sind Augustinus' berühmter Satz „Remota iustitia quid sunt regna nisi magna latrocinia?" (Entfernt man die Gerechtigkeit, was anderes sind die Staaten als große Räuberbanden?) bzw. die berühmte „Seeräuber"-Passage einzuordnen, wo er sich (CIV IV 4) wie schon Cicero (*De re publica* III 14) dem Urteil eines Seeräubers anschließt, das dieser Alexander dem Großen entgegenhält: ein kleiner Räuber handle auf seine Weise nicht schlechter als ein erobernder Feldherr. Denn: „Non est autem ius, ubi nulla iustitia est" – da nämlich ist kein Recht, wo keine Gerechtigkeit herrscht (CIV XIX 21). In verbrecherischen Organisationen gibt es ja ebenfalls – allerdings ohne adäquate Werteordnung – feste Regeln, die das gemeinschaftliche Verhalten ordnen. Für Augustinus macht daher das herrschaftlich gefügte und regelgeleitete Zusammenleben allein noch keinen Staat.

H Heißt das nicht, daß es nur *einen* richtigen Staat geben kann – denjenigen, in dem der wahre Glaube herrscht – und daß demzufolge die mannigfaltigen Formen staatlichen Lebens, die wir aus der Kulturgeschichte kennen, damit allesamt verworfen werden?

W Vielleicht ist dies in platonischer Tradition ja eher so zu verstehen, daß es nur ein Staatsmuster geben kann, an dem sich alle empirischen Staaten ausrichten sollen, nicht aber so, als ob es nur einen einzigen realisierten Staat gäbe, der mustergültig ist.[4]

D Ungefähr so ist es wohl bei Augustinus gemeint. Um zu erklären, wie trotz der unübersehbaren Vielzahl von Sitten und Gebräuchen in den verschiedenen Kulturen die jeweiligen Staaten die rechte sittliche Ordnung erlangen können, verdoppelt Augustinus die damals herrschenden gesellschaftlichen Mächte „Kirche" und „Staat" um den Begriff eines „Gottesreiches" („civitas dei") und eines „irdischen Reiches" („civitas terrena"), die idealtypisch die entgegengesetzten Grundorientierungen menschlichen Lebens repräsentieren (zum folgenden CIV XIX 11-16). Das Gottesreich stellt danach die Realisierung eines Lebens aus und in reiner Gottesliebe (amor dei) vor, – das irdische Reich ist das negative Gegenbild, in dem sich die Menschen in asoziale Eigen- und Güterliebe (amor sui) verlieren und sich und andere um das Heil bringen. Da der Mensch, wie gesagt, mit Erbsünde belastet, also böse, auf die Erde kommt, kann er nur mit Gottes Gnade gut werden. Jedoch selbst dann – das ist wichtig – kann niemand so gut werden, daß er, solange er auf Erden lebt, den weltlichen Gesetzen nicht mehr unterworfen ist. Das heißt also: Die idealtypischen Welten, die hier beschrieben werden, existieren de facto nicht. Die tatsächlichen Ordnungen, die sich die Menschen historisch gegeben haben, stehen zwischen den konträren Polen von Welt- und Himmelreich.

G Auf die Problematik einer solchen „Zweireichelehre" werden wir bei Luther zu sprechen kommen.

H Die Rede von diesen idealen Welten erinnert mich an Platon und sein Muster. Warum aber führt Augustinus die Zweireichelehre ein?

D Zur Handlungsorientierung und zum Wirklichkeitsverstehen. Augustinus unterscheidet zwei Perspektiven auf die idealtypisch begriffene Welt. *Normativ* baut sich die adäquate Weltordnung von oben auf: Das Himmelreich ist das Ziel, die Kirche diejenige Ordnung auf Erden, die die Menschen auf den himmlischen Frieden vorbereitet und anleitet, der historische Staat diejenige Ordnung, die für den irdischen Frieden sorgt, den die Kirche und die frommen Menschen benötigen. Dieser Ordnung haben sich die geistlich orientierten Menschen einzufügen, allerdings nur solange man von ihnen kein ungerechtes oder unfrommes Handeln verlangt.

H So *soll* es in den Augen von Augustinus sein, jedoch „die Verhältnisse, sie *sind* nicht so".

D Das gesteht auch Augustinus zu. *Faktisch* verläuft die Entwicklung der Menschheitsgeschichte anders herum. Zuallererst sind die Menschen sinnlich orientiert und werden sich darum zu Zweckbündnissen vereinigen. Anschließend mag es sein, daß diese Bündnisse auch versuchen, der Gerechtigkeit zum Durchbruch zu verhelfen, gute Zwecke zu verwirklichen, ein heiligmäßiges Leben zu erleichtern oder der Kirche zu dienen.

H Welcher historische Endzustand ist dabei anvisiert: eine herrschaftsfreie Weltkirche ohne Staat oder aber das Zusammenfallen beider?

D Weder-Noch. Ebensowenig wie sich auf Erden die Eingebundenheit des Geisteslebens in die Sinnlichkeit verflüchtigen wird, ebensowenig wird sich je der Staat in die Kirche auflösen können. Und ebensowenig wie die Mitglieder der Kirche rein und ausschließlich gute Menschen sein können, kann die Kirche selbst den himmlischen Frieden bringen und das himmlische Recht auf Erden durchsetzen. Darum soll der wahre Christ sich der staatlichen Ordnung gehorsam zum Zwecke irdischen Friedens und irdischen Rechts („pax civitatis" als Mittel der pax terrena) einfügen (gem. Römer 13, 1-7; CIV XIX 13, XIX 17). Allerdings gilt umgekehrt: da der Staat nicht Selbstzweck, sondern Mittel zum Zweck des Gottesreiches ist, darf der Christ all das nicht tun, was diesem letzten Zweck widerspräche, sei es nun geboten durch den Staat oder nicht. Es bedarf darum auch immer einer selbständigen Kirche als kritischer Instanz der staatlichen Herrschaft.

H Womit wir wieder bei dem Problem wären: Wer kontrolliert die Kirche beziehungsweise kritisiert das theologische Wissen? Es handelt sich bei diesem Wissen um Offenbarungswissen, und ein solches ist uns Heutigen durchaus suspekt.

D Ehe wir uns dieser Frage widmen, sollten wir uns die Naturrechtslehre Thomas von Aquins ansehen, denn sie bezieht hierzu, wenngleich ähnlich orientiert, doch ganz anders Stellung.

III. Thomas von Aquins Naturrechtslehre

D Zentrale Gedanken der Rechtslehre des Thomas von Aquin (um 1225-1274)[5] finden sich komprimiert in seiner Schrift *Über die Herrschaft der Fürsten*, die er im Jahre 1265 dem damaligen König von Zypern widmet mit den Worten: „Ich möchte darin den Ursprung königlicher Herrschaft und alles, was mit dem Beruf eines Königs verbunden ist, geleitet vom Gebot der Heiligen Schrift, der Erkenntnis der Philosophen und dem Beispiel gepriesener Fürsten, mit aller Sorgfalt entwickeln, soweit mein eigenes Können mich diese Aufgabe erfüllen läßt" (Reg Titelblatt).[6]

H Solche Fürstenspiegel, auf die wir bei Machiavelli noch zurückkommen werden, waren damals eine gängige eigene Literaturgattung. Anders als die zeitgenössische Geschichtsschreibung, die dem höfischen Günstlingsmilieu entstammte und unkritisch das Lob des jeweiligen Herrschers sang, war es den Fürstenspiegeln darum zu tun, das – meist kontrafaktische – Musterbild fürstlichen Handelns zu zeichnen. Dazu bedienten sie sich entweder lobpreisender Lebensbeschreibungen einzelner tugendhafter Herrscher oder dichterischer Ausmalungen fiktiver Fürstengestalten oder aber sie wurden verfaßt als philosophisch-ethische Reflexionen über Rechte und Pflichten des Staatslenkers und über die Methoden der guten Herrschaft. Zur letzten Gattung gehört Thomas' Schrift, die im weiteren Rahmen seiner und der damaligen Theologie stehend, bemüht war, das Idealbild des christlichen Fürsten (princeps christianus) zu erfassen. Dabei sollte man sich unter dem „Idealbild" durchaus etwas Konkretes vorstellen; es ist ja nicht so, als handele es sich bei Thomas' Schrift lediglich um die utopischen Träumereien eines Dichters vom schönen Staat, sondern Thomas schreibt geradezu juristisch, wenn er beispielsweise die Umstände diskutiert, die zum Widerstand gegen die Staatsgewalt berechtigen.

1. Die Lehre vom Widerstandsrecht

D Für den Fall nämlich, daß der Herrscher seine Macht vom Volk erhalten hat und sich gegen das Volk vergeht, sieht Thomas die Möglichkeit kollektiven Widerstandes vor: „Denn wenn es ... zum Rechte eines Volkes gehört, sich selbst einen König zu bestimmen, so kann mit vollem Rechte der eingesetzte König von ebendemselben Volke von seinem Platze entfernt oder seine Macht eingeschränkt werden, wenn er die königliche Gewalt in tyrannischer Weise mißbraucht. Und man darf nicht glauben, daß ein solches Volk gegen die Treue handelt, indem es den Tyrannen absetzt; auch wenn es sich ihm vorher für immer unterworfen hat. Denn er hat selbst das Schicksal, daß ihm der Vertrag von seinen Untertanen nicht gehalten wird, dadurch verdient, daß er bei der Regierung des Volkes nicht die Treue hielt, wie es die Pflicht des Königs verlangt" (Reg I, 6, 24). Daraus wird schon einiges über Thomas' Position klar. Erstens: nur dann, wenn die Macht vom Volke kommt, darf sie auch vom Volke genommen werden; zweitens: nur aufgrund allgemeinen Beschlusses, nicht nach der Willkür Einzelner, soll dies geschehen und – drittens – der Machtmißbrauch muß tyrannisch gewesen sein. Daraus folgt, daß es sich bei Thomas' Lehre nur um eine sehr eingeschränkte Rechtfertigung des Widerstands gegen die Staatsgewalt handelt.

H Bezüglich des ersten Punktes stellt sich natürlich die Frage, wie es mit einer dem Volk *oktroyierten* tyrannischen Herrschaft, also einer Herrschaft, die nicht vom Volk gegeben ist, steht. Ihr gegenüber müßte doch der Widerstand erst recht legitim sein. Jedenfalls scheint es mir problematisch zu sein, wenn nur die vom Volk gegebene Macht von diesem auch genommen werden darf. Der zweite von Dir genannte Punkt ist überaus bedeutsam: es handelt sich bei Thomas wie gesagt nicht um ein individuelles Widerstandsrecht. Der Widerstand muß vom Volk insgesamt getragen sein. Und dann darf er sich nicht einfach bloß gegen einzelne als ungerecht empfundene Normen oder Herrschaftsakte richten. Widerstand richtet sich vielmehr gegen eine falsche Herrschaftsordnung überhaupt. Eine solche Konzeption wirft neben praktischen Problemen natürlich auch die Frage auf, welche Maßstäbe dem Widerstand zugrundegelegt werden. Wichtig scheint mir, daß Thomas das Widerstandsrecht eng faßt. Wenn die Berufung auf ein Widerstandsrecht schon aus geringen Anlässen legitim wäre, bedeutete dies einen in die Ordnung eingebauten Sprengsatz und trüge die Gefahr einer leichtfertigen Legitimation persönlicher Willkür in sich, so daß auch ein „Widerstand" à la Michael Kohlhaas gerechtfertigt wäre.

D Ein qualitativ eingeschränktes Widerstandsrecht bringt allerdings ein gewichtiges Problem mit sich. Das zur Handlungslegitimation erforderliche Urteil, daß hier und jetzt tyrannischer Machtmißbrauch vorliegt, gegen den Widerstand gerechtfertigt ist, setzt überpositive Kriterien zur Beurteilung der staatlichen Machtausübung voraus. Für Thomas ist Widerstand im Staat weder stets erlaubt oder stets verboten, sondern „es kommt darauf an", unter welchen Bedingungen. Dazu muß klar sein, wie legitime Staatlichkeit beschaffen ist; wir müssen uns also fragen, wie der richtig geordnete Staat aussieht, um angemessen beurteilen zu können, was eine den Widerstand legitimierende Perversion dieser Ordnung ist.

G Deswegen wollen wir nun Thomas' naturrechtliche Gesetzes- und Regierungslehre betrachten.

2. Die Gesetzes- und Regierungslehre

D Wir können uns Thomas' Gesetzeslehre gut über die Begriffe lex aeterna, lex naturalis, lex humana und lex divina verdeutlichen. Nach Thomas bilden alle Geschöpfe das ihnen von Gott mitgeteilte Wesen mehr oder eher weniger vollkommen aus: als ihre natürliche Ordnung („lex naturalis": Sth I/II 94). Das gilt auch für die Menschen. Dennoch kann man nicht schließen, daß die Menschen, derart durch das natürliche Gesetz bestimmt, keine explizite Gesetzesordnung mehr benötigen. Denn anders als Tiere müssen die zum Denken zugleich begabten und verurteilten Menschen sich ihre natürliche Ordnung erst vergegenwärtigen bzw. durch Denken verdoppeln, um ihr entsprechen zu können. Selbst wenn die lex naturalis nicht durch eine göttliche Bestimmung ergänzt würde und die einzige Bestimmungsordnung des Menschen wäre, was sie nach Thomas nicht ist, so müßte sie sich den Menschen doch als explizite Ordnung („lex humana": Sth I/II 95) vermitteln. Denn um es zu realisieren, müssen sich die Menschen ihr Wesen erst einmal reflexiv vergegenwärtigen. Und aufgrund ihrer beschränkten Erkenntnisfähigkeit können sie dabei irren. Die lex humana stellt demgegenüber den Versuch dar, die normativen Gesetze des menschlichen Wesens intersubjektiv einzufangen und sodann durch öffentliche Gesetzgebung auszudrücken. Bis zu diesem Punkt geht Thomas mit heutigen säkularen Theorien konform. Zum menschlichen Wesen gehört aber für ihn auch Transzendenzbezug. Er realisiert sich beim Philosophen, indem dieser versucht, alles aus den im Geiste Gottes immer schon enthaltenen Formen (lex aeterna: Sth I/II 93) zu erkennen und beim gewöhnlichen Menschen durch den Glauben. Die spezifisch christliche Weise, den zum Wesen des Menschen gehörenden Transzendenzbezug zu artikulieren, liegt nun darin, die lex aeterna als lex divina (das ist für Thomas das Gesetz des alten und neuen Bundes der Bibel: Sth I/II 98-108) durch Offenbarungserkenntnis zu konkretisieren und mittels ihrer dann die lex humana zu beurteilen. Das ist der Punkt, an dem Thomas' Theologie im eigentlichen Sinne politisch wird.

H Was bedeutet es, daß das göttliche Gesetz uns hilft, die menschlichen Gesetze besser zu erkennen oder zu gestalten?

D Eine Anwendung dieses Gedankens findet sich in Thomas' Lehre vom Rechtsgesetz (Sth I/I 95 ff.). Für Thomas sind Gesetze nur dann gerecht, wenn sie nach Ziel, Urheber und Form korrekt abgefaßt sind. Daß sie formal gerecht sein müssen, zum Beispiel Lasten verhältnisgerecht verteilen, daß sie von kompetenten und autorisierten Urhebern zu erlassen sind, ist für uns ja selbstverständlich. Thomas verlangt aber weiterhin, daß sie von ihrem Ziel her gut sind und das heißt für ihn, daß ihr Ziel sich zum Zweck des Rechts erkennbar als ein vernünftiges Mittel verhalten muß. Nicht einfach, was die Mehrheit oder der Fürst will, ist ein gutes Ziel rechtlichen Handelns, sondern nur ein solches, das erkennbar dem tieferen Zweck des Rechtes entspricht, das Gemeinleben hinreichend gut zu ordnen, damit die Menschen ihre Seligkeit verfolgen können. Daß aber gerade die Seligkeit der tiefere Sinn des Rechts ist und – vor allem – worin sie besteht und wie sie erreicht wird, sagt uns nur die Theologie bzw. das geoffenbarte Gesetz. Jenes Wissen widerstreite unserer Vernunft zwar nicht, gehe aber über den Radius derjenigen Erkenntnisse, zu denen sie aus eigener Kraft kommt, hinaus und kann lediglich im nachhinein von ihr anerkannt werden.

W Daß Vernunft und Offenbarung, Wissenschaft und theologia revelata (von revelatio: Offenbarung) auf diese oder überhaupt irgendeine Weise konvergieren, müßte allerdings erst gezeigt werden. Berücksichtigt man zudem, daß die Offenbarungskonzeption seit der Aufklärung systematisch-philosophisch in Verruf geriet, scheint Thomas von vornherein weit hinter dem später erreichten Diskussionsstand zurückzubleiben, wenn er aus seiner Lehre des geoffenbarten Endzwecks menschlichen Lebens nicht nur eine monarchische Ordnung, sondern sogar den Machtanspruch von Kirche und Papst zu legitimieren versucht (Reg I, 14, 55 f.).[7] Bereits Autoren des 14. Jahrhunderts wie Dante und Marsilius von Padua wollten ihm darin nicht mehr folgen.[8]

D Dieser Kritik stimme ich zu. Jedoch muß man betonen, daß Thomas den funktionalen Zweck des Rechts – die Herstellung der Bedingungen allgemeiner und freier Gutsverfolgung als Möglichkeitsbedingung des Strebens nach der Seligkeit – ansonsten sehr behutsam einsetzt. Er will vor allem nämlich verhindern, daß das Recht anderen und nicht-rechtlichen Zwecken unterworfen wird, die das Recht, wenn es ihnen angepaßt wird, verderben. Thomas meint: Nur ein dem Wesen des Rechts angemessenes Gesetzeswerk stabilisiert sich selbst. Man kann das auch so wenden: Wenn man erreichen möchte, daß die Gesetze die Menschen nicht nur äußerlich und durch Zwang binden, sondern daß die Bürger es sich zur Gewissensangelegenheit machen, den Gesetzen zu folgen, so tut man besser daran, zu erklären, „wofür sie gut sind", anstatt der Bevölkerung zuzumuten, etwas nur deshalb zu tun, weil es befohlen wird.

H Ja, aber *welchen* Bedingungen müssen die Gesetze genügen, um nach Thomas dem Wesen des Rechts zu entsprechen?

D Gemäß seiner Regierungslehre sind zunächst die Bedingungen des guten Lebens staatlicherseits zu schaffen, zu bewahren und auszubauen. Zum Schaffen etwa zählt die Wahl guter Siedlungsplätze, die funktionale Einrichtung von Organisationen und entsprechende Infrastruktur, zum Bewahren und Ausbauen zählen Maßnahmen, die darauf zielen, daß ein jeder nach seinen Fähigkeiten gemeinnützig tätig ist (Reg I, 1, 6 ff.) und zu diesen Zwecken entsprechend gefördert wird. Zudem ist dabei zu zeigen, welche Zwecke zu fördern sind. Wie beim Schiff der Schiffszimmermann eine gleichbleibende und klar definierte Aufgabe hat – das Schiff in Schuß zu halten, damit es fahren kann –, während dem Kapitän die schwierigere und stets sich ändernde Aufgabe der Zielbestimmung – wohin es fahren soll – zufällt, so verhält es sich bei Thomas auch im Staat mit untergeordneten und übergeordneten Aufgaben (Reg I, 14, 52 ff.). Die übergeordnete Aufgabe gibt den Rahmen für die untergeordneten Aufgaben vor.

H Was sind übergeordnete Aufgaben im Unterschied zu untergeordneten?
D Übergeordnete Aufgaben sind Versorgung mit Gütern des Lebensbedarfs, Gesundheit, Erkenntnis und – das sittliche Leben. Der Wirtschafter, der Arzt und der Wissenschaftler sorgen für jene Zwecke, dem Staatslenker obliegt dieser. Die Aufgaben sind aber keineswegs gleichbedeutend. Höchster und letzter Zweck des menschlichen Lebens ist das jenseits dessen liegende religiöse Heil des Menschen und der Menschheit. Vorletztes und irdisch erlangbares Ziel des Lebens ist das Gemeinwohl, dem die anderen integrativen Zwecke „Gewinn, Gesundheit, Bildung" unter- und eingeordnet sind. Die Ordnung bestimmt sich von oben nach unten. Das Gemeinwohl ist nur insofern und insoweit zu fördern, wie es dem himmlischen Heil dient, die Vorziele (Reg I, 14, 55) sind nur insofern und insoweit anzustreben, als sie dem Gemeinwohl dienen.

H Geht das ein wenig konkreter?
D Im einzelnen, so Thomas, lassen sich die Staatsaufgaben so angeben: Zunächst sind die Gefährdungen des Staatswohls auszuschalten. Dies ist zum einen der Zeitenwandel, der das politische Personal verschleißt, und dem mit der Erziehung politischen Nachwuchses begegnet werden soll. Dann ist es die Willensverderbnis der Menschen, die sie das Böse tun läßt, der durch eine Strafgesetzgebung Einhalt zu gebieten ist. Und schließlich gefährden äußere Feinde den Staat, gegen die er sich durch Pflege seiner Wehrfähigkeit wappnen soll. Positive Staatszielbestimmungen sind dagegen die Wahrung des inneren Friedens – verstanden als das Schaffen einer guten Ordnung, die Lenkung der Bürger zum tugendhaften Lebenswandel und – nicht zu vergessen – die Bereitstellung der Güter und Mittel, um ein gutes Leben zu führen (Reg I 13, 48 ff./I, 14, 53 ff.). Thomas macht sich deshalb auch ganz konkrete Gedanken über die rechte Ordnung des wirtschaftlichen Handelns.

3. Die Gemeinschaftsordnung

G Aber er bleibt dabei doch gleichwohl Philosoph, oder?
D Sicherlich, bei Thomas rangieren stets die geistigen Güter über den dinglichen. Doch geht damit keine Verachtung des wirtschaftlichen Lebens einher, wofür er die Formel findet, daß Philosophieren zwar besser sei als Reichtümer zu sammeln, Reichtümer aber besser seien als Not zu leiden (Sth II/II 182, 1). Ausdrücklich erkennt er deshalb, um ein der eigenen Anlage („suam conditionem", Sth II, II 118, 1) gemäßes Leben zu führen, ein maßvolles Gewinnstreben im wirtschaftli-

chen Tun an. Daß man Güterbesitz hat oder erwirbt, ist für ihn legitim also nicht allein zur Abwehr von Notlagen, aus Sorge um den Lebensunterhalt sowie wegen der sicherzustellenden Möglichkeit, anderen helfen zu können (Sth II, 77, 4), sondern schon als Lohn für die Mühe des die Güter zweckmäßig verteilenden Handelns. Vor dem Hintergrund der frühchristlichen Kritik bzw. Überwindung des exklusiven Privatbesitzes (Mt. 13, 44-46; Apg. 4, 32-37; 1. Tim. 6, 17 f.), erscheint diese Position durchaus beachtlich.

G Ja, aber Thomas war darum noch kein Verfechter, sondern – als Dominikanermönch ohnehin durch sein Gelübde der Armut verpflichtet – gleichwohl Kritiker des Reichtums.

D Sicherlich: die Deformationen der besitzversessenen Seele und den Schaden, den ungerechte Besitzverhältnisse dem Gemeinwesen zufügen, hat auch Thomas angeprangert. Gemäß biblischer Tradition (Gen. 1, 26) stellt er darauf ab, daß die Erde dem Besitze nach allein Gott gehört und den Menschen letztlich nur zum Gebrauch übereignet ist. Dennoch rechtfertigt Thomas privaten Güterbesitz (propria). Wenn jeder für sein eigenes Auskommen sorgen kann, so verliefe die Allokation der Güter effizienter sowie unbestrittener und auch werde der Bestand der Güter insgesamt besser gepflegt als bei Gemeinbesitz (Sth II/II 66, 2). Damit steigt die Nutzbarkeit der Güter, und weil Güter durch ihre Nutzung Bedingungen des menschengerechten Lebens darstellen, ist letztlich eine den Privatbesitz in sozialen Grenzen ermöglichende Ordnung sittlich wertvoll.

G Ja, aber eine solche Ordnung entsteht ja nicht von selbst; sie bedarf der begünstigenden Bedingungen, etwa freier Märkte et cetera ...

D So sieht es auch Thomas. Um der durch sie erwirkten effizienteren Güterverteilung willen (Sth II/II 77, 4) nimmt er etwa Handel und Geldmarkt in Schutz. Obschon noch vom christlichen Zinsnahmeverbot belastet (Sth II/II 78, 1), führt seine Theorie letztlich sogar auf eine Anerkennung auch von Kapital als Produktivkraft hin. Händler etwa dürfen die Kosten für ihre Allokationsleistung und die zu tragende Sachgefahr sowie die Befriedigung ihres Erhaltungsinteresses durch Preisaufschlag monetarisieren (Sth II/II 77, 1 et 4) und er hält es ferner für legitim, wenn (investives) Beteiligungskapital („per modum societatis", Sth II/II 78, 2) um des erwarteten anteiligen Gewinns willen in eine Unternehmung eingebracht wird.

G Solche Gedanken stellen natürlich einen Bruch mit weiten Teilen der vorangegangenen christlichen und auch philosophischen Lehre dar ...

D Systematisch möglich werden sie bei Thomas aufgrund seiner spezifischen Fassung der Lehre vom gerechten Preis (iustum pretium). Dieser gilt ihm, wenngleich qualitativ stets anzustreben, nicht als exakt quantifizierbar. Deshalb kann sich die Preisbestimmung nicht allein nach vermeintlich *absoluten* Kriterien wie dem sittlichen Wert und der technischen Qualität der Ware (Sth II, II 77, 1, 2) sowie den schwer taxierbaren Momenten von Arbeitsaufwand und Kosten richten, sondern muß auch *relativen* Kriterien wie dem objektiven Mangel und den subjektiv wahrgenommenen Bedürfnissen Rechnung tragen. Ist aber der aus sittlichen Gründen anzustrebende gerechte Preis für etwas nicht von vornherein abstrakt anzugeben, so muß er konkret allererst auf geeignetem Wege gefunden werden, so kann man folgern. Und damit wäre dann – hier gehe ich allerdings über Thomas selbst hinaus – ein preisbildendes Marktgeschehen, das diese Leistung nähe-

rungsweise erbringt, selbst ein Schritt auf dem Weg zur ökonomischen Gerechtigkeit („iustum oeconomicum", Sth II/II 57, 4; 77, 4) und damit selber ein Gut.
H Damit aber befinden wir uns noch sehr im Allgemeinen. Was nämlich, wenn die Menschen uneins darüber sind, welche *konkreten* Maßnahmen am besten zur guten Ordnung des Marktes und der Wirtschaft taugen und welche nicht? Überhaupt: Wie entscheidet die weltliche Herrschaft politische Zielkonflikte?
D In diesem Fall, so Thomas, ordnet sich die weltliche Macht der geistlichen unter, da ja auch das weltliche Gemeinwohl seinen Sinn nur aus seiner Funktion für das himmlische Heil gewinnt. Im Klartext: der Staatslenker ordnet sich der Weisheit der Kirche über die letzten Dinge unter (Reg I, 15, 58).
W Jetzt vermengen wir aber zwei Arten des Wissens über das gute Leben: einerseits die philosophische beziehungsweise theologische Strukturerkenntnis, was ein gutes Leben im allgemeinen ist, und andererseits die auf Erfahrung und Praxis beruhende Einsicht, wie man ein solches Leben im einzelnen und unter den gerade herrschenden geographischen, klimatischen, ökonomischen, politischen, sozialen usw. Bedingungen realisieren kann. Ich äußerte ja bereits sehr große Bedenken gegenüber der Auffassung, daß diese Strukturerkenntnis letztlich auf Offenbarung beruhe und nur der Kirche beziehungsweise ihren Lehrern zukommen könne. Doch selbst wenn man dies zugestehen würde, folgt daraus nicht, daß der Theologe oder der Kirchenfürst über mehr Welt- und Fachkenntnis verfügt, um die von ihm erkannten Ziele effektiv verfolgen zu können, als der Techniker, Wissenschaftler, Unternehmer, Jurist und Politiker.
D In einer solchen Überordnung der Theologen über den Rest der Menschheit muß man aus heutiger Perspektive tatsächlich eine unzulässige Unterwerfung der Politik sehen. Es erscheint uns zurecht höchst problematisch, Staat und Politik theologischen Zwecken dienstbar zu machen. Bevor man sich allerdings ausschließlich auf *diese* Interpretation festlegt, sollte man bedenken, daß man in Thomas' Gedanken mit einigem guten Willen auch den Versuch einer undramatischen Fassung des Politischen sehen kann. Das Politische wird nicht darauf verpflichtet, das *absolute* Heil zu bringen, denn dies ist eine geistliche Angelegenheit – also darf auch der Staat nicht absolute Aufopferung vom Einzelnen fordern ...
G ... wie dies beispielsweise in der Blut- und Boden-Ideologie des unsäglichen nationalsozialistischen Mottos „Du bist nichts, Dein Volk ist alles" der Fall war, und zwar – im vorliegenden Zusammenhang besonders bemerkenswert – in einer ganz und gar gottlosen völkischen Bewegung. Es ist deshalb kein Zufall, daß für die Präambel des Grundgesetzes in der Situation des Jahres 1949 eine (auch 1990 nicht veränderte) Eingangsformel Verwendung gefunden hat, in der von Gott die Rede ist: „Im Bewußtsein seiner Verantwortung vor Gott und den Menschen", heißt es dort, habe sich das Deutsche Volk dieses Grundgesetz gegeben. Entgegen einer geläufigen Qualifizierung handelt es sich dabei *nicht* um eine „invocatio dei" (Anrufung Gottes). Denn die Präambel nimmt gerade *keinen* Bezug auf eine transzendente Autorität, in deren Namen der weltliche Verfassunggeber tätig geworden ist. Mit der „Verantwortung vor Gott" haben die Väter und Mütter des Grundgesetzes vielmehr ihr Bewußtsein zum Ausdruck gebracht, daß auch eine Verfassung nicht unfehlbar und auch die verfassunggebende Gewalt eines Volkes nicht allwissend ist.

D Die Verfassung läßt also offen, wie dieser letzte Verantwortungshintergrund zu deuten ist, um zweierlei zu verhindern: daß man ihn dogmatisch einseitig festschreibt oder umgekehrt schlicht leugnet?
G Ja. Mit der Erinnerung an die Endlichkeit und Fehlbarkeit allen Menschenwerks wird doch zugleich auf die Relativität des staatlichen Herrschaftsanspruchs hingewiesen und absolutistischen Legitimationsstrategien sowie totalitärer Herrschaft eine republikanische Absage erteilt, für deren Bekräftigung im Vorspruch zur Verfassung es nicht nur 1949 hinreichend Anlaß gab, sondern auch 1990.

IV. Das Problem des gerechtfertigten Krieges

H Bisher nicht besprochen haben wir den Themenkomplex „Krieg und Frieden". Augustinus und Thomas haben sich ja auch mit der Frage nach dem gerechten – oder vielleicht besser: gerechtfertigten – Krieg befaßt. Ich glaube, daß es lohnt, diese Thematik kurz zu beleuchten.
W Warum? Soweit ich weiß, spielt diese Lehre doch heute angesichts des positivierten Völkerrechts keine Rolle mehr.
H Nicht so voreilig. Zwar hast Du darin Recht, daß die Lehre vom gerechten Krieg mit der Herausbildung des modernen Völkerrechts und vor allem mit der positivrechtlichen Ächtung des Krieges durch die UNO-Charta juristisch ihre Bedeutung verloren hat.[9] Andererseits leidet das Völkerrecht darunter, daß es keine übergeordnete Macht gibt, die es verbindlich durchzusetzen vermag. Auch die UNO besitzt ja keineswegs ein Welt-Gewaltmonopol, und außerdem erweist sie sich immer wieder aufgrund ihres organisatorischen Aufbaus als handlungsunfähig. Das haben wir beispielsweise sehen können im Fall des Kosovo-Konfliktes 1999, in dem die UNO selbst das Vorgehen Serbiens im Kosovo als Bedrohung des Friedens verurteilt hat (SR Res. 1199). Diese Verurteilung hätte nach der UNO-Charta die UNO instand gesetzt, sogar militärische Maßnahmen gegen Serbien zu ergreifen. Auf solche Maßnahmen konnte sich der Sicherheitsrat aufgrund unterschiedlicher Interessen seiner ständigen Mitglieder nicht einigen. Stattdessen griff die NATO zum Einsatz militärischer Mittel gegen Serbien, und zwar unter Berufung auf die Menschenrechte und ein Nothilferecht.[10]
G Jetzt sehe ich, worauf Sie hinaus wollen: Es geht um die Frage, ob man Kriterien zur Rechtfertigung eines solchen Militäreinsatzes finden kann, der ja de iure das Kriegsverbot der UNO-Charta mißachtete.
H Genau. Allerdings soll nicht etwa eine Lehre vom gerechten Krieg gegen das positivierte Völkerrecht ausgespielt werden. Vielmehr ist zu fragen, ob uns eine solche Lehre Kriterien – und zwar im Sinne des Völkerrechts selbst – für jene Fälle liefern könnte, in welchen sich Lücken im Völkerrecht und seiner institutionellen Durchsetzung auftun. Es geht also zum einen um das Entwickeln von Handlungskriterien für außenpolitisches Handeln der Staaten angesichts einer weltpolitischen Situation, in der die Staaten immer wieder vor Dilemmata und unter Handlungsdruck gestellt werden können, weil das Völkerrecht nach wie vor nicht von einer übergeordneten Instanz verbindlich durchgesetzt werden kann. Zum anderen geht es um Kriterien für die Weiterentwicklung des Völkerrechts selbst. Das scheinen mir jedenfalls Problemstellungen der gegenwärtigen Weltpolitik, bei

denen uns eine Auseinandersetzung mit traditionellen Überlegungen vielleicht weiterhelfen kann.

W Aber wenn Du zur Bewältigung ganz aktueller und konkreter weltpolitischer Miseren antrittst, ist doch sehr fraglich, ob Du gerade etwa in dem altehrwürdigen Augustinus einen Gewährsmann wirst finden können; von modernem Völkerrecht und UNO wußte er jedenfalls nichts.

H Es geht mir auch nicht um unmittelbare Anwendung solcher Lehren, sondern darum, daß wir hier vielleicht etwas für eine ethische Beurteilung von militärischen Aktionen lernen können – was natürlich im einzelnen zu prüfen wäre. Jedenfalls liegt es für mich auf der Hand, daß die Frage, ob ein Krieg ethisch gerechtfertigt ist, auch heute nicht obsolet geworden ist, solange es Kriege real gibt und man sich vielleicht sogar um des Schutzes höherer Rechtsgüter willen Krieg zu führen genötigt sieht.[11]

G Mir leuchtet jedenfalls das Anliegen ein, angesichts der weltpolitischen und völkerrechtlichen Lage die Tradition zu befragen.

H Die Lehre vom gerechten Krieg wurde namentlich von Augustinus entwickelt, der dabei auch römisch-rechtliche Vorstellungen rezipierte. Thomas, der diesbezüglich in vielen Punkten an Augustinus anknüpft, hat diese Lehre dann fortentwickelt. Neben diesen beiden haben sich auch zahlreiche andere Denker mit der Sache befaßt, so daß die Lehre zahlreiche Wandlungen erfahren hat und sich außerordentlich komplex darstellt.[12] Nur ein paar Stichworte müssen genügen: Es ging jenen Denkern nicht etwa um eine Rechtfertigung aller möglichen Waffengänge, sondern gerade im Gegenteil um eine Eindämmung des Krieges. Alles Nachdenken über den gerechten Krieg stand daher im Horizont der Überzeugung, daß das höchste Gut, das einen Krieg überhaupt zu rechtfertigen imstande war, der Frieden sei, und zwar der gerechte Frieden. Es gibt in Anlehnung an Augustinus und Thomas folgende Kriterien des gerechten Krieges[13]: (i) Der Krieg muß durch eine rechtmäßige Obrigkeit (auctoritas principis) erklärt werden, (ii) es muß einen gerechten Grund des Krieges geben (iusta causa), (iii) der Krieg muß in rechter Absicht geführt werden, nämlich das Gute zu befördern oder das Böse zu verhindern (recta intentio), (iv) das Verhalten im Krieg muß gerecht sein.

G Die Rechtfertigung eines Krieges verlangt demnach eine Orientierung an strengen Maßstäben. Insbesondere fällt hier wohl die iusta causa ins Gewicht.

H Dabei geht es bei Thomas wie bei Augustinus um die Ahndung von Unrecht, wobei auch hier wieder mäßigende Überlegungen zugefügt werden. Das Unrecht darf nicht um jeden Preis bestraft werden, vielmehr muß die Strafe verhältnismäßig sein, also Aussicht auf Erfolg haben, und sie darf die Dinge nicht verschlechtern (recta proportio).

W Diese klassische Lehre vom gerechten Krieg setzt aber doch eine einheitliche Rechtsordnung voraus, welche einen allgemein anerkannten Maßstab für die Bewertung eines Kriegsgrundes als gerecht zur Verfügung stellt und von einer Autorität für alle Kriegsparteien verbindlich gemacht werden kann. Diese Voraussetzung war vielleicht zwar in weiten Teilen des mittelalterlichen Europa erfüllt – dort, wo man unter Einfluß des Christentums dieselben Gerechtigkeitsvorstellungen teilte und Kaiser beziehungsweise Papst als durchsetzungsfähige Schiedsrichter fungierten oder doch als solche Schiedsrichter gedacht werden konnten.

Entsprechendes wirst Du aber heutzutage, noch dazu bezogen auf die gesamte Erdbevölkerung, nicht finden.

H Nun, einerseits ja, andererseits nein: Einerseits ist die internationale Situation heute geprägt durch das Pluriversum souveräner, als solcher nebeneinander gleichberechtigter Staaten ohne eine ihnen übergeordnete Autorität. Andererseits gibt es heute ja durchaus weltweit verbindliche Rechtsstandards, nämlich jene des Völkerrechts und diverser Übereinkommen und Verträge, in denen sich die Staaten auf den Schutz der Menschenrechte verpflichten – die Staaten, nicht die gesamte Erdbevölkerung. Und eine Art höchste Autorität gibt es mit der UNO ja auch, nur daß diese eben kein Gewaltmonopol hat – aber das hatten Kaiser und Papst im Mittelalter auch nicht – und zwar schon deshalb, weil das Gewaltmonopol erst mit dem modernen Staat entstand. Was sie besaßen, war eine höchste weltliche bzw. geistliche Autorität – deren verbindliche Durchsetzung indes regelmäßig Schwierigkeiten bereitete.

W Aber die Gegenwartssituation derart mit dem Mittelalter zu parallelisieren, scheint mir zu viele Details zu unterschlagen.

H Schon, aber mir geht es ja auch nur darum, daß wir eine Tradition für unser Denken und die Entwicklung von Kriterien fruchtbar machen; ich behaupte ja nicht, daß wir im neuen Mittelalter leben.

G Sollten wir aber nicht noch die *Entwicklung* der Lehre vom gerechten Krieg weiterverfolgen?

H Zum Ausgang des Mittelalters wurden ihre Voraussetzungen mit der Herausbildung der Nationalstaaten in Europa einerseits und dem Zusammenbruch der Einheit der Christenheit infolge der Reformation andererseits zunehmend fragwürdig. Man konnte nun immer weniger von dem Boden eines gemeinsamen Rechts ausgehen und Papst und Kaiser wurden im Verhältnis der souveränen Staaten als oberste Autoritäten nicht mehr anerkannt. Im Verhältnis der Nationalstaaten untereinander bildete sich nun ein positiviertes Völkerrecht heraus, das als Recht zwischen Gleichen, d.h. zwischen gleichberechtigten Staaten, die keinen Schiedsrichter über sich anerkennen, anzusehen war. Im Kontext dieser neuen Ordnung machte die Frage nach dem gerechten Krieg kaum mehr Sinn, denn unter den neuen Bedingungen war die Frage virulent geworden, ob es einen auf beiden Seiten gerechten Krieg geben könne – eine Frage, die etwa von dem Juristen Alberico Gentili (1552-1608) positiv beantwortet wurde.[14] Dementsprechend wurde der Krieg nun bald als legitimes Recht souveräner Staaten anerkannt, und nach den Gründen für Kriege wurde nicht mehr gefragt. Kriege waren die ultima ratio der Streitentscheidung in der Form von Staatenduellen. Da der Krieg als legitimes Mittel der Politik angesehen wurde, konnte man darauf verzichten, den Gegner als ungerecht, als böse etc. zu brandmarken, was wiederum ermöglichte, den Krieg rechtlich zu hegen, nämlich durch ein Kriegsrecht, das das Handeln im Kriege rechtlichen Regelungen unterwarf (ius in bello). Diese Epoche des klassischen Völkerrechts dauerte etwa vom Westfälischen Frieden (1648) bis zum Ende des Ersten Weltkrieges. Eine neue Epoche im Völkerrecht und den internationalen Beziehungen begann mit der Völkerbundsatzung (1920), die eine partielle Kriegsächtung brachte, dem Briand-Kellogg-Pakt 1928 und schließlich der Charta der UNO, die das generelle Kriegsverbot positivierten. So läßt nach herrschender

Auffassung das gegenwärtige Völkerrecht keinen Spielraum für eine Lehre vom gerechten Krieg.[15]
W Also ist sie *doch* obsolet?
H Ich kann mich nur wiederholen: Aus der Perspektive des geltenden Völkerrechts ist die Lehre vom gerechtfertigten Krieg obsolet, aber ich glaube, daß nach der historischen Zäsur von 1989/90 die ethische und rechtsphilosophische Problemstellung des gerechtfertigten Krieges wieder auf der Tagesordnung steht – ob uns das gefällt oder nicht. Nur das ist es, was ich behaupte. Ich will ja nicht das positive Völkerrecht durch eine solche Lehre ersetzen, aber ich fordere auf, das Völkerrecht weiterzuentwickeln. Und dabei können uns die Einsichten der Klassiker womöglich ebenso weiterhelfen wie bei der Suche nach ethischen Kriterien für außenpolitisches Handeln. Das will ich als eine Aufgabe für die Rechtsphilosophie verstanden wissen, die wir hier nicht lösen können.[16]

V. Luthers Lehre von den zwei Regimenten

1. Die Freiheit eines Christenmenschen

G Eine wichtige Weiterentwicklung des mittelalterlichen Rechts- und Staatsdenkens finden wir bei Martin Luther (1483-1546), dem wirkungsmächtigen Bibelübersetzer und Reformator.
D Indes Luther unter dem Titel einer „mittelalterlichen Glaubenslehre" abzuhandeln, ist natürlich höchst problematisch, gilt er doch vielen als einer der wichtigsten Initiatoren der Neuzeit.
H Gleichwohl steht Luther im Kontext und in der Tradition des mittelalterlichen Denkens, indem seine Position gar nicht ohne seine Auseinandersetzung mit diesem Hintergrund zu verstehen ist. Ähnlich verhält es sich übrigens mit Machiavelli ...
W ... weshalb wir auf die Problematik der Epochen und deren Abgrenzung bei der Behandlung dieses Autoren näher eingehen werden.[17]
G Luther interessiert uns hier aber nicht als welthistorische Persönlichkeit, sondern als Autor der Lehre von den zwei Regimenten, die er insbesondere in den Schriften *Von der Freiheit eines Christenmenschen* (1520) und *Von weltlicher Obrigkeit* (1523) entwickelt hat.[18]
D Üblicherweise spricht man sowohl bei Augustinus als auch bei Luther von einer „Zweireichelehre". Vermeiden Sie diesen Begriff bewußt?
G Ja, und zwar aus zwei Gründen: Erstens beziehe ich durch den Verzicht auf dieses Etikett Position in einer höchst kontrovers geführten theologischen Debatte; zweitens führt der staatsphilosophische Zugang zu den zwei „Regimenten" – worunter Luther sowohl die Regierungsgewalt versteht als auch die Herrschaftsordnung, auf der sie jeweils beruht – zur Feststellung einer deutlichen Abweichung von jener augustinischen „Zweireichelehre", die wir bereits behandelt haben. Die Rede von einem „ewigen Reich" (gleichbedeutend: „Reich Gottes" oder „Reich Christi") und einem „irdischen Reich" („zeitliches Reich" oder „Reich der Welt") kommt zwar auch bei Luther vor ...

H ... der ja Augustinermönch und auch im Denken ein Nachfolger des Augustinus war ...

G ... sie ist aber in einem Freiheitsverständnis fundiert, das es vorher nicht gegeben hatte: ein Verständnis von Freiheit, das dem protestantischen Christen nicht nur den augustinischen Glaubensweg nach innen, sondern zugleich einen spezifisch lutherischen Weg nach außen eröffnet. Auf diesem Weg – der ein Glaubensweg bleibt und den zu gehen deshalb niemand gezwungen werden darf – kann ein Lutheraner (bis heute) frei werden für die Welt. In der Freiheitsschrift fundiert Luther seine Lehre in der „zweyerlei natur" jedes Christen: in der geistlichen (inneren) einerseits und der leiblichen (äußeren) Natur andererseits (WA 7, 21). Gegen das damals verbreitete Verständnis der Notwendigkeit gottgefälliger äußerer Leistungen setzte Luther die Botschaft des Paulus (Römer 3, 28), daß der innere Mensch nicht gerecht werde durch (äußere) Werke, sondern allein durch den Glauben: „Das ist die Christlich freiheit, der eynige glaub", der Glaube allein, der dazu führe, daß gläubige Christen keines Werks bedürfen, um Seligkeit zu erlangen (WA 7, 25).

H Es handelt sich also um eine *innere* Freiheit, die der Christ im Glauben gewinnt ...

G ... und über die Ungläubige oder Andersgläubige nicht leichtfertig urteilen sollten. Wer die Augen offenhält, wird Menschen erleben, die in ihrem Glauben unabhängig geworden sind von äußeren Dingen und frei zu dem, was in der Welt von ihnen erwartet wird. Diesen Erwartungen muß man schon deshalb gerecht werden, weil der Mensch – so Luther – nicht bloß in seinem Leibe lebe, sondern auch unter anderen Menschen auf Erden. Darum könne er ihnen gegenüber nicht ohne Werke sein; er müsse jedenfalls mit ihnen „zu reden und zu schaffen" haben, obwohl ihm keines dieser Werke zur Seligkeit nötig sei (WA 7, 34). Rechtschaffen und selig wird der Mensch nach Luther nämlich allein durch den Glauben (sola fide) und zum Glauben findet er allein durch die Gnade Gottes (sola gratia). Diese Gnadenlehre bestimmt auch die lutherische Grundposition in dem berühmten Streit mit Erasmus von Rotterdam um die Willensfreiheit. Luthers Antwort auf Erasmus in *De servo arbitrio* (*Vom geknechteten Willen*, 1525) – der Mensch ist *nicht* in der Lage, aus freier Entscheidung im Glauben zu leben – darf deshalb nicht aus der augustinischen Tradition der Prädestinationslehre interpretiert, sondern muß auf den lutherischen Freiheitsbegriff zurückbezogen werden: Weil es für den inneren Menschen nicht auf gute Werke ankommt, sondern auf den Glauben an Christus allein, ist Luthers Thema nicht die Freiheit des äußeren Menschen (die heute so genannte Handlungsfreiheit), sondern die Freiheit zum Glauben. Nur diese Freiheit verneint Luther – wie in der lateinisch verfaßten Streitschrift gerade in der Bezugnahme auf die zitierte Stelle des Römerbriefes deutlich wird (WA 18, 767: vor Gott gerecht zu werden „ex gratia sine lege" bedeute „iustitia dei ... sine libero arbitrio", also Gottesgerechtigkeit ohne Willensfreiheit).[19]

W Da wir uns hier auf das Problem der Willensfreiheit ernsthaft nicht einlassen können, möchte ich wenigstens fragen, was der Gnadenerweis des Glaubenkönnens für die lutherische Staatslehre bedeutet ...

G ... die weder eine geschlossene Lehre darstellt noch die „Obrigkeit" oder das „weltliche Regiment" – Luthers Wörter für den Staat – nach staatsphilosophischen Kriterien erfaßt.

2. Das weltliche Regiment

G Das Anliegen, das Luther mit seiner Schrift *Von weltlicher Obrigkeit* verfolgt hat, wird schon aus dem ersten Satz der Widmung deutlich: Wieder zwinge ihn die Not und Bitte vieler Leute und der Wunsch seines Fürsten, darüber zu schreiben, wie man das Schwert der Obrigkeit (als Zeichen staatlicher Gewalt) „Christlich brauchen" solle und wie weit man ihr „gehorsam schuldig" sei (WA 11, 245). Luther argumentiert wie folgt: Gäbe es nur wahrhaft gläubige Christen, wäre kein Herrscher und kein Recht nötig, weil der wahre Christ von sich aus schon tut, was das Recht fordert: Ein guter Baum bedürfe weder der Belehrung noch des Rechts, um gute Früchte zu tragen (WA 11, 250). Luther ist aber realistisch genug, um zu erkennen, wie wenige wahrhaft gläubig sind und daß nur eine Minderheit sich nach Christenart verhält. Daher habe Gott „die zwey regiment verordnet", das geistliche, welches Christen und gerechte Leute schaffe durch den Heiligen Geist und Christus, und das weltliche, welches den Unchristen und Bösen wehre, daß sie äußerlich Frieden halten und still sein müssen wider ihren Willen (WA 11, 251).

D Ob das schon „realistisch genug" ist? Selbst dann, wenn alle Menschen nicht nur dem Taufbekenntnis nach, sondern dem Geiste nach Christen im Sinne Luthers wären, bräuchte man meines Erachtens noch das Recht. Es ist doch keineswegs so, daß schon eine reine, engelsgleiche Gesinnung dafür sorgt, daß man ohne Recht auskommen kann. Was ist denn mit all den Fällen, wo der beste Wille zum unrechtlichen Tun motiviert, wo die gute Absicht durch Zufall oder Dummheit in Schädigung ausschlägt – und was ist überhaupt mit jenem Recht, das gar nicht zur Schadensbegrenzung, sondern zur Etablierung einer gerechten Lebensordnung und Güterverteilung dient? Das sind doch alles Regelungskompetenzen des Rechts, auf die kein Mensch – auch kein perfekter Christ – verzichten kann.

G Den Bedarf für eine rechtliche Regelung des Zusammenlebens sieht auch Luther, wenn er – um nur ein Beispiel zu geben – in seiner Schrift *An die Ratsherren aller Städte deutschen Lands* (1524) schreibt, „daß sie Christliche schulen aufrichten und halten sollen" (WE 15, 9) um der Erziehungsaufgabe des weltlichen Regiments Genüge zu tun. Sein Anliegen ist dabei das der richtigen Beziehung zwischen den Regimenten: man müsse nämlich beide sorgfältig unterscheiden und beide in Kraft bleiben lassen: „Keyns ist on das ander gnug ynn der wellt" (WA 11, 252). Wegen dieser klaren Aussage zum notwendigen Nebeneinander des geistlichen und des weltlichen „Regiments" ziehe ich diesen Begriff dem des „Reiches" vor, weil der Terminus „Zweireichelehre" doch eher „Trennung" (statt Unterscheidung) nahelegt und damit den Irrtum begünstigt, es gäbe ein dualistisch abgespaltenes „Reich" der Seligen, die der Welt den Rücken kehren und sich unter Berufung auf den Glauben ihrer säkularen Verantwortung entziehen könnten. Lutherisch dagegen ist klar, daß „Regiment" immer „Regiment Gottes" bedeutet, weshalb weltliches und geistliches Regiment über die in ihnen wirkende Gottesmacht komplementär aufeinander bezogen bleiben. Bei Luther finden wir also keinen Dualismus zweier Reiche, sondern die *Komplementarität zweier Regimente*.[20] Was dies im einzelnen bedeutet, ist eine theologische Frage. Uns interessiert eine nicht ganz unproblematische Konsequenz, die Luther daraus zieht und zu einer eindeutigen Handlungsanweisung im Rahmen einer Rechtsfrage macht: Der eigenen Person gegenüber halte man sich als „rechter Christ" an das Evangelium und leide willig das akzeptierte Unrecht, dem Andern und dessen Gütern gegenüber verhalte man sich „nach der liebe" und dulde kein Unrecht für seinen Nächsten (WA 11, 255).

D So edel-uneigennützig Luthers Formel daherkommt, daß Christen wohl für das Recht der Anderen, für ihr eigenes aber nicht einstehen sollen: Falls sie wirklich meint, der Gerechte solle an eigener Person grobes Unrecht dulden, so ist das in meinen Augen unhaltbar. Es ist doch, wie wir bei Kant sehen werden, eine Rechtspflicht eines jeden, daß Recht herrsche – überall und für jeden. Man ist also gar nicht unangemessen egoistisch, man erfüllt nur seine Rechtspflicht gegenüber sich selbst, wenn man dafür sorgt, daß die eigenen Rechte nicht mit Füßen getreten werden. Was daran moralisch oder „christlich" sein soll, sich selbst widerrechtlich demütigen zu lassen, ist mir unbegreiflich. Wozu gäbe es denn die Juristenzunft, die doch dafür sorgen soll, daß allen das ihnen zustehende Recht auch tatsächlich widerfährt, wenn es so viel tugendhafter ist, das Unrecht duldsam zu ertragen ...?

G Einer der großen Rechtslehrer des 19. Jahrhunderts, Rudolf von Jhering (1818-1892), hat diese Position in einem weltweit verbreiteten, in 'zig Sprachen übersetzten schmalen Buch vertreten: *Der Kampf ums Recht* (1872). Aber zurück zu Luther: Im zweiten Teil seiner Obrigkeitsschrift behandelt er die Grenzen des weltlichen Regiments. Hier finden sich unter dem Motto einer grundsätzlichen Freiheit der Seele von der Macht der Obrigkeit Sätze, die noch heute bezeugen, wie sehr Luther von der Freiheit eines Christenmenschen beseelt zur Kraft eines widerständigen Wortes in weltlichen Dingen gefunden hat: Ohne Gesetze könne kein Regiment bestehen, aber das weltliche Regiment erstrecke sich nur auf Äußeres, nicht auf den Glauben. Das wolle er so klar machen, daß man es mit Händen greifen solle, damit unsere Junker, Fürsten und Bischöfe sähen, „was sie für narren sind", wenn sie die Leute mit ihren Gesetzen und Geboten zwingen wollen, so oder so zu glauben (WA 11, 262). Die kurz danach sogar „grobe Narren" Genannten müßten vielmehr zugeben, daß sie keine Macht über die Seelen haben, weil sie gegenüber dem Gottesgeschenk des Glaubens so ohnmächtig sind wie gegenüber den Gesetzen der Natur. Hier gelingt Luther, dem sprachmächtigen Schöpfer vieler Begriffe und Bilder, die noch heute in Gebrauch sind, ein beredter Vergleich: „Wer wollt den nicht für unsynnig halltenn", der dem Mond geböte, „er solt scheynen, wenn er wollte?" (WA 11, 263).

D Wir wollen aber auch nicht den Eindruck erwecken, Luther sei in einem modernen Sinne herrschaftskritisch gewesen, oder?

G Nein, das ist wahr. So widerständig sich Luther auch gegen seine ungnädigen Herren, Papst und Bischöfe äußert, die weltliche Fürsten geworden seien und die Seelen mit unsäglicher Mörderei marterten (WA 11, 265), so zurückhaltend beurteilt er das Widerstandsrecht der Untertanen gegen eine ihre Glaubensfreiheit verletzende Obrigkeit, mit dem wir uns auch im Hinblick auf das Widerstandsrecht des Art. 20 Abs. 4 GG etwas näher beschäftigen sollten.

3. Naturrechtlicher und positivrechtlicher Widerstand

G Da das geistliche Regiment keine Gewalt kennt, empfiehlt Luther nur den passiven, nicht den aktiven Widerstand: Einem „Frevel" solle man nicht Widerstand leisten, sondern erleiden; man solle ihn aber nicht billigen und nicht dazu dienen oder folgen oder gehorchen „mit eym fußtritt odder mit eynem finger" (WA 11, 267). Zu beachten ist aber, daß „Frevel" hier nur den Übergriff in den inneren Bereich des Glaubens bezeichnet. Unter welchen Umständen der passive Widerstand gegen einen frevlerischen Fürsten zum aktiven Widerstand gegen einen Tyrannen werden darf, das wird bei Luther weitaus weniger klar als bei Thomas von Aquin ...

D ... mit dessen Lehre vom Widerstand wir uns ja bereits befaßt haben. Ist diese naturrechtliche Lehre für die Dogmenphilosophie des grundgesetzlichen Widerstandsrechts überhaupt von Bedeutung?

G Die Antwort auf Ihre ja wohl rhetorisch zu verstehende Frage ergibt sich unmittelbar aus Art. 20 Abs. 4 GG. Nach dieser 1968 ins Grundgesetz aufgenommenen Bestimmung haben alle Deutschen gegen jeden, der es unternimmt, die grundgesetzliche Ordnung zu beseitigen „das Recht zum Widerstand, wenn andere Abhilfe nicht möglich ist". Hier ist schon durch die Aufnahme in das Grundgesetz und die systematische Stellung in ihm klar, daß es sich bei Art. 20 Abs. 4 GG um ein positiviertes, konstitutionelles, durch die Verfassung verbrieftes Recht zum Widerstand handelt, nicht um ein überpositives, metakonstitutionelles. Rückgriffe auf ein naturrechtliches Widerstandsrecht à la Thomas von Aquin sind bei seiner Interpretation daher ausnahmslos ausgeschlossen. Des weiteren ist darauf hinzuweisen, daß Gegenstand des Art. 20 Abs. 4 GG nicht die tyrannisch ausgeübte Staatsgewalt ist, sondern der usurpatorische Staatsstreich, sei es der Putsch als Staatsstreich „von oben" oder der Aufruhr als Staatsstreich „von unten".

H Gegen eine gelungene Revolution oder einen erfolgreichen Putsch schützt ein Recht aus der ehemaligen Ordnung natürlich nicht ...

G ... wenn die revolutionären oder putschistischen Umtriebe aber durch erfolgreichen Widerstand niedergeschlagen sind, erfüllt Art. 20 Abs. 4 GG seine – die einzig denkbare – Rechtfertigungsfunktion.[21]

H Mir erscheint dieses positivierte Widerstandsrecht des Grundgesetzes problematisch zu sein, nicht nur, weil es eine Situation zu normieren sucht, die sich der verfassungsrechtlichen Normierung eigentlich entzieht, sondern weil mit der Berufung auf das Widerstandsrecht immer wieder klarer Mißbrauch getrieben wurde. Manch einer zitiert das Widerstandsrecht, um gegen verfassungsrechtlich legale – und also im Sinne unserer Verfassung legitime – politische Entscheidungen zu mobilisieren, die ihm nicht passen, und gegen die er dann zum „Widerstand" aufruft. Angesichts solcher verfehlter Auffassungen von Widerstand ist daran zu erinnern, daß das Widerstandsrecht des Art. 20 Abs. 4 vor allem auf Drängen der Gewerkschaften ins Grundgesetz eingefügt wurde, als der Bundestag die Notstandsverfassung verabschiedete. Es gab damals Befürchtungen, daß (politische) Streiks als Fall des inneren Notstands behandelt, daß also durch die Notstandsverfassung das Streikrecht ausgehebelt werden könnte.[22] Vor allem um solchen Befürchtungen zu entgegnen, nahm man Art. 20 Abs. 4 ins Grundgesetz auf. Vielleicht wäre es – zumindest verfassungspolitisch – klüger gewesen, in Art. 9 Abs. 3

GG klar zu normieren, daß ein Streik in keinem Falle einen Notstandsfall konstituiert, so wie man in Art. 9 Abs. 3 GG ja bereits andere Regelungen zum Schutz des Streikrechts getroffen hat.

W Mit diesen dogmatischen Äußerungen zum Widerstandsrecht des Grundgesetzes ist aber der Inhalt dessen, worauf man sich seit der Antike beruft, wenn man meint, gegen positives Recht handeln zu dürfen und zu sollen, keineswegs auch nur annähernd erschöpft. Denn ein Widerstandsrecht nimmt ja etwa auch in Anspruch, wer die staatliche Ordnung als solche gar nicht angreifen will, sondern im Kampf nur gegen einzelne staatliche – oder vom Staat zugelassene – ungerechte Praktiken bestehende Gesetze bewußt verletzt. Eine solche Art, eine Gesetzesübertretung mit Hinweis auf ein überpositives Recht zu legitimieren, führte Sophokles in seiner so wirkmächtigen Tragödie *Antigone* exemplarisch für alle folgenden Zeiten vor: Gegen die ausdrückliche Weisung des (von der Bevölkerung anerkannten und rechtmäßigen) Herrschers erfüllt die Titelheldin ihre von den Göttern hergeleitete Pflicht gegenüber den Toten und bestattet den gefallenen Bruder. Vorbild des zivilen Ungehorsams speziell im zwanzigsten Jahrhundert war Henry David Thoreau mit seiner standhaften Weigerung, Steuern zu entrichten, welche die damals im Süden der Vereinigten Staaten herrschende Sklaverei indirekt förderten. Mahatma Gandhi, Martin Luther King bis hin zu Vertretern der Friedens- und Umweltbewegung der 80er Jahre stützten sich auf Thoreaus flammenden Rechtfertigungsbericht, der unter dem Titel *Civil Disobedience*[23] so berühmt und wirksam wurde.

G Ziviler Ungehorsam fällt eindeutig nicht unter Widerstand i.S.d. Art. 20 Abs. 4 GG. Wer einer Norm des positiven Rechts aus Gewissensgründen unter öffentlichem Protest die Gefolgschaft verweigert, bestätigt durch die Inkaufnahme der Folgen die Geltung der Rechtsordnung im ganzen. Als politischer Appell zu deren punktueller Verbesserung kann solche Widerständigkeit moralisch legitim, nicht aber verfassungsrechtlich legal sein. Mit dieser rechtsphilosophischen Relation zwischen positivrechtlicher *Legalität* und überpositiver *Legitimität* sind wir wieder bei unserer Ausgangsfrage nach dem Verhältnis staatlichen Rechts zu – wie auch immer verstandenen – naturrechtlichen Ansprüchen. Die im 20. Jahrhundert zu diesem Verhältnis am häufigsten zitierte Formel erlaubt zugleich eine Zusammenfassung der bisher behandelten Naturrechtspositionen.

VI. Die Radbruchsche Formel und der bleibende Anspruch des Naturrechts

G Gustav Radbruch (1878-1949), Reichsjustizminister der Weimarer Zeit und Rechtsphilosoph, hat sich (1933 als erster deutscher Rechtsprofessor seines Amtes enthoben) 1946 mit einem Aufsatz über „Gesetzliches Unrecht und übergesetzliches Recht" zu Wort gemeldet und damit nachhaltigen Einfluß gewonnen.[24] Die zentrale Aussage lautet: „Der Konflikt zwischen der Gerechtigkeit und der Rechtssicherheit dürfte dahin zu lösen sein, daß das positive, durch Satzung und Macht gesicherte Recht auch dann den Vorrang hat, wenn es inhaltlich ungerecht und unzweckmäßig ist, es sei denn, daß der Widerspruch des positiven Gesetzes zur Gerechtigkeit ein so unerträgliches Maß erreicht, daß das Gesetz als 'unrichtiges Recht' der Gerechtigkeit zu weichen hat". Im Kern ist Radbruchs Formel also eine „Unerträglichkeitsformel".

D Ähnlich hat es übrigens auch Thomas gesehen. Allerdings erlaubt seine Lehre, das „unerträgliche Maß" noch etwas genauer anzugeben. Im Falle eines gesetzlichen Unrechts soll dieser Anordnung, die an sich selbst kein Recht ist, dennoch gehorcht werden, sagt Thomas, solange diese „lex corrupta" nicht im Widerspruch zur „lex divina" steht, welche durch die Rechtsgüter, die sie schützt, näher konkretisiert werden kann (Sth I, II, 95, 2).

G Größte Aktualität hat die Radbruchsche Formel in den Mauerschützenprozessen erlangt, in denen – bis hin zum Bundesverfassungsgericht – mehr oder weniger ausdrücklich auf sie als eine Formel zurückgegriffen wurde, die ein rechtskonformes Handeln aus angeblich naturrechtlichen Gründen für illegitim erklärt. Kenner der Naturrechtsgeschichte und der verschiedenen Naturrechtssysteme beklagen zurecht, daß naturrechtliche Vorstellungen damit erstmals nicht zur Rechtfertigung von Widerstandshandlungen herangezogen wurden, sondern zur Begründung eines strafbaren Verhaltens derjenigen, die sich auf die Gültigkeit des positiven Rechts verlassen und Widerstand *unterlassen* hatten. Das ist Naturrecht verkehrt.[25]

W Naturrecht richtig herum haben wir bereits kennengelernt. Bei unserer Erörterung der griechischen Philosophie zeigte sich, daß Platon und Aristoteles keineswegs dem Vorurteil, das manche gegen naturrechtliche Positionen hegen mögen, entsprechen; denn sie sahen im Naturrecht nicht eine von vornherein inhaltlich bestimmte und bestimmbare oberste Norm, die einer weiteren Begründung weder fähig, noch bedürftig wäre und die als oberstes Prinzip eines deduktiven Systems fungiere, worin dann angeblich alle weiteren Rechte bloß durch Anwendung logischer Gesetze ableitbar wären. Bei Platon wurde es vielmehr als Muster vollkommener Erfüllung menschlicher Bedürfnisse konzipiert, das uns einerseits als Vorbild bei der Einrichtung eines bestimmten Gemeinwesens, andererseits als Standard dienen soll, der es uns erlaubt, bestehende Verfassungen beziehungsweise Staaten nach Gerechtigkeit und Stabilität zu bewerten. Aristoteles entwickelt seine Naturrechtslehre aus dem Charakteristikum des Menschen, über logos zu verfügen und ursprünglich danach zu streben, ein gelingendes Leben zu führen. Nur in vielfältiger, nicht zuletzt politisch und philosophisch geführter Auseinandersetzung mit anderen Menschen kann sich der Einzelne selbst als ein solches Wesen überhaupt erst in all seinen Facetten erkennen und vernünftig entscheiden, worin das gelingende Leben besteht und wie er unter seinen jeweiligen Lebensumständen handeln und sich bilden soll, damit sein Leben auch tatsächlich gelingt. Folglich muß er, um sich als Mensch entsprechend entfalten zu können, mit anderen Menschen Gemeinschaften bilden, von denen er schließlich nur im gerechten und hinreichend ausdifferenzierten politischen Verband seine Erfüllung finden kann. Eine entsprechende staatliche Ordnung wäre somit aus der Natur des Menschen als logos-Habenden und insofern naturrechtlich begründet.

D Bei Augustinus haben wir dann gesehen, wie das Naturrecht als Gesetz der Seele gegen die positiv-rechtliche Ordnung geltend gemacht wurde, wobei das Problem auftrat, wie man diese höhere Rechtsordnung der Seele – wenn man sie denn akzeptieren will – so verbindlich und klar ausdrücken kann, daß sie nicht nur das je subjektive Meinen Privater wiedergibt, sondern tatsächlich das ewige

Recht. Will man sich weder nur an den je Einzelnen, noch an außerstaatliche Instanzen (die Kirche) halten, so muß man das Naturrecht irgendwie verobjektivieren. Thomas brachte uns hier weiter. Er zeigte, daß die lex naturalis von objektiver Qualität und allgemein erkennbar ist. Da es aber selten zur Beurteilung eines konkreten Falls („actio iustitiae", Sth II, II, 57, 1) hinreicht, die reinen Rechtsprinzipien zu erkennen, empfiehlt er, daß die Rechtsgesellschaft sich auf diejenigen inhaltlichen Rechtsgrundsätze festlegen soll, denen ihr positives Recht entsprechen muß, so daß im Zweifelsfall die Rechtskorrektur *innerhalb* des Rechts vorgenommen werden kann. Spätere Thomisten haben daraus die Unterscheidung zwischen dem primären, prinzipiellen und dem sekundären, kulturell konkretisierten Naturrecht gemacht. Wenn man will, kann man die grundgesetzliche Ordnung der Bundesrepublik Deutschland samt Widerstandsrecht als einen Fall dieses sekundären Naturrechts ansehen.

G „Wenn man will" ist zu großzügig formuliert, weil man jedenfalls als Verfassungsdogmatiker und als Dogmenphilosoph des Grundgesetzes innerhalb des grundgesetzlichen Primärsystems argumentieren muß, das man nicht mit systemwidrigen Naturrechtsinhalten anreichern darf. In diesem System verbietet sich die Berufung auf Naturrecht außerdem – wie das Bundesverfassungsgericht treffend festgestellt hat – „schon durch die Vielfalt der Naturrechtslehren".[26] Insofern hat man nur als Philosoph die Wahl, sich pro oder contra Naturrecht zu entscheiden, als Jurist dagegen muß man den Vorgaben des Grundgesetzes folgen. Eine Entscheidung eigener, reformatorisch-neuzeitlicher Art trifft Luther, indem er mit seiner Zwei-Regimente-Lehre die mittelalterliche Orientierung des weltlichen Rechts am ewigen Gesetz Gottes beendet. Die „Freiheit eines Christenmenschen" wird zur Freiheit, das Leben des Einzelnen und die Ordnung des Gemeinwesens nach irdischen Maßstäben zu gestalten. Für einen Lutheraner gehören dazu selbstverständlich auch die Gebote der christlichen Ethik, nur versucht er nicht, sie für das Recht um der ewigen Seligkeit willen fruchtbar zu machen, sondern der weltlichen Gerechtigkeit wegen. Ich frage mich, ob nach all dem nicht vielleicht sogar zu erwägen wäre, den vieldeutigen Naturrechtsbegriff ganz aufzugeben, zumal ja an ihm ständig die Kritik eines „naturalistischen Fehlschlusses" geübt wird, wonach aus Seinsprämissen fehlerhaft Sollenskonklusionen gezogen werden.

D Nun, ich denke, wenn wir den Begriff der Natur in „Naturrecht" gemäß dem Begriff der Menschennatur bei Aristoteles und Thomas verstehen, können wir von wesensgerechtem Recht sprechen[27], ohne diesen Fehlschluß zu begehen. Obschon wir nämlich *direkte* Ableitungen normativer Gebote aus vorgegebenen Sachverhalten ablehnen, so müssen wir doch die Orientierung am menschlichen Wesen nicht notwendig so verstehen, als begriffe diese das menschliche Wesen als Fixpunkt und verkünde dann unbezüglich auf die jeweilige Subjektivität und ihren reflexiven Selbstbezug Normen in alle Welt.

H Wie denn dann?

D Es gehört ja wohl zum Wesen des Menschen, sich durch Kritik und Zweifel seines Wesens erst einmal zu vergewissern und es sodann vor beständig sich wandelnden Kontexten stets neu mitzuentwerfen: Ein direktes Übertragen einer fixen Wesensgestalt des Menschen in beliebige Kontexte ist darum schon gar nicht durchführbar, sondern es bedarf stets einer selbständig durchgeführten Besinnung eines jeden Einzelnen auf sein sittliches Bewußtsein, damit dem reflexiven Wesen des Menschen entsprechende Normen gefunden werden können; soweit brachte uns bereits der thomasische Begriff der – diskursiv zu ermittelnden – lex humana samt der daran anknüpfenden Unterscheidung von primärem und sekundärem Naturrecht.

W Daß es im Wesen des Menschen liegt, sich seiner selbst zu vergewissern und sich zu entwerfen, hat ja bereits Aristoteles in aller Deutlichkeit erkannt. Auf eine ähnliche Konzeption werden wir auch noch bei Pico stoßen.

H Bevor wir uns vom sittlichen Bewußtsein aus zur neuzeitlichen Philosophie bewegen, möchte ich die Frage aufwerfen, in welchem Zusammenhang die unter Juristen so geläufige Berufung auf die „Natur der Sache" mit dem Naturrechtsproblem steht. Mit diesem Topos wird argumentiert, wenn es gilt, eine rechtliche Regelung als besonders angemessen für den zu regelnden Lebenssachverhalt auszuweisen.

D Die zentrale Frage dabei scheint mir zu sein: Wie kann überpositive Rechtsorientierung an der „Natur der Sache" sich anders als ein Zirkel darstellen, nämlich dasjenige zuerst in die Natur hineinzulegen, was man späterhin aus ihr herauszulesen wünscht.[28] Mein Versuch einer Antwort lautet: Die dem menschlichen Wesen implizite Normativität, seine sittliche Selbstgesetzgebung, muß anhand der Analyse dessen, was unter dem jeweiligen Wesen sittlich jeweils relevanter Regelungsgegenstände verstanden wird, und in intellektueller Überformung dieser Grundlage, erst Schritt für Schritt sach- und subjektadäquat konkretisiert werden, damit angemessen rechtlich über diese Gegenstände disponiert werden kann.

H Wie bitte?

D Die Orientierung am menschlichen Wesen und am Wesen der durch den Menschen zu verändernden Dinge und Wesenheiten darf die Respektierung nichtmenschlicher Phänomene nicht einfach aufgrund von Behauptungen über natürlich-physische Beschaffenheiten anderer Wesen einfordern (wie es die Rede von der „Natur der Sache" zu suggerieren scheint), sondern muß diese dem menschlichen Bewußtsein – nach seinen Kategorien – erst einmal *vermitteln*. An der heutigen Debatte über Tierethik läßt sich dies verdeutlichen: Zunächst muß dargelegt werden, inwiefern eine bestimmte natürliche Beschaffenheit – beispielsweise das erkennbare Streben der meisten Tiere, nicht geschlachtet zu werden – für ein menschliches Rechts- und Normensystem überhaupt relevant sein kann. Das schließt ein Anerkennen von einer nicht schon auf den Menschen hin angelegten und insofern mit Eigenrechten ausgestatteten Natur keinesfalls aus, schließt aber ein, daß der Mensch in der Lage sein muß, diesen Eigensinn der Natur zunächst auf eine ihm gemäße Weise in sein Rechtsleben zu integrieren bzw. nach seinen Wertbegriffen zu evaluieren. Solche Argumentation ist deshalb – um es in den derzeit gebräuchlichen Begriffen zu sagen – weder anthropozentrisch, noch auch physiozentrisch, sondern eher *anthroporelational* zu nennen[29] und scheint mir die heute angemessene Weise, den Begriff von „Rechten der Natur" sowie der „Natur der Sache" zu interpretieren.

G Also läßt sich der traditionellen Entgegensetzung von Naturrecht und Rechtspositivismus doch wenigstens insofern ein gewisser Sinn abgewinnen, als man darin den rechtsphilosophischen Anspruch artikuliert sehen kann, das positive Recht einem transpositiven Richtigkeitskriterium zu unterstellen – wie immer man die „Natur" für dieses Kriterium fruchtbar zu machen versucht.[30] Zur weiteren

Strukturierung der facettenreichen Diskussion empfiehlt sich eine – einfache, aber hilfreiche – Einteilung in subjektive und objektive Naturrechtspositionen. Die antiken und mittelalterlichen Lehren, die wir bisher kennengelernt haben, vertraten „objektive" Naturrechtspositionen im Sinne unverfügbarer Vorgegebenheiten für die Gestaltung der positiven Rechtsordnung. In den Natrurrechtslehren, die wir bei Hobbes und Locke diskutieren werden, geht es um „subjektive" Positionen im Sinne von Freiheitsgarantien, die dem Einzelnen von Natur aus – in einem höchst verschieden konzipierten Naturzustand – zustehen. Wirkungsgeschichtlich gesehen sind diese subjektiven Naturrechtslehren die Vorläufer der in Art. 1 Abs. 2 GG erwähnten Menschenrechte. Deren Idee ist ein Phänomen der Neuzeit und setzt ein spezifisch neuzeitliches Selbstverständnis des Menschen voraus, mit dem wir uns erst noch beschäftigen müssen. Vorher haben wir es aber mit Machiavelli zu tun.

§ 5 Machiavelli und der Begriff der Macht

I. Machiavelli und seine Zeit

1. Naturrecht, neuzeitlicher Realismus und Machiavellismus

H Mit Machiavelli (1469-1527) wenden wir uns einem Denker zu, der oft in einer recht schematischen Weise behandelt wird. Er gilt als erster wichtiger Vertreter eines spezifisch neuzeitlichen politischen Denkens. Darunter versteht man ein „realistisches" Denken, das man einem naturrechtlichen und deshalb „idealistischen" Nachdenken über Recht und Staat in Antike und Mittelalter gegenübergestellt. Machiavelli sei, so diese Sichtweise, bestrebt gewesen, die Gesetzmäßigkeiten politischer Macht ohne naturrechtlichen Über- oder Unterbau zu analysieren. Genau hierin wird das spezifisch Neuzeitliche an Machiavellis Auffassungen gesehen: Seine Überlegungen markierten einen Epochenwandel im rechts- und staatsphilosophischen Denken. Diesem Bild entspricht die Behauptung, Machiavelli sei der Begründer der neuzeitlichen, realistischen Wissenschaft von der Politik, für die nur wertfreie Empirie zähle, Fragen nach der Gerechtigkeit oder dem Willen Gottes aber keine Rolle spielten.[1] Machiavelli zeige die Welt so, wie sie nun mal ist, spekuliere aber nicht darüber, wie sie sein soll. Anstatt zu fragen, was eine gerechte politische Ordnung ist, frage Machiavelli, welche Mittel man anwenden muß, wenn man eine politische Ordnung aufrechterhalten oder Macht gewinnen wolle.

W Wie wir gesehen haben, ist es bereits Platons Frage, wie man eine politische Ordnung aufrechterhalten könne. Ich sehe daher nicht, warum sich Machiavelli gerade darin von antiken Denkern unterscheiden soll.

H Du bestätigst mit dem Hinweis auf unseren Platondialog meine Skepsis gegenüber der skizzierten Intepretation.

W Warum breitest Du hier eine Interpretation aus, die Du selbst für problematisch hältst?

H Ich stelle sie deshalb vor, weil ich eine andere Lesart in Stellung bringen möchte, die sich in vielem gegen jenes Machiavelli-Bild wendet, das mir gewissermaßen als Kontrastbild dient. Dabei werde ich insbesondere einen Blick auf den Begriff der Macht werfen, denn es wird immer wieder davon gesprochen, daß Machiavelli eine „Technik der Macht" konzipiere,[2] bei der ethische oder naturrechtliche Fragen wie diejenige, ob eine bestimmte Machthandlung moralisch gerechtfertigt ist oder nicht, gänzlich außer Betracht blieben. Machiavelli entwerfe auf diese Weise das Bild einer moralfreien Machttechnik und einer unmoralischen

Politik.³ Es ist also kein Zufall, daß wir moralisch fragwürdiges politisches Handeln mit dem Ausdruck „Machiavellismus" bezeichnen. Dem Verhältnis von Macht und Moral werden wir im einzelnen nachgehen, und für die Klärung der Frage, was es mit Machiavelli und mit dem Begriff der Macht auf sich hat, ist Machiavellis Schrift *Il Principe* in besonderer Weise geeignet.⁴ Diese kleine Schrift ist neben den *Discorsi sopra la prima deca di Tito Livio*⁵ der bekannteste Text Machiavellis. Beide Bücher wurden etwa zur gleichen Zeit verfaßt (die *Discorsi* zwischen 1513 und 1522, der *Principe* 1513) und hängen inhaltlich wie folgt miteinander zusammen: Machiavelli unterteilt im *Principe* alle Staaten in Republiken und Fürstentümer (principati) und stellt dann fest, daß sich das Buch über den Fürsten nur damit befasse, „wie Fürstentümer regiert und behauptet werden können" (P 9), während die Republiken Gegenstand eines anderen Buches seien – nämlich der *Discorsi*. Da man das Problem der Macht vor allem anhand des *Principe* entfalten kann und weil wir uns später vor allem bei Rousseau mit der Republik befassen werden, möchte ich mich auf diesen Text konzentrieren ...

G ... der Machiavellis zweifelhaften Ruf begründete und gewissermaßen als Grundbuch des Machiavellismus gilt.

H Zunächst sollten wir wohl klären, inwieweit es sich beim *Principe* um einen spezifisch neuzeitlichen Text handelt.

G Lassen Sie uns daher einen kurzen Blick auf jene große Zeitenwende zwischen Mittelalter und Moderne werfen.

2. Zum Problem des Epochenwechsels, insbesondere der „Neuzeit"

W Ich fürchte, daß es da mit einem kurzen Blick nicht getan ist.

G Dann begründen Sie Ihre Befürchtung.

W Herkömmlicherweise würde jetzt tatsächlich die Aufzählung jener geläufigen Merkmale folgen, die das so Neue an der Neuzeit gegenüber dem Mittelalter angeblich ausmachen und zuerst in den italienischen Stadtstaaten des 15. Jahrhunderts aufgetreten sein sollen.⁶ Regelmäßig genannt werden etwa der Individualismus, wie er sich im unbändigen Handeln einzelner Potentaten, in privater wie öffentlicher Prachtentfaltung, im offenen Ausleben rein weltlicher Sinnenfreuden, im Stolz auf die eigene Leistung seitens der (ihre Werke nun signierenden) Künstler, im Bildungsdünkel und Spott der Humanisten sowie in der neu aufgekommenen Porträtmalerei äußert; der Rückgriff auf antike Vorbilder in allen Bereichen der Kunst und Gelehrsamkeit; die Entdeckung und Eroberung neuer Kontinente; die Erforschung und künstlerische Nachahmung der Natur sowie die Art, wie der Mensch sich ihr zuwendet, ein Bemühen, das etwa zur mathematischen Beschreibung der Zentralperspektive und ihrer Anwendung in der Malerei führte; die Auffassung des Menschen als des Schöpfers seiner selbst und der staatlichen Ordnung, worin er lebt, sowie, nicht zuletzt, die Emanzipation von der katholischen Kirche und ihrer Theologie durch das geistreiche Heidentum einiger Humanisten, vor allem aber in den so gewaltigen Unruhen und Umwälzungen der Reformation.

G Das klingt doch alles sehr einleuchtend ...

W ... ist aber, wie uns die kritische historische Forschung lehrt, in vielerlei Hinsicht problematisch. Denn Epochen sind ja keineswegs vorfindliche geschichtliche Realitäten, sondern begriffliche Instrumentarien der Geschichtswissenschaft, um die unüberschaubare Vielfalt historischer Phänomene zu ordnen und zu verstehen.
G Auf solche Instrumentarien wird aber keine Wissenschaft verzichten können. Was soll deshalb das Anrüchige gerade am Epochenbegriff sein?
W Das altgriechische Wort „epoche" meint ursprünglich ein Haltmachen. Viel später erst wurde ein herausragendes geschichtliches Ereignis, das eine bisherige Entwicklung unterbricht, eine neue Entwicklung einleitet und/oder für sie typisch ist beziehungsweise sie symbolisiert, als Art Haltestelle verstanden, von der aus man beobachten kann, wie ein altes Zeitalter endet und ein neues beginnt. „Epoche" bezeichnet nun aber nicht mehr den Stop selbst, sondern das Zeitalter, das von ihm aus in dessen Eigenheit und Begrenztheit gegenüber anderen Zeitaltern sichtbar wird. Allerdings liegt ein Epochenwechsel nicht bereits dann vor, wenn sich einschneidende Änderungen nur in einzelnen Handlungsbereichen feststellen lassen: ein bestimmter Kunststil, eine gewisse Vorstellung von Natur und Wissenschaft oder eine spezifische staatliche Ordnung und politische Kultur machen je für sich noch keine Epoche; ein Merkmal ist nur dann epochal, wenn es auf das gesamte Leben oder zumindest auf weite Teile des Lebens eines Geschichtsabschnittes zutrifft. Für die Neuzeit machte man gleich drei Epochenschwellen samt Symboljahr aus – je nachdem, welches Charakteristikum man für das ursprüngliche und wirkmächtigste hielt: die Eroberung des oströmischen Reiches durch die Türken, insbesondere der Fall von Konstantinopel 1453, mit der dadurch bewirkten Flucht griechischer Gelehrter nach Italien, wo sie antikes Gedankengut verbreiteten und damit die (bereits von Zeitgenossen so genannte) rinascità beziehungsweise Renaissance (wörtlich: Wiedergeburt, nämlich der Antike) auslösten, worin, so die traditionelle Meinung, das Selbst- und Weltverhältnis des modernen Menschen grundgelegt wurde; die überseeischen Entdeckungen, vor allem die des Seeweges nach Indien und jene Amerikas, letztere bekanntlich 1492 durch Christoph Kolumbus, welche die Europäisierung der Welt und die Zeit der Weltpolitik einläuteten; schließlich die Reformation, die symbolisch 1517 mit Luthers Aushang der 95 Thesen an der Wittenberger Schloßkirche beginnt.
G Was aber soll an dieser traditionellen Sicht so problematisch sein? Jedenfalls hat die Dreiteilung der europäischen Geschichte in Antike, Mittelalter und Neuzeit bis heute Bestand; man denke nur daran, daß die geschichtswissenschaftliche Ausbildung an den Universitäten immer noch auf der Gliederung in Alte, Mittlere und Neue Geschichte beruht.
W Ist diese Gliederung aber nur organisatorisch bequem oder bewährt sie sich auch sachlich an den historischen Phänomenen und als Mittel geschichtswissenschaftlichen Verstehens? Diese Frage können wir hier zwar nicht beantworten, sie soll aber anhand einer kurzen Skizze einiger ausgewählter Probleme im Zusammenhang mit dem Beginn der Neuzeit wenigstens etwas präzisiert werden. Erstens gerät die Zeitenwende um 1500 in Verdacht, keineswegs die seit dem (ebenfalls problematischen) Übergang von der Antike zum Mittelalter markanteste Zäsur der europäischen Geschichte zu sein. Waren nicht die großen technologischen, ökonomischen und politischen Umwälzungen gegen Ende des 18. Jahrhunderts, mar-

kiert durch die Verbesserung und industrielle Nutzung der Dampfmaschine, die Industrialisierung, die Gründung der USA und die Französische Revolution, um vieles einschneidender? Wählt man hingegen die Wissenschaft als Indikator für den Epochenwechsel, müßte man den Beginn des neuen Zeitalters dann nicht wenigstens ins 17. Jahrhundert, die Zeit eines Galilei und eines Descartes, vordatieren, als im Zuge der großen „wissenschaftlichen Revolution" die vor allem an Aristoteles' Schriften orientierte Naturlehre in der experimentierenden, quantifizierenden und mathematisierten Physik eine Konkurrentin erhielt, durch die sie bald ganz verdrängt wurde? Und betrachtet man Literatur, bildende Kunst und Musik, fand der schärfste Bruch in der Entwicklung wohl gar erst um 1900 statt. Zweitens gibt es gute Gründe, einen signifikanten Einschnitt im 15. Jahrhundert überhaupt zu leugnen: Erweist sich die Renaissance bei genauerem Hinsehen und vor allem bei besserer Kenntnis des Mittelalters nicht bloß als kontinuierliche Weiterführung von Haltungen und Ausdrucksformen, wie sie in der Malerei bereits bei Cimabue und Giotto, in der Dichtung bei Dante sowie in der humanistischen Gelehrsamkeit bei Petrarca, also im 13. und 14. Jahrhundert, in voller Meisterschaft zu bewundern sind? Vielleicht läßt sich der vielbeschworene „Individualismus" des „Renaissancemenschen" gar bis auf Franz von Assisi und die religiösen Neuerungsbewegungen des 12. Jahrhunderts zurückverfolgen.
G Wenigstens die welthistorische Bedeutung der Reformation wird man aber doch wohl nicht in Frage stellen?
W Manchen erscheint sie bloß als auf Deutschland beschränkte Vermehrung der beiden großen, schon davor bestehenden christlichen Kirchen, der katholischen und der orthodoxen, um die protestantische.
H Worauf willst Du denn eigentlich mit dieser Anhäufung historischer Ungewißheiten hinaus?
W Darauf, daß es sehr fraglich ist, ob es überhaupt Sinn macht, den Geschichtsverlauf in Epochen einzuteilen. Für die „Neuzeit" jedenfalls scheint zu gelten, daß man sie je nach thematischer Perspektive und weltanschaulichem Interesse in fast jedem Jahrhundert von 1200 bis 1800 beginnen lassen könnte. Ganz zu schweigen von dem Problem, ob sie noch heute und womöglich gar in alle Zeiten fortdauert oder mittlerweile einer vierten Epoche, der (dann von der „Neuzeit" unterschiedenen) „Moderne" weichen mußte. Ob man nun am Epochenbegriff festhält oder ihn verwirft, man wird immer erstens damit rechnen müssen, daß die behaupteten Zäsuren der gesellschaftlichen, der politischen, der wirtschaftlichen, der wissenschaftlichen, der technologischen, der künstlerischen usw. Entwicklung zeitlich nicht zusammenfallen, zweitens damit, daß uns Neuheiten rückblickend nur deshalb als Einschnitte der Entwicklung erscheinen, weil wir in ihnen unsere eigene Zeit sich ankündigen sehen und dabei die historische Kontinuität, woraus diese „Neuheit" entstand und worin sie vorerst einbezogen bleibt, nicht wahrnehmen. Der Historiker kann geschichtliche Ereignisse ja immer nur aus seinem eigenen Vorurteil, das sich unter anderem darin äußert, welches Interesse er an der Vergangenheit hat, verstehen ...
G ... wobei es ihm nicht besser ergeht als dem Juristen: Beide können auf ihren jeweiligen Gebieten dem hermeneutischen Zirkel oder der hermeneutischen Spirale, wie wir sie im Anschluß an Gadamer vorstellten,[7] nicht entkommen.

W Geschichte ist daher kein Objekt, das an sich und unabhängig von seiner Erforschung bestünde; mit dem sich geschichtswissenschaftlich erweiternden Vorverständnis ändern sich vielmehr auch das Verständnis einzelner historischer Ereignisse, die Fragen, das begriffliche Instrumentarium des Historikers, schließlich der Gesamtzusammenhang, den er als Geschichte begreift, und damit sogar er selbst, sofern er sich als historisches Wesen entwirft. Von diesem hermeneutischen Prozeß sind Konzeptionen wie „Epoche" und „historische Zäsur" selbstverständlich nicht ausgeschlossen. Für uns heute erhebt sich angesichts des gegenwärtigen Forschungsstandes daher die Frage, ob die Periodisierung der Geschichte und der Selbstentwurf als Angehöriger einer Epoche – etwa als neuzeitlicher oder, wenn einem die Neuzeit aus irgendwelchen Gründen nicht behagt, lieber unzeitgemäß als mittelalterlicher oder antiker Mensch – nicht hinter dem bereits erreichten geschichtswissenschaftlichen Reflexionsniveau zurückfällt; hat man doch längst die Epocheneinteilung selbst als historisches Phänomen erkannt und begonnen, sie einer geschichtswissenschaftlichen Kritik zu unterziehen. Es wird sich noch zeigen, ob die Versuche, den Geschichtsverlauf zu periodisieren und Epochengrenzen zu ziehen, das historische Verstehen eher behindern. Jedenfalls stehen sie mittlerweile im Verdacht, Erscheinungen, die sich nicht so ohne weiteres in das gerade gängige Zeitalterschema einordnen lassen, schlicht zu ignorieren, und mehr über das Selbstverständnis und die Wunschvorstellungen derjenigen Zeit auszusagen, in der diese Versuche unternommen werden, als über den Abschnitt, von dem sie eigentlich handeln. Die gegenwärtige Forschung rückt daher von den großen Epochencharakterisierungen immer weiter ab und geht dazu über, das Zusammenspiel von Kontinuität, Umdeutung und Neuerung differenziert und im Detail zu verfolgen.

H Auf diese Weise wollen wir auch die eingangs gestellte Frage nach der Neuzeitlichkeit von Machiavellis *Principe* behandeln.

II. Machiavellis Il Principe

1. Die Tradition der Fürstenspiegel und der vermeinte Wissenschaftscharakter des Principe

H In seiner Widmung an Lorenzo di Medici schreibt Machiavelli, er habe in dem „kleinen Band" die „Kenntnis der Taten großer Männer" (P 5) niedergelegt. Aus seinen eigenen Erfahrungen und dem Studium der Geschichte wolle er seine „Erörterungen über die Fürstenherrschaft" (P 5 f.) anstellen und daraus Regeln herleiten. Es geht Machiavelli also um Handlungsregeln, die er einem Fürsten für die Praxis vermitteln will. Es gibt dementsprechend in der ganzen Schrift keinen Hinweis darauf, daß Machiavelli eine „Theorie des Staates", eine „Wissenschaft der Politik" oder eine politische Philosophie entwickeln wollte. Sein Gegenstand ist das Handeln der „großen Männer", der uomini grandi, das er zum Zwecke der praktischen Orientierung in Erfahrungsregeln faßt. Insofern steht der *Principe* in der Tradition der mittelalterlichen Fürstenspiegel, die er indes auf eine eigenwillige Art fortsetzt.[8]

D Wie wir bei unserer Debatte über das mittelalterliche Naturrecht gesehen haben, waren die Fürstenspiegel ein damals gängiges Mittel der politischen Schriftstellerei, den Fürsten nicht einen deskriptiven, sondern einen normativen Spiegel vorzuhalten, in dem sie erblicken konnten, wie ihre Herrschaft beschaffen sein müßte, um das Wohlgefallen Gottes und das Lob der Weisen zu verdienen. An solche moralgeprägten Regieanweisungen hielt sich Machiavelli nicht mehr...
H Jedenfalls nicht ohne weiteres. Hier gilt es, genau hinzusehen.
G Wenn Machiavelli eine Handlungsanleitung für Fürsten erstellt, dann verfolgt sein Büchlein ja wohl keine systematisch-philosophische Absicht. Kann man den *Principe* dann überhaupt als rechts- oder staatsphilosophische Schrift bezeichnen?
W Im Sinne eines systematischen Philosophierens war Machiavelli gewiß kein Philosoph. In unserer Reihe der Klassiker muß er daher als Außenseiter erscheinen.
H Das entspricht übrigens dem Urteil Hegels, der Machiavellis Stellung richtig gesehen hat, wenn er über Männer wie Michel de Montaigne, Charron und eben Machiavelli schreibt: „Sie gehören nicht eigentlich der Philosophie, sondern der allgemeinen Bildung an... Es finden sich bei ihnen gute, feine, geistreiche Gedanken über sich, über das menschliche Leben, die gesellschaftlichen Verhältnisse, über das Rechte, Gute; es ist eine Lebensphilosophie aus dem Kreise der menschlichen Erfahrung, wie es in der Welt, im Herzen, im Geiste des Menschen zugeht. Solche Erfahrungen haben sie aufgefaßt und mitgeteilt... Aber indem sie nicht die höchste Frage, die die Philosophie interessiert, zum Gegenstand ihrer Untersuchungen machen und nicht aus dem Gedanken räsonieren, so gehören sie nicht eigentlich der Geschichte der Philosophie an".[9]
D Die Tatsache, daß Machiavelli kein systematischer Denker war, sollte man bei der Beschäftigung mit ihm stets mit bedenken. Die Empfehlungen, die Machiavelli dem Herrscher in seiner Schrift gibt, gelten nicht universell, sondern beziehen sich ausdrücklich auf bestimmte Situationen: Es geht um Verhaltensanweisungen für den Fall einer neu erworbenen Herrschaft. Im übrigen ist der *Principe* ein wahres mixtum compositum verschiedener Themenbereiche: Neben den Ratschlägen für den Fürsten stehen ausführliche Erörterungen über das Heereswesen – ein Lieblingsthema Machiavellis – oder geschichtsphilosophische Gedanken über das Wirken von Glück (fortuna) und Tüchtigkeit (virtù) in der Welt.
G Aber wie sind denn nun Machiavellis Ausführungen im *Principe* zu verstehen?

2. Die Herrschaftslehre des Principe

H Die Themen des *Principe* sind der Erwerb und Erhalt bzw. die Stabilität von Fürstentümern (womit Machiavelli Stadtstaaten meint) durch einen einzelnen Herrscher. Insofern finden wir hier erneut ein Thema, das bereits Platon und Aristoteles beschäftigte, nämlich die Problematik der Stabilität von Herrschaft, die Machiavelli gerade aufgrund der politischen Wirren in seiner Zeit besonders interessiert haben mag. Machiavelli unterscheidet verschiedene Arten neu erworbener Herrschaften und macht jede von diesen zum Gegenstand eigener Betrachtungen und Ratschläge: Er differenziert bei den neuerworbenen Fürstenherrschaften – die den ererbten entgegengesetzt werden – zwischen solchen, die gänzlich neu oder „als Glieder dem ererbten Staat des Fürsten angefügt [sind], der sie erworben hat" (P 9). Unter den so erworbenen Gebieten unterscheidet Machiavelli sodann jene Gebiete, die vor ihrer Eroberung frei – also Republiken – waren von solchen, die unter einem Fürsten lebten. Und schließlich differenziert er Arten des Erwerbs der Fürstentümer, der „entweder mit fremden oder mit eigenen Waffen, durch Glück oder durch Tüchtigkeit" (P 9) erfolgt. Diese letztgenannten Fälle, also zum einen der Fall der „neuen Fürstenherrschaften", die „mit eigenen Waffen und durch Tüchtigkeit" (P 40) und zum anderen der Fürstenherrschaften, die „mit fremden Waffen und durch Glück" (P 49) erworben sind, bilden den zentralen Gegenstand von Machiavellis Reflexionen im *Principe*.

G Bei deren Behandlung legt Machiavelli Wert darauf, daß er mit seinem *Principe* eine besonders realistische Studie vorlege. Er schreibt: „Da es aber meine Absicht ist, etwas Nützliches für den zu schreiben, der es versteht, schien es mir angemessener, der Wirklichkeit der Dinge nachzugehen als der bloßen Vorstellung über sie. Viele haben sich Republiken und Fürstentümer vorgestellt, die nie jemand gesehen oder tatsächlich gekannt hat... Indem ich also die bloßen Vorstellungen über den Fürsten beiseite lasse und nur von seiner Wirklichkeit spreche..." (P 119). Also war Machiavelli doch der Realist, für den man ihn gemeinhin hält?

H Nur auf den ersten Blick. Machiavelli proklamierte zwar den Realismus seiner Studie und viele Interpreten sind ihm in seiner Auffassung einfach gefolgt, daß hier ein Bild gezeichnet werde, das die politische Realität in ihrer sittlich zumindest indifferenten Faktizität beschreibt. Aber ich denke, daß man diesen Realismus erst einmal genauer betrachten sollte, bevor man zu weiterreichenden Schlußfolgerungen kommt. Was es mit Machiavellis Realismus auf sich hat, wird noch zu erörtern sein. Zunächst aber wenden wir uns Machiavellis Erörterung der (durch eigene Waffen und Tüchtigkeit bzw. durch fremde Waffen und Glück) neu erworbenen Fürstenherrschaften zu.

a) virtù, fortuna und die Stabilität der Herrschaft

H Zwei zentrale Begriffe rücken hier in den Mittelpunkt der Aufmerksamkeit: Tüchtigkeit (virtù) und Glück (fortuna). Sie spielen im Denken Machiavellis und für seine Ratschläge eine wichtige Rolle.

G Mit den beiden Begriffen knüpft Machiavelli zwar einerseits an die Tradition der römischen Moralphilosophie an, andererseits bricht er jedoch in einer für ihn typischen – und wie manche bis heute meinen: skandalösen – Art und Weise mit dieser Tradition. Die Anknüpfung besteht darin, daß er fortuna als eine Frau beschreibt, die von wahrer Männlichkeit angezogen wird (P 199), und zwar ganz im Sinne der Bestimmung, die Cicero in den Tusculanischen Gesprächen gegeben hat (deren Dialogform übrigens ein schönes Beispiel für die Wirkung sokratischen Philosophierens ist): der wahre Mann (vir) ist charakterisiert durch die vollkommene Tugend (virtus).[10] Der Bruch mit der Tradition liegt dann aber darin, daß Tugendhaftigkeit nicht als Wert an sich bestimmt, sondern einem tugendlosen Herrschaftskalkül untergeordnet wird, „sich nach dem Wind der fortuna und dem Wechsel der Umstände zu drehen" (P 139).

W Nicht unerwähnt sollten wir lassen, daß der Begriff der virtus ein philosophisches Schwergewicht ist; war er doch bis Kants Kritik die zentrale ethische Konzeption. „Virtus" diente nämlich als lateinische Übersetzung des griechischen „arete", das man im Deutschen meist etwas altertümlich mit „Trefflichkeit", „Tugend" oder moderner, wie H, mit „Tüchtigkeit" wiedergibt, das aber nichts anderes als „Gutsein" bedeutet. „Arete" kommt somit nicht nur dem guten Menschen, sondern jedem Lebewesen und jedem Ding zu, wenn es nur als solches gut ist und seine Funktion tadellos erfüllt. Aristoteles kann daher folgende Bestimmung geben: „Man muß nun sagen, daß jede arete das, wovon sie arete ist, zu etwas vollendet, das sich gut verhält, und dessen Werk gut vollbringt, wie die arete des Auges das Auge und sein Werk tadellos macht; denn durch die arete des Auges sehen wir gut. Ebenso macht die arete des Pferdes das Pferd tadellos und gut im Laufen sowie darin, den Reiter zu tragen und den Feinden standzuhalten. Wenn sich dies aber bei allem so verhält, wäre auch die arete des Menschen jene Verfassung (hexis), wodurch man ein guter Mensch wird und wodurch man sein Werk gut vollbringt" (EN II 5 1106a). Die moralphilosophisch zentrale Frage, auf die im Laufe der Geschichte viele unterschiedliche Antworten gegeben wurden, ist nun selbstverständlich die, worin das Gutsein des Menschen genau besteht.

H Welchen Platz nimmt der Begriff des Glücks in diesen Überlegungen ein?

W „Tyche", die griechische Entsprechung unter anderem zu „fortuna", steht für den Inbegriff all dessen, was uns, ohne daß es in unserer Verfügungsgewalt stünde, zustößt („tyche" kommt von „tynchanein", „treffen" und läßt sich am besten wohl mit „Zufall" übersetzen), für unser Gutsein aber durchaus erforderlich sein kann. Wer also danach strebt, dauerhaft und durch die Wechselfälle und Unwägbarkeiten des Lebens möglichst ungefährdet gut zu sein und zu bleiben – die Stabilität des Gutseins ist schließlich selbst ein Gut und der nur kurz und schwankende Gute ist weniger gut als der konstant und unanfechtbar Gute –, muß nun versuchen, sich von glücklichen Fügungen so weit wie möglich unabhängig zu machen. Der Weg der Tugend wird auf diese Weise zum steinigen Pfad der Askese, d.h. der Übung (griechisch „askesis") in der Vergleichgültigung instabiler und unverfügbarer Güter wie etwa politischer Macht, sozialen Ansehens und aller Sinnenfreuden.

H Ist das nicht schon eine etwas einseitige Interpretation der arete? Man kann sich doch auch ein Gutsein in der Welt ohne Askese vorstellen, und ich denke, daß man dies bei Aristoteles auch so lesen kann. Jedenfalls wäre der asketische Weg nichts für mich. Er besteht doch bloß in Weltflucht bei gleichzeitiger Überschätzung der eigenen Fähigkeiten, sich von den weltlichen Bedürfnissen frei zu machen.

W Die gegenwärtigen Versuche, eine „Tugendethik" zu rehabilitieren,[11] beziehen sich auch nicht auf den Aspekt der Askese, sondern greifen eher auf Aristoteles' Tugendkonzeption zurück. Die skizzierte, vor allem in den beiden großen hellenistischen Philosophenschulen, der Stoa und dem Epikureismus,[12] entfaltete (und in christlicher Weltverachtungsmoralistik um die Vorstellungen von Demut und der Abhängigkeit von göttlicher Gnade ergänzte) Bestimmung des Verhältnisses von selbst geleistetem Gutsein und unverfügbarem Zufall scheint mir aber durchaus den Hintergrund von Machiavellis Äußerungen zu virtù und fortuna abzugeben.

H Damit wäre ein wichtiger Hintergrund von Machiavellis Überlegungen ausgeleuchtet. Zurück nun zum Programm der Fürstenschrift: Die beiden Arten des Herrschaftserwerbs, auf die Machiavelli seine Aufmerksamkeit richtet, unter-

scheiden sich nun folgendermaßen: „Diejenigen, welche ... durch ihre Tüchtigkeit zu Fürsten werden, erwerben zwar die Fürstenherrschaft unter Schwierigkeiten, behaupten sie aber mit Leichtigkeit ... Diejenigen, welche nur durch Glück vom Privatmann zum Fürsten aufsteigen, haben geringe Mühe, aufzusteigen, aber große, sich zu behaupten" (P 45, 49). Bei den weiteren Untersuchungen richtet sich das Augenmerk Machiavellis auf jene Herrscher, die ihre Herrschaft durch fremde Waffen und Glück errungen haben und er fragt, wie diese ihre Herrschaft stabilisieren und aufrecht erhalten können ...
G ... denn diese stehen ja in hohem Maße in der Gefahr, alsbald wieder verloren zu gehen.
H Den einzigen Ausweg aus dieser Gefahr sieht Machiavelli darin, daß „die so plötzlich zu Fürsten Aufgestiegenen ... von solcher Tüchtigkeit [wären], daß sie verstünden, sich sogleich das zu sichern, was ihnen das Glück in den Schoß fallen ließ, und die Fundamente, die andere sich schufen, bevor sie zu Fürsten wurden, nachträglich zu legen" (P 49). Der Erhalt eines neu erworbenen Fürstentums, welches ihm von fortuna in die Hände gespielt wurde, hängt also von der virtù des Herrschers ab. Die virtù, die Tüchtigkeit des Herrschers ist es, welche die fortuna davon abhalten kann, das Erworbene wieder zu nehmen. Denn nicht nur kann fortuna geben, sie kann das Gegebene auch wieder entreißen. Und in diesem Kontext nun gibt Machiavelli dem Fürsten jene Ratschläge, die seinen Ruf als Immoralisten begründet haben. Sie finden sich vornehmlich in den Kapiteln XV bis XIX, in denen die Frage behandelt wird, wie sich der Fürst gegenüber Untertanen und Freunden verhalten soll, um seine Herrschaft zu stabilisieren.

b) Der Effekt herrschaftlichen Handelns und der Schein der Tugend

H Machiavelli erörtert in diesen Kapiteln des *Principe* vor allem, ob der Fürst besser freigebig oder knauserig, grausam oder mild sein soll, ob es für ihn besser ist, geliebt oder gefürchtet zu werden, ob er sein Wort halten soll und daß er sich vor Haß und Verachtung hüten solle. All diese Betrachtungen werden aus einer funktionalen Perspektive angestellt: Führen Eigenschaften eines Fürsten, die „den Anschein der Tugend" (P 121) haben, zum Untergang des Fürsten oder nicht? Führen andere, die „den Anschein des Lasters" haben „bei ihrer Verwirklichung zu Sicherheit und Wohlbefinden" (P 121) des Fürsten? Im Gegensatz zu den humanistischen Fürstenspiegeln seiner Zeit gelangt Machiavelli zur Einsicht, daß es im Sinne des Erhalts einer neu erworbenen Herrschaft durchaus nicht immer geboten ist, jenen Tugenden zu folgen, derentwegen „die Menschen für gut gehalten werden" (P 139). Er schreibt: „Daher muß ein Fürst, wenn er sich behaupten will, die Fähigkeit erlernen, nicht gut zu sein, und diese anwenden oder nicht anwenden, je nach dem Gebot der Notwendigkeit." Der Fürst muß „eine Gesinnung haben ... vom Guten so lange nicht abzulassen, wie es möglich ist, aber sich zum Bösen zu wenden, sobald es nötig ist" (P 119, 139).
D Zeigen diese Zitate nicht, daß Machiavelli zumindest an der Wünschbarkeit der „alten Tugenden" und moralischen Verhaltens festhält? Ist es nicht also eher so, daß Machiavelli meint, man sollte so wenig Gewalt und Unmoral praktizieren wie möglich, indes so viel wie nötig. Die persönliche virtù des Tüchtigen zeigt sich ja gerade darin, daß er anhand der durch fortuna aufgeworfenen Problemla-

gen (occasiones) seine und die fremden Kräfte klug – und das heißt nur in seltenen Fällen: gewaltsam – einsetzt.[13]
H Richtig. Insofern war Machiavelli durchaus kein Verächter der Moral, kein Immoralist: Für ihn bleibt das Gute gut und das Böse böse.[14] Indes empfiehlt er den Rückgriff auf Maßnahmen, die er selbst als verwerflich darstellt. Aber er empfiehlt diese Maßnahmen nur dann, wenn aus den Notwendigkeiten heraus das moralische Verhalten nicht weiterhelfen kann. Und er geht schließlich hierüber hinaus, indem er fordert, daß jene verwerflichen Maßnahmen mit dem Schein der Tugendhaftigkeit bemäntelt werden sollen: „Für einen Fürsten ist es also nicht erforderlich, alle obengenannten guten Eigenschaften wirklich zu besitzen, wohl aber den Anschein zu erwecken, sie zu besitzen. Ich wage gar zu behaupten, daß sie schädlich sind, wenn man sie besitzt und ihnen stets treu bleibt; daß sie aber nützlich sind, wenn man sie nur zu besitzen scheint; so mußt du milde, treu, menschlich, aufrichtig sowie fromm scheinen und es auch sein; aber du mußt geistig darauf vorbereitet sein, dies alles, sobald man es nicht mehr sein darf, in sein Gegenteil verkehren zu können. Man muß nämlich einsehen, daß ein Fürst, zumal ein neu zur Macht gekommener, nicht all das befolgen kann, dessentwegen die Menschen für gut gehalten werden, da er oft gezwungen ist – um seine Herrschaft zu behaupten –, gegen die Treue, die Barmherzigkeit, die Menschlichkeit und die Religion zu verstoßen. Daher muß er eine Gesinnung haben, aufgrund deren er bereit ist, sich nach dem Wind des Glücks und dem Wechsel der Umstände zu drehen und ... vom Guten so lange nicht abzulassen, wie es möglich ist, aber sich zum Bösen zu wenden, sobald es nötig ist" (P 139).
W Belegen diese Sätze – und ihrer Art finden sich viele in Machiavellis *Principe* – nicht allzu deutlich, daß Machiavelli die „Dämonie der Macht" beschwört und jegliche Moral den Notwendigkeiten des Machterhalts unterwirft? Ist also Machiavelli nicht tatsächlich ein Machiavellist?[15]
D Ich frage mich: Wozu der Herrschaftserhalt, wenn die Art der Herrschaft einen zwingt, das Gute zu lassen und das Böse zu tun? Würde Machiavelli antworten: „nur um der Herrschaft selbst willen", dann wäre die Macht in der Tat zum Selbstzweck erklärt und Machiavelli ein Machiavellist.
G Und haben dann nicht diejenigen ganz recht, die sich in Gegenentwürfen geäußert haben, von denen der „Antimachiavell" Friedrichs des Großen (1740) der wohl bekannteste geworden ist?[16]
H Gemach, gemach... Zum einen ist es nicht die Art der Herrschaft, die bei Machiavelli dazu zwingt, das Böse zu tun, sondern es kann eine Situation auftreten, in der sich solches nahelegt. Das ist ein Unterschied. Und wie es sich mit der Macht verhält, werden wir noch diskutieren. Aber richtig ist natürlich die Frage nach dem Worumwillen von Herrschaft. Zunächst zurück zum Text: In der Tat sprechen die zitierten Sätze eine deutliche Sprache, aber ein vorschnelles Urteil ist zu vermeiden. Wir sind nämlich nun an einem der Punkte angelangt, an dem eine der für Machiavelli typischen Ungenauigkeiten seinen Blick trübt und zur Verwischung wichtiger Unterschiede führt. Wir wollen deshalb genauer verfolgen, ob Machiavelli den von ihm beschriebenen Phänomenen tatsächlich gerecht wird. Dazu wenden wir uns zunächst dem letztgenannten Zitat aus dem *Principe* zu: Einerseits ordnet Machiavelli diese Ausführungen in seinen übergeordneten Kontext, nämlich der Frage nach dem Erhalt neuerworbener Herrschaft, andererseits

richtet sich sein Hauptaugenmerk auf die subjektiv-moralische Seite des Verhaltens des Fürsten. Das, was zum Erreichen des Zweckes erforderlich ist, bekommt so aus der Perspektive individueller Moral den Charakter verwerflichen Handelns. Daß dieses Handeln aus einer objektiven Perspektive viel weniger fragwürdig ist, als es bei Machiavelli erscheint, läßt sich gerade an der hier behandelten Stelle des *Principe* verdeutlichen. Denn Machiavelli hat diese Stelle zweifellos in Kenntnis einer Stelle aus der *Politik* des Aristoteles geschrieben. Der Vergleich der beiden Texte verdeutlicht, was ich meine.

W Welche Stelle bei Aristoteles meinst Du?

H Es geht um *Politik* V 11 1314 a ff. Vergleicht man den Text der *Politik* mit demjenigen Machiavellis, so nimmt sich das von Aristoteles beschriebene Verhalten ganz anders aus, als es nach machiavellischer Bewertung scheint. Aristoteles geht der Frage nach, wie ein Tyrann (der nach Aristoteles vom König zu unterscheiden ist) seine Herrschaft auf Dauer stellen kann. Er führt aus: „Wie es nämlich *eine* Art des Unterganges der Königsherrschaft ausmacht, daß man eben diese Herrschaft tyrannischer gestaltet, so bedeutet es eine Erhaltung der Tyrannis, wenn man sie königsherrschaftlicher macht." Der Tyrann „muß die *Rolle* des Königs richtig übernehmen, einerseits im wirklichen Handeln, andererseits im *Anschein* eines Handelns. Vorerst muß man den *Eindruck* erwecken, sich um das Gemeinsame zu kümmern... Wenn man nämlich auf diese Weise die Verwaltung führt, kann man wohl den *Eindruck* eines Hausverwalters wecken, doch nicht den eines Tyrannen." Aristoteles gibt hier einige Verhaltensweisen an, die der Tyrann befolgen muß, um seine Herrschaft zu stabilisieren, sei es auch ohne innere Überzeugung, und er gelangt dann zu folgenden Überlegungen: „Daraus ergibt sich nämlich die Notwendigkeit, daß die Herrschaft nicht nur edler und nacheifernswerter ist dadurch, daß er über Bessere herrscht und über Nichterniedrigte, ohne fortwährend gehaßt und gefürchtet zu werden, sondern daß die Herrschaft auch länger anhält; ferner aber muß der Tyrann in seiner Wesensart... richtig im Hinblick auf die Tugend gestimmt sein oder doch wenigstens halbwegs brauchbar, und nicht schlecht, sondern nur halbwegs schlecht".[17] Der *Effekt* vorgespielter Tugendhaftigkeit – und um diesen ist es Aristoteles zu tun – besteht also darin, daß die tyrannische Herrschaft königlicher, gemeinwohlverträglicher und damit erträglicher wird. Der Schein hat also bei Aristoteles ethische Qualität. Demgegenüber hebt Machiavelli lediglich darauf ab, daß das Vorspielen einer nicht vorhandenen Tugendhaftigkeit moralisch verwerflich ist. So verfehlt Machiavelli gerade eine realistische Sicht der Dinge, weil er das Handeln vom Standpunkt abstrakt-moralischer Kategorien aus bewertet, ohne die Frage nach dem Effekt des Handelns für das Gemeinwohl zu stellen.

G Aus dieser Perspektive scheint Machiavellis Realismus in der Tat recht unvollständig oder zugespitzter formuliert: unrealistisch zu sein.[18]

c) Die Komplexität der sozialen Welt und das Denken in Dichotomien

H Dieser Mangel an Realismus wird meiner Meinung nach auch an einem anderen Aspekt deutlich: Ein charakteristischer Zug der Ausführungen im *Principe* liegt in den von Machiavelli immer wieder vorgenommenen schematischen Dichotomisierungen: Sein oder Sollen, gut oder böse, Moral oder Politik: also

Entweder-Oder. Solche Dichotomisierungen suggerieren zwar den Anschein besonderer gedanklicher Schärfe, aber sie sind zur Erfassung einer komplexen Wirklichkeit doch häufig ganz inadäquat – und damit unrealistisch. Die oft nur vermeintlich realistischen Urteile werden gelegentlich auch durch einen problematischen Gebrauch der Terminologie erreicht. Machiavelli benutzt nämlich seine Ausdrücke durchaus nicht einheitlich und verwirrt oft mit Unklarheiten und Widersprüchen. Ein drastisches Beispiel findet sich in Kapitel VIII. Dort schreibt er: „Gut angewandt (bene usate) kann man solche [gemeint sind Grausamkeiten] nennen – wenn es erlaubt ist, vom Schlechten etwas Gutes zu sagen (se del male e licito dire bene) –, die man auf einen Schlag ausführt..." (P 72, 73). Hier wird das Wort „gut" („bene") innerhalb eines Satzes in zwei unterschiedlichen Bedeutungen verwendet: erst in einer instrumental-technischen, dann in einer moralischen.

G Machiavellis Anspruch, besonders realistisch zu sein, muß also schon deshalb in Frage gestellt werden, weil man mit unscharfen Begriffen und mangelnden begrifflichen Differenzierungen der Komplexität der gesellschaftlichen und politischen Wirklichkeit nicht gerecht zu werden vermag.

H Es ließen sich noch viele Beispiele angeben, die zeigten, daß Machiavellis Bestreben, möglichst wirklichkeitsgetreu zu schreiben, ihn zu einem Zerrbild sozialer – insbesondere politischer – Wirklichkeit in bezug auf deren sittliche Momente geführt hat. Obgleich er, wie gezeigt, durchaus kein Verächter der Moral war, hat Machiavelli ein Bild gezeichnet, in dem Moralität vermeintlichen Realitäten und Opportunitäten untergeordnet wird und – unter dem Primat der Effizienz – werden muß. Hierfür ist letztlich Machiavellis defizitäre Auffassung von sozialer Realität und besonders von Macht verantwortlich zu machen: Machiavelli suggeriert, daß der Umgang mit Menschen, gerade auch der herrschaftliche Umgang mit Menschen, gleichsam technisch durchgeführt werden könne, daß der Umgang mit Menschen vergleichbar sei einer zweckrationalen Handlung. Genau dies aber ist eine defizitäre Auffassung: Im Umgang mit Menschen kann Effizienz nicht rein technisch-zweckrational gesehen werden. Wenn man im sozialen Leben etwas erreichen will, müssen vielmehr die anderen Menschen mit ihren Absichten, Vorstellungen und Interessen ins Handlungskalkül einbezogen werden. Das hat Machiavelli nicht gesehen, zumindest hat er es im *Principe* nicht aufgeschrieben. Dieses wichtige Ergebnis ist nun am Beispiel des Machtbegriffs noch etwas näher zu erläutern. Und zwar nicht zuletzt deshalb, weil Machiavelli in dieser Beziehung durchaus charakteristisch für neuzeitliches Nachdenken über Macht zu sein scheint. Machiavelli ist gerade als Machtanalytiker berühmt geworden.

3. Die Ethik der Macht

D Machiavellis Machtbegriff stellt Macht als ein soziales Verhältnis vor, in dem der Mächtige einem Machtunterworfenen seinen Willen aufzuzwingen vermag. Diese Vorstellung von Macht ist auch heute weit verbreitet, zumal Max Weber (1860-1920), dessen Macht- und Herrschaftsbegriff außerordentlich populär ist, einen ganz ähnlichen Machtbegriff wie Machiavelli entwickelt hat. Nach Weber bedeutet Macht „jede Chance, innerhalb einer sozialen Beziehung den eigenen Willen auch gegen Widerstreben durchzusetzen, gleichviel worauf diese Chance beruht." Und Herrschaft wird von Weber folgendermaßen bestimmt: „Herrschaft soll heißen die Chance, für einen Befehl bestimmten Inhalts bei angebbaren Personen Gehorsam zu finden".[19]

H Diese Definitionen kann man in vielen Lexika finden. Wohl deshalb, weil sie so schön knapp sind. Aber sie sind meiner Meinung nach defizitär. Ich will keine ausführliche Interpretation von Webers Definitionen vornehmen, aber doch auf das für sie Charakteristische hinweisen: Typisch für sie ist die Orientierung an einem „Willen", um dessen Durchsetzung es in der sozialen Beziehung geht. So entsteht das Bild, daß jemand nur genügend Durchsetzungskraft haben muß, um seine Ziele zu erreichen – und das entspricht durchaus Machiavellis Vorstellung von virtù. Nun ist dem aber entgegenzuhalten, daß im sozialen und politischen Kontext die Durchsetzung eigener Ziele auch entscheidend dadurch bestimmt wird, wie sich die anderen Menschen, denen gegenüber ein bestimmtes Ziel durchgesetzt werden soll, dazu verhalten. Und das verweist darauf, daß man Macht nicht einfach besitzt und sie dann anwenden kann, sondern daß man sie erst erwerben und dann auch pflegen muß. Und um Macht zu erwerben, muß man auf die anderen Menschen eingehen – es sei denn, man stützt sich auf pure Gewalt, die gerade keine Macht ist.

G Man muß also Macht differenzierter bestimmen, als dies in der Definition Max Webers – ihrer Berühmtheit zum Trotz – geschehen und als es bei Machiavelli gemeint ist.

H Ja – und ich denke, daß uns dabei der Rückgriff auf den römischen Ausdruck für Macht, nämlich „potentia", dem Phänomen näher kommen läßt: „Potentia" verweist darauf, daß Macht ein Potential ist, und zwar ein im sozialen Zusammenleben erworbenes Potential. Genau dies hat Hannah Arendt (1906-1975) begrifflich gefaßt. Sie schreibt: „Macht ist immer ein Machtpotential, und nicht etwas Unveränderliches, Meßbares, Verläßliches wie Kraft oder Stärke. Stärke ist, was ein jeder Mensch von Natur in gewissem Ausmaße besitzt und wirklich sein eigen nennen kann; Macht aber besitzt eigentlich niemand, sie entsteht zwischen Menschen, wenn sie zusammen handeln, und sie verschwindet, sobald sie sich wieder zerstreuen".[20] In Anlehnung hieran kann man Macht bezeichnen als ein sozial vermitteltes Potential, etwas sozial zu bewirken.

G Nach dieser begrifflichen Bestimmung erweist sich Macht als ein sozusagen in ständiger Bewegung befindliches, als gewissermaßen fluentes Phänomen, ein Phänomen, das in sozialen Beziehungen aller Art – nicht nur in der Politik – auftaucht.

H Was aber nicht bedeutet, daß sich Macht nicht auch verfestigen kann, daß es keine institutionalisierte Macht gibt. Natürlich gibt es das – der Staat etwa ist eine Machtinstitution – und wir werden uns bei Hobbes noch damit befassen. Institutionalisierte Macht ist aber ein Sonderfall der fluenten Macht (ebenso wie Stillstand ein Sonderfall von Bewegung ist) und nur zu erklären, wenn man Macht zunächst in ihrem originären „Aggregatzustand" als ständig neu von den gemeinsam handelnden Menschen zu konstituierendes Phänomen begreift. Von dem skizzierten Machtbegriff ausgehend gelangt man schließlich zur Einsicht, daß Macht als solche durchaus nicht sittlich indifferent, geschweige denn moralisch verwerflich ist: Geht es darum, andere für die „eigene Sache" zu gewinnen, um durch sie Macht zum Zwecke der Erreichung dieser Sache zu erhalten, so ist es im

Sinne eines rationalen Kalküls stets notwendig, auf die anderen einzugehen, mithin ihrer Personalität Rechnung zu tragen. Nur wer den anderen mit seinen Wünschen, Interessen und Strebungen bei seinem eigenen Handeln in Rechnung stellt, wird seiner Handlungssituation gerecht, da letztere eben durch den anderen daran Beteiligten mitkonstituiert wird. Ein solches Handeln ist natürlich kluges Handeln in dem Sinne, wie wir es bereits bei Aristoteles und seinem Konzept der phronesis kennenlernten. Nur durch kluges Handeln schließlich kann ein optimales Potential zur Erreichung eines künftigen Gutes erlangt werden. Das aber bedeutet schließlich, daß Machthandeln als solchem durchaus sittliche Qualität eignet, insofern nämlich, als das In-Rechnung-Stellen der Personalität des anderen eine Orientierung am Selbstwert der Person des anderen bedeutet. Es gibt also eine sittliche Qualität der Macht.[21]

D Man muß aber doch auch folgendes fragen: Wenn ich weiß, daß Macht sich dem Anderen verdankt und sich damit gewissermaßen auch aus dessen Interessen speist, *welche* Zwecke sind es denn, für die man Unterstützung begründeterweise erwarten kann? Zwecke, die nur Widerspruch erzeugen, wenn sie publik werden – so wird später Kant argumentieren –, können es schon einmal nicht sein. Und mit der Kantschen Zusatzannahme, daß eigentlich nur moralisch billigenswerte Zwecke keinen Widerspruch erregen, kommen wir dann wieder zu der Frage nach den guten Zwecken zurück. Oder andersherum: ist die sittliche Qualität der Macht nicht letztlich doch den sittlichen Zwecken geschuldet, die durch sie verfolgt werden können? Ist also eine rein deskriptive Theorie des Regierungshandelns, wie man sie Machiavelli gewöhnlich unterstellt, überhaupt möglich und – falls ja – sinnvoll?

H Hier haben wir wieder die Frage nach dem Worumwillen von Macht und Herrschaft. Ich würde Dir zustimmen, wobei ich aber darauf hinweisen will, daß das Worumwillen des Machtgebrauchs nicht unbedingt an sich gut sein, sondern für die beteiligten Menschen akzeptabel erscheinen muß oder, mehr in Deinem Sinne: Es muß nicht dem tatsächlich Guten entsprechen, sondern dem, was die jeweiligen Menschen für gut befinden. Im übrigen aber kann Macht auch unabhängig von Zwecken zustandekommen, etwa dadurch, daß man einer Person vertraut. Welche Zwecke diese Person dann verfolgt und ob diese die Zustimmung der anderen haben, ist davon zu unterscheiden.

G Wenn wir nun vom sittlichen Charakter der Macht ausgehen, dann heißt dies in bezug auf Machiavelli doch wohl folgendes: Man kann sagen, daß Machiavelli die Ethik der Macht verkannt hat. Zwar hat er manches treffend beschrieben, wenn er untersuchte, wie man eine Herrschaft stabilisiert, zugleich aber hat er das Machthandeln, das soziale Handeln zur Erreichung eines Zweckes abstrakten moralischen Prinzipien entgegengestellt, anstatt auch den ethischen Aspekt von Macht zu würdigen.

W Eines ist mir aber überhaupt nicht klar geworden: worin nämlich die bisher immer nur beschworene „ethische Qualität" der Macht bestehen soll. H behauptete zwar, daß, wer Macht erwerben will, auf die Anwendung von „Gewalt" verzichten, dafür auf die anderen Menschen „eingehen" müsse. Den großen Gegensatz zwischen Gewaltanwendung und Eingehen auf andere kann ich aber nirgends entdecken. Denn der Schläger, Folterknecht und Gewaltherrscher „geht" ja durchaus auf die Menschen „ein", wenn er deren Furcht vor Verfolgung und die Wirkung von seelischem und körperlichem Schmerz „in Rechnung stellt", um sie nach seinen Vorstellungen zu beeinflussen.

H Du übersiehst aber eines: Der Folterknecht erkennt sein Opfer eben nicht als Person an.

W Was genau verstehst Du hier unter „Anerkennung" – ein doch sehr vager Ausdruck? Mir jedenfalls scheint, daß, wer andere „in Rechnung stellt", nichts weiter tut, als zu überlegen, wie er sie zu Mitteln für seine Zwecke machen kann und damit, wie noch ausführlich darzustellen sein wird, ihre Würde mißachtet.

H Ich sehe nicht, daß die Rede vom Anerkennen des Anderen vage ist. Die Voraussetzung für die Auffassung vom ethischen Charakter der Macht ist natürlich ein bestimmtes Verständnis der menschlichen Person. Ich gehe davon aus, daß die einzelne Person *als solche* wertvoll ist, einen Wert, mithin ethische Qualität hat. Das ist, glaube ich, Gemeingut der christlich-abendländischen Auffassung vom Menschen und kommt unter anderem in der Rede von der Würde des Menschen oder von den angeborenen Menschenrechten zum Ausdruck. Wenn ich nun im Handeln die Personalität des Anderen in Rechnung stelle, sein So-Sein, sein Selbstverständnis gelten lasse, dann werde ich bereits darin seiner ethischen Qualität gerecht. Das bedeutet ja nicht, daß ich den anderen lieben muß oder dergleichen. Ich nehme ihn in seinem Selbstverständnis hin. Und daher hat solches Handeln selbst ethische Qualität. Und die Sache mit der Folter ist einfach: Erstens ist Folter kein Machthandeln im Sinne des Arendtschen Machtbegriffs, sondern es ist gewaltvermittelter Zwang, und zweitens zielt ja Folter gerade auf die Destruktion des Gefolterten als Person, sie mißachtet das jeweilige Selbstverständnis der gefolterten Person. Der Gefolterte soll so gerade in seiner Personalität getroffen und gebrochen werden.

W Jetzt widersprichst Du Dir aber selbst. Denn wenn der Folterknecht sein Opfer als Person tatsächlich zerstören will – was auch immer das heißen mag –, muß er zuerst einmal anerkennen, daß sein Opfer eine Person ist. Einen Hund etwa kann man zwar quälen, nicht aber foltern, weil er, zumindest nach der gängigen Vorstellung, eben gerade nicht über eine Personalität verfügt, welche man „brechen" könnte. Ich sehe also nicht, warum Foltern kein Machthandeln in Deinem und Hannah Arendts Sinne sein soll; die Personalität des Menschen wird dabei jedenfalls sehr wohl „in Rechnung gestellt". Nur das Quälen, um sich an der Qual des Gequälten zu erfreuen, wäre dieser Bestimmung zufolge kein Machthandeln. Der professionelle Folterer, der seine Fähigkeiten ganz in den Dienst einer politischen Sache stellt, empfindet womöglich nicht einmal Lust bei dem, was er tut: Das Zufügen von Schmerz ist für ihn lediglich ein Mittel, um eine fremde Person unter den Willen seiner Auftraggeber zu zwingen. Du wirst also Deine Konzeption der Anerkennung noch weiter präzisieren müssen, um Macht uneingeschränkt eine „ethische Qualität" zusprechen zu dürfen. Es sei denn, Du gebrauchst „ethische Qualität" in einem so schwachen Sinne, daß es überhaupt nichts über das Wie der Anerkennung aussagt, sondern bereits dann vorliegt, wenn eine Anerkennung als Person auf welche Weise auch immer – und sei es durch die Tatsache, daß man gefoltert wird – erfolgt. In diesem Falle aber würde jemandes Anerkennung als Menschen noch keineswegs dazu führen, ihn, wie Du sagst, „in seinem Selbstverständnis hinzunehmen".

H Deine Beharrlichkeit in diesem Punkt irritiert mich etwas, weil ich denke, daß man vom Phänomen her recht schnell einsehen kann, um was es mir in Sachen Anerkennung geht. Aber natürlich kann der Hinweis auf die Phänomene nicht die begriffliche Erläuterung ersetzen. Ich fürchte nur, daß uns eine solche etwas zu weit von Machiavelli fortführte. Wenigstens das aber möchte ich sagen: Mein Verständnis von Anerkennung ist geknüpft an ein bestimmtes Konzept der Personalität bzw. der Identitätsbildung, das davon ausgeht, daß sich menschliche Identitätsbildung in einer bestimmten Art von Interaktionsprozessen vollzieht. Letztere zeichnen sich – grob formuliert – dadurch aus, daß man seine Identität im Prozeß der Sozialisation gewinnt und daß man von daher im Anderen sich selbst sieht (und umgekehrt). Der Andere wird zum Konstitutivum meiner eigenen Identität. Ein wichtiger Vordenker dieser Auffassung ist Hegel, der das Thema Anerkennung verschiedentlich behandelte. Man müßte nun in die Theorie der Identitätsbildung einsteigen und das sollten wir hier nicht tun. Was ich mit Anerkennung meine, habe ich so weit erläutert, daß ein Verständnis möglich sein sollte. Im übrigen hast Du in Deinen letzten Sätzen einen anderen Anerkennungsbegriff eingeführt. Dazu kann ich hier nur sagen, daß Anerkennung nicht einfach „Erkennung" ist – das heißt: wenn der Folterer erkennt, daß er einen Menschen und nicht einen Hund oder ein Kaninchen vor sich hat, ist das noch keine Anerkennung. In der Tat ist es bei der Folter, die Du so spannend findest, so, daß der Folterknecht natürlich von der Tatsache der Personalität seines Opfers ausgehen muß, aber er intendiert gerade deren Destruktion, indem er das Selbstverständnis des Opfers bewußt zum Gegenstand seiner destruktiven Handlungen macht und es nicht als solches gelten läßt. Und dies läßt sich kaum als Anerkennung bezeichnen. Ich bleibe also bei meiner Auffassung von Anerkennung als einer Akzeptanz des Selbstverständnisses des Anderen.[22] Dein Vorwurf der Widersprüchlichkeit meiner Position ist ungerechtfertigt und daher unhaltbar.

G Offensichtlich lassen sich Ihre Differenzen nicht ohne weiteres beilegen und wir müssen sie hier als offenen Dissens stehenlassen.

H Ich kann damit leben.

W Ein kleines Schäuflein Kritik würde ich doch noch gerne nachlegen: Als moralisch oder sittlich könnte man – in Übereinstimmung mit bestimmten traditionellen Auffassungen – eine bestimmte Art der Ausübung von Macht bezeichnen. Zum Beispiel würde man dann von einer unmoralischen Anwendung der Macht sprechen, wenn ein rhetorisch geschickter Mensch jemanden für bestimmte moralisch schlechte Ziele auf seine Seite zieht. Wenn man solches als unmoralische Anwendung von Macht bezeichnet, Macht aber an sich ethische Qualität hat, geraten wir dann nicht in einen offenen Widerspruch; müßten wir dann nicht von einer unmoralischen moralischen Qualität der Macht sprechen?

H Ah, subtil, subtil – aber ein Trick. Du sprichst bereits von der Anwendung der Macht. Anwendung von Macht muß man von Macht unterscheiden. Das löst den anscheinenden Widerspruch leicht auf. In der Tat: natürlich muß man die Ziele, die verwirklicht werden sollen, eigens einer ethischen Bewertung unterziehen. Aber daß Macht für die Verwirklichung schlechter Ziele mißbraucht werden kann, ist ein von der Tatsache, daß Macht nur durch die Anerkennung der anderen zustande kommt, unabhängiges Faktum. Hält man diese Ebenen auseinander, gibt es kein Problem.

W Was die weitere Frage aufwirft, ob man die Ebenen derart auseinanderhalten darf.
G Auch dieses Problem sei Ihnen beiden für künftige Gespräche aufgegeben.
H Für mich jedenfalls bleibt es dabei, daß Machiavellis Realismus eben gar nicht so realistisch ist. Machiavelli hatte ein unrealistisches Machtverständnis, weil er die Ethik der Macht, die zur Realität der Macht gehört, verkannte. Und dieses unrealistische Machtverständnis scheint mir recht typisch für neuzeitliches rechts- und staatsphilosophisches Denken. Diesbezüglich ist mit Machiavelli tatsächlich eine Zäsur festzustellen: Mit ihm hebt ein technizistisches Verständnis von Macht und auch Politik an, das heute bei vielen Denkern vorherrschend ist. Das Wesentliche von Politik wird damit aber gerade verfehlt.
D Wobei man Machiavelli aber zugestehen muß, daß er sich als Kenner des politischen Geschäfts über die Grenzen der technizistischen Auffassung von Politik wohl im klaren war. Für ihn selbst als Politiker war ja wohl Politik doch eher Diplomatie und damit im aristotelischen Sinne eher Klugheit als technische Manipulation.
H Gewiß, Machiavelli mag ein fähiger praktischer Politiker gewesen sein – immerhin war er ja zeitweise ein wichtiger politischer Repräsentant seiner Heimatstadt Florenz.[23] Doch seine Fähigkeit, *theoretisch* über Macht und Politik zu reflektieren, war offenkundig nicht besonders gut entwickelt. Das Bild, das er von diesen Phänomenen zeichnet, scheint mir allerdings gerade da, wo es defizitär ist, eine spezifisch neuzeitliche Sichtweise zum Ausdruck zu bringen. Wenn man es für ein Charakteristikum der Neuzeit hält, daß sich der Mensch vor allem als Herrscher, Gestalter und Macher erfährt – ein Selbstverständnis, das sich infolge des Siegeszuges der modernen Technik und der Naturwissenschaften herausbildete –, dann begegnet uns dieses neuzeitliche Selbstverständnis gerade auch in Machiavellis *Principe*. Hier wird der Fürst ja als „Macher" der stabilen Ordnung vorgestellt. Verfolgt man diese Sichtweise weiter, dann ließe sich noch mehr über das spezifisch Neue des neuzeitlichen Selbstverständnisses im Unterschied zu jenem des Mittelalters sagen: War etwa für Augustinus oder Thomas Gott das Maß aller Dinge, so wird nun der Mensch für sich selbst das Maß aller Dinge. Es gibt Interpreten, die den *Principe* in diesem Lichte sehen, ihn als Abkehr von Gott lesen und ihn in diesem Sinne als typischen Ausdruck der neuzeitlichen Säkularisierung verstehen.[24]
W Wie problematisch solche Epochenunterscheidungen sind, haben wir allerdings bereits ausführlich besprochen.
H Ich wollte nur einen Interpretationshinweis geben. Auf alle Fälle bleibt, daß Machiavellis Fähigkeiten als Theoretiker meiner Meinung nach begrenzt waren.
G Vielleicht haben seine Schriften – und insbesondere der *Principe* – durch den Umstand, daß Machiavelli einerseits gut beobachtender und klug handelnder Praktiker, andererseits nur ein ungenau reflektierender Denker war, auch diesen schillernd-ambivalenten Charakter erhalten, der die Interpreten seit nunmehr fast fünfhundert Jahren so zu faszinieren scheint. So bleibt nur noch die Frage, was es mit Machiavelli und dem Machiavellismus auf sich hat. War Machiavelli nun ein Machiavellist oder nicht?
H Ich glaube nicht, daß Machiavelli selbst ein Machiavellist war, wobei diese Frage hier offen bleiben kann. Aber sein Buch über den Fürsten hat durchaus

einen machiavellistischen Charakter – wenn auch nicht durchgehend. Wenn ich dies konstatiere, möchte ich aber abschließend nochmals betonen, daß die Art und Weise, wie Machiavelli praxisorientierte Anleitungen für politisches Handeln gibt, oft gerade nicht besonders realistisch ist. Es wäre von daher meiner Meinung nach kurzschlüssig, das, was Machiavelli machiavellistisch als Politik beschreibt und empfiehlt, für eine besonders realistische Darstellung politischen Handelns zu nehmen. Leider ist genau das aber oft genug vorgekommen, und so blieben viele, die sich mit Macht und Politik auseinandersetzten, in machiavellistischen Vorstellungen befangen, weil sie annahmen, was Machiavelli beschreibt, sei besonders realistisch und so sei nun einmal die Realität. Schnell kam man so immer wieder zum Glauben an eine „reine" Technik der Macht. Ja, man glaubte, mit einem machiavellistischen Verständnis von Macht Politik angemessen zu erfassen. Dies ist meiner Meinung nach ein Trugschluß, an dem Machiavelli nicht ganz unschuldig ist.

§ 6 Neuzeitliches Selbstverständnis und die These von der Menschenwürde

I. Würde und weltanschauliche Neutralität

G Wie problematisch das gängige Epochenschema ist, haben wir bei Machiavelli kennengelernt. Können wir auf dieser Grundlage über ein Selbstverständnis sprechen, das für die „Neuzeit" charakteristisch sein soll?

W Durchaus. „Neuzeit" dient uns dann aber nicht als Epochenname, sondern lediglich der (rein chronologischen) Bezeichnung eines Zeitraumes. Selbstverständlich stoßen wir seit dem 15. Jahrhundert auf philosophische Konzeptionen, die wir davor vergeblich suchen würden: Den modernen Staatsbegriff und die Konzeption einer quantifizierenden und mathematifizierten Naturwissenschaft etwa haben wir bereits genannt, auf einen ganz unaristotelischen Erfahrungsbegriff werden wir bei Locke und auf die Konzeption der Subjektivität im Zusammenhang mit Kant zu sprechen kommen. Sie alle treten erst im 16. oder 17. Jahrhundert auf. Bereits aus dem 15. Jahrhundert stammt der emphatische Begriff einer Menschenwürde. Spezifisch neuzeitlich ist das durch ihn vermittelte Selbstverständnis daher nur in dem Sinne, daß es erst seit der Renaissance in weiten Kreisen diskutiert, von einer bedeutenden Anzahl von Menschen übernommen und politisch wirksam wird. Konkurrenzlos und unumstritten ist es bis heute keineswegs und in diesem Sinne „vorneuzeitliche" Selbstverständnisse haben auch unter Zeitgenossen genügend Anhänger.

D Was aber hat dieses „neuzeitliche" Selbstverständnis Deiner Ansicht nach mit der Menschenwürde zu tun?

W Ganz einfach: Die These, daß dem Menschen, was auch immer er aus sich macht, allein schon aufgrund seines Menschseins eine Würde[1] zukommt, die eine Sonderstellung gegenüber allem übrigen Lebenden und Unbelebten begründet – diese These bildet den systematischen Ausgangspunkt für das gesamte spezifisch neuzeitliche Selbstverständnis.

D Du sprichst von einer „These", also einer bloßen „Setzung" der Menschenwürde, sowie von „Selbstverständnis", also etwas, das die Menschen ja meist ohne philosophische Begründung übernehmen. Soll das heißen, wir orientieren uns im folgenden schlicht an der Meinung, die die Menschen üblicherweise von sich haben?

W Ein solches Unternehmen hätte nichts mit Philosophie zu tun und wird hier auch nicht betrieben. Wir sollten vielmehr vorgehen wie im Gespräch über die

Techne der römischen Juristen, wo wir ja auch einen autorenübergreifenden Begründungszusammenhang herstellten.
G Dort war es der von den Philosophen selbst meist nicht direkt thematisierte, für unsere Dogmenphilosophie aber höchst relevante Begriff der Jurisprudenz, der ein solches Vorgehen rechtfertigte. Hier ist es die auch nicht gerade im Zentrum des philosophischen Bemühens stehende „Würde des Menschen", von der immerhin der erste Absatz des Grundgesetzes handelt, als dessen Konstitutionsprinzip das an dieser prominenten Stelle positivierte Menschenwürdeprinzip gelten kann.
W Da aber nun das Grundgesetz in Art. 4 alle staatliche Gewalt zu weltanschaulicher Neutralität verpflichtet, darf man das Grundgesetz nicht auf eine solche Weise philosophisch fundieren, daß die staatlichen Gewalten dadurch verpflichtet oder auch nur ermächtigt würden, den Bürgern eine bestimmte Weltanschauung zu oktroyieren. Wollen wir in das Grundgesetz keinen offenen Widerspruch hineinlesen, müssen wir seinen Menschenwürdebegriff dogmenphilosophisch daher so erläutern, daß die im zweiten Satz von Art. 1 Abs. 1 GG positivierte staatliche Achtens- und Schutzpflicht gegenüber der Würde des Menschen nicht als Pflicht erscheint, eine spezifische Weltanschauung in der Bevölkerung und womöglich gar der gesamten Menschheit durchzusetzen. Philosophische Erläuterungen eines einzelnen Begriffs tendieren jedoch dazu, sich zu einem philosophischen System auszuweiten, das, wie ein Blick auf die bisher vorliegenden elaborierten Systeme zeigt, schnell so umfangreich wird, daß damit zugleich eine ganze Weltanschauung entsteht. Vertrauten wir uns bei der Klärung des grundgesetzlichen Würdebegriffs einem einzigen philosophischen System an, könnte es daher passieren, daß wir eine Verfassungsinterpretation liefern, die mit der Neutralitätsforderung nicht vereinbar ist. Laßt uns hier also nach einer Menschenwürdekonzeption suchen, die man insofern als „unbestimmt" bezeichnen könnte, als sie auf keine bestimmte Weltanschauung festlegt, deshalb aber nicht mit Vagheit oder Unverbindlichkeit belastet ist. Dabei werden wir weit über die Dogmenphilosophie hinaus in systematische Tiefen vordringen müssen; denn mit „Würde" ist das gesamte Selbst-, Welt- und Gottesverständnis des Menschen angesprochen wie sonst mit keinem anderen Wort.

II. Vorneuzeitliche Selbstverständnisse

1. Würde kraft Anerkennung

a) Die dignitas des Humanisten, insbesondere bei Cicero

W Beginnen wir mit einem Text Ciceros,[2] der eine Tradition zusammenfaßt und an die Neuzeit vermittelt, die bis ins Athen des fünften vorchristlichen Jahrhunderts zurückreicht. In Anlehnung an den von Cicero geprägten Begriff der humanitas („Menschlichkeit") nennt man sie seit Beginn des 19. Jahrhunderts „Humanismus" – und zwar aufgrund der Sonderstellung, die sie dem einzelnen Menschen wegen seines Vermögens, sich geistig zu bilden, beimißt.

D Mit dieser Erläuterung von „Humanismus" gibst Du aber nicht gerade das Beispiel einer klaren Begriffsbestimmung.
W Das ist nicht meine Schuld. Denn der Humanismus präsentiert sich weder als philosophisches System noch in einer sonstigen Form, die man als „wissenschaftlich" oder auch nur „klar begrenzt" bezeichnen könnte.[3] Vielmehr ist er sogar getragen von einer Abneigung gegen alle methodisch vorgehenden Versuche, das humanum, das spezifisch Menschliche, zu ergründen. Offenbar fürchten die Humanisten, daß jene Abstrahierung und Distanzierung, die wissenschaftliches Arbeiten nun einmal mit sich bringt, unvereinbar ist mit humanitas, der verständnisvollen und menschenfreundlichen Anteilnahme am Leben anderer: „Homo sum: humani nil a me alienum puto" („Mensch bin ich: Nichts Menschliches, meine ich, ist mir fremd"). Dieser auch von Cicero häufig zitierte Satz des Komödiendichters Terenz[4] ist bis heute das Credo aller Humanisten, wobei „fremd" hier soviel wie „nicht vertraut" und „gleichgültig" bedeutet. Zudem gefällt es den Humanisten, den Menschen (und insbesondere sich selbst) als Individuum zu sehen, das aus eigener Kraft durch eine selbständige Bildungsleistung – vor allem die Rezeption von Texten und sonstigen Artefakten der griechisch-römischen Antike – den Gipfel unverwechselbaren Menschseins erreicht. Aus systematisch-philosophischer, psychologischer, sozial- und naturwissenschaftlicher Perspektive erscheint der Mensch demgegenüber vor allem in seinen vielfältigen Abhängigkeiten, also als etwas, das, was es wird und geworden ist, am wenigsten sich selbst verdankt.
G Insbesondere unterschätzt der Humanismus regelmäßig die Rolle von Gesellschaft und Staat bei der Bildung des Menschen.
W Im Laufe des 19. Jahrhunderts mußten die Humanisten auch zunehmend erkennen, daß sich ihr übertriebener Individualismus weder an ihnen selbst, noch am Mitmenschen bewährt. Nur allzuoft flohen sie vor dieser Einsicht in eine schöngeistige Privatwelt, die sie nur auf Kosten eines tatsächlich gelebten Quietismus oder gar Opportunismus aufrechterhalten konnten, oder sie verstiegen sich in larmoyante Kulturuntergangsphantasien, an denen die empfindlicheren unter ihnen schließlich zerbrachen und welche die robusteren als Forderung nach heroischer Totalerneuerung von Staat und Gesellschaft lautstark artikulierten. Fanden solche Umbrüche dann tatsächlich statt, brachten sie aber nicht den erwünschten homo humanus hervor, sondern, wie es die Erfahrung im zwanzigsten Jahrhundert zeigt, regelmäßig nur Barbarei. In jedem dieser Fälle fördert der Humanist genau das, was er als solcher ursprünglich gerade verabschiedet: eigene Charakterlosigkeit, Menschen- und Selbsthaß sowie die völlige Vernichtung jener Bildungskultur, der er anhängt.
D Dem konservativen Senator und Redner Cicero, anhand dessen Texte Du das humanistische Selbstverständnis ja eigentlich vorstellen wolltest, der leidenschaftlicher Politiker und, während der letzten Jahre der römischen Republik, einer ihrer bestimmenden Machtfaktoren war, wird man Eskapismus, Individualismus oder politischen Radikalismus jedoch nicht vorwerfen können.
W Wohl aber, daß er, Verfechter von allem, was irgendwie plausibel erscheint und ihm in sein politisches Kalkül paßt, seine Grundüberzeugungen nirgends systematisch entfaltet. Doch kommen wir endlich zu dem angekündigten Text: In *De officiis* (wörtlich: *Von den Pflichten*, inhaltlich genauer: *Über pflichtgemäßes*

Handeln) stellt Cicero fest, „wie sehr die Natur des Menschen das Vieh und die übrigen Tiere übertrifft; jene empfinden nichts als Vergnügen, und auf dieses stürzen sie sich mit aller Kraft, der Geist des Menschen aber wächst durchs Lernen und Denken, er untersucht oder betreibt immer irgend etwas und läßt sich durch die Freude am Sehen und Hören leiten. ... Wenn wir bedenken wollen, eine wie überlegene Stellung und Würde in unserer Natur (in natura nostra excellentia et dignitas) liegt, dann werden wir einsehen, wie schändlich es ist, in Genußsucht sich treiben zu lassen und verzärtelt und weichlich, und wie ehrenhaft (honestum) andererseits, genügsam, selbstbeherrscht, streng und enthaltsam zu leben" (I 105 f.). Damit formuliert Cicero erstens die deskriptiv-anthropologische These, daß sich der Mensch von allen anderen irdischen Lebewesen dadurch unterscheidet, daß er über ein (nicht näher spezifiziertes) steigerbares geistiges Vermögen verfügt, welches ihn befähigt, andere Ziele zu verfolgen als jene, die ihm seine leiblichen Bedürfnisse vorgeben – Ziele wie zum Beispiel, etwas zu erkennen, etwas planvoll zu realisieren sowie sinnliche Eindrücke, wie sie uns etwa Kunstwerke vermitteln, zu genießen und etwas nach rein ästhetischen Gesichtspunkten auszuwählen.

D Sonderlich originell ist diese These aber nicht gerade.

W Verblüffendes wird man bei Cicero auch nicht finden; im Gegenteil: Als einprägsamen Term für dieses Unterscheidungsmerkmal des Menschen, wählte er einen zu seiner Zeit im römischen Schrifttum sehr geläufigen und in verschiedenen Nuancen schillernden Ausdruck: „Dignitas" bezeichnete vor allem den hohen ökonomischen, sozialen und politischen Status einer Person, der zu weiterem Engagement für das Gemeinwesen verpflichtet sowie einen Anspruch auf politische Ämter und öffentliche Ehrungen unterschiedlicher Art (honos oder honor, der Empfänger ist honestus) begründet. Enttäuscht die Person die in sie gesetzten Erwartungen auf Dauer, verliert sie ihre dignitas und damit jeden öffentlichen Einfluß.[5] Diesbezüglich ähnelt die römische dignitas-Konzeption durchaus Hannah Arendts Machtbegriff, wie H ihn unlängst gegen meinen Widerstand entfaltet hat. Diese Ähnlichkeit wird in *De inventione* II 166 besonders augenfällig, wo Cicero dignitas als anerkannte (honesta) und jede Art der Anerkennung verdienende auctoritas bestimmt. Und „fluent", wie ich das im Machiavellidialog von der Macht gehört habe, ist sie allemal.

H Eine auf Anerkennung gegründete Würde könnte mir als grundgesetzliche „Würde des Menschen" schon gefallen ...

W Ich sehe, wie ein weiterer Dissens zwischen uns beiden heraufdämmert; denn Ciceros Position wollte ich eigentlich als Gegenentwurf zum neuzeitlichen Würdebegriff des Grundgesetzes vorstellen ...

H Nur zu, ich melde mich schon, falls es mir nicht paßt, was ich höre.

W In unserem Zitat verwendet Cicero „dignitas" als Metapher: Dignitas liegt demnach „in" der Natur des Menschen genauso wie ein hoher gesellschaftlich-politischer Status „in" einer Person – nämlich bloß als Chance, die es erst zu verwirklichen gilt. Demnach nimmt der Mensch nicht bereits als solcher, d.h. nicht unabhängig davon, was ihm widerfährt, was er tut und wie er sich bildet, einen höheren Rang als die übrigen bekannten Lebewesen ein: Er verdient nicht schon aufgrund der Tatsache, daß er zur species des homo sapiens sapiens gehört, besondere Wertschätzung und besonderen rechtlichen Schutz. Seine Sonderstellung

und Anerkennung als Mensch durch die Mitmenschen muß er sich vielmehr erst erarbeiten. Um anzugeben, worin die hierfür zu erbringende Leistung besteht, läßt Cicero der deskriptiv-anthropologischen Behauptung eine moralische Forderung folgen: Wir sollen jene spezifisch menschlichen Vermögen, die uns überhaupt erst ermöglichen, dignitas zu erwerben, so entfalten, daß wir von denjenigen Menschen, deren menschliche dignitas allgemein und zu Recht bereits anerkannt ist, als ihresgleichen akzeptiert werden. Wem dies gelingt, ist honestus, wer dabei versagt, heißt, so Cicero, lediglich „Mensch", ohne es tatsächlich zu sein (*De officiis* I 105, *De re publica* I 28). Welche Bedingungen jemand im einzelnen erfüllen muß, damit er zu Recht als wahrer Mensch gelten kann, führt Humanist Cicero in seinem Werk eloquent und exempelreich zwar immer wieder vor Augen – so etwa empfiehlt er in oben zitierter Passage, „genügsam, selbstbeherrscht, streng und enthaltsam zu leben". Dieses Ideal des homo humanus wird von Cicero allerdings weder begründet, noch auch nur ansatzweise systematisch ausgearbeitet. Daran hindert ihn offenbar sein Skeptizismus, den er durchaus – in gewohnter Eleganz und im Horizont der ihm bekannten Positionen – reflektiert (*Lucullus, Academici Libri*) ...
H Laß' uns bloß nicht wieder in erkenntnistheoretische Spekulationen abschweifen!

b) *Ein sozialwissenschaftliches Würdekonzept*

W Dann versuche Du doch, aus Deiner sozialwissenschaftlichen Perspektive den ciceronischen Würdebegriff zu vertiefen. Hierfür böten sich die bei Verfassungsrechtlern mittlerweile so prominenten Auslassungen von Niklas Luhmann zu diesem Thema an – eines Soziologen, den Du ja auch sonst dauernd im Munde führst.
H Na ja, Cicero und Luhmann in einem Atemzug zu nennen, scheint mir etwas gewagt zu sein, auch wenn man die eine oder andere interessante Parallele in den Würdekonzeptionen beider vielleicht zugeben mag. Zunächst ist aber zu bedenken, daß Luhmanns Ausgangspunkt eine Theorie der modernen Gesellschaft ist. Schon das unterscheidet ihn von Cicero radikal. Luhmanns Theorie ist also alles andere als vorneuzeitlich. Aber als Kontrast können wir sie hier durchaus sinnvoll diskutieren. Nach der Luhmannschen Sichtweise der modernen Gesellschaft ist diese dadurch geprägt, daß sie sich in funktionale Bereiche ausdifferenziert hat, die er Systeme nennt. So gibt es etwa die Wirtschaft als Funktionssystem der Gesellschaft, das Recht, die Wissenschaft, die Politik usw. Wenn ich das recht sehe, ist dieses Bild unserer Gesellschaft sehr weitgehend anerkannt, auch wo man sich nicht auf Luhmann beruft.
W Was hat die Gesellschaftstheorie mit der Würde zu tun?
H Sie bildet den grundlegenden Theoriekontext für Luhmanns Würdekonzeption. Diese entfaltet er in seinem Buch über *Grundrechte als Institution*[6] in Auseinandersetzung mit der Frage nach der gesellschaftlichen Funktion der Grundrechte; und wenn man ein Phänomen auf seine gesellschaftliche Funktion hin befragt, muß man sich zunächst Rechenschaft über die Struktur der Gesellschaft ablegen.
W Die Gesellschaft ist also funktional differenziert...

H ... und die funktionale Differenzierung stellt bestimmte Anforderungen an die Individuen, setzt bei diesen gewissermaßen eine bestimmte Ausstatttung voraus. Die Individuen agieren nämlich in dieser Gesellschaft als Rollenspieler, beispielsweise beim Einkaufen in der Rolle des Wirtschaftssubjekts, vor Gericht als Rollenspieler im Rechtssystem, als Mutter, als Vereinsmitglied etc. Im Rollenspiel konstituiert sich die persönliche Identität, die also ein soziales Phänomen ist.[7] Entscheidend dabei ist, daß sich der Mensch als Rollenspieler stets selbst darstellt, gewissermaßen inszeniert.[8] Von hier ausgehend konzipiert Luhmann die Begriffe der Freiheit und der Würde. Beide Begriffe, so Luhmann „bezeichnen Grundbedingungen des Gelingens der Selbstdarstellung eines Menschen als individuelle Persönlichkeit".[9] „Freiheit" bezeichnet die „Außenseite", „Würde" die „Innenseite" der gelingenden menschlichen Selbstdarstellung im sozialen Verkehr. Würde ist ein Begriff, der diese Innenseite als konsistent idealisiert. Kurz gesagt kann man Würde als „gelungene Selbstdarstellung"[10] oder auch als von anderen anerkannte Selbstdarstellung auffassen.

W Was ist denn mit einem solchen Würdebegriff gewonnen?

H Mancherlei. Erstens wird Würde bei Luhmann nicht ontologisiert, als etwas, das der Mensch einfach „hat".[11] Das scheint mir ganz wichtig zu sein, weil diese Konzeption nämlich deutlich macht, daß Würde zweitens etwas sehr Fragiles ist, etwas sehr Verletzliches. Wenn man in seinem Handeln entgleist, aus der Rolle fällt und sich in einem sozialen Kontext würdelos verhält, also sich nicht erfolgreich selbst darstellt, fällt man gewissermaßen aus der Kommunikation heraus, und das heißt: man kann in dieser Situation seine Persönlichkeit nicht mehr richtig einsetzen. Jeder kennt solche Situationen aus dem profanen Alltag oder aus Kontexten, die besondere soziale Kompetenz – also geschicktes Rollenspiel – verlangen, etwa Bälle oder Festessen: Die Situation entgleist, man findet nur die falschen Worte, macht sich unmöglich und ist so plötzlich „draußen". Dann hält man besser den Mund oder geht.[12] Diese nicht gelingende Interaktion ist auch ein beliebter Stoff für Kinofilme. Würde ist also etwas, das sich jeden Tag bewähren muß, ist nicht etwas nur für sonntags, etwas ganz „Hohes" oder dergleichen. Nein, Würde bewährt sich im profanen Alltag, und das zeigt nun, wie wichtig es ist, daß die Würde geschützt wird. Hier kommt die Gesellschaft wieder ins Spiel: Die moderne Gesellschaft ist um ihres Funktionierens willen „daran interessiert", wie Luhmann sagt,[13] daß die Persönlichkeiten sich intakt im sozialen Kontext bewegen und handeln können, denn individuelle Persönlichkeit ist gerade in der funktional differenzierten Gesellschaft ein wichtiges Orientierungsmittel (man denke beispielsweise an ein Einstellungsgespräch). Damit wird der Blick auf einen dritten Aspekt frei, der gerade hinsichtlich des Grundgesetzes von besonderem Interesse ist: Art. 1 Satz 1 GG ist bekanntermaßen eine Reaktion auf die Mißachtung der menschlichen Würde durch das Hitlerregime, er geht gerade von der Erfahrung aus, daß Würde sehr wohl angetastet, verletzt, ja zerstört werden kann. Das ist aus Luhmanns Perspektive heraus leicht einsichtig. Luhmann selbst schreibt: „Erst der 'totale' Staat ist hinterlistig in die Regie der Würde eingedrungen, indem er zum Beispiel 'freiwilliges' Handeln veranstaltet, das gänzlich unpersönlich und unindividuell ist, von unbezahlten Sonderleistungen angefangen bis zu Schuldbekenntnissen vor Gericht. Freiheit unter Fremdregie ist das Ende der Würde, jedenfalls der öffentlichen Würde des Menschen, weil sie ihn zu persönlichen Darstellungen veranlaßt, die ihn in die Alternative zwingen, entweder inkonsistent zu sein und in ein öffentliches und ein privates Selbst zu zerfallen oder seine Eigenheit ganz zugunsten der geforderten Linie aufzugeben."[14] Und so paßt eine Luhmannsche Sicht der Würde besonders gut zur Interpretation des Grundgesetzes: gerade weil man weiß, daß Würde schon im Alltag leicht verletzt werden kann, ist sie in besonderem Maße schutzbedürftig, und der Staat des Grundgesetzes hat sich hierauf mit dem Schutz der Würde auch in besonderer Weise eingestellt.

G Sie lesen den ersten Satz des Grundgesetzes demnach normativ, im Sinne von „die Würde des Menschen *soll* nicht angetastet werden".

H Richtig, und ich folge damit durchaus dem Bundesverfassungsgericht und einem gewichtigen Teil der Literaturmeinung. Für mich ist Art. 1 GG bereits ein Grundrecht, das Würdegrundrecht – im Unterschied zu den Freiheits- und den Gleichheitsgrundrechten. Daß im übrigen Art. 1 Abs. 1 zahlreiche dogmatische Probleme aufwirft, will ich nicht leugnen, und diese Probleme können nicht sozialwissenschaftlich, sondern nur juristisch gelöst werden. Aber was Würde – im Kontext der Grundrechte, die wiederum im Kontext der spezifischen Struktur der modernen Gesellschaft stehen – ist, das können wir mit sozialwissenschaftlichen Mitteln sehr wohl ergründen, und Luhmann ist hier eine gute Adresse.

G Einspruch: Wenn wir *dogmatisch* wissen wollen, was Würde bedeutet, dürfen wir den von Ihnen angesprochenen „Kontext" weder auf die Grundrechte reduzieren (weil Art. 1 Abs. 1 Satz 1 GG Konstitutionsprinzip auch der grundgesetzlichen Verfassungsprinzipien ist), noch dürfen wir die Grundrechte allein aus sozialwissenschaftlicher Perspektive interpretieren – jedenfalls nicht in dogmenphilosophischen Argumentationszusammenhängen. Im übrigen wird man heute feststellen dürfen, daß die Ansicht, Art. 1 GG sei ein (objektives) Prinzip, gegenüber der Interpretation als (subjektives) Grundrecht im Vordringen befindlich ist.

W Die Fähigkeit des Menschen, so zu interagieren, daß seine Selbstdarstellung von den anderen anerkannt wird, setzt außerdem bereits gewisse andere Fähigkeiten voraus. Es gibt also Bedingungen der Möglichkeit gelingender Selbstdarstellung. Oder etwas allgemeiner formuliert: Eine Intersubjektivitätstheorie wie diejenige Luhmanns setzt eine Subjektivitätstheorie oder zumindest eine Theorie der Vermögen des einzelnen Menschen sachlich immer voraus. Luhmanns Ansatz scheint demnach nicht basal genug und auf unausgewiesenen Voraussetzungen zu beruhen.

H Nicht so schnell. Ich verstehe Deinen Einwand, aber Luhmann triffst Du damit recht eigentlich nicht. Luhmann thematisiert die Voraussetzungen dessen, was Du Intersubjektivität nennst, durchaus, und zwar im Kontext seiner Kommunikationstheorie einerseits, seiner Bewußtseinstheorie andererseits. Aber das kann ich hier unmöglich entfalten, weil es zu weit führte. Nur das soll noch gesagt sein: Luhmann versteht sich weder als Intersubjektivitätstheoretiker noch als Subjektivitätstheoretiker, sondern als Systemtheoretiker. Das macht einen wichtigen Unterschied, weil Luhmann mit dem Begriff des Systems den Dualismus Intersubjektivität versus Subjektivität in gewisser Weise hinter sich läßt. Im übrigen glaube ich – unabhängig von aber im Ergebnis in Übereinstimmung mit Luhmann – daß Du unrecht hast mit der Behauptung, eine Intersubjektivitätstheorie setze eine Subjektivitätstheorie voraus. Man muß es gerade umgekehrt sehen.

W Schade, daß wir uns hier auf das bloße Nennen von Alternativen beschränken müssen. Bei Aristoteles lernten wir bereits eine Möglichkeit kennen, die Zwischenmenschlichkeit aus der Verfassung des menschlichen Individuums verständlich zu machen: Er fundiert, wie gezeigt, seine Konzeption der Gemeinschaft in der Bestimmung des Menschen als physei politikon zoon, welche ihrerseits in jener als Lebewesen, das über logos verfügt, gründet. Einen ähnlichen Ansatz werden wir bald bei Pico, dessen Elaboration bei Kant kennenlernen. Abgesehen von aller Grundlegungsproblematik hätte ich aber an Luhmann und Dich noch die Frage, ob Eure sozialwissenschaftliche Würdekonzeption nicht darauf hinausläuft, daß jedes Hinterfragen einer Selbstdarstellung beziehungsweise eines Selbstverständnisses die Würde des so Hinterfragten verletzt. Müßte jedes für das Leben bedeutsame Philosophieren dann nicht verboten und von staatlicher Seite bekämpft werden? Ich spreche von einem Philosophieren nach Sokrates' Vorbild, wie es nicht nur Platon, sondern vor allem auch Pascal, Rousseau und Kierkegaard betrieben und welches darauf abzielt, den Menschen aus den Systemzwängen und seinen oft krampfhaften bis grotesken körperlichen wie geistigen Verrenkungen, die er macht, um irgendwelchen vorgegebenen Rollen möglichst perfekt zu entsprechen, herauszuführen und ihm zu eröffnen, sich und sein Leben in tieferem Sinne frei zu gestalten, auch wenn er dabei all die gängigen Erwartungen enttäuschen sollte.[15] Verletzte Euch zufolge nicht schon jede Satire, überhaupt jedes Kunstwerk, welches herrschende Selbstverständnisse kompromittiert,[16] die Würde des Menschen im Sinne von Art. 1 Abs. 1 GG?

H Ich denke, dieser Einwand wirft einiges durcheinander, nämlich die Möglichkeit des unwürdigen Verhaltens einerseits und diejenige der mehr oder weniger beabsichtigten Würdeverletzung durch andere, wie etwa beim genannten Beispiel totalitärer Herrschaft. Deine Frage betrifft sachlich den zweiten Punkt. Und dazu ist zu sagen, daß Würde im Sinne Luhmanns keineswegs durch jeden verbalen Angriff oder durch Kritik von Selbstverständnissen gleich schon verletzt wird. Würde ist ja als Innenaspekt der Selbstdarstellung gekennzeichnet worden und eng mit der persönlichen Identität verknüpft. Erst wo diese Identität als solche zum Angriffspunkt des Handelns gemacht wird, etwa indem man jemanden unter moralischem Druck zu einer „freiwilligen" Handlung zwingt, wird die Würde angegriffen. Die Identität ist aber stets mehr als ein bestimmter Aspekt einer Selbstdarstellung, die ja stets im Kontext von Rollenspielen stattfindet. Die Persönlichkeit, die Identität des Menschen transzendiert die einzelnen Rollen. Genau das ist es ja, was mit dem Würdebegriff ausgedrückt werden soll. Man greift z.B. noch nicht die Würde einer Person an, wenn man ihr sagt, sie sei ein schlechter Vater, weil diese Person einem bestimmten Selbstverständnis als Vater folgt. Darüber kann man sich ja streiten. Vielleicht kann man verkürzend sagen, daß die Würdeverletzung etwa dort beginnt, wo man jemanden kränkt.

G Für Kränkungen wird das Grundgesetz aber ja wohl nicht sein erstes, das gesamte System tragende Konstitutionsprinzip in Stellung gebracht haben ...

H Ich hoffe, daß Sie mir *das* noch plausibel machen können.

2. Würde kraft Gottebenbildlichkeit, insbesondere bei Anselm von Canterbury

W Die bisher behandelten Konzeptionen lassen Würde als etwas erscheinen, das dem Menschen durch und nur durch eine bestimmte Interaktion mit anderen Menschen zukommt. Nun werden wir eine Position näher kennenlernen, welche die Menschenwürde aus einem Verhältnis zwischen Gott und Mensch erklärt, genauer: daraus, daß der Mensch Ebenbild Gottes (imago Dei) sei. Diese bereits im Zusammenhang mit Augustinus erwähnte Auffassung entwickelten spätantike christliche Autoren aus dem biblischen Schöpfungsbericht, worin es ja sehr nachdrücklich heißt: „Und Gott schuf den Menschen zu seinem Bilde, zum Bilde Gottes schuf er ihn ... " (1. Moses 1, 27, nach Luther). Sie war das gesamte Mittelalter hindurch vorherrschend. Im Rahmen eines umfassenden philosophischen Systems entfaltet finden wir sie als erstes im *Monologion* des heiligen Anselm von Canterbury (1033-1109).[17]

G *Monologion*? Dieser Titel weckt bei einem Dialogiker ja nicht gerade überschäumende Sympathien.

W Ich kann Sie beruhigen: Anselm stellt im Prolog zu dieser Schrift ausdrücklich fest, daß er mit ihr nur den Bitten seitens der Ordensbrüder entspricht, das, was er im Gespräch mit ihnen entwickelte, streng systematisch zusammenzufassen. Zudem zeigt die Vorgehensweise im *Monologion* ganz deutlich, daß dieser innere Monolog immer im Hinblick auf Fragen geführt wird, die das Christentum vorgibt. Wir können ihn daher nur dann verstehen, wenn wir ihn zumindest auch als Beitrag zum innerkirchlichen theologischen Gespräch lesen, der darauf abzielt, den christlichen Glauben über dessen eigene Inhalte auf eine wissenschaftliche Weise zu informieren. Aus dieser Perspektive erscheint der Glaube als etwas, das sich beim Verstand über sich selbst erkundigt: „fides quaerens intellectum" („Verstehen suchender Glaube" oder „den Verstand fragender Glaube"; P, Vorwort). Allerdings soll nicht verschwiegen werden, daß dieser berühmte Ausspruch und das sich darin ausdrückende religionsphilosophische Programm von verschiedener Seite Kritik erfuhr – zum Beispiel von all jenen, die, wie etwa Sören Kierkegaard (1813-1855), den Glauben gerade gegen allen Verstand und jede Theorie in Stellung bringen ...

H Jetzt sind wir aber schon wieder weit abgeschweift!

W Aber ich mußte doch erst einmal erläutern, welches Anliegen Anselm mit seinen philosophischen Schriften verfolgt: Jetzt wissen wir immerhin, daß seine und überhaupt jede Gottebenbildlichkeitslehre Teil jenes (umstrittenen) Großunternehmens ist, die Inhalte des christlichen Glaubens systematisch zu begründen. Daß dieser Glaubenshintergrund nicht irrelevant ist bei der Beurteilung, ob der grundgesetzliche Würdebegriff unter Beachtung der Neutralitätsforderung im Sinne Anselms gedeutet werden kann, liegt auf der Hand.

G Folgendes Zwischenurteil läßt sich bereits aufgrund Ihrer bisherigen Ausführungen fällen: Seine friedenssichernde und gemeinschaftsbildende Funktion wird das Grundgesetz nur dann erfüllen können, wenn sein Konstitutionsprinzip auch bei den atheistischen Bürgern zustimmungsfähig ist. Das wäre aber ausgeschlossen, wenn das Menschenwürdeprinzip, wie es die Gottebenbildlichkeitslehre ja fordert, die Existenz eines Gottes voraussetzte.

H Dann sind wir ja mit Anselm durch, bevor wir uns mit seiner Theologie auseinandersetzen mußten.
W Nicht so hastig. Ein klein wenig sollten wir in die Gottebenbildlichkeitslehre schon eindringen; denn in Auseinandersetzung gerade mit ihr wurde der spezifisch neuzeitliche Würdebegriff konzipiert. Jeder Verstand, so Anselm, urteilt, „daß die irgendwie lebenden Naturen die nicht lebenden übertreffen, die fühlenden die nicht fühlenden, die vernunftbegabten die vernunftlosen. Denn weil die höchste Natur auf ihre gewisse einzigartige Weise nicht nur ist, sondern auch lebt und fühlt und vernünftig ist, so ist einleuchtend, daß von allem, was ist, das, was irgendwie lebt, ihr mehr ähnlich (simile) ist als das, was überhaupt nicht lebt; und das, was auf irgendeine Weise, wenn auch nur durch einen körperlichen Sinn, etwas erkennt, mehr, als was überhaupt nichts fühlt; und was vernunftbegabt ist, mehr, als was der Vernunft nicht fähig ist. Daß aber aus einem ähnlichen Grunde die einen Naturen mehr oder weniger sind als die anderen, ist offensichtlich. Denn wie dasjenige von Natur vorzüglicher ist, was durch seine natürliche Wesenheit (essentia) dem Vorzüglichsten nähersteht, so ist gewißlich jene Natur mehr, deren Wesenheit ähnlicher ist der höchsten Wesenheit (summa essentia)." Diese höchste Wesenheit ist aber nichts anderes als Gott selbst. „Daher ist es notwendig, ... daß jede geschaffene Natur einen umso höheren Grad der Wesenheit und Würde (gradus essentiae dignitatisque) einnimmt, je mehr sie jenem [nämlich Gott] nahezukommen scheint" (M 31). Die gesamte Schöpfung bestünde demnach in einer Würdeordnung, worin jedes Geschöpf seinen festen Platz gemäß seiner Gottebenbildlichkeit einnimmt, wobei „Gottebenbildlichkeit" nichts anderes bezeichnet als das Maß der Übereinstimmung zwischen dem Grad der Wesenheit, den die Kreatur erreicht, und dem höchstmöglichen Grad, wie ihn die göttliche Essenz repräsentiert.
H Was soll denn ein „Grad der Wesenheit" sein?
W „Wesenheit" beziehungsweise „Wesen" ist die deutsche Übersetzung von „essentia", das sich von „esse", „sein", herleitet, und wörtlich mit „Seiendheit" wiederzugeben wäre: Die Wesenheit von etwas ist demnach nichts anderes als das, was dieses etwas ist und ohne das es dieses etwas nicht wäre. Die Essenz des Kreises etwa besteht darin, eine Menge von Punkten zu sein, die in einer Ebene von einem anderen Punkt gleich weit entfernt liegen. Was die Wesenheit des Menschen im Einzelnen alles umfaßt, ist demgegenüber zwar strittig, ich denke aber, daß wir mit Anselm zumindest darin übereinkommen, daß jeder Mensch, der diese Bezeichnung verdient, zumindest einen gewissen Raum und eine gewisse Zeit einnehmen, leben, empfinden und über ein Vernunftvermögen verfügen muß. All diese Eigenschaften sind graduierbar ...
H Ich verstehe: Ein Mensch stünde nach Anselm also umso höher in der Hierarchie je mehr Raum und Zeit er einnimmt ...
W Ich sehe, worauf Du bösartigerweise hinauswillst: Große, Beleibte und Alte wären dann würdiger als ihre kleinen, schlanken und jungen Artgenossen. So einfach ist es selbstverständlich nicht. Denn schließlich ist es ja die göttliche Wesenheit, die als Maßstab für die kreatürlichen Essenzgrade fungiert: Merkmale, die sich in der göttlichen Wesenheit nicht finden, müssen daher irrelevant für die Würdigkeit der Geschöpfe sein.
H Und was alles enthält die göttliche Essenz?

W Fest steht jedenfalls, daß sie nur solche Merkmale umfassen darf, die mit ihrer geforderten Spitzenreiterstellung in der Essenzhierarchie und ihrer Funktion als Würdemaßstab vereinbar sind: Die in Frage kommenden Eigenschaften müssen demnach steigerbar und darüber hinaus superlativfähig sein: Denn nicht steigerbare Eigenschaften wie etwa „grün" konstituieren keine Rangordnung. Und Eigenschaften, die unbegrenzt steigerbar sind wie etwa die oben genannte räumliche und zeitliche Ausdehnung, haben keine Höchsstufe und können daher auch keinem Wesen im höchsten Grade, folglich auch nicht dem in jeder Hinsicht höchstgradigen Wesen zukommen. Gott führt demnach keine raum-zeitliche Existenz und kann daher keine sinnlich wahrnehmbaren Eigenschaften haben. Dies ist ja auch die traditionelle christliche Position, die Anselm auf diese Weise – ganz im Sinne seines Programms „fides quaerens intellectum" – philosophisch klärt. Für die Gottebenbildlichkeit des Menschen bedeutet dies, daß alle körperlichen Merkmale des Menschen für dessen Würde irrelevant sind.

H Mich interessiert aber vielmehr, was die Würde des Menschen ausmacht.

W Damit beginnen die Schwierigkeiten für jeden, der Geschöpfe als unvollkommene Abbilder eines vollkommenen Wesens konzipiert: Nehmen wir nur die von Anselm angeführten Vermögen, zu leben, zu empfinden und vernünftig zu denken: Alles Lebendige verfügt als solches über mehr oder weniger Einfluß auf seine Umwelt. Denken wir uns diesen Einfluß nun bis zu seinem höchsten Grad gesteigert, erhalten wir den Begriff der Allmacht (omnipotentia), das ist jenes Vermögen, die Welt im Detail und im Ganzen jederzeit nach Belieben zu gestalten, sie verschwinden zu lassen oder aus nichts zu schaffen. Folgen wir wie Anselm der Tradition, müssen wir Gott dieses Vermögen zusprechen. Zu leben heißt aber immer auch, von der Umwelt beeinflußt zu werden. Das Beeinflußtwerden ist aber ebenso steigerbar und eines höchsten Grades fähig wie das Beeinflussen. Dennoch spricht die christliche Tradition Gott jedes Beeinflußtwerden durch anderes ab. Die von Anselm genannten Kriterien der Komparations- und Superlativfähigkeit reichen also nicht aus, die überkommene Gottesvorstellung zu begründen; es fehlt ein rationaler Standard, der es uns erlaubt, aus den zwei Extremgraden einer Eigenschaft – Allmacht und Ohnmacht, Weltschau und Empfindungslosigkeit, Allwissenheit und völlige Ignoranz – jenen Grad auszuwählen, den die göttliche Wesenheit repräsentiert. An Vorschlägen, dieses Manko zu beheben, mangelt es der christlichen Philosophie freilich nicht.[18] So etwa erhebt Anselm selbst die zusätzliche Forderung, daß nur eine solche Eigenschaft für die Gottebenbildlichkeit eines Geschöpfes relevant sein darf, die zu haben gut ist und durch deren Steigerung die Kreatur, die sie hat, besser wird. Worin das Gutsein einer Eigenschaft jedoch bestehen soll, kann er nicht unabhängig vom Maßstab der göttlichen Essenz, die es ja erst zu etablieren gilt, angeben.

H Dann sind wir ja endlich mit Anselm fertig.

W Laß' mich noch kurz auf ein weiteres grundsätzliches Problem jeder Gottebenbildlichkeitslehre wenigstens hinweisen. Sie läßt nämlich nicht nur unbeantwortet, worin die Essenz Gottes als Maßstab der kreatürlichen Würde bestehen soll, sondern ist darüber hinaus mit der bis heute nicht gelösten Schwierigkeit belastet, zu klären, um welche Art von Relation es sich bei der Ähnlichkeit zwischen Gott und Geschöpf handeln könnte. Man denke nur an das Verhältnis der göttlichen zur menschlichen Macht: Inwiefern könnte die Fähigkeit, etwas aus nichts hervorzubringen und die Naturgesetze (beim Vollbringen von Wundern) nach Belieben außer Kraft zu setzen, etwa den menschlichen Möglichkeiten zu wirken „ähnlich" sein? Wie auch immer man also Gott und die Ähnlichkeitsrelation zwischen Schöpfer und Geschöpf bestimmt – in keinem Falle erweist sich die Gottebenbildlichkeitslehre als rational ausweisbar: An sie zu glauben oder nicht, ist demnach einzig und allein Frage der Weltanschauung. Der grundgesetzliche Würdebegriff sollte demgegenüber aber so „unbestimmt" (in dem eingangs erläuterten Sinne) sein, daß die Anhänger unterschiedlicher Weltanschauungen – ob christlicher oder nicht-christlicher, religiöser oder nicht-religiöser – ihn in jeweils ihrem Sinne verstehen und das Grundgesetz, dessen Konstitutionsprinzip Art. 1 Abs. 1 ist, als das ihre akzeptieren können.

G Genau deshalb – nämlich weil die Anhänger unterschiedlicher Weltanschauungen sich nicht auf ein einheitliches Würdekonzept einigen konnten – hat man „Würde" bei den Beratungen im Parlamentarischen Rat so unbestimmt (Heuss: „nicht-interpretiert") gelassen wie nur möglich.

D Dem Ansinnen, ins Grundgesetz nicht die Metaphysik einer bestimmten Religion einzuschleppen, stimme ich ausdrücklich zu. Jedoch scheint mir W sich mit Anselm keineswegs den modernsten und attraktivsten Vertreter einer imago Dei-Lehre als Gegner ausgesucht zu haben. Denn im deutschen Idealismus beispielsweise kann man einen Begriff der Gottebenbildlichkeit finden, den Ws Einwände nicht treffen.

W Dabei handelt es sich allerdings um Unternehmen, die sich so sehr von der hier an Anselms Texten exemplifizierten Tradition unterscheiden, daß ich sogar zögere, sie ebenso als Gottebenbildlichkeitslehren zu etikettieren. Jedenfalls werden sie im Ausgang von einer Subjektivitäts- und Personalitätskonzeption entfaltet, wie wir sie erst bei Kant finden, und stellen viel eher eine Weiterentwicklung des kantischen Würdebegriffs dar als eine Rückkehr zur mittelalterlichen Theologie. Demnach wäre die nun folgende Diskussion der richtige Ort, sie zu behandeln. Allerdings glaube ich nicht, daß uns eine Auseinandersetzung mit den idealistischen Gottebenbildlichkeitslehren im dogmenphilosophischen Ergebnis wesentlich über Kant hinausführen würde.

III. Das neuzeitliche Selbstverständnis

1. Würde als Entwurfsvermögen: Pico della Mirandola

H So weit so gut. Du hattest aber versprochen, die mittelalterliche Gottebenbildlichkeitslehre als Folie der spezifisch neuzeitlichen und – zumindest Deiner Meinung nach – grundgesetzlichen Würdekonzeption zu nutzen.

W Ganz recht. Der Humanismus vergleicht den Menschen mit dem Tier, um festzustellen, worin das humanum besteht. Dabei schneidet der Mensch gut ab. In der mittelalterlichen Philosophie dient nichts Geringeres als das höchstvollkommene Wesen als Vergleichsinstanz. Dagegen wirkt der Mensch selbstverständlich erbärmlich: Die miseria (Elend) als Differenz zum höchsten Seienden wird so zum Charakteristikum des Menschen und prägt dessen Selbstverständnis. Giovanni Pico della Mirandola (1463-1494)[19] hingegen, dessen Würdekonzeption im Folgenden erläutert werden soll, deutet den Menschen nicht als ein Mehr oder ein Weniger im Vergleich zu anderen Wesen, sondern bestimmt dessen Würde als Vermögen, worüber nur der Mensch verfügt und wodurch er gerade keine festgelegte Position in der Vollkommenheitshierarchie der Lebewesen einnimmt.

H Du sprichst in Rätseln.

W Lassen wir Pico selbst zu Wort kommen: In der *Oratio de hominis dignitate* (*Rede über die Würde des Menschen*) behandelt er die Frage, „warum der Mensch das glücklichste und daher ein jeder Bewunderung würdiges Lebewesen ist und worin schließlich jene Verfassung (condicio) besteht, die ihm in der Reihe des Universums zuteil geworden ist und um die ihn nicht nur die vernunftlosen Geschöpfe, sondern die Sterne, die überweltlichen Geister gar beneiden müssen". Die Antwort formuliert er als Schöpfungsmythos, der vom biblischen Bericht durchaus motiviert ist, von ihm aber, wie wir noch sehen werden, an entscheidender Stelle abweicht: Nachdem Gott alle zu vergebenden Eigenschaften bereits für die anderen Kreaturen aufgewendet hatte, sah er sich mit dem Problem konfrontiert, womit er den Menschen begaben sollte. „Endlich beschloß der beste Künstler, daß der, dem er nichts Eigenes geben konnte, Anteil habe an allem, was die einzelnen jeweils für sich gehabt hatten. Also war er zufrieden mit dem Menschen als Werk von unbestimmtem Gebilde, stellte ihn in die Mitte der Welt und sprach ihn so an: 'Wir haben dir keinen festen Wohnsitz gegeben, Adam, kein eigenes Aussehen noch irgendeine besondere Gabe, damit du den Wohnsitz, das Aussehen und die Gaben, die du selbst dir aussiehst, entsprechend deiner Wahl und deinem Entschluß habest und besitzest. Die festgelegte Natur der übrigen Geschöpfe wird innerhalb der von uns vorgeschriebenen Gesetze begrenzt. Du wirst dir deine Natur ohne alle Enge der Begrenzung nach deinem Belieben, dem ich dich anvertraut habe, bestimmen. Ich habe dich in die Mitte der Welt gestellt, damit du dich von dort aus bequemer umsehen kannst, was es auf der Welt gibt. Weder haben wir dich himmlisch noch irdisch, weder sterblich noch unsterblich geschaffen, damit du wie dein eigener eigenverantwortlicher und ehrenwerter Bildner und Gestalter (plastes et fictor) dich selbst in jener Form entwirfst, die du bevorzugst. Du kannst zum Niedrigeren, zum Tierischen degenerieren; du kannst aber auch durch Entschluß deiner Seele zum Höheren, zum Göttlichen wiedergeboren werden.' O höchste Freigiebigkeit Gottvaters, höchstes und bewundernswertes Glück des Menschen! Dem gegeben ist zu haben, was er wünscht, zu sein, was er will."

D Nette Geschichten sind aber ebensowenig wie religiöse Überzeugungen Ersatz für eine systematisch entwickelte Argumentation.

W Die *Oratio de hominis dignitate* ist ja auch gar nicht als philosophischer Traktat konzipiert, sondern als feierliche Einleitungsrede zu einer großangelegten öffentlichen Disputationsveranstaltung. Es liegt an uns, aus dem sprachlich so prunkvollen Text gute Philosophie zu gewinnen. Vergegenwärtigen wir uns dazu nochmals, wie Gott, laut Picos Bericht, Adam die Besonderheit und Würde des Menschseins erläutert: Als einziges Wesen kann und muß der Mensch selbst entscheiden, was er ist und welchen Rang er unter all den anderen Kreaturen und im Verhältnis zu Gott einnimmt. Sosein – Pico spricht von „Natur" – und Stellung der übrigen Kreaturen sind demgegenüber von vornherein und unwandelbar determiniert. Sogar Gott kann gar nicht anders, als das in jeder Hinsicht vollkommenste und höchste Wesen zu sein; andernfalls wäre er nicht Gott. Der Mensch hingegen bleibt Mensch – ob er etwa nun, wie es Henry Miller propagierte, ganz in der Befriedigung animalischer Bedürfnisse aufgeht oder aber als Asket allem Weltlichen entsagt. In dieser Differenz des Menschen auch zu Gott liegt nun die Abweichung vom biblischen Schöpfungsbericht und der sich darauf gründenden mittelalterlichen Gottebenbildlichkeitslehre: Der Mensch hat demnach Würde aufgrund einer Eigenschaft, die Gott ja gerade fehlt.

H Worin genau soll diese Eigenschaft nun bestehen?

W Der Mensch und nur er verfügt über das Vermögen, zu beschließen, als was er leben will. Pico, der den Menschen in diesem Sinne als „Bildner und Gestalter (plastes et fictor)", als Skulpteur seiner selbst – im Gegensatz zu Gott, der nicht sein eigener Schöpfer, sondern Schöpfer der Welt ist – bezeichnet, legt es nahe, diese Eigenheit am Beispiel künstlerischer Produktion zu erläutern: Auch der Bildhauer beschließt ja, wie seine Plastik, die er sich gerade anschickt aus einem Marmorblock zu meißeln, sein soll. Dabei macht es keinen Unterschied, ob es ihm gelingt, sein Vorhaben auch zu realisieren, oder welcherart Beschluß er folgt. So muß es sich dabei zum Beispiel nicht unbedingt um einen detaillierten Plan des fertigen Objekts handeln; der Beschluß könnte etwa auch darin bestehen, sich, um alles Rationale aus dem Schaffensprozeß auszuschließen, unter Drogen zu setzen und planlos auf das Gestein einzuhämmern. In diesem Fall wäre die Skulptur dann eben entworfen als Äußerung des Unbewußten, des Zufälligen oder ähnliches.

H Wie dem auch sei, was hat das alles mit der Würde des Menschen zu tun?

W Der Mensch verhält sich nach Pico zu sich selbst wie der Bildhauer zu seiner Skulptur: Er verfügt nämlich über das Vermögen, sich als etwas zu entwerfen – wie auch immer er dieses Vermögen entfaltet, ob planvoll oder, indem er sich dem Weltgeschehen einfach überläßt, ob rational oder unvernünftig, nachdenklich oder gedankenlos, ergebnis- oder vollzugsorientiert, ob mit oder ohne Erfolg. Dieses Vermögen möchte ich „Entwurfsvermögen" nennen.[20] Es ist das, was allein den Menschen ausmacht, worum alle übrigen Wesen den Menschen, wie es in Picos einleitender Frage heißt, beneiden und worin folglich die Würde des Menschen besteht. Diese dignitas kommt dem Menschen also nur und bereits deshalb zu, weil er mit Entwurfsvermögen ausgestattet ist, und gerade nicht aufgrund einer bestimmten Entwurfsleistung – auch nicht, wenn diese Leistung darin bestünde, sich im sozialen Leben erfolgreich als Person darzustellen, worin ja Cicero, Luhmann und H die Würde des Menschen sehen. Auch Aristoteles identifiziert Würde (griechisch: time) übrigens nicht mit dem allgemeinmenschlichen logos-Vermögen – inwieweit abgesehen davon das Picosche Entwurfs- dem aristotelischen logos-Vermögen entspricht, bliebe noch zu erforschen.

H Auch wenn es mich ehrt, daß Du mich in einem Atemzug mit solchen Größen nennst, kann ich Dir meinen Einwand nicht ersparen: Ich sehe nicht, daß jedes Lebewesen, das wir als Menschen bezeichnen und behandeln, tatsächlich über ein Entwurfsvermögen verfügt. Ich denke dabei vor allem an Geisteskranke, Kleinkinder und noch ungeborene Menschen, sogenannte nascituri. Ein ganz drastisches Beispiel ist der sogenannte anencephalus, das ist ein Mensch, der ohne Gehirn zur Welt kommt. Sie alle genießen bei uns sogar den rechtlichen Schutz als Menschen und dennoch sind sie keineswegs fähig, sich, wie Du sagen würdest, zu entwerfen. Offenbar also gibt es durchaus Lebewesen, die Menschen sind, etwa

weil sie von Menschen gezeugt und geboren wurden, denen allerdings jedes Entwurfsvermögen fehlt.
W Woher weißt Du das denn so genau?
H Daß ein Mensch ohne Gehirn niemals irgendwelche geistigen Akte wird vollziehen können, liegt doch auf der Hand.
W Das bestreitet ja auch niemand. Daraus folgt aber nur, daß der anencephalus sein Entwurfsvermögen niemals wird entfalten können, nicht aber, daß er über ein Entwurfsvermögen gar nicht verfügt.
H Dann ist die Zuschreibung von Würde so etwas wie eine definitorische Festlegung, und außerdem verstehe ich nicht, was „Vermögen" hier bedeuten soll.
W „Vermögen", die deutsche Übersetzung des lateinischen „potentia", womit seinerseits das griechische „dynamis" wiedergegeben wurde, ist hier in einem sehr weiten Sinne zu verstehen, den bereits Aristoteles, in Buch IX seiner *Metaphysik*, von anderen Bedeutungen unterscheidet. Dynamis beziehungsweise potentia besteht demnach ganz allgemein in der Möglichkeit, etwas zu werden oder zu sein. So hat zum Beispiel ein Marmorblock durchaus das Vermögen, zu einer Skulptur verarbeitet zu werden. Und diese Möglichkeit verlöre er nicht einmal dann, wenn ihn lange Zeit, bevor es überhaupt Menschen und Bildhauer auf der Erde gab, die Witterungseinflüsse bereits vernichtet hätten. Unter diesen Umständen wäre seine Potenz, eine Plastik zu sein, lediglich niemals faktisch aktualisierbar, weil die Bedingungen ihrer Verwirklichung in unserer Welt eben nicht erfüllt sind. Entsprechend verhält es sich mit dem Menschen, der zugegebenermaßen unter anderem über ein Gehirn verfügen muß, um in seinem Leben je imstande zu sein, sich selbst zu entwerfen; dem anencephalus fehlt mit dem Gehirn aber lediglich ein Mittel, um sein Entwurfsvermögen tatsächlich entfalten zu können, nicht das Entwurfsvermögen selbst.
H Warum sprichst Du dann aber nicht jedem Tier oder gleich dem Marmorblock, den Du andauernd als Beispiel bemühst, ein Entwurfsvermögen zu, das diese bedauernswerten Wesen nur deshalb nicht entfalten, weil ihnen zufällig die Gehirnmasse dazu fehlt?
W Würde wäre dann eine Bestimmung, die auf jedes Seiende zuträfe, sofern es nur existiert, und könnte keine Sonderstellung des Menschen begründen. Soll die Picosche Konzeption als Dogmenphilosophie des grundgesetzlichen Menschenwürdeprinzips in Frage kommen, muß ich aber daran festhalten, daß das Entwurfsvermögen – zumindest soweit wir das Universum überblicken – nur dem Menschen zukommt.
D Bei diesem Vermögen könnte es sich aber durchaus, da stimme ich H zu, um eine zufällige Eigenschaft einiger handeln, die in der Tat anderen abgeht, denen es an den biologischen Voraussetzungen intakter Gehirntätigkeit fehlt. Solange Du also nicht den notwendigen, also den essentiellen Zusammenhang zwischen Mensch-Sein und „plastes et fictor"-Sein darlegst, bleibt Deine These, alle Menschen wären bereits als solche Bildhauer ihrer selbst, unbegründet.
W Du hast ganz Recht: Um zu zeigen, warum jeder Mensch als solcher Entwurfsvermögen hat, müßte ich tatsächlich weiter ausholen und die menschliche Würde aus einer noch grundlegenderen Eigenheit des Menschen entwickeln. Dabei könnte ich mich etwa auf Jean-Paul Sartre stützen, der dies aus einer Subjektivitätstheorie zu leisten ankündigt,[21] oder auf Immanuel Kant, dessen Rationali-

tätskonzeption wir gleich noch ansprechen werden. Im Rückgriff auf Pico jedoch kann ich bloß versuchen, Deine und H's Zweifel etwas zu mildern. Nehmen wir zu diesem Zweck ruhig nochmals den Marmorblock als Beispiel: Er verfügt, wie wir gesagt haben, über das Vermögen, zu einer Skulptur zu werden. Dies trifft aber keineswegs für jedes Material zu: Wasser etwa läßt sich, solange es nicht zu Eis gefriert, nicht durch Meißeln in eine bleibende Form bringen und als Statue plazieren. Daß hingegen ein Marmorblock unter normalen irdischen Verhältnissen auf diese Weise potentiell immer bearbeitet werden kann, liegt offenbar an seiner Struktur als Marmor. Entsprechend dürfen wir zumindest vermuten, daß das menschliche Entwurfsvermögen in einer Struktur gründet, die auf Erden ausschließlich dem Menschen zukommt und die nicht von seiner körperlichen Verfassung wie dem Ausgestattetsein mit einem funktionstüchtigen Gehirn abhängt.

H Meine Zweifel jedenfalls hast Du nicht gemildert.

G Mich überzeugt der Picosche Ansatz mehr als die Luhmannsche Theorie. Jedenfalls haben wir den Begriff des Entwurfsvermögens, so weit es hier möglich ist, philosophisch geklärt. *Dogmen*philosophisch muß es nun aber darum gehen, Art. 1 Abs. 1 GG zu verstehen: „Die Würde des Menschen ist unantastbar. Sie zu achten und zu schützen ist Verpflichtung aller staatlichen Gewalt."

W „Die Würde des Menschen ist unantastbar" beschreibt in einer auf Pico gegründeten Dogmenphilosophie – übrigens durchaus zutreffend –, daß der Mensch über ein Entwurfsvermögen verfügt, das ihm, was ihm auch immer widerfahren und mit welchen körperlichen Mängeln er auch immer zur Welt kommen mag, schlechterdings nicht abhanden kommen kann.

G Gegenüber dieser auch von mir vertretenen Interpretation besteht die herrschende Meinung darauf, daß der erste Satz des Grundgesetzes schon deshalb präskriptiv (vor-schreibend) und nicht lediglich deskriptiv (be-schreibend) verstanden werden muß, weil er Bestandteil einer normativen, also präskriptiven Ordnung ist. Selbst wenn dies für alle anderen Sätze der übrigen 145 Artikel des Grundgesetzes richtig ist, könnte für dessen einen und einzigen *ersten* Satz etwas anderes gelten. Und genau das behaupten W und ich.

W Wenn Art. 1 Abs. 1 GG das Konstitutionsprinzip des Grundgesetzes ist ...

G ... was ja auch das Bundesverfassungsgericht so sieht[22] ...

W ... dann liegt die Argumentationslast bei denen, die behaupten, alles, was für die übrigen Verfassungsartikel gilt, müsse auch für Art. 1 GG gelten.

G Mit der Einlösung dieser Argumentationslast werden es die Präskriptivisten schwer haben. Denn erstens gibt es das bereits angedeutete berühmte Diktum von Theodor Heuss, der die Menschenwürde im Parlamentarischen Rat eine „nicht interpretierte These" genannt hat[23] und eine „These" nun einmal eine Setzung deskriptiven und nicht präskriptiven Inhalts ist. Zweitens begründet der erste Satz des Grundgesetzes bei unbefangener Lektüre noch kein Rechtsverhältnis; das Verfassungsrechtsverhältnis, von dem wir – wie bekannt – bei allen verfassungsdogmatischen Überlegungen ausgehen sollten, wird vielmehr erst durch die „Verpflichtung aller staatlichen Gewalt" begründet, die Entfaltung des in Satz 1 thetisch vorausgesetzten Entwurfsvermögens „zu achten und zu schützen". Und drittens läßt sich die von H zurecht angesprochene Reaktion des Art. 1 GG auf die Verachtung der Menschenwürde durch die Nazis sehr gut mit einer nichtpräskriptiven Würdekonzeption vereinbaren: Ein totalitäres Terrorregime ist –

leider auch noch heute – in der Lage, Menschen in ihrer empirischen Existenz zu vernichten, aber es hat keine Gewalt über jenes Entwurfsvermögen, das Art. 1 Abs. 1 Satz 1 GG dem Menschen ganz unabhängig von und vor aller Empirie zuspricht: Ein Vermögen, eine potentia, eine dynamis – in dem hier relevanten Sinne – ist per definitionem nicht vernichtbar, nicht verletzbar, nicht antastbar. So gesehen gibt es unter der Geltung des Grundgesetzes auch kein menschenunwürdiges Leben, weil allem menschlichen Leben, so defizient es empirisch auch sei – etwa in Gestalt der erbarmungswürdigen Kreaturen, die ohne Gehirn geboren wurden – im Basissatz und Konstitutionsprinzip des Grundgesetzes eine empirisch unantastbare Würde prädiziert wird. Angesichts der heute üblichen Fixierung auf die naturwissenschaftlich feststellbaren Daten des Menschen, wie sie sich in den Bundestagsdebatten um den Hirntod als den Tod des Menschen gezeigt hat, kann ich die philosophischen Köpfe der Republik nur dazu aufrufen, den Menschen und seine Würde nicht auf das reduzieren zu lassen, was Apparate messen, Computer aufzeichnen und Computergläubige exekutieren ...

W Damit dürfte auch klar geworden sein, weshalb die Picosche Konzeption aufs beste mit der Neutralitätsforderung vereinbar ist: Sie legt nicht auf eine elaborierte Weltanschauung fest, sondern impliziert nur, daß der Mensch, indem er sich entwirft, sich eine Weltanschauung zulegt. Entwurfsvermögen ist also lediglich die Fähigkeit, eine Weltanschauung, sei sie nun religiös oder areligiös, zu haben, ohne aber von vornherein auf eine Weltanschauung festgelegt zu sein.

H Angesichts des Gehörten frage ich mich auch, wie sich aus der so abstrakten Picoschen dignitas-Konzeption der häufige tagespolitische Rückgriff auf die Menschenwürde verstehen ließe.

W Hierüber erhalten wir bei Blaise Pascal Aufklärung.

2. Würde und menschliche Selbstbehauptung, insbesondere bei Blaise Pascal

W Mit Pascals (1623-1662)[24] philosophischem Hauptwerk liegt uns – wie mit Platons Dialogen und Picos *Oratio* – ein Text vor, dessen äußere Gestaltung große interpretatorische Schwierigkeiten aufwirft. Denn dabei handelt es sich um eine Sammlung meist unzusammenhängender Fragmente zu einer von Pascal nicht vollendeten „Apologie des Christentums", die erst 1670, acht Jahre nach Pascals Tod, unter dem Titel *Pensées sur la Religion et sur quelques autres Sujets* (*Gedanken über die Religion und einige andere Themen*) veröffentlicht wurde. Bereits die Anordnung der Fragmente ist unter den Editoren heftig umstritten, so daß mehrere Ausgaben mit ganz unterschiedlicher Gedankenführung und Numerierung der Fragmente vorliegen. Abgesehen davon hatte Pascal selbst dieses Werk nicht als nüchterne Abhandlung, sondern als Mahnschrift und Aufruf zum Glauben konzipiert. Eine streng wissenschaftliche Darstellungsweise wäre mit Pascals Anliegen auch ganz und gar unvereinbar gewesen. Denn gerichtet waren die *Pensées* an die mathematisch und naturwissenschaftlich gebildeten Angehörigen des wirtschaftlich aufstrebenden Bürgertums, die aufgrund ihres theoretischen Wissens und ihres technischen Könnens ganz auf die denkerischen und gestalterischen Fähigkeiten des Menschen vertrauten und daher zum Atheismus neigten. Ihnen sollte vor Augen geführt werden, daß das Besondere am Menschen sich

jedoch gerade nicht auf methodisch-wissenschaftlichem Weg erfassen, und das, worauf es im Leben speziell des Menschen ankommt, nicht durch Anwendung des technischen Verstandes gewinnen läßt.
H Hat denn Pascal nun etwas zur Würde gesagt oder nicht?
W Wesentliches: „Der Mensch ist nur ein Schilfrohr, das schwächste der Natur, aber es ist ein denkendes Schilfrohr (L'homme n'est qu'un roseau, le plus faible de la nature, mais c'est un roseau pensant). Das ganze Weltall braucht sich nicht zu waffnen, um ihn zu zermalmen; ein Dampf, ein Wassertropfen genügen, um ihn zu töten. Doch wenn das Weltall ihn zermalmte, so wäre der Mensch nur noch viel edler (encore plus noble) als das, was ihn tötet, denn er weiß ja, daß er stirbt und welche Überlegenheit ihm gegenüber das Weltall hat. Das Weltall weiß davon nichts. Unsere ganze Würde besteht also im Denken (Toute notre dignité consiste donc en la pensée). Daran müssen wir uns wieder aufrichten... Bemühen wir uns also, gut zu denken (bien penser): Das ist das Prinzip der Moral" (*Pensées* 200). Die Welt, die Pico nach Vorbild des biblischen Schöpfungsberichtes als Gesamtheit aller Kreaturen deutete, erscheint aus der naturwissenschaftlich informierten Perspektive Pascals – bekanntlich einer der größten Mathematiker, Physiker und Erfinder aller Zeiten – als kausaldeterminierter Prozeß, dem der Mensch über seinen Körper notwendig unterworfen bleibt. All die daraus folgenden Unausweichlichkeiten und Bedrohungen seiner Existenz wie Tod, Krankheit und sonstige Schicksalsschläge ist er nun zwar nicht imstande zu eliminieren, vermag sich zu ihnen aber auf unterschiedliche Weise zu verhalten: So etwa könnte er versuchen, dieses sein Elend (misère) in gedankenlosen Zerstreuungen (divertissements) zu vergessen oder es im Rahmen einer szientistischen Ideologie zu verharmlosen – etwa indem er sich einredet, daß man es mit Hilfe von Wissenschaft und Technik, wenn nicht heute, so wenigstens in ferner Zukunft völlig überwinden wird.
G Wie aber sollen wir, Pascal zufolge, unserem Elend begegnen?
W Dies ist eine Frage bereits der Moral beziehungsweise des „gut Denkens". Für die Bestimmung unserer dignité jedoch kommt es nicht darauf an, ob eine der vielen möglichen Haltungen, die wir der Welt gegenüber einnehmen können, begründet und richtig ist: Denn die Würde des Menschen besteht nach Pascal bereits darin, mit einem Denkvermögen (pensée) ausgestattet zu sein, welches den Menschen instand setzt, sich selbst auf überhaupt irgendeine Weise im Hinblick auf sein Verhältnis zur Welt zu entwerfen. Das Pascalsche Denkvermögen ist demnach nichts anderes als das Picosche Entwurfsvermögen, worüber der Mensch ja auch dann verfügt, wenn er sich als schändlicher Sklave seiner Lust erschafft. In der (uns durchaus näheren) Sprache Pascals ausgedrückt: Der Mensch verfügt auch dann über Würde, wenn es ihm an Moral gebricht.
H Damit haben wir aber nur den alten Picoschen Wein in neue Pascalsche Fässer gefüllt.
W Wenn Du damit sagen willst, daß Pascal den Picoschen Grundgedanken in modernerer Sprache und vor dem Hintergrund der neuzeitlichen Wissenschaft reformulierte, stimme ich Dir zu. Unvereinbar sind die Positionen Picos und Pascals allerdings hinsichtlich der von ihnen jeweils vertretenen „Moral": So etwa propagiert Pico, der diesbezüglich in einer spätantiken und mittelalterlichen Tradition steht, die Einswerdung mit Gott als besten Entwurf, was Pascal, dem gro-

ßen Warner vor allen hochgesteckten Erwartungen an die Fähigkeiten des Menschen, als purer Größenwahn vorgekommen sein dürfte.
H Dann wundert mich aber immer noch, warum wir hier die Menschenwürde unter dem Stichwort „Selbstbehauptung" diskutieren, wenn doch wieder nur das Entwurfsvermögen zum Vorschein kommt.
D Und warum beschäftigen wir uns hier dann überhaupt lang und breit mit Pascal, wenn er uns keine neuen Perspektiven eröffnet?
W Wer behauptet denn soetwas? Der zitierte Text rückt vielmehr einen Aspekt des Würdebegriffs in den Vordergrund, der bei Pico deshalb unberücksichtigt bleiben mußte, weil erst seit Pascals Zeiten sich der Mensch mit einer Wissenschaft konfrontiert sieht, die ihm jede Sonderstellung aberkennt. War es im 17. Jahrhundert vor allem der als mechanisch und kausaldeterminiert vorgestellte Naturprozeß, worin der Mensch sich und seine Dignität – fragil und den Gewalten ausgeliefert wie ein Schilfrohr dem Sturm – zu verlieren drohte, so stellen heute vor allem die Ohnmachtserfahrungen in Gesellschaft und Politik unser Selbstverständnis als Träger von Würde in Frage.[25] Kein Wunder also, daß gerade dieser erst von Pascal so leidenschaftlich eingenommene Blickwinkel auch in unserer politischen Kultur immer wieder vehement in Erinnerung gerufen wird und werden muß: Der Würdebegriff soll uns demnach davor bewahren, auf unsere Wirkungen, Funktionen und Rollen in einem übergeordneten Zusammenhang reduziert zu werden.
G Mit diesem Anliegen stehen Sie durchaus im Einklang mit gegenwärtigen Arbeiten zur Verfassungsdogmatik von Art. 1 Abs. 1 GG.[26]
W Freut mich, zu hören. Der Mensch kann es demnach zwar nicht vermeiden, auch Wirkung und Ursache im physikalischen, chemischen und biologischen Weltgeschehen sowie beispielsweise als Partner in einer Liebesbeziehung, als Elternteil, Bürger, Rechtssubjekt, Arbeitskraft und Konsument auf unterschiedliche Weise und in unterschiedlichen sozialen Systemen Akteur zu sein. Als Mensch ist er aber schon deshalb immer mehr als die Summe der Funktionen, die er, ob er will oder nicht, erfüllt, weil er sich zu allen diesen seinen Rollen unweigerlich auf bestimmte Weise und zwar als ein und derselbe verhält: Indem er sich etwa mit den einen identifiziert, mit anderen nur ungern arrangiert und wieder andere abzulegen versucht, entfaltet er sein Entwurfsvermögen und bildet sich dadurch zu einer Person. Insofern behauptet er sich selbst durch Entfaltung seines Entwurfsvermögens gegenüber allen Kontexten, an denen er partizipiert. Wer demgegenüber – sei es aus einzelwissenschaftlicher Borniertheit oder machtpolitischem Kalkül – die Auffassung vertritt, das Menschsein erschöpfe sich im Sein als physikalischer Körper, chemische Mixtur, Exemplar einer biologischen Art, Elternteil, Staatsbürger usw. macht sich folglich eines unhaltbaren Reduktionismus' schuldig.
H Damit wiederum habe ich keine Probleme. Hast Du etwas Konkretes im Blick?
W Gerade die gegenwärtige öffentliche Debatte bietet Beispiele für solche Reduktionismen in Hülle und Fülle. Ausdrücke wie „Humankapital", „Personalentsorgung", „Belegschaftsaltlasten", „Wohlstandsmüll" ganz zu schweigen vom Unwort des zwanzigsten Jahrhunderts: „Menschenmaterial", die vor allem bei Unternehmervertretern mittlerweile fester Bestandteil der tagtäglichen Verlautba-

rungen sind und von weniger persönlich gefestigten BWL-Studierenden und übereifrigen Berufsanfängern dann auch gleich folgsam nachgeplappert werden, entlarven eine Routine, den Menschen auf seine Funktion im Erwerbsleben herabzuwürdigen. Solche Slogans reduzieren den Menschen zwar nur nicht auf seine Rolle als „Volksgenosse" oder Untertan, aber statt dessen auf die als Arbeitnehmer, Konsument und Empfänger von staatlichen Zuwendungen. Die ökonomischen und politischen Interessen, die Sprache und Denken auf solche Weise verderben, liegen auf der Hand. Doch selbst Wissenschaftler neigen nur allzuoft dazu, den Aspekt, den ihre jeweilige Wissenschaft am Menschen sichtbar macht, mit dem ganzen Menschen zu verwechseln.[27] Dies wäre übrigens auch mein Verdacht gegen Luhmanns Würdekonzeption: Sie reduziert das, was die Würde des Menschen ursprünglich ist, auf jene ihrer Erscheinungen, die aus sozialwissenschaftlicher Perspektive eben gerade sichtbar sind.

H Nun, Luhmann versteht sich als Sozialwissenschaftler, und daher würde er Dir wohl sogar zustimmen. Aber vielleicht würde er darüberhinaus kritisch fragen, ob man denn unter den Erkenntnisbedingungen innerhalb der heutigen Gesellschaft überhaupt feststellen kann, was Würde „ursprünglich" ist. Denn jede theoretische Diskussion vollzieht sich in Gesellschaft und ist daher an deren Strukturen und Möglichkeiten gekoppelt. Ob die heutigen gesellschaftlichen Strukturen eine Erkenntnis von „Ursprünglichem" überhaupt zuläßt, kann man aus solcher Perspektive bezweifeln. Aber das will ich hier nicht weiterverfolgen. Luhmann selbst hat zu solchen wissenssoziologischen Fragen Aufschlußreiches geäußert.[28] Du wolltest im Anschluß an Pico und Pascal aber auch noch auf Immanuel Kant zu sprechen kommen.

3. Würde als unbedingter Wert: Immanuel Kant

W Daß Kant[29] ganz in der Nachfolge Picos steht, belegt bereits die Wortwahl in einer Passage aus dem handschriftlichen Nachlaß: Demnach eigne dem Menschen eine „natürliche Unbestimmtheit in der Art und Proportion seiner Vermögen und Neigungen", die ihm eine „zu allerley Gestalten fähige Natur" verschaffe. Kant geht allerdings insofern weit über Pico und Pascal hinaus, als er diesen Ansatz zu einer ethischen Grundlegung und einem umfassenden moralphilosophischen System ausbaut.

D ... Greif mir jetzt aber bloß nicht zu weit auf die ja erst noch zu leistende Kantinterpretation vor!

W Gut, dann wollen wir uns hier auf Kants Würdebegriff beschränken. Die diesbezüglich auch bei Juristen berühmte Stelle findet sich in der *Grundlegung zur Metaphysik der Sitten*: „Im Reiche der Zwecke hat alles entweder einen Preis oder eine Würde. Was einen Preis hat, an dessen Stelle kann auch etwas anderes, als Äquivalent, gesetzt werden; was dagegen über allen Preis erhaben ist, mithin kein Äquivalent verstattet, das hat eine Würde. Was sich auf die allgemeinen menschlichen Neigungen und Bedürfnisse bezieht, hat einen Marktpreis; das, was, auch ohne ein Bedürfnis vorauszusetzen, einem gewissen Geschmacke, d.i. einem Wohlgefallen am bloßen zwecklosen Spiel unserer Gemütskräfte, gemäß ist, einen Affektionspreis; das aber, was die Bedingung ausmacht, unter der allein etwas

Zweck an sich selbst sein kann, hat nicht bloß einen relativen Wert, d. i. einen Preis, sondern einen inneren Wert, d. i. Würde" (BA 77).³⁰

H Dieses Zitat enthält zumindest vier erläuterungsbedürftige Begriffe: „Reich der Zwecke", „Marktpreis", „Affektionspreis" und selbstverständlich „Würde".

W Mit dem Wort „Reich" bezeichnet Kant „die systematische Verbindung verschiedener vernünftiger Wesen durch gemeinschaftliche Gesetze" (GMS BA 74). Vernunftbegabte Lebewesen können nun durch Gesetze ganz unterschiedlicher Art miteinander in Beziehung stehen. So etwa sind alle Zustände und Bewegungen des menschlichen Körpers physikalischen, chemischen und/oder biologischen Naturgesetzen unterworfen und fast alle unsere seelischen Befindlichkeiten und Regungen folgen den Gesetzen der empirischen Psychologie. Insofern ist der Mensch Glied im „Reich der Natur". Andere Regeln schreiben vor, welche Mittel eingesetzt werden sollen, um bestimmte Zwecke zu erreichen: Alle Vernunftwesen, die funktional aufeinander bezogen sind, bilden demnach das „Reich der Zwecke". Ihm gehören beispielsweise Arbeitnehmer und Arbeitgeber an, weil dieser jenen als Geldgeber und jener diesen als Arbeitskraft nutzt. Dabei kann jeder Arbeitnehmer – Entsprechendes gilt selbstverständlich auch für jeden Arbeitgeber – grundsätzlich durch jeden anderen Arbeitnehmer, der die gleiche Leistung erbringt, ohne Werteverlust für den Arbeitgeber ersetzt werden. Dieser Gedanke läßt sich problemlos verallgemeinern: Jeder Mensch, der aufgrund seiner entfalteten Talente zur Befriedigung bestimmter menschlicher Bedürfnisse beiträgt, ist bezüglich dieser Bedürfnisse äquivalent (gleichwertig) zu allem – ob Lebewesen oder Maschine –, das über dieselben Anlagen und Fertigkeiten verfügt. In einem solchen Fall hat der Mensch, wie Kant es ausdrückt, einen „Marktpreis" (GMS BA 77; ApH B 265 f., A 267 f.; MS RL BA 123). Ein „Affektionspreis" hingegen kommt dem Menschen aufgrund und nur aufgrund seines Temperaments zu: Zu je angenehmerem, geistreicherem Verhalten im Umgang mit anderen Menschen es ihn disponiert, desto höher steigt dieser Preis. Selbstverständlich ist auch der beste Gesellschafter nicht davor gefeit, die Gunst seines Bekanntenkreises an eine Unterhaltungskanone desselben Kalibers zu verlieren: Nicht nur als Tüchtiger, sondern auch als Sympathieträger verstattet der Mensch folglich ein „Äquivalent". Seinen Wert hat er dabei zudem nicht aus sich selbst, sondern ausschließlich kraft seiner Funktionen, die er bei der Befriedigung menschlicher Bedürfnisse und im Spiel der Geselligkeit erfüllt: Würde im Sinne eines nicht relativen, inneren Wertes darf man dem Menschen also weder aufgrund seines Talents, noch Temperaments beziehungsweise nicht aufgrund seiner Fähigkeit, anderen Menschen zu nützen und zu gefallen, zuschreiben.

H Aufgrund welcher Eigenschaften aber dann?

W Auf den ersten Blick scheint Kant hierauf mehrere ganz unterschiedliche Antworten zu geben: Allein in der *Grundlegung* begegnen uns als Träger des absoluten Wertes „ein guter Wille" (BA 2), „Sittlichkeit und die Menschheit" (BA 77), „die sittlich gute Gesinnung oder die Tugend" (BA 78), die reine „Vorstellung der Pflicht, und überhaupt des sittlichen Gesetzes" (BA 33) sowie „die Gesetzgebung" (BA 79). Beginnen wir mit dem Begriff der Gesetzgebung, um den systematischen Zusammenhang zwischen all diesen Bestimmungen zu skizzieren: Der Preis, den ein Mensch im Reich der Zwecke erzielt, hängt darin ganz von seinen natürlichen Anlagen, den Chancen, diese zu entfalten, sowie dem gerade herrschenden Verhältnis von Angebot und Nachfrage ab. Folglich ist dieser Preis letztlich vollständig durch genetische, psychologische, pädagogische, soziale, politische, ökonomische u.ä. Gesetzmäßigkeiten determiniert: Als Arbeitnehmer ist der Mensch den Entwicklungen auf dem Arbeitsmarkt, als Charmeur den Moden ebenso ausgeliefert wie als Naturwesen den physikalischen Prozessen. Will er in seinen Rollen und Funktionen erfolgreich agieren, muß er demnach Standards entsprechen, die ihm vorgegeben sind und auf die er keinen Einfluß hat: Wo immer sein Wert in einem Preis besteht, ist der Mensch unausweichlich fremdbestimmt oder, wie Kant sich ausdrückt: heteronom (von griechisch heteros: ein anderer und dem bereits bekannten nomos: Gesetz, Norm). Nur inwiefern der Mensch nicht heteronom ist, darf er folglich hoffen, im Reich der Zwecke nicht bloß einen Preis, sondern auch Würde zu haben. Dies ist dann zumindest möglich, wenn der Mensch über das Vermögen verfügt, sich selbst ein Gesetz zu geben und in Befolgung dieses Gesetzes zu handeln, ohne daß er dabei auch nur im mindesten durch seine physische, chemische, biologische und psychische Natur sowie die ihn darüber hinaus bestimmenden Systemzwänge beeinflußt wird. Ob der Mensch tatsächlich über Autonomie (Selbstgesetzgebung, von griechisch autos: selbst) in diesem Sinne verfügt und worin genau sie besteht, sollten wir erst in unserem ausführlichen Gespräch über Kant erörtern. Dabei wird hoffentlich auch klar werden, daß dieses selbstgegebene Gesetz ein „sittliches Gesetz" beziehungsweise das „Sittengesetz" sein muß, welches eine unbedingte Pflicht formuliert, aus welcher zu handeln den guten Willen und die Sittlichkeit des Menschen konstituiert sowie dessen Menschheit erfüllt. Und wer seine inneren Vermögen so formt, daß er in der Lage ist, selbst unter größter sinnenweltlicher Bedrohung und drückendsten Systemzwängen guten Willen konstant zu praktizieren, verfügt über eine sittlich gute Gesinnung beziehungsweise über Tugend.

H Alle von Dir oben aufgezählten Träger der Würde aus Kants *Grundlegung* hast Du damit vorläufig in Beziehung zueinander gesetzt. Worin genau besteht aber nun die Würde des Menschen?

W Darin, daß er über eine reine praktische Vernunft verfügt, d.h. über jenes Vermögen, das Sittengesetz in seiner verpflichtenden Kraft zu erkennen, es sich als den Willen bestimmendes Prinzip zu setzen, sowie aus dessen Bewußtsein sowohl einzelne Handlungen zu vollziehen als auch alle übrigen eigenen Vermögen autonom zu gestalten: „Die Vernunft in einem Geschöpfe ist ein Vermögen, die Regeln und Absichten des Gebrauchs aller seiner Kräfte weit über den Naturinstinkt zu erweitern, und kennt keine Grenzen ihrer Entwürfe" (*Idee zu einer allgemeinen Geschichte in weltbürgerlicher Absicht*, 2. Satz, A 388 f.). Kant sagt es hier also selbst fast explizit: Die reine praktische Vernunft ist das alle empirische Determiniertheit überschreitende und insofern grenzenlose Entwurfsvermögen. Ganz in der Tradition Picos identifiziert er es mit jener Eigenschaft, die dem Menschen Würde verleiht und durch die er sich von allen übrigen Lebewesen unterscheidet: „Es bleibt uns also, um dem Menschen im System der lebenden Natur seine Klasse anzuweisen und so ihn zu charakterisieren, nichts übrig, als: daß er einen Charakter hat, den er sich selbst schafft;" – dieses „schafft" erinnert nur allzu deutlich an Picos „plastes et fictor" – „indem er vermögend ist, sich nach seinen von ihm selbst genommenen Zwecken zu perfektionieren; wodurch er, als

mit Vernunftfähigkeit begabtes Tier (animal rationabile), aus sich selbst ein vernünftiges Tier (animal rationale) machen kann ..." (ApH B 313, A 315).
H Was aber, wenn ihm dies nicht gelingt? Büßt der Mensch dann seine Würde ein?
W Keineswegs. Sein Vernunftvermögen kann er als animal rationabile ja nicht verlieren, ohne aufzuhören, Mensch zu sein. Wer sittlich versagt, erweist sich lediglich insofern als „unwürdig", als er gegen alle Pflicht verstößt und seine Würde nicht entfaltet.
H Also nichts grundsätzlich Neues gegenüber Pico ...
W ... bis auf den Begriff einer unbedingten Pflicht, der es Kant erlaubt, praktische Rationalität (und damit das Entwurfsvermögen) wesentlich als Sittlichkeit zu konzipieren, die dem Menschen, der über das Vermögen, sittlich zu handeln, verfügt, einen unbedingten Wert verleiht. Dies hat immerhin die Konsequenz, daß die gesamte Welt nur deshalb einen Wert hat, weil der Mensch – so weit wir wissen das einzige innerweltliche Vernunftwesen – in ihr existiert. Denn gäbe es in der Welt überhaupt kein Wesen mit Würde, wäre gleich die gesamte Schöpfung wertlos, weil jeder relative Wert nur dann tatsächlich ein Wert sein kann, wenn er letztlich in einem unbedingten Wert, einer Würde, gründet. Daher gilt: „Es ist ein Urteil, dessen sich selbst der gemeinste Verstand nicht entschlagen kann, wenn er über das Dasein der Dinge in der Welt und die Existenz der Welt selbst nachdenkt: daß nämlich alle die mannigfaltigen Geschöpfe, von wie großer Kunsteinrichtung und wie mannigfaltigem, zweckmäßig auf einander bezogenen Zusammenhange sie auch sein mögen, ja selbst das Ganze so vieler Systeme derselben, die wir unrichtigerweise Welten nennen, zu nichts da sein würden, wenn es in ihnen nicht Menschen (vernünftige Wesen überhaupt) gäbe; d.i. daß ohne den Menschen, die ganze Schöpfung eine bloße Wüste, umsonst und ohne Endzweck sein würde" (KU B 410, A 405 f.).
H Große Worte, zu denen noch viel Kritisches zu sagen wäre.
W Eines aber wirst auch Du nicht bestreiten wollen: Kant präsentiert nicht nur die systematisch ausgereifteste, sondern auch insofern stärkste Würdekonzeption, als ihrgemäß schlechthin jeder Wert letztlich vermittelt ist durch die Würde des Menschen als vernunftbegabten plastes et fictor seiner selbst. Kant präzisierte und begründete aber nicht nur das Picosche Entwurfsvermögen, sondern auch Pascals Anliegen, zu zeigen, daß der Mensch niemals in einer Funktion oder einer Rolle restlos aufgeht. Denn nicht anders als mit der Welt als ganzer verhält es sich mit dem Reich der Zwecke: Da außer menschlicher Selbstgesetzgebung kein unbedingtes Ziel besteht, welches alle anderen Zwecke als solche fundieren könnte, gäbe es, wenn sich der Wert des Menschen auf seinen Preis reduzieren ließe, letztlich gar keine Funktionalität und somit überhaupt kein Reich der Zwecke. Die Existenz von Zweck-Mittel-Relationen, die diesen Namen verdienen, setzt folglich voraus, daß der Mensch nicht in jeder Hinsicht nur Mittel sein kann, sondern immer auch dasjenige ist, worauf alles übrige abzweckt: „Nun sage ich: der Mensch, und überhaupt jedes vernünftige Wesen, existiert als Zweck an sich selbst, nicht bloß als Mittel zum beliebigen Gebrauche für diesen oder jenen Willen, sondern muß in allen seinen, sowohl auf sich selbst, als auch auf andere vernünftige Wesen gerichteten Handlungen jederzeit zugleich als Zweck betrachtet werden" (GMS BA 64 f.). Der Arbeitgeber, der den Menschen zum „Human-

kapital" oder „Menschenmaterial" herabwürdigt, übersieht somit, daß er sich damit selbst des einzigen Zwecks seines wirtschaftlichen Handelns beraubt und schließlich das gesamte ökonomische System, dessen Imperativen er sich ja so hingebungsvoll unterwirft, vollständig entwertet.

G Mit dem Topos der Selbstzweckhaftigkeit des Menschen kommen wir auf die bereits eingangs erwähnte „Objektformel" zurück, nach der die Würde immer dann „getroffen" ist, wenn ein Mensch „zum Objekt, zu einem bloßen Mittel, zur vertretbaren Größe herabgewürdigt wird".[31] Einer unter Juristen verbreiteten Vorstellung zum Trotz hat der „Erfinder" dieser Formel, Günter Dürig, Art. 1 Abs. 1 Satz 1 GG damit nicht zum subjektiven Grundrecht erklärt, vielmehr hat er den objektiven Wertcharakter betont und ausdrücklich vom „obersten Konstitutionsprinzip allen objektiven Rechts" gesprochen. In völliger Übereinstimmung mit der von W und mir vertretenen Würdekonzeption hat er ferner darauf abgestellt, daß das menschliche Vermögen, „seiner selbst bewußt zu werden, sich selbst zu bestimmen und sich und die Umwelt zu gestalten" als „Menschenauffassung" im Parlamentarischen Rat gerade deshalb konsensfähig war, „weil sie für die Rechtsanwender aller geistigen und weltanschaulichen Richtungen gedanklich vollziehbar ist". Und wenn Dürig schreibt, der menschliche Eigenwert der Würde könne „von vornherein nicht in der jederzeitigen gleichen Verwirklichung beim konkreten Menschen bestehen, sondern in der gleichen abstrakten Möglichkeit (potentiellen Fähigkeit) zur Verwirklichung" – und den Klammerzusatz durch Fettdruck hervorhebt –, dann ist diese Hervorhebung der *Potentialität* der Würde für den Kenner der gedanklichen Verbindungslinie zwischen Pico, Pascal und Kant ein nicht zu übersehender Hinweis darauf, in welcher großen dogmenphilosophischen Tradition die Objektformel steht. Man verkürzt diese Tradition, wenn man sie nur bis zu Kant zurückverfolgt und man verkennt sie, wenn man die Potentialität des prädikativ zugesprochenen Entwurfsvermögens „des Menschen" im Sinne des Art. 1 Abs. 1 GG mit der Faktizität tatsächlicher Entwürfe empirischer „Persönlichkeiten" im Sinne des Art. 2 Abs. 1 GG verwechselt. Deshalb verkennt man sie auch und gerade dann, wenn man Veranstaltungen wie eine „Peep-Show" oder einen „Zwergenweitwurf" unter Art. 1 Abs. 1 GG subsumiert und die Menschenwürde damit gegen Dürigs Warnung zur „kleinen Münze" verkommen läßt. An solcher Kleinmünzerei sollten sich dogmenphilosophisch aufgeklärte Juristinnen und Juristen nicht beteiligen.

§ 7 Hobbes und die Autorität des Staates

I. Das Werk des Thomas Hobbes

G Von der Autorität des Staates zu reden, bedeutet ja wohl nicht, den autoritären Staat zu beschwören.
H Keineswegs. Für viele hat der Begriff der Autorität einen negativen Beigeschmack – ein Umstand, der als Folge der Autoritätsskepsis und sogar Autoritätsfeindschaft der neuzeitlichen und modernen Aufklärungs- und Emanzipationsbewegungen anzusehen ist. Die negative Konnotation spiegelt sich in Termini wie etwa demjenigen des autoritären Staates wider, womit wir heute ein paternalistisches, zumindest politisch unfreies Regime verstehen. Der Autoritätsbegriff wurde indes keineswegs immer mit einem negativen Verständnis versehen, wie wir schon bei Augustinus gesehen haben. Natürlich wandelte sich im Laufe der Zeiten das Verständnis von Autorität und ich denke, daß wir hier nicht die Geschichte des Begriffs im einzelnen verfolgen sollten; aber wir werden bei Thomas Hobbes (1588-1679) sehen, daß der Autoritätsbegriff in manchen seiner Bedeutungsdimensionen zum Verständnis von Staat, Recht und Politik einiges beitragen kann.[1]
D Die bekannteste Fassung des Hobbesschen politischen und rechtsphilosophischen Denkens findet sich in seinem Buch *Leviathan*, das 1651 in englischer Sprache und 1670 in einer von Hobbes selbst abgefaßten lateinischen Fassung – die in einigen Details von der englischen abweicht – erscheint. Systematisch bedeutsam ist aber auch seine Schrift *De cive* (1642), die nach den Traktaten *De corpore* (1655) und *De homine* (1658) den dritten Teil seines philosophischen Großunternehmens *Elementa Philosophiae* bildet.
H Hobbes hat in der Tat sein politisches Denken mehrfach präsentiert, Grundzüge davon bereits in der Einleitung zur von ihm angefertigten Übersetzung der Schrift des Thukydides über den Peleponnesischen Krieg, die 1628 erschien. Hobbes überarbeitete seine Argumentation immer wieder und entwickelte sie fort, weshalb es auch nicht unproblematisch ist, die Interpretation seines Werkes auf den *Leviathan* und Hobbes damit auf einen „One book man" zu reduzieren, auch wenn es gute Gründe gibt, sich in der Beschäftigung mit Hobbes zunächst auf dieses Buch zu konzentrieren. Hinweisen will ich jedenfalls auf die zwei Alterswerke, den *Behemoth* von 1668, eine Abhandlung über den englischen Bürgerkrieg, sowie die unvollendete Arbeit mit dem Titel *Dialog zwischen einem Philosophen und einem Juristen über das englische Recht*, die um 1670 entstand, aber erst zwei Jahre nach Hobbes' Tod 1681 veröffentlicht wurde.[2]
G Die beiden Alterswerke sind für das Verständnis des Hobbesschen Denkens durchaus bedeutsam und nicht etwa nur ein Anhängsel an die bereits im *Leviathan*

abgeschlossen dargestellte Rechts- und Staatsphilosophie des englischen Denkers. In diesen Arbeiten zeigt er nämlich am Beispiel des Widerstreites der organisierten Parteiungen im englischen Civil war die allgemeine Logik des Bürgerkrieges, deren Analyse die Notwendigkeit der Überwindung jenes Kriegszustandes durch eine souveräne Macht – nämlich diejenige des Staates – deutlich vor Augen führt.

D Interessant an diesen beiden Schriften ist für uns im übrigen, daß Hobbes sie in Dialogform verfaßt hat ...

H ... wobei sich diese Dialoge als – wenn ich es einmal so nennen darf – sehr wirklichkeitsbezogen erweisen. Hobbes bezieht sich immer wieder auf konkrete historisch-politische Ereignisse und Vorgänge, anhand derer er seine theoretischen Argumente entwickelt. Dabei wird übrigens nicht nur seine enorme Kenntnis der Zusammenhänge zeitgenössischer Politik bis in kleine Details, sondern auch seine juristische Kompetenz deutlich. Eine Wirklichkeitsbesessenheit, wie sie gerade in den beiden Spätwerken des Hobbes zutage tritt, wünsche ich mir oft auch bei unseren heutigen Philosophen, deren Ausführungen – bei mir jedenfalls – gelegentlich den Eindruck erwecken, daß sie des Bezuges zur Realität im Sinne des konkreten politischen und rechtlichen Geschehens und zu dessen Problemlagen entbehren ...

W Wenn Fachphilosophen das auch noch leisten würden, wären Leute Deiner Profession arbeitslos. Laß' mich nur nicht mehr wissen müssen, als ich als Philosophierender wissen kann! Außerdem erinnere ich daran, daß es auch „heutige Philosophen" gibt, die Deinen Wirklichkeitsfanatismus teilen, nämlich etwa die Vertreter der sogenannten Angewandten Ethik, von der wir ja bereits gesprochen haben und noch sprechen werden.

H Ich wollte nur auf das Problem aufmerksam machen, daß mancher Philosoph zumindest den Anschein erweckt, als würde er sich bei seinen Überlegungen zu Politik, Staat und Recht eher an Phantasievorstellungen über empirische Sachverhalte als an deren gründlichen Kenntnissen orientieren. Und Hobbes wäre hier dann ein Gegenbeispiel, nämlich ein Beispiel für jene Philosophen, die sich gedanklich mit den konkreten politischen Problemen und Sachverhalten auseinandersetzen. Wie dem auch sei; ich habe eben auf die Problematik aufmerksam gemacht, Hobbes' Werk auf den *Leviathan* zu verengen. Eine weitere besteht nach meinem Eindruck darin, daß man sich in der Diskussion dieses Werkes dann oft vor allem auf die Thematik des Vertrages konzentriert ...

II. Das Gedankenexperiment des Naturzustands

G Sie meinen den Gesellschaftsvertrag bei Hobbes ...

H Ja, den sogenannten Gesellschaftsvertrag, weil man genauer von einem den Staat konstituierenden Vertrag sprechen muß. Es handelt sich um ein theoretisches Modell, nach dem die Menschen zuerst in einem Zustand befindlich gedacht werden, in dem es keinen Staat gibt – das ist der sogenannte Naturzustand. Dieser Naturzustand erweist sich in verschiedener Hinsicht als für die Menschen von Nachteil, weshalb sie mittels eines gemeinsamen Vertrages diesen Zustand beenden, indem sie einen Staat begründen. Dieses Gedankenexperiment vom Naturzustand und seiner Überwindung im Staat dient dem argumentativen Nachweis der Notwendigkeit und Angemessenheit des Staates und ist daher eine theoretische

Legitimation oder Rechtfertigung des Staates. Das ist der Grundgedanke der neuzeitlichen Vertragstheorien und dieser Grundgedanke wird von einzelnen Autoren in unterschiedlicher Weise ausgeführt.³

G Das heißt also, daß die Vertragstheoretiker – neben Hobbes vor allem Locke, Rousseau, Kant und heute etwa John Rawls – sich den Naturzustand und die Gestaltung des staatsbegründenden Vertrages unterschiedlich vorstellen; und je nachdem, wie die Bestandteile des Modells konzipiert werden, sieht dann nachher auch der Staat, der gedanklich entwickelt wird, ganz unterschiedlich aus.

W Und wie verhält es sich damit bei Hobbes?

H Dazu komme ich gleich. Nur will ich zuvor noch ausführen, was ich vorhin begonnen habe. Also: Der *Leviathan* enthält keineswegs nur die Hobbessche Vertragstheorie, und man bringt sich selbst um viele interessante Einsichten, wenn man sich nur auf diesen Aspekt des Werkes konzentriert. Dann steht man nämlich leicht in Gefahr, beispielsweise zu übersehen, daß Hobbes eine politische Ethik entwickelt oder viel Interessantes zum Verhältnis zwischen Religion und Staat ausführt.

W Schön, also *Leviathan*. Wie ist die Sache mit dem Naturzustand und dem Vertrag nun zu verstehen?

H Man muß sich zunächst klar machen, was Hobbes zu und in seinen Überlegungen bewegt. Er erlebt im England seiner Zeit die Auseinandersetzung zwischen Krone und Parlament, die zur Infragestellung der einheitlichen staatlichen Macht und zum Bürgerkrieg führt. Neben solchen Lehren, die propagieren, daß die Einheit der Staatsgewalt aufgeteilt werden könne, spielen für Hobbes dabei die Lehren verschiedener partikularer gesellschaftlicher Kräfte – namentlich religiöser und theologischer sowie juristischer Provenienz – eine große Rolle, die ihre eigenen Interessen für das Interesse des Staatsganzen ausgeben. All diese Meinungen sind den Bürgerkrieg nährende falsche Anschauungen, weil sie das Volk in unversöhnliche Faktionen zersplittern, welche die einheitliche Staatsgewalt unterminieren und so das Land in den Bürgerkrieg stürzen.

W Faktionen? Meinst Du nicht Fraktionen?

H Mit Faktionen – ihnen widmet man unter dem Stichwort „Faktionenforschung" politikwissenschaftliche Aufmerksamkeit – sind Gruppierungen, Teilgruppen oder Parteiungen in der Gesellschaft gemeint (von engl. „faction", „Parteiung"). Im *Leviathan* schreibt Hobbes in diesem Kontext den Satz: „Ein jegliches Reich, so es mit sich selbst uneins wird, das wird zunichte" (L 142). Es geht also um das Problem der Anarchie einerseits, die Hobbes im Bürgerkrieg verwirklicht sieht, sowie des Friedens andererseits, der im souveränen Staat realisiert ist. Wenn man Hobbes' Anliegen verstehen will, braucht man im übrigen in unserer gegenwärtigen Welt nur einen Blick auf die Situation in solchen Ländern zu werfen, in denen Bürgerkrieg herrscht: Es ist eine Situation der Gewaltsamkeit, der Unsicherheit, des Hasses und der Zerstörung. Und eine solche Situation hatte Hobbes im englischen Bürgerkrieg vor Augen ...

W ... und Platon in der Dauerstasis, wie sie Athen und fast alle übrigen griechischen poleis ständig bedrohte.

H Das können wir in der Geschichte der Rechts- und Staatsphilosophie häufig beobachten: die theoretischen Entwürfe entstehen oft im Kontext politischer Krisen und fragen besonders dann nach den Grundlagen der Ordnung, wenn diese

Grundlagen in Frage gestellt sind. Vor dem Hintergrund der Zeitumstände dachte also Hobbes über die Bedingungen des staatlichen Friedens nach und wies dabei zugleich die friedenszerstörenden Gehalte der von ihm als solchen identifizierten politischen und theologischen Irrlehren auf. Dabei hatte Hobbes nicht nur ein rein theoretisches Interesse, sondern er wollte zugleich jenen Doktrinen eine angemessene Lehre entgegenhalten, die die Menschen über ihre Irrtümer aufklären und ihnen den Wert des Staates für ihre eigenen Interessen vor Augen führen sollte.

G Insofern verfolgte Hobbes also auch die Absicht politischer Bildung?

H In einem gewissen Sinne ja. Hobbes schreibt in dem an die Leser gerichteten Vorwort von *De cive*, daß er dieses Buch nicht im Interesse einer jener Parteiungen, deren Lehren den Unfrieden der Anarchie zur Folge hätten, geschrieben habe, sondern im Interesse des vom Staat gewährleisteten Friedens (*De cive* 72, 74) – und dieses Interesse will er den Bürgern nahebringen. Und auch im *Leviathan* geht es Hobbes ausdrücklich um die Widerlegung der „aufrührerischen Grundsätze" jener falschen Lehren.[4] Wohin die konsequente Realisierung solcher Lehren führt, veranschaulicht Hobbes an dem Gedankenexperiment des Naturzustandes. In diesem Naturzustand, in welchem es keinen Staat gibt, führen die Individuen ein voneinander unabhängiges Leben, sie bestreiten eine autarke Existenz. Ihr Handeln wird motiviert durch Leidenschaften, die Hobbes mechanistisch erklärt. Er unterscheidet anziehende und abstoßende Leidenschaften, die er Trieb oder Verlangen bzw. Abneigung nennt. Die anziehenden sind Liebe, Begehren, Lust, die abstoßenden Schmerz, Abneigung und Furcht. Die mechanistische Anthropologie zeigt den Menschen ganz als diesseitiges Lebewesen, das seine Befriedigung in der Bewegung als solcher, d.h. im immer wieder neuen Streben nach Befriedigung der anziehenden Leidenschaften findet ...

D ... wobei man anmerken muß, daß eine solche, aus heutiger Sicht sehr ungewöhnliche Erfassung des Menschen und seiner Gefühle damals durchaus verbreitet war. Auch der metaphysisch ganz anders orientierte Philosoph Baruch de Spinoza (1632-1677) schrieb eine „mechanistische" Psychologie, die die menschlichen Affekte als Reaktionen auf ein Plus oder Minus der Reduzierung des jeweiligen Grundstrebens (conatus) verstand. Spinoza war überzeugt, daß menschliche Ordnungen nur dann stabil sein können, wenn sie die affektiven Strebungen des Menschen nicht unterdrücken, sondern sie zu integrieren vermögen. Insofern braucht eine umsichtige Staatslehre Kenntnis von den menschlichen Grundstrebungen.

H Das menschliche Streben ist nach Hobbes jedenfalls endlos und hört erst mit dem Tod auf. Entsprechend der Diesseitigkeit des Strebens kann Hobbes auf die Vorstellung eines höchsten Gutes, eines summum bonum verzichten. Güter sind für den Menschen die Objekte, die er begehrt, Übel die Objekte seiner Ablehnung (L 41). Ausdrücklich schreibt Hobbes: „Denn es gibt keinen finis ultimus, d.h. letztes Ziel, oder summum bonum, d.h. höchstes Gut... Glückseligkeit ist ein ständiges Fortschreiten des Verlangens von einem Gegenstand zu einem anderen, wobei jedoch das Erlangen des einen Gegenstandes nur der Weg ist, der zum nächsten Gegenstand führt" (L 75). Diese Ablehnung eines summum bonum steht nicht im Widerspruch zu Hobbes' Auffassung, daß es für jedes Individuum ein erstes Gut gibt, nämlich die Selbsterhaltung als Voraussetzung zur Befriedigung

der Triebe. Und dementsprechend gibt es auch für das Individuum ein größtes Übel, nämlich den gewaltsamen Tod (z.B. *De homine*, 24).
D Verstehe ich das richtig: Nur weil Hobbes kein allgemeinverbindliches summum bonum angeben kann, soll es für den Einzelnen illegitim sein, nach höheren Gütern als der Selbsterhaltung zu streben?
H Nein, das greift zu kurz. Natürlich darf der Einzelne streben, wonach er möchte. Aber damit er überhaupt sinnvoll streben kann, müssen bestimmte Bedingungen erfüllt sein, insbesondere, daß der Mensch den Naturzustand verläßt. Und das wiederum hat Gründe, die im Charakter des Naturzustandes liegen. Das wird, denke ich, gleich noch klarer.
D Welche Bedeutung hat denn nun die Anthropologie für die begriffliche Fassung des Naturzustandes?
H Hobbes geht bei der Konstruktion des Naturzustandes von dem nach Triebbefriedigung strebenden, von allen anderen Individuen unabhängigen Menschen aus. Das einzelne Individuum ist im Naturzustand souverän, und hierin sind – das ist wichtig – alle Menschen gleich. Zur Souveränität des Individuums gehört, daß es alle Sozialität transzendiert, das heißt, daß der Einzelne nicht auf kollektive Sinnorientierung angewiesen ist und sein Verhalten rein nach einem egoistischen Kalkül konzipieren kann. Mit anderen Worten: Das Hobbessche Individuum wendet seine subjektive Vernunft zum Zwecke seiner Selbsterhaltung an. Diese Souveränität als Autarkie bedeutet im Naturzustand, daß jedes Individuum ein Recht auf alles hat, und zwar auch auf den Körper bzw. das Leben des anderen Individuums (*De cive* 82 f.; L 99). Das Recht der Natur begründet Hobbes damit, daß im Naturzustand der einzelne auf seine eigenen Fähigkeiten und Kräfte vertrauen muß, um sich selbst sowie sein Hab und Gut zu schützen. Seine egoistische Vernunft aber besagt ihm angesichts dieser Situation, daß zum Zweck des Selbsterhalts alle Mittel rechtens sind.
D Ich lese Hobbes so, daß Handlungen dann und nur dann dem Recht der Natur entsprechen, *sofern* sie taugliche Mittel zur Selbsterhaltung darstellen (*De cive* 81). Die zwecklose Zerstörung von Naturgütern etwa fiele demnach nicht darunter.[5]
G Auf alle Fälle hat das Hobbessche Recht der Natur ja wohl wenig mit traditionellen Vorstellungen von Naturrecht, wie wir sie etwa bei Thomas von Aquin kennengelernt haben, gemeinsam. Dort waren Naturrechtsvorstellungen Entwürfe, die nach der guten menschlichen Ordnung fragten. Davon ist bei Hobbes, soweit ich das bis jetzt sehen kann, überhaupt keine Rede.
H In der Tat. Hobbes interessiert eine substanzielle Antwort auf die Frage nach der guten oder gerechten Ordnung nicht, obgleich es auch bei ihm Kriterien gibt, die zeigen, daß implizit Richtigkeitsvorstellungen in seiner Konstruktion enthalten sind. In der Geschichte des Naturrechts kann man jedenfalls mit Hobbes einen Bruch erkennen, weg von der Frage nach der guten Ordnung und hin zu der Frage nach den Bedingungen von Ordnung überhaupt.[6]
D Und was Hobbes im übrigen als das Recht der Natur bezeichnet, verdient den Namen des Rechts eigentlich nicht, denn dieses Recht reicht letztlich nur so weit, wie die Fähigkeiten des Individuums zur Selbsterhaltung reichen. Auch darin ähnelt das Hobbessche Denken dem des Spinoza. Beide folgen hier einem uns heute nicht unbedingt eingängigen Begriff von „Recht der Natur", das bloß aus

strategischer, nicht aber aus sittlicher Vernunft hergeleitet wird: *Wenn* etwas zu tun oder zu unterlassen im verständig kalkulierten Interesse meines „natürlichen" Selbsterhaltungsstrebens liegt, *dann* ist entsprechend zu handeln ein Gebot meiner Klugheit und – sofern ich die Macht dazu habe – die Ausführung solcher Handlung mein „natürliches" Recht.

H Auf jeden Fall finden wir nun im Naturzustand folgende Situation vor: Wir haben autarke Individuen, die nur ihrem egoistischen Kalkül folgen und die nach Selbsterhaltung und Befriedigung der Triebe streben. Dies hat zur Folge, daß die Menschen Feinde werden, wenn sie nach denselben Gegenständen streben, und da jeder einzelne ein Recht auf alles hat, kann es nur den Kampf um den betreffenden Gegenstand geben. Und diese Situation wächst sich zum Krieg eines jeden gegen jeden – in der berühmt gewordenen lateinischen Fassung: „bellum omnium contra omnes" – aus. Hobbes beschreibt die Eskalationslogik des Naturzustandes wie ich finde sehr prägnant: „Wenn daher zwei Menschen nach demselben Gegenstand streben, den sie jedoch nicht beide zusammen genießen können, so werden sie Feinde und sind in Verfolgung ihrer Absicht, die grundsätzlich Selbsterhaltung und bisweilen nur Genuß ist, bestrebt, sich gegenseitig zu vernichten oder zu unterwerfen... Und wegen dieses gegenseitigen Mißtrauens gibt es für niemand einen anderen Weg, sich selbst zu sichern, der so vernünftig wäre wie Vorbeugung, das heißt, mit Gewalt oder List nach Kräften jedermann zu unterwerfen, und zwar so lange, bis er keine andere Macht mehr sieht, die groß genug wäre, ihn zu gefährden. Und dies ist nicht mehr, als seine Selbsterhaltung fordert und ist allgemein erlaubt... Daraus ergibt sich klar, daß die Menschen während der Zeit, in der sie ohne allgemeine, sie alle im Zaum haltende Macht leben, sich in einem Zustand befinden, der Krieg genannt wird, und zwar in einem Krieg eines jeden gegen jeden. Denn *Krieg* besteht nicht nur in Schlachten oder Kampfhandlungen, sondern in einem Zeitraum, in dem der Wille zum Kampf genügend bekannt ist... Jede andere Zeit ist *Frieden*" (L 95 f.). Der Naturzustand entpuppt sich also als ein höchst trostloser Zustand absurder Interaktion ohne Sicherheiten, als ein Zustand der Angst. Die Früchte individuellen Fleißes sind jederzeit ungewiß, es gibt keinerlei Fortschritt in Handwerk oder Kunst, keinerlei gesellschaftliche Beziehungen auf Dauer und – wie Hobbes schreibt – „es herrscht, was das Schlimmste von allem ist, beständige Furcht und Gefahr eines gewaltsamen Todes – das menschliche Leben ist einsam, armselig, ekelhaft, tierisch und kurz" (L 96).

III. Die Beendigung des Naturzustands durch die Konstituierung des Staates

1. Vernunft und die dictates of reason

W Und der staatsbegründende Vertrag, von dem vorhin die Rede war und der das spezifisch Neuzeitliche an Hobbes ausmachen soll, stellt den Ausweg aus diesem Kriegszustand dar? Wie denkt sich Hobbes das?

H Der Kriegszustand kann überwunden werden, weil der Mensch nicht nur ein von Leidenschaften, sondern auch ein von der Vernunft bestimmtes Wesen ist. Bisher habe ich nur von den Leidenschaften und dem Recht der Natur gesprochen,

III. Die Beendigung des Naturzustands durch die Konstituierung des Staates

aber neben diesen stehen eben auch die Vernunft und – damit zusammenhängend – die „Gesetze der Natur". Die Vernunft ist dabei das Vermögen, das den Menschen den Weg zum Frieden weist. Die Vernunft nämlich legt „geeignete Grundsätze des Friedens nahe, auf Grund derer die Menschen zur Übereinstimmung gebracht werden können" (L 98). Die Motivation, auf die Einsichten der Vernunft zu hören, liegt wiederum bei den Leidenschaften: „Die Leidenschaften, die die Menschen friedfertig machen, sind Todesfurcht, das Verlangen nach Dingen, die zu einem angenehmen Leben notwendig sind und die Hoffnung, sie durch Fleiß erlangen zu können" (L 98). Man kann sogar gute Argumente dafür finden, daß es letztlich alleine die Furcht vor dem gewaltsamen Tod ist, die den Menschen die Ratschläge seiner Vernunft vernehmen läßt, womit die Todesfurcht zur Quelle der politischen Tugenden wird, die Hobbes formuliert.[7]

D Ich meine, man sollte das Argument in den Kontext einer weiten Auffassung von Furcht einordnen. Bereits Furcht im weitesten Sinne – z.B. verstanden allein schon als „Vorsicht und Vorsorge" (*De cive* 79) um die eigenen Lebensgüter und Lebenschancen – gepaart mit dem allgemeinen Wissen um die Unendlichkeit und Kollisionsfähigkeit des menschlichen Begehrens, könnte dazu führen, einen Zustand gesicherter Selbstverwirklichung anzustreben.[8] Daß das staatlich geregelte Leben egoistisch vorteilhaft ist, zeigt sich an der menschlichen Trieb- und Affektstruktur insgesamt; die Furcht vor dem gewaltsamen Tod scheint mir nur der pointierteste Ausdruck dieses Sachverhalts zu sein.

H Ja, schon, doch wird mir durch diese Interpretation die Stringenz des Hobbesschen Arguments etwas verwässert. Hobbes unterscheidet die Todesfurcht vom Verlangen nach den Grundlagen einer angenehmen Lebensführung und die Hoffnung auf deren Erlangung. Warum sollte man letztere unter die Furcht subsumieren?

W Soeben sprachen wir von „politischen Tugenden". Bisher sind wir auf arete, virtus beziehungsweise virtù ausführlicher bei Aristoteles und Machiavelli gestoßen. Bis heute versteht man darunter vor allem das menschliche Gutsein im ganzen. Das heißt: die beständig wirksame Disposition, sich richtig zu verhalten und ein gutes Leben zu führen. In einem solchen Sinne spricht bereits Aristoteles von „politike arete" und versteht darunter im besonderen das Gutsein bezüglich des anderen, also die Gerechtigkeit, wie sie nur in Gemeinschaften und wie sie vollkommen nur in der vollkommensten Gemeinschaft, der polis, verwirklicht werden kann. Inwiefern spezifiziert nun Hobbes die „Tugend" durch den Zusatz „politische"?

H Die politischen Tugenden sind bei Hobbes ebenso menschliche Dispositionen; allerdings jene, speziell die Gesetze der Natur zu befolgen. Sie sind deshalb politisch, weil sie wie die Gesetze der Natur auf das gesamtgesellschaftliche Zusammenleben gerichtet sind.

W Und was sind Gesetze der Natur?

H Von der Vernunft ermittelte Vorschriften, durch die es dem Menschen verboten ist, zu tun, was auf die Vernichtung des (anderen) Menschen abzielt. Die Gesetze der Natur entspringen der durch die Todesangst ausgelösten Vernunfteinsicht in die Situation der Unsicherheit im Zustand des Krieges eines jeden gegen jeden. Hobbes schreibt, daß durch das Gelten des natürlichen Rechts im Naturzustand selbst für den zeitweilig Stärksten keine dauerhafte Sicherheit zu erlangen ist. „Folglich ist dies eine Vorschrift oder allgemeine Regel der Vernunft: Jedermann hat sich um Frieden zu bemühen, solange dazu Hoffnung besteht. Kann er ihn nicht herstellen, so darf er sich alle Hilfsmittel und Vorteile des Krieges verschaffen und sie benützen. Der erste Teil dieser Regel enthält das erste und grundlegende Gesetz der Natur, nämlich: Suche Frieden und halte ihn ein. Der zweite Teil enthält den obersten Grundsatz des natürlichen Rechts: Wir sind befugt, uns mit allen zur Verfügung stehenden Mitteln zu verteidigen" (L 99 f.). Aus dem ersten natürlichen Gesetz folgen unmittelbar weitere Gesetze. Das zweite verlangt die Aufgabe des Rechts auf alles für den Fall, daß Ruhe und Selbsterhaltung gesichert sind. Das hierbei wesentliche Element ist das Prinzip der Gegenseitigkeit: Das Individuum braucht nur so lange auf sein natürliches Recht auf alles zu verzichten, als auch alle anderen Individuen dies tun. Somit haben die Gesetze der Natur, die „dictates of reason", wie Hobbes sie nennt, einen inneren und einen äußeren Aspekt: Für das Denken nämlich gelten sie strikt, für das Handeln indes nur so weit, als dieses Handeln nach dem natürlichen Gesetz auf Gegenseitigkeit beruht. Diese Konstruktion zeigt die Bedingungen der Möglichkeit friedlichen Zusammenlebens der Menschen, weist den Weg zur Überwindung des Naturzustandes.

2. Recht und Gesetz bei Hobbes

G Bevor wir den nächsten Argumentationsschritt Hobbes' verfolgen, würde ich gern eine Frage formulieren, die sich mir aus dem bisher Gesagten aufdrängt. Ich frage mich nämlich, welchen Gesetzesbegriff Hobbes hat, wenn er hier von Gesetzen der Natur spricht. Denn Gesetze im Sinne positiven Rechts können es ja nicht sein, da es im Naturzustand, in dem wir uns bei der gedanklichen Rekonstruktion der Hobbesschen Argumentation noch immer befinden, keinen Gesetzgeber gibt.
H Das ist ein höchst komplexes Problem. Tatsächlich gibt es Gesetze im eigentlichen Sinne für Hobbes erst dort, wo es einen Staat gibt, der diese Gesetze erläßt und sie durchzusetzen in der Lage ist. Genau deshalb hat man in ihm ja auch einen der ersten rechtspositivistischen Theoretiker gesehen. Ich bin mir selbst nicht sicher über den Status der „dictates of reason". Sie werden von Hobbes offensichtlich eher als Verlautbarungen der Vernunft angesehen, und nicht als strenge sittliche Pflichten. In bezug auf das Handeln scheinen sie hypothetische Gebote zu sein.[9] Diese ganze Problematik ist natürlich mit der Hobbesschen Prämisse des autarken, ungebundenen Individuums verknüpft, die es schwierig macht, irgendwelche Pflichten im Naturzustand zu konstruieren, wenn man – wie Hobbes – ein Naturrecht im Sinne einer verpflichtend vorgegebenen Ordnungskonzeption nicht akzeptiert. Wir haben vorhin ja die Disposition zur Befolgung der Gesetze der Natur als politische Tugenden bezeichnet, und vielleicht wird diese Zuordnung den Intentionen Hobbes' gerecht. Leider ist Hobbes selbst in dieser Beziehung nicht immer besonders klar und eindeutig, was vielen Interpreten manches Kopfzerbrechen bereitet hat. Ich denke aber, daß wir diese Problematik hier nicht weiterverfolgen sollten.

3. Hobbes als Denker der Neuzeit

W Dann möchte ich aber wenigstens wissen, wie Hobbes' Argumentation nun weitergeht. Denn noch immer haben unsere Naturzustandsbewohner diesen traurigen Zustand ja nicht verlassen, sondern sie sind erst bei der Ermittlung der Gesetze der Natur angelangt. Bisher sehe ich nur, wie sich Hobbes von Platon zwar im Detail erheblich unterscheidet, nicht aber im Aufbau der Theorie.

G Und mich interessiert noch ein anderes Problem: Bedeutet die Hobbessche Anthropologie nicht einen klaren Bruch mit antiken platonisch-aristotelischen und mittelalterlich-christlichen Auffassungen vom Menschen als eines zoon politikon, also eines Wesens, das sich erst in der politischen Gemeinschaft überhaupt zum Menschsein entfalten kann? Jedenfalls scheint mir folgendes der Fall zu sein: Der Mensch wird als nutzenmaximierender Egoist vorgestellt, ja als autarkes Individuum. Das ist doch das Gegenteil dessen, was man in der Antike über den Menschen dachte.

H Nun, ich gehe zunächst kurz auf die letzte Frage ein, bevor wir dann Hobbes' Argumentation weiterverfolgen. Tatsächlich wird immer wieder hervorgehoben, daß Hobbes' Anthropologie namentlich gegen Aristoteles' Auffassungen vom Menschen als zoon politikon gerichtet sei. Und es ist unzweifelhaft, daß Hobbes insofern ein spezifisch neuzeitlicher Denker ist, als er in seiner theoretischen Begründung des Staates von der Gleichheit und Individualität aller Menschen ausgeht. Mit Hobbes tritt erstmals in aller Klarheit das selbständige Individuum in das Blickfeld des politischen Denkens. Insofern kann man in diesem Punkt wohl von einem Bruch Hobbes' mit der aristotelischen und der christlichen Tradition sprechen. Übrigens meint er selbst in *De cive* (Kap. 1, Art. 2), daß die Rede vom zoon politikon ein Irrtum und falsch sei, und zwar aufgrund einer „allzu oberflächlichen Betrachtung der menschlichen Natur" (*De cive* 76). Zwar leugnet Hobbes nicht, daß der Mensch anderer Menschen bedürfe, aber er meint – vor dem Hintergrund seiner Anthropologie völlig zutreffend – daß Gemeinschaften, die aus solchen Bedürfnissen resultieren, nicht von Dauer sind und daß der Staat von anderer Natur als solche natürlichen Gemeinschaften ist. Der Staat entsteht demnach nicht aus geselliger Neigung, sondern aus „gegenseitiger Furcht" (*De cive* 79). Er wächst nicht naturgemäß, sondern ist Produkt ausdrücklicher Setzung und bedarf daher auch einer entsprechenden politischen Bildung, wie wir das heute nennen würden.

D Habe ich das richtig verstanden: ein soziales Lebewesen ist der Mensch auch für Hobbes, bloß daß er „von Natur aus" auch ein (rechts)staatlich lebendes Wesen sei, wird bestritten?

H Das ist ungenau. Der Mensch ist im gedachten Naturzustand ein autarkes Individuum. Aber sogar bei Hobbes mit Sozialität konfrontiert. Genau diese Ambivalenz führt ja zum Problem des bellum omnium contra omnes. Das ist die eine Seite: Sozialität ist bei Hobbes nicht „naturwüchsig", aber doch unumgehbar. Die andere Seite ist, daß der Staat auf jeden Fall nicht „naturwüchsig" ist, sondern ein Artefakt darstellt, eine Schöpfung des Menschen.

W Du hast bisher nur davon gesprochen, wie Hobbes selbst seine Stellung zur antiken und mittelalterlichen, insbesondere zur aristotelischen Tradition einschätzt. Doch hat er Aristoteles, von Platon ganz zu schweigen, denn überhaupt richtig verstanden, wenn er ihm die These einer ursprünglichen Neigung zur Geselligkeit unterstellt? Demgegenüber vertraten wir eine Aristotelesinterpretation, wonach der Mensch vor allem insofern physei politikon zoon ist, als er eine vernünftige und hinreichend informierte wie differenzierte Antwort auf die Frage, wer er ist und wie er leben solle, nur in vielfältiger Auseinandersetzung mit anderen Menschen finden kann. Aristoteles geht also in der Begründung seiner Poliskonzeption nicht weniger vom, wenn Du so willst, „Individuum" aus als Hobbes – nur konzipiert er menschliche Individualität anders, nämlich über das Streben eines jeden einzelnen Menschen nach dem Gelingen des Lebens. Systematisch geringer gewichtet wird die „Individualität" bei Aristoteles deswegen aber noch lange nicht.

H Mit Deiner Frage gelangen wir in die Gefilde der teilweise höchst kontroversen Debatte um das Aristotelesverständnis, über den „Aristotelismus" des Hobbes und die Frage nach der Tiefe seines Bruches mit der Tradition. Mir graut etwas davor, das nun zu diskutieren, nicht zuletzt weil ich mir zu diesen Fragen noch kein abschließendes Urteil gebildet habe. Drei Bemerkungen möchte ich aber loswerden. Erstens meine ich ganz allgemein, daß wir die Frage, ob und wie Hobbes Aristoteles verstanden hat, zu einem Verständnis der Hobbesschen Ansichten vernachlässigen können. Zweitens gibt es in der Tat überzeugende Hobbes-Interpretationen, die es nahelegen, daß Hobbes' Bruch mit der Tradition – insbesondere auch mit der aristotelischen – weniger groß ist, als Hobbes selbst uns dies glauben macht.[10] Und drittens scheint es mir – wie gerade ausgeführt – trotz jener Interpretationen einen Bruch zu geben. Und dieser liegt in der Auffassung Hobbes' vom Individuum. Es ist eine in Ws Sinne spezifisch neuzeitliche Auffassung insofern, als es hiernach jedem Menschen und nicht nur einer philosophischen oder kirchlichen Elite zugesprochen wird, seine eigenen Überlegungen zum letztverbindlichen Maßstab der Lebensführung zu machen. Nicht mehr folgt man etwa in der Frage, warum man so oder so handeln soll, der Tradition, sondern die eigene Vernunfteinsicht ist nun für jedermann der Prüfstein der Beurteilung und des Handelns. Das ist die moderne Subjektivität, mit der wir uns auch bei Kant und Hegel noch befassen werden; ich bin jedenfalls der Auffassung, daß es bezüglich der Subjektivität bei allen sonstigen Gemeinsamkeiten und Parallelitäten einen echten Bruch zwischen Antike und Mittelalter einerseits und der Neuzeit andererseits und ebenso in den philosophischen Anschauungen der jeweiligen Zeiten gibt.[11] Vielleicht ist das Wort „Bruch" nicht völlig angemessen, aber der Unterschied in der Sache besteht – und er ist entscheidend. Bei Hobbes ist er deutlich erkennbar und zwar gerade dort, wo er den Menschen als privaten Nutzenmaximierer vorstellt.

W Zwischen Individualität und Subjektivität sollten wir allerdings klar unterscheiden. Auf die Subjektivität als spezifisch neuzeitliches Thema kommen wir noch bei Kant zurück. Die Konzeption des Individuums wurde demgegenüber bereits von Platon und Aristoteles entfaltet. Beim Individuum handelt es sich, kurz gesagt, im allgemeinen um jedes Einzelding, das unter allen anderen Gegenständen als solches identifizierbar ist, im besonderen um den Menschen, betrachtet als etwas, das sich von allen anderen Menschen unterscheidet. Individualismus ist dementsprechend eine Haltung oder Lehre, welche die Besonderheit des einzelnen Menschen – etwa gegenüber den Merkmalen der Gattung Mensch, den Traditionen, worin er steht, oder den Systemzwängen, denen er unterliegt – hervorhebt, zu bewahren oder zu stärken sucht.

G Wenn von Hobbes' Bruch mit der Tradition gesprochen wird, kommt die Rede auch oft auf seine rationalistische Methode. Üblicherweise wird Hobbes als „Rationalist" bezeichnet, dessen methodisches Bewußtsein für die Notwendigkeit „rationaler" Begründungen durch Bekanntschaft mit der euklidischen Geometrie geweckt worden sei und dessen Methodenideal in der Konstruktion von Ableitungszusammenhängen „more geometrico" („nach Art der Geometrie") bestanden habe. Im *Leviathan* spricht er selbst von der Geometrie als „der einzigen Wissenschaft, die Gott bisher den Menschen gnädig schenkte" und derzufolge man die Festlegung der Bedeutung von Wörtern in Definitionen „an den Anfang des Denkens" stellen müsse (L 28). Wird uns dieses „Rechnen mit Begriffen" – das Hobbes etymologisch auf die „rationes" genannten römischen Geldrechnungen zurückführt (L 29) – nicht auch bei der Konstruktion des Leviathanvertrages vorgeführt?

H Ich bin der Ansicht, daß diese Sicht auf Hobbes' nicht zum Kern der Sache vordringt. Zwar bekundet Hobbes seine Wertschätzung des Rechnens und der Geometrie mehrfach, aber man darf die Art, wie er seine Überlegungen vorstellt, nicht mit dem eigentlichen Gehalt seiner Argumente verwechseln. Meiner Meinung nach war die geometriemäßige Darstellung in erster Linie ein zeitgemäßes Stilmittel. Substanziell ist Hobbes' Argumentation keineswegs nach Art der Geometrie.

G Aber wenn man das Ideal klarer und bestimmter Erkenntnis („clare et distincte"), wie es von Renè Descartes (1596-1650) aufgestellt wurde, als das spezifisch neuzeitlich-rationalistische Erkenntnisideal ansieht, und andererseits feststellen kann, daß Hobbes selbst als gesicherte wissenschaftliche Aussagen nur solche ansieht, die man „klar und deutlich demonstrieren kann" (L 38), dann ist er doch ganz richtig als Rationalist bezeichnet.[12]

D Zumal es ja hier noch einen anderen Punkt gibt. Galilei (1691-1736) brachte in seiner vielbeachteten physikalischen Theorie eine Maßstäbe setzende Methode zur Geltung, nach der die Dinge auf die ihnen zugrundeliegenden Elemente zurückgeführt werden müssen und dann die Kräfte auszuweisen sind, welche diese Elemente in ihrer Verbindung erhalten. Man kann doch nun sagen, daß Hobbes diese Methode auf die Staatsbegründung überträgt: Die Elemente des Staates sind die Individuen, die verbindenden Kräfte sind die Vernunft und die Affekte.

H Insoweit stimmt das. Jedoch, wenn man eine solche Übertragung konsequent durchzuführen versucht, dann wird man erkennen, daß die Methode „more geometrico" zu inhaltlichen Problemen der Argumentation führt. Genau dies geschieht etwa im 14. Kapitel des *Leviathan*. Hier steht die Darstellung im Stile einer sozialen Physik, also die Verwendung einer mechanistischen Sprache, der Argumentation schlichtweg im Wege. Denn Hobbes behandelt dort Phänomene, die sich nicht als mechanische Kausalzusammenhänge rekonstruieren lassen: Es geht um Verträge, die mit Vertrauen, wechselseitiger Anerkennung etc. zu tun haben. Und gerade bei diesen Phänomenen ist die mechanistische Erklärung recht gezwungen, weshalb ich sie für defizitär halte. Und Hobbes selbst verläßt an solchen Stellen de facto die Perspektive more geometrico.

G Also greift es zu kurz, Hobbes einfach als „Rationalisten" zu interpretieren, wenn man ihn angemessen verstehen will.
W Es spricht viel dafür, daß es fast immer zu kurz greift, versieht man ein philosophisches System mit dem Etikett „Rationalismus". Denn meist – im Zusammenhang mit Locke werden wir eine andere, fruchtbarere Bestimmung kennenlernen – versteht man darunter eine Position, wonach eine erklärungskräftige Philosophie vollständig durch Entfaltung ausschließlich des menschlichen Vernunftvermögens (ratio) und insbesondere ohne jeglichen Rückgriff auf Erfahrung – das Prinzip des Konkurrenten Empirismus – zu gewinnen ist. Bei sorgfältiger Interpretation selbst der klassischen „Rationalisten": Descartes, Spinoza und Leibniz, zeigt sich aber, daß keiner der drei Autoren auf basale und rational nicht deduzierbare Phänomenbeschreibungen verzichten kann.[13] Daß Entsprechendes für Hobbes gilt, verwundert daher nicht.

4. Die Konstruktion des Leviathanvertrages

H Auch mir ist es lieber, wenn man sich zunächst ohne die Orientierung an Schubladen wie „Rationalismus" oder „Empirismus" und dergleichen einem Denker annähert. Aber jetzt wollen wir Hobbes' Argument weiterverfolgen. Also: Wir haben einen Naturzustand, in dem die Menschen einander Feinde sind, und zwar aufgrund der Ressourcenknappheit einerseits und weil andererseits jeder ein Recht auf alles hat, wonach ihn seine Leidenschaften streben lassen. Dieser Naturzustand ist ein sehr unerfreulicher Zustand, der die Menschen ständig mit dem Tod bedroht, weshalb sie ihn – aus Furcht vor dem Tod – überwinden möchten. Den Weg zu seiner Überwindung weist die individuelle Vernunft, die dem einzelnen die Gesetze der Vernunft nahelegt. Danach ist jeder verpflichtet, sein Recht auf alles aufzugeben, sofern alle anderen dies auch tun. Die Problematik dieser Verpflichtung des natürlichen Gesetzes besteht darin, daß man im Naturzustand niemals sicher sein kann, daß die anderen auch tatsächlich auf ihr natürliches Recht verzichten, wenn man sich hierauf erst einmal geeinigt hat.
D Das ist also gewissermaßen eine Rationalitätsfalle: Angenommen, zwei Individuen einigen sich im Naturzustand darauf, gemeinsam erjagte Beute zu teilen. Dann ist es unter der Prämisse der individuellen Nutzenmaximierung für jeden Einzelnen von ihnen rational, abzuwarten, bis man die Beute gemeinsam gejagt hat und danach die Übereinkunft zu brechen und sich die Beute alleine anzueignen. Das aber bedeutet, daß man aus dem Naturzustand nicht herauskommt. Wer sich an eine Vereinbarung hält und gegenüber einem anderen in Vorleistungen geht, läuft im Naturzustand Gefahr, daß der andere seinen Verpflichtungen nachher – und zwar scheinbar wohlbegründet – nicht nachkommt. So ist der Einzelne schnell wieder auf die Gewalt als Durchsetzungsmittel angewiesen (*De cive* 91).
H Trotz dieses praktischen Dilemmas bleiben die Vorschriften der Vernunft für das Denken zwingend: Die Beachtung der natürlichen Gesetze ermöglichte theoretisch die Überwindung des Krieges eines jeden gegen jeden. Wegen der Rationalitätsfalle werden von Hobbes noch zwei Folgerungen gezogen. Erstens: Die Sicherheit, daß die Gesetze der Natur eingehalten werden, läßt sich nur durch die Schaffung eines mächtigen politischen Verbandes erreichen, der die Einhaltung der dictates of reason garantieren kann und damit den Frieden gewährleistet. Und

zweitens: Der Einzelne muß gezwungen werden (können), die Gesetze der Natur zu befolgen. Dies wiederum kann nur durch einen Vertrag erreicht werden, der den Menschen keine andere Wahl als die Befolgung dieser Gesetze läßt. Das bedeutet für Hobbes, daß sich die Menschen verpflichten müssen, ihre Rechte (der Natur) und ihre Macht einer anderen Instanz als sich selbst (für immer) zu übertragen, nämlich dem politischen Verband, dem Staat bzw. dem Leviathan. Mir ist übrigens an dieser Stelle der Hinweis wichtig, daß sich die Notwendigkeit der Staaterrichtung für Hobbes gerade aus der Einsicht in die Relativität von Wertordnungen und Wahrheitsüberzeugungen ergibt, also aus seiner Auffassung, daß es kein gemeinsames summum bonum der Menschen gebe. Der Staat liegt bei ihm insofern quasi jenseits von Gut und Böse. Er ist der Garant des Friedens als der notwendigen Voraussetzung für die Realisierung aller anderen Werte. Und damit erweist Hobbes den Frieden selbst als Wert.

G Bedeutet dieses „Jenseits von Gut und Böse" des Staates so etwas wie dessen weltanschauliche Neutralität?

H Genau. Frieden ist die formale Voraussetzung zur Verwirklichung anderer Werte, über die Hobbes sich wenig verbreitet, wenngleich er bezüglich dieser inhaltlichen Werte bestimmten Vorstellungen folgt, die sich aus seiner Auffassung vom Menschen ergeben – so ermöglicht der staatliche Frieden etwa das Streben nach Gütern, die das Leben angenehm machen.

G Jetzt ist also die Notwendigkeit des Staates erwiesen: Der Staat ist der Garant des Friedens und dieser wiederum ist die Bedingung der Möglichkeit der Realisierung aller anderen Werte. Doch wie tritt nun der Staat in der gedanklichen Konstruktion Hobbes' in seine Existenz?

H Die Schaffung des Staates und die Übertragung der Rechte der Natur erfolgen durch den Abschluß des Leviathanvertrages. Dessen zentraler Aspekt – ich wiederhole es – ist der gesicherte Frieden. Der Leviathanvertrag ist ein Vertrag eines jeden Individuums mit jedem anderen und zwar zugunsten eines dritten, des Staates. Die Individuen verzichten wechselseitig auf ihre natürlichen Rechte auf alles und übertragen dem im selben vertraglichen Akt gegründeten Staat ihre Macht. Diese Machtübertragung ist eine Autorisierung, die eine Art „Blankovollmacht" für den Staat darstellt. Die Autorisierung impliziert, daß jede Handlung des Staates als Handlung eines jeden Individuums zu interpretieren ist. Und schließlich ist die Autorisierung nicht rückgängig zu machen. Hobbes führt aus: „Der alleinige Weg zur Errichtung einer solchen allgemeinen Gewalt, die in der Lage ist, die Menschen vor dem Angriff Fremder zu schützen und ihnen dadurch eine solche Sicherheit zu verschaffen, daß sie sich durch eigenen Fleiß von den Früchten der Erde ernähren und zufrieden leben können, liegt in der Übertragung der gesamten Macht und Stärke auf einen Menschen oder eine Versammlung von Menschen, die ihre Einzelwillen durch Stimmenmehrheit auf einen Willen reduzieren können. Das heißt soviel wie einen Menschen oder eine Versammlung von Menschen bestimmen, die deren Person verkörpern sollen, und bedeutet, daß jedermann alles als eigen anerkennt, was derjenige, der auf diese Weise seine Person verkörpert, in Dingen des allgemeinen Friedens und der allgemeinen Sicherheit tun oder veranlassen wird, und sich selbst als Autor alles dessen bekennt und dabei den eigenen Willen und das eigene Urteil seinem Willen und Urteil unterwirft. Dies ist mehr als Zustimmung oder Übereinstimmung: Es ist eine wirkliche Einheit aller in ein und derselben Person, die durch einen Vertrag eines jeden mit jedem zustande kam, als hätte jeder zu jedem gesagt: Ich autorisiere diesen Menschen oder diese Versammlung von Menschen und übertrage ihnen mein Recht, mich zu regieren unter der Bedingung, daß du ihnen ebenso dein Recht überträgst und alle ihre Handlungen autorisierst. Ist dies geschehen, so nennt man diese zu einer Person vereinigte Menge Staat, auf lateinisch civitas" (L 134).

D Der Staat also ist bei Hobbes eine zu einer tatsächlichen Einheit integrierte Menge von Individuen und er wird durch den Vertrag, der eine Autorisierung bewirkt, überhaupt erst ins Leben gerufen.

H Genau ...

D ... und damit ist der Staat also eine künstliche Schöpfung des Menschen und er ist gewissermaßen eine demokratische Schöpfung, da er auf der freien Zustimmung aller Individuen beruht. Wobei mich interessiert, wie es möglich sein soll, daß ein Individuum auf ein ihm angeborenes Recht verzichtet. Auf meine angeborene Lunge kann ich ja auch nicht verzichten...

W Warum denn nicht?

D ... Und deshalb frage ich mich nicht nur, ob es klug oder gesollt ist, auf sein Recht zu verzichten, sondern allererst, ob es überhaupt möglich ist.

H Moment, da geht doch einiges durcheinander. Ich erinnere erstens an den Status des Rechtes der Natur. Es ist dies ja eher ein faktisches Vermögen, weil es nur so weit reicht, wie die Fähigkeiten des Einzelnen, sich und seine Habe zu behaupten. Der Verzicht hierauf bedeutet also einfach den Verzicht, seine Möglichkeiten auch zu verwirklichen.

D Wenn man aber nicht auf das Recht als Vermögen insgesamt, sondern nur auf die Ausübung im besonderen verzichtet, so bliebe die Nicht-Ausübung doch von der Voraussetzung abhängig, daß der Einzelne stets meint, der Ausübungsverzicht sei seiner Selbsterhaltung dienlich. Mit anderen Worten: Sobald diese Voraussetzung fehlt, fällt auch der auf sie gegründete Gewaltverzicht weg. Ist eine derart begründete Ordnung nicht notorisch instabil?

5. Die legitime Autorität des Staates: Schutz und Gehorsam

H Ich glaube, daß das bei Hobbes nicht zum Problem wird, denn wenn alle einzelnen in den Vertrag eingewilligt haben, und danach ein Individuum seine Zustimmung wieder entzieht, dann setzt es sich dem Risiko der Bestrafung aus. Denn wenn der Staat erst einmal existiert, dann ist der Ausstieg aus dem Vertrag nicht mehr so ohne weiteres möglich. Jedenfalls hat dann der Staat die Autorität, einer derartigen Subversion legitim entgegenzutreten. In diesem Kontext lohnt es, sich Hobbes' Theorie der Autorität und der Autorisierung genauer anzusehen, die er im 16. Kapitel des *Leviathan* erläutert. Dazu hier nur so viel: Autorität hat bei Hobbes zwei Aspekte, nämlich denjenigen der legitimen Repräsentation und denjenigen der Macht. Die Autorität – von Hobbes als „Recht auf irgendeine Handlung" (L 123) definiert – entsteht durch Übertragung, und in diesem Prozeß entsteht auch die Macht des Staates.

G Es handelt sich also um einen Machtbildungsprozeß im Sinne des Machtbegriffs von Hannah Arendt, den wir bereits kennengelernt haben. Die Macht, die der Staat braucht, um die Einhaltung der Gesetze der Natur zu gewährleisten, beruht auf der Autorisierung und mithin Anerkennung seitens der Machtadressaten, so daß es von hier aus nur noch „ein kleiner Schritt zu einer demokratischen Repräsentationstheorie" gewesen wäre.[14]

H Genauso kann man das entwickeln, wobei ich selbst weiter gehen und sagen würde, daß Hobbes auch diesen Schritt tatsächlich getan hat – vorausgesetzt, man versteht Repräsentation richtig. Dazu komme ich gleich. Zunächst muß man beachten, daß der Staat eine auf Dauer gestellte Institution darstellt, deren Macht relativ verfestigt ist, und zwar bereits aufgrund der schieren Größe seines Potentials: Letzteres beruht auf der Autorisierung durch alle Gesellschaftsglieder. Wenn dann einzelne Untertanen die Macht des Staates nicht mehr anerkennen wollen, so wirkt sich das faktisch nicht besonders auf die Macht des Staates aus. Es handelt sich bei der Macht des Staates also um relativ verfestigte Macht, die aber gleichwohl grundsätzlich einen quasi „flüssigen" Charakter hat, in „Bewegung" oder genauer: fluent ist und also von der Zustimmung der Menschen abhängig bleibt. Daß indes ganze Staaten zusammenbrechen können, wenn die Menschen ihre Zustimmung entziehen, kann man an verschiedenen Beispielen aus der Geschichte – etwa im Falle der Weimarer Republik – ersehen.

W Was hat es nun mit der Repräsentation auf sich?

H Der durch den Leviathanvertrag gegründete Staat ist der Repräsentant der Gesellschaft. Das heißt: Erst im Staat wird die Vielheit der Individuen zu einer handlungsfähigen Einheit; oder umgekehrt: die Vielheit der Individuen wird erst im Staat als Einheit überhaupt präsent und handlungsfähig. Das bedeutet übrigens keine substanzielle Verschmelzung der Individuen miteinander oder etwas ähnliches. Man kann sich das wie eine juristische Person vorstellen.

G So, wie in der juristischen Person diese ein Eigenleben gegenüber ihren Mitgliedern entwickelt, ohne daß deren Individualität verlorengeht, so besteht auch der Staat, ohne daß die Individuen als Individuen aufhörten zu existieren und in eine ominöse Gemeinschaft verschmölzen.

W Gut. Aber wie konzipiert Hobbes nun im einzelnen das Verhältnis zwischen dem Staat und den Individuen? Welche politischen Mitgestaltungs- und persönlichen Entfaltungsmöglichkeiten läßt er den Bürgern?

H Über die Befugnisse des Staates äußert sich Hobbes unter anderem im 18. Kapitel des *Leviathan*. Was er dort schreibt, hat viele Interpreten dazu geführt, in Hobbes einen Apologeten des absolutistischen, omnikompetenten und antiliberalen Staates zu sehen.[15] Da ist zunächst die Tatsache, daß der Staat selbst nicht Vertragspartner ist. Der Staat bleibt nach der Konstruktion des Hobbes als einziger im Naturzustand und behält somit sein Recht auf alles. Weil er selbst nicht Vertragspartner ist, kann er auch kein Unrecht tun, da er mit seinem Handeln keinen Vertrag brechen kann. Ferner kann beispielsweise eine Veränderung der staatlichen Ordnung nur aufgrund des Willens des Herrschers stattfinden. Weiter legt Hobbes dar, daß der Staat Zensur ausüben darf, daß es keine Trennung der staatlichen Gewalten gibt oder daß es Aufgabe des Staates ist, die staatlichen Zwecke gegenüber kirchlichen Lehren zu wahren und durchzusetzen sowie zu entscheiden, was gelehrt werden darf. Der Staat ist also nicht nur höchste exekutive, gesetzgebende und richterliche, sondern auch höchste geistliche Gewalt. Und die Bürger schulden dem Staat Gehorsam, ohne daß sie eine legitime Möglichkeit hätten, den Staat aufgrund irgendwelcher staatlicher Handlungen wieder loszuwerden. Denn zum einen sind sie selbst durch den Leviathanvertrag die Autoren des staatlichen Handelns – der Grund, warum dieses als legitim zu akzeptieren ist – und zum anderen ist die Entscheidung über Recht und Unrecht eine ausschließliche Entscheidung des Staates.

W Das klingt doch in der Tat wie eine Verteidigung des absolutistischen Staates, und wenn Du Platon verdächtigst, daß dessen Staatsentwurf totalitären Charakter habe, so darf ich nun gegen Hobbes den Vorwurf des Absolutismus erheben.

H Man darf bei einer solchen Beurteilung nicht außer acht lassen, daß es Hobbes nicht etwa um die Bevormundung der Bürger in ihrer privaten Lebensführung geht. Die Kompetenzen des Staates beziehen sich – wie es im Leviathanvertrag heißt – allein auf den Erhalt des allgemeinen Friedens und der allgemeinen Sicherheit. So schreibt Hobbes auch, daß der Zweck des Gehorsams der Bürger der Schutz durch den Staat sei (L 171). Schutz und Gehorsam gehören also zusammen zur Bewahrung des öffentlichen Friedens. Und das gilt auch für kirchliche Lehren: Nach Hobbes' Auffassung sind diese illegitim, wenn sie den öffentlichen Frieden stören. Um die Verbreitung solcher Lehren seitens der Kirche zu vermeiden, unterstellt Hobbes auch die geistlichen Fragen der Autorität des Staates, der somit zur Kirche wird (L 139 f.). Damit reagiert Hobbes zum einen auf spezifische religionspolitische Fragen seiner Zeit, zum anderen aber verfolgt er konsequent die Auffassung, daß die zivile Gewalt des Staates allein für den öffentlichen Frieden verantwortlich ist und sich in dieser Frage auch nicht von kirchlichen Doktrinen abhängig machen darf.

D Na ja, auf den ersten Blick paßt doch kaum zusammen, daß der Staat keine „Bevormundung der Bürger in ihrer privaten Lebensführung" will und dennoch die kirchliche Lehrfreiheit beschränkt. Es ist ja nicht so, als habe sich Hobbes theologisch neutral verhalten und Glaubensfragen nicht thematisiert. Im Gegenteil: die Hälfte des *Leviathan* und ein großer Teil von *De Cive* ist theologischen Streitfragen gewidmet. Hobbes versucht nämlich, seine Staatslehre nicht gegen das kirchliche Denken durchzusetzen, sondern zu zeigen, daß schon von der Theologie her ein weltanschaulich neutraler Staat zu wünschen sei. Um dies aber darlegen zu können, muß man – meint Hobbes – selber (eine ganz bestimmte) Theologie treiben.[16]

H Was Du zur Hobbesschen Theologie sagst, trifft zu, doch kann ich nicht sehen, inwiefern dies meiner Feststellung widerspricht, daß es Hobbes nicht um die private Bevormundung der Bürger gehe. Ich will es noch einmal betonen: Hobbes denkt über die Herstellung des öffentlichen Friedens nach, und es ist ja gerade seine Leistung, die gesellschaftlichen Grundlagen des öffentlichen Friedens außer Streit zu stellen. Letzteres geschieht bei ihm in der Tat auch dadurch, daß er sogar die Theologie politisch „neutralisiert". Aber was den Staatsbürger betrifft, ist es ganz klar: Der Bürger im Staat kann nämlich nach Hobbes' Entwurf glauben, was er will. Allein im *öffentlichen* Leben kann von ihm verlangt werden, sich zu dem Satz zu bekennen, daß Jesus der Christus ist.

D Was nicht gerade wenig ist.

H Dieser Satz ist gewissermaßen das Minimalbekenntnis der Bürger, das im öffentlichen Leben ihr Handeln leiten muß. Aber es ist nur eine Art Lippenbekenntnis. Ob die Bürger diesem auch innerlich folgen, interessiert für den öffentlichen Frieden nicht. Hobbes unterscheidet also zwischen dem Bekenntnis (confessio) und dem inneren Glauben (fides). Und der innere Glauben wird keinem öffentlichen Zwang unterworfen. Die Verlegung der religiösen Überzeugung in den Bereich des Privaten macht die Religion zur Privatsache und entzieht sie dem öffentlichen Streit. Die Religion wird um des Friedens willen privatisiert. Und da Hobbes mit dieser These natürlich namentlich den verbreiteten theologischen Auffassungen seiner Zeit widersprach, versuchte er, seine Theorie auch theologisch abzusichern, indem er den Nachweis unternahm, daß „der einzige Glaubensartikel, den die Schrift für die Errettung schlechthin voraussetzt", laute: „Jesus ist der Christus" (L 450).[17] Ich komme zum Absolutismusproblem zurück: Nach dem Ausgeführten würde ich also sagen, daß die Hobbessche Staatskonstruktion wohl absolutistische Elemente enthalten mag – und zwar bezüglich der politischen Entmündigung der Bürger in diesem Staat, auf die ich noch zu sprechen komme. Aber im ganzen stellt Hobbes' Konstruktion keineswegs eine Apologie des Absolutismus dar. Hobbes beschreibt die Bedingungen, unter denen der moderne Staat den Frieden gewährleisten kann. Und zu diesen Bedingungen gehört der Besitz der Letztentscheidungskompetenz, also der Souveränität. Daß es nur um diesen Frieden geht, zeigt sich auch darin, daß für Hobbes die Gehorsamspflicht der Bürger endet, wenn der Staat den Schutz nicht mehr gewährleisten kann (L 171). Im übrigen kann man gut zeigen, daß Hobbes ein durchaus liberaler Denker ist, für den der Staat die Freiheit seiner Bürger sichern soll.

G Aber verträgt sich mit Ihrer letzten Behauptung auch Hobbes' Gegnerschaft zur Gewaltenteilung? Diese ist im Verfassungsstaat eines der Ordnungsprinzipien, die der Freiheit dienen, und Hobbes wendet sich ausdrücklich gegen dieses Prinzip.

H Man darf da zum einen Hobbes nicht mißverstehen und muß sich zum anderen genau vergegenwärtigen, was Gewaltenteilung im Verfassungsstaat eigentlich bedeutet. Es geht ja auch im modernen Rechtsstaat niemals um eine Teilung der Gewalten, sondern um funktionale Unterscheidungen und wechselseitige Verschränkungen der Gewalten.[18] Der Punkt, auf den es ankommt ist, daß die souveräne Gewalt eine einzige ist – das ist es, was Hobbes betont (L 248 ff.). Und diese Staatsgewalt differenziert sich nach funktionalen Erfordernissen aus. Gegen die Ausdifferenzierung wendet sich Hobbes gar nicht, sondern er betont, daß die Vorstellung *getrennter* Gewalten verfehlt ist, wobei er sich hier abermals insbesondere auch gegen Suprematieansprüche der geistlichen Gewalt, der Kirche wendet: Eine Trennung der höchsten Gewalten, so Hobbes, bedeutet die Auflösung der höchsten Gewalt (L 248). Denn wenn zwei voneinander getrennte Gewalten, die keine höhere Gewalt über sich haben, im Streit untereinander liegen, wer kann dann legitimerweise als übergeordnete Macht über diesen Streit richten?

D Also geht es auch hier letztlich wieder um die Vermeidung des Krieges eines jeden gegen jeden.

H Ganz genau: Hobbes denkt strikt von der Problematik des öffentlichen Friedens her. Und zur Gewährleistung dieses öffentlichen Friedens darf die souveräne Gewalt nicht geteilt werden. Dem steht nicht entgegen, daß die Staatsgewalt sich in verschiedenen Funktionen und die entsprechenden Staatsorgane ausdifferenziert.

D Hätte es nicht nahegelegen, das Motiv des Friedens auch völkerrechtlich durchzuspielen und einen Völkerstaat zu fordern, um den Frieden auch zwischen den Staaten herzustellen – und zwar mittels eines Leviathanvertrages zwischen den Staaten?

H Für Hobbes lag diese Überlegung noch fern, aber tatsächlich hat ja den von Dir skizzierten Gedanken später Kant in gewisser Weise entwickelt.

IV. Hobbes als Ahne des Rechtspositivismus

G Die Argumentation Hobbes' ist bis zum jetzt erreichten Punkt einleuchtend. Es bedarf zur Bewahrung des öffentlichen Friedens einer Instanz der souveränen Letztentscheidung. Und das ist der Staat. Das stellt sich staatsphilosophisch auch heute unter der Geltung des Grundgesetzes nicht anders dar, wenn auch „der Staat" angesichts der föderativen Gliederung in den Bund und sechzehn Länder kein taugliches Subjekt eines dogmatisch präzisen juristischen Satzes ist. Die Rede vom Staat im Singular ist also nur dogmenphilosophisch richtig, nicht dogmatisch. Aber ich möchte noch einmal auf die Problematik des Rechts zurückkommen. Es war bereits die Rede vom Recht der Natur, von dem wir festgestellt haben, daß Hobbes hierbei nicht an ein substanzielles Naturrecht im Sinne der Tradition denkt. Genau genommen ...

H ... gibt es im Naturzustand kein Recht. Die Unterscheidung von Recht und Unrecht kann es nach Hobbes erst im Staat geben. Sie – diese Unterscheidung – ist an Gesetze gebunden und setzt die Gesetze voraus, da erst diese die Freiräume des Rechts konstituieren.

G Können Sie den Zusammenhang zwischen Recht und Gesetz näher erläutern? Was ist Hobbes' Rechts- bzw. Gesetzesbegriff? Und was sagt Hobbes über die Gerechtigkeit?

H Zunächst betont Hobbes die Notwendigkeit, zwischen Recht und Gesetz, zwischen ius und lex, zu unterscheiden (L 99, *Dialog* 71 f.). Recht besteht für Hobbes in der Freiheit, etwas zu tun oder zu unterlassen, „während ein Gesetz dazu bestimmt und verpflichtet, etwas zu tun oder zu unterlassen" (L 99). Recht ist also Freiheit, Gesetz eine Anordnung, ein Befehl, dem der Adressat des Gesetzes zu gehorchen hat. Die Hobbessche Unterscheidung zwischen Gesetzen der Vernunft und bürgerlichen Gesetzen paßt in diese Definition hinein[19]: Die Gesetze der Natur sind Verpflichtungen der Vernunft, die bürgerlichen Gesetze sind Verpflichtungen im Staat. Wir wollen jetzt nur die bürgerlichen Gesetze betrachten: Im vorstaatlichen Naturzustand gibt es keine bürgerlichen Gesetze, weil es keine legitime Gehorsamspflicht des Individuums gibt, denn der Einzelne ist hier niemandes Untertan. Deshalb kann es bürgerliche Gesetze erst im Staat geben. Die bürgerlichen Gesetze bestimmen wiederum Freiräume (und deren Grenzen) für das Handeln der Untertanen im Staat, weshalb man die bürgerlichen Gesetze im Sinne Hobbes auch als Rechtsgesetze bezeichnen könnte (dazu L 221). Hobbes schreibt: „Zuerst einmal ist offensichtlich ein Gesetz, allgemein gesehen, nicht Rat, sondern Befehl. Es ist auch nicht der Befehl, den beliebige Menschen aneinander richten, sondern nur der Befehl an einen Menschen, der schon vorher zum Gehorsam gegen einen anderen verpflichtet war. Und was das bürgerliche Gesetz betrifft, so fügt es ihm nur den Namen der befehlenden Person hinzu, nämlich persona civitatis, die Person des Staates. Nach diesen Bemerkungen definiere ich das bürgerliche Gesetz folgendermaßen: Die bürgerlichen Gesetze sind die Regeln, die der Staat jedem Untertanen durch Wort, Schrift oder andere ausreichende Willenszeichen befahl, um danach Recht und Unrecht, das heißt das Regelwidrige und das der Regel Entsprechende, zu unterscheiden" (L 203). Und wenige Zeilen später schreibt Hobbes: „Jeder sieht auch, daß Gesetze die Regeln für gerecht und ungerecht sind, da nichts als ungerecht angesehen werden kann, das nicht einem Gesetz widerspricht. Ebenso, daß niemand anderes als der Staat Gesetze erlassen kann, da wir nur dem Staat unterworfen sind, und daß Befehle durch ausreichende Zeichen kenntlich gemacht werden müssen, da andernfalls niemand weiß, wie er ihnen gehorchen soll" (L 204). Und im *Dialog* schließlich meint er knapp und prägnant: „Gesetze sind also ihrem Wesen nach die Voraussetzung für Gerechtigkeit und Ungerechtigkeit" (*Dialog* 71).

G Das ist eine klare Argumentation. Deshalb kann man jetzt noch deutlicher sagen, warum Hobbes ein Naturrecht im traditionellen Sinne als vorstaatliches Recht ablehnt: Nur im Staat macht die Unterscheidung zwischen Gerechtigkeit und Ungerechtigkeit Sinn, da es im vorstaatlichen Zustand nur individuell-subjektive Gerechtigkeitsauffassungen gibt, ohne Verbindlichkeit für andere. Und im Staat gibt es keine legitime Berufung auf Gerechtigkeitsgrundsätze, die nicht dem positiven Recht entsprechen. Das ist in seiner Radikalität faszinierend, denn auch hier hat Hobbes wieder den gesellschaftlichen Frieden im Blick: wer sich im Staat auf irgendwelche Gerechtigkeitsvorstellungen beruft, um gegen den Staat und seine Gesetze zu opponieren, gefährdet damit nach der Hobbesschen Logik den öffentlichen Frieden.

D Mich stimmt diese „Radikalität" eher bedenklich. Im Beispiel heißt das: ein Mensch, der im Naturzustand jemanden tötet oder beraubt, weil er dies zur Selbsterhaltung nützlich erachtet, tut seinem Opfer kein Unrecht – und wenn er im Staat ebenso handelt, so verstößt er damit nicht gegen „das Recht schlechthin" oder gegen „unveräußerliche" Rechte des Geschädigten, sondern allein gegen die positive staatliche Ordnung, weil und sofern diese jenes untersagt.[20] Vor diesem Hintergrund steht die berühmte Formel im 26. Kapitel der lateinischen Ausgabe des *Leviathan*: „Auctoritas non veritas facit legem" – nicht die Wahrheit, sondern die Autorität, oder wie der deutsche Übersetzer der lateinischen Ausgabe schreibt: „die öffentliche Bestätigung",[21] erzeugt das Gesetz.

H Mit Hobbes könnte man gegen Deine Ausführungen zur Bedenklichkeit der „Radikalität" folgendes fragen: Was wäre denn gewonnen, wenn man mit einer Handlung, der Tötung, dem Diebstahl etc. auch noch gegen „das Recht schlechthin" – was immer das nun wieder sein mag – oder gegen „unveräußerliche" Rechte des Geschädigten verstieße? All das nützt dem Geschädigten doch nichts. Für den Geschädigten ist wichtig, daß er seine Rechte durchsetzen kann. Und durchsetzen kann er sie nur im Staat und durch den Staat. Wo soll hier das Bedenkliche liegen? Rechte sind erst etwas wert, wenn ein Staat sie positiviert und durchsetzt. Und wenn der Staat dies tut, brauche ich die Rechte nicht noch einmal quasi zu verdoppeln. Klar, das ist schon eine rechtspositivistische Argumentation, das muß man sehen.

W Und das soll kein Absolutismus sein? Macht erzeugt Recht, was hier doch wohl bedeutet, daß jeder beliebige Machtspruch, jeder Befehl der Obrigkeit auch

Recht und sogar rechtens ist. Worin unterscheidet sich Hobbes' Bestimmung des Rechts dann aber von derjenigen, die Platon im ersten Buch der *Politeia* einen gewissen, sonst nicht weiter bekannten Thrasymachos vertreten läßt? Demnach sei das Gerechte „das dem Stärkeren Zuträgliche" und staatliche Gesetze wären nichts anderes als Befehle, welche die Mächtigen erlassen, um ihre Macht zu sichern (338c-339a). Die Argumente gegen eine solche Position liegen auf der Hand. So läßt etwa Platon Sokrates als erstes fragen, ob demnach ein Gesetz auch dann gelte, wenn der Mächtige, der es erläßt, in dem, was seine Macht erhält, irrt, also eigentlich das ihm nicht Zuträgliche befiehlt. Gemäß Thrasymachos' Definition jedenfalls müßte es gerecht sein, dieses Gesetz mit Berufung darauf, was dem Mächtigen wirklich nützlich ist, zu übertreten. Entgegen Thrasymachos' Position kann sich dann aber Gerechtigkeit gerade nicht im Befolgen von beliebigen Befehlen der Obrigkeit erschöpfen; die Befehle müßten, um verbindlich zu sein, vielmehr tatsächlich im Interesse des Machterhalts stehen. Mir scheint nun, daß Hobbes zumindest in eine ähnliche Aporie hineingerät.

H Moment! Was heißt hier „ähnliche Aporie"? Und überhaupt: Wenn ich das richtig sehe, geht es doch bei der von Dir angegebenen Platonstelle um das Problem einer Definition der Gerechtigkeit unter Rückgriff auf einen Nutzen, im speziellen Falle auf den Nutzen der Mächtigen. Davon kann bei Hobbes nicht die Rede sein. Gewiß: Hobbes macht es sich recht einfach mit der Gerechtigkeit – meines Erachtens eine Folge seiner Zurückweisung des summum bonum. Aber er macht sich nicht zum Anwalt der Auffassung, daß es im Staat um den Vorteil oder den Nutzen der Herrschenden gehe. Sein Punkt ist lediglich, daß der Staat keiner außerhalb seiner eigenen Gesetze bestehenden Gerechtigkeitsverpflichtung unterworfen ist. Und zu diesem Punkt gilt es dann, das folgende zu bedenken: Zunächst ist die Macht des Staates eine legitime Macht. Wohl um genau das auszudrücken spricht Hobbes an der von D zitierten Stelle nicht einfach von potestas, er sagt also nicht „potestas facit legem", sondern er spricht von auctoritas, von Autorität, und das ist in seiner Theorie – wie wir gehört haben – das „Recht auf irgendeine Handlung" (L 123). Zweitens geht es bei der Gesetzgebung nicht um willkürliche Akte eines Herrschers, womöglich noch zum eigenen Nutzen des Herrschers. Die Tätigkeit des Staates – und das heißt hier auch: die Gesetzgebung – ist an den Sinn des Staates gebunden. Der Sinn des Staates ist die Aufrechterhaltung des öffentlichen Friedens, des zivilen Zustandes, und dieser Sinn begrenzt auch die Reichweite der staatlichen Tätigkeit. Und schließlich begründet Hobbes hier genau das, was in jedem modernen Rechtsstaat selbstverständlich ist, nämlich die Ausschließlichkeit der Gesetzgebung seitens des Staates. Keine Einzelperson und keine gesellschaftliche Gruppe kann ein Gesetz erlassen und seien ihre Überlegungen noch so tiefgründig und vernünftig. Deshalb hat die berühmte Stelle des Hobbes' auch nichts mit einer Verachtung der Vernunft zu tun. Er begründet hier nur das Rechtssetzungsmonopol des modernen Staates.

W Zugegeben: Hobbes' Position ist sicherlich um vieles ausgearbeiteter und auch inhaltlich anspruchsvoller als jene des platonischen Thrasymachos. Dennoch scheint sie mir hinreichend strukturverwandt, um an ähnlichen Mängeln zu leiden. Denn Hobbes muß sich die Frage gefallen lassen, ob ein vom Staat erlassenes Gesetz, das jene Sicherheit, um derentwillen der Staat überhaupt besteht und nur durch deren Gewährleistung er ja legitimiert ist, faktisch untergräbt, die Untertanen tatsächlich bindet. Wäre es demnach nicht gerade im Sinne des Staates, seiner Autorität und der darauf beruhenden Rechtsordnung, einem solchen Gesetz zuwiderzuhandeln? Müßte nach Hobbes in einem solchen Fall dann aber nicht eigentlich die Verpflichtung zur Gesetzesübertretung bestehen? Offenbar also hat der Staatszweck Sicherheit im Hobbesschen System durchaus den Charakter eines Naturrechts, worauf der Bürger sich legitimerweise berufen darf, wenn er zivilen Ungehorsam[22] übt. Folglich scheint Hobbes' Rechtspositivismus, wie Du ihn darstellst, zu seiner ganzen Staatsbegründung im Widerspruch zu stehen.

H Du irrst Dich – das Gegenteil ist der Fall: Deine Argumentation mißachtet eine Prämisse des Hobbes, die den Widerspruch verhindert. Diese Prämisse lautet: Wenn sich der Einzelne zum Richter aufschwingt und die Berufung auf irgendeine subjektive Einsicht zum Ausgangspunkt eines – wie Du das euphemistisch nennst – „zivilen Ungehorsams" macht, so zerstört er die allgemeinen Grundlagen der öffentlichen Friedensordnung. Denn: Wenn dies alle tun – und warum sollten sie das Deiner Argumentation nach nicht? – haben wir genau jene Situation, um deren Überwindung willen Hobbes ja seine gesamte Argumentation entwickelt, nämlich den Bürgerkrieg. Der Bürgerkrieg wird überwunden mittels der überlegenen Instanz des Staates, der das Rechtssetzungs-, Rechtsprechungs- und das Rechtdurchsetzungsmonopol innehat. Wer diese Monopole nicht anerkennt, zerstört den Frieden. Daß es kein Widerstandsrecht gibt, und auch nicht geben kann, findet seine Begründung also im Friedens- und Sicherheitszweck des Staates: Selbständige Gesetzesinterpretation durch die Bürger zerstörte die Rechtssicherheit. Allerdings gibt es selbst im Hobbesschen Staat eine Grenze des Gehorsams – nämlich dort, wo es um die Selbsterhaltung des Einzelnen geht. Wenn der Staat selbst das Leben des Einzelnen unmittelbar bedroht, darf dieser sich der Bedrohung entziehen, denn sein Recht auf Selbsterhaltung (das ja zur Konstituierung des Staates führte) kann er nicht aufgeben (L 101). Das, so Hobbes, sehe man auch daran, daß Verbrecher durch Bewaffnete zur Hinrichtung oder ins Gefängnis geführt würden (L 107). Aber all das begründet keineswegs ein Widerstandsrecht: „Niemand hat die Freiheit, dem staatlichen Schwert Widerstand zu leisten" (L 169).

G Man muß das Rechtsdenken des Thomas Hobbes als äußerst modern ansehen: Seine Auffassung vom bürgerlichen Gesetz löst die Gesetze des Staates von jeder Abhängigkeit gegenüber religiösen oder wissenschaftlichen oder sonstigen Wahrheiten. Die Gesetze gelten allein aufgrund ihrer positiven Bestimmtheit durch den legitimen Gesetzgeber. Das garantiert zum einen die Neutralität der staatlichen Rechtsgesetze, zum anderen zeigt es, wie sich das positive Gesetzesrecht in der Neuzeit als ein selbständiges und von anderen Systemen unabhängiges Teilsystem der Gesellschaft entwickeln kann. Aus dieser Perspektive ist Hobbes zweifellos ein wichtiger Ahne des modernen Rechtspositivismus.

V. Hobbes als liberaler Theoretiker

H Und man muß darüber hinaus sehen, daß aus dieser Rechtsauffassung eine durchaus liberale Vorstellung von der Gesellschaft resultiert, die allerdings mit einigen Problemen behaftet ist. Zunächst aber zur Hobbesschen Gesellschaftsauffassung. Hobbes bezeichnet die bürgerlichen Gesetze als „künstliche Ketten"

(L 164), die sich die Menschen geschaffen haben, indem sie den Staat, den Leviathan begründeten, der diese bindenden Gesetze, die Hobbes auch „Bande" im Sinne von Verbindungen nennt, erläßt. Im 21. Kapitel des *Leviathan* befaßt sich Hobbes „in bezug auf diese Bande" (L 165), also in bezug auf die bürgerlichen Gesetze, mit der Freiheit der Untertanen. Interessant ist hierbei unter anderem, daß er sogleich erklärt, daß es auf der ganzen Welt keinen Staat gebe, „der genügend Vorschriften zur Regelung aller menschlichen Handlungen und Äußerungen erlassen" habe, „da dies unmöglich" sei (L 165). Aus diesem Befund folgt für Hobbes „notwendig, daß die Menschen in allen vom Gesetz nicht geregelten Gebieten die Freiheit besitzen, das zu tun, was sie auf Grund ihrer eigenen Vernunft für das Vorteilhafteste halten" (L 165). Diese Freiheit wiederum vollzieht sich in dem durch die bürgerlichen Gesetze gesetzten Rahmen, also beispielsweise im Rahmen des Eigentumsrechts, denn Eigentum ist nach Hobbes ein Rechtsinstitut und nicht etwas naturhaft Ursprüngliches. Mein und Dein bemißt sich nach dem vom Souverän erlassenen Gesetz.

G Genauso verhält es sich wegen Art. 14 Abs. 1 Satz 2 GG (nach dem Inhalt und Schranken des Eigentums durch die Gesetze bestimmt werden) auch im Geltungsbereich des Grundgesetzes.

H Jedenfalls setzt der Staat des Hobbes eine Gesellschaft von Individuen frei, und das zeigt meines Erachtens deutlich, daß es sich hier nicht um eine absolutistische Theorie handeln kann. Hobbes ist durchaus ein Theoretiker der bürgerlichen Gesellschaft und in diesem Sinne ein Liberaler.[23]

G Es ist vielleicht nicht verfehlt, hier von einer quasi altliberalen Auffassung vom Nachtwächterstaat bei Hobbes zu sprechen.[24]

H Allerdings muß man an diesem Punkt noch ein Weiteres bedenken. Bei Hobbes erfolgt eine strikte Trennung der Bereiche des Staatlich-Politischen einerseits und des Gesellschaftlichen und Privaten andererseits. Der Bereich der Gesellschaft und des Privaten ist die Sphäre der bürgerlichen Freiheit, in der die Bürger im Rahmen der Gesetze ihren Geschäften nachgehen und sich die Mittel für ein angenehmes Leben erwirtschaften. Diese Freiheit ist eine Art „Nebenprodukt" der Staatsgründung und sie ist eine politisch irrelevante Freiheit. Und genau hierin bestehen die Probleme, von denen ich gerade sprach.

G Was ist hier die Pointe?

H Nun, die Konsequenz der Trennung des vom Staat monopolisierten öffentlichen Bereichs auf der einen Seite, dessen politischer Sinn die Gewährleistung des Friedens und der Sicherheit ist, vom gesellschaftlichen und privaten Bereich auf der anderen Seite – also von Politik und Nicht-Politik –, bedeutet die politische Irrelevanz gesellschaftlichen Handelns. Und in diesem Sinne handelt es sich beim Hobbesschen Leviathan um einen Untertanenstaat, der zwar eine gesellschaftliche, aber keine politische Freiheit kennt.

G Könnte man nicht das Deutsche Kaiserreich von 1871 als ein – wie immer hinkendes – Beispiel eines Hobbesschen Leviathan anführen? Jedenfalls war das Kaiserreich ein Staat, der eine freie Wirtschaftsgesellschaft umfaßte, dessen Politik aber obrigkeitlich bestimmt wurde, also namentlich ohne eine parlamentarische Verantwortlichkeit der Reichsleitung.

H Ein bezüglich dieses Aspektes des Hobbesschen Leviathan passendes Beispiel. Und nun das aus dieser Konstruktion Hobbes' resultierende Problem: In Hobbes'

Modell stehen sich, anders und genauer gesagt der weltanschaulich neutrale Staat und das weltanschaulich souveräne Individuum unvermittelt gegenüber. Der Staat respektiert die privaten Überzeugungen einzelner Bürger – sofern sie nicht deren Loyalität gegenüber dem Staat beeinträchtigen –, wobei jedoch keine Meinung Anspruch auf größere Bedeutung vor anderen Überzeugungen erhalten kann und wobei der privaten Gesinnung oder Glaubensüberzeugung jegliche politische Dimension genommen wird. Dadurch – das ist die positive Seite, die allein Hobbes interessierte – wird ein Rückfall in den Bürgerkrieg der religiösen Anschauungen und metaphysischen Überzeugungen, ein Krieg der Wahrheiten gegeneinander, verhindert. Denn die Anschauungen, Überzeugungen und Wahrheiten sind eben politisch neutralisiert, in die Privatheit abgedrängt. Treten solche Anschauungen mit dem Anspruch öffentlicher Verbindlichkeit gegen den Staat und seine Gesetze tatkräftig in Erscheinung, so werden sie vom Staat bekämpft, weil sie den gesellschaftlichen Frieden gefährden. Wenn man nun aber Hobbes' Modell weiterdenkt, so führt die Monopolisierung der Politik, wenn ich so sagen darf, nicht nur zur Entfaltung des bürgerlichen Erwerbssinns, sondern zur Entstehung zweier Öffentlichkeiten, die der Trennung von Staat und Gesellschaft folgt: Es entsteht eine primär politische Öffentlichkeit des Staates und eine gesellschaftliche Öffentlichkeit, die sich etwa in Kunst und Literatur manifestiert. Damit aber bestehen für das Individuum innerhalb des Staates zwei Orientierungsmöglichkeiten, nämlich zum einen eine Orientierung am Staat und seinen Leistungen, das heißt eine „Output-Orientierung", wie sie für einen Untertanenstaat typisch ist. Zum anderen eröffnet sich die Möglichkeit der Orientierung am gesellschaftlichen Binnenraum, und diese wiederum führt zu einer unpolitischen (da politisch unwirksamen) Kritik der Politik. In einem Gemeinwesen aber, in dem zwei Öffentlichkeiten sich unvermittelt gegenüberstehen, droht dem Staat schließlich doch der Legitimitätsverlust, da die im gesellschaftlichen Bereich vom Staat als mündig anerkannten Bürger auch politisch als mündig anerkannt werden wollen. Weist der Staat ihr Streben nach auch politischer Freiheit zurück, so wird die Gesellschaft diesen Staat zu überwinden trachten. Das ist die dem Leviathan des Hobbes innewohnende Sprengkraft.[25]

G Und diese läßt sich aus unserer Perspektive nur dadurch überwinden, daß man den Bürgern auch die Teilnahme am politischen Leben eröffnet, das heißt, daß man den Hobbesschen Leviathan zu einer Demokratie weiterentwickelt.

D Also kann man so gesehen eine gewisse Ambivalenz in Hobbes' Entwurf erkennen: Einerseits eine dem Inhalt nach liberale Theorie, nach der der Staat die gesellschaftliche Freiheit sichert und in die Lebensentwürfe seiner Bürger nicht eingreift. Andererseits aber zeichnet diese Theorie das Bild des Untertanenstaates, der vereinzelte absolutistische Elemente in sich enthält und dem es im übrigen überlassen bleibt, wie weit die von ihm gewährte gesellschaftliche Freiheit gehen darf.

H Hinsichtlich der Freiheitsproblematik kann man das so resümieren. In bezug auf die Friedensproblematik bleibt es das unvergängliche Verdienst Hobbes', gezeigt zu haben, daß der gesamtgesellschaftliche Frieden der Autorität des Staates geschuldet, mithin ein Werk der Politik ist. Ferner macht Hobbes auch unmißverständlich klar, daß der vom Staat gewährleistete Frieden unabdingbare Bedingung aller höheren Kultur ist. Und schließlich liefert uns Hobbes eine politische

Tugendlehre, die sich an das Bürgertum seiner Zeit wendet. Denn man darf nicht vergessen, daß Hobbes ja nicht für fiktive Naturzustandsbewohner schreibt, sondern sich an Menschen richtet, die den staatlichen Friedenszustand kennen.[26] Ihnen liefert er im Gewande seiner Vernunftgebote (d.h. der Gesetze der Natur, die ja im staatlichen Zustand weiterhin gelten) einen Tugendkatalog, der den Bürger zu einem dem staatlichen Frieden förderlichen Handeln anleitet (deutlich etwa L 118). Daß der Hobbessche Leviathan unter dem Gesichtspunkt politischer Freiheit defizitär bleibt, verweist auf die Notwendigkeit, das Modell des englischen Philosophen in Richtung politische Freiheit und Demokratie weiterzuentwickeln. Die entscheidenden nächsten Schritte hierzu werden von Locke und Rousseau vollzogen, die beide Hobbes viel verdanken.

§ 8 Locke und der Schutz von Freiheit und Eigentum

I. Zugang zu Lockes Philosophie

1. Zugang über die Wirkungsgeschichte

G Daß John Locke (1632-1704)[1] in unserem Dialog über die Dogmenphilosophie des Grundgesetzes nicht fehlen darf, erklärt sich auch wirkungsgeschichtlich: aus der Wirkung seiner *Two Treatises of Government* (*Zwei Abhandlungen über die Regierung*, 1690) auf die Amerikanische Unabhängigkeitserklärung von 1776 ...
H ... für die John Locke gewissermaßen zum Großvater geworden ist, weil Thomas Jefferson – der Vater der Erklärung – die bekannten „unveräußerlichen Rechte" der Eingangspassage („Leben, Freiheit und Streben nach Glück") aus dem Grundgedanken der *Zweiten Abhandlung* übernommen und zum „Ausdruck amerikanischer Geisteshaltung" erklärt hat.[2]
G Wenn man bei diesem Verwandtschaftsvergleich bleibt, dann haben die Eltern des Grundgesetzes John Locke zum Urgroßvater gemacht: Sie haben das naturrechtliche Erbe „unveräußerlicher Menschenrechte" (Art. 1 Abs. 2 GG) angenommen, es aber darüber hinaus im Sinne der Menschen- und Bürgerrechtserklärungen der amerikanischen und französischen Revolution (herausragend: Virgina Bill of Rights von 1776 und Déclaration des Droits de l' Homme et du Citoyen von 1789) in der Verfassung eines freiheitlichen Rechtsstaates mit unmittelbarer Geltung von Grundrechten (Art. 1 Abs. 3 GG) positivrechtlich ausgestaltet.[3] Bemerkenswert erscheint mir dabei, daß es in Art. 1 Abs. 2 GG heißt, das Deutsche Volk „bekennt sich" zu unverletzlichen und unveräußerlichen Menschenrechten. Durch die Verwendung dieser traditionellen Formel großer Offenbarungsreligionen scheint mit den „Menschenrechten" auf etwas dem Recht Vorgegebenes verwiesen zu sein[4] ...
W ... wenngleich sie die Fragen nach rechtlichem Status und philosophischer Begründbarkeit der Menschenrechte unbeantwortet läßt.
G Das versetzt uns hier wie etwa auch im Falle des Menschenwürdeprinzips in die Lage, die entsprechende Philosophie in einer der Dogmatik des Grundgesetzes adäquaten Weise – eben als Dogmenphilosophie – rekonstruieren zu können, ohne uns auf die unterschiedlichen metaphysischen Orientierungen der Mitglieder des Parlamentarischen Rates einlassen zu müssen.

W Wenn wir uns Locke über die Wirkungsgeschichte annähern, dürfen wir aber die so intensive wie extensive Rezeption seines Hauptwerkes nicht vergessen: *An Essay Concerning Human Understanding* (*Ein Versuch über den menschlichen Verstand*, 1690). Kein geringerer als Gottfried Wilhelm Leibniz (1646-1716) widmete dem Essay gleich ein ganzes Buch, bereits dessen Titel mehr als deutlich auf Lockes Schrift Bezug nimmt: Die *Nouveaux Essais sur l'Entendement Humain* (*Neue Abhandlungen über den menschlichen Verstand*)[5] geben ein vorbildliches Beispiel dafür ab, wie man eine philosophische Auseinandersetzung führen soll: Sie sind als Dialog abgefaßt, der Lockes Position in der Reihenfolge des *Essay* vorstellt und Abschnitt für Abschnitt in Lockes eigener Terminologie und aus Lockes eigenen Voraussetzungen würdigt.[6]

G Wir sollten uns aber auf Locke beschränken.

W Lassen Sie mich Leibniz wenigstens als kritischen Kommentator der Lockeschen Erkenntnistheorie einbringen.

G Einverstanden. Wenn wir Lockes *Essay* und Leibnizens *Nouveaux Essais* – gegen die Routine einer isolierten Behandlung der *Treatises* als selbständige politische Theorie – in die Erörterung einbeziehen, können wir zwei zentrale Themen vorweg behandeln, die uns den Zugang zu Lockes Freiheits- und Eigentumskonzeption erheblich erleichtern: die Bedeutung der Erfahrung für das Denken und die Bedeutung der Begriffe, in denen diese Erfahrung zur Sprache gebracht wird.

2. Zugang über die Sprachphilosophie

a) Erkenntnistheoretische Grundlagen: Empirismus oder Rationalismus?

W Wie dem „Sendschreiben an den Leser" sowie der „Einleitung" (I 1) zu entnehmen, geht Locke im *Essay* aus von der Erfahrung philosophischer Meinungsverschiedenheiten, die zu keinem Ergebnis, sondern nur in hartnäckige Aporien (von griechisch poros: Weg, daher Ausweglosigkeiten) führen. Zu deren Lösung schlägt er einen Standpunktwechsel vor: Die Gesprächsteilnehmer sollten zuerst prüfen, ob das menschliche Erkenntnisvermögen überhaupt weit genug reicht, um den jeweiligen Streit zu entscheiden, und, wenn ja, ob die Beteiligten ihren Verstand auch auf die richtige Weise gebrauchen. Da Erkenntnis nichts anderes sei „als die Wahrnehmung des Zusammenhangs und der Übereinstimmung oder der Nichtübereinstimmung und des Widerstreits zwischen irgendwelchen von unseren Ideen" (IV 1 § 2), beginnt Locke mit der Theorie der Ideen und ihrer Verknüpfung.

H Welche Rolle spielt dann der im Titel des *Essay* genannte Verstand?

W Verstand (understanding) oder Intellekt ist das sehr umfassende Vermögen, sich Ideen bewußt zu machen und mit ihnen zu operieren. „Idee" steht somit für das, „was immer, wenn ein Mensch denkt, das Objekt des Verstandes ist, ... oder was immer es sei, das den denkenden Geist beschäftigen kann" (I 1 § 8, auch II 8 § 8). Auf die Frage, woher die Ideen in den Verstand gelangen, antwortet Locke

„mit einem einzigen Worte: aus der Erfahrung (experience). Auf sie gründet sich unsere gesamte Erkenntnis, von ihr leitet sie sich schließlich her" (II 1 § 2).
H Auf den Erfahrungsbegriff sind wir ja bereits gestoßen, nämlich im Zusammenhang unseres Römerdialogs, in dem wir Jurisprudenz im Rückgriff auf Aristoteles als techne bestimmt haben. Ist experience im Sinne Lockes nun dasselbe wie empeiria nach Aristoteles?
W Keineswegs. Denn empeiria liegt nach Aristoteles nur dann vor, wenn wir uns an eine hinreichende Anzahl von einander ähnlichen Einzelfällen erinnern und einen Begriff von deren Ähnlichkeit gebildet haben, der es uns erlaubt, einen neu auftretenden ähnlichen Fall als solchen zu erkennen und zu behandeln. Solche diagnostischen Fähigkeiten zu erwerben, benötigt Zeit und Aufmerksamkeit, weshalb sie einem Kind nicht zukommen können. Zur Verdeutlichung dieses Erfahrungsbegriffs zogen wir die heilkundige Großmutter als Beispiel heran. Auch wenn Locke „experience" (von „experientia", der lateinischen Übersetzung des griechischen „empeiria") an anderen Stellen des *Essay* oft in diesem aristotelischen Sinne gebraucht, versteht er jedenfalls in zitierter Passage darunter etwas ganz anderes: nämlich die passive Rezeption von (noch) nicht unter Begriffe gebrachten und insofern uninterpretierten Daten (von lateinisch dare: geben, datum: das Gegebene). Diese Konzeption der Erfahrung fungiert im Lockeschen System als alleiniges Prinzip, worin alles Wissen gründet und worauf alles Wissen reduziert werden kann.[7]
H Eine starke These. Sie ist gewiß für manchen Sozialwissenschaftler reizvoll, der sich lieber an empirischen Daten orientiert, als sich in windigen philosophischen Spekulationen zu verlieren.
W Ihr wurde allerdings vehement widersprochen: Leibniz[8] faßt Lockes Empirismus zusammen in dem Spruch: „nihil est in intellectu quod non fuerit in sensu" („nichts ist im Verstand, was nicht in den Sinnen war"). Als Einwand gegen Locke fügt er hinzu: „excipe: nisi ipse intellectus" („ausgenommen: es sei denn der Verstand selbst", NE II 1 § 2). Damit kommentiert er Lockes Äußerung, der menschliche Geist sei vor aller Erfahrung wie „weißes Papier, bar aller Schriftzeichen, ohne jegliche Ideen" (E II 1 § 2). An sich wäre der Verstand nach Locke also wie eine „tabula rasa", eine gleichmäßig geglättete, unbeschriebene Wachstafel, auf der es erst dann etwas zu verstehen gibt, wenn man ihr Schriftzeichen von außen einprägt.[9] Gegenstand der Erkenntnis könnte, diesem Vergleich zufolge, nur das sein, was im nachhinein (a posteriori) in den Verstand gelangt, nämlich die uns letztlich durch die Sinne vermittelten Ideen. Mit seinem „excipe: nisi ipse intellectus" bringt Leibniz demgegenüber in Stellung, daß Erfahrung ja bereits von vornherein (a priori) und ganz unabhängig von ihren jeweiligen Inhalten durch den Verstand vorstrukturiert ist. Die Aufgabe des rationalistischen Erkenntnistheoretikers wäre es nun, diese vorgängige (apriorische) Struktur aller möglichen Erfahrung und insgesamt aller möglichen Erkenntnis mit der Vernunft (ratio) zu ergründen, zu systematisieren und, in Übernahme des Lockeschen Anliegens (aber eben nicht auf empiristische Weise), die Reichweite des menschlichen Erkenntnisvermögens zu bestimmen. Dieses Programm wird Kant ausarbeiten.

b) Zur Definitionslehre

G Für unser Anliegen, die Lockesche Philosophie eines „property" gewährleistenden Rechtsstaates zu verstehen, brauchen wir auf die Erkenntnistheorie nicht weiter einzugehen. Schauen wir uns lieber das Dritte Buch des *Essay* „Von den Wörtern" an. Denn in seinem „Sendschreiben an den Leser" vergleicht Locke sich mit einem „Hilfsarbeiter", der damit beschäftigt ist, „einen Teil des Schuttes zu beseitigen, der den Weg der Erkenntnis versperrt" und den er vor allem im „Mißbrauch der Sprache" einer gekünstelten Wissenschaftsterminologie sieht (E 11). Wörter sind für Locke zunächst „Zeichen für die menschlichen Ideen". Sie dienen der kommunikativen Mitteilung von Vorstellungen, aber sie bleiben „Ideen im Sinne des Redenden" und rufen bei anderen deshalb nicht selten ganz verschiedene Vorstellungen hervor (III 2 §§ 6-8). Vor allem in der wissenschaftlichen Kommunikation hilft man sich daher mit der Definition weiter.

W Bis weit in die Neuzeit hinein betrachtete man die von Aristoteles aufgestellte Definitionsregel als verbindlich: „definitio fiat per genus proximum et differentias specificas" („Eine Definition bestehe aus der nächsten Gattung und den Artunterschieden").[10] Demnach wäre, um das im Zusammenhang mit Aristoteles bereits erwähnte Schulbeispiel auch hier zu verwenden, der Mensch zu definieren als vernunftbegabtes Lebewesen, wobei mit „Lebewesen" die nächsthöhere Gattung und mit „vernunftbegabt" dasjenige Charakteristikum angegeben wird, worin sich die species Mensch von allen anderen Arten der Lebewesen unterscheidet. Doch mit dem Aufkommen der neuzeitlichen Wissenschaft wurde deutlich, daß dieses Definitionsschema nur eine unter vielen erlaubten und nützlichen Weisen ist, Begriffe zu bestimmen. Denn in Mathematik und Physik kommen durchaus auch andere Definitionsformen erfolgreich vor. Und in der Philosophie erwies sich die Routine, auf jede „Was ist ...?"-Frage schulmäßig mit dem Anführen von genus proximum und differentia specifica zu antworten, oft nur als Wortgeklingel. Daher sprachen namentlich René Descartes und der bereits bekannte Blaise Pascal dieser Regel ihre Verbindlichkeit ab. Locke und Leibniz machen sich diese Kritik zu eigen.[11]

G Was Locke hierzu schreibt, sollten gerade Juristen sehr genau lesen: „wenn auch ein Definieren mit Hilfe des genus der kürzeste Weg ist, so läßt sich meiner Ansicht nach doch bezweifeln, ob es der beste ist... Definieren besteht nämlich nur darin, einem anderen durch Worte verständlich zu machen, welcher Idee der definierte Ausdruck entspricht; daher definiert man am besten, indem man diejenigen einfachen Ideen aufzählt, die in der Bedeutung des definierten Ausdrucks vereinigt sind. Wenn man sich nun aber daran gewöhnt hat, an Stelle einer derartigen Aufzählung den nächsten allgemeinen Ausdruck zu verwenden, so ist das nicht aus einer Notwendigkeit heraus oder um größerer Klarheit willen erfolgt, sondern wegen der Kürze und Schnelligkeit" (III 3 § 10).

W „Definition" im Lockeschen Sinne ist demnach bloß Stipulation, das ist eine Konvention, wie man einen generellen Ausdruck künftighin gebrauchen wird.

G Dieser Aspekt der Lockeschen Definitionslehre scheint mir gut geeignet, unsere bei den Römern begonnene Diskussion über die Frage fortzuführen, wie abstrakt und wie konkret die Begriffe sind, die Juristen in ihrer Alltagsarbeit verwenden. Locke hat hier eine klare Position: „Die ganze große Fragestellung der genera und species und ihrer Wesenheiten läuft nur darauf hinaus, daß es sich die Menschen, indem sie abstrakte Ideen bilden und diese mit Namen verknüpft im Geiste festhalten, ermöglichen, die Dinge gleichsam gruppenweise zu betrachten und zu erörtern" (III 3 § 20). Wie anhand des *Corpus iuris* an hinreichend vielen Beispielen deutlich geworden sein dürfte, ist eine „gruppenweise" Betrachtung und Erörterung von Sachverhalten, denen man aufgrund ihrer Ähnlichkeit einen gemeinsamen Namen geben kann, die Besonderheit juristischen Denkens seit der Fallgruppenbildung römischer Zeiten und im Konzept der „Fallreihe" das die sogenannte Subsumtion kunstgerecht beschreibende Denkmodell.

W Locke formuliert an der von Ihnen zitierten Stelle allerdings keine Aussage zur juristischen Methodenlehre, sondern bezieht Stellung im Universalienstreit.

H Worum geht es in diesem Streit?

W Der Universalienstreit entzündet sich seit der Spätantike bis heute an der Frage, ob auch ein genereller Terminus (Allgemeinbegriff) wie „Mensch" oder „blau", der mehreren Einzeldingen prädiziert werden kann, einen Gegenstand bezeichnet. Ein solcher Gegenstand wäre dann ein „universale" („Allgemeines", Plural: universalia) und diejenige Position, wonach Universalien real sind, nennt man Universalienrealismus. Demgegenüber vertritt der Nominalismus, daß ausschließlich singuläre Ausdrücke wie etwa Eigennamen ein Bezugsobjekt haben, es mithin nur konkrete Einzeldinge (Individuen) gibt.[12] Welche dieser beiden Positionen recht hat, macht für die juristische Methodenlehre nun überhaupt keinen Unterschied. Wir sollten also gut unterscheiden zwischen der Frage aus der juristischen Methodenlehre, wie wir den korrekten juristischen Gebrauch von generellen Termini erlernen können, und der universalientheoretischen Frage nach logiko-ontologischem Status und logiko-ontologischer Struktur von Allgemeinbegriffen. An dieser Stelle kann ich meine Warnung aus unserem Römerdialog daher nur bekräftigen: Der juristische Methodenlehrer sollte sich nicht verlieren in den (nicht zuletzt aufgrund des mittlerweile massiv zum Einsatz kommenden formallogischen Apparats) schwer zugänglichen Gefilden von Logik und Ontologie. Dazu besteht auch, so weit ich sehe, gar keine sachliche Veranlassung.

G Aber kommen wir jetzt zur Rechts- und Staatsphilosophie Lockes, um derentwillen wir ja unseren Ausflug in die theoretische Philosophie unternommen haben. In der *Zweiten Abhandlung über die Regierung* führt er ein Beispiel für genau diejenigen „angeborenen Ideen" vor, gegen deren Annahme er das Erste Buch seines *Essay* geschrieben hat. Von einer „Monarchie iure divino" (aus göttlichem Recht) habe man nie etwas unter den Menschen gehört, „bis es uns in neuester Zeit von der Theologie geoffenbart wurde" (§ 112). Gegen solche Offenbarung eines göttlichen Rechts der Monarchie, die in der damals bekannten Schrift *Patriarcha* (1680) eines gewissen Robert Filmer vorgenommen wurde, schreibt Locke seine *Erste Abhandlung*.

H Filmer versuchte anhand zahlreicher Bibelzitate zu zeigen, daß Gott die Erde Adam übergeben und diesem die absolute Souveränität und Befehlsgewalt über Eva und ihre Nachkommen verliehen habe. Diese Souveränität sei von Generation zu Generation übertragen worden, so daß alle Königshäuser der Welt ihre letzte Legitimationsquelle im göttlichen Herrschaftsauftrag fänden. Nach dieser Lehre konnte niemand von Natur aus frei sein, weil jeder immer schon der von Gott

eingesetzten Herrschaft Adams und seiner königlichen Nachfolger unterworfen war.
G Locke widerlegt diese Lehre durch den breiten, mit vielen Bibelzitaten geführten Nachweis, daß Gott die Erde nicht Adam, sondern allen Menschen übertragen habe[13], und setzt ihr in der *Zweiten Abhandlung* seine eigene Lehre vom Gesellschaftsvertrag entgegen. Damit sind wir beim Kern seiner Staatsphilosophie.

II. Lockes Staatsphilosophie als Limitationstheorie

G In der gegenwärtigen politischen Philosophie haben die Klassiker der Vertragstheorien – Hobbes, Locke, Rousseau und Kant – unter dem Titel „Kontraktualismus" Konjunktur.[14]
H Daß das Wort „Kontraktualismus" schöner klingt als „Vertragstheorie", könnte man auch bezweifeln. Wir sollten uns aber von der Sache her klar werden, ob wir Locke primär als Vertragstheoretiker behandeln oder nicht.
G Da wir mit Hobbes den Vordenker der neuzeitlichen Vertragstheorien bereits kennengelernt haben, und Locke im Vergleich damit deutlich weniger Wert auf die Vertragsarchitektur als solche legt, schlage ich für die Diskussion des Verhältnisses beider zueinander eine andere Arbeitshypothese vor: Hobbes ist der Protagonist der vertragstheoretischen *Legitimation*, Locke dagegen derjenige der naturrechtlichen *Limitation* des Staates. Während die Hobbessche Staatsphilosophie die klassische Rechtfertigung des Staates (als Friedensinstitution) liefert, stellt die Lockesche Staatsphilosophie die klassische Idee der Begrenzung des Staates (durch vorstaatliche Rechte) zur Verfügung.
D Solange wir dies nur als Akzentsetzung verstehen und uns bewußt bleiben, daß die Lockesche Limitationstheorie Teil einer – wenn auch in der Tat weniger elaborierten – legitimierenden Vertragstheorie ist, dürfte es konsensfähig sein.[15]

1. Der Lockesche Naturzustand

G Obwohl Locke – insoweit in vertragstheoretischer Übereinstimmung mit Hobbes – von einem Naturzustand (State of Nature) ausgeht, liegt der Hauptunterschied beider Theorien gerade in der Konzeption jenes Naturzustands. Anders als der Hobbessche Naturzustand enthält der Lockesche Naturzustand bereits die heute so genannten Menschenrechte, die im Übergang zum staatlichen Zustand gerade *nicht* überwunden, sondern dem Staat als unverfügbare Grenze seiner Legitimität vorgegeben werden.
W Das Ergebnis einer menschenrechtlichen Limitation des Staates kennen wir nun. Aber auf welchem Wege kommt Locke dahin?
G Da es mehrere Wege sind, habe ich deren Ende zur leichteren Orientierung bewußt vorweggenommen: „Um politische Gewalt richtig zu verstehen und sie von ihrem Ursprung abzuleiten, müssen wir erwägen, in welchem Zustand sich die Menschen von Natur aus befinden. Es ist ein Zustand vollkommener Freiheit, innerhalb der Grenzen des Gesetzes der Natur ihre Handlungen zu regeln und über ihren Besitz und ihre Persönlichkeit so zu verfügen, wie es ihnen am besten er-

scheint, ohne dabei jemanden um Erlaubnis zu bitten oder vom Willen eines anderen abhängig zu sein" (§ 4).
H Freilich bleibt dabei zunächst noch offen, wie man sich die Grenzen des „Gesetzes der Natur" vorzustellen hat ...
G ... die uns im Hinblick auf unsere limitationstheoretische Arbeitshypothese natürlich besonders interessieren. Schauen wir uns den Lockeschen Naturzustand also noch etwas genauer an: Es ist nicht nur ein Zustand der Freiheit, sondern „darüber hinaus ein Zustand der Gleichheit", weil – so Locke – „nichts einleuchtender" ist „als daß Geschöpfe von gleicher Gattung und von gleichem Rang, die ohne Unterschied zum Genuß derselben Vorteile der Natur und zum Gebrauch derselben Fähigkeiten geboren sind, ohne Unterordnung und Unterwerfung einander gleichgestellt leben sollen" (§ 4).
W Dieser Gleichheitsgedanke ist uns allen sicherlich sehr sympathisch; gut begründet scheint er mir aber dann nicht zu sein, wenn für ihn lediglich eine (angebliche) Evidenz („nichts ist einleuchtender") spräche.
D Um seine These von der ursprünglichen Gleichheit zwischen den Menschen in der menschlichen Geschöpflichkeit zu fundieren, gibt Locke durchaus Gründe an, welche uns allerdings – weil schöpfungstheologisch motiviert – noch einiges Kopfzerbrechen bereiten werden. In der zentralen Passage, in der Locke seine Begründung dafür gibt, weshalb der Naturzustand als Zustand der Freiheit („State of Liberty") dennoch kein Zustand der Zügellosigkeit („State of Licence") ist, wird wie folgt argumentiert: „Im Naturzustand herrscht ein natürliches Gesetz, das jeden verpflichtet. Und die Vernunft, der dieses Gesetz entspricht, lehrt die Menschheit, wenn sie sie nur befragen will, daß niemand einem anderen, da alle gleich und unabhängig sind, an seinem Leben und Besitz, seiner Gesundheit und Freiheit Schaden zufügen soll. Denn alle Menschen sind das Werk eines einzigen allmächtigen und unendlich weisen Schöpfers, die Diener eines einzigen souveränen Herrn, auf dessen Befehl und in dessen Auftrag sie in die Welt gesandt wurden. Sie sind sein Eigentum, da sie sein Werk sind ..." (§ 6).
G In einer aktuellen Interpretation dieser Passage heißt es zurecht, hier „konvergieren auf eigentümliche Weise rationalistische, naturrechtliche und schöpfungstheologische Rechtsbegründungen".[16] „Rationalistisch" ist der Rückgriff auf die Vernunft, „naturrechtlich" der Rekurs auf ein natürliches Gesetz und über die Schöpfungstheologie wollten wir gerade miteinander ins Gespräch kommen. Ich denke, das gelingt am besten, wenn wir die zitierte Passage sozusagen von rückwärts aufrollen und mit der für Locke typischen eigentumstheoretischen Deutung der Schöpferposition beginnen.
H Moment noch. Was wir bisher nicht erörtert haben, ist die Frage, warum man einen so wunderbaren Naturzustand verlassen sollte, in dem die Menschen „nach der Vernunft zusammenleben" und der deshalb ein „Zustand des Friedens, des Wohlwollens, der gegenseitigen Hilfe und Erhaltung" (§ 19) ist. Hobbes hatte ausgeführt, daß der Naturzustand eo ipso ein Kriegszustand ist, während bei Locke Natur- und Kriegszustand nicht zusammenfallen.
G Eine weitere wichtige Differenz der beiden Konzeptionen! Locke betont, und hat dabei gewiß Hobbes im Sinn, daß Natur- und Kriegszustand zwar häufig verwechselt würden, sie voneinander aber so verschieden seien wie ein Zustand des Friedens und gegenseitiger Hilfe von einem Zustand der Feindschaft und gegen-

seitiger Vernichtung. Das Kriterium für den Naturzustand ist dabei „das Fehlen eines gemeinsamen mit Autorität ausgestatteten Richters", während „Gewalt ohne Recht, gegen die Person eines anderen gerichtet" einen Kriegszustand erzeuge – unabhängig davon, „ob es einen gemeinsamen Richter gibt oder nicht" (§ 19).
H Ohne eine richterliche Instanz ist der Frieden aber eine unsichere Sache ...
G ... wobei diese – wie Sie wohl bewußt vorsichtig formuliert haben – „richterliche Instanz" bei Locke *nicht* die ausdifferenzierte rechtsprechende Gewalt im Sinne des Grundgesetzes ist. Immerhin fordert Locke aber „anerkannte, autorisierte Richter" (§ 136).[17]
H Die Schwäche der Lockeschen gegenüber der Hobbesschen Naturzustandskonzeption liegt für mich in der alternativen Bestimmung des Naturzustands als *entweder* Friedens- *oder* Kriegszustand. Durch diese Alternative gerät Locke in Erklärungsnot, weil er nicht wie Hobbes mit dem Vorteil der Beendigung eines denknotwendigen Kriegszustands argumentieren kann. Vielmehr muß er für den Naturzustand als Zustand ohne Richter eine eigene Lehre von der „Vollstreckung des natürlichen Gesetzes" durch jedermann (§ 7) entwickeln ...
G ... die er selbst als „seltsame Lehre" bezeichnet hat, weil man gegen sie „ohne jeden Zweifel einwenden" werde, „es sei unvernünftig, daß die Menschen Richter in eigener Sache seien" (§ 13).
D Ob die – ja ohnehin hypothetische – Konzeption eines natürlichen Richtertums eines jeden über jeden wirklich schwächer ist als die eines natürlichen Krieges aller gegen alle, können wir ja offenlassen. Zumindest ist sie anders.
H Wobei wir schon sehen sollten, daß Locke das Argument braucht, um die Existenz des Staates zu erklären: Letztlich ist nämlich sein Naturzustand auch ein Zustand der Unsicherheit, weil jeder Richter in eigenen Angelegenheiten ist. Man braucht nicht viel Phantasie, um sich vorzustellen, wo dieser Zustand endet – nämlich genau dort, wo Hobbes von vornherein beginnt, im Zustand der Unsicherheit. Das wollte ich nur hervorgehoben haben.
G Und ich möchte den bereits erwähnten Unterschied in der Konzeption der beiden Naturzustandslehren präzisieren. Bei Hobbes handelt es sich um einen nicht-normativen, bei Locke dagegen um einen normativen Zustand und das hat erhebliche Auswirkungen auf die verwendeten Freiheitsbegriffe: Während die Hobbessche Freiheit zur Selbstverteidigung nicht durch Rechte begründet oder begrenzt wird, läßt sich die Lockesche Freiheit zu selbstbestimmten Handlungen nur von dem alle Menschen verpflichtenden natürlichen Gesetz her charakterisieren. Denn dieses Gesetz verbietet es, einem anderen Schaden zuzufügen, begrenzt die natürliche Freiheit also aus dem Naturzustand selbst. Es ist deshalb zurecht darauf hingewiesen worden, daß die Normativität der Lockeschen Konzeption wesentlich im Naturbegriff (und nicht im Freiheitsbegriff) verortet ist.[18]
D Wenn das so ist, müßte sich die Normativität des Naturzustands aber auch auf das ursprüngliche Eigentum – das ja ebenfalls Bestandteil des Naturzustands ist – erstrecken.
G So ist es. Und damit sind wir beim dogmenphilosophischen Schlüsselbegriff der *Zweiten Abhandlung*: beim Begriff „property".

2. Der Lockesche Eigentumsbegriff

G Wir müssen bei Locke zwei Eigentumsbegriffe unterscheiden und strikt auseinanderhalten: einen engen, vom positiven Recht her rekonstruierbaren und einen weiten, nur im Sinne der Lockeschen Naturrechtsvorstellungen interpretierbaren Eigentumsbegriff.

D Der enge Eigentumsbegriff wird im fünften Kapitel der *Zweiten Abhandlung* unter der Überschrift „On Property" entwickelt. Die zentrale Stelle lautet: „Obwohl die Erde und alle niederen Lebewesen allen Menschen gemeinsam gehören, so hat doch jeder Mensch ein Eigentum an seiner eigenen Person. Auf diese hat niemand ein Recht als nur er allein. Die Arbeit seines Körpers und das Werk seiner Hände sind, so können wir sagen, im eigentlichen Sinne sein Eigentum. Was immer er also dem Zustand entrückt, den die Natur vorgegeben und in dem sie es belassen hat, hat er mit seiner Arbeit gemischt und ihm etwas eigenes hinzugefügt. Er hat es somit zu seinem Eigentum gemacht" (§ 27). Diese Passage enthält die später so genannte *Arbeitstheorie* des Eigentums, nach der Eigentum durch Bearbeitung oder Nutzung herrenloser Sachen erworben wird – eine Theorie, mit der sich Locke gegen die damals vorherrschende naturrechtliche Eigentumsbegründung durch Vertrag wandte.[19] Genau besehen liefert die Arbeitstheorie des Eigentums jedoch allenfalls eine – wie ich finde schwache – Rechtfertigung des Eigentums-Erwerbs, aber noch keine Rechtfertigung des Eigentums-Instituts. Sie läßt also die entscheidende Frage unbeantwortet, ob und warum Privateigentum als Rechtsinstitut überhaupt existieren soll. Diese Antwort gibt Locke nicht im Rahmen seines engen, sondern seines weiten Eigentumsbegriffs.

G In § 123 der *Zweiten Abhandlung* definiert er präzise die Grundpositionen, zu deren Gewährleistung der Gesellschaftsvertrag geschlossen und – in heutiger Terminologie – der liberale Rechtsstaat gegründet wird: Die Vertragsschließenden vereinigen sich „zum gegenseitigen Schutz ihres Lebens, ihrer Freiheiten und ihres Vermögens, was ich unter der allgemeinen Bezeichnung Eigentum zusammenfasse" (§ 123). Im englischen Originaltext, den wir aus sogleich zu erläuternden Gründen unbedingt zu Rate ziehen sollten, formuliert Locke zunächst die berühmte Trias „lives, liberties and estates" und fügt dann hinzu: „which I call by the general name property".

H In § 87 der *Zweiten Abhandlung* definiert Locke „property" durch die drei Singularpositionen „life, liberty and estate".

G Ich finde die Pluralpositionen des § 123 wichtig und die Möglichkeiten der deutschen Sprache hier ausnahmsweise begrenzt. Denn „Leben" und „Vermögen" lassen (anders als „Freiheiten") die Bildung der Mehrzahl nicht erkennen, während „lives, liberties and estates" die je eigenen Positionen einer Vielzahl von Individuen sind, die ihre Individualität aufgrund der nicht-generalisierenden Pluralbildung ausdrücklich beibehalten.

W Vielleicht wird die Grammatik hier doch etwas zu sehr bemüht ...

G ... nicht im Zusammenhang mit der Lockeschen Definitionslehre, deren einführende Erörterung uns hier sehr zugute kommt: Wenn Locke seinen weiten Eigentumsbegriff als „general name" bezeichnet, dann ist damit schlicht die abkürzende, lediglich der Vereinfachung dienende Bezeichnung der Fallreihe „lives, liberties and estates" gemeint. Juristen dürfen deshalb auch nicht dem Irrtum erliegen, „property" sei lediglich Eigentum im Rechtssinne, also Herrschaftsrecht über körperliche Gegenstände i.S.d. § 903 BGB beziehungsweise über vermögenswerte Rechte i.S.d. Art. 14 GG – und damit lediglich „estate" im Sinne Lokkes.[20]

H „Property" bezeichnet ja eine Position im Naturzustand. Man muß nun aber fragen, wer diese Position im Naturzustand garantieren kann. Genau hier taucht auch bei Locke das Problem der mangelnden Sicherheit auf.

G Locke befaßt sich mit diesem Mangel in den Paragraphen 124, 125 und 126 der *Zweiten Abhandlung*. Er zählt dort drei Dinge auf, die im Naturzustand für die Erhaltung von „property" fehlen: „Erstens fehlt es an einem feststehenden, geordneten und bekannten Gesetz, das durch allgemeine Zustimmung als die Norm für Recht und Unrecht ... anerkannt ist" (§ 124). „Zweitens fehlt es im Naturzustand an einem anerkannten und unparteiischen Richter, mit der Autorität, alle Zwistigkeiten nach dem feststehenden Gesetz zu entscheiden" (§ 125). „Drittens fehlt es im Naturzustand oft an einer Gewalt, dem gerechten Urteil einen Rückhalt zu geben, es zu unterstützen und ihm die gebührende Vollstreckung zu sichern" (§ 126).

D Insofern arbeitet Locke dem Begriff einer gewaltenteiligen Organisation eines gesetzlich geordneten (§ 124), nach dem Gesetz judizierenden (§ 125) und nach gesetzlich ergangenem Urteil vollstreckenden (§ 126) Rechtsstaates zu, für den ein wesentliches Ziel die Sicherung der vorstaatlichen Rechte freier und gleicher Individuen ist, weshalb man John Locke nicht nur in wirkungsgeschichtlicher, sondern auch in systematischer Hinsicht einen Vordenker des liberalen Rechtsstaates nennen kann.

W Ohne den rechtsphilosophischen Gedankengang unterbrechen zu wollen, muß ich daran erinnern, daß wir die schöpfungstheologischen Aspekte der Lockeschen Naturzustandskonzeption immer wieder zurückgestellt und noch nicht im Zusammenhang behandelt haben.

3. Locke als Rechtstheologe?

D Zunächst ist zu betonen, daß Locke nicht in erster Linie ein säkularer Politiktheoretiker, sondern ein Schriftsteller gewesen ist, der sich zeitlebens mit damals vielgelesenen Schriften an der Debatte um das rechte Verständnis des Christentums beteiligte. *Die Vernünftigkeit des christlichen Glaubens* – so der Titel eines seiner Bücher[21] – lag für Locke darin, daß ohne Glauben weder eine Erkenntnis des Guten, noch eine Kraft, es zu tun, noch – mangels Gnade – eine Möglichkeit, es zu erlangen, denkbar sei; auf diesen drei Säulen ruhe indes schlechthin das etablierte menschliche Sozialleben. Wenn aber die soziale Lebensform vernünftig sei, so gelte dies auch für die sie tragenden Grundannahmen theologischer Natur. Wie hätte Locke auch sonst zugunsten unverfügbarer Werte und eines gegenüber dem Egoismus durchzusetzenden Sollens argumentieren können? Wie sonst hätte er nicht nur von einer faktischen Widerstandsmacht des Volkes, sondern von einem normativen Widerstandsrecht sprechen können?

G Das Lockesche Widerstandsrecht, das wir ja noch nicht diskutiert haben, ruht auf solcher Basis: Wann immer die Gesetzgeber bestrebt sind, schreibt Locke in § 222 der *Zweiten Abhandlung*, dem Volk „property" – also die von der Schöpfung verliehenen Lebens-, Freiheits- und Vermögensrechte – zu nehmen oder es in Sklaverei „unter ihre willkürliche Gewalt zu bringen, versetzen sie sich dem Volk gegenüber in einen Kriegszustand. Dadurch wird es von jedem weiteren Gehorsam befreit"; die Macht fällt an das Volk zurück, das dann eine neue Legislative errichten bzw. einen neuen höchsten Inhaber der Exekutive einsetzen darf.

H Hier haben wir einen weiteren Unterschied zu Hobbes, für den es ein naturrechtliches Widerstandsrecht in dem soeben präzisierten Sinne konsequenterweise nicht gibt, weil der Naturzustand bei ihm eben kein Rechtszustand ist, während Locke aufgrund seines rechtstheologischen Theorems den Naturzustand als einen gottgegebenen Naturrechtszustand definiert.

D In welche Schwierigkeiten ein streng empirischer Ansatz gerät, der moralische Werte ohne das Gottestheorem zu begründen versucht, zeigt die fünfzig Jahre später entwickelte Philosophie David Humes (1711-1776)[22]: Sie konnte solche Werte nur als entweder von den Trieben beziehungsweise tradierten Gewohnheiten her als erworben oder aber wegen ihrer sozialen Funktion als nützlich ausweisen. Daß man ihnen aber auch dann folgen soll, wenn keine derartige Motivation vorliegt, konnte Hume nicht erklären. Man könnte also argumentieren, daß Lokkes Schwachstelle nicht unbedingt seine Gotteslehre, sondern vielmehr – gemessen an seinem hochgesteckten Erklärungsvorhaben – seine empiristische Theorie des Menschen ist.

W Daß Lockes Empirismus problematisch ist, haben wir ja bereits angesprochen. Lockes Position wird aber nicht überzeugender dadurch, daß man, wie es Deine Deutung nahelegt, die Konzeption Gottes in das philosophische System einfügt, nur um dessen moral- und sozialphilosophische Lücken zu schließen. Und Lockes (wenig originelle) Versuche, Gottes Da- und Sosein unabhängig davon zu demonstrieren (E IV 10), müssen heute als gescheitert gelten.[23]

G Daß die religiöse Fundierung der Lockeschen Staatsphilosophie keine bloß akademische Frage ist, zeigt der Toleranzbrief (*A Letter concerning Toleration*), den Locke im Winter 1685/86 im Amsterdamer Exil geschrieben hat. Zwar wird dort eine Toleranzpflicht sowohl der Kirche als auch des Staates in Glaubensdingen und ein Recht des Bürgers auf Glaubensfreiheit begründet – was als epochale Leistung der prinzipiellen Begründung einer Privatsphäre gewürdigt werden muß[24] –, bei den Nichtgläubigen hört diese Toleranz jedoch auf: „Letztlich sind diejenigen ganz und gar nicht zu dulden, die die Existenz Gottes leugnen. Versprechen, Verträge und Eide, die das Band der menschlichen Gesellschaft sind, können keine Geltung für einen Atheisten haben. Gott auch nur in Gedanken wegnehmen, heißt alles dieses auflösen" (95). Diese für uns Heutige schwerverständliche Intoleranz ist nicht bloß ein philosophisch irrelevantes politisches Zugeständnis, sondern sie könnte ihre Ursache in der staatsphilosophischen Gesamtkonzeption Lockes haben, in der das „göttliche Gesetz" den Menschen „eine Regel gegeben hat, nach der sie sich selbst regieren" und aus der sie den Maßstab für Sünde und Pflicht entnehmen sollen (E II 28 § 8). Der Atheist könnte nach diesem gottesgesetzlichen Maßstab keine gottbezogene Pflicht und deshalb nach den Gesetzen der entsprechenden theologischen Logik auch kein gottgegebenes Recht haben. Müßte ein systematischer Interpret angesichts dieser Konsequenz nicht die ganze Staatsphilosophie Lockes von Anfang an zurückweisen?

D Erst wäre zu überlegen, ob dies – gemäß den Lockeschen Annahmen – überhaupt konsequent gedacht ist. Wenn das natürliche Recht samt seiner bindenden Kraft einem jeden angeboren ist, so kann auch bekenntnishafter Atheismus diese ursprüngliche Prägung, d.h. die vorempirische Rechtsfähigkeit und Rechtsbindung eines Subjekts, nicht beeinträchtigen. Zwar könnte sich der Atheist von Gott lossagen, nicht aber seiner Bindung an das natürliche Gesetz entfliehen. Ich halte deshalb bereits im Rahmen von Lockes eigenen Annahmen seinen antiatheistischen Standpunkt für verfehlt.

H Ich denke, daß Lockes Toleranzbrief auf ein generelles Problem aufmerksam macht, nämlich auf das Problem der Grenzen jeglicher Toleranz. Bei Locke liegen diese Toleranzgrenzen dort, wo der Atheismus beginnt. Das machen wir so heute gewiß nicht mehr mit. Auch Atheisten genießen als Staatsbürger selbstverständlich alle Rechte. Dennoch gibt es auch im Verfassungsstaat Toleranzgrenzen. Diese sind zwar sehr weit hinausgeschoben, aber es gibt sie dennoch. Sie liegen dort, wo der Verfassungsstaat selbst bekämpft wird, und zwar mit Mitteln, die er nicht zuläßt, also etwa mit Bomben.

G Die betreffende Parole der Französischen Revolution lautete: „Pas de liberté pour les ennemis de la liberté" (Keine Freiheit für die Feinde der Freiheit). Und nach Art. 18 GG droht jedem, der die Freiheitsgrundrechte „zum Kampfe gegen die freiheitliche demokratische Grundordnung mißbraucht", die Verwirkung dieser Grundrechte.[25]

III. Lockes Rechtsphilosophie als Freiheitstheorie

1. Der Lockesche Freiheitsbegriff

G Vor dem Hintergrund der Lockeschen Differenzierung zwischen natürlichem und staatlichen Zustand kann es kaum überraschen, daß auch der Freiheitsbegriff entsprechend differenziert ist. Locke unterscheidet eine „natürliche Freiheit" des Menschen im Naturzustand, in dem lediglich das „Gesetz der Natur" zu beachten ist, von einer „Freiheit des Menschen in der Gesellschaft" – die bessere Übersetzung wäre „im Staate" –, die darin besteht, „unter keiner anderen gesetzgebenden Gewalt zu stehen als der, die durch Übereinkunft in dem Gemeinwesen eingesetzt worden ist, noch unter der Herrschaft eines Willens oder der Beschränkung eines Gesetzes zu stehen als lediglich derjenigen, die von der Legislative... beschlossen werden" (§ 22).

H Mit der letztgenannten Freiheit unter den staatlichen Gesetzen wendet sich Locke noch einmal gegen Filmer: „Freiheit bedeutet also nicht, was Sir Robert Filmer uns lehrt...: eine Freiheit für jeden, zu tun, was ihm beliebt, zu leben, wie es ihm gefällt, und durch keine Gesetze gebunden zu sein, sondern: die Freiheit der Menschen unter einer Regierung bedeutet, unter einem feststehenden Gesetz zu leben, das für jeden dieser Gesellschaft Gültigkeit besitzt und von der legislativen Gewalt, die in ihr errichtet wurde, verabschiedet worden ist" (§ 22). „Frei" ist man in dieser klassisch liberalen Konzeption unter dem Gesetz.

G Das ist gegen alle liberalistischen Auswüchse liberalen Denkens ausdrücklich festzuhalten: John Locke, der Vordenker des liberalen Rechtsstaates, denkt Freiheit nicht als Freiheit *vom*, sondern als Freiheit *im* Staate und selbst soweit er von „natürlicher Freiheit" spricht, handelt es sich nicht um eine ungebundene, sondern um eine durch das „Gesetz der Natur" gebundene Freiheit.

W Das war wohl gemeint, als Sie vorhin davon sprachen, daß die Normativität des Lockeschen Ansatzes nicht im Freiheits-, sondern im Naturbegriff verortet ist: Die Grenzen der „natürlichen Freiheit" ergeben sich für Locke nicht aus der Freiheit selbst, sondern aus der vorgegebenen, durch die Vernunft zu erkennenden Ordnung des Naturrechts.

D Wobei allerdings die „Grenzen der Freiheit" die größtmögliche Verwirklichung der Freiheit bewirken sollen: „Auch wenn es noch so oft mißverstanden werden mag, es ist nicht das Ziel des Gesetzes, die Freiheit abzuschaffen oder einzuschränken, sondern sie zu erhalten und zu erweitern. Denn bei sämtlichen Geschöpfen, die zu einer Gesetzgebung fähig sind, gilt der Grundsatz: Wo es kein Gesetz gibt, da gibt es auch keine Freiheit. Freiheit nämlich heißt frei sein von dem Zwang und der Gewalttätigkeit anderer, was da nicht möglich ist, wo es keine Gesetze gibt" (§ 57). Und zur Verdeutlichung fügt Locke hinzu: „Dies gilt von allen Gesetzen, denen der Mensch untersteht, von natürlichen wie auch von staatlichen" (§ 59).

G Hier haben wir wieder einen Fall, in dem die rechtstechnische Verwendung eines Terminus dogmenphilosophische Mißverständnisse verursachen kann: Wenn „Einschränkung" der Freiheit von der Differenzierung zwischen „Schutzbereich" und „Schranken" eines Freiheitsgrundrechts her verstanden wird, stehen immer *staatliche* Freiheitsbeschränkungen in Frage. Die Einschränkung der Freiheit im Naturzustand ist aber eine solche ohne den Staat. Wollte man die übliche Terminologie analog anwenden, müßte man deshalb sagen, daß Handlungen, die durch das „natürliche Gesetz" im Sinne Lockes verboten sind (wie die Schädigung anderer), von vornherein aus dem „Schutzbereich" der Freiheit herausfielen.

W Nun habe ich aber bei Ihnen gehört, daß eine solche Ausgrenzung jedenfalls im Hinblick auf das allgemeine Freiheitsrecht des Art. 2 Abs. 1 GG problematisch ist – Stichwort „Reiten im Walde".[26]

G Wenn wir über Grundrechte reden, diskutieren wir nicht im Bereich des natürlichen, sondern des staatlichen Gesetzes und in diesem Bereich müssen wir von einem Verhältnis ausgehen, das es im Naturzustand per definitionem nicht gibt: vom Staat-Bürger-Verhältnis. Und wie wir bereits erläutert haben, ist dieses Verhältnis wegen Art. 1 Abs. 3 GG von subjektiven Rechten bestimmt, die dem Selbstverständnis des Einzelnen – auch und gerade aufgrund der Fundierung im würdespezifischen Entwurfsvermögen – den Vorrang einräumen.[27]

D Obschon also Grundrechte in ihrer klassischen, rechtsstaatlich-liberalen Funktion als Abwehrrechte notwendig aus der subjektiven Perspektive ihrer Träger betrachtet werden müssen, ist Lockes naturrechtliche Sicht der Freiheit nicht subjektiv im Sinne eines gegen den Staat gerichteten Rechts.

G Genau: Die Beziehungen der Rechtssubjekte des Naturzustandes zueinander sind eben keine öffentlichrechtlichen Verhältnisse. Deshalb ist die bisher so bezeichnete „negative Freiheit" auch keine Freiheit von *staatlichem* Zwang, sondern – so Locke – eine Freiheit des Einzelnen, „innerhalb der erlaubten Grenzen" der natürlichen Gesetze „über seine Person, seine Handlungsweise, seinen Besitz und sein gesamtes Eigentum zu verfügen und damit zu tun, was ihm gefällt, ohne

dabei dem eigenmächtigen Willen eines anderen unterworfen zu sein, sondern frei dem eigenen zu folgen" (§ 57).
H Wenn dieser Freiheitsbegriff nicht von öffentlichrechtlichen Verhältnissen her strukturiert werden kann, wie steht es dann mit den Privatrechtsverhältnissen?
G Diese Analogie kann und sollte in der Tat gebildet werden, und zwar wegen Lockes eigentumsrechtlicher Freiheitskonzeption zunächst einmal auf der Grundlage des § 903 BGB. Auch dessen Text sollte – nicht anders als ein philosophischer Text – beim Wort genommen werden: „Der Eigentümer einer Sache kann, soweit nicht das Gesetz oder Rechte Dritter entgegenstehen, mit der Sache nach Belieben verfahren und andere von jeder Einwirkung ausschließen". Die Analogie zu Locke wird durch den „soweit"-Satz begründet, aus dessen Stellung – er ist nicht als Nachklapp, sondern als integraler Bestandteil des Gesamtsatzes formuliert – sich eindeutig eine bereits im Begriff des Eigentums liegende Beschränkung der Eigentümerbefugnisse ergibt. Der Eigentümer eines Messers hat qua Eigentum deshalb *nicht* die Befugnis, anderen die Kehle durchzuschneiden; er wird also nicht erst nachträglich in einer „an sich" bestehenden Befugnis beschränkt.
D Ist das mit Eigentumspositionen i.S.d. Art. 14 GG nicht genauso? Oder hat der Eigentümer einer Chemiefabrik erst einmal das Recht, Chemikalien aller Art zu produzieren, darunter auch solche, die beispielsweise die Ozonschicht der Erde zerstören?
G Er hat dieses Recht, der Ozonschicht sozusagen die Kehle durchzuschneiden, selbstverständlich *nicht*, weil es inzwischen zum Glück Gesetze gibt, die durch entsprechende Herstellungsverbote bereits den *Inhalt* des Eigentums an den Produktionsanlagen bestimmen (und nicht erst die *Schranken*, etwa durch bloße Verbote des Inverkehrbringens).
H Das leuchtet für das *Eigentum* ohne weiteres ein. Müßte aber für die *Freiheit* aufgrund des erwähnten Vorrangs des Selbstverständnisses der Subjekte eines Freiheitsgrundrechts nicht etwas anderes gelten?
G Sie sagen es: Hier ist das Verhältnis von Inhalts- und Schrankenbestimmung ein anderes als beim Eigentum (Art. 14 Abs. 1 Satz 2 GG). Warum das so ist, scheint mir eine dogmenphilosophisch höchst interessante Frage zu sein.
H Was hat es damit auf sich?

2. Freiheit und Eigentum in der Dogmenphilosophie des Grundgesetzes

a) Lockes negatorische Freiheitskonzeption

G Bisher haben wir den Status der Lockeschen Freiheitskonzeption im Rahmen der traditionellen Unterscheidung zwischen einer „positiven" Freiheit zu ... und einer „negativen" Freiheit von ... im Sinne der letzteren als Unabhängigkeit vom Willen anderer bestimmt. Sehr weit kommt man mit dieser Unterscheidung allerdings schon bei Locke nicht. Er bestimmt Freiheit (in der korrigierten Fassung der zweiten Auflage des *Essay*) als „eine Kraft, entsprechend der Weisung des Geistes zu handeln oder nicht zu handeln" (II 21 § 71) und macht dabei ersichtlich von einer *anderen* Unterscheidung zwischen „positiver" und „negativer" Freiheit Gebrauch, nämlich von der Unterscheidung zwischen positivem Tun und Unterlassen.

W Das ist eine Unterscheidung, die ja wohl auch Juristen treffen, wenn sie etwa von der „negativen Versammlungsfreiheit" als der Freiheit reden, einer Versammlung fernzubleiben.

D Jene Unterscheidung hat übrigens nur einen Sinn bei „äußeren" Freiheiten wie der erwähnten Versammlungsfreiheit oder der Handlungsfreiheit ganz allgemein, nicht dagegen bei „inneren" Freiheiten wie der Glaubensfreiheit. Auch der Nichtgläubige kann seinen Unglauben im Sinne positiven Tuns bilden; und er kann ihn auch entsprechend äußern: Der Satz „Ich bin Atheist" ist nicht weniger eine Äußerung der dann mißverständlich so genannten positiven Glaubensfreiheit als der Satz „Ich bin Christ". Eine dem zuwiderlaufende Festlegung des letzten Satzes auf positiven und des ersten Satzes auf negativen Freiheitsgebrauch läßt, denke ich, das objektive Neutralitätsgebot des Art. 4 Abs. 1 GG nicht zu.

G So ist es. Deshalb schlage ich vor, bei inneren Freiheiten auf die betreffende Unterscheidung zu verzichten und den dogmenphilosophischen Status der Lockeschen Freiheitskonzeption von der klassisch liberalen Funktion der Grundrechte als Abwehrrechte her zu verstehen. Die Lockesche Konzeption eines „lives, liberties and estates" gewährleistenden Rechtsstaates ist dann nicht „negativ" – weil in diesem Staat die Freiheit ja durchaus positiv gebraucht werden soll –, sondern „negatorisch".

W Das ist aber doch wohl mehr auf die Dogmatik der Grundrechte hin bestimmt als von der Philosophie Lockes her?

G Ich setze bei Locke an, erlaube mir aber, die Terminologie der heutigen Dogmatik zu verwenden. Bei der Begründung der Legislative als der ersten Aufgabe der Konstituierung staatlicher Gewalt (§ 134) bindet Locke die konstituierende, verfassunggebende Gewalt an die „property"-Trias des natürlichen Gesetzes: Da der Mensch „im Naturzustand keine willkürliche Gewalt über das Leben, die Freiheit oder den Besitz eines anderen hat, sondern nur so viel, wie ihm das Gesetz der Natur zur Erhaltung seiner selbst und der übrigen Menschheit gegeben hat, so ist dies auch alles, was er zugunsten des Staates oder damit zugunsten der legislativen Gewalt aufgibt oder aufgeben kann" (§ 135). Es ist dieser Gedanke einer Limitation *aller* gesetzgebenden Gewalt gewesen – einschließlich der verfassunggebenden Gewalt –, der sich in der Tradition des westlichen Verfassungsstaates Bahn gebrochen und sowohl zum politischen Bekenntnis des Art. 1 Abs. 2 GG als auch zur Anordnung der rechtlichen Bindungswirkung der Grundrechte i.S.d. Art. 1 Abs. 3 GG geführt hat.

H Bei aller Anerkennung ihrer dogmenphilosophischen Bedeutung gebe ich zu bedenken, daß auch die von G so genannte „negatorische" Freiheit Lockes einen gewissen negativen Unterton aufweist. Denn mit Bürgern, die sich nur negatorisch, also den Staat abwehrend verhalten, und die ihre bürgerlichen Interessen als Privatleute pflegen, ist bekanntlich „kein Staat zu machen".

G Deshalb legen wir großen Wert darauf, die bürgerlich-liberale, abwehrrechtliche Sicht der Freiheitsgrundrechte nicht zu verabsolutieren und im weiteren Verlauf unseres Gesprächs noch andere, nicht-negatorische Freiheitskonzepte zu erörtern. Außerdem weisen wir die Vorstellung, der moderne Verfassungsstaat sei primär dadurch legitimiert, daß er als liberaler Rechtsstaat Freiheitsgrundrechte als Abwehrrechte gegen sich – den Staat – selbst gewährleistet, wegen ihrer verfehlten Priorität ausdrücklich zurück. Die erste Legitimation des Staates liegt in der Garantie des gesamtgesellschaftlichen Friedens und der Gewährleistung der Sicherheit der Staatsbürger wie wir dies mit Hobbes entwickelt haben und wie Locke es ebenfalls voraussetzt. Das Grundgesetz bringt diesen Legitimationsstrang in der schlichten Formulierung des Art. 20 Abs. 1 GG zum Ausdruck, die Bundesrepublik Deutschland sei ein (demokratischer und sozialer Bundes-) *Staat* und die Dogmatik stellt dazu die entsprechenden staatlichen Schutzpflichten aus Art. 1 Abs. 1 Satz 2 GG in Verbindung mit den Grundrechten bereit. Die Grundrechte fungieren insoweit aber nicht als Abwehrrechte gegen, sondern als Verpflichtung für den Staat, sich schützend und fördernd vor die Grundrechtsträger zu stellen und sie vor Übergriffen Dritter – auch und gerade *Privater* – zu bewahren. Auch der grundgesetzliche Verfassungsstaat ist daher zunächst sicherheitsgewährleistende Friedensordnung und von diesem Schutzzweck her legitimiert. Die Gewährleistung von Grundrechten als Abwehrrechten gegen *staatliche* Gewalt ist dagegen nicht primär Legitimations-, sondern Limitationsfrage und als solche haben wir sie mit Locke ja auch behandelt.

H Aber Grundrechte sind doch nicht *nur* Abwehrrechte und Rechte zum Rückzug in die Privatheit wie Art. 13 GG (Unverletzlichkeit der Wohnung), sondern auch politische Rechte: Rechte zur Gestaltung der gemeinsamen Ordnung.

G Selbstverständlich. Im System des Grundgesetzes gibt es auch politische Mitwirkungsrechte wie die Meinungs-, Versammlungs-, Vereinigungs- und Parteienfreiheit. Außerdem sind Grundrechte nicht nur subjektive Rechte des Einzelnen, sondern haben zugleich eine objektive, die gesamte Verfassungsordnung prägende Dimension und Funktion. Deshalb greift der Lockesche Freiheitsbegriff zu kurz, wenn es um solche anderen Freiheitsfunktionen – wie vorrangig um die Legitimation einer republikanischen respektive freiheitlichen Ordnung – geht. Rousseau, Kant und Hegel haben dies (jeder auf seine Weise) erkannt und auf einen nichtnegatorischen Begriff von Freiheit gebracht.

b) „Eigentumsgarantie", nicht „Eigentumsfreiheit"

G Freiheits- und Eigentumsrechte sind tragende Säulen unserer Verfassungsordnung. Deshalb bedürfen „Eingriffe in Freiheit und Eigentum" der Ermächtigung durch ein Parlamentsgesetz – wenn auch das Bundesverfassungsgericht den Vorbehalt des Gesetzes von dieser „überholten Formel"[28] zu lösen und im Hinblick auf das Demokratieprinzip fortzuentwickeln versucht hat. Für unser Thema bleibt die rechtsstaatliche „Eingriffsformel" gleichwohl relevant. Dogmenphilosophisch besteht der Kern der Freiheitsgrundrechte in der Garantie der Selbstbestimmung des jeweiligen Grundrechtsträgers über den Inhalt seiner Freiheit. Dieser Inhalt der Freiheit darf also gerade nicht gesetzlich geregelt werden. Im diametralen Gegensatz dazu fordert Art. 14 Abs. 1 Satz 2 GG zurecht, daß erst einmal der „Inhalt des Eigentums" – und dann dessen „Schranken" – durch die Gesetze bestimmt werden. Korrekterweise spricht man deshalb von der Institutsgarantie des Eigentums oder kurz von der Eigentumsgarantie. Deren Kennzeichen als Rechtsinstitut ist es, daß ihr Inhalt der normativen Festlegung durch den Gesetzgeber bedarf ...

H ... der dabei selbstverständlich den Wesensgehalt (Art. 19 Abs. 2 GG) dessen beachten muß, was verfassungsrechtlich den Namen „Eigentum" verdient.

G Der Naßauskiesungsbeschluß des Bundesverfassungsgerichts ist dafür ein anschauliches Beispiel:[29] Das Wasserhaushaltsgesetz hat den Inhalt des Eigentums an einem Grundstück aus Gemeinwohlgründen so geregelt, daß das Grundwasser nicht zu den Bestandteilen des Grundeigentums gehört. Demgegenüber stelle man sich einmal ein Gesetz vor, das die Freiheit, sich nach eigenen Vorstellungen zu kleiden, aus dem Inhalt des allgemeinen Freiheitsrechts des Art. 2 Abs. 1 GG hinausdefiniere und nach dem Vorbild von „Kleiderordnungen" der „guten Policey" des 16.-18. Jahrhunderts im Detail vorschriebe, wer bei welcher Gelegenheit was zu tragen habe[30] – so, als gäbe es den Verfassungssatz „Der Inhalt der Freiheit wird durch die Gesetze bestimmt". Für dogmenphilosophisch sensible Juristen gehört „Eigentumsfreiheit" deshalb nicht gerade in das Buch der goldenen Wörter. „Eigentums*garantie*" ist vorzuziehen, weil Art. 14 GG eine Institutsgarantie darstellt, die sich von den Freiheitsrechten dadurch kategorial unterscheidet, daß der Schutzgegenstand des Eigentums durch Rechtsnormen konstituiert werden muß.

D Wie stehen Sie dann zu der Rechtsprechung des Bundesverfassungsgerichts, nach der Art. 14 GG dem Grundrechtsträger „einen Freiheitsraum im vermögensrechtlichen Bereich" sichern und eine eigenverantwortliche Gestaltung des Lebens ermöglichen soll?[31]

G Durch die Einordnung des Eigentumsrechts in die Institutsgarantien wird dann zum Ausdruck gebracht, daß jener „Freiheitsraum" erst durch die gesetzgeberische Inhaltsbestimmung des Eigentums eröffnet wird. Zum Eigentümer muß man durch die Rechtsordnung sozusagen erkoren werden, während man mit Freiheit geboren wird.[32]

3. Gewaltenteilung bei Locke

D Wir haben Locke als Theoretiker des liberalen Rechtsstaates kennengelernt. Wir wissen bereits, daß die Logik liberalen Denkens darauf ausgerichtet ist, staatliche Macht zu limitieren. Dieser Logik entspricht es bei Locke, eine Sonderung der staatlichen Gewalten zum Schutz vor staatlicher Willkür zu fordern. Obschon historisch anders bedingt, bleibt diese Einsicht Lockes auch heute noch gültig.

G Das Grundgesetz schreibt deshalb in Art. 20 Abs. 2 Satz 2 GG ausdrücklich die Ausübung der Staatsgewalt durch „besondere" – also gesonderte – Gewalten der gesetzgebenden, vollziehenden und rechtsprechenden Gewalt vor. Die grundgesetzadäquate Philosophie dieser Gewaltenteilung findet sich bei Locke, nicht bei Montesquieu.

D Vielleicht sollte man der herrschenden Lehre – die auf Montesquieu fixiert ist – insofern entgegenkommen, als man Montesquieu *und* Locke als die Väter der Gewaltenteilung behandelt.

G Na ja: Charles-Louis de Montesquieu (1689-1755) hat in seinem häufig zitierten Werk *Über den Geist der Gesetze* (*De l' esprit des lois*, 1748) einen ganz anderen Gedanken als den der Gewaltenteilung in den Vordergrund gestellt und im einzelnen entwickelt: den der „Natur der Dinge" (la nature des choses): Die Gesetze „müssen dem Volk, für das sie geschaffen sind, so genau angepaßt sein, daß es ein sehr großer Zufall wäre, wenn sie auch einem anderen Volke angemessen wären" (I 3); er nennt beispielsweise die Natur des Landes, seine Lage und Größe, sein Klima, den Boden, die Lebensweise der Bevölkerung, ihre Religion, ihre Sitten und Gebräuche: alle diese Beziehungen zusammen bilden nach Montesquieu den „Geist der Gesetze". Von der Gewaltenteilung ist erst im sechsten Kapitel des XI. Buches die Rede, und zwar unter der meist unterschlagenen Überschrift „Von der Verfassung Englands". Ob er die damalige Verfassung Englands zutreffend interpretiert oder nur seine Kenntnis der Lockeschen Konzeption dokumentiert hat, möchte ich aus Respekt vor Montesquieus sonstiger Leistung offenlassen. Die These Forsthoffs, Montesquieu habe die Gewaltenteilung in die englische Verfassung „hineingedeutet", ist jedenfalls durchaus plausibel.[33] Außerdem hat Montesquieu einen ganz anderen Begriff der Exekutive als das Grundgesetz: „puissance exécutive" ist für ihn nicht die „vollziehende Gewalt" schlechthin, sondern nur die Vollzugsgewalt „in Ansehung der Angelegenheiten, die vom Völkerrechte abhängen" (XI 6). Und schließlich – um der dogmenphilosophischen Unangemessenheit des üblichen Montesquieubezugs noch einen letzten Grund hinzuzufügen – ist die mechanistische Vorstellung von einander hemmenden Gewalten (le pouvoir arrête le pouvoir: XI 4) mit der grundgesetzlichen Konzeption einer funktionalen Gewaltenbalance doch ersichtlich nicht zu vereinbaren: Ein „Vetorecht", wie Montesquieu es der vollziehenden Gewalt gegenüber der Gesetzgebung einräumt, gibt es grundgesetzlich bekanntlich nicht, vielmehr ist die Regierung durch ihr Initiativrecht maßgeblich an der Gesetzgebung beteiligt. Auch kann die Regierung im Rahmen des Art. 80 GG selbst Verordnungen und damit Gesetze im materiellen Sinn erlassen – eine solche Regelung, die Ausdruck der grundgesetzlichen Gewaltenbalance ist, hätte den Montesquieuschen Gewaltenteilungsmechanismus gerade zerstört. Während die Rechtsprechung nach Montesquieu aufgrund einer zum geflügelten Wort gewordenen Vorstellung vom Richter als „Mund des Gesetzes" bekanntlich „en quelque façon nulle" ist (XI, 6) – was trotz aller Geflügeltheit des Wortes methodologisch verfehlt ist ...

H ... brauchte Locke die Judikative nicht eigens zu behandeln, weil das Thema seiner beiden *Treatises* titelgemäß *Government* war, also das Regieren und Verwalten (auf gesetzlicher Grundlage), nicht aber das Rechtsprechen.

G Zur Dogmenphilosophie des grundgesetzlichen Gewaltenteilungsprinzips eignet sich Lockes Theorie nicht durch Einzelheiten ihrer Behandlung der legislativen, exekutiven und föderativen Gewalt (§§ 134-158) sowie der Prärogative (§§ 159-168), sondern durch die Dreiteilung der Staatsgewalt in die gesetzgebende, rechtsprechende und vollziehende Gewalt in jenen bereits behandelten §§ 124-126 der *Zweiten Abhandlung*, in denen Locke ihre prinzipielle Notwendigkeit aus den Defiziten des Naturzustands herleitet. Denn diese Defizite – Fehlen des allgemeinen Maßstabs eines Gesetzes (§ 124), des unparteiischen Richters zur Entscheidung konkreter Zwistigkeiten (§ 125) und der Vollstreckung solcher Entscheidungen gegen Widerstand (§ 126) – formulieren ex negativo genau jene Bedingungen des gewaltenteiligen Rechtsstaates, durch die sich der Staat des Grundgesetzes in positiver Weise auszeichnet: Er schützt Freiheit und Eigentum seiner Bürger nicht irgendwie, sondern durch das institutionelle Zusammenwirken seiner drei Gewalten.

§ 9 Rousseau und das Prinzip der Republik

I. Grundlagen der Rousseauschen Rechts- und Staatsphilosophie

1. Rousseau als Republiktheoretiker

G Jean-Jacques Rousseau (1712-1778) hat nicht nur als Philosoph gewirkt, sondern auf vielen anderen Gebieten: als Roman- und Bühnenautor, Opernkomponist, Musiktheoretiker, Pädagoge und Publizist.[1] Seine radikale Kritik an der Gesellschaft seiner Zeit hat von Anfang an antirousseauistische Affekte erzeugt und Polemiken gegen den Menschen und Autor Rousseau hervorgebracht. So wurde und wird beispielsweise das Motto „Zurück zur Natur" – das in dieser Form gar nicht belegbar ist – unter Bezugnahme auf einen Brief Voltaires als Rückfall in die Gangart auf allen vieren diskreditiert.[2] Was immer es mit diesem sekundärliterarischen Motto auf sich haben mag, offenbar ist es zumindest ein Hinweis, daß der Begriff der Natur bei Rousseau von Bedeutung ist und wir uns also zum Verständnis seiner Überlegungen auch mit dem Naturbegriff zu befassen haben. So werden wir wie schon bei Hobbes und Locke einen genaueren Blick auf jenen Zustand werfen müssen, in dem sich die Menschen nach Auffassung des jeweiligen Autors „von Natur aus" befinden und auf den Vertrag, durch den sie in den staatlichen Zustand gelangen. Hier möchte ich vorschlagen, wie bei Locke vorzugehen und nicht die Vertragstheorie als solche in den Vordergrund zu stellen, sondern die rechts- und staatsphilosophischen Konsequenzen, die sich aus der spezifischen Überwindung des Naturzustands ergeben. Auf diesem Wege sind wir mit Locke zur Limitation des Staates durch „property" und damit zum grundrechtlichen Schutz von Freiheit und Eigentum gekommen.
H Im Unterschied zu Locke läßt sich Rousseau aber nicht als Limitationstheoretiker bezeichnen. Vielmehr geht es ihm – im Ansatz wie Hobbes – um die Legitimation des Staates.
G Rousseaus Legitimationstheorie ist aber spezifisch republikanisch: In ihr geht es um die politische Autonomie eines Volkes im Hinblick auf das von ihm selbst zu bestimmende Gemeinwohl; und das ist seit der Antike das Thema der Republik. Dementsprechend behandeln wir Rousseau als Republiktheoretiker.

2. Rousseaus Theorie des Naturzustands

G Im Jahre 1750 erringt Rousseau mit seinem philosophischen Erstling, dem *Discours sur les Sciences et les Arts* (*Diskurs über die Wissenschaften und Künste*) den Preis der Akademie zu Dijon. Anders als seine Mitbewerber beantwortet er die Preisfrage, ob der Wiederaufstieg der Wissenschaften und Künste zur Läuterung der Sitten beigetragen habe, mit einem entschiedenen Nein.

W Dabei verneint er die Frage nicht nur für seine Zeit, sondern behauptet mit viel Pathos (aber mit wenig systematisch-philosophischer Präzisierung und Begründung) einen Zusammenhang, wonach eine Verfeinerung von Wissenschaft und Kunst mit geradezu naturgesetzlicher Notwendigkeit den Verlust von Tugend und Freiheit im Gefolge hat (KW 15).

G Ihrer Kritik an zu viel Rhetorik und zu wenig Philosophie kann man kaum ernsthaft widersprechen – weil Rousseau es beispielsweise schon versäumt, zwischen Kunst und Wissenschaft zu differenzieren.

W Mit meinem Hinweis auf den pamphlet- und manifestartigen Charakter wollte ich diese Schrift allerdings keineswegs abwerten, sondern nur darauf aufmerksam machen, daß wir es bei Rousseau wie schon bei Platon, Pico und Pascal mit einem Autor zu tun haben, der seine Philosophie nicht in wissenschaftlichen Traktaten darstellt. Wie Pascal und, im neunzehnten Jahrhundert, Kierkegaard[3] muß Rousseau deshalb eine andere Ausdrucksform wählen, weil ihmzufolge die wissenschaftliche Haltung etwas ist, das der Mensch ja gerade ablegen soll. Auch die Option, einen zurückhaltenden, gepflegten und gelehrten Essay zu schreiben, besteht für ihn nicht. Denn wie Pascal und Kierkegaard lehnt ja auch Rousseau all das ab, was etwa Cicero so sehr schätzte: bildungsbeflissene Kultiviertheit, verfeinerte Manieren, weltgewandtes Auftreten und charmante Dezenz; dabei handle es sich nämlich lediglich um Indizien für Selbstvergessenheit, Selbstbetrug und Unfreiheit (KW 6 ff.). So manchem humanistischen Juristen möge diese Position der Umwertung sowie die distanzlose Vehemenz ihres Vortrags als stillos direkt und auf barbarische Weise anstößig erscheinen, und die Masse von smarten Rechtstechnikern, die sich, zeitgemäßer, als keine weiteren Fragen stellende Profivollstrecker von Systemimperativen und Unternehmer in eigener Sache entwerfen, werden sie nur als wirklichkeitsfremden Affront gegen ihre unantastbaren Präferenzordnungen verstehen können. Das, meine ich, spricht aber eher für die ernsthafte Beschäftigung mit den Texten von Pascal, Rousseau und Kierkegaard.

G Ich kenne auch smarte Philosophen.

W Nur wenn Sie mit „Philosoph" einen Wissenschaftler beziehungsweise Gelehrten des Fachs Philosophie bezeichnen, nicht aber, verstanden in jenem philosophisch anspruchsvollen Sinne, wie wir ihn bei Platon kennenlernten.[4]

G Zurück zum Thema: Mir geht es darum, daß der *Erste Diskurs* zumindest den Grundgedanken Rousseaus klären hilft, den er im *Zweiten Diskurs* anthropologisch und im *Contrat Social* republiktheoretisch ausdifferenziert hat. Im übrigen ist die von ihm selbst so bezeichnete „Erleuchtung" (illumination), die ihm beim ersten Lesen der Preisfrage im Jahre 1749 blitzartig zuteil geworden ist, die Inspiration geblieben, die er ein Leben lang verfolgt und in seinen Schriften immer wieder aufgegriffen hat: Der Mensch sei von Natur aus gut und werde erst durch die Institutionen der Gesellschaft verdorben.[5]

W Ansonsten gehen wir mit solchen Rückgriffen auf Biographisches ja bewußt sparsam um, weil wir die Philosophie unserer Klassiker problemorientiert aus deren Texten gewinnen wollen.
G Mehr aus Rousseaus Vita werden Sie von mir auch nicht hören. Außerdem beziehe ich mich selbstverständlich auf Texte, etwa auf den ersten Satz des *Émile*: „Alles ist gut, wie es aus den Händen des Schöpfers kommt; alles entartet unter den Händen des Menschen" (É 5) oder auf den Anfang des ersten Kapitels des *Contrat Social*: „Der Mensch ist frei geboren, und überall liegt er in Ketten" („L'homme est né libre, et partout il est dans les fers": CS I 1).
H Moment: Die „Ketten" thematisiert Rousseau aber nicht in kulturkritischer Absicht – jedenfalls dann nicht, wenn man den *Contrat Social* als von der Kulturkritik unabhängige Schrift interpretiert. Ich würde eine solche Interpretation bevorzugen. Aus dieser Perspektive sind die Ketten genau dieselben Ketten, von denen Hobbes spricht: es sind die Gesetze, die auch Rousseau als große zivilisatorische Errungenschaft betrachtet.
W Mir scheint es näherliegend, zur Deutung dieses Bildes nicht auf Hobbes, sondern auf Rousseau selbst zurückzugreifen. Das Bild der Ketten taucht nämlich bereits im ersten Teil des *Ersten Diskurses* auf und ist dort in einer den Anfang des *Contrat Social* vorwegnehmenden Weise auch bereits auf die angeborene Freiheit bezogen. Voller Sarkasmus schreibt Rousseau: „Wie der Körper hat auch der Geist seine Bedürfnisse. Jene bilden die Grundlage der Gesellschaft, diese machen ihre Annehmlichkeit aus. Während die Regierungen und die Gesetze für die Sicherheit und das Wohlergehen der zusammenwohnenden Menschen sorgen, breiten die weniger despotischen und vielleicht mächtigeren Wissenschaften, Schriften und Künste Blumengirlanden über die Eisenketten, die sie beschweren. Sie ersticken in ihnen das Gefühl jener ursprünglichen Freiheit, für die sie geboren zu sein schienen, lassen sie ihre Knechtschaft lieben und machen aus ihnen, was man zivilisierte Völker nennt. Das Bedürfnis errichtete die Throne, die Wissenschaften und Künste haben sie befestigt" (KW 7, 9).
G In diesem Prozeß der Zivilisierung verliert der Mensch nach Rousseau auch die intuitive Sicherheit, der inneren Stimme seines Gewissens zu folgen, weil dieses „die Sprache der Natur spricht, die wir über allem anderen vergessen haben" (É 306). Das Motto aus zweiter Hand „Zurück zur Natur" darf also nicht primär auf die äußere Lebensgestaltung bezogen werden, sondern es kennzeichnet die moralische Integrität des einfachen, vor allem auch philosophisch unverbildeten Menschen, der dafür nicht sein „Leben mit dem Studium der Moral verbringen" muß – so heißt es an der soeben zitierten Stelle des *Émile*. Und mit „Moral" bezieht sich Rousseau nicht nur auf die Tugenden des privaten Alltags, sondern auch auf die des gesellschaftlichen oder politischen Zusammenlebens: „Wir haben Physiker, Geometer, Chemiker, Astronomen, Poeten, Musiker, Maler, aber wir haben keine Bürger mehr" (KW 47). Der sicherste Weg zum Verständnis der Rousseauschen Republiklehre führt über eine genaue Bestimmung der hier angesprochenen politischen Entfremdung der Bürger (Citoyens) – wobei dieser für Rousseau so wichtige Begriff erstmals prominent auf dem Titelblatt des *Ersten Diskurses* auftauchte. Dort stand nämlich kein Name, sondern nur die Angabe „Par un Citoyen de Geneve" (von einem Genfer Bürger), eine Bezeichnung, die

der stolze Bürger von Genf (damals einer Stadtrepublik mit knapp 18.000 Einwohnern) seinem Namen in den späteren Schriften stets hinzufügte.

W Konsequenterweise müßten Sie Ihre Vorliebe für Titelblätter dann auch auf das Motto erstrecken, das Rousseau dem *Zweiten Diskurs* von 1755 – der Abhandlung über den Ursprung der Ungleichheit unter den Menschen – vorangestellt hat: „Nicht in depravierten Dingen, sondern in jenen, die sich in einem guten Zustand gemäß der Natur befinden, muß man betrachten, was natürlich ist".

G „Non in depravatis" haben Sie der Tradition entsprechend mit dem Lehnwort „depraviert" (vom lateinischen „depravare", „verkehren, entstellen, verderben") paraphrasiert. Dieses ungewöhnliche Adjektiv ist der spezifisch Rousseausche Terminus (depravé) für das, was andere „denaturiert" nennen – wobei sich der defiziente Modus der Natur erst aus deren vorgängiger Positivbestimmung erschließt. Rousseau setzt sich hier ausdrücklich von den Naturzustandslehren seiner Vorgänger ab: „Die Philosophen, welche die Grundlagen der Gesellschaft untersucht haben, haben alle die Notwendigkeit gefühlt, bis zum Naturzustand zurückzugehen, aber keiner von ihnen ist bei ihm angelangt" (U 69). Alle hätten „unablässig von Bedürfnis, von Habsucht, von Unterdrückung, von Begehren und von Stolz gesprochen und damit auf den Naturzustand Vorstellungen übertragen, die sie der Gesellschaft entnommen hatten. Sie sprachen vom wilden Menschen (Homme Sauvage) und beschrieben den bürgerlichen Menschen (Homme Civil)" (U 69 f.). Von diesem Generalvorwurf her ist etwa Lockes „property" ein gesellschaftlich bedingter und damit für die Konzeption des Naturzustands ungeeigneter Begriff. Der noch nicht durch die Gesellschaft depravierte Homme Sauvage folgt nur den einfachen Antrieben der Natur: „Seine Begehren gehen nicht über seine physischen Bedürfnisse hinaus. Die einzigen Güter, die er in der Welt kennt, sind Nahrung, ein Weibchen und Ruhe; die einzigen Übel, die er fürchtet, sind Schmerz und Hunger" (U 107).

H Diese Kritik Rousseaus an seinen Vorgängen trifft stärker noch Hobbes als Locke. Verblüffend finde ich, daß Rousseau von „Weibchen" spricht, also einen Ausdruck benutzt, den man ja wohl nur zur Beschreibung animalischer Verhältnisse verwendet.

G Ja. Rousseau schreibt aber tatsächlich „femelle" (und nicht „femme"), nennt den Menschen seines Naturzustands „un animal" und versieht ihn mit animalischen Prädikaten, hebt ihn aber dennoch vom Tier ab, weil er sich durch Beobachtung der tierischen Instinkte diese alle aneignen kann (U 106, 78, 81). Erst indem er *soziabel* wird – „sociable" ist ein terminus technicus, der Rousseaus Position nur dann präzise bezeichnet, wenn er unübersetzt bleibt –, depraviert er und wird zum Sklaven, schwach, ängstlich und kriegerisch (U 93), böse (U 167) und unzufrieden (U 269). An der zuletzt genannten Stelle führt Rousseau die Unterschiede zwischen dem natürlichen und dem gesellschaftlichen Zustand auf ihre „wahrhafte Ursache" zurück: „Der Wilde lebt in sich selbst (en lui-même), der soziable Mensch weiß, immer außer sich, nur in der Meinung der anderen zu leben; und sozusagen aus ihrem Urteil allein bezieht er das Gefühl seiner eigenen Existenz" (U 269). Hier haben wir Rousseaus Anthropologie in ihrem Kern vor uns. Auch das für seine politische Philosophie zentrale Begriffspaar amour de soi (bzw. amour de soi-même) und amour propre ist darin bereits enthalten.[6] Das entsprechende Begriffspaar im Deutschen wäre Selbstliebe und Eigenliebe.

„Selbstliebe" bezeichnet das Bei-sich-selbst-sein des noch nicht depravierten, sich noch nicht im Spiegel der Anderen sehenden und von ihnen her definierenden sozusagen edlen Wilden, während „Eigenliebe"...

W Augenblick: Bei aller Sympathie für eine solche Konzeption, vor deren Hintergrund sich Karrieristen und Bildungsbeflissene als Degenerationsformen des Menschseins wenig glanzvoll abheben, muß aber doch gefragt werden, worin genau der amour de soi besteht und welche sachlichen Gründe dafür sprechen, ihn als anthropologische Basis anzusetzen. Ebensowenig geklärt haben wir bis jetzt den Begriff der ursprünglichen Freiheit und sein Verhältnis zur Konzeption der Selbstliebe. Kann Rousseau hierauf befriedigende Antworten geben?

G Eine *mich* befriedigende Antwort würde eine eingehende Auseinandersetzung mit dem Naturbegriff und der Naturzustandskonzeption erfordern. Die Rousseauinterpreten sind sich aber noch nicht einmal darüber einig, ob der Naturzustand als historischer Zustand oder als theoretisches Konstrukt zu verstehen ist. Um uns aus diesem Streit so weit wie möglich herauszuhalten, sollten wir nicht mit der Selbstliebe des amour de soi, sondern mit der Überwindung der Eigenliebe des amour propre beginnen. Diese Eigenliebe wird in der Sekundärliteratur nicht selten „Selbstsucht" genannt. Das ist insofern mißverständlich, als damit unterschwellig – assoziativ verstärkt durch die Fehlvorstellung des „Zurück zur Natur" – das Postulat einer Rückkehr zum amour de soi des Naturzustands verbunden werden könnte. Das ist aber gerade *nicht* die Forderung Rousseaus. Vielmehr geht es ihm darum, die Selbstentfremdung des depravierten Menschen durch die neue Identität des Citoyen in der erst noch zu konzipierenden Ordnung einer Republik zu überwinden. Die Freiheit, auf die es dabei ankommt, ist nicht die Freiheit des Rousseauschen Naturzustands – das heißt in ihrem Kern die Unabhängigkeit vom Urteil anderer –, sondern es ist eine neue, politische Form der Freiheit, deren Protagonist Rousseau und deren Klassikertext der *Contrat Social* ist.[7]

II. Rousseaus Philosophie der Republik

1. Titel und Untertitel des Contrat Social als Programm

G Der vollständige Titel des 1762 erschienenen rechts- und staatsphilosophischen Hauptwerkes unseres Autors lautet: *Du Contract Social; ou Principes du Droit Politique*.[8] Der Untertitel bringt das Anliegen des Buches wesentlich besser zum Ausdruck als der Haupttitel („Vom Gesellschaftsvertrag"), durch die gängige Übersetzung „Grundzüge des Staatsrechts" werden jedoch gerade bei Juristen positivrechtliche Assoziationen geweckt, die dem prinzipiellen Anliegen Rousseaus nicht gerecht werden. Im fünften Buch des *Émile*, das die Grundgedanken des *Contrat Social* enthält, heißt es, selbst der große Montesquieu habe sich gehütet, über die „Prinzipien" des „droit politique" zu schreiben und sich mit einer Abhandlung des positiven Rechts bestehender Regierungen begnügt; nichts in der Welt sei aber „verschiedener als diese beiden Gebiete" (É 505).

H Das „politische Recht", um das es Rousseau geht, ist also nicht das „Staatsrecht", mit dem sich Juristen befassen und seine „Prinzipien" sind weder

„Grundsätze" des positiven Rechts noch Verfassungsprinzipien im Sinne von Optimierungsgeboten.

G Im sogenannten Genfer Manuskript, einer ersten Fassung des *Contrat Social*, schreibt Rousseau, er stelle nicht auf die aktuell existierenden politischen Verbände und deren „Tatsachen" ab, sondern suche ihr Recht und ihren Grund („le droit et la raison").[9] Diese Suche nach den vorpositiven Vernunftgrundlagen des Rechts der politischen Verbände sollte ursprünglich Bestandteil einer größeren Untersuchung mit dem Titel „Institutions politiques" sein, von der uns Rousseau in der Vorbemerkung zum *Contrat Social* nur mitteilt, das vorgelegte Stück sei „das ansehnlichste" und der Rest existiere nicht mehr.[10] In Verbindung mit dem Grundgedanken der Depravation des Menschen durch die Institutionen der Gesellschaft und als Grundlagenteil der geplanten „Politischen Institutionen" erhält der Untertitel „Prinzipien des politischen Rechts" programmatischen Charakter. Dieses Programm einer von ihren Rechtsprinzipien her legitimen politischen Ordnung formuliert Rousseau im ersten Satz des ersten Buches des *Contrat Social* folgendermaßen: „Ich will untersuchen, ob es in der bürgerlichen Ordnung irgendeine rechtmäßige (légitime) und sichere Regel für das Regieren geben kann" (CS I).[11] Ein solch prinzipielles Legitimationsanliegen kommt auch am Anfang des ersten Kapitels klar zum Ausdruck, wenngleich der rhetorische Glanz des Eingangssatzes die nachfolgenden fünf schlichteren Sätze etwas verblassen läßt: „Der Mensch ist frei geboren, und überall liegt er in Ketten. Einer hält sich für den Herrn der anderen und bleibt doch mehr Sklave als sie. Wie ist dieser Wandel zustande gekommen? Ich weiß es nicht. Was kann ihm Rechtmäßigkeit verleihen (rendre légitime)? Diese Frage glaube ich beantworten zu können" (CS I 1). Rousseau will den Wandel vom frei geborenen natürlichen Menschen zum institutionell geketteten zivilisierten Menschen also weder historisch erklären noch rückgängig machen, weshalb die Kettenmetapher auch keine Revolutionsparole zum Sprengen der Ketten enthält. Die Ketten – d.h. im Themenbereich des *Contrat Social* die politischen Institutionen – sollen vielmehr im Hinblick auf die Regel des Regierens und die „Prinzipien" des Untertitels legitimiert werden.

H Festzuhalten bleibt, daß Rousseaus zentrales Anliegen die Begründung der politischen Einheit einer Gesellschaft ist, durch die diese Gesellschaft erst zum Volk und damit zum legitimen Gesetzgeber wird.

G Weil es ihm aber um das *politische* Prinzip dieser Einheitsbildung zu tun ist, das sich nicht auf ein Prinzip des positiven Rechts und schon gar nicht auf sinnlich wahrnehmbare Tatsachen zurückführen läßt, macht Rousseau ausdrücklich auf eine Schwierigkeit aufmerksam, die ein Grundproblem jeder politischen Philosophie darstellt: die „allzu allgemeinen Gesichtspunkte" können „nicht in die Sprache des Volkes übersetzt werden" (CS II 7).[12] Ein solcher für die Alltagssprache in der Tat „allzu allgemeiner" Gesichtspunkt ist die – in ihren Feinheiten erst noch zu besprechende – volonté générale aber schon deshalb, weil sie das höchste Prinzip des als „Gedankending (être de raison)" begriffenen „politischen Körpers" der „moralischen Person" des Staates ist (CS I 7).

W Nach unserer eingangs getroffenen Verabredung könnte es jetzt so aussehen, als wollten wir Rousseau überhaupt nicht als Theoretiker des Gesellschaftsvertrages behandeln. Das schiene mir allerdings gewagt. Erstens hat Rousseau sich – wenn auch zögernd – doch für den Vertrag im Haupttitel entschieden und zweitens macht er sich die vor allem durch Hobbes und Locke formulierten Ergebnisse der Vertragstheorie durchaus zu eigen.

G Das klingt bereits dort an, wo er betont, er werde sich in seiner Untersuchung bemühen, „das, was das Recht zuläßt, stets mit dem zu verbinden, was der Vorteil vorschreibt, damit Gerechtigkeit (justice) und Nutzen (utilité) nicht getrennt gefunden werden".[13] Diese Verbindung von Gerechtigkeits- und Nutzenerwägungen verweist auf die höchst anspruchsvolle Freiheitsphilosophie Rousseaus, die im Mittelpunkt unserer weiteren Erörterungen stehen wird. Die Vertragstheorie können wir dagegen relativ kurz abhandeln.

2. Der Contrat Social als Vertragstheorie

H Die beiden vertragstheoretischen Passagen, in denen Rousseau sich primär auf Nützlichkeitserwägungen stützt, sind die folgenden: Da die bereits bekannte angeborene Freiheit „eine Folge der Natur des Menschen" und deren „oberstes Gesetz" die Selbsterhaltung ist – worin Rousseau mit Hobbes im Ergebnis, aber nicht in der Begründung übereinstimmt –, ferner „alle gleich und frei geboren sind", veräußern sie im Vertrag „ihre Freiheit einzig zu ihrem Nutzen" (CS I 2). Da es mit der Natur des Menschen aber unvereinbar wäre, im Vertragsschluß auf seine Freiheit zu verzichten (CS I 4), bringt der Vertrag für die Einzelnen keine „Entsagung" mit sich, vielmehr befinden sie sich nach Vertragsschluß „in einer der früheren wirklich vorzuziehenden Lage"; „für eine unsichere und schwankende Seinsweise" haben sie „eine bessere und sicherere eingetauscht": „für die natürliche Unabhängigkeit die Freiheit, für die Macht, anderen zu schaden, die eigene Sicherheit, und für ihre Stärke, die die anderen übertreffen konnte, ein Recht, das durch die gesellschaftliche Einigung unüberwindlich wird" (CS II 4).

G Mit seiner Vertragstheorie erweist sich Rousseau in gewisser Hinsicht als Nachfolger Lockes. Er nennt den Gesellschaftsvertrag nämlich „eine Form des Zusammenschlusses (association), die mit ihrer ganzen gemeinsamen Kraft die Person und das Vermögen (la personne et les biens) jedes einzelnen Mitglieds verteidigt und schützt" (CS I 6). Sieht man von der freiheitstheoretisch sehr wichtigen Fortführung des Satzes zunächst einmal ab, läßt sich „la personne et les biens" ohne weiteres als französische Paraphrase von „property" im Lockeschen Sinne verstehen. Rousseau ist insofern durchaus auch ein Vertreter der Theorie des liberalen Rechtsstaates.[14] Die Pointe seiner Philosophie ist aber die Republiktheorie, wie sie in der Fortführung des zitierten Satzes erstmals in der Geschichte der politischen Philosophie formuliert wird: Finde eine Form der Person und Vermögen verteidigenden und schützenden „association", „durch die doch jeder, indem er sich mit allen vereinigt, nur sich selbst gehorcht und genauso frei bleibt wie zuvor. Das ist das grundlegende Problem, dessen Lösung der Gesellschaftsvertrag darstellt" (CS I 6). In dieser berühmten Problemstellung wird die Legitimationsfrage in konsistenter, aber auch höchst anspruchsvoller Weise als Freiheitsfrage formuliert ...[15]

D ... während es unter den Rousseauinterpreten doch einige Zweifel hinsichtlich der Konsistenz des vertraglichen Lösungsmodells gibt. Denn anders als in jenen Vertragsmodellen, in denen die Vertragspartner auch nach dem Vertragsschluß individuelle Nutzenmaximierer in einer bloßen „aggregation" von Individuen

bleiben, verwandelt die Rousseausche „association" den Einzelnen in einen Citoyen, der sich in dieser Eigenschaft durch die Orientierung an der volonté générale auszeichnet – und damit gerade nicht durch die Verfolgung eines individuellen Nutzenkalküls.[16]
G Mit dieser Verwandlung des Nutzenmaximierers in den Citoyen sind wir an der spannendsten Stelle des *Contrat Social*.

3. Der Contrat Social als Republiktheorie

a) Die neue Existenzweise des Citoyen

W Warum ist denn nun der Übergang vom natürlichen in den gesellschaftlichen Zustand so spannend?
D Weil die Bedeutung der „aliénation totale", der „völligen Entäußerung jedes Mitglieds mit allen seinen Rechten an das Gemeinwesen als Ganzes", von der Rousseau sagt, sie sei „bei richtigem Verständnis" die einzige Bestimmung, auf die sich der Vertrag zurückführen lasse (CS I 6), bis heute umstritten ist. Immer wieder haben sich mißgünstige Interpreten gefunden, die von einer „totalen Entäußerung" des Einzelnen gesprochen und Rousseau als Ahnherrn des Totalitarismus bezeichnet haben.[17]
H Du lieber Himmel, manchmal gewinnt man den Eindruck, als seien alle politischen Denker außer den liberalen Theoretikern unseres Jahrhunderts irgendwie Wegbereiter von Hitler oder Stalin gewesen. Das ist doch grotesk.
G Das von Rousseau gewiß nicht ohne Grund geforderte *richtige* Verständnis der „Entäußerung" verlangt auch nicht den Verzicht auf die Freiheit, von dem Rousseau sagt, er sei „unvereinbar mit der Natur des Menschen; seinem Willen jegliche Freiheit nehmen heißt seinen Handlungen jegliche Sittlichkeit nehmen" (CS I 4). Sich „total" zu entäußern, kann also nicht bedeuten, sich einem totalitären Staat zu unterwerfen, vielmehr soll die Rousseausche Republikkonzeption gerade gewährleisten, daß der Einzelne „nur sich selbst (lui même) gehorcht" und eben dadurch „genauso frei bleibt wie zuvor" (CS I 6). Es ist darum auch kein Zufall, daß dieses Sich-Selbst-Gehorchen (obéir à lui-même) an den „amour de soi-même" erinnert und damit an die Freiheit des Naturzustands, in dem der autarke Homme Sauvage auf der Grundlage intuitiver Selbstgewißheit in ganz ursprünglicher Weise „nur sich selbst gehorcht".
D Vor dem Hintergrund der Rousseauschen Kulturkritik dürfte aber klar sein, daß die Freiheit des gesellschaftlichen Zustandes nicht die Freiheit der rechtsstaatlich-liberalen Vertragstheorien sein kann, also nicht die Freiheit des sich selbst nur in seiner depravierten Eigenliebe des „amour propre" gehorchenden Bourgeois ...
G ... für den Rousseau buchstäblich nichts übrig hat: „Wer im zivilisierten Zustand seine natürliche Ursprünglichkeit bewahren will, weiß nicht, was er will. Im Widerspruch mit sich selbst, zwischen seinen Neigungen und Pflichten schwankend, wird er ... einer der Leute unserer Tage werden, ein Franzose, ein Engländer, ein Bourgeois: ein Nichts" (É 13).[18]

W Nun darf man aber wirklich gespannt sein, was an die Stelle des bourgeoisen Nichts tritt und wie der amour de soi sozialisert beziehungsweise republikanisiert wird.

G Um dies zu erläutern, braucht Rousseau nicht mehr als zwei Absätze, die auch eine republiktheoretisch eminent bedeutsame Fußnote enthalten. Die zentrale Passage des *Contrat Social*, an der Rousseau vom „Wesen" des „pacte social" spricht und die er insgesamt durch Kursivdruck hervorhebt, lautet: „Gemeinsam stellen wir alle, jeder von uns seine Person und seine ganze Kraft unter die oberste Richtschnur des Gemeinwillens; und wir nehmen, als Körper, jedes Glied als untrennbaren Teil des Ganzen auf" (CS I 6). Da die deutschen Übersetzungsvarianten der volonté générale („allgemeiner Wille", „Allgemeinwille", „Gemeinwille", „Gesamtwille") ihre Bedeutung ohnehin erst aus einer Explikation des Originalbegriffs erhalten, ist von einer immer schon gewisse Assoziationen hervorrufenden Übersetzung dringend abzuraten. Der kürzeste Weg der Explikation führt über die Erläuterung des im letzten Halbsatz angesprochenen Verhältnisses, in dem jedes Mitglied als untrennbarer Teil des Ganzen in den Körper des uns bereits als „Gedankending" bekannten „moralischen Gesamtkörpers" der Republik aufgenommen wird.

W Kann es sein, daß wir zumindest einen Teil dieses Wegs bereits mit Aristoteles zurücklegten? Ausgehend von der Einsicht in die Unerläßlichkeit einer politischen Gemeinschaft zur vollkommenen Entfaltung des menschlichen Gutseins, spricht jedenfalls auch der Autor der *Politik* davon, daß der Staat der Sache nach „früher" ist als die einzelnen Bewohner und daß diese sich zu jenem wie Teile zu einem Ganzen verhalten (P I 2 1253a).

G In der Tat nimmt Rousseau den aristotelischen Grundgedanken auf – übrigens auch in der Differenzierung zwischen „aggregation" und „association", da sich letztere gerade nicht in der Aggregation oder Summierung von Teilmengen erschöpft –; gleichwohl darf der Unterschied zum aristotelischen Naturbegriff nicht übersehen werden. Der meines Erachtens prägnanteste Beleg für beides, für die Anlehnung an und für den Abstand zu Aristoteles, findet sich auf den ersten Seiten des *Émile*: „Der natürliche Mensch ruht in sich. Er ist eine Einheit und ein Ganzes! ... Als Bürger (Citoyen) ist er nur ein Bruchteil, der vom Nenner abhängt, und dessen Wert in der Beziehung zum Ganzen liegt, d.h. zum Sozialkörper. Gute soziale Einrichtungen entkleiden den Menschen seiner eigentlichen Natur und geben ihm für seine absolute eine relative Existenz. Sie übertragen sein Ich in die Allgemeinheit, so daß sich der Einzelne nicht mehr als Einheit, sondern als Glied des Ganzen fühlt und angesehen wird" (É 12).

W Dem Wortlaut nach vertritt Rousseau in solchen Formulierungen tatsächlich das polare Gegenteil: Denn Aristoteles faßt den Menschen ja auf als Lebewesen, das seine eigentümliche Natur erst entfalten muß und nur in politischer Gemeinschaft mit anderen Menschen entfalten kann: Gerade von Natur aus (physei) sei der Mensch demnach ein politikon zoon. Ein Wesen, dem es nicht auf diese Weise in seiner physis liegt, in einem Staat zu leben, wäre demgegenüber gar kein Mensch, sondern „Tier oder Gott" (P I 2 1253a). Doch ich kann nur warnen vor einer solchen plakativen Kontrastierung. Denn erstens ist klar, daß Aristoteles den Ausdruck „physis" in einem ganz anderen, einem teleologischen Sinne, verwendet als wir und Rousseau den Ausdruck „Natur". Wollte man beide Positionen seriös vergleichen, müßte man sich daher erst einmal auf eine Sprache einigen, die uns nicht in Doppeldeutigkeiten verstrickt. Dann müßten wir uns auf die Suche begeben nach einer Entsprechung des aristotelischen physis-Begriffs im Philosophieren Rousseaus sowie der Rousseauschen nature-Konzeption in Aristoteles' System. Womöglich stellte sich im Laufe einer solchen Untersuchung heraus, daß beide, Aristoteles und Rousseau, den Menschen einmütig bestimmen als – man vergebe mir den Sprachencocktail: physei Citoyen.

H Fest steht aber doch wohl, daß Rousseau einen spezifisch neuzeitlichen Freiheitsbegriff entwickelt, der deshalb ganz außerhalb des Blickfelds eines Aristoteles liegt, weil er den Begriff der Subjektivität und die Betonung der Individualität des Menschen voraussetzt.

W Zum Subjektivitätsbegriff würde ich gerne erst bei Kant etwas sagen. Beim Individualismus handelt es sich meines Erachtens keineswegs um eine spezifisch neuzeitliche Erscheinung. Einiges dazu wurde ja bereits ausgeführt. An dieser Stelle sei ein Argument nachgereicht, das erst vor dem Hintergrund unseres Menschenwürdedialogs verständlich wird. Daß in der Antike die Rechte des Individuums gegenüber Gesellschaft und Staat nirgends mit der Emphase, wie wir sie seit der Aufklärung kennen, betont werden, liegt schlicht daran, daß dafür gar kein Anlaß bestand. Denn erst der neuzeitliche Massen- und Flächenstaat begegnet dem Menschen in Gestalt eines übermächtigen, objektivierten Verwaltungsapparates, worin der Einzelne sich restlos auf seine Funktion als Untertan reduziert sieht. In den demgegenüber winzigen und positivrechtlich kaum geregelten antiken Stadtstaaten, worin man, wenn nicht jeden, so doch zumindest einen großen Teil der Mitbürger persönlich kannte und die Vermögenden unter ihnen um politischen Einfluß konkurrierten, indem sie die öffentlichen Aufgaben in privater Regie – als Würdenträger, nicht als „Beamte" in unserem Sinne – übernahmen, lief nicht das Individuum in seinen ganz persönlichen Bedürfnissen Gefahr, vom Staat gleichgeschaltet, ausgelöscht und absorbiert zu werden. Vielmehr drohten Eigeninteresse und Geltungssucht unentwegt, in stasis umzuschlagen und die polis als funktionstüchtige Einheit zu sprengen. Es verwundert daher nicht, daß Platon und Aristoteles sich angesichts dieser politischen Verhältnisse eher für Fragen nach den Leistungen des Staates und den Bedingungen, diese zu erfüllen, interessieren und die Abhängigkeit des Menschen in seinem Gutsein vom Leben in einer gerechten politischen Ordnung betonen.

G Klar dürfte aber auch die Nähe wenigstens zu Aristoteles sein. Indem der Einzelne „Mitglied" oder metaphorisch „Glied" des Ganzen wird, definiert er sich nicht mehr von sich, sondern vom Ganzen her. Besonders betonen möchte ich dabei Rousseaus Rede von der „relativen Existenz", denn erstens geht es um eine Weise der „Existenz" und nicht um eine philosophische Idee und zweitens geht es um die Relativität dieser Existenz des Einzelnen in seiner Beziehung zum Ganzen, die jeden Absolutheitsanspruch des Ganzen ausschließt. Vielmehr existiert das Ganze erst und nur durch die Übertragung des „Ich in die Allgemeinheit", von der es heißt: Der „Akt des Zusammenschlusses schafft augenblicklich anstelle der Einzelperson jedes Vertragspartners eine sittliche Gesamtkörperschaft, die aus ebenso vielen Gliedern besteht, wie die Versammlung Stimmen hat, und die durch eben diesen Akt ihre Einheit, ihr gemeinschaftliches Ich, ihr Leben und ihren Willen erhält. Diese öffentliche Person, die so aus dem Zusammenschluß aller

zustande kommt, trug früher den Namen cité, heute trägt sie den der république" (CS I 6).
W In der hier von uns zugrundegelegten Übersetzung steht nicht „cité", sondern „Polis", allerdings versehen mit einem Sternchen, das uns auf eine Fußnote verweist.
G Das ist die angekündigte, von Rousseau selbst zur „cité" formulierte Fußnote: „Der wahre Sinn dieses Wortes ist bei den Neueren fast völlig verschwunden; die meisten verwechseln Stadt (ville) und Polis (cité), Städter (Bourgeois) und Bürger (Citoyen). Sie wissen nicht, daß die Häuser die Stadt, aber die Citoyens die cité machen".[19] Eindeutiger kann man es nicht formulieren: Es ist der Citoyen, der die cité und damit in antiker Tradition die polis und in Anknüpfung daran die Republik ausmacht. Da „cité" im Deutschen unbekannt und „Citoyen" ein Fremdwort ist, kann und sollte man Rousseau so paraphrasieren: Keine Republik ohne Republikaner!

b) Die Transformation der natürlichen in die republikanische Freiheit

G Die bemerkenswerte Veränderung, die der Übergang vom Naturzustand, in dem der Mensch nach seinen Neigungen lebt, zum gesellschaftlichen Zustand bewirkt, in dem „die Gerechtigkeit an die Stelle des Instinkts tritt", beschreibt Rousseau folgendermaßen: „Was der Mensch durch den Gesellschaftsvertrag verliert, ist seine natürliche Freiheit und ein unbegrenztes Recht auf alles, wonach ihm gelüstet und was er erreichen kann; was er erhält, ist die liberté civile und das Eigentum an allem, was er besitzt" (CS I 8).
H Sie haben die liberté civile zurecht unübersetzt gelassen, weil „bürgerliche Freiheit" nach der Freiheit des Bourgeois klingt und nicht nach der des Citoyen.
G In ihrem Kern ist die Freiheit des Citoyen sittliche Freiheit (liberté morale), die den Menschen erst wirklich zum Herrn seiner selbst macht: „denn der Antrieb des reinen Begehrens ist Sklaverei, und der Gehorsam gegen das selbstgegebene Gesetz ist Freiheit" (CS I 8). In unserer republiktheoretischen Interpretation dieser Freiheitsphilosophie kommt es auf das Ziel der Selbstgesetzgebung des Volkes an: das Gemeinwohl. Denn die „erste und wichtigste Folge" des republikanischen Prinzips ist es nach Rousseau, „daß allein die volonté générale die Kräfte des Staates gemäß dem Zweck seiner Errichtung, nämlich dem Gemeinwohl (le bien commun) leiten kann" (CS II 1).
W Den Zusammenhang zwischen Bürger und Orientierung am Gemeinwohl stellten ja bereits Platon und Aristoteles her, wobei nach Platon die Bezeichnung „polites" überhaupt nur verdient, wer beständig im Interesse der polis politisch handelt, während nach Aristoteles' Sprachgebrauch zwar jeder (Mit-)Regierende bereits als solcher polites und frei ist, nur der dabei ausschließlich vom bonum commune geleitete aber gerechterweise. Das Verhältnis von Gemeinwohlorientierung und Freiheit zu regieren stellte sich bei Aristoteles denn auch als jenes von Rechtfertigendem zu Gerechtfertigtem dar. Die Relation zwischen bien commun und liberté civile im Sinne Rousseaus scheint mir demgegenüber noch präzisierungsbedürftig.
G D'accord. Ich hatte ja bereits angedeutet, die Tradition des Republikprinzips mit der gewissermaßen existenziellen Deutung der Funktion des Citoyen verbin-

den zu wollen. Das existenzielle Interesse des Menschen ist für Rousseau nicht nur ein Überlebens-, sondern zugleich ein Freiheitsinteresse. Beide Interessen sind im Naturzustand präsent durch den amour de soi, der die Selbsterhaltung und Selbstverwirklichung im Rahmen der je eigenen instinktiven Kräfte des Homme Naturel garantiert. Da der Mensch auf seine Freiheit nicht verzichten kann, muß das ursprüngliche Freiheitsinteresse der Selbstliebe durch die „Übertragung des Ich in die Allgemeinheit" in ein politisches Freiheitsinteresse transformiert werden, das den amour de soi nicht negiert, sondern in dessen republikanische Form verwandelt: in das Interesse des Citoyen an der Erhaltung der Freiheit *aller*. Wenn man den Begriff der volonté générale von diesem *allgemeinen* Freiheitsinteresse her interpretiert, wird in und mit ihm die faktische Anerkennung des amour de soi aller Einzelnen zum politischen Prinzip der Orientierung des Citoyen am Gemeinwohl gemacht. Wie der amour de soi die ursprüngliche Existenz des Homme Naturel bestimmt, bestimmt die volonté générale dann die politische Existenz des Citoyen.[20] Hier lassen sich Parallelen ziehen zwischen amour de soi und volonté générale einerseits sowie amour propre und volonté de tous andererseits.[21] Dabei ist letzterer dann der Wille der (noch) nicht republikanisch agierenden, (noch) nicht am Gemeinwohl orientierten bourgeoisen „Mitbürger", die (noch) nicht begriffen haben, daß das Interesse an der Erhaltung der republikanischen Freiheitsordnung das Interesse jedes Einzelnen sein muß.

D „Sein muß" klingt moralisierend.

G Tatsächlich wird Rousseau oft geradezu als Moralapostel dargestellt, der mit der Orientierung am Gemeinwohl idealisierte oder gar utopische republikanische Tugenden predigt, die den realen Verhältnissen in faktisch nach (partei-)politischen Interessen verfahrenden Demokratien nicht gerecht werden.[22] Das ist aus zwei Gründen verfehlt: Erstens sollte bei der Diskussion der Kulturkritik des *Ersten* und *Zweiten Diskurses* deutlich geworden sein, daß Moralität für Rousseau nichts ist, dessen man nur durch philosophische Studien teilhaftig wird, sondern etwas durchaus Alltägliches, das sich auch dem Verständnis des Durchschnittsbürgers erschließt; zweitens funktioniert die Rousseausche Republik institutionell – nach Maßgabe der selbstgeschmiedeten Ketten, die durch die Selbstgesetzgebung der Citoyens legitimiert werden – und nicht nach Maßgabe tugendhafter Einzelner; Rousseau selbst nennt die Bedingung, durch die der Einzelne gezwungen wird, der durch das Gesetz verkörperten volonté générale zu folgen, „eine Bedingung, die den Kunstgriff und das Spiel der politischen Maschine ausmacht" (CS I 7).[23] Die Maschinenmetapher – die Rousseau nicht nur einmal verwendet – zeigt, daß das Idyll gezähmter Wilder in einer Tugend- oder gar Liebesrepublik ein Märchen ist und auch der Rousseausche Staat „seine Leistung als objektiv funktionierende Institution" erbringt.[24] Die Hauptleistung, der Rousseau mehrere Kapitel seines *Contrat Social* widmet, ist die souveräne, dem Volk als ganzem zustehende und immer auf das Ganze gerichtete Gesetzgebung. Das Prinzip dieser Gesetzgebung ist – um es zusammenzufassen – die Herstellung eines das Gemeinwohl artikulierenden Allgemeinwillens (volonté générale), der sich von einem zufälligen Mehrheitswillen (volonté de tous) wie *Qualität* von *Quantität* unterscheidet, nämlich dadurch, daß er von Citoyens gebildet wurde, die sich tatsächlich von nichts anderem haben leiten lassen als vom Allgemeininteresse, die also bereit und fähig waren, von ihren bourgeoisen Partikularinteressen Abstand zu nehmen. Eine solche Willensbildung, die zu einem allgemeinen Gesetz führt, das jeder gewollt hat, ist dann Ausdruck einer neuen, nur in der Republik denkbaren und deshalb hier *republikanisch* genannten Freiheit: Die Republikaner (Citoyens), die sich dieses Gesetz gegeben haben, gehorchen bei seiner Befolgung in der Tat nur sich selbst, bleiben also insofern – sofern sie nur sich selbst gehorchen – so frei wie im Naturzustand.

H Vielleicht sollte man der Deutlichkeit halber noch einmal betonen, daß der Rousseausche Freiheitsbegriff nicht nur ein theoretisch-distanziertes philosophisches Konstrukt ist, sondern ein emphatischer *politischer* Begriff, und daß er nicht auf die subjektive Freiheit von einzelnen Grundrechtsträgern abstellt, sondern auf die objektive, durch eine Verfassung gewährleistete Freiheit *aller*. Ich denke, daß hier für Juristen die größten Gefahren von Mißverständnissen lauern, weil es Rousseau nicht um die juristische Form einer abstrakt-generellen Regelung geht, sondern um eine politische Inhaltsbestimmung der Freiheit, nämlich darum, daß die volonté générale „von allen ausgehen" muß, „um sich auf alle zu beziehen" (CS II 4).

G Rousseau entwickelt hier eine Theorie der Gegenseitigkeit, die sich bestens für eine Verfassungstheorie des Grundgesetzes eignet.[25] „Die Verpflichtungen, die uns an den Gesellschaftskörper binden, sind nur deshalb zwingend, weil sie gegenseitig sind, und ihre Natur ist derart, daß man, wenn man sie erfüllt, nicht für einen anderen arbeiten kann, ohne zugleich für sich zu arbeiten" (CS II 4).

H Eine solche Gegenseitigkeit, in der „alle das Glück eines jeden" wollen, funktioniert nur deshalb, „weil es keinen gibt, der sich dieses Wort Jeder nicht zu eigen macht und der nicht an sich denkt, wenn er für alle stimmt" (CS II 4). Republikanische Freiheit im Sinne Rousseaus setzt demnach also keineswegs Selbstverneinung des Einzelnen voraus, sondern zielt auf Selbstverwirklichung des Citoyen, indem sie dessen politisches Freiheitsinteresse mit dem Freiheitsinteresse der Republik vereint.

G Rousseau führt dies auf das Verhältnis von Teil und Ganzem zurück: „Wenn der Staat oder die Polis nur eine moralische Person ist, deren Leben in der Einheit ihrer Glieder besteht, und wenn die wichtigste ihrer Sorgen die Selbsterhaltung ist, bedarf sie einer allumfassenden, zwingenden Kraft, um jedes Teil auf die für das Ganze vorteilhafteste Art zu bewegen und auszurichten" (CS II 4). Hier finden wir zunächst einmal eine schöne Bestätigung unserer These, daß die volonté générale die republikanische, auf das Ganze bezogene Form des amour de soi ist: ihr primäres Interesse ist das der Selbsterhaltung und in diesem Primärinteresse ist – analog zum Selbsterhaltungsinteresse im Naturzustand – das Freiheitsinteresse immer schon mitenthalten. Pointiert: das Primärinteresse der Republik und ihr Grundprinzip ist das Interesse an der Selbsterhaltung der Freiheit aller und damit zugleich an der Erhaltung ihrer selbst. Dieses Interesse ist als republikanisches und damit per definitionem allgemeines Interesse niemals „auf einen einzelnen und festumrissenen Gegenstand gerichtet" (CS II 4), weil es „in bezug auf einen einzelnen Gegenstand keinen Gemeinwillen gibt" (CS II 6). Die volonté générale ist vielmehr der auf sich selbst gerichtete Wille des Ganzen der Republik: „Aber das Ganze abzüglich eines Teils ist nicht das Ganze, und solange diese Beziehung besteht, gibt es kein Ganzes, sondern zwei ungleiche Teile; woraus folgt, daß der Wille des einen in bezug auf den anderen auch nicht allgemein ist" (CS II 6). Von einem „allgemeinen Gesetz" im Rousseauschen Sinne kann daher erst gesprochen werden, „wenn das ganze Volk über das ganze Volk bestimmt" (CS II 6). Daraus läßt sich eine klare Konsequenz ziehen: Wenn die volonté générale der Lebenswille der Republik ist (so wie der amour de soi der Lebenswille des Einzelnen) und wenn sich die Citoyens ihrer obersten Leitung (suprême direction: CS I 6) unterstellen, dann ist sie „keineswegs ein gemeinsames Wollen der Bürger; ihre Sache ist vielmehr, von Fall zu Fall zu ermitteln, was sie im Interesse der 'volonté générale', des Lebenswillens ihres Staates tun müssen".[26] In dieser Interpretation wird die volonté générale ganz im Sinne der programmatischen Konzeption des Untertitels („Principes du droit politique") als *Prinzip* behandelt, das nicht etwa den politischen Alltag der Regierungsgeschäfte, sondern ausschließlich jene Fälle betrifft, „in denen aus einem einzelnen, bestimmten besonderen Anlaß der Staat um seiner Selbsterhaltung und damit um der Bewahrung seiner Fähigkeit willen, Freiheit zu gewährleisten, etwas zur Pflege oder Fortentwicklung seiner Verfaßtheit tun muß".[27] Bereit und fähig dazu wird ein Citoyen oder Republikaner im Sinne Rousseaus durch die Entwicklung eines entsprechenden Freiheitsbewußtseins, das nicht als höhere Einsicht einer Elite konzipiert ist – wie in Platons Modell der Philosophenherrschaft –, sondern als politische Mündigkeit aller. Und wie ein solches Freiheitsbewußtsein entwickelt werden kann und soll, ist Gegenstand der Erziehungsphilosophie ...

D Ja, schön und gut; aber wie läßt sich Rousseaus Freiheitsphilosophie denn nun endlich und wie angekündigt mit dem grundgesetzlichen Republikprinzip verbinden?

4. Rousseau und das Republikprinzip des Grundgesetzes

G Zunächst einmal kann ich nicht umhin, die Vernachlässigung des Republikprinzips in der deutschen Staatsrechtslehre des 20. Jahrhunderts zu beklagen: Weder Art. 1 Abs. 1 der Weimarer Reichsverfassung („Das Deutsche Reich ist eine Republik") noch Art. 20 Abs. 1 GG („Die Bundes*republik* Deutschland ...") sind von der herrschenden Lehre in ihrer prinzipiellen Bedeutung hinreichend gewürdigt worden.[28] Stattdessen hat sich als allgemeine Auffassung der schlichte Satz etabliert, „Republik" bedeute nichts weiter als „Monarchieverbot". Rousseau hingegen bezeichnet jede gesetzmäßige Regierung als republikanisch und fügt in einer Fußnote hinzu, er verstehe darunter „ganz allgemein jede Regierung, die vom Gemeinwillen geleitet wird, der das Gesetz ist. Um gesetzmäßig zu sein, muß die Regierung nicht mit dem Souverän zusammenfallen, sondern sie muß dessen Sachwalter sein: dann ist selbst die Monarchie republikanisch" (CS II 6).

D Wenn die Republik verfassungs*rechtlich* aber die Negation der Monarchie ist, dann haben wir insoweit doch ein dogmenphilosophisches Problem mit Rousseau, oder?

G Nur ein geringes, weil wir Rousseau von Anfang an als Klassiker eines republikanischen oder freiheitlichen Prinzips der Legitimation staatlicher Herrschaft behandelt haben. Deshalb können wir den formalen Republikbegriff („Nichtmonarchie") ohne weiteres von der Verfassungsdogmatik übernehmen, sind aber anders als die herrschende Lehre in der Lage, die dogmenphilosophisch adäquate materiale Begründung für die Negation einer monarchischen Herrschaft mitzuliefern: die Absage an jede nicht-freiheitliche Herrschaftslegitimation aus übergeordneten Herrschaftsrechten. Aus dem formalen Monarchieverbot wird so ein gehaltvolles Verbot jeder höheren, religiösen, übernatürlichen oder metaphysischen Begründung staatlicher Herrschaft.[29] Republikwidrig ist danach nicht nur die sakral überhöhte Beanspruchung königlicher Rechte wie in der Lehre vom Gottesgnadentum des Heiligen Römischen Reiches deutscher Nation oder von der Erbdynastie der Herrscherhäuser des 19. Jahrhunderts, sondern auch die profan praktizierte Herrschaftsmacht eines Tyrannen und der aus prätendiertem Eigenrecht hergeleitete Anspruch eines Führers ...

H ... oder der Anspruch einer die Führungsrolle in Staat und Gesellschaft übernehmenden Partei wie der SED zu Zeiten der DDR. In Art. 1 der DDR-Verfassung wurde die „Deutsche Demokratische Republik" als ein Staat definiert, der „die politische Organisation der Werktätigen" sei, „die gemeinsam unter Führung der Arbeiterklasse und ihrer marxistisch-leninistischen Partei den Sozialismus" verwirkliche.

G Daß ein so verfaßter Staat keine Republik im Sinne Rousseaus sein konnte, weil er nicht durch das Gesamtinteresse an der Freiheit aller legitimiert war, sondern den Partikularinteressen einer Klasse und dem Herrschaftsanspruch einer Partei diente, dürfte nach unserer Erörterung der volonté générale evident sein. Bisher haben wir Rousseaus Republiktheorie dogmenphilosophisch allerdings vorrangig auf die Konstituierung einer freiheitlichen Ordnung und damit auf den Akt der Verfassunggebung bezogen, weil dieser Urakt der Gründung einer Republik Rousseau legitimationstheoretisch konsequenterweise am meisten interessierte.

H Wie aber verhält es sich nach Ihrer Interpretation mit der Freiheit des Citoyen innerhalb der etablierten Republik des Grundgesetzes?

G Das Grundgesetz selbst stellt ein Synonym für „Republik" bereit, das eine relativ knappe Antwort darauf ermöglicht: den Begriff der „freiheitlichen Ordnung", wie er in einigen Bestimmungen enthalten ist, die dem Schutz der „freiheitlichen demokratischen Grundordnung" dienen (etwa die Grundrechtsverwirkung des Art. 18 oder das Parteiverbot des Art. 21 Abs. 2 GG). Löst man die „demokratische" von der „freiheitlichen" Grundordnung ab – was dogmatisch möglich ist, hier aber nicht näher erläutert werden kann[30] –, erhält man den republikanischen Grundbegriff der „freiheitlichen Ordnung", der durch die Komplementarität seiner beiden Bestandteile bestens geeignet ist, Einseitigkeiten liberalistischer und etatistischer Art zu verhindern. Jede Freiheit hat in dieser republikanischen Freiheitskonzeption einen Ordnungsaspekt, ist also immer Freiheit *in* der Ordnung des Grundgesetzes; alle Ordnung hat aber auch einen Freiheitsaspekt, muß also immer freiheitlich begründete Ordnung sein, die Freiheitsbeschränkungen nur aus Gründen des Schutzes der Freiheit aller erlaubt.[31] Das Gemeinwohl wird auf diese Weise von der „Staatsräson" früherer Zeiten wohlunterscheidbar und erhält eine dem „Freistaat" adäquate Fassung – der seit Weimar auch auf Verfassungsebene das deutsche Wort für „Republik" ist.[32]

D Ist das philosophisch motivierte Interesse, die Begriffe von Freiheit und Ordnung einander anzunähern, wirklich so bruchlos in die Verfassungsdogmatik umzusetzen?

G Die Komplementarität von Freiheit und Eigentum hat jedenfalls eine methodologisch klare Konsequenz: Sie erschließt aus dem Optimierungsgebot der Republik eine Pflicht zur Herstellung praktischer Konkordanz und verhindert so von vornherein jene vorschnellen Güter- oder gar Wertabwägungen, die Konrad Hesse einst zur „Erfindung" dieses längst anerkannten verfassungshermeneutischen Prinzips veranlaßt haben: Die Einheit der Verfassung stelle die „Aufgabe einer Optimierung"; bei Kollision zweier Rechtsgüter müßten deshalb *beiden* Gütern „Grenzen gezogen werden, damit beide zu optimaler Wirksamkeit gelangen können"; die Grenzziehungen müßten verhältnismäßig sein und „Verhältnismäßigkeit" bezeichne in diesem Zusammenhang „eine Relation variabler Größen, und zwar diejenige, die jener Optimierungsaufgabe am besten gerecht wird, nicht eine Relation zwischen einem konstanten 'Zweck' und einem oder mehreren variablen 'Mitteln'".[33] Das ist Wort für Wort das, worauf es auch bei der Arbeit mit dem Republikprinzip ankommt: weder die Freiheit noch die Ordnung allein zum „Zweck" des Staates zu machen und den Komplementärbegriff entsprechend zu instrumentalisieren, sondern die Wechselwirkung zwischen den komplementären Begriffsbestandteilen im konkreten Einzelfall zur Bestimmung des Optimums zu nutzen. Für Verfassungsdogmatiker mag dies eine Selbstverständlichkeit sein; man sollte sich dann nur bewußt machen, daß es eine *republikanische* Selbstverständlichkeit ist.

D Inwiefern?

G Im Hinblick auf das Republikprinzip erhalten die Freiheitsgrundrechte eine objektive republikanische Dimension[34]; sie bleiben subjektive Rechte zum Schutz des Selbstverständnisses ihrer Träger[35], aber sie müssen schon vom Prinzip her als Rechte innerhalb einer Ordnung konzipiert werden, die auch andere Selbstverständnisse schützt und die deshalb jedem einzelnen Artikulationsanspruch Grenzen zieht, soweit dies zur Aufrechterhaltung der gesamten Freiheitsordnung erforderlich ist. Die Dogmatik des grundgesetzlichen Republikprinzips befindet sich so in schönstem Einklang mit der Republiklehre Rousseaus, die den Bourgeois in jene Schranken weist, die er sich als Citoyen im Hinblick auf die volonté générale in gemeinsamer Gesetzgebung selbst setzen muß ...

D ... soweit die Freiheitsordnung gefährdet erscheint und es um die Selbsterhaltung dieser Ordnung geht. Aber läßt sich Rousseau nicht auch für den weniger dramatischen Alltag der grundgesetzlichen Republik fruchtbar machen?

G Da es sich dabei eher um eine dogmatische als um eine dogmenphilosophische Frage handelt, möchte ich es bei zwei kurzen Hinweisen auf das Amtsprinzip und auf das freie Mandat bewenden lassen: Art. 56 GG schreibt für den Bundespräsidenten, Art. 64 GG für den Bundeskanzler und die Bundesminister eine Eidesleistung vor, durch die sich die gesamte exekutivische Spitze unseres Staates verpflichtet, „dem Wohle des deutschen Volkes" zu dienen – also gerade *nicht* dem Wohle einer politischen oder gesellschaftlichen Gruppierung oder gar der eigenen Person. Gerade weil der Eid keine kompetenzbegründende Wirkung hat, läßt er sich als feierliche Bekräftigung dessen verstehen, was das Republikprinzip von den auf Zeit gewählten Amtsinhabern ohnehin verlangt: ihre persönlichen Fähigkeiten und Eigenschaften zwar in das Amt einzubringen, das Amt aber nicht zur „Entfaltung" der Persönlichkeit zu mißbrauchen, damit es vom Nachfolger im Amte in unveränderter Funktion fortgeführt werden kann.[36] Republikanisch daran ist die Institutionalisierung der Gemeinwohlidee in der Einrichtung gemeinwohlbezogener Ämter und gemeinwohlgebundener Amtswalter.[37] Und gerade Rousseau hat ja – wie wir aus der Erörterung seiner Kulturkritik wissen – auf die politisch richtige Gestaltung der Institutionen größten Wert gelegt.

D Republikanisch am freien Mandat wäre demnach die mit ihrer Unabhängigkeit verknüpfte Verpflichtung der Mandatsträger, sich am Gemeinwohl zu orientieren?

G Exakt. Art. 38 Abs. 1 Satz 2 GG definiert die Abgeordneten des Deutschen Bundestages als „Vertreter des ganzen Volkes" – nicht als Vertreter einer Partei, Fraktion oder Interessengruppe, und auch nicht als Repräsentanten ihrer Wähler oder ihres Wahlkreises. In einer aktuellen Kommentierung des Abgeordnetenstatus heißt es dazu: „Trotz ihrer Einbindung in Parteien und ihrer Verpflichtungen gegenüber Partialinteressen sollen die Abgeordneten frei sein für eine Interpretation des Gemeinwohls nach ihren Vorstellungen und für entsprechendes Handeln... Die Responsivität des Parlaments und seine Lernfähigkeit werden dadurch entscheidend gefördert, daß die Abgeordneten nicht durch Parteien vollständig mediatisiert oder durch Loyalitäten zu Interessengruppen immobilisiert werden können".[38] Das in Art. 38 Abs. 1 Satz 2 GG enthaltene republikanische Prinzip der Gesamtvertretung ist daher geeignet, gewissen praktischen Gefährdungen des freien Mandats zu begegnen, die mit einer „demokratistisch" auf Interessenpluralität allein setzenden Theorie nicht zu registrieren sind.

H Was meinen Sie mit „demokratistisch"?

G „Demokratistisch" nenne ich die verbreitete Auffassung, daß sich das Gemeinwohl in den institutionalisierten Verfahren der politischen Willensbildung durch den Ausgleich der faktisch vertretenen Interessen von selbst artikuliert – wobei heutzutage natürlich niemand als Demokratieskeptiker gelten möchte. Dennoch bestehe ich auf einer Ergänzung des prozeduralen, vom Verfahren her legitimierenden Demokratieprinzips durch ein gehaltvolles, auf das Gemeinwohl hin konzipiertes Republikprinzip, in dem die faktisch vertretenen Interessen nicht eo ipso legitim sind, sondern erst durch ihren Gemeinwohlbezug, der sich im Prozeß der politischen Willensbildung argumentativ äußern muß – und zwar stärker, als es in der gegenwärtigen Staatspraxis geschieht.

W Da klingt aber schon ein wenig „Politikverdrossenheit" durch, oder?

G Aber keine diffuse und emotionale, sondern eine – wie ich hoffe – dogmenphilosophisch wohlbegründete, die freilich durchaus emphatisch formuliert werden kann, nämlich mit der Bekräftigung unseres zu Rousseau gefundenen Mottos: *Keine Republik ohne Republikaner*, d.h. ohne die prinzipielle Bereitschaft des Einzelnen, seine bourgeoisen Eigeninteressen in den Grundfragen der gemeinsamen Lebens-, Gesellschafts- und Staatsordnung – auf die es Rousseau angekommen ist – zurückzustellen, in diesen Fragen zum Citoyen zu werden und dabei seine Eigenschaft als politisches Wesen zu entdecken (statt lediglich moralisierend Betroffenheit zu bekunden). Angesichts der Allgegenwart ökonomischer Ansätze in Theorie und Praxis unserer gegenwärtigen Lebenswelt muß die Staatsrechtslehre mit Entschiedenheit darauf bestehen, daß der Mensch des Grundgesetzes nicht der homo oeconomicus ist, der nur auf Maximierung seines eigenen Nutzens programmierte Wirtschaftsbürger,[39] sondern daß Art. 1 Abs. 1 und Art. 2 Abs. 1 GG auch andere Lebensentwürfe und Persönlichkeitsbilder schützen, in Verbindung mit dem Republikprinzip aber ganz besonders den Entwurf des *homo republica-*

nicus, des mündigen Aktivbürgers einer selbstgestalteten freiheitlichen Ordnung. Dogmenphilosophisch ist dabei weniger der Schutz solcher Entwürfe entscheidend, als vielmehr die Tatsache, daß der homo republicanicus denknotwendige Voraussetzung einer freiheitlichen Staatsordnung ist.

§ 10 Kant und die Pflicht zum Recht

I. Einführung

1. Der intellektuelle Hintergrund

G Mit Immanuel Kant (1724-1804)¹ kommen wir zu einem Denker, der – auch nach seiner eigenen Einschätzung – eine geradezu kopernikanische Wende markiert.² Obwohl er über den engeren Umkreis seiner Heimatstadt Königsberg nie hinausgelangt ist, hat er eine weltbildverändernde Philosophie geschrieben. Das dogmenphilosophische Interesse an ihr darf sich deshalb nicht auf Topoi wie die zu Art. 1 GG entwickelte, in der Tradition des kategorischen Imperativs stehende „Objektformel" beschränken, sondern muß prinzipieller daran interessiert sein, was Kant uns heute überhaupt noch zu sagen hat. Denn seine Hinwendung zum Subjekt als dem Ausgangsort philosophischer Begründung stellt einen Einschnitt in der Philosophiegeschichte dar, hinter den die wenigsten heutigen Philosophen zurück wollen.

W Man darf allerdings nicht übersehen, daß auch dieser „Einschnitt", dessen Tiefe besonders deutsche Philosophiehistoriker immer wieder gern betonen, eine internationale Vorgeschichte hat. Sie beginnt bei René Descartes³ und seinem in den *Meditationes de Prima Philosophia* (*Meditationen über die erste Philosophie*) unternommenen Versuch, eine unanzweifelbare, letzte Grundlage allen übrigen menschlichen Wissens zu finden. Descartes bedient sich dazu eines Ausschlußverfahrens, wonach er systematisch alles, dessen wir uns nicht vollkommen sicher sind, als Fundament verwirft, bis schließlich allein jener Zweifel übrigbleibt, der nur noch sich selbst zum Gegenstand hat. In diesem ganz selbstbezüglichen mentalen Akt, der ausschließlich darin besteht, daß das sonst inhaltsleere und insofern „reine" Denken sich selbst denkt, wird dieses Denken sich nicht nur seiner selbst bewußt, sondern bringt sich dabei selbst überhaupt erst hervor und ist sich darin seiner Existenz absolut gewiß. Zum – später so genannten – Subjekt wird das reine Denken durch seine Funktion als Prinzip all unseres sonst immer unsicheren Wissens von Objekten. Zwar überzeugen Descartes' Bemühungen, die neuzeitliche Wissenschaft, namentlich die Physik, auf diese Weise zu fundieren, heute niemanden mehr. Mit seiner Entdeckung der Subjektivität als Grund aller Objektivität wies er aber der Erkenntnistheorie einen ganz neuen und spezifisch neuzeitlichen Weg. Dessen zweite große Etappe lernten wir bereits im Gespräch über Locke kennen: Leibniz war es, der gegen den Empirismus die Einsicht in Stellung brachte, daß auch die empirischen Objekte unserer Erkenntnis nichts Gegebenes und passiv Rezipiertes sind, sondern bereits in ihrer Gegenständlichkeit Produkt einer Verstandesoperation des Subjekts. Am meisten aber war Kant in seiner theoretischen Philosophie sicherlich von David Hume[4] beeinflußt, der auch noch auf die Annahme bewußtseinsexterner Ursachen und rationaler Strukturen unserer „objektiven" Erkenntnis verzichtete.

G Auch die Zäsur, die Kant in der Moralphilosophie darstellt, wurde vorbereitet. Vor allem Rousseaus Infragestellung des Nutzens von Wissenschaft und Kunst für die sittliche Bildung des Menschen und die Konzeption einer Freiheit durch Selbstgesetzgebung beeindruckten Kant tief und nachhaltig. Davon ausgehend artikuliert er die moderne Auffassung, welche sowohl die Natur-, als auch die Sittengesetze in der menschlichen Subjektivität fundieren möchte. Er begnügt sich aber nicht mit dem, was die Subjekte je über sich, die Welt und die moralischen Normen „meinen", sondern er will mit dem Rekurs auf das erkennende Subjekt ein strenges „Wissen" um diese Gegenstände begründen. Dazu sichtete und kritisierte Kant, was die bisherigen Philosophen zum Problem der Wißbarkeit des Wahren, Guten und Schönen vorgebracht hatten, in seinen berühmten „Kritiken".

W Unter „Kritik" versteht Kant allerdings keineswegs nur Widerlegung und Vernichtung der Tradition. Ganz gemäß der ursprünglichen Bedeutung des griechischen „krinein" (unterscheiden, beurteilen) handelt es sich dabei vielmehr um eine differenzierte Beurteilung unserer – Kant zufolge bislang meist allerdings falsch eingeschätzten – subjektiven Vermögen.

2. Das Werk

G Die der theoretischen Erkenntnis gewidmete „differenzierte Beurteilung" ist die weltberühmt gewordene *Kritik der reinen Vernunft*. Die erste Auflage erschien 1781, eine nicht unwesentlich veränderte Auflage folgte sechs Jahre danach. Wenig später, 1788, wurde die *Kritik der praktischen Vernunft* veröffentlicht und schließlich 1790 die *Kritik der Urteilskraft*. Diese drei Schriften gelten als die Hauptwerke Kants.

D Wenn Kant von „Urteilskraft", „praktischer Vernunft" und „reiner Vernunft" spricht, so sind das die Gegenstände, die Objekte seiner Untersuchung. Lediglich die sogenannte „reine Vernunft" ist auch das *Subjekt* der Untersuchung: sie untersucht sich selbst als theoretische, als praktische und als urteilende Vernunft. Das kann sie – ohne sich selbst gegenüber unkritisch zu sein – nur, wenn sie dabei über ein Programm verfügt, das erst prüft, ob das, was es untersuchen will, überhaupt existiert. Das heißt, es ist für Kant erst einmal die Frage, ob es so etwas gibt wie „reine theoretische" oder „reine praktische" Vernunft. Die Vernunft stellt sich und ihre Leistungsfähigkeit selbst in Frage, sie sucht ihre eigenen Grenzen: sie kritisiert sich selbst.

G Ist das gemeint, wenn man Kants Philosophie „Transzendentalphilosophie" nennt?

D In etwa. „Transzendental" heißt bei Kant nicht lediglich „Bedingung der Möglichkeit von etwas", wie man oft hört. Es geht bei transzendentalen Argumenten nicht um die Möglichkeitsbedingungen von irgendetwas, sondern von etwas sehr Bestimmtem, nämlich von synthetisch-apriorischen Leistungen des menschlichen Geistes. Synthetisch-apriorische Urteile wenden kategoriale Bestimmungen des Geistes auf Objekte außerhalb des menschlichen Geistes an, um diese in einer ganz bestimmten Weise zu erfassen.
H Wie ist das konkret zu verstehen?
D Nehmen wir ein Beispiel: Wir sehen, wie jemand einen Stift zunächst in der Hand hält, dann öffnet er diese und der Stift fällt zu Boden. Was wir mit unseren Sinnen wahrnehmen, ist die räumlich-zeitliche Aufeinanderfolge der Ereignisse (Sukzession) von geöffneter Hand und fallendem Stift. Was wir jedoch geistig schließen, ist mehr als das. Wir sagen nicht nur, erst öffnete sich die Hand und *dann* fiel der Stift, sondern wir behaupten, weil die Hand sich öffnete, *deshalb* fiel der Stift zu Boden. Wir konstruieren zwischen beiden Ereignissen einen Kausalzusammenhang, aufgrund dessen wir annehmen, daß auch zukünftig nicht nur zufälligerweise, sondern notwendigerweise immer dann, wenn die Hand sich öffnet, der von ihr gehaltene Stift herabfallen wird. Das folgt weder aus dem Begriff des Stiftes, denn es ist keine notwendige Eigenschaft von Stiften, herabzufallen, und ist insofern kein bloß analytisches Urteil, noch ein Urteil aus unserer Erfahrung, denn durch sie können wir lediglich wissen, daß bisher stets der Stift in solchen Situationen hinunterfiel – was in Kants Sprache ein synthetisches Urteil a posteriori ist – nicht aber, daß er auch zukünftig fallen wird, was Kant ein synthetisches Urteil a priori nennt, da wir insofern eine geistige Kategorie, die Kausalität, benutzen, um Geschehnisse außerhalb unseres Geistes unabhängig von gegebenen Erfahrungsdaten zu beurteilen. Und das tun wir nicht nur hinsichtlich der Kausalität, sondern auch mit vielen anderen Kategorien, und nicht nur im Rahmen der theoretischen Wirklichkeitsbeschreibung, sondern auch hinsichtlich moralischer und ästhetischer Urteile.
G Das würde heißen, daß auch die Grundurteile moralischer und rechtlicher Art im Zusammenhang unserer kategorialen Urteilsstruktur zu verstehen sind?
D Ja. Nicht umsonst spricht Kant von „Metaphysischen Anfangsgründen" der Rechtslehre und von der „Idee" des Rechts. Hieran zeigt sich, daß die ersten Prinzipien der Rechtsphilosophie für ihn keineswegs bloß aus der Erfahrung gezogen werden können, sondern als Vorgaben eingesehen werden müssen, die unser Geist uns macht und ohne die rechtliches Urteilen willkürlich und zufällig wäre. Und geistige Voraussetzungen, die notwendig sind, damit metaphysische bzw. synthetisch-apriorische Urteile nicht zufällig und willkürlich ausfallen, nennt Kant „transzendental". Die allgemeinen Möglichkeitsbedingungen der diesen Urteilen zugrundeliegenden Ausweitung des Geltungsrahmens unserer Kategorien auf außergeistige Gegenstände untersuchen seine drei Kritiken. Man spricht also von Kants Philosophie als einer „Transzendentalphilosophie", weil sie von Strukturen handelt, die zwar nicht an sich selbst greifbar, gleichwohl aber nicht irreal sind, da sie in den durch sie ermöglichten Resultaten des Geistes – Wahrheitsaussagen,

sittlichen Geboten, Empfindungen des Schönen und Erhabenen – indirekten Ausdruck finden.

G Es handelte sich also, wie man sieht, bei Kants transzendentaler Kritik des menschlichen Geistes nicht nur um ein destruktives Unternehmen; auch Kants berühmte Kritik der Gottesbeweise, wie seine kritische Philosophie insgesamt, war letztlich konstruktiv ausgerichtet. Sie versucht aufzuzeigen, was wir gerechtfertigterweise tatsächlich wissen können: im Bereich der theoretischen Philosophie oder der Erkenntnistheorie, dem die *Kritik der reinen Vernunft* samt den *Prolegomena zu einer jeden künftigen Metaphysik, die als Wissenschaft wird auftreten können* (1783) gilt, im Bereich der praktischen Philosophie oder Moralphilosophie, dem die Schriften *Kritik der praktischen Vernunft* und *Grundlegung zur Metaphysik der Sitten* (1785) sowie die *Metaphysik der Sitten* (1797) selbst gewidmet sind und schließlich hinsichtlich der ästhetischen und teleologischen Urteilsfähigkeit des Menschen im Rahmen der *Kritik der Urteilskraft*. Überall geht es Kant um die Reichweite legitimer Erkenntnis.

W Diese Reichweitenbestimmung richtet sich als Kritik jedoch auch gegen etwas, nämlich vor allem gegen einen überzogenen Rationalismus, wonach man unabhängig von aller Erfahrung und ausschließlich durch Entfaltung der reinen Vernunft ein gut fundiertes und alles erklärendes System konzipieren könne. So etwa traute man sich zu, rein rational zu entscheiden, ob das Universum (räumlich beziehungsweise zeitlich) endlich oder unendlich sei und ob es einen Gott gäbe und mit welchen Attributen er ausgestattet sein müsse. Kant zeigte nun, daß solche Vernünfteleien notwendigerweise in Widersprüche führen und letztlich nichts anderes hervorbringen als eine Metaphysik, die sich über ihre eigene Möglichkeit und Kompetenz weder informiert, noch darüber Rechenschaft gibt. Demgegenüber schuf Kant mit seinem transzendentalphilosophischen Ansatz, zuerst die Grenzen der Erkenntnis zu bestimmen, eine kritische Metaphysik, die überhaupt erst den Titel einer „Wissenschaft" verdient.

II. Die Moralphilosophie

1. Handeln

G Unser rechtsphilosophisches Interesse ist durchgängig „lebensweltlich" fundiert, liegt demnach im Bereich des Handelns und nach kantischer Terminologie und Systematik im Bereich der „Kritik der praktischen Vernunft". Doch dürfen wir nicht vergessen, daß Kant eine Vielzahl lehrreicher Aufsätze verfaßt hat, in denen er ebenfalls rechtsphilosophisch interessante Fragen thematisiert. Ich nenne nur die bekannten Schriften *Beantwortung der Frage: Was ist Aufklärung?* (1784), *Zum Ewigen Frieden. Ein philosophischer Entwurf* (1795) und *Über den Gemeinspruch: Das mag in der Theorie richtig sein, taugt aber nicht für die Praxis* (1793) sowie Kants *Idee zu einer allgemeinen Geschichte in weltbürgerlicher*

Absicht (1784). Sie alle lesen wir heute vor dem Hintergrund seiner in der *Metaphysik der Sitten* ausgearbeiteten Rechtslehre – doch dazu später.

D Zunächst wollen wir uns fragen: Gibt es ein praktisches Wirken der Vernunft auf das Handeln – und wie sieht es aus? Man könnte das ja bestreiten und sagen, man sei „aus der Situation heraus" oder „von unbeherrschbaren Affekten bestimmt" zu seinen Handlungen „getrieben" worden und hätte durchaus nicht die Möglichkeit gehabt, mit seiner Vernunft steuernd einzugreifen, sei also im Sinne eines empiristischen Freiheitsbegriffs unfrei gewesen. Dieses Problem hat nach Kant zwei Teile: Kann reine Vernunft überhaupt praktisch sein, handlungsbestimmend wirken, und – falls ja – wie wirkt sie dann und *was* zeichnet sie als gutes, was als schlechtes Handeln aus. Beides ist Gegenstand der Kritik: die Vernunft stellt in Frage, daß sie wirkt und was sie wirkt. Das „Daß" wird bei Kant recht drastisch geklärt. Kant benutzt folgendes Beispiel: „Setzet, daß jemand von seiner wollüstigen Neigung vorgibt, sie sei, wenn ihm der beliebte Gegenstand und die Gelegenheit dazu vorkämen, für ihn ganz unwiderstehlich: ob, wenn ein Galgen vor dem Hause, da er diese Gelegenheit trifft, aufgerichtet wäre, um ihn sogleich nach genossener Wollust daran zu knüpfen, er alsdenn nicht seine Neigung bezwingen würde." (KpV A 54). Also stimmt es gar nicht, daß man seinen ursprünglichen Neigungen zuweilen derart ausgeliefert ist, daß man gar nicht anders – zum Beispiel: sittlich – handeln kann. Bereits das könnte ein „praktisches Wirken der Vernunft" sein.

H Man könnte aber einwenden, es sei bloß eine Neigung (Bedürfnisbefriedigung) durch eine andere (am Leben bleiben zu wollen) ersetzt worden.

D Deshalb argumentiert Kant weiter: Derselbe Mann, ein Genußmensch, kann aber auch in eine Situation gebracht werden, in der er von Antrieben bestimmt wird, die überhaupt nichts mit empirischen Neigungen, nichts mit Genuß, nichts mit sinnlichen Bedürfnissen zu tun haben, sogar so sehr, daß er sein Leben aufzugeben sich imstande sähe: Wenn er etwa – wie dies in Terrorregimen vorkommt – einen zu Unrecht angeklagten Unschuldigen durch Falschaussage belasten soll und für den Fall seiner Weigerung selber mit dem Tode bedroht wird (KpV A 54) – Viele Menschen haben ja bereits in solchen Situationen ihr Leben für einen anderen gelassen. Und das ist doch ein eigenartiges Phänomen: Auf der einen Seite haben wir empirische Neigungen, die uns dazu drängen, irgend etwas zu tun, z.B. um am Leben zu bleiben. Auf der anderen Seite ist es wohl eine seltene empirische Neigung, sein Leben für jemand anderen zu opfern. Und manche Menschen tun es dennoch aus dem Bewußtsein heraus, wie man handeln *soll*. Kant meint, darin erkennt der Mensch seine wahre Freiheit, das heißt: die Freiheit *von* bestimmten empirischen Neigungen und *zu* sittlichen Taten. Denn, daß man sich von etwas lösen kann, erkennt man, so Kant, wenn man die Freiheit gegen seine eigenen Neigungen bestimmen soll. Dieses „Faktum der Vernunft" (KpV A 55) oder besser: die Tatsache des Freiheitsbewußtseins, daß ein jeder weiß, er solle und könne zugunsten sittlicher Pflicht etwa das Gute dem Angenehmen vorziehen, macht den Angelpunkt von Kants praktischer Philosophie aus. Die Vernunft selbst, so Kant, ist darum Handlungsmacht, sie selbst *ist* praktisch, *sie* wirkt auf unser Handeln.

H Das sieht auf den ersten Blick so aus, als gäbe es zwei ganz unterschiedliche Arten von Antrieben für unser Handeln: auf der einen Seite die empirischen Neigungen, auf der anderen Seite die Pflicht. Wie verträgt sich das miteinander?

D Die Neigungen sind nach Kant alle zurückzuführen auf die eine große Neigung zum Streben nach Glückseligkeit, darunter ist alles mögliche – Wohlergehen, Selbsterhaltung, Lust – gefaßt. Ihr wird die Pflicht gegenübergestellt, die mit dieser Neigung zur Glückseligkeit durchaus in Konflikt geraten kann.

H Müssen wir also eine Neigung zur Pflicht haben, die größer ist als die Neigung zur gewöhnlichen Bedürfnisbefriedigung oder wie setzt sich das Gute gegenüber dem Glückseligkeitsstreben durch?

D Das sind zwei Fragen: was ist das Gute im Unterschied zur Glückseligkeit und wie setzt es sich ihr gegenüber durch? Bekanntlich hat Kant nie gesagt, das Gute eliminiere die Glückseligkeit, bzw. der sittliche Mensch solle unglückselig sein. So muß also das Gute zumindest teilweise mit dem Glückseligkeitsstreben des Menschen verträglich sein. Da das Gute aber nicht anders als durch die Freiheit bestimmt wird, diese jedoch nichts anderes ist als die Selbstbestimmung der praktischen Vernunft, und diese Vernunft wiederum rein aus sich wirken soll, kann das Gute allerdings nicht von der Glückseligkeit her bestimmt werden.

H Wie aber dann?

D Fangen wir nochmals bei uns vertrauten Situationen und Handlungsgeboten an. Wir alle kennen Fälle, in denen wir etwas für geboten erachten, weil wir etwas anderes wollen. Wer nicht zunehmen will, sollte nicht üppig essen. Wer viele Freunde haben möchte, sollte solidarisch handeln. Wer Ärger mit der Polizei fürchtet, sollte die Gesetze einhalten. Es ist ja „schön und gut", wenn man sich dann so verhält, aber nicht „unbedingt gut" im kantischen Sinne. Solche Handlungsbestimmungen folgen – wie Kant sagt – *hypothetischen* Imperativen: will ich das eine, muß ich das andere tun, andernfalls bin ich inkonsequent und will gar nicht im eigentlichen Sinne. Will ich dagegen das eine nicht, so muß ich auch das andere nicht tun. Das Gebot gilt also nur *bedingt*.

2. Das Gute

G Kant sagt aber doch noch mehr: er spricht von *kategorischen* Imperativen, die nicht nur eine Handlungsweise um etwas anderen, sondern um ihrer selbst willen gebieten.

D Exakt. Und der Clou von Kants Überlegungen ist, daß er nicht argumentiert, zunächst gäbe es eine Menge möglichen Handelns, aus der dann durch das Sittengesetz oder den kategorischen Imperativ das moralisch-gute Handeln ausgesondert werden müsse, sondern umgekehrt, weil es das gute Handeln gibt, sei überhaupt Handeln im eigentlichen Sinne möglich.

H Das ist kontraintuitiv. Wir können doch alle immer schon irgendwie handeln, das ist ein anthropologisches Faktum. Und dann entschließen wir uns – manchmal – zum guten Handeln. Täten wir das nicht, so würden wir nach wie vor noch handeln, nur eben nicht gut.

D Die Phänomenbeschreibung würde Kant insoweit auch nicht bestreiten. Worum es ihm aber geht, sind die geistigen Gründe für dieses Phänomen. Und da dreht Kant in der Tat den Spieß um. Sein Argument kann man so verdeutlichen: Würden Menschen notwendig immer nur ihre Aktionen aus einer Verrechnung von Lust/Unlustoptima resultieren lassen, so betrachteten wir ihr Tun nicht als Handeln, sondern als Automatik, vergleichbar dem Algorithmus, der einen Roboter steuert. Unterläge ihr Tun aber andersherum keinerlei Gesetzmäßigkeit und folgte nur einer frei herumschwebenden Willkür – oder, wie man auch sagt, „dem Zufallsprinzip" –, so würden wir ebenfalls nicht von Handeln sprechen. Die menschliche Freiheit kann also keine gesetzlose Freiheit sein.

H Also geht es darum, daß Freiheit immer schon gesetzmäßig gebunden ist? Was heißt das genau?

D Freiheitliches Handeln, so Kant, liegt nur dann vor, wenn man sich aus Gründen Zwecke setzt. Da aber die einzigen Zwecke, die man sich kohärent, d.h. ohne Vernunftwiderspruch, setzen kann, sittlicher Natur sind, macht erst das moralische Vermögen das Handeln im eigentlichen Sinne, freies Handeln, möglich. Und das Vermögen, durch Zwecke das Gute anzustreben, nennt Kant in Abgrenzung von der Willkür den Willen. So kann er sagen, das einzig Gute sei ein gesetzmäßig bestimmter, guter Wille.

H Damit will Kant sagen, daß es auf die Folgen und die Umstände einer Handlung zu deren Qualifizierung als moralisch gar nicht ankommt. Das ist aber falsch. Gerade die Folgen und Umstände sind es, die eine Handlung als diese bestimmte kennzeichnen. Zuviel Übles ist in der Welt geschehen allein „aus gutem Willen", weil eben nicht auf Folgen und besondere Umstände geachtet wurde.

D Inhaltlich gebe ich Dir recht, nicht aber in der Kritik an Kant. Man muß da vielerlei auseinanderhalten. Zunächst gibt es die moralphilosophische Ebene bzw. die Ebene einer Theorie der Geltungsgründe ethischer Prinzipien. Sie ist gekennzeichnet durch Kants Formulierung des Sittengesetzes „Handle so, daß die Maxime deines Willens jederzeit zugleich als Prinzip einer allgemeinen Gesetzgebung gelten könne" (KpV A 54) und will zeigen, daß es außer diesem unbedingten Sittengesetz keinen konsistenten Begriff des Guten gibt. Hierbei geht es noch gar nicht um die Frage, welche Handlungen diesem Gesetz geeigneterweise entsprechen, sondern Kant will klarmachen, daß alle anderen – materialen und bedingten – Formulierungen des Begriffs des Guten einseitig und partikular sind und darum nicht allgemein gelten können.

G Gut, aber irgendwie müssen wir doch Aussagen über konkrete Handlungen treffen. Helfen uns dabei nicht die kategorischen Imperative?

H „Die" kategorischen Imperative – gibt es denn mehrere?

3. Der kategorische Imperativ

D Kant gibt in der Tat mehrere Formulierungen zum kategorischen Imperativ an, die sich zum Teil erheblich unterscheiden. Allerdings sagt er, sie müßten aus dem

originären Imperativ „als aus ihrem Prinzip" allesamt abgeleitet werden können und mit ihm übereinstimmen (GMS A 52).
H Wozu dann aber die unterschiedlichen Formulierungen?
D Kant will die verschiedenen moralischen Perspektiven von der metaethischen Perspektive abgrenzen. Es ist etwas durchaus anderes, ob ich mich als Philosoph frage, welches die akkurate Formulierung des Prinzips des Guten ist, oder ob ich als handelnder Mensch versuche, mich an sittlichen Geboten zu orientieren und dazu eine Verdeutlichungsformel des Sittengesetzes heranziehe. Einmal beschäftige ich mich als Theoretiker mit einer Theorie, das andere Mal als Beteiligter mit einem Fall. Für den Theoretiker ist die allgemeine Formulierung des Sittengesetzes gedacht, für die Handlungsbeteiligten gibt Kant die anderen Formulierungen an.
G Etwa diese: „handle so, als ob die Maxime deiner Handlung durch deinen Willen zum allgemeinen Naturgesetze werden sollte" (GMS A 52). Danach soll der subjektive Handlungsgrundsatz – die Maxime – so gewählt sein, daß der Grundsatz auch dann gelten kann, wenn man sich vorstellt, daß seine Folgen mit naturgesetzlicher Notwendigkeit eintreten. Um zu verdeutlichen, was Kant meint, stellen wir uns einmal einen kleinen Jungen mit Heißhunger auf Erdbeeren vor, der einen Obststand passiert und sich, ohne zu bezahlen, einige davon heimlich einverleibt. Die ihn begleitende Mutter, die ihm solches abgewöhnen will, wird etwa sagen: „Wenn das jeder machen würde!" Damit verweist sie auf Konsequenzen, die niemand – auch der kleine Junge nicht – wollen kann. Die Maxime des Jungen ist also nicht verallgemeinerungsfähig.
H Sehe ich das richtig, daß der kategorische Imperativ nur negativ funktioniert, also in der Weise, daß er bestimmte Handlungsmaximen verbietet? Wenn das so ist, bedeutet dies dann nicht, daß uns der kategorische Imperativ eben *nicht* sagen kann, was wir tun sollen? Das Problem, das ich damit anspreche, kann man auch an den zwei unterschiedlichen Formulierungen der goldenen Regel erkennen: Es macht einen Unterschied, ob ich sage: „Was du willst, das man dir tu, das tue du auch anderen", oder ob ich sage: „Was du nicht willst, das man dir tu, das füg' auch keinem anderen zu." Nach der ersten Formulierung wäre es ja z.B. geboten, Mitreisende in einem Zug in ein Gespräch zu verwickeln, wenn ich selbst mich gerne mit anderen unterhalte. Es ist aber klar, daß andere dies vielleicht gar nicht wollen. Genau auf diesen Punkt – also darauf, was anderen vielleicht schaden wird oder was sie ablehnen – richtet sich die zweite Formulierung. Sie ist eine negative Prüfung, genau wie der kategorische Imperativ. Diese negative Fassung scheint mir viel angemessener, weil sie eben von unrechtem Handeln abhält. Aber es bleibt das Problem, wie dann positiv zu handeln ist.
D Das Problem der goldenen Regel scheint mir zu sein, daß unklar bleibt, was da eigentlich zu verallgemeinern ist, die konkrete Handlungsweise, deren allgemeine sittliche Tendenz oder deren formale Struktur. Kant macht klar: Maxime ist ungleich Vorsatz, Vorsatz ist ungleich Tat. Nicht die Tat soll, verallgemeinert gedacht, real widersprüchliche Folgen haben (der Erdbeerklau als universale Praxis) und deshalb logisch widersprüchlich oder zumindest faktisch nicht zu wollen sein, nicht der Vorsatz soll, falls universalisiert, sich pragmatisch selbst aufheben (das

Wissen und Wollen des Erdbeerenklauens im Geiste), sondern nach Kant soll die *Maxime* des Handelns durch Verallgemeinerung disqualifiziert werden. Die Maxime, das ist der subjektive Grundsatz, welcher Vorsatz und Tat mit dem Subjekt verbindet, etwa: das Meine dem der Anderen rücksichtslos vorzuziehen, soll als nicht verallgemeinerbar vorgeführt werden. Es soll gezeigt werden, dies kann *als Grundsatz* nicht für alle bzw. objektiv gelten.

H Könnte man aber nicht dagegen einwenden, es finde doch nie empirisch statt, daß alle derselben Maxime folgen?

D Das Argument: die anderen tun es mir ja gar nicht nach, gilt nicht. Habe ich nämlich eine Maxime, die verallgemeinert zu einem Unrecht führt, so begehe ich, soviel an mir ist, bereits dann ein Unrecht, wenn allein ich ihr folge, unabhängig davon, ob es alle anderen ebenfalls tun.

H Die Sache mit den Maximen als Willensbestimmung scheint mir problematisch zu sein. Ich denke, es kommt darauf an, daß das Ergebnis des Handelns moralisch in Ordnung ist. Kant fragt aber ausdrücklich gerade nicht nach den Ergebnissen, sondern nur nach der Bestimmung des Willens. Daher läuft seine Moralphilosophie auf einen moralischen Rigorismus hinaus, der die Menschen einem abstrakten Formalismus unterwirft und ihnen auf diese Weise nicht gerecht wird. Der gute Wille ist zu wenig. Ich möchte meine Bedenken mit einer Kritik des Kantschen Formalismus konkretisieren: Die Maximen, die im kategorischen Imperativ verallgemeinert werden, gelten ja stets für eine Mehrzahl gleichartiger Fälle. Für solche Fälle soll die jeweilige Maxime Willensbestimmungen angeben, die dann auf ihre Verallgemeinerbarkeit hin überprüft werden. Damit aber abstrahieren Maximen von den je konkreten Umständen, in denen zu handeln ist. So wird aber die konkrete Situation immer einem allgemeinen Kriterium unterworfen. Nun kann das in vielen Fällen für ein moralisches Handeln durchaus ein Wegweiser sein, aber der moralischen Problematik einer konkreten Handlungssituation wird das Sittengesetz meiner Meinung nach damit nicht hinreichend gerecht. Denn eine jegliche Handlungssituation zeichnet sich durch ihre auch moralisch relevante Besonderheit aus. Wenn ich etwa überlege: „Dieses Handeln kann ich meiner Mutter nicht antun, wohl aber allen anderen zumuten", so hebt eine solche Überlegung gerade auf eine Besonderheit ab. Kants kategorischer Imperativ kann diese zweifellos moralische Überlegung nicht als moralisch auszeichnen.[5]

D Wir sollten nicht die Gesinnungsethik Kants mit seiner Moraltheorie insgesamt identifizieren. Kant trennt zwischen einer Ethik des Gewissens und einer der Zwecke und stellt für sie unterschiedliche Formulierungen des Sittengesetzes bereit. In der Frage: wodurch kennzeichnet sich eine sittliche Gesinnung?, stellt man zurecht lediglich auf die Reinheit des guten Willens ab. Darum rät Kant zu einem Handeln *aus Pflicht*. Weil ich eben material nicht weiß, ob und was letztendlich zum Guten gerät, muß ich formal gut handeln, um überhaupt gut zu handeln. Das ist Formalität, sicherlich, nicht aber Formalismus, weil es die Inhalte des formal guten Handelns nicht ausschließt, sondern erst hervorbringt. Das heißt übrigens nicht, der gute Wille enthebe einen von der Frage nach den Handlungsumständen und Handlungsfolgen, wohl aber, daß nicht sie, sondern das reine Wollen des Guten die gute Gesinnung ausmachen. Die Frage, wie man darüber hinaus zu positiver Maximenbestimmung und positiver Handlungsanweisung durch Zwecke kommt, stellt Kant sich nichtsdestoweniger. Kant selber reflektiert ja wie folgt: „Die Maximen werden hier als solche subjektive Grundsätze angesehen, die sich zu einer allgemeinen Gesetzgebung bloß qualifizieren; welches nur ein negatives Prinzip (einem Gesetz überhaupt nicht zu widerstreiten) ist. – Wie kann es aber dann noch ein Gesetz für die Maxime der Handlungen geben?" (MS TL A 19). Und dazu gibt es bei Kant sehr wohl die Perspektive positiver Handlungsvorschriften bzw. der Zweckethik, wenn etwa ein Subjekt, von dem vorausgesetzt wird, es wolle bereits „rein" das Gute, sich nun fragt, in welchen Zwecken es seine Handlungsmacht verdinglichen soll. Dazu dient beispielsweise Kants Lehre vom Zweckreich.

G Deren Formulierung als kategorischer Imperativ ist: „Handle so, daß du die Menschheit, sowohl in deiner Person, als in der Person eines jeden andern, jederzeit zugleich als Zweck, niemals bloß als Mittel brauchest" (GMS A 67). Wie sie als „Objektformel" für die Dogmatik von Art. 1 Abs. 1 GG fruchtbar gemacht werden kann, haben wir ja bereits bei der Diskussion zur Menschenwürde gesehen.

D Hier und an anderen Stellen sagt Kant, man möge sich vorstellen, man könne und solle durch sein eigenes Handeln ein moralisches „Reich der Zwecke" schaffen, d.h. eine Ordnung, in der die Menschen als „Selbstzwecke" alle ferner zu verwirklichenden Zwecke in eine solche Übereinstimmung miteinander brächten, daß alle soviel als möglich ihre jeweiligen Zwecke realisieren könnten, ohne doch die sittliche Autonomie der Mitmenschen zu beschädigen. Kant schreibt in diesem Zusammenhang: „Was im Verhältnis der Menschen, zu sich selbst und anderen, Zweck sein *kann*, das *ist* Zweck vor der reinen praktischen Vernunft, denn sie ist ein Vermögen der Zwecke überhaupt; in Ansehung derselben indifferent sein, d.i. kein Interesse daran nehmen, ist also ein Widerspruch; weil sie alsdann auch nicht die Maximen zu Handlungen (als welche letztere jederzeit einen Zweck enthalten) bestimmen, mithin keine praktische Vernunft sein würde" (MS TL A 30). Kant spricht also von einer Ordnung, in der nicht nur niemand mit den anderen handelnd kollidieren würde, sondern in der jedermann die „eigene Vollkommenheit" und die „fremde Glückseligkeit" nach Maßgabe seiner sittlichen Möglichkeiten förderte (MS TL A 13). Dazu soll sich ein jeder an den utopischen Standort eines sittlichen Weltenplaners begeben. Was unter dieser Perspektive – eingedenk dessen, daß jeder Mitmensch ein Zweck an sich selbst ist, das heißt, für sich selbst seine privaten Lebensvorstellungen hat und realisieren darf – sittlicher „Zweck sein *kann*", das *ist* dann eben ein von praktischer Vernunft ausgewiesener Handlungszweck. Dieses doppelte Verhältnis von einerseits Ausschluß von Handlungsgrundsätzen durch Verallgemeinerung und andererseits Aufbau von Handlungsgrundsätzen durch utopischen Standort ist typisch für Kants Konzeption und kehrt in seiner Rechtstheorie wieder. Auch sie ist kategorisch konzipiert. Auch in ihr werden wir einen negativen Imperativ finden, der gewisse Handlungsweisen als unrechtlich ausschließt und einen positiven Imperativ, der uns zu gewissen Handlungen auffordert.

III. Die Rechtsphilosophie

1. Moral und Recht

G Wenn sowohl Recht als auch Moral aus dem kategorischen Imperativ resultieren, kann man dann zur Unterscheidung sagen, Recht ist das, wozu andere mich zwingen können, Moral das, wozu nur ich selbst mich zwingen kann?
D Die Formulierung hat hohe Suggestivkraft, ist dennoch aber falsch, denn sie erklärt das Recht durch den Zwang und nicht den Zwang durch das Recht.
G Obwohl Kant in einer Überschrift der „Einleitung in die Rechtslehre" (MS A 35) doch hervorhebt: „Das Recht ist mit der Befugnis zu zwingen verbunden".
D Es geht ihm bei der Erklärung von Recht durch Zwang aber um den Zwang als negatives *Erkenntnismittel* des Rechts. Wenn wir zu etwas, das wir nicht wünschen, gezwungen werden und es dennoch ohne Widerstand tun, so handelt es sich erfahrungsgemäß des öfteren um eine rechtliche Pflicht – gegenüber „nur" moralischen Pflichten, zu deren Einhaltung wir uns weit weniger zwingen lassen. Jedoch, obwohl diese Unterscheidung – als Erkenntnismittel – oft stimmige Ergebnisse produziert, ist es falsch, den Zwang als *Sachgrund* des Rechts anzusehen statt umgekehrt. Zwang kann für Kant nur unter der Bedingung des Rechts stattfinden, Recht kann darum aber nicht auf Erzwingbares reduziert werden. Zwar liegt immer dann, wenn *legitimer* Zwang vorliegt, auch Recht vor; allerdings existiert Recht auch, wo Zwang undenkbar ist. Darum empfiehlt sich eher eine positive Begriffsbestimmung des Rechts.
G Kann man dann nicht einfach sagen, Recht bezieht sich nur auf Äußeres, Moral auf Inneres? Denn Gesinnung ist doch kein Thema des Rechts, stattdessen aber das äußere Handeln.
D Es ist eine umstrittene Frage, ob es bei Kant nicht auch Rechte des Inneren eines Subjektes gibt: Rechtspflichten gegen sich selbst etwa, die niemand anderer als man selbst einfordern kann und die deshalb nicht positiviert und mit Zwang umgesetzt werden können – und die dennoch nicht nur moralische Pflichten sind. Man könnte sogar fragen, ob nicht vielmehr die inneren Rechte eines jeden die sachlogische Grundlage der Rechte eines jeden nach außen sind, – aber das ist eine Diskussion, die erst später geführt wurde: bei Karl Christian Friedrich Krause (1781-1832).[6]
G So gern ich mich als Wahljenaer über den in Deutschland fast vergessenen Jenenser Philosophen Krause unterhalten würde – im Moment geht es um die Differenz von Moral und Recht bei Kant. Und da sagt man gewöhnlich: Das eine tut man um seiner selbst willen, das andere um anderer Zwecke willen.
D Es ist richtig, daß Kant diese Perspektiven – bei ihm heißen sie die der „Moralität" und die der „Legalität" – voneinander unterscheidet; allerdings nur *innerhalb* der Sphäre der Moral, um klarzumachen, aus welchen Motiven man der Pflicht entsprechend handelt: entweder „aus Pflicht" oder aber lediglich „pflichtgemäß", wie Kant sagt. Für das Recht kann, wer mag, diese Unterscheidung auch

anwenden, sie ist dort aber unerheblich, weil es – aus der Perspektive des Rechts – reicht, das Recht „pflichtgemäß" zu befolgen. Die formale Differenz von Legalität und Moralität der Handlungsweise liefert also keine Unterscheidung zur sachlichen Abgrenzung der Handlungsinhalte von Moral und Recht. Diese Inhalte können demnach durchaus zusammenfallen. Die Moral verlangt ja ebenfalls, daß die Rechtsgesetze befolgt werden. Auch insofern kann es eigentlich zu einem Konflikt zwischen moralischem und rechtlichem Gebot nicht kommen.
G Warum dann überhaupt eine Unterscheidung von Recht und Moral?
D Weil nicht jede moralische Handlung rechtlich, nicht jede rechtliche Handlung moralisch ist. Während das zweite nie bestritten wird, so ist doch bezüglich des ersten Arguments in der philosophischen Lehrtradition vor (und auch nach) Kant oft behauptet worden: wenn die Menschen nur moralischer wären, bedürften sie des Rechts, ja des Staats nicht mehr. Das ist aber Unsinn. Da kein Subjekt allmächtig und zufälligen Umwelteinflüssen gegenüber immun ist, schlägt nicht jede moralische Motivation auch zu einer moralisch vertretbaren Handlung aus, und da nicht einmal jede moralische Handlung auch zu rechtlich akzeptablen Folgen führt, ist es durchaus möglich, mit guten Absichten widerrechtliche Taten zu begehen, für die man sich rechtlich verantworten muß.
H Ganz meine Rede ...
D Und deshalb muß zwischen Handlungsform und Handlungsmaterie unterschieden werden. Das Recht sagt ja nicht: es ist von der Materie her besser, daß ein unmoralischer Reicher reich und ein moralischer Armer arm ist, sondern das Recht sagt, es widerspricht der gebotenen *Form* des äußeren Handelns, einen Diebstahl zum Zwecke sozialer Umverteilung nach dem Robin-Hood-Prinzip zu begehen.

2. Der Rechtsbegriff

G Wie weit aber darf die Asymmetrie der Besitzverhältnisse gehen? Ist es in Kants Augen beispielsweise Unrecht, wenn das Recht formal und abstrakt dem Reichen wie dem Armen gleichermaßen die Unverletzlichkeit der Wohnung als Grundrecht einräumt, ohne dafür Sorge zu tragen, daß die Armen sich überhaupt eine Wohnung leisten können?
D Ja, ich denke, das kann man sagen. Jedoch bedürfen wir hierzu nicht nur des negativen Rechtsbegriffs – Abwehr von Unrecht durch Achten auf korrekte äußere Handlungsformen –, sondern auch eines *positiven* Rechtsbegriffs, der gebietet, den Subjekten die Möglichkeit äußerlich-freien Handelns einzuräumen. Nähern wir uns diesem Begriff mit Kants eigenen Worten. Kant bestimmt das Recht als den „Inbegriff der Bedingungen, unter denen die Willkür des einen mit der Willkür des andern nach einem allgemeinen Gesetze der Freiheit zusammen vereinigt werden kann" (MS RL A 33). Auf das endliche Subjekt gewendet wird daraus ein rechtlicher Imperativ: „handle äußerlich so, daß der freie Gebrauch deiner Willkür mit der Freiheit von jedermann nach einem allgemeinen Gesetze zusammen bestehen könne..." (MS RL A 34). Es handelt sich beim rechtlichen Handeln um

einen Bezug der Vernunft auf etwas sinnlich Äußeres; dieser Bezug ist einerseits ganz konkret – das jeweilige Mein und Dein wird geregelt –, andererseits gilt er ganz allgemein, denn er wird im gedachten Rahmen der Rechte aller bestimmt. Gäbe es diese Regelungsform nicht, so wäre schlechthin nicht zu sehen, wie überhaupt der Bezug auf die Dinge, denen wir zufällig in der Welt begegnen, nach allgemein gesetzlichen Formen geregelt werden könnte.

H Das Äußere ist also seiner Form nach bei Kant das Hauptanwendungsfeld des Rechts: sinnliche Gegenstände, die anderen Menschen und ihr Tun und Lassen sind in der Form, wie wir uns auf sie beziehen, Objekte des Rechts. Und in diesen Belangen können Menschen miteinander in Konflikte geraten, die sie regeln müssen, also brauchen sie das Recht als Ordnungsfunktion.

D Für Kant ist es aber nicht der Konflikt als solcher, der das Recht erforderlich macht. Der Konflikt ist ein sinnlich-räumliches Phänomen. Von Belang für das Recht ist er lediglich, weil er einen Widerspruch zum Sittengesetz bedeuten kann. Da nämlich die autonome Freiheit sich nur in konkreter phänomenaler Freiheit realisiert, und da diese Realisierungsformen miteinander in Widerspruch geraten können, kollidiert sozusagen die in ihnen verkörperte Freiheit mit sich selbst – und *das* darf nicht sein, soll das kantische Sittengesetz mitsamt Rechtsimperativ nicht in Selbstwiderspruch geraten. Darum ist eine empirische Kollision von Freiheitssubjekten durch rechtliche Regeln zu vermeiden bzw. aufzuheben. Das Recht reagiert *faktisch* auf sie. Das heißt aber nicht, daß das Recht damit *geltungslogisch* von dieser Kollision abhängig und ihr nachgeordnet wäre. Recht *ist* nicht die Negation der Negation äußerer Freiheit, auch wenn es sich als diese artikuliert; es ist die allgemeinheitsfähige Positivierung äußerer Freiheit.

G Insoweit argumentiert Kant ähnlich wie Rousseau.

D Nun, nicht ganz. Während Rousseau das Recht wegen der Verdorbenheit der gesellschaftlich lebenden Menschen braucht, schreibt Kant, die Menschen „mögen auch so gutartig und rechtliebend gedacht werden, wie man will, so liegt es doch a priori in der Vernunftidee eines solchen (nicht-rechtlichen) Zustandes, daß bevor ein öffentlich gesetzlicher Zustand errichtet worden, vereinzelte Menschen, Völker und Staaten niemals vor Gewalttätigkeit gegen einander sicher sein können, und zwar aus jedes seinem eigenen Recht, zu tun, was ihm recht und gut dünkt, und hierin von der Meinung des anderen nicht abzuhängen; mithin das erste, was ihm zu beschließen obliegt, wenn er nicht allen Rechtsbegriffen entsagen will, der Grundsatz sei: man müsse aus dem Naturzustande, in welchem jeder seinem eigenen Kopfe folgt, herausgehen und sich mit allen anderen (mit denen in Wechselwirkung zu geraten er nicht vermeiden kann) dahin vereinigen, sich einem öffentlich gesetzlichen äußeren Zwange zu unterwerfen, also in einen Zustand treten, darin jedem das, was für das Seine anerkannt werden soll, gesetzlich bestimmt, und durch hinreichende Macht (die nicht die seinige, sondern eine äußere ist) zu Teil wird, d. i. er solle vor allen Dingen in einen bürgerlichen Zustand treten" (MS RL A 164). Auch engelsgleiche Menschen benötigen also den Staat und seine Zwangsinstanzen. Wichtig erscheint mir die Akzentsetzung: Recht *ist* nicht Ordnung, Zwang und Strafe, sondern es *hat* sie eigenschaftlich an sich. Wenn auch Kant nicht bestreiten würde, daß der Weg der Rechtsgenese über Verfahren und

Macht zu dem führen kann, was das Recht als Recht qualifiziert: zur Geltung, so ist doch entscheidend, daß Recht deshalb nicht substantiell mit Zwang zur Negation der Negation äußerer Freiheit identifiziert werden darf, weil es zuvor etwas Positives ist.
H Hegel spricht später vom „Dasein der Freiheit".
D Ja, das ungefähr meine ich. Recht ist bereits sittlich, ehe und ohne daß es auf Negationen von Freiheit reagiert. Es ist ein affirmatives Ordnungsgefüge der äußeren Freiheit.
G Wobei dieses Ordnungsgefüge – auf den ersten Blick wiederum wie bei Rousseau – allein aus dem Begriff der Freiheit hergeleitet wird. Eine noch bekanntere Überschrift als die vorhin zitierte lautet: „Das angeborne Recht ist nur ein einziges" (MS A 45). Auf den zweiten Blick ist die Bestimmung dieses einzigen, ursprünglichen, jedem Menschen „kraft seiner Menschheit" zustehenden Rechts, des entsprechenden „Prinzip(s) der angebornen Freiheit" und der klaren Unterscheidung zwischen dem einen *inneren* Recht im Singular und den *äußeren* Rechten im Plural (MS RL A 46) dann aber doch präziser als der Rousseausche Satz „L' homme est né libre". *Das* Recht beruht auf einem Freiheitsvermögen, „welches ganz übersinnlich ist", einem Vermögen des „homo noumenon", während *die* Rechte solche des physischen Subjekts, d.h. des „homo phaenomenon" sind (MS RL A 48). Und einer der Großen der Rechtsphilosophie ist Kant nicht durch sein System der phänomenalen Rechte geworden, sondern durch deren noumenale Fundierung in jenem inneren Freiheitsrecht, durch das die äußere Freiheit eines jeden „mit jedes anderen Freiheit nach einem allgemeinen Gesetz zusammen bestehen kann" (MS A 45).
D Das Recht phänomenal herzustellen, ist wegen dieses inneren (noumenalen) Rechts die ständige Rechtspflicht eines jeden. Wie man diese Pflicht zum Recht rechtsförmig umsetzt, mag von den Umständen abhängen, nicht aber, *daß* sie besteht. Da sich aber, wie Verstand und Erfahrung zeigen, gesichertes Recht nicht in einem staatsfreien Zustand zustandebringen läßt, wo ein jeder sein eigener Richter ist, gilt für Kant das Gebot: „du sollst, im Verhältnisse eines unvermeidlichen Nebeneinanderseins, mit allen anderen, aus jenem heraus, in einen rechtlichen Zustand, d.i. den einer austeilenden Gerechtigkeit, übergehen" (MS RL A 157), nicht nur als Konsequenz eines hypothetischen Nutzenkalküls wie bei Hobbes, sondern als strenge, kategorische Rechtspflicht. Aus der Pflicht zum Recht wird so eine Pflicht zum Staat.
G Aber das Prinzip der Freiheit gebietet nicht nur, daß ein Staat das Recht formal sichern soll, sondern auch, nach welchen Grundsätzen Recht zuzuteilen ist. Die spätestens seit Aristoteles bekannte Verteilungsgerechtigkeit – iustitia distributiva – ist nicht zu vergessen.
D Sie ist bei Kant als eine maßgerechte Gleichheit unter dem Gesetz der Freiheit gedacht. Sie wäre, denke ich, falsch verstanden, wenn sie nur als mildtätige Umverteilung von Gütern zugunsten von Bedürftigen angesehen würde. Es ist vielmehr eine Forderung der Rechtsgerechtigkeit, daß in einem Gemeinwesen Güterverhältnisse geschaffen werden, die sich symmetrisch zur Freiheitsbestimmung des Menschen verhalten, anstatt diese durch asymmetrische Aufspaltung in Besit-

zende einerseits und Besitzlose andererseits unmöglich zu machen. Ich würde deshalb von Teilhabegerechtigkeit[7] sprechen, zu der m.E. auch – wie man heute formuliert – „Chancengerechtigkeit", also ein positives Rechtskonzept gehören müßte, damit nicht durch grobe Chancenungleichheit dem Einzelnen ein dann durch die Gemeinschaft aufzufangender (Bildungs-) Nachteil, eine Freiheitsnegation, entstanden ist.

G Ist das noch Kant oder schon wieder Krause, aus dem Sie das ableiten?

D Das ist gerade noch Kant, wenn es auch – zugegeben – bei Krause etwas deutlicher und weit ausführlicher steht.[8]

3. Der Republikbegriff

G Zurück zu Kant: Läßt sich ein so anspruchsvoller Rechtsbegriff anders begründen und anders konkretisieren als über die volonté générale? Für die Begründung muß doch herangezogen werden, daß etwas genau deshalb Recht ist, weil es das wahre Interesse aller ist, für die Konkretisierung des Rechts muß aber zugleich auf die *tatsächlichen* Interessen der rechtsgebenden Gesellschaft Rücksicht genommen werden.

D Wenn auch in verschiedener Hinsicht. Die Legitimationsstrategie über die volonté générale stellt ja – wie wir aus unserem Rousseaudialog wissen – nicht auf den Durchschnitts- oder Mehrheitswillen der Gesellschaft, ja nicht einmal auf einen, wie auch immer zu ermittelnden gemeinsamen Willen ab, sondern auf einen allgemeinen Willen. Unterscheidet man nun streng zwischen einem „Gemeinbegriff" und einem „Allgemeinbegriff" – auch diese Distinktion entlehne ich Krause, der Sache nach gibt es sie aber auch bei Kant – so ist es eben nicht der induktiv zu gewinnende, auf empirische Gemeinsamkeiten abstellende Wille einer Gruppe, sondern der gedanklich zu konstruierende Allgemeinwille der menschlichen Vernunft, der die Legitimation abgibt. Praktisch zeigt sich das am Beispiel der Todesstrafe. Beschlösse etwa eine kleine, überschaubare Rechtsgesellschaft durch einstimmiges Votum ihrer Mitglieder die Einführung der Todesstrafe, so artikulierten sie damit sicherlich ihren „Gemeinwillen", ob sie damit aber einen legitimen und legitimierenden „Allgemeinwillen" formulieren würden, ist doch sehr die Frage. Und deshalb unterscheiden wir zwischen Rechtslegitimation und Rechtskonkretisierung durch den Gesellschaftswillen. Denn daß sich ein legitim verfaßter gesellschaftlicher Wille nicht in allen Einzelfragen des Mittels rechtsphilosophischer Konstruktion bedient, um seine Inhalte zu gewinnen, ist klar. Es bedarf deshalb die Rechtsgesellschaft eines Instrumentes, um in den vernunftrechtlichen Rahmen ihren tatsächlichen gemeinschaftlichen Willen einzutragen und dadurch den Allgemeinwillen, der sinnvollerweise nur formal gefaßt ist, material zu konkretisieren. Der Mehrheitswille kann und soll das Organ des Allgemeinwillens sein, nicht aber sich an seine Stelle rücken.

G Eine Regierungsweise nach dem Allgemeinwillen nennt Kant – insoweit wieder in der Nachfolge Rousseaus – „Republik". Er schreibt: „Die erstlich nach Prinzipien der Freiheit der Glieder einer Gesellschaft (als Menschen); zweitens nach Grundsätzen der Abhängigkeit aller von einer einzigen gemeinsamen Gesetzgebung (als Untertanen); und drittens, die nach dem Gesetz der Gleichheit derselben (als Staatsbürger) gestiftete Verfassung ... ist die republikanische" (*Zum ewigen Frieden* B 20). Zur Vermeidung verbreiteter Mißverständnisse muß aber betont werden, daß Kant hier transzendentalphilosophisch und nicht positivrechtlich argumentiert und daß der Begriff „Republik" in solchen Argumentationszusammenhängen auf die noumenale Republik bezogen ist und nicht auf die phänomenale Republik etwa des Grundgesetzes. Ein unvermittelter Schluß von der einen, transzendentalen, auf die andere, empirische Republik ist ein *republikanistischer Fehlschluß*[9] und rechtsphilosophisch ebenso zu vermeiden wie der Schluß von der inneren Freiheit auf äußere Freiheiten und vom „angebornen" Recht im Singular auf positivierte Rechte im Plural.

D Eng verbunden mit dieser Art der Regierung ist für Kant „das repräsentative System, in welchem allein eine republikanische Regierungsart möglich [ist]" (B 29). Der Republikanismus ist das Staatsprinzip, das Repräsentativsystem die Umsetzungsform des Republikanismus. Daß allerdings allein die Demokratie die beste Möglichkeit der Repräsentation des Allgemeinwillens sei, hat Kant gerade nicht gesagt.

H Das heißt natürlich nicht, Kant hätte eine Demokratie im heutigen Sinne abgelehnt ...

D Nein, so weit würde ich auch nicht gehen. Denken wir an Kants Anbindung der Freiheit an die sittliche Autonomie zurück, so wird klar, daß Kant für eine Herrschaftsform votiert, der es gelingt, ein Optimum an Rechtlichkeit über ein Minimum an Regelungen und ein Maximum an faktischer Freiheit zu erzielen. Das kann je nach den historischen Umständen über sehr verschiedenartige Herrschaftsformen – Monarchie, Aristokratie, Demokratie – erreicht werden. Damit man politisch nicht vage herumexperimentiere, gibt Kant in der Schrift *Zum ewigen Frieden* folgende Negativ-Richtlinie zur Rechtsrealisation: „Alle auf das Recht anderer Menschen bezogene Handlungen, deren Maxime sich nicht mit der Publizität verträgt, sind unrecht" (B 99).

H Egal also, welche Herrschaftsform gegeben ist, beurteilt wird sie danach, ob sie sich durch öffentliche Zustimmung legitimieren kann. Eine auf Gewalt allein beruhende Herrschaft ist damit jedenfalls ausgeschlossen.

D Diese „transzendentale Formel des öffentlichen Rechts" (B 99) kann jedoch nur widerrechtliche Vorhaben aus dem öffentlichen Willen eliminieren, nicht aber sagen, was eine sittlich positive Konkretisierung des rechtlichen Gemeinwillens wäre. Dazu benötigt man zusätzlich, so Kant, „ein anderes transzendentales und bejahendes Prinzip des öffentlichen Rechts" (B 110), das da lautet: „Alle Maximen, die der Publizität bedürfen (um ihren Zweck nicht zu verfehlen), stimmen mit Recht und Politik vereinigt zusammen." Denn „wenn sie nur durch Publizität ihren Zweck erreichen können, so müssen sie dem allgemeinen Zweck des Publikums (der Glückseligkeit) gemäß sein, womit zusammen zu stimmen (es mit seinem Zustande zufrieden zu machen) die eigentliche Aufgabe der Politik ist" (B 111). Damit hat Kant einen *Imperativ der Politik* entwickelt.[10] Er liefert zum formalen Recht ein allgemeinheitsfähiges Konzept der äußerlich-sittlichen Zweckfindung hinzu, angelehnt an eine Theorie der bürgerlichen Öffentlichkeit.[11]

G Entsteht mit dem Begriff der Glückseligkeit nicht eine Spannung zu Kants eigentlicher Überlegung, die Sittlichkeit müsse ganz ohne Rücksicht auf empirische Interessen fundiert werden?

D Da die „Glückseligkeit" nur in rechtlicher Form die Prüfung durch die erste transzendentale Formel des öffentlichen Rechtes passieren wird, verfremdet sie nicht seinen Ansatz. Nach Kant soll das Empirische ja nicht aus der Sittlichkeit ausgeschlossen, sondern lediglich nach nicht-empirischen Maßstäben transformiert werden. Das Entscheidende scheint mir folgendes zu sein: Kant will mehr als lediglich zum formalen Recht die Berücksichtigung von Anwendungsbedingungen oder Akzeptanzbedingungen hinzufügen. Er spricht gezielt „die eigentliche Aufgabe der Politik" (B 111) jenseits dessen an.

H Wenngleich das Publikum „mit seinem Zustande zufrieden zu machen" nun ja noch nicht gerade eine ausgearbeitete Theorie des Politischen ist, so liegt darin vielleicht doch die Begründung einer separaten Disziplin der Philosophie. Denkt man das weiter, so rückt politische Philosophie aus dem Schatten der Rechts- und Moraltheorie heraus. So wäre auch bei Kant der systematische Ort einer politischen Philosophie bestimmt.

D Das ist ganz meine Ansicht. Der „politische Imperativ" – der Terminus stammt übrigens erst von Friedrich Schlegel[12] – läßt bei Kant die politische Bestimmung des allgemeinen Willens als eine eigenständige Spielart des Sittlichen sichtbar werden: als Imperativ zum öffentlich-politischen Handeln. Damit rückt Kant die Freiheit des Gesellschaftsbürgers und die Autonomie des Staatsbürgers in ein wechselseitiges Verschränkungsverhältnis. Der Bürger soll seine republikrelevanten Handlungen nicht bloß privatistisch, sondern mit Blick auf das Ganze ausrichten, die Staatsgemeinschaft soll in ihre Willensbestimmung die Interessen der Bürger mitaufnehmen. Die Politik ist der systematische Ort dieser Verschränkung, die Öffentlichkeit ihr originäres Medium. Daher kann Politik weder auf Recht noch Moral allein reduziert werden, sondern muß als etwas Eigenständiges begriffen werden.

G Dementsprechend sollte in einschlägigen Diskussionen nicht undifferenziert „moralisierend" argumentiert, sondern offengelegt werden, ob man sich moralischer, rechtlicher oder politischer Argumentationskriterien bedient.

4. Weltstaat?

H Kant hat sich in seiner Schrift *Zum ewigen Frieden* nicht nur mit innerstaatlicher, sondern vor allem auch mit dem Problem zwischenstaatlicher Politik und des internationalen Friedens beschäftigt.[13] Er geht in dieser kleinen, aber ungemein dichten und gehaltvollen Arbeit der Frage nach, wie der Krieg im Verhältnis der Staaten untereinander dauerhaft beseitigt werden kann. Nur wenige Philosophen vor und nach ihm haben sich mit Problemen der internationalen Beziehungen systematisch befaßt. Erst in jüngerer Zeit richten die Theoretiker verstärkt den

Blick auf diese Ebene des Handelns – und berufen sich dabei auch auf Kant. Das Problem des Friedens hatte ja schon Hobbes ausführlich diskutiert. Für das Verhältnis von Menschen untereinander lag bei diesem die Lösung des Problems, wie der gesellschaftliche Friede auf Dauer zu stellen sei, im einzelnen Staat. Nun aber ist bei Kant die Frage, wie der Frieden zwischen den Staaten, die in ihrem Innern den Frieden zwischen den Menschen bereits gewährleisten, einzurichten und zu bewahren ist. Hobbes hat diese Problematik ausdrücklich im 13. Kapitel des *Leviathan* angesprochen. Er wies darauf hin, daß sich die nach innen befriedeten Staaten untereinander in einem Naturzustand befinden, der ein anarchischer Zustand ist, da es keine Macht gibt, die das Recht zwischen den Staaten sichert. Und genau das ist bis heute das Grundproblem des internationalen Friedens: die Abwesenheit einer übergeordneten, die Staatenwelt befriedenden Macht. Kants Friedensschrift geht nun der Frage nach, wie ein dauerhafter Friede zwischen Staaten möglich ist, obgleich es keine übergeordnete Friedensmacht gibt.

W Vielleicht bin ich ja naiv, aber die Beantwortung dieser Frage scheint mir – zumindest im (allerdings dogmenphilosophisch ja unzureichenden) Hobbesschen System – ganz einfach. Müßte man nicht nur einen weltumspannenden Staat schaffen, der nach innen befriedet ist und für den es kein außen mehr gibt? Niemand darin könnte sich dann auf die Unterschiedlichkeit von Rechtssystemen berufen und ein solcher „Weltstaat" könnte jeden regionalen, etwa ethnischen, Konflikt wie einen Streit zwischen Untertanen lösen.

G Einem solchen Modell stehen aber gewichtige dogmatische Einwände entgegen: Zum einen ist anzumerken, daß die Abtretung von Aufgaben und Befugnissen der deutschen Staatsgewalt an einen „Weltstaat" keinen geringeren verfassungsrechtlichen Anforderungen unterliegen würde als die Übertragung von Hoheitsrechten an die Europäische Union nach Art. 23 GG und an zwischenstaatliche Einrichtungen nach Art. 24 GG. Der materielle Kern der freiheitlichen demokratischen Grundordnung (Art. 79 Abs. 3 GG) müßte also erhalten bleiben. Gegen einen „Export" unserer Verfassungskultur kann man aber zum anderen philosophisch Einspruch erheben. Denn aus dem sokratischen Prinzip des Nichtwissens sollte Zurückhaltung gegenüber kulturimperialistischen Tendenzen folgen und der Verzicht darauf, anderen Kulturen unseren Begriff von Richtigkeit und unsere Vorstellungen vom richtigen Recht aufzwingen zu wollen. Solange für die Verfolgung von Menschenrechtsverstößen das Völkervertragsrecht ausreicht – das allerdings konsequent durchgesetzt werden muß –, rate ich deshalb zu Zurückhaltung in Sachen „Weltstaatspolitik".

D Dennoch: das nationalstaatliche Recht allein kann nicht das letzte Wort in internationalen Angelegenheiten behalten. Wenn wir darin übereinkommen, daß Recht *unbedingt* sein soll – exeundum est e statu naturali –, dann können wir doch kaum sehenden Auges Zonen bestehen lassen, in denen Recht nicht definiert oder nicht durchsetzbar ist. Wenn wir stattdessen die Pflicht haben, dem Recht überall zur Geltung zu verhelfen – gilt dann die Pflicht zum Recht nicht auch auf Weltebene? Das Problem, wie man diesen Imperativ zur Rechtlichkeit angemessen umsetzt, ist dem Imperativ selbst nachgeordnet und kann seine Geltung nicht beeinträchtigen.

H Nun, sehen wir zu, was Kant zu diesen Überlegungen zu sagen hat. Einen allmächtigen, über alles und jeden befindenden Weltstaat lehnt Kant ausdrücklich ab. Er befürchtet, daß ein solcher Weltstaat – also ein einziger von allen Menschen der Welt begründeter Staat – die Gefahr der Despotie heraufbeschwören müßte. Man kann offen lassen, ob diese Befürchtung berechtigt ist. Tatsächlich ist die Verschiedenheit der Völker so groß, sind ihre politischen und rechtlichen Traditionen und ihre jeweilige Geschichte so unterschiedlich, daß sie sich bis auf weiteres sicherlich nicht in einem einzigen Staat zusammenfinden können, geschweige denn einen solchen Weltstaat auch nur wollten. Das Modell des Weltstaates ist insofern wohl eine Utopie. Und Kant schlägt eine andere Lösung vor. Sie besteht kurz gesagt in der Übertragung seiner Republikvorstellung auf das Verhältnis von Staaten untereinander. Die Argumentation verläuft folgendermaßen: Die Voraussetzung eines dauerhaften Friedens ist nach Kants Entwurf die republikanische Verfaßtheit der Staaten im Innern. Republiken sind nach Kants Überlegung nämlich friedliebend: In der Republik entscheiden die Bürger selbst über die öffentlichen Angelegenheiten, also auch über die Frage, ob ein Krieg geführt werden soll oder nicht. Da es nun aber auch die Bürger selbst sind, welche „alle Drangsale des Krieges" (B 23) zu tragen hätten, werden diese geneigt sein, keinen Krieg zu führen. Die Republik ist demnach die friedfertige Staatsform, während das Gegenteil in nicht-republikanischen Gemeinwesen der Fall ist: „In einer Verfassung, wo der Untertan nicht Staatsbürger, die also nicht republikanisch ist, [ist] es die unbedenklichste Sache von der Welt" einen Krieg zu beginnen, „weil das Oberhaupt nicht Staatsgenosse, sondern Staatseigentümer ist,... durch den Krieg nicht das mindeste einbüßt, diesen also wie eine Art von Lustpartie aus unbedeutenden Ursachen beschließen... kann" (B 24).

W Diese Behauptung scheint mir nun aber doch etwas zu pauschalisierend zu sein und entspricht offenbar nicht den historischen Tatsachen. Man denke etwa nur an die außenpolitisch so aggressive attische Demokratie des 5. und 4. vorchristlichen Jahrhunderts oder an die Römische Republik, die eine Dynamik der Machtentfaltung entwickelte, die schließlich zur Unterwerfung des gesamten Mittelmeerraumes führte.

H Nun, hier muß man differenzieren und Kant hat diesbezüglich klar unterschieden. Zunächst: Es gibt seit einigen Jahren in der Politikwissenschaft eine weitverzweigte Forschung, die sich – übrigens unter ausdrücklicher Berufung auf Kant – mit der These befaßt, ob und wenn ja warum sich freiheitliche Staaten wirklich friedfertig verhalten.[14] Die Ergebnisse sind im großen und ganzen eindeutig: Republiken sind tatsächlich friedfertig. Allerdings sind die Befunde der Forschung für die Antike aufgrund der problematischen Quellenlage nicht völlig sicher; soweit man hier Aussagen machen kann, bestätigen aber auch die antiken Verhältnisse die These eher, als daß sie sie widerlegten.[15] Die zumindest für die Neuzeit klar bestätigenden Forschungsergebnisse bedeuten nun nicht, daß Republiken keine Kriege führten, sondern der Befund lautet, daß sie *untereinander* keine Kriege führen. Und genau auf diesen Punkt hebt Kant ab. Er fordert nämlich zur Bewahrung eines dauerhaften Friedens einen Bund von Republiken, wenn er schreibt, daß „das Völkerrecht ... auf einen Föderalism freier Staaten gegründet sein" (B 30) solle. Das Argument lautet also, daß als Republiken verfaßte Staaten sich in einem Bund zusammenschließen sollen, welcher den Krieg als Mittel der Rechtsdurchsetzung zwischen ihnen auf Dauer beseitigt, der also über einen bloßen Waffenstillstand oder Friedensvertrag hinausgeht. Interessant ist übrigens, daß diese Grundidee Kants zwei Umsetzungsmöglichkeiten zur Folge hat, zwischen denen sich Kant nicht ganz eindeutig entscheidet. Zum einen nämlich könnte das Bündnis freier Staaten gedacht werden als „Völkerstaat" (B 37), zum anderen ...

W ... Moment! Was heißt jetzt „Völkerstaat". Ist das nicht der Weltstaat, den Kant ablehnt?

H Nein. Der „Völkerstaat" ist ein Staat, dessen Bürger Staaten sind, also gewissermaßen eine Republikenrepublik, während der Weltstaat, von dem wir vorhin gesprochen haben, ein Staat ist, dessen Bürger alle Menschen – also natürliche Personen – wären. Das ist ein wichtiger Unterschied. Kants Überlegungen münden mithin zum einen in die Möglichkeit einer Republikenrepublik, zum anderen aber in die Forderung eines Bundes zwischen den Republiken, der keine übergeordnete Instanz darstellt und daher selbst kein Staat sondern eben „nur" ein Bund ist.

G Welche Lösung wäre Kant lieber?

H Wie gesagt entscheidet er sich nicht eindeutig und bleibt hier ambivalent. Es läßt sich jedoch plausibel vermuten, daß er den Völkerstaat bevorzugen würde. Aber Kant ist der Überzeugung, daß sich souveräne Republiken nicht in einem solchen Staatenstaat würden einordnen wollen. Daher bliebe, so Kant, nur das „negative Surrogat" (B 40) eines Völkerstaates, nämlich jener Bund der Republiken.

D Für diese Zurückhaltung ist Kant damals von vielen Denkern kritisiert worden. Man warf ihm vor, er verwässere seine Prinzipien aufgrund einer pessimistischen Einschätzung der politischen Möglichkeiten seiner Zeit. Der Vorwurf scheint insofern berechtigt, als man Staaten durchaus gleich Personen betrachten kann. Kommen wir dann nochmals auf das Naturzustandsargument zurück, so besteht zwar keine Notwendigkeit, die einzelnen Menschen in einem totalen Weltstaat zusammenzubringen, wohl aber müßte doch das Rechtsverhältnis der Staaten-Personen zueinander geregelt werden, das heißt, es müßte einen Rechtsstaat der Rechtsstaaten geben. Dieser Gedanke – vehement vertreten von Krause – scheint mir ganz in der Konsequenz der kantischen Gedankenführung zu liegen. Die innerstaatliche Autonomie erfordert die völkerrechtliche Isonomie der Staaten, diese aber erzeugt im Falle des Beitritts aller Völker notwendig den *Staatenstaat*.

H Zu Kants Konzeption finden wir in der heutigen politischen Realität Parallelen. Interessant ist etwa, daß sich die EU schrittweise ausgeweitet hat. Zunächst eine Gemeinschaft von sechs Staaten, umfaßt sie heute nach mehreren Aufnahmewellen 15 Staaten, und es werden noch mehr werden. Kant geht in seiner Konzeption des Friedensbundes ebenfalls davon aus, daß dieser Bund zunächst von einigen wenigen, aber starken Republiken gebildet wird und daß sich diesem Bund sodann sukzessive andere Staaten anschließen, die Friedenszone sich also schrittweise ausbreitet. Kant hat hier eine durchaus realistische Konzeption vorgestellt und es ist interessant, wie sehr manche Kantschen Ideen heute Allgemeingut geworden sind. Allerdings darf man nicht übersehen, daß Kants Friedensentwurf sich mit der Begründung von Prinzipien befaßt. Die Realität der gegenwärtigen internationalen Beziehungen und des Völkerrechts entspricht trotz Übereinstimmung im Prinzipiellen nicht dem Kantschen Entwurf. Das gilt auch für die EU. Diese ist ja primär kein Friedensbund im Sinne Kants, obgleich sie natürlich die Vertiefung des Friedens in Europa fördert. Und auch die Vereinten Nationen entsprechen nur in einigen prinzipiellen Punkten Kants Konzeption. Gleichwohl weisen Kants Ideen gangbare Wege zum Frieden, und das Verdienst seiner Friedensschrift ist nicht zuletzt der Nachweis, daß der internationale Frieden politisch-rechtlicher Natur ist.

D Die Verknüpfung von Recht und Frieden ist besonders zu betonen. Es macht einen wichtigen Unterschied, ob wir überstaatliche Rechtsbünde nur deshalb anstreben, um außenpolitisch Ruhe zu haben oder um international Recht zu schaffen. Das Recht ist die einzige Struktur, die der Außenpolitik allgemeine Akzeptanz sichern kann. Eine politische Forderung zum Frieden darf den Frieden nicht um den Preis des Rechts erkaufen, also muß die Friedensforderung auf dem Wege des Rechts realisiert werden. Die Pflicht zum Recht gilt insoweit auch international.

H Na ja, hier liegt allerdings ein Problem. Ich würde bezüglich des internationalen Friedens nicht Deiner Interpretation zustimmen und auch Kant etwas gegen den Strich lesen. Der internationale Frieden verdankt manches dem Völkerrecht, aber letztlich ist er eine primär politische, keine primär rechtliche Leistung.[16]

G In der Tat kann man sich ja gute Argumente dafür vorstellen, dem Frieden vor der Durchsetzung des Rechts unter Umständen den Vorzug zu geben. Aber das ist bei näherer Betrachtung eine außerordentlich komplizierte Frage ...

H ... die man angemessen vielleicht nur am jeweils konkreten Fall orientiert beantworten kann. Aber allgemein betrachtet trifft es zu, daß der Frieden unter Umständen ein Wert ist, der höher eingestuft wird als die Durchsetzung des Rechts. In diesem Kontext sollte aber noch erwähnt werden, daß Kant den Frieden auch als moralisches Gebot der Vernunft postuliert. Frieden soll sein – eine Forderung, die zu Kants Zeiten in deutlichem Widerspruch zur völkerrechtlichen Praxis stand und die heute als in der UNO-Charta niedergelegte Ächtung des Krieges ihren Niederschlag gefunden hat und eine Berufungsinstanz in den internationalen Beziehungen geworden ist. – Schließlich erweist sich ein weiterer Aspekt der Kantschen Konzeption als erstaunlich aktuell: Kant macht in der Geschichte objektive Zwänge ausfindig, die die Menschen zum Frieden drängen. Die Natur unterstützt die Friedensforderung der Vernunft und führt – ob die Menschen dies wollen oder nicht – zur praktischen Unausweichlichkeit des gleichwohl von den in Staaten organisierten Menschen zu schaffenden Friedens. Dies geschieht etwa durch die stärker werdende wirtschaftliche Verflechtung der Völker, die einen Krieg als immer irrationaler, weil für alle Beteiligten schädlich, erscheinen läßt und es den Menschen daher nahelegt, der Forderung der Vernunft zu folgen, nämlich den Frieden zu gestalten.

G Wenn wir unsere gegenwärtige Welt betrachten, so scheint es tatsächlich einen derartigen natürlichen Zwang zum Frieden zu geben: Die weltweit verflochtene technische Zivilisation ist vermutlich mehr als alle vorherigen Zivilisationsformen von einem stabilen Frieden abhängig. Und heute gibt es weltweit einen erkennbaren Willen, den Frieden zwischen den Staaten herzustellen und aufrechtzuerhalten. Kant darf als der philosophischer Protagonist dieser Entwicklung bezeichnet werden.

§ 11 Hegel und die Wirklichkeit der Freiheit

I. Grundlagen der Hegelschen Rechts- und Staatsphilosophie

H Bevor wir uns auf Georg Wilhelm Friedrich Hegel (1770-1831)[1] im einzelnen einlassen, scheint es mir sinnvoll, vorab einige Aspekte zu klären, die ein Verständnis des Hegelschen Denkens erleichtern können. Zum ersten ist Hegel durch und durch ein Philosoph der Sozialität, was auch bedeutet, daß er sich gründlich mit der Geschichte auseinandersetzt, denn in der Geschichte zeigen sich die sozialen und politischen Ordnungsformen, die von der Menschheit hervorgebracht wurden. Hegel ist insofern ein eminent historischer Denker. Überhaupt nimmt er seinen Ausgangspunkt nicht in der Auseinandersetzung mit den Naturwissenschaften, sondern in der Beschäftigung mit Fragen der politischen Verfassung und des historisch gewachsenen sittlichen Lebens der Menschen.
G Dieser Hinweis ist insofern von Bedeutung, als einige Kritiker der Hegelschen Erkenntnistheorie ihrerseits von erkenntnistheoretischen Vorstellungen ausgehen, die sich an den Naturwissenschaften orientieren.[2]
H Aus einer solchen Perspektive bleibt dann leicht verborgen, daß die Erkenntnissituation im Bereich der Natur eine andere ist als im Bereich der sozialen Verhältnisse der Menschen. Nun zum zweiten Punkt: Hegels Rechts- und Staatsphilosophie ist keine normative Theorie. Hegel geht es um die Erkenntnis dessen, was ist; er fragt nach dem Sein der Dinge, nicht nach ihrem Sollen. Hier unterscheidet er sich von Kant – und zwar in nicht unerheblicher Weise. Hegel sucht in der bestehenden Welt das Wirken der Vernunft, er stellt nicht theoretisch gewonnene Vernunftforderungen der Welt, wie sie ist, gegenüber. Das bloße Aufstellen normativer Forderungen hält er für „leeres Räsonieren", und in der Tat ist es ja ein leichtes, der Welt irgendwelche Wünsche und Forderungen entgegenzustellen. Viel schwerer aber ist es zu ergründen, warum die Dinge so sind, wie sie sind.
D Man sollte aber vorsichtig sein, hier gleich Kant zu nennen. Auch Kant stellte nicht seine Vernunftideale der Faktizität schlicht gegenüber, sondern bedachte sorgfältig Arten und Weisen ihrer historischen und sozialen Vermittlung – etwa in seiner Geschichts- und Religionsphilosophie.
H Ja, schon; aber aus Hegels Perspektive sind Kants Auffassungen unzureichend. Darauf komme ich gleich nochmal zurück. Zunächst ist mit der Erwähnung Kants ein dritter zu klärender Aspekt berührt, der zum Verständnis des Hegelschen Denkens beitragen kann. Hegel knüpft nämlich in vielfacher Weise an Kants Philosophie an. Das gilt beispielsweise für die Hegelsche Dialektik – wobei wir die diesbezüglichen Bezugnahmen Hegels auf Kant nicht näher erörten können – wie für

die praktische Philosophie. Bezüglich letzterer teilt Hegel z.B. Kants Auffassungen, daß die menschliche Freiheit in der Selbstbestimmung des Willens liege, daß die moralische Pflicht ihre Grundlage in der Vernunft habe oder daß es die Vernunft ist, die der Welt ihre Gesetze aufprägt. Kant bleibt insofern ein wichtiger Bezugspunkt für Hegel, und es wäre verfehlt, einen völligen Gegensatz zwischen den Positionen der beiden zu postulieren. Gleichwohl unterscheidet sich Hegel bereits in den Punkten, in denen er mit Kant prinzipiell übereinstimmt, von diesem; das hat seinen Grund in Hegels von Kant verschiedener Konzeption von Begriffen – wie namentlich des Begriffs der Vernunft. Und schließlich geht Hegel in zahlreichen Punkten über Kant hinaus und formuliert eine zum Teil scharfe Kritik an dessen Philosophie.[3] Das kann man etwa am Verhältnis beider zum Problem des Sollens erkennen: Nach Kant führt subjektive Moralität zum vernunftermittelten Sollen. Wenn wir demnach festgestellt haben, was die praktische Vernunft von uns fordert, ist die Frage nach der Moralität für Kant beantwortet. So weit, so gut. Für Hegel beginnen hier aber erst die Probleme. Er zeigt, daß man nicht bei dieser Art der Moralität stehen bleiben kann. Wenn nämlich das Individuum dasjenige, was die praktische Vernunft moralisch fordert, im Handeln verwirklichen will, tritt es sozusagen aus der Innerlichkeit der Reflexion in die soziale Welt. Es muß also in einer Welt handeln, die unter anderem und insbesondere von den Absichten, Zwecken und moralischen Forderungen anderer Menschen bestimmt ist. Und hier, in der so beschaffenen sozialen Welt, geht es nicht mehr nur um eine Antwort auf die Frage danach, was das Gute ist. Vielmehr werden jetzt Fragen wie die folgenden wichtig: Welche Konsequenzen wird mein Handeln haben? Was soll ich tun, wenn meine Forderungen den Forderungen anderer entgegenstehen? Was ist hier und jetzt zu tun? Entscheidend ist dabei, daß für Hegel diese Fragen in den Begründungskontext selbst mit eingehen müssen.
G Damit sind wir wieder bei den Einwänden, die Sie gegen Kants Moralphilosophie in Stellung gebracht haben.
D Die Bedeutsamkeit jener Fragen hätte auch Kant nicht geleugnet. Allein in der Frage, ob sie für den Begründungszusammenhang von Moral relevant sind, erkenne ich die von H ausgemachte Differenz.
H Ich denke, daß man da mehr Differenzen sehen muß. Aber zunächst will ich den Gedanken noch weiterführen: Wir finden also aus der Perspektive Hegels beim ethischen Handeln die Situation vor, daß die subjektiven Forderungen des Individuums einerseits und die objektiven Ansprüche der Handlungssituation – die namentlich auch etwa vom objektiv geltenden Recht geprägt sind –, einander gegenüberstehen. Dieses Problem hat Kant, so Hegel, nur unzureichend betrachtet. Kant blieb demnach bei einer Zweiteilung der Welt – Moralität hier, Legalität dort – und stellte dann den moralischen Standpunkt als einen unbedingten heraus. So konnte Kant zum Verteidiger des „fiat iustitia et pereat mundus" werden: Es sei Gerechtigkeit, wenn auch die Welt darüber zugrundegehen mag.[4] Hegel dagegen meint: „*fiat iustitia* soll nicht *pereat mundus* zur Folge haben" (Rph § 130).
D Einspruch! Erstens ist für Kant, wie gezeigt, die Unterscheidung von Moralität und Legalität nicht mit derjenigen von Moral und Recht gleichbedeutend, sondern eine Unterscheidung innerhalb der Moral, die sich der Frage nach dem Befolgungsmodus derselben widmet. Allein innerhalb der Moral wird also die Moralität der Legalität übergeordnet. Zweitens fallen Moral und Recht bei Kant nicht in

zwei unvermittelte Seiten auseinander, sondern finden in der beide verschränkenden Metaphysik der Sitten ihren gemeinsamen Grund und drittens will Kant gerade nicht durch Gerechtigkeitsüberlegungen das positive Rechtssystem erschüttern. Seine rechtspolitische Option lautet stets „Reform" und nicht „Revolution", eben damit nicht die Welt darüber zugrundegehe, daß Gerechtigkeit erstrebt wird.

H Ich bin mir nicht sicher, ob damit mein Punkt getroffen ist, denn dem, was Du zu Kant ausführst, stimme ich zu. Nur scheint mir das Entscheidende zu sein, daß Kant eben seine formalen Kriterien, seien sie ethischer oder juridischer Natur, absolut setzt. Diese sollen angewendet werden, und wenn die Welt darüber zugrundegeht. Hegel würde demgegenüber daran festhalten, daß man in der konkreten Situation erst sehen muß, was zu tun ist, wobei die formalen Gebote eben nur eine, aber nicht die alleinige Richtschnur des Handelns darstellen.

G Ich möchte auf das Problem zurückkommen, das den Streit auslöste. Es besteht doch darin, den Anspruch der subjektiven Moralität mit demjenigen der objektiven Forderungen zu vermitteln.

H Hegel geht es in der Tat um die Vermittlung zwischen Subjektivität und Objektivität, wobei er sich gegen die Verabsolutierung sowohl des einen wie des anderen wendet.

G Sollte man zur „Verortung" Hegels nicht noch bedenken, daß eine weitere wichtige Quelle seines Denkens neben der kritischen Auseinandersetzung mit der Kantschen Philosophie in der Romantik liegt? Manche angelsächsischen Interpreten stellen Hegel jedenfalls in diesen Kontext.[5] Mit dem romantischen Denken teilt Hegel demnach die Offenheit für die emotionalen und instinktiven Antriebe der menschlichen Existenz und eine Ausrichtung auf das Denken in Einheiten und Ganzheiten.

H Natürlich ist es – was wir ähnlich auch schon bei anderen Begriffen festgestellt haben – problematisch, von „der" Romantik zu sprechen.[6] Daher scheint es mir sinnvoll, die in einem engeren Sinne künstlerisch-ästhetische Spielart der Romantik einmal beiseite zu lassen und nur die philosophische Romantik in den Blick zu nehmen. Diese kann man vielleicht knapp als eine Position charakterisieren, nach der die Wirklichkeit als eine zusammenhängende Ganzheit aufgefaßt wird. Diese Ganzheit wird weiter als historisch geworden und als „organisch" betrachtet. Die Romantik kritisiert dementsprechend eine analytisch-zergliedernde Auffassung der Wirklichkeit und wendet sich gegen die Gefahr eines Lebens in Entzweiungen – von Natur und Geist, Subjekt und Objekt usw. Wenn die Wirklichkeit als Ganzheit erfaßt werden muß, stellt sich aus der philosphisch-romantischen Perspektive auch die Aufgabe der Bildung eines philosophischen Systems als der angemessenen Form der denkerischen Bewältigung dieser Ganzeit. Versteht man Romantik in dieser Weise, so lassen sich tatsächlich Parallelen zwischen ihr und Hegels Denken aufweisen: Auch Hegel weist die Aufspaltung der Welt – etwa in Vernunft einerseits, Neigung, Trieb, Gefühl andererseits – und deren Konsequenz zurück, daß beide Seiten letztlich einander unvermittelt gegenüberstehen. Tatsächlich geht es Hegel darum, derartige Entzweiungen der Welt zu überwinden. Deshalb sagt er: „Das Wahre ist das Ganze" (Phän 24). Und für Hegel muß wahre Philosophie dieses Ganze begrifflich fassen und daher Systemphilosophie sein. Trotz solcher Übereinstimmungen zwischen Hegel und der philosophischen Romantik muß man betonen, daß Hegel kein Romantiker ist. Zwar läßt er sich von

romantischem Gedankengut anregen, aber er ist doch auch ein scharfer Kritiker der Romantik, der er etwa – grob vereinfacht ausgedrückt – begriffslose Schwärmerei vorwarf, da sie zu sehr auf eine subjektiv-gefühlsmäßige Erfassung der Wirklichkeit anstatt auf deren begrifflich-denkerische Durchdringung abhebe. Entsprechend setzt er sich sehr kritisch mit einigen seiner romantischen Vorstellungen anhängenden Zeitgenossen – wie Friedrich Heinrich Jacobi (1743-1819) oder Friedrich Daniel Ernst Schleiermacher (1768-1834) – auseinander. Wir sollten uns nun einige Grundbegriffe des Hegelschen Denkens ansehen. Diese tauchen bei ihm immer wieder auf,[7] und es scheint mir sinnvoll, sich zunächst ihren Sinn zu vergegenwärtigen – was ein Verständnis der Hegelschen Überlegungen erleichtert.
G Woran denken Sie dabei?
H Ich denke an folgende Begriffe: abstrakt – konkret, Element – Moment, Dialektik, Freiheit, Recht, Vernunft – Verstand.

II. Einige zentrale Begriffe Hegelschen Denkens

W Ein solches Vorgehen steht allerdings im Verdacht, den Begründungszusammenhang, worin diese Begriffe stehen, zu unterschlagen. Ohne Berücksichtigung ihres systematischen Kontextes wirst Du ihren Inhalt nur thesenhaft und daher ganz unverbindlich umreißen können.
H Ich halte Deinen Standpunkt diesbezüglich für etwas einseitig. Man kann sich mit Hegels Rechts- und Staatsphilosophie auch sinnvoll und gewinnbringend auseinandersetzen, ohne sich gleich auf sein gesamtes philosophisches System einlassen zu müssen. Er selbst schreibt jedenfalls einmal, daß „jeder Teil der Philosophie in seiner Einzelheit fähig [ist], eine selbständige Wissenschaft zu sein und eine vollkommene innere Notwendigkeit zu gewinnen".[8] Seine rechts- und staatsphilosophischen Überlegungen lassen sich also auch losgelöst vom System verstehen, solange man sich seiner eigenen Erkenntnisinteressen bewußt ist. Wir haben ein dogmenphilosophisches Erkenntnisinteresse, das auf Fragen und Antworten betreffend Recht und Staat abzielt. Eine solche Perspektive auf Hegel verbietet ja nicht, sich auch mit dem systematischen Kontext zu beschäftigen. Genau deshalb möchte ich zunächst einige Hegelsche Begriffe erläutern. Natürlich ist es auf diese Weise kaum möglich, alle systematischen Facetten und Differenzierungen der betreffenden Begriffe explizit zu machen, aber das Wichtigste für deren Verständnis läßt sich so zumindest für unsere Zwecke durchaus bestimmen.
W Allerdings – und dabei bleibe ich – müssen wir uns die Konsequenzen eines solchen Interpretierens, das von einem dogmenphilosophischen Interesse bestimmt wird, gerade bei einem so systematischen Denker wie Hegel immer deutlich vor Augen halten. Als Dogmenphilosophen werden wir nämlich bestenfalls imstande sein, Hegels Rechts- und Staatsphilosophie plausibel zu machen, einige für unsere Zwecke nützliche begriffliche Differenzierungen zu gewinnen und einzelne uns bisher verborgene Bezüge zu entdecken. Im strengen Sinne begründen und begreifen können wir Hegels Rechts- und Staatsphilosophie auf diese Weise aber nicht. Denn schon um zu verstehen, worin ein Begreifen und Begrün-

den im Sinne Hegels besteht, sind wir auf ganz andere Bereiche des Hegelschen Systems verwiesen.
G Lassen Sie uns auf die Probleme im Zusammenhang mit dem systematischen Philosophieren am Ende unseres Gesprächs noch einmal zurückkommen. Jetzt sollte H mit der dogmenphilosophischen Interpretation beginnen. Was etwa erfahren wir bei Hegel über das ja bereits aus unserem Römerdialog bekannte Begriffspaar abstrakt-konkret?
H Hegel hat in seiner Jenaer Zeit (1801-1807) eine kleine Arbeit mit dem Titel *Wer denkt abstrakt?* verfaßt[9], in der er den Begriff des Abstrakten – übrigens ohne ausdrücklichen Rückgriff auf sein System – erläutert. Abstrakt denken heißt danach, einen Vorgang oder eine Gegebenheit von den Zusammenhängen isoliert zu betrachten, in denen er bzw. sie stehen. Hegel erläutert das an einem Beispiel: Abstrakt denken etwa diejenigen, die in einem zum Schafott geführten Mörder *nur* den Mörder sehen – und ob dieser Sichtweise alle anderen Aspekte des betreffenden Menschen außer acht lassen. Dementsprechend heißt konkret zu denken, eine Einzelheit in den Zusammenhängen, in welchen sie steht, zu denken. Philosophisch Denken im Sinne Hegels heißt, konkret zu denken, die Dinge in ihren Zusammenhängen zu sehen, sie aus verschiedenen Perspektiven zu beleuchten, die Fülle ihrer Elemente und Momente zu berücksichtigen.
G Das ist dem Alltagssprachgebrauch genau entgegengesetzt, in dem es ja heißt, daß es die Philosophen und Wissenschaftler sind, die abstrakt denken, während diejenigen, die im Leben stehen, die Dinge konkret sehen.
H Wer aufmerksam Alltagsgespräche verfolgt, kann schnell merken, daß es in Hegels Worten der „ungebildete" und der „gemeine Mensch" ist, der abstrakt denkt, nicht der gebildete.
G Sie haben bereits von Elementen und Momenten gesprochen. Was hat es damit auf sich?
H Elemente sind selbständige Gegebenheiten, die zu einem Ganzen zusammengefügt werden können, so wie etwa einzelne Teile eines Motors – Schrauben, Wellen, Zündkerzen usw., die zusammengefügt das Ganze des Motors ausmachen. Oder man denke an die Ingredienzien eines Kuchens: Mehl, Wasser, Eier, Butter. Momente hingegen sind unterscheidbare Eigentümlichkeiten, Aktualisierungsweisen ein und derselben Sache, also etwa: Dampf, flüssiges Wasser, Eis als Momente von H_2O. Dementsprechend unterscheiden sich auch die betreffenden Ganzheiten je nachdem, ob sie aus Teilen zusammengesetzt sind, oder ob es Ganzheiten unterschiedlicher Momente sind.
G Das weist ja wohl unübersehbar auf jene Einheiten hin, die Hegel mit seiner berühmten Dialektik zu erfassen versuchte ...
H ... eine Sache, die oft mißverstanden wird. Dabei kann man bei Hegel selbst einen schönen Zugang zur Dialektik finden, nämlich in der *Phänomenologie des Geistes*.
D Kommt jetzt das Pflanzenbeispiel?
H Ja, dieses Hegelsche Beispiel dient mir als Grundlage für die Darstellung der Dialektik. Zunächst kann man – die Dinge allerdings etwas verkürzend – festhalten, daß Dialektik die Entwicklung von Ganzheiten (oder des Ganzen überhaupt) meint, und zwar Ganzheit hier im Sinne einer Ganzheit unterschiedlicher Momente. Hegel schreibt: „Die Knospe verschwindet in dem Hervorbrechen der

Blüte, und man könnte sagen, daß jene von dieser widerlegt wird; ebenso wird durch die Frucht die Blüte für ein falsches Dasein der Pflanze erklärt, und als ihre Wahrheit tritt jene an die Stelle von dieser. Diese Formen unterscheiden sich nicht nur, sondern verdrängen sich auch als unverträglich miteinander. Aber ihre flüssige Natur macht sie zugleich zu Momenten der organischen Einheit, worin sie sich nicht nur nicht widerstreiten, sondern eins so notwendig als das andere ist, und diese gleiche Notwendigkeit macht erst das Leben des Ganzen aus" (Phän 12).[10] Dieses Beispiel besagt, daß die Pflanze ein Ganzes ist, dessen Wahrheit erst erfaßt ist, wenn alle ihre Momente (Knospe, Blüte, Frucht) erkannt sind, wobei eben hier von Momenten die Rede ist: Das Ganze der Pflanze besteht aus der Gesamtheit ihrer Momente, und etwa nur die Frucht für die Pflanze zu halten, wäre abstrakt – und falsch. Man kann an diesem Beispiel auch erkennen, daß zur Erfassung der Wirklichkeit einer organischen Ganzheit, also einer Ganzheit aus Momenten, deren Entwicklung, oder salopp gesagt: ihre Geschichte, mit in den Blick genommen werden muß, weil man sonst wieder in abstraktes Denken verfällt.

G Demnach ist Dialektik nicht einfach eine Methode, sondern ein Entwicklungsprinzip der Realität selbst. Und sie ist auch nicht etwa – wie man in der Sekundärliteratur allzu oft lesen muß – die Abfolge von These, Antithese und Synthese, weil in diesem „Dreischritt" die einzelnen Schritte schon wieder als selbständige Elemente gedacht werden. Es ist deshalb kein Zufall, daß Hegel seine *eigene* Dialektik an keiner Stelle seines Werkes durch das pseudodialektische Dreischrittschema von These-Antithese-Synthese charakterisiert.

D Aber ich denke, daß man sagen kann, die Dialektik sei *auch* eine Methode, nämlich insofern, als nach Hegel ein angemessenes Erkennen der betreffenden Dinge den dialektischen Gang ihrer Entwicklung nachvollziehen und zum Bewußtsein bringen muß, und damit selbst einem dialektischen Modus folgt.

G Wie die Dialektik als Entwicklungs- *und* Erkenntnisprinzip funktioniert, sagt Hegel am klarsten in der Einleitung zur *Phänomenologie des Geistes*, in der er die Philosophie als „Wissenschaft der Erfahrung des Bewußtseins" bestimmt. Er erklärt dort sehr schön, wie der Gegenstand, an dem eine Erfahrung gemacht wird, durch eine „Umkehrung des Bewußtseins" vom Gegenstand „an sich" zu einem Gegenstand für das Bewußtsein wird: „Dieser neue Gegenstand enthält die Nichtigkeit des ersten, er ist die über ihn gemachte Erfahrung" (Phän 79), die das Bewußtsein „für sich" gemacht hat. Die Termini „an sich" und „für sich" haben hier also eine spezifisch dialektische Bedeutung als Momente der Erfahrung, weshalb auch der Topos „an und für sich" bei Hegel alles andere als eine Verlegenheitsfloskel ist. In der *Phänomenologie des Geistes* bezeichnet er die höchste Stufe in der Erfahrung des Selbstbewußtseins, auf der das Selbstbewußtsein als sein eigener Gegenstand „über den Gegensatz des Bewußtseins selbst Meister geworden" und zum „Wissen des Selbstbewußtseins" gelangt ist (Phän 441).

III. Recht und Freiheit

H Mit den nächsten Begriffen, mit denen wir uns auseinandersetzen, begeben wir uns thematisch nunmehr ins Zentrum der Rechts- und Staatsphilosophie Hegels. Deren Zentralbegriff ist die Freiheit. Man kann sagen, daß Freiheit und Recht, und zwar Recht in einem weiteren Sinne, identisch sind. Dieses Recht im weiteren

Sinne ist das Recht, von dem im Titel der Hegelschen Rechtsphilosophie die Rede ist: *Grundlinien der Philosophie des Rechts oder Naturrecht und Staatswissenschaft im Grundrisse* aus dem Jahre 1821. Neben dem weiten Rechtsbegriff kennt Hegel noch einen engeren Begriff des Rechts, den er als abstraktes oder auch formelles Recht bezeichnet. Das abstrakte Recht ist nur ein Aspekt des Rechts im weiteren Sinne. Letzteres umfaßt neben dem abstrakten Recht noch die Moralität, die Sittlichkeit und die Weltgeschichte (Rph § 33, Zus.). Diesen vier Sphären des Rechts im weiteren Sinne – also der Freiheit – gelten die *Grundlinien der Philosophie des Rechts*.

G Daß auch die Weltgeschichte zum Recht gehört, ist wohl Hegels spezifischem Ansatz geschuldet, nach dem man eine Gegebenheit erst dann korrekt gedanklich erfaßt, wenn man auch ihre Geschichte mitbedenkt.

H Und so, wie man die Ganzheit und darin die Wahrheit der Pflanze erst erkennt, wenn man ihre Entwicklung vom Keim bis zur Blüte berücksichtigt, begreift man das Recht bzw. die Freiheit erst, wenn man ihre Geschichte berücksichtigt. Denn die Freiheit ist nach Hegel nicht einfach von Anfang an da, sondern sie kommt erst im Laufe eines langen geschichtlichen Entfaltungsprozesses zu ihrer umfassenden Wirklichkeit. Die Geschichte der Menschen ist für Hegel Freiheitsgeschichte oder wie er sagt: „Die Weltgeschichte ist der Fortschritt im Bewußtsein der Freiheit".[11] Bevor wir aber auf Hegels Geschichtsphilosophie eingehen, sollten wir zunächst noch etwas beim Freiheitsbegriff verweilen und uns die Dialektik der Freiheit vergegenwärtigen. Dazu können wir von dem Befund ausgehen, daß uns Freiheit zumeist nur in bestimmten Ausprägungen gegenwärtig ist.

G Wie zum Beispiel Meinungsfreiheit, Kunstfreiheit, Versammlungsfreiheit oder auch Freiheit des Willens, um ein Beispiel zu nennen, das die Philosophie in besonderer Weise interessiert.

H Bei diesen Beispielen handelt es sich nun nicht um die Freiheit selbst, sondern es sind nur einzelne Fälle von Freiheit. Die Betrachtung dieser Fälle ist also abstrakt, weil sie nicht das Ganze der Freiheit in den Blick nimmt, sondern eben einzelne Fälle isoliert betrachtet. Die Dialektik der Freiheit besteht darin, über diesen beschränkten Horizont hinauszugehen, indem alle einzelnen Momente der Freiheitsverwirklichung – unter ihnen die genannten – als Momente des Daseins der Freiheit überhaupt begriffen werden.

D Das Überschreiten einzelner Momente im Blick auf den Begriff des sie integrierenden Ganzen muß also so gedacht werden, daß Begrenzung und Überwindung der Grenze aufeinander verweisen. Dies gilt auch für den geistigen Nachvollzug logischer Prozesse bzw. für das Verhältnis von Verstand und Vernunft.

H Die beiden letztgenannten Begriffe kann man am Beispiel der Freiheit erläutern: Der Verstand ist für Hegel das abstrakte Denken, das die Einzelfälle der Freiheitsverwirklichung voneinander isoliert betrachtet. Die Vernunft hingegen betrachtet die Einzelfälle als Momente des Begriffs, also konkret. Die Vernunft sucht zu erkennen, indem sie die Fülle der Verwirklichungen der Freiheit beobachtet, gleichsam passiv wahrnimmt, wie sich die Freiheit in der Wirklichkeit entfaltet. Der Verstand hingegen ist aktiv, er ordnet die Welt nach seinen eigenen Gesetzen.[12]

G Also wollen wir Hegel folgen, indem wir vernünftig beobachten, wie die Freiheit sich verwirklicht. Ich möchte aber vorher zu den einzelnen Formen der Freiheit zurückkommen: Diese sind also – beispielsweise im Fall der Versammlungsfreiheit, der Kunstfreiheit usw. – gewissermaßen unvollständig und verlangen deshalb nach ihrer Überwindung, so, wie die Knospe über sich hinausweist und nach der Blüte verlangt. Die Blüte ist dabei der Widerspruch zur Knospe, und doch ist die Knospe notwendig zum Entstehen der Blüte. Die Knospe wird von der Blüte aufgehoben.

H Wie sich dies nun im Falle der Freiheit vollzieht, verfolgen wir gleich. Hier will ich nur bemerken, daß wir mit dem Ausdruck „aufheben" abermals einen spezifisch Hegelschen Begriff vor uns haben. „Aufheben" meint bei Hegel drei Dinge zugleich, nämlich: (1) hochheben, (2) vernichten, (3) bewahren. Die Knospe wird tatsächlich in dieser dreifachen Weise aufgehoben: Sie kommt in der Blüte zu einer höheren Existenz, wird dabei als Knospe zugleich zerstört aber eben auch als notwendiges Moment des Ganzen der Pflanze aufbewahrt. Das dabei wirksame Moment nennt Hegel „die Vernunft der Sache" (Rph § 31, Anm.), in unserem Kontext heißt das: die Vernunft der Sache Freiheit treibt die einzelnen Verwirklichungen der Freiheit immer wieder über sich hinaus. Genauer gesagt: der Begriff der Freiheit gibt sich im Laufe der Zeit in verschiedensten Formen seine Wirklichkeit und kommt so zu immer größerer Verwirklichung. Beides zusammen, der Begriff der Freiheit sowie seine Verwirklichungen im abstrakten Recht, in der Moralität, in der Sittlichkeit und in der Weltgeschichte machen die Idee der Freiheit aus. Die Idee der Freiheit ist also der Begriff der Freiheit und seine Verwirklichung. Und genau darum geht es in der *Rechtsphilosophie* (Rph § 1).

G Damit ist der Hegelsche Begriff der Idee von demjenigen Kants natürlich sehr verschieden. Bei Kant bleiben Ideen gerade etwas der Wirklichkeit Entgegengesetztes, während sie bei Hegel verwirklichte Begriffe sind. Locus classicus dafür ist der berühmte Satz aus der Vorrede der *Rechtsphilosophie*: „Was vernünftig ist, das ist wirklich; und was wirklich ist, das ist vernünftig". Ein Rätselsatz bleibt dies nur für diejenigen, die den vorangehenden Rückgriff auf die „Platonische Republik" und die darauffolgenden Sätze nicht zur Kenntnis nehmen, aus denen sich die Zurückweisung der Vorstellung „eines leeren Ideals" und die philosophische „Einsicht" ergibt, „daß nichts wirklich ist als die Idee" (Rph Vorrede, 24 f.).

D Wenn aber Ideen für Hegel lediglich die schon verwirklichten Begriffe sind, wie kommt es dann zu dem doch wohl auch von Hegel anerkannten, die Faktizität überschreitenden Gehalt der Ideen, sprich: zu ihrer Reformkraft? Müssen die Ideen, muß nicht insbesondere die Idee der Freiheit dazu eben doch einen überzeitlichen – das heißt trotz des Bezugs auf geschichtliche Umstände einen ahistorischen – Kerngehalt haben, der sich nicht aus der Historie allein entnehmen läßt?

H Wenn nicht aus der Historie, woraus dann? Daß im übrigen etwa die Freiheit eine – wie man vielleicht sagen kann – Entwicklungslogik derart hat, daß die je verwirklichte Freiheit über sich hinaustreibt und quasi nach mehr Freiheit verlangt, braucht Hegel nicht zu bestreiten.

G Dieser Prozeß der Freiheitsverwirklichung wirft aber auch Fragen auf. Ich möchte nur zwei nennen: Was genau versteht Hegel unter Freiheit? Und dann: Findet der Prozeß der Freiheitsverwirklichung je ein Ende?

H Die erste Frage ist nicht ganz leicht zu beantworten, denn sie führt uns, wenn ich das recht sehe, gewissermaßen in das Herz des philosophischen Systems Hegels. Zwar neige ich dazu, den Weg in Hegels System an dieser Stelle nicht anzutreten, denn ich befürchte, daß uns das zu weit von der Rechtsphilosophie wegführt. Doch werden wir bei der genaueren Auseinandersetzung mit der *Rechtsphilosophie* Gelegenheit haben, den Freiheitsbegriff etwas eingehender zu erörtern. Die zweite Frage will ich nicht direkt beantworten. Vielmehr sollten wir auf eine Antwort hinarbeiten, indem wir die Dialektik der Freiheit noch weiterverfolgen, und das heißt, indem wir die *Rechtsphilosophie* etwas genauer betrachten. Und dabei werden wir Gelegenheit haben, der Frage nachzugehen, was Hegel unter Freiheit versteht.

G Da Sie uns ständig auf die *Rechtsphilosophie* vertrösten, sollten wir uns endlich in sozusagen binnensystematischer Weise mit diesem Buch befassen.

H Beim Blick ins Inhaltsverzeichnis begegnen uns bereits bekannte Begriffe. Nach einer Einleitung folgen nämlich Teile über das abstrakte Recht, die Moralität und die Sittlichkeit. Auch die Weltgeschichte wird erörtert, und zwar im dritten Teil, der von der Sittlichkeit handelt.

G Wie schlüsseln wir uns dieses Werk nun auf?

1. Wille und Freiheit

H Wir sollten hier Hegel selbst folgen. Er erörtert nämlich in der Einleitung unter anderem den Begriff des freien Willens. Dieser Begriff dient als Ausgangspunkt. Wichtig ist, daß Hegel den Begriff des Willens synonym mit Freiheit, Selbstbewußtsein und Geist verwendet. Er schreibt: „Der Boden des Rechts ist überhaupt das *Geistige* und seine nähere Stelle und Ausgangspunkt der *Wille*, welcher *frei* ist" (Rph § 4). Die Idee der Freiheit wird also vom Begriff des Willens ausgehend verfolgt.

G Nochmals also die Frage: Was ist bei Hegel das Wesen der Freiheit?

H Hegel selbst meint in der Anmerkung zu § 4 der Rechtsphilosophie, daß eine Begründung der Tatsache, daß der Wille frei sei und was Wille und Freiheit seien, „allein im Zusammenhang des Ganzen stattfinden könne". Das ist ein Hinweis darauf, wie schwierig es ist, einfachhin Hegels Freiheitsbegriff zu erläutern, weil man eben sofort in komplexe Zusammenhänge verstrickt wird.[13]

W Wir sehen also, wie wir durch die sachlichen Bezüge selbst immer wieder zum systembildenden Philosophieren genötigt werden. Worin besteht nun Hegel zufolge die Freiheit des Willens?

H Frei ist der Wille, wenn er sich selbst zum Inhalt hat, das heißt, wenn er nicht durch Triebe oder zufällige Äußerlichkeiten etc. bestimmt ist. In diesem Sinne stellt Hegel in seiner *Geschichtsphilosophie* fest: „Frei bin ich, wenn ich bei mir selbst bin. Dieses Beisichselbstsein des Geistes ist Selbstbewußtsein, das Bewußtsein von sich selbst".[14]

G Können Sie das noch etwas spezifizieren?

H Wichtig ist folgendes: Der freie Wille als der selbstbestimmte und selbstbewußte Wille ist nicht gleichsam in sich abgeschlossene Innerlichkeit, sondern er enthält die nicht von ihm selbst gesetzten sozialen Bedingungen seines Freiseins als selbstbestimmte Inhalte bereits in sich. Das heißt, der freie Wille ist frei, wenn er sich selbst im Anderen erkennt. Vereinfachend kann man sagen, daß frei erst derjenige ist, der im Anderen die Bedingung seiner eigenen Freiheit erkennt. Freiheit ist also ein soziales Phänomen. Das kann man mit Hegels eigenen Worten am Beispiel von Freundschaft und Liebe erläutern: Die in der angegebenen Weise bestimmte Freiheit „haben wir ... schon in der Form der Empfindung, z.B. in der Freundschaft und Liebe. Hier ist man nicht einseitig in sich, sondern man beschränkt sich gern in Beziehung auf ein Anderes, weiß sich aber in dieser Beschränkung als sich selbst" (Rph § 7, Zus.). Also: Das freie Selbstbewußtsein ist nicht nur das leere „Ich gleich Ich" – sondern „*Ich*, das *Wir*, und *Wir*, das *Ich* ist" (Phän 145). Erst so ist der Wille über bloßen Eigensinn hinaus, der selbst nur scheinbar frei ist, tatsächlich aber abhängig und mithin unfrei bleibt, weil er durch seine Entgegensetzung gegenüber den anderen als denjenigen, von denen er sich abgrenzen will, bedingt bleibt. Frei ist erst der diese Entgegensetzung aufhebende Wille. Man kann sich Hegels Gedankengang übrigens durch einen Vergleich mit den Erkenntnissen der Sozialpsychologie veranschaulichen. Ich denke dabei namentlich an den Soziologen George Herbert Mead und den Psychologen Jean Piaget, die in ihren Forschungen herausgearbeitet haben, daß Individuation die Kehrseite der Sozialisation ist.[15]

G Wenn man erst einmal auf die Pointe gekommen ist, erscheint dies gar nicht so schwer verständlich.[16]

H Bleiben wir noch etwas beim Begriff der Freiheit oder des Selbstbewußtseins. Für unsere weitere Erörterung ist es wichtig, klar zu sehen, daß die Freiheit neben der subjektiven eben auch eine objektive Seite hat. Zum einen nämlich betont Hegel ausdrücklich, daß die Freiheit nur im Selbstbewußtsein wirklich ist. Zum anderen darf aber nicht übersehen werden, daß sich die Momente, die im Selbstbewußtsein vorhanden sind und die sich in der Geschichte entfalten, auch in objektiver Form, nämlich als Sittlichkeit verwirklichen. Man kann nämlich das Selbstbewußtsein nicht als gewissermaßen weltlos betrachten: wirkliche Freiheit bedarf objektiver Vorkehrungen und Einrichtungen – also Institutionen und Organisationen. Dementsprechend bedeutet verwirklichte Freiheit die zunehmende objektive Gestaltung und Organisation des Zusammenlebens der Menschen in einer Weise, die den Möglichkeiten und Ansprüchen des Selbstbewußtseins gerecht wird. Und dies geschieht umfassend erst im Staat, genauer gesagt: im modernen Verfassungsstaat. In diesem Sinne ist der moderne Verfassungsstaat die Wirklichkeit der Freiheit.

G Jetzt sind Sie natürlich sehr rasch vom Begriff des Selbstbewußtseins zum Staat gekommen. Und obwohl Ihre Skizze durchaus plausibel ist, sollten wir vielleicht das abstrakte Recht, die Moralität und die Sittlichkeit nochmals im einzelnen betrachten.

H Es ging zunächst einmal darum, die Richtung aufzuzeigen, in die sich Hegels Denken bewegt. Noch einmal: Es geht um verwirklichte Freiheit – Freiheit, entwickelt vom Ausgangspunkt des Selbstbewußtseins, das Hegel unter anderem als mit dem Willen synonym betrachtet. Er schreibt nun in § 33 der *Rechtsphilosophie* über diesen Willen, daß er sich auspräge in der Sphäre des abstrakten oder formellen Rechts, der Sphäre der Moralität und in der Sittlichkeit. Die Sittlichkeit kennt wiederum vier Ausprägungen, nämlich die Familie, die bürgerliche Gesellschaft, den Staat und schließlich die Weltgeschichte. Abstraktes Recht, Moralität und Sittlichkeit sind also einzelne Momente der Freiheit überhaupt. Beginnen wir mit dem abstrakten Recht.

2. Das abstrakte Recht

H Das abstrakte Recht bezeichnet die äußere Sphäre der Freiheit. Das heißt, es bezieht sich nur auf das äußerliche Handeln der Menschen, unabhängig von deren persönlicher innerer Handlungsmotivation. Im abstrakten Recht geht es um das Handeln in bezug auf seine Erlaubtheit (Rph § 38). Hier hat man Rechte, gegen die andere Menschen Rechtspflichten haben, das heißt die Rechte finden ihre Begrenzung jeweils in den Rechten anderer (Rph § 155). Im Bereich des abstrakten Rechts, das Hegel wie erwähnt auch formelles Recht nennt, gilt der Mensch als Person, als Rechtsperson, wobei diese Geltung insofern abstrakt ist, als es eben hier auf besondere Inhalte gar nicht ankommt. Das Selbstbewußtsein wird in seiner Selbstbezüglichkeit formell anerkannt: „Im formellen Rechte kommt es ... nicht auf das besondere Interesse, meinen Nutzen oder mein Wohl an – ebensowenig auf den besonderen Bestimmungsgrund meines Willens, auf die Einsicht und Absicht" (Rph § 37).
D Wenn man sich das an einem vereinfachenden Beispiel vor Augen führen will: Es kommt nicht darauf an, warum man vor der roten Ampel stehen bleibt, sondern nur, daß man es tut.
H Weil das abstrakte Recht eben abstrakt bleibt, kann Hegel interessanterweise auch sagen, daß die Rechtsperson „in einem das Hohe und das ganz Niedrige" (Rph 35, Zus.) sei. Denn zum einen ist Personsein eben schon formelles *Anerkanntsein*, aber zum anderen eben ist es nur ein *formelles* Anerkanntsein, die Person wird hier nicht als diese besondere Person geachtet, weshalb ihr besonderes So-Sein dem abstrakten Recht gleichgültig ist. Und genau darin liegt dann das Niedrige des Rechtsperson-Seins. Es ist eben gewissermaßen nichts Besonderes. Zum einen bedeutet es also Freiheit, wenn man in den Grenzen formeller Rechtsbestimmungen frei sein kann, zum anderen aber will man natürlich als das bestimmte Individuum, das man ist, anerkannt werden. Dies aber kann das formelle Recht nicht leisten. Und deshalb haben wir im Begriff der Person jene Ambivalenz, die Hegel sehr genau beobachtet hat.
G Daß es auch etwas Niedriges ist, bloße Rechtsperson zu sein, können wir in jedem Behördenbrief erfahren. Ein solches Schreiben wendet sich nicht an uns als das besondere Individuum XY, sondern als den formellen Rechtsträger, was bei uns einen gewissen negativen Beigeschmack hinterläßt. Das abstrakte Recht behandelt uns in Anerkennung unserer Gleichheit als Rechtspersonen, was wir – etwas paradox – mit dem Terminus „ohne Ansehen der Person" bezeichnen.
W Der negative Beigeschmack dabei ist übrigens nicht ganz unberechtigt. Denn es wirkt leicht so, als reduziere man uns zu Objekten bürokratischen Tuns, was, wie wir bereits besprochen haben, mit unserer Menschenwürde nicht vereinbar wäre.
H Hegel jedenfalls macht sich eines solchen Reduktionismus' nicht schuldig. Denn ihmgemäß realisiert das abstrakte Recht für sich genommen den Freiheitsbegriff ja gerade nicht erschöpfend.
G Es erfährt darum seine Ergänzung in der Sphäre der Moralität.

3. Die Moralität

H In der Moralität wird der besondere Wille zum gestaltenden Prinzip. Hier kommt es also auf die Besonderheit an, hier geht es gerade um die subjektiven Motive und Triebfedern, die im abstrakten Recht keine Rolle spielen. In der Moralität will der einzelne nach seinem eigenen Urteil, nach seiner Selbstbestimmung beurteilt sein (Rph § 106, Zus.). In der Moralität ist der Wille frei, indem er nicht „bloß an sich, sondern auch für sich unendlich ist" (Rph § 105), d.h. indem er die ihm objektiv (an sich) zukommende Freiheit nun bewußt aktualisiert. Der Wille kommt derart zu einem Selbstverhältnis und wird so Wille für sich. „Unendlich" meint dabei die prinzipielle Unbegrenztheit des subjektiven Willens durch anderes. Bei Hegel lautet das dann so, daß der Wille sich in der Reflexion der Freiheit, die er an sich ist, für sich selbst bestimmt – und so Wille für sich wird. Und die Reflexion der Unmittelbarkeit des abstrakten Rechts bestimmt die Person schließlich zum Subjekt. Mithin ist die Person bei Hegel vom Subjekt unterschieden. Wir haben also auf dem Weg zur verwirklichten Freiheit zwei Schritte nachvollzogen: zunächst haben wir uns den äußeren Aspekt der Freiheit im abstrakten Recht und nun den innerlichen Aspekt der Freiheit in der Moralität vergegenwärtigt. Mit der Moralität schließt Hegel auch an Kant an.
D Während Kants Pflichtenethik einerseits auch bei Hegel ihren Ort hat,[17] will er sie andererseits dennoch überbieten ...
H ... weil sie seiner Ansicht nach einseitig und unvollständig ist. Statt „überbieten" würde ich allerdings lieber sagen „relativieren". Jedenfalls ist die Moralität mit zahlreichen Problemen behaftet.
G Welche da wären?
H Zum einen ist es so, daß die Subjektivität stets Gefahr läuft, in ihrer Selbstbestimmung das Falsche, das Böse zu wählen, und zwar aus einer durchaus lauteren Gesinnung heraus. Diese Möglichkeit des Umschlagens der Selbstbestimmung in das Böse, in den bösen Willen, erläutert Hegel insbesondere im Kontext seiner Behandlung des formellen Gewissens. Der Punkt ist hier, daß das Urteil des Gewissens für den Einzelnen auch subjektive Gewißheit bedeutet. Und diese Gewißheit kann inhaltlich irregeleitet werden. Dann entsteht das, was man mit negativer Wertung als Willkür bezeichnen kann. Deshalb schreibt Hegel (Rph § 133 und Anm.): „Das Selbstbewußtsein in der Eitelkeit aller sonst geltenden Bestimmungen und in der reinen Innerlichkeit des Willens ist ebensosehr die Möglichkeit, ... die eigene *Besonderheit* über das Allgemeine zum Prinzipe zu machen und sie durch Handeln zu realisieren – *böse* zu sein. Das Gewissen ist als formelle Subjektivität schlechthin dies, auf dem Sprunge zu sein, ins *Böse* umzuschlagen; an der für sich seienden, für sich wissenden und beschließenden Gewißheit seiner selbst haben beide, die Moralität und das Böse, ihre gemeinschaftliche Wurzel".
D Ohne die Möglichkeit auch des bösen Willens ist die Freiheit eines unbedingten und zugleich endlichen Willens mithin nicht zu denken.
H Ein anderes Problem ist, daß etwa die moralische Forderung, aus Pflicht zu Handeln, inhaltsleer bleibt: „Der Pflicht selbst, insofern sie im moralischen Selbstbewußtsein das Wesentliche oder Allgemeine desselben ist, wie es sich innerhalb seiner auf sich nur bezieht, bleibt damit nur die abstrakte Allgemeinheit, [sie] hat die *inhaltslose Identität* oder das abstrakte *Positive*, das Bestimmungslose

zu ihrer Bestimmung" (Rph § 135). Aus der Vernunftforderung, aus Pflicht zu handeln, folgt eben inhaltlich noch gar nichts.
D Das würde *so* auch Kant unterschreiben.[18]
H Schließlich ist der moralische Standpunkt für Hegel auch insofern problematisch, als er in der Forderung eines Sollens verharrt, der Welt als ein Sollen gegenübertritt und damit eine Kluft zwischen Sollen und Sein aufreißt. Dies ist aber für Hegel abstrakt (Rph § 131) und zwar nicht zuletzt deshalb, weil sich das Sollen außerhalb der Verhältnisse glaubt, denen es sich entgegenstellt und damit utopisch wird. Ein angemessenes Urteil aber muß seinen Standpunkt in diesen Verhältnissen haben, weil es ansonsten wieder willkürlich ist.
D Hier liegt allerdings ein bedeutender Unterschied zu Kant. Kant nämlich würde entgegnen, daß eine die Realität verbessernde Orientierung nicht vom historisch-positiven, sondern nur von einem sittlich-utopischen Standpunkt aus gewonnen werden kann.
H Meiner Ansicht nach verlangt das aber von den Menschen zu viel. So etwas mündet schnell in die Forderung nach „Umkehr" angesichts einer Welt, die so, wie sie ist, aus der Perspektive jenes sittlich-utopischen Standpunktes betrachtet, immer ungenügend erscheinen muß.
G Wenn das heißt, daß nach Hegel die Freiheit auch in der Sphäre der Moralität noch defizitär bleibt, muß sich der Begriff der Freiheit über die Moralität hinaus entfalten, wobei – mit Hegel zu reden – die Moralität aufgehoben, und das heißt auch: ihre Substanz bewahrt werden soll.
H Das ist wichtig. Hegel schreibt ausdrücklich, daß die Freiheit nur im subjektiven Willen wirklich sein kann (Rph § 106). Nur von hier aus wird die Freiheitlichkeit des modernen Staates einsehbar.
G Nun geht die Entfaltung des Begriffs der Freiheit also in die Sphäre der Sittlichkeit über. Womit haben wir es hier zu tun?

4. Die Sittlichkeit

H Die Sittlichkeit ist die Freiheitssphäre, in der das handelnde Individuum das objektiv Gute als eigenen Zweck will und verwirklicht. Das heißt also, daß der Einzelne nicht mehr in seiner formellen Subjektivität befangen bleibt, sondern diese vermittelt wird mit den objektiven Forderungen der Gemeinschaft, die als eigene Forderungen in der Sittlichkeit subjektiv gewollt werden. In der Sittlichkeit weiß der gute Mensch, „daß Grundlage und Inhalt seiner Freiheit nicht außerhalb der konkreten Objektivität des Systems der Gesetze und Einrichtungen ... zu finden ist. Die Freiheit ist weder eine Utopie noch ein immer zurückweichendes Ideal, sondern die nächste Gegenwart des Lebens in und mit den bestehenden Institutionen".[19] Dabei ist nun zu beachten, daß die Sittlichkeit die Einheit sowohl des subjektiven wie des objektiven Moments der Idee der Freiheit ist. Nach der subjektiven Seite begegnet die Sittlichkeit als Pflicht und Tugend. Die Pflicht, von der Hegel hier spricht, ist nicht mehr die abstrakte Pflicht der Moralität, sondern es sind die Pflichten, die sich aus der Ordnung des Zusammenlebens ergeben und hieraus an das Individuum herangetragen werden.
D Demnach ist es nach Hegel nicht eine abstrakte Pflicht, der sich das Individuum mühsam zu unterwerfen hat, sondern gemeint sind vor allem die aus dem

Zusammenleben sich ergebenden Pflichten, in die sich der einzelne eher zwanglos einfügt.

H Zwanglosigkeit ist hier ein gutes Stichwort. Denn die Sittlichkeit wird dem Menschen zur zweiten Natur, das heißt zur selbstverständlichen Gewohnheit. Indem sie ihren „Sitz" im Charakter des Einzelnen hat, ist die Sittlichkeit Tugend, die – so Hegel – „insofern sie nichts zeigt als die einfache Angemessenheit des Individuums an die Pflichten der Verhältnisse, denen es angehört, *Rechtschaffenheit* ist" (Rph § 150). Unter den normalen Verhältnissen eines sittlichen Gemeinwesens ist es gar nicht besonders schwierig, tugendhaft zu sein. Nur eine abstrakte Moralität stößt sich vielleicht an den sittlichen Forderungen (Rph § 149), doch normalerweise gilt: „*Was* der Mensch tun müsse, *welches* die Pflichten sind, die er zu erfüllen hat, um tugendhaft zu sein, ist in einem sittlichen Gemeinwesen leicht zu sagen, – es ist nichts anderes von ihm zu tun, als was ihm in seinen Verhältnissen vorgezeichnet, ausgesprochen und bekannt ist" (Rph § 150 Anm.).

D Hervorzuheben ist doch wohl, daß Hegel hier vom sittlichen Gemeinwesen spricht, also von einem Gemeinwesen, das bereits nach dem Prinzip der Freiheit gestaltet ist, und das heißt in der Neuzeit: das sich die Subjektivität als das spezifisch neuzeitliche Freiheitsprinzip zum Konzept seiner Ordnung gemacht hat.

H Ja – es wäre etwa absurd, von der Sittlichkeit eines totalitären Herrschaftssystems zu reden.

D Eben darum brauchen wir – gegen Hegel eingewandt – ein überzeitliches Regulativ der Sittlichkeit, um Tugend nicht stets mit bestandswahrender Billigung der Verhältnisse zu verwechseln.

H Ein gewichtiger Einwand. Er führt uns wieder zu dem vorhin diskutierten Problem des Verhältnisses Hegels zum Sollen. Hegel würde bestreiten, daß es eines solchen „überzeitlichen Regulativs" – eines „überzeitlichen" Sollens, das die Richtung unseres Strebens angibt – bedarf, da ein solches Regulativ aus Hegels Perspektive willkürlich wäre. Es wäre willkürlich aufgrund seiner – immer nur angeblichen – Überzeitlichkeit, also aufgrund der Inanspruchnahme eines Standpunktes jenseits der Gesellschaft, in der man sich befindet. Einen solchen Standpunkt kann es aber nicht geben, wir bleiben Kinder unserer Zeit. Und die Regulative, die unserem Handeln eine Richtung geben, können daher ebenfalls nur der Gesellschaft entommen werden, der man angehört. Ein Sollen, das sich als überzeitlich legitimiert darstellt, bleibt aus Hegels Perspektive abstrakt.

D Das scheint mir eine defizitäre Position zu sein, die zum einen in der Gefahr steht, allzuleicht die je bestehenden Verhältnisse hinzunehmen und sie als philosophisch legitim zu betrachten, weil von dieser Position zum anderen die aktivierenden und mobilisierenden Momente unbedingt sittlicher Forderungen nicht angemessen berücksichtigt werden.

H Ich halte Hegels Position nicht für defizitär, denn die Regulative, die von Dir eingeklagt werden, bestehen doch de facto – und zwar gar nicht überzeitlich, sondern hier und jetzt: Beispielsweise ist es doch sittliche Forderung in unseren westlichen Gesellschaften, Gerechtigkeit und individuelle Freiheit auf der Grundlage positiven Rechts zu verwirklichen. Es kann uns mißlingen, diesen Forderungen nachzukommen, aber vor solchem Mißlingen schützen auch keine überzeitlichen Regulative und keine philosophischen Belehrungen darüber, was sein soll. Daher würde ich sagen, daß wir nicht der überzeitlichen Regulative bedürfen, sondern

der Klugheit, die uns davor bewahrt, falsche sittliche Verhältnisse zu etablieren. Und was falsche Verhältnisse sind, das sagen uns die ethischen Vorstellungen, die wir bereits haben, die sich in der historischen Entwicklung bei uns als Forderungen durchgesetzt haben – Freiheit, Gerechtigkeit, Solidarität, um nur die großen Leitbilder zu nennen. Im übrigen erinnere ich daran, daß Hegel den moralischen Standpunkt als den Standpunkt des Sollens und der moralischen Forderungen anerkennt; das haben wir ja gerade diskutiert. Das Sollen hat also seinen Ort in Hegels Konzeption, doch ist dieser Ort für ihn nicht die Philosophie selbst; die Philosophie hat nach Hegel wie gesagt nur begrifflich zu erfassen, was ist, nicht, was sein soll, sie ist nicht normativ.
G Dann bleibt diesbezüglich ein wichtiger Unterschied zwischen Kant einerseits und Hegel andererseits bestehen.
H Und dieser Unterschied läßt sich wohl nicht wegdiskutieren.
G Wie dem auch sei: Nachdem wir das subjektive Moment der Sittlichkeit behandelt haben, sollten wir nun zur objektiven Seite übergehen – womit wir zur Familie, zur bürgerlichen Gesellschaft und zum Staat kommen.

a) Die Familie

H Zur Familie vielleicht nur so viel: In ihr hat die Sittlichkeit wesentlich noch die Form des Natürlichen. Das einzelne Familienmitglied, und das macht die Sittlichkeit hier aus, findet das Selbstbewußtsein seiner Individualität in der Familie selbst, nicht darin, eigenständige Person zu sein. Das Handeln in der Familie erfolgt also nicht aus selbstinteressierten Motiven. Das ist unmittelbar einsichtig, wenn man etwa an die Sorge der Eltern um ihre Kinder denkt. Aber in der Familie bleibt dieser „Altruismus" partikular, beschränkt auf den kleinen Kreis ihrer Mitglieder. Die bürgerliche Gesellschaft nun kennt diesen „Altruismus" gar nicht. Sie gründet vielmehr in einer aufgeklärten Egozentrik.

b) Die bürgerliche Gesellschaft

G Wie muß man sich das denken?
H Es ist in der *Rechtsphilosophie* etwa zu lesen (§ 182, Zus.): „In der bürgerlichen Gesellschaft ist jeder sich Zweck, alles andere ist ihm nichts. Aber ohne Beziehung auf andere kann er den Umfang seiner Zwecke nicht erreichen; diese anderen sind daher Mittel zum Zweck des Besonderen".
W Ist das also die vom homo oeconomicus bevölkerte moderne Gesellschaft, die dazu tendiert, den Menschen ganz auf seine Funktion im Wirtschaftssystem zu reduzieren? Auch gegen eine solche Reduktion hatten wir die Menschenwürde in Stellung gebracht.
H Auf die Frage, ob die moderne Gesellschaft den Menschen in dieser Weise reduziert, will ich hier nicht eingehen. Ich sehe dies nicht so pessimistisch wie Du. Aber in einem gewissen Sinne hast Du recht, weil die bürgerliche Gesellschaft auch die Arena der Ökonomie, und zwar der modernen monetär gesteuerten Marktökonomie, ist ...
D ... mit der sich Hegel als einer der ersten unter den großen deutschen Philosophen auseinandergesetzt hat.[20]

H Die bürgerliche Gesellschaft ist nun nicht einfach und nur die Sphäre der Ökonomie, sondern sie ist selbst bereits Staat oder anders gesagt: sie ist der Staat, betrachtet aus einer bestimmten Perspektive, nämlich jener der aufgeklärten Egozentrik oder der abstrakten Subjektivität. Der ökonomische Aspekt ist also nur *ein* Aspekt der bürgerlichen Gesellschaft. Hegel nennt die bürgerliche Gesellschaft den „äußeren Staat" bzw. den „Not- und Verstandesstaat" (Rph § 183). Die aufgeklärte Egozentrik hat zweifellos ihr Recht, sie ist ein unerläßliches Moment der vollen Verwirklichung der Freiheit, denn wir wissen ja bereits, daß nur im subjektiven Willen die Freiheit wirklich sein kann (Rph § 106). Aber die Subjektivität bleibt in der bürgerlichen Gesellschaft abstrakt, und zwar deshalb, weil in ihr die Allgemeinheit der Subjektivität nicht als gestaltendes Prinzip gilt.
G Was heißt das?
H Das bedeutet: Die bürgerliche Gesellschaft zieht nicht die Konsequenzen aus dem Umstand, daß *jeder* den Anspruch der unendlichen Subjektivität hat, das heißt, daß dieser Anspruch *allgemein* ist. So erfordert also die bürgerliche Gesellschaft einerseits bereits allgemeine Regelungen wie etwa genormte Gewichte und Maße, ein positives Vertragsrecht, eine allgemeine Infrastruktur oder ein Strafrecht. Andererseits werden diese Einrichtungen nur aus der Perspektive der Subjektivität gesehen, wodurch sie als etwas aufgezwungenes Fremdes erscheinen, nicht als Eigenes. Anders gesagt: In der bürgerlichen Gesellschaft ist die Freiheit in eine eigentümliche „Entzweiung" getreten: einerseits nämlich der Besonderheit ihr Recht zu geben, sich voll zu entwickeln, andererseits der Allgemeinheit das Recht zu geben, „sich als Grund und notwendige Form der Besonderheit sowie als die Macht über sie und ihren letzten Zweck zu erweisen" (Rph § 183). Daher nennt Hegel die bürgerliche Gesellschaft „das System der in ihre Extreme verlorenen Sittlichkeit" (Rph § 183). Dies entspricht gewissermaßen dem Bild, das der Liberalismus traditionell vom Staat hat: Er sieht den Staat als Zwangsapparat und als „notwendiges Übel" – als etwas uns eigentlich Fremdes – an.[21]
G Und es ist diese Vorstellung, die Hegel in den Terminus des „Not- und Verstandesstaates" (Rph § 183) faßt?
H Ja: Dieser Staat ist notgedrungen vorhanden, als notwendige Bedingung der aufgeklärten Egozentrik und er ist vom Verstand gefordert. Aber er ist eben nicht vernünftig gewußt und gewollt.
G Entspräche dann der Not- und Verstandesstaat nicht dem Hobbesschen Leviathan?
H Das kann man ohne weiteres aus Hegels Text entnehmen (Rph § 184 f.). Wenn Hegel etwa schreibt, in der bürgerlichen Gesellschaft seien Besonderheit und Allgemeinheit auseinandergefallen und doch wechselseitig gebunden und bedingt (Rph § 184, Zus.), so faßt er damit genau das, was wir bei Hobbes als die Trennung von staatlich-politischer Sphäre und gesellschaftlicher Sphäre kennengelernt haben, ohne allerdings diese Sphären wie Hobbes strikt voneinander zu trennen.[22] Hegel zeigt, daß diese bürgerliche Gesellschaft ein wesentliches Moment moderner Staatlichkeit ist, daß letztere aber (wie gesagt) nicht vernünftig begriffen ist, wenn man sie *nur* – wie etwa Hobbes und danach zahllose liberale Theoretiker bis auf den heutigen Tag – als Not- und Verstandesstaat faßt. Und daher ist eine weitere Stufe zu erklimmen, in der das vernünftige Wissen und Wollen des Staates

aktuell ist: Womit wir beim (politischen) Staat sind, der dritten Sphäre der Sittlichkeit.

G Aber bevor wir das explizieren, ist auf ein weitverbreitetes Mißverständnis einzugehen, das da lautet, Hegel habe die Tradition einer „Trennung" von Staat und Gesellschaft begründet.

H Das ist schon deshalb ein Mißverständnis, weil die Gesellschaft bei Hegel – wie erörtert – den Not- und Verstandesstaat bildet. Darüber hinaus zeigt die Rede von einer „Trennung" nur, daß man das Prinzip der Hegelschen Dialektik nicht verstanden hat, die Momente eines Ganzen zusammenzudenken, also den äußeren Verstandesstaat vom politischen Vernunftstaat zwar begrifflich zu unterscheiden, im gesamten Staatsbegriff aber beides dialektisch aufeinander zu beziehen (Rph § 258).

c) Der Staat

H Um den Staat begreiflich zu machen, müssen wir nochmal zum Problem der Allgemeinheit in der bürgerlichen Gesellschaft zurückkehren. Die Allgemeinheit des Anspruchs der Subjektivität ist in der bürgerlichen Gesellschaft nur formell, das heißt: die Menschen sind voneinander abhängig und zum Zwecke der Entfaltung ihrer Subjektivität aufeinander bezogen (man denke an die funktionalen Abhängigkeiten in der Marktwirtschaft: man ist von seinem Supermarkt abhängig, dieser von seinem Zulieferer, dieser von seinen Zulieferern, diese von den Herstellern, diese von einer funktionierenden Landwirtschaft, alle zusammen von einem Infrastruktursystem: Strom, Straßen, normierte Maße und Gewichte etc. – und von alledem abstrahiert man, wenn man im Supermarkt seine Milch kauft) – aber wider ihr Wissen und Wollen. Und deshalb ist die Allgemeinheit in der bürgerlichen Gesellschaft nur formell:[23] „Dadurch, daß ich mich nach dem anderen richten muß, kommt hier die Form der Allgemeinheit herein" (Rph § 192, Zus.).

G Und an welcher Stelle kommt jetzt der Übergang in den Staat?

H Es ist nun so, daß in der bürgerlichen Gesellschaft sich die faktische Allgemeinheit der Besonderheit zur Totalität entwickelt und zugleich noch als Notwendigkeit – also nicht als Freiheit – ist (Rph § 186). Und zur Freiheit erhebt sich die Allgemeinheit der Besonderheit, wenn diese Allgemeinheit gewußt und gewollt wird. Dies wiederum geschieht durch Bildung, das heißt durch das Sich-Hineinbilden in die Form der Allgemeinheit. Der Einzelne erkennt die Allgemeinheit der Ansprüche aller Individuen nicht mehr als ein ihm äußerliches, fremdes, sondern als Bedingung seiner eigenen Subjektivität und will – aus eigener freier Wahl – diese Allgemeinheit als solche, die daher nicht mehr Notwendigkeit, sondern Freiheit ist.

D Da verlangst Du allerdings sittlich wie intellektuell recht viel von den Bürgern. Es reicht also nicht, daß die staatliche Ordnung im alltäglichen bürgerlichen Handeln bestätigt und so stabilisiert wird, sondern der Staat soll ferner als er selbst von der Bevölkerung erkannt und gewollt werden.

H Die von Dir genannten Aspekte schließen einander nicht aus, sondern gehören zusammen. Das muß man sich nicht so vorstellen, daß die Bürger morgens nach dem Aufstehen erst einmal eine huldvolle Gedenkminute für ihren Staat einlegen. Vielmehr drückt sich ihr Wille zum Staat, genauer: zum Verfassungsstaat, in ihrem alltäglichen rechtschaffenen bürgerlichen Handeln aus, das ihnen zur zweiten Natur, zur Gewohnheit wird. Ganz unspektakulär. Das sind die Überlegungen, die im Hintergrund stehen, wenn Hegel den Staat charakterisiert: „Der Staat ist die Wirklichkeit der konkreten Freiheit; die *konkrete Freiheit* aber besteht darin, daß die persönliche Einzelheit und deren besondere Interessen sowohl ihre vollständige Entwicklung und die *Anerkennung ihres Rechts* für sich (im Systeme der Familie und der bürgerlichen Gesellschaft) haben, als sie durch sich selbst in das Interesse des Allgemeinen teils *übergehen*, teils mit Wissen und Willen dasselbe und zwar als ihren eigenen *substantiellen Geist* anerkennen" (Rph § 260). Das bedeutet, daß der Staat charakterisiert ist einmal durch die volle Anerkennung der Subjektivität und zum anderen dadurch, daß das öffentliche Zusammenleben genau auf dieses Prinzip der Subjektivität hin organisiert ist. Dadurch ist die Subjektivität zum Konzept des Zusammenlebens gemacht, also die Allgemeinheit der Subjektivität gewußt und gewollt und als Bedingung der vollen Entfaltung der eigenen Subjektivität erkannt. Und das wiederum heißt, daß Hegel hier den modernen, freiheitlichen Staat philosophisch begründet hat. Diesen Staat beschreibt er auch so: „Das Prinzip der modernen Staaten hat diese ungeheure Stärke und Tiefe, das Prinzip der Subjektivität sich zum *selbständigen Extreme* der persönlichen Besonderheit vollenden zu lassen und zugleich es in die *substantielle Einheit zurückzuführen* und so in ihm selbst diese zu erhalten" (Rph § 260). Diese philosphische Begründung des modernen Verfassungsstaates stimmt meiner Meinung nach in der Sache mit Rousseaus Republikkonzeption überein, so daß man vielleicht sagen kann, daß Hegel Rousseau in bezug auf die Freiheit als dem Prinzip des modernen Staates reformuliert.[24]

5. Hegel und der Verfassungsstaat

G Wenn ich unseren Gedankengang rückschauend überblicke, frage ich mich, warum man in Hegel unter anderem einen Apologeten obrigkeitlicher Monarchie oder eines aggressiven Nationalismus' gesehen oder ihn gar als Wegbereiter und Vordenker des nationalsozialistischen Totalitarismus bezeichnet hat.
H In der Tat gibt es solche Kritiken, im 19. Jahrhundert formuliert von Rudolf Heym, im 20. Jahrhundert von Popper oder Ernst Topitsch.[25] Ich möchte hier nicht im einzelnen auf diese Kritiken eingehen, sondern allererst feststellen, daß sie in vielen Punkten offenkundig darauf beruhen, daß die entsprechenden Kritiker Hegel nicht genau genug gelesen haben.
W Entsprechendes mußten wir ja bereits im Falle von Poppers Kritik an Platon feststellen.
H Wer Hegel zum Anwalt eines totalitären Kollektivismus macht, unterschlägt zum Beispiel, daß Hegel ausdrücklich sagt, die Freiheit sei nur als subjektive wirklich und daß genau dies das Prinzip des Staates, des modernen Staates sei.[26]
G Popper räumt ja sogar ausdrücklich ein, daß es ihm gar nicht darum gehe, Hegel zu interpretieren. Er wolle ihn bloß bekämpfen.[27] Dazu braucht man wohl nicht viel zu sagen. Wenn man sich nicht die Mühe macht, zur Kenntnis zu nehmen, was man kritisiert, verläßt man den seit Sokrates gepflegten philosophischen Dialog.

H Es ist vielleicht sinnvoll, noch einmal an einem konkreten Beispiel aufzuweisen, daß Hegel den freiheitlich verfaßten Staat als Verfassungsstaat – und den Verfassungsstaat als freiheitlichen Staat – thematisiert. Und zwar greife ich den Vorwurf auf, Hegel mache sich zum Anwalt einer absoluten Monarchie. In der Tat spielt bei Hegel der Monarch eine wichtige Rolle im Institutionengefüge des Staates.

D Wobei man darauf hinweisen sollte, daß einige Punkte in den Ausführungen über den Monarchen recht dunkel sind und den Schluß auf gewisse Unsicherheiten Hegels nahelegen.

H Richtig, doch möchte ich auf einen interessanten Aspekt in Hegels Argumentation aufmerksam machen. Zunächst führt nach Hegel der Monarch die Regierungsgeschäfte nicht selbst – wie es ja tatsächlich in der konstitutionellen Monarchie der Fall war. Dann könnte man aber fragen, wozu es eines Monarchen überhaupt bedarf. Hegels Antwort hierauf ist: Da der Staat etwas Geistiges und als solches Unsichtbares ist, bedarf es einer – im wahrsten Sinne des Wortes – Verkörperung der Einheit des Staates, also eines repräsentativen Staatsoberhauptes. Das ist bei Hegel der Monarch. Und jetzt sehe man sich an, was Hegel zu dessen Funktion sagt: „Es ist bei einer vollendeten Organisation nur um die Spitze formellen Entscheidens zu tun, und man braucht zu einem Monarchen nur einen Menschen, der 'Ja' sagt und den Punkt auf das I setzt; denn die Spitze soll so sein, daß die Besonderheit des Charakters nicht das Bedeutende ist. Was der Monarch noch über diese letzte Entscheidung hat, ist etwas, das der Partikularität anheimfällt, auf die es nicht ankommen darf" (Rph § 280, Zus.). Und gerade weil es auf die konkrete Person des Monarchen gar nicht ankommt, kann der Monarch auch ruhig durch das Erbfolgeprinzip bestimmt sein.

G Abgesehen vom Erbfolgeprinzip, das im Staat des Grundgesetzes – wie wir aus unserem Rousseaudialog wissen – durch das Republikprinzip ausgeschlossen ist, entspricht die Hegelsche Funktionsbestimmung des Monarchen in gewisser Weise derjenigen des Bundespräsidenten nach dem Grundgesetz. Wenn dort (Art. 82 Abs. 1) davon die Rede ist, daß die Gesetze „ausgefertigt" werden müssen, das heißt zu ihrer Gültigkeit der Unterzeichnung durch den Bundespräsidenten bedürfen, was anderes ist dann diese Unterzeichnung als den „Punkt auf das I" zu setzen? Aber was ist mit der Nation und dem Nationalismus bei Hegel?

H Auch das ist eindeutig zu beantworten: Die Nation spielt für Hegels Verfassungsstaat ganz einfach keine konstitutive Rolle, auch wenn er den Ausdruck natürlich verwendet. Für den Verfassungsstaat kommt es darauf an, daß er das Prinzip der Subjektivität institutionalisiert hat und das heißt: Daß im Verfassungsstaat der Mensch als Mensch anerkannt wird und nicht als Mitglied einer Nation oder einer ethnischen Gruppe oder einer Glaubensgemeinschaft. Und das sagt Hegel ganz ausdrücklich, wenn er an einer Stelle, in der bezeichnenderweise auch wieder von Bildung die Rede ist, feststellt: „Es gehört der Bildung, dem *Denken* als Bewußtsein des Einzelnen in Form der Allgemeinheit, daß Ich als *allgemeine Person* aufgefaßt werde, worin *Alle* identisch sind. Der *Mensch gilt so, weil er Mensch ist*, nicht weil er Jude, Katholik, Protestant, Deutscher, Italiener usf. ist" (Rph § 209, Anm.).

G Dann wird man Hegel trotz seiner Kritik an der liberalen Staatsauffassung, die ja aus seiner Perspektive abstrakt ist, doch als Theoretiker des liberalen Verfassungsstaates bezeichnen können.

H Für mich jedenfalls ist Hegel in diesem Sinne in der Tat ein Liberaler, ein allerdings skeptischer Liberaler.

6. Hegel, der Sozial- und der Umweltstaat

G Wir hatten noch die offene Frage, was es mit der Freiheitsgeschichte auf sich hat. Kommt sie zu einem Ende?

H Im modernen Verfassungsstaat ist die Freiheit verwirklicht, und in diesem Sinne ist hier die Geschichte als Fortschritt im Bewußtsein der Freiheit tatsächlich zu Ende. Wenn das Menschsein selbst zum Konzept der politischen Ordnung gemacht ist, wie es im Verfassungsstaat der Fall ist, dann gibt es *vom Prinzip her* nichts mehr zu tun. Wir können uns kein über dieses Prinzip hinausgehendes anderes Prinzip denken. Aber das bedeutet nicht, daß die Geschichte im Sinne von Ereignisgeschichte zu Ende wäre. Denn erstens entwickelt sich der Verfassungsstaat selbst natürlich weiter, er muß sich auf neue Herausforderungen und gesellschaftliche Wandlungsprozesse einstellen und sich ihnen im Sinne seines Prinzips anpassen. Und so hat der Verfassungsstaat sich seit Hegel natürlich weiterentwikkelt, indem er etwa demokratischer Verfassungsstaat, Sozialstaat und jüngst Umweltstaat geworden ist. Doch sind dies alles nur Fortentwicklungen des einen Prinzips des Zusammenlebens, auf dem der freiheitliche Staat beruht, nämlich der freien Subjektivität. Zweitens ist zu bedenken, daß längst nicht alle Staaten der Welt Verfassungsstaaten sind. Das Gegenteil ist der Fall. Im Kontext dieses Befundes wäre dann auch das Problem des internationalen Friedens zu verorten: Es steht nicht im Widerspruch zu Hegels Konzeption, die Staaten zu einem Friedensbund im Sinne Kants zusammenzuführen. Ein solcher Bund setzt nach Kant die freiheitliche Verfaßtheit der Staaten im Innern voraus. Genau das ist aber auch für Hegel das Entscheidende. Es sind die freiheitlichen Staaten, die sich zu einem dauerhaften Frieden im Sinne Kants zusammenfinden können. Und daher könnte man die Errichtung eines stabilen Friedens auch aus Hegelscher Perspektive als politische Aufgabe der Verfassungsstaaten nach dem Ende der Geschichte begreifen. Und darüber hinaus wäre zu hoffen, daß sich das Bewußtsein der Freiheit weiter ausbreitet. Ob sich aber das Prinzip der Freiheit, so wie es sich im westlichen Verfassungsstaat durchgesetzt hat, irgendwann tatsächlich weltweit etablieren wird, das ist etwas, was in der Zukunft liegt und worauf Hegel weder eine Antwort gibt noch auch nur geben will. So erweist sich die Hegelsche Konzeption durchaus als dynamisch und zukunftsoffen. Das kann man sich nochmal besonders schön verdeutlichen am Beispiel der angesprochenen Fortentwicklungen des Verfassungsstaates, wobei ich vor allem die Entwicklung zum Sozial- und zum Umweltstaat thematisieren möchte. Hier kann man sehen, wie weitreichend Hegels Philosophie zur Erklärung des heutigen Verfassungsstaates geeignet ist. Als Hegel seine *Rechtsphilosophie* verfaßte, stand Deutschland erst ganz am Anfang der Industrialisierung. Folglich konnte er die Auswirkungen, die die Industrialisierung nach sich zog, nicht kennen und nicht in seinem System berücksichtigen. Entsprechend lesen wir bei ihm nichts über die negativen sozialen Folgen des industriellen Wirtschaftens, die man bald nach Hegels Tod als Arbeiterfrage oder als soziale Frage bezeichnete. Das Problem war folgendes: Die liberalen Reformen in Deutschland, insbesondere in Preußen, hatten die allmähliche Entfaltung der freien Industriewirtschaft zur Folge. Diese auf individueller Freiheit, insbesondere Vertrags- und Gewerbefreiheit, beruhende Wirtschaftsform wiederum führte zu mannigfachen sozialen Problemen in der Arbeiterschaft, also bei jenen, die zur Erhaltung ihrer Existenz ihre Arbeitskraft verkaufen mußten. Die Probleme waren vielfältig: Sie bestanden etwa in verbreiteter Kinderarbeit, ständiger Gesundheitsbedrohung durch die Arbeitsbedingungen und mangelnder Absicherung im Falle von Krankheit, unfallbedingter Invalidität oder Arbeitslosigkeit. Rechts- und staatsphilosophisch entscheidend ist, daß all diese Faktoren sich – obgleich letztlich aus Freiheit (insbesondere Vertragsfreiheit etc.) entstanden – durchaus zu Freiheitsgefährdungen auswuchsen. Und genau dies wiederum veranlaßte die Entwicklung einer staatlichen Sozialpolitik, der es im Kern darum ging, die aus der sozialen Frage resultierende Freiheitsbedrohung abzuwehren.

G Das erste Dokument der Sozialgesetzgebung in Deutschland ist das preußische Regulativ über die Beschäftigung jugendlicher Arbeiter in Fabriken aus dem Jahre 1839. Seine freiheitsphilosophische Grundlage wird bereits durch einen Runderlaß des Staatskanzlers Fürst Hardenberg an die Oberpräsidenten der sechs industriereichen Provinzen Preußens vom 5. September 1817 dokumentiert, in dem es heißt: Es könne „nicht im entferntesten die Absicht sein, den Fortschritten der Fabrikation irgendein positives Hindernis entgegenzusetzen", wohl aber sei es eine Pflicht des Staates, zu verhindern, „daß die Erziehung zum Fabrikarbeiter auf Kosten der Erziehung zum Menschen und Staatsbürger betrieben werde und daß der Mensch genötigt werde, die höchste mechanische Fertigkeit in einem einzelnen Handgriff mit dem Verlust seiner moralischen Freiheit zu erkaufen, selbst ehe er erkennen kann, wieviel dieser Kauf ihn kostet".[28] Besser läßt es sich kaum sagen, daß die soziale Frage von Anfang an auch eine Freiheitsfrage gewesen ist.

H Für uns ist jetzt folgender Punkt wichtig. Die Theoretiker, die sich aus der Perspektive des freiheitlichen Staates mit der sozialen Frage auseinandersetzten, verstanden diese von Anfang an als ein Problem, das den Anspruch des Verfassungsstaates, Freiheit zu verwirklichen, in besonderer Weise herausforderte. Wenn der Staat verwirklichte Freiheit sein will, so das Argument, dann muß er unter Bedingungen der industriellen Wirtschaftsweise und der hieraus erwachsenden freiheitsbedrohenden Risiken sozialpolitische Maßnahmen ergreifen, die es auch unter jenen Bedingungen für alle Bürger ermöglichen, sich frei zu entfalten. Das heißt: der freiheitliche Staat muß die Bedingungen dafür herstellen, daß der Einzelne nicht etwa infolge einer durch Arbeitsunfall bedingten Invalidität in seiner Existenz bedroht wird und in dieser Situation allein vom Almosen anderer abhängig ist.

G Man muß hier vor allem den Philosophen, Juristen, Staats- und Verwaltungswissenschaftler Lorenz von Stein (1815-1890) nennen, der heute als der theoretische Wegbereiter des Sozialstaates gilt.[29] Lorenz von Stein erkannte die soziale Frage als politische Herausforderung für den Staat und sah, daß der Staat, will er verwirklichte Freiheit sein, Sozialstaat werden muß. Dies formulierte Stein an verschiedenen Stellen ausdrücklich. So schreibt er etwa: „Die Freiheit ist erst eine

wirkliche in dem, der die Bedingungen derselben, die materiellen und geistigen Güter als die Voraussetzungen der Selbstbestimmung besitzt".[30]
H Lorenz von Stein stand übrigens ausdrücklich in der Tradition Hegels. Das ist für unseren Kontext bedeutsam.
D Inwiefern?
H Stein unternahm – sehr vereinfacht gesagt – nichts anderes, als Hegels Vorstellung vom Staat, den auch er für die Wirklichkeit der Freiheit hielt, unter den Bedingungen industriellen Wirtschaftens weiterzudenken. Und das führte zu dem Resultat, daß der Verfassungsstaat nun nicht mehr nur Rechtsstaat sein mußte, sondern darüber hinaus auch Sozialstaat zu sein hatte. Und das heißt: vom Prinzip her hat sich nichts geändert, nur die Anwendungsbedingungen waren andere geworden, so daß der Verfassungsstaat hierauf reagieren und sich wandeln mußte, gerade um freiheitlicher Staat im Sinne Hegels zu bleiben. Das Konzept des Verfassungsstaates ist also im Sozialstaat beibehalten und unter gewandelten ökonomisch-sozialen Bedingungen realisiert.
G Das heißt also, daß der Staat des Grundgesetzes, der nach Art. 20 Abs. 1 Republik, Rechtsstaat, Sozialstaat, Demokratie, Bundesstaat und nach Art. 20a nunmehr auch Umweltstaat ist, sich in durchaus hegelischer Art und Weise aus dem Prinzip der Freiheit heraus denken läßt.
H Ich jedenfalls möchte genau das behaupten. Bald nachdem der Verfassungsstaat sich zum Sozialstaat weiterentwickelt hatte, wurde er auch demokratischer Staat. Und dies stand wieder unter dem Anspruch des Staates, realisierte Freiheit zu sein, nun bezogen auf die gleiche politische Freiheit aller erwachsenen Bürger. Das fand unter anderem im Recht auf freie, gleiche, allgemeine, geheime und unmittelbare Wahl seine institutionelle Ausprägung.
G Und den gleichen Gedanken kann man schließlich auch in bezug auf die Umweltstaatlichkeit heranziehen. War es in der ersten Hälfte des 19. Jahrhunderts die soziale Frage, die als strukturelles Freiheitsrisiko erkannt wurde, so ist dies im letzten Drittel des 20. Jahrhunderts die ökologische Frage geworden. Dort mußte der Verfassungsstaat die gesellschaftlichen, hier die vitalen Voraussetzungen des Freiheitsgebrauchs gewährleisten. In beiden Fällen aber – da stimme ich H ausdrücklich zu – können wir die Wirklichkeit der Freiheit im Sinne Hegels als das dogmenphilosophische Leitprinzip formulieren.
H Vom Prinzip her gedacht, hat sich der Verfassungsstaat – bei allem Wandel in seinem Äußeren – in seiner Substanz, nämlich verwirklichte Freiheit zu sein, gegenüber dem Entwurf Hegels nicht verändert.

7. Hegel und das Völkerrecht

D Ich möchte nochmal zu Hegels Position vom Gelten des Menschen als Menschen im Verfassungsstaat zurückkommen. Verliert er nicht diese Einsicht wieder im Forum des Völkerrechts? Anstatt auf ein einheitliches Referenzsubjekt und Regulativ „Menschheit" sich zu beziehen, um im globalen Rahmen Recht und Frieden zu thematisieren, sind für Hegel noch, im steten Kampfe gegeneinander, die „Volksgeister" die letzten und höchsten Subjekte der Weltgeschichte.
H Moment! Hegel „verliert" seine Einsicht nicht. Wenn im Verfassungsstaat das Menschsein zum Konzept des Zusammenlebens gemacht wird, ist das Problem

des Zusammenlebens in Freiheit gelöst. Und so, wie das Kindsein als Kindheit bezeichnet wird, so ist unter Menschsein auch die Menschheit zu verstehen. Und das Problem des Zusammenlebens ist gelöst, wenn das Menschsein und in diesem Sinne die Menschheit im Verfassungsstaat zum Konzept dieses Zusammenlebens gemacht wurde. Da das Problem auf solche Weise gelöst werden kann und diese Lösung nicht einen einheitlichen Weltstaat voraussetzt, braucht man Hegel auch nicht zum Vorwurf zu machen, er habe sich nicht auf „Menschheit" als „Referenzsubjekt" bezogen. Von einer Menschheit im Sinne der Gesamtheit aller Menschen kann man aus einer Hegelschen Perspektive nicht reden, weil Menschheit in diesem Sinne kein Subjekt und auch keine politisch organisierbare Entität ist oder sein kann. Es macht aus dieser Perspektive folglich keinen Sinn, sich auf „die Menschheit" im Sinne der Gesamtheit aller Individuen zu beziehen.

D Immerhin wird man überlegen können, ob sich heute, wo man zurecht von Globalisierung und Weltgesellschaft reden kann, an dieser Lage etwas geändert hat. Es scheint mir kein Zufall zu sein, daß das Problem der politischen Organisation der Menschheit – im Sinne der je aktuell auf der Erde lebenden Menschen – gegenwärtig intensiv diskutiert wird.

H Wir haben das ja bei unserem Gespräch über Kant schon thematisiert. Dennoch: Nach wie vor ist die Menschheit (in Deinem Sinne) in einer Vielzahl von Staaten politisch organisiert, und einige dieser Staaten haben sich als Verfassungsstaaten konstituiert, in welchen das Menschsein des Menschen – die Freiheit – zum Prinzip des öffentlichen Zusammenlebens gemacht ist. Natürlich bleibt in dieser Perspektive das Problem, daß nicht alle Staaten der Welt Verfassungsstaaten in unserem und Hegels Sinne sind und es bleibt insbesondere das Problem des Zusammenlebens der Staaten untereinander, also das Problem von Frieden und Krieg. Und wenn ich Deinen Einwand recht verstehe, ist letzteres der Kontext, auf den sich Deine Kritik des Gegeneinanders der Volksgeister bezieht. Wir sind damit bei Hegels Vorstellung vom Völkerrecht und von internationaler Politik angelangt.[31] Diese behandelt er in der *Rechtsphilosophie* im Abschnitt über den Staat, wobei er von dieser Thematik aus auch den Übergang zur Weltgeschichte vollzieht (Rph § 340). Die Weltgeschichte ist nach Hegel das Weltgericht, und zwar das Gericht in den Beziehungen der Staaten untereinander, weil es ansonsten keine Instanz, keinen Prätor über den Staaten gibt. Nun, das ist eine ganz nüchterne Bestandsaufnahme, die noch heute gültig ist, denn auch heute gibt es ja keinen solchen Prätor über den Staaten.

G Wie wir schon besprochen haben, ist ja auch die UNO keine solche Instanz.

H Die Abwesenheit einer übergeordneten Macht bedeutet nach Hegel, daß Konflikte zwischen den Staaten in letzter Konsequenz durch das Mittel des Krieges entschieden werden müssen. Dieser Befund rechtfertigt nicht, in Hegel einen „Bellizisten", einen Freund des Krieges zu sehen. Genau das hängen ihm manche Interpreten an, die Hegel dann dem Pazifisten Kant gegenüberstellen.[32] Hegel ist einfach Realist. Übrigens stimmt die diesbezügliche Bestandsaufnahme Kants mit jener Hegels weitgehend überein: Beide gehen davon aus, daß der aktuelle Zustand zwischen den Staaten ein anarchischer ist. Kant war nur optimistischer im Hinblick auf die Möglichkeit eines dauerhaften Friedens unter den Staaten. Wenn Hegel diese Möglichkeit viel skeptischer bewertete, so steht seine Konzeption doch keineswegs im Widerspruch zur Vorstellung von einem Kantschen „Föderalismus freier Staaten" als einem Friedensbund. Die Realisierung eines solchen Staatenbundes kann man ebenso aus einer Kantschen wie aus einer Hegelschen Perspektive erhoffen.

Ausblick: Neuere Strömungen der Rechts- und Staatsphilosophie

I. Rechts- und Staatsphilosophie nach Hegel

G Seit Hegels Tod ist ja nun schon einige Zeit ins Land gegangen und die Wirklichkeit von Staat, Recht und Gesellschaft hat sich seither in nicht unerheblicher Weise gewandelt. Da auch noch nach Hegel über Recht und Staat nachgedacht wurde und wird, dürfen wir die Diskussion rechts- und staatsphilosophischer Probleme nicht einfach mit Hegel beenden.

H Zweifellos; und es wäre natürlich blanker Unsinn, wenn man behauptete, alles nach Hegel Gedachte sei irrelevant. Aber hier scheint mir ein Punkt zu sein, an dem man unterscheiden muß – und zwar in mehrfacher Hinsicht. Bleiben wir zunächst beim Staat. Wenn man nach den Grundlagen des modernen westlichen Verfassungsstaates fragt, das heißt nach dem Prinzip, auf welchem dieser Staat beruht, dann gibt uns Hegel – und auf seine Weise bereits Rousseau und daran anknüpfend Kant – die nach wie vor gültige Antwort: Der moderne Verfassungsstaat westlicher Prägung – und zu diesem Typus zählt auch der Staat des Grundgesetzes – beruht auf dem Prinzip der Freiheit, in ihm ist das Personsein des Menschen zum Konzept des gesamtgesellschaftlichen öffentlichen Zusammenlebens gemacht worden. Hegel hat dies auf den philosophischen Begriff gebracht.

G Aber das kann dennoch nicht bedeuten, daß man die Denker unberücksichtigt läßt, die den Staat nach Hegel gedacht haben.

H Wie gesagt: Die Denker, die nach Hegel kommen, gehen in der Frage des Prinzips nicht über Hegel hinaus. Sie legen ihren Überlegungen vielleicht andere Begriffsbildungen zugrunde, beziehen neue einzelwissenschaftliche Erkenntnisse mit ein und berücksichtigen natürlich neue Problemlagen, so, wie wir es exemplarisch bei Lorenz von Stein verfolgt haben – aber in der philosophischen Sache sagen sie uns nichts, was wir nicht schon von Hegel wüßten.

G Man sollte auch noch einen weiteren Aspekt berücksichtigen: Im Verlauf des 19. Jahrhunderts verflüchtigte sich das Denken über den Staat zumindest in Deutschland in die sich ausdifferenzierenden Einzelwissenschaften, namentlich in die Rechtswissenschaft. Diese löste sich von dem Anspruch, Rechts- und Staatsphilosophie zu sein und betrachtete sich selbst primär als eine nicht mehr auf das Ganze von Recht und Staat gerichtete, sondern am positiven Recht orientierte Wissenschaft. Diese positivistische Tendenz der Rechtswissenschaft hat unter anderem mit der politischen Entwicklung in Deutschland zu tun ...

H ... aber eben auch mit der Tatsache, daß Hegel – die Lehren insbesondere Kants und Rousseaus aufnehmend – bereits alles philosophisch Wichtige zum Verfassungsstaat gesagt hatte.
W Damit, daß sich die Philosophie um die Prinzipien und basalen Strukturen zu kümmern habe, bin ich selbstverständlich einverstanden. Damit, daß Hegel alles philosophisch Wichtige zum Verfassungsstaat gesagt habe, bin ich mit derselben Selbstverständlichkeit nicht einverstanden – und zwar aus drei Gründen: Erstens wäre das Philosophieren über Recht und Staat selbst dann nicht mit Hegel zu einem Ende gekommen, wenn Deine Einschätzung der Bedeutung Hegels zuträfe. Denn seine Texte können ja auf unterschiedliche Weise gedeutet werden, so daß der Rechts- und Staatsphilosophie zumindest jene Aufgabe zukäme, Hegels Schriften bestmöglich zu verstehen. Eine weitere, damit zusammenhängende Aufgabe bestünde darin, die Hegelsche Prinzipienlehre für jede Generation aufs neue interpretatorisch zu erschließen.
H Genau das haben wir ja in unserem Hegeldialog versucht. Mit der Behauptung, daß Hegel bereits alles philosophisch Wichtige zum Verfassungsstaat gesagt hat, wollte ich natürlich keineswegs den gegenwärtigen und künftigen philosophischen Dialog für von vornherein sinnlos erklären.
W Dann sind wir uns wenigstens hierin einig. Zweitens wage ich – der sokratisch-platonischen Forderung folgend, sich kein Wissen anzumaßen, das man gar nicht hat – zu bezweifeln, daß Hegel die Philosophie von Recht und Staat vollendete. Aus unserem bisherigen Dialog jedenfalls folgt eine solche Sonderstellung Hegels schon deshalb nicht, weil wir seine systematische Grundlegung der Rechts- und Staatsphilosophie in einer Philosophie des Subjekts und des Absoluten aussparten. Allein aus unserem Gespräch verfügen wir daher weder über Hegels Wissen, noch können wir beurteilen, ob seine Position überhaupt gut begründet ist. So wie Du über Hegel sprichst, könnte man drittens den Eindruck gewinnen, daß alle früheren Philosophien entweder bloß (mangelhafte) Vorläufer der Hegelschen Prinzipienlehre sind oder zum Verstehen des modernen Verfassungsstaates nichts beitragen könnten. Dann hätten wir uns ja gleich von Anfang an und ausschließlich über Hegel unterhalten müssen. Demgegenüber möchte ich wenigstens vermuten, daß es rechts- und staatsphilosophisch auch für heutige Verhältnisse äußerst bedeutsame Konzeptionen und Zusammenhänge gibt, die von antiken Autoren besser verstanden wurden als von neuzeitlichen. Ich erinnere nur an die Begriffe des Gutseins (arete, virtus) und des Gelingens des Lebens (eudaimonia). Es steht also keineswegs fest, daß wir beim Begreifen von Staatlichkeit überhaupt nicht doch über Hegel hinaus gelangen können – etwa indem wir Texte des Platon und des Aristoteles philosophisch interpretieren.
H Das mag ja alles stimmen. Mir geht es jetzt aber um jene Autoren, die nach Hegel als Staatsphilosophen mit eigener Begrifflichkeit aufgetreten sind. Meines Erachtens lassen sich deren Bemühungen als Versuche deuten, Einsichten Hegels zeitgemäß zu reformulieren.
W Wenn Du diese Vermutung nicht auf Einsichten Hegels beschränkst, sondern auf Einsichten auch anderer rechts- und staatsphilosophischer Klassiker auszudehnen bereit bist, stimme ich Dir zu.

II. Zur Rechts- und Staatsphilosophie der Gegenwart

1. Rawls' Liberalismus und der Kommunitarismus

D Und was ist mit den so vieldiskutierten heutigen Theorien etwa von John Rawls oder den sogenannten Kommunitaristen?
H Beginnen wir mit Rawls. Zunächst hat Rawls (Jahrgang 1921) das große Verdienst, mit seinem Buch *A Theory of Justice* von 1971 die politische Philosophie wie die Rechtsphilosophie wiederbelebt zu haben,[1] die in den Jahrzehnten nach dem Zweiten Weltkrieg international einer gewissen Stagnation anheimgefallen waren. In diesem Buch verfolgt Rawls das Programm der Begründung einer gerechten politisch-sozialen Ordnung. Dieses Programm wird als Vertragstheorie durchgeführt und orientiert sich ausdrücklich an Kant. Neben der Anknüpfung an traditionelle Konzeptionen bedient sich Rawls der Erkenntnisse der zeitgenössischen Wissenschaften, etwa der wirtschaftswissenschaftlichen Theorie der öffentlichen Güter. Das derart erweiterte Instrumentarium der begründungstheoretischen Argumentation ist das Element, mit dem Rawls über die klassischen Ansätze hinausgeht. Aber in der Substanz sagt er eigentlich wenig Neues.
D Diese Beurteilung finde ich gewagt. Kannst Du sie auch begründen?
H Sehen wir zu. Die Rawlschen Überlegungen zur Legitimation einer politisch-sozialen Ordnung als gerechter Ordnung laufen auf zwei Grundsätze der Gerechtigkeit hinaus, die in subtilen Argumentationsschritten hergeleitet werden. Eine Gesellschaft, die entsprechend diesen Grundsätzen geordnet ist, ist eine gerechte Gesellschaft. Der erste Grundsatz, der gegenüber dem zweiten zugleich Vorrang besitzt (Rawls nennt das „lexikalische Priorität"), lautet: „Jedermann hat gleiches Recht auf das umfangreichste Gesamtsystem gleicher Grundfreiheiten, das für alle möglich ist."[2] Dies ist – verkürzt gesagt – die Konstitutionsbedingung eines freiheitlichen Rechtssystems im Sinne des liberalen Rechtsstaates. Der erste Grundsatz wird ergänzt durch einen zweiten, welcher die Bedingungen legitimer, also als gerecht zu akzeptierender sozialer Ungleichheit angibt. Er lautet: „Soziale und wirtschaftliche Ungleichheiten müssen folgendermaßen beschaffen sein: (a) sie müssen unter der Einschränkung des gerechten Spargrundsatzes den am wenigsten Begünstigten den größtmöglichen Vorteil bringen, und (b) sie müssen mit Ämtern und Positionen verbunden sein, die allen gemäß fairer Chancengleichheit offenstehen."[3] Da steckt viel drin, und es ist hier nicht möglich, die zahlreichen Probleme, die diese Gerechtigkeitsgrundsätze bereithalten, zu diskutieren. Und es geht mir auch gar nicht primär um eine Kritik.
D Worum dann?
H Hält man sich Rawls Konzeption als ganze einmal vor Augen, ist leicht zu erkennen, daß sie gewissermaßen das Selbstverständnis des westlichen Gerechtigkeitsdenkens zum Ausdruck bringt. Es ist eine Legitimationstheorie des liberalen, demokratischen und sozialen Verfassungsstaates westlicher Prägung. Rawls sagt uns im Kern: Der liberale, demokratische Sozialstaat, wie er in den westlichen Verfassungsstaaten existiert, ist der freie und gerechte Staat, der Staat der verwirklichten Freiheit.

G Rawls als Philosoph, der seine Zeit in Gedanken erfaßt. Liest man ihn derart in einer Hegelschen Perspektive, so darf man aber nicht unterschlagen, daß Rawls selbst sich eher in die Tradition Kants stellt.

H Rawls beruft sich in der *Theorie der Gerechtigkeit* in der Tat vielfach auf Kant. Seine Gerechtigkeitsgrundsätze etwa betrachtet er als unparteiliche Grundsätze. Sie sind insofern unparteilich, als sie von Rawls innerhalb seines theoretischen Entwurfes als für jedermann zustimmungsfähig expliziert und begründet werden. Dazu bedient sich Rawls des Gedankenmodells eines Urzustandes. Dieses Modell kennen wir unter dem Titel des Naturzustandes bereits von anderen Denkern. Der Urzustand wird so vorgestellt, daß sich die Menschen, die sich auf die Prinzipien ihres Zusammenlebens einigen sollen, hinter einem „Schleier des Nichtwissens" (veil of ignorance) befinden. Das heißt: Diese Menschen wissen nicht, welche Position sie selbst in der als gerecht zu konstruierenden Gesellschaft einnehmen, ob sie etwa Mann oder Frau, Millionär oder Bettler etc. sein werden. Aufgrund dieser Situation werden sie sich auf unparteiliche Grundsätze einigen – nämlich auf die von Rawls vorgestellten Gerechtigkeitsprinzipien. Von diesen unparteilichen Grundsätzen sagt Rawls unter ausdrücklicher Bezugnahme auf Kant, daß sie „auch kategorischen Imperativen [entsprechen]"[4] und führt beispielsweise aus: „Der Urzustand läßt sich ... auffassen als eine verfahrensmäßige Deutung von Kants Begriff der Autonomie und des Kategorischen Imperativs im Rahmen einer empirischen Theorie".[5] Ich leugne nicht die Originalität in der Theoriekonstruktion Rawls', aber im Grundsätzlichen berichtet er uns gegenüber dem, was wir von Kant und Hegel wissen, nichts Neues.

D Wie verhält es sich aus solcher Perspektive Deiner Meinung nach mit dem Kommunitarismus?

H Auch da würde ich an meiner interpretatorischen Linie festhalten. Nicht etwa, daß uns die Kommunitarier nichts zu sagen hätten, aber genau besehen geht das, was sie uns sagen, in der Substanz ebenfalls nicht über das hinaus, was wir von den Klassikern lernen können. Zunächst muß man sehen, daß man von „dem" Kommunitarismus nur unter Vorbehalt sprechen kann, denn es handelt sich keineswegs um eine einheitliche Schule. Was unter dem Terminus „Kommunitarismus" gefaßt wird, sind vielmehr die Beiträge verschiedener Denker[6] unterschiedlicher philosophischer Provenienz, deren Gemeinsamkeit im wesentlichen in der – jeweils unterschiedlich begründeten – Kritik am Individualismus des Liberalismus besteht. Dabei ist das kommunitarische Anliegen nicht etwa anti-liberal.[7] Vielmehr wollen die entsprechenden Autoren auf Aspekte hinweisen, die in der Rechts- und Staatsphilosophie des Liberalismus unterschlagen werden, obgleich diese Aspekte auch für eine liberale Gesellschaft konstitutiv sind.[8] Für das Verständnis der sogenannten Kommunitarismus-Debatte ist außerdem hilfreich zu wissen, daß diese sich zunächst in dem spezifischen Kontext der amerikanischen politischen Kultur abspielte[9], in der die „community", die je lokale Gemeinschaft, eine außerordentlich wichtige öffentliche Bedeutung hat. Zwar wurde die Debatte bald auch in Deutschland geführt, aber hier steht sie in anderen geistesgeschichtlichen Kontexten.[10]

D Was wollen die Kommunitarier nun?

H Ein zentraler Anknüpfungs- und Ausgangspunkt für die kommunitarischen Überlegungen ist die Gerechtigkeitstheorie von Rawls, die den Kommunitariern als Paradigma liberalen Denkens gilt. Gegen Rawls und andere liberale Ansätze wird geltend gemacht, daß deren individualistische Perspektive gewissermaßen fiktiv sei. Das als nutzenmaximierendes oder aufgeklärt-egozentrisch vorgestellte Individuum, von dem liberale Ansätze ausgingen, sei tatsächlich vorgängig immer schon in eine Gemeinschaft eingebunden, werde erst in bereits vorgegebenen sozialen Kontexten überhaupt zu einem individuellen Selbst. Das Ausblenden eben jener vorgängigen Sphäre der Sozialität führe zu einem verkürzten Bild vom Menschen und seiner politisch-gesellschaftlichen Ordnung, es könne nicht plausibel machen, warum sich eigentlich die Individuen mittels eines Vertrages (im Sinne der Vertragstheorie) zu einer gerechten politischen Ordnung zusammenfinden sollen, so wie sie es etwa in Rawls Konzeption tun, indem sie sich hinter dem Schleier des Nichtwissens auf die Grundsätze der Gerechtigkeit einigen. Tatsächlich liege die Motivation der Menschen zu einem gerechten Zusammenleben in einem vorgängigen Gemeinsinn, der nicht mit dem liberal-individualistischen Menschenbild verständlich zu machen sei.

G Die Kommunitarier wenden sich also gegen das Modell eines Individuums, wie es in der Konzeption des homo oeconomicus seinen populärsten Ausdruck findet.[11]

H Je nachdem, wie man von diesem Befund ausgehend weiterdenkt, ergeben sich aus den kommunitarischen Überlegungen unterschiedliche Konsequenzen. Michael Sandel etwa meint, daß die individualistischen Vorstellungen, die in den liberalen Entwürfen – etwa jenem Rawls' – entfaltet sind, das Selbstverständnis der Menschen in den westlichen Gesellschaften zum Ausdruck bringen, daß die westlichen Gesellschaften aus Menschen mit „ungebundenem Selbst" gebildet werden. Diese Sicht kann natürlich rasch zu einer kulturkritischen Perspektive auf die westlichen Gesellschaften führen, die diese Gesellschaften durch einen maßlosen Individualismus bedingt in Auflösungsprozessen befindlich sieht. Solche kulturkritischen Töne finden sich bei einigen Kommunitariern tatsächlich, wobei ich hier nicht entscheiden möchte, wie treffend deren kulturkritische Diagnosen tatsächlich sind. Grundsätzlich wird man wohl feststellen können, daß die kommunitarische Sichtweise gerade in der Diagnose der neuzeitlichen gesellschaftlichen Entwicklung kaum Neues bringt, wenn wir uns etwa Hegels Begriff der Sittlichkeit vergegenwärtigen. In diesem Begriff ist mit der bürgerlichen Gesellschaft bereits die Problematik des Individualismus in der modernen Gesellschaft thematisiert, wenn Hegel auf die Entfremdungsprobleme hinweist, die aus einem einseitigen Individualismus resultieren Wir haben ja gehört, daß er die bürgerliche Gesellschaft beispielsweise als „in ihre Extreme verlorene Sittlichkeit" charakterisiert. Andererseits umfaßt Hegels Begriff der Sittlichkeit die „Gemeinschaft" als die gegenüber dem Individuum vorgängige Sphäre der Sozialität durchaus.

G Vielleicht kann man sagen, daß die zeitgenössischen liberalen Theorien einerseits und die kommunitarischen Vorstellungen andererseits tendenziell wieder Vereinseitigungen sind, die Hegel bereits dialektisch überwunden hatte, indem er Sittlichkeit und bürgerliche Gesellschaft im freiheitlichen Staat zusammenführte.

H So kann man es sehen. Die Wahrheit liegt sozusagen in der Aufhebung von individualistischem Liberalismus und substanzieller Sittlichkeit im freiheitlichen Staat, und aus dieser Perspektive haben beide „Fraktionen" – Liberale wie Kommunitarier – Recht, nur daß sie in ihren eigenen Überlegungen die jeweils andere Seite zu wenig beachten.

G Zur Bekräftigung dieses Befundes kann auf die „Menschenbildformel" des Bundesverfassungsgerichts zurückgegriffen werden, die zwar keine unmittelbaren dogmatischen Folgerungen erlaubt – schon weil „Menschenbild" kein Begriff des Grundgesetzes ist –, die aber eine dogmen*philosophisch* durchaus zutreffende Einsicht enthält: „Das Menschenbild des Grundgesetzes ist nicht das eines isolierten souveränen Individuums; das Grundgesetz hat vielmehr die Spannung Individuum – Gemeinschaft im Sinne der Gemeinschaftsbezogenheit und Gemeinschaftsgebundenheit der Person entschieden, ohne dabei deren Eigenwert anzutasten".[12] Eine liberalistische (einseitig liberale) Staatsphilosophie ist danach als Dogmenphilosophie des Grundgesetzes ebenso ausgeschlossen wie eine kommunitaristische (einseitig kommunitarische).

W Um diese Menschenbildformel dogmenphilosophisch zu klären, hätten wir ebensogut bereits auf Aristoteles zurückgreifen können. Denn in seiner Theorie vom physei politikon zoon begründete er, wie wir gesehen haben, ein ähnlich ausgewogenes Verhältnis zwischen dem Menschen als Individuum und dem Menschen als Angehörigen einer Gemeinschaft.

G Das bestätigt, wie erhellend ein Rückgriff auf mehrere philosophische Klassiker in dogmenphilosophischer Absicht sein kann.

W Mich würde jetzt allerdings interessieren, welchen Beitrag speziell Juristen zur nachhegelianischen Rechtsphilosophie geleistet haben.

2. Kelsens Reine Rechtslehre

G Hier möchte ich auf eine Entwicklung eingehen, die uns die Möglichkeit gibt, an unsere Naturrechtsdiskussion anzuknüpfen. Ich meine die Herausforderung der Rechtsphilosophie durch den Rechtspositivismus, der im 19. Jahrhundert das Nachdenken über das Recht dominierte. Mit größter Stringenz wurde das positivistische Prinzip dann im 20. Jahrhundert von Hans Kelsen (1881-1973) entfaltet.[13] Schon auf der ersten Seite seines Hauptwerkes *Reine Rechtslehre* – dieser vielzitierte Titel ist zugleich Programm – wird klar, worum es geht: „Die Reine Rechtslehre ist eine Theorie des positiven Rechts; des positiven Rechts schlechthin, nicht einer speziellen Rechtsordnung. Sie ist allgemeine Rechtslehre, nicht Interpretation besonderer nationaler oder internationaler Rechtsnormen". Als „reine" Lehre vom Recht will sie „die Rechtswissenschaft von allen ihr fremden Elementen befreien", um jenen „Methodensynkretismus" zu vermeiden, in dem sich – so Kelsen – „Jurisprudenz mit Psychologie und Soziologie, mit Ethik und politischer Theorie vermengt" hat (RR 1). Damit wird die Grundfrage der Rechtsphilosophie, die Frage nach der Richtigkeit des positiven Rechts, als Frage der Ethik und der Politik ausgelagert aus der konsequent „rein" betriebenen allgemeinen Rechtslehre. Das hat eine radikale Konsequenz: Die Rechtsgeltung – also jenes Grundphänomen staatlich garantierten Rechts, das wir gleich zu Beginn unseres Dialogs angesprochen haben – muß aus dem Recht selbst erklärt und mit dessen eigener Normativität begründet werden. Kelsen schreibt dazu innerhalb seines rein rechtsnormativen Theorierahmens konsequent: „Da der Grund der Geltung einer Norm nur wieder eine Norm sein kann", muß der letzte Geltungsgrund des Rechts eine Rechtsnorm sein, freilich „keine von einer Rechtsautorität gesetzte, sondern eine vorausgesetzte Norm", die berühmte Kelsensche „Grundnorm" (RR 203). Deren Status bestimmt Kelsen, indem er einen Grundbegriff der Kantschen Erkenntnistheorie ausdrücklich „per analogiam" anwendet: als „transzendental-logische Bedingung" seiner rechtstheoretischen Deutung des Geltungsphänomens (RR 205). Im Rückblick auf unseren Kantdialog läßt sich diese Analogie freilich nur auf die Verwendung des Ausdrucks „transzendental-logische Bedingung" eines rechtstheoretischen Deutungsschemas – der Grundnorm als normativitätsstiftender Annahme – beziehen, nicht dagegen auf die Begründung des Rechts und seiner Geltung. Während bei Kant die von uns ja ausführlich erörterte „Pflicht zum Recht" mit der Autonomie der sittlichen Persönlichkeit und damit moralisch begründet wird, heißt es bei Kelsen: „In der Voraussetzung der Grundnorm wird kein dem positiven Recht transzendenter Wert bejaht" (RR 204).[14]

W Die Grundnorm ist also nach Kelsen kein Thema der Philosophie. In welchem Verhältnis soll die Reine Rechtslehre nun aber zu den (empirischen) Natur- und Sozialwissenschaften stehen?

H Kelsen unterscheidet strikt zwischen Sein und Sollen.[15] Das Sein wird seiner Auffassung nach durch die Natur- und Sozialwissenschaften, das Sollen insbesondere von der Rechtswissenschaft erforscht; und beide Welten, Sein und Sollen, oder: normfreie Fakten und faktenfreie Normen, stehen in diesem Konzept einander unvermittelt gegenüber, ihr Dualismus ist unaufhebbar.[16] Das hat nun verschiedene Konsequenzen; etwa diejenige, daß der Staat für die Reine Rechtslehre als empirisches Phänomen, etwa als Machtinstitution, gar nicht mehr in den Blick kommt. Dementsprechend unterscheidet Kelsen zwischen verschiedenen Staatsbegriffen, nämlich einem soziologischen und einem juristischen. Der soziologische Staatsbegriff handelt vom Staat als „Sein", während der juristische Staatsbegriff, für Kelsen also: der Staatsbegriff einer Reinen Rechtslehre, den Staat nur als Normensystem, als „Sollen" wahrnimmt.[17] Tatsächlich gelangt Kelsen für seine Theorie zur Behauptung einer Identität von Recht und Staat. Der Staat, so Kelsen schon früh, sei nur „Ausdruck für die Einheit der Rechtsordnung" (HS XVI), ja es handle sich aus der Perspektive seiner Theorie um „die substanzielle, nicht formale Identität von Recht und Staat" (HS 253).[18] Ich halte es zunächst einmal durchaus für ein Verdienst Kelsens, das Recht als Normenordnung in einer derartig reinen Weise isoliert zu haben, denn das legt den Blick frei auf viele rechtsphilosophische Probleme.

G Bevor wir diese diskutieren, sollte allerdings festgehalten werden, daß die Reinheit der Reinen Rechtslehre gleichbedeutend ist mit dem Ende der Rechts- und Staatsphilosophie *als Disziplin der Rechtswissenschaft*: Welchen Inhalt eine Verfassung „und die auf ihrer Grundlage errichtete staatliche Rechtsordnung hat, ob diese Ordnung gerecht oder ungerecht ist", steht für Kelsen „nicht in Frage; auch nicht, ob diese Rechtsordnung tatsächlich einen relativen Friedenszustand innerhalb der durch sie konstituierten Gemeinschaft garantiert" (RR 204). Gleichwohl darf man Kelsens Anliegen nicht mißverstehen: Es ist ihm keineswegs darum gegangen, die Diskussion um die inhaltliche Gestaltung des Rechts für obsolet zu erklären, sondern darum, diese Diskussion als politische oder philosophische zu führen, um also Rechts*wissenschaft*, Rechts*politik* und Rechts*philoso-*

phie nicht „methodensynkretistisch" zu vermengen. Im übrigen hat Kelsen in der Staatssoziologie, der Demokratietheorie und auch der Rechtsphilosophie wichtige Beiträge geleistet, die er aber eben nicht als rechtswissenschaftliche im Sinne seiner Reinen Rechtslehre verstand. Und aus Perspektive der letzteren ist es nur konsequent, die materiellen Fragen – etwa nach der Gerechtigkeit – nicht in der Reinen Rechtslehre selbst, sondern in staatssoziologischen, demokratietheoretischen oder rechtsphilosophischen Untersuchungen abzuhandeln.[19] In dem Anliegen Kelsens, Rechtswissenschaft als inhalts- oder schärfer: ideologiefreie Analyse der Strukturen allen positiven Rechts zu bestimmen, würden ihn Anhänger eines strengen, an der Wertfreiheit der Naturwissenschaften orientierten Wissenschaftsbegriffs noch heute unterstützen.

W Dabei ist bereits die Annahme höchst problematisch, daß es wertfreie Wissenschaften – ob nun Natur-, Rechts-, Geistes- oder sonstige Wissenschaften – gibt.

H Zudem wird die Loslösung des Rechts von inhaltlichen Fragen – namentlich von der Legitimationsfrage, also von der Frage der vor-positiv-rechtlichen Rechtfertigung von Staat und Recht – mit einem hohen theoretischen Preis bezahlt; womit ich wieder bei den von Kelsen in gewisser Weise freigelegten Problemen bin. Ich halte es schon für problematisch, daß Kelsens Reine Rechtslehre nicht mehr zwischen einer gerechten und einer ungerechten Rechtsordnung zu unterscheiden vermag. Und hier erinnere ich an Ws Einwände gegen den Rechtspositivismus von Hobbes. W brachte im Hobbesdialog in Stellung, daß der Verzicht auf vorpositive Kriterien zur Beurteilung des Rechts einer Willkür des Staates die Tore weit öffne. Bei Hobbes halte ich diese Gefahr für nicht allzugroß, wie ich ja auch dargelegt habe[20] – und zwar deshalb, weil Hobbes in Form seiner Theorie der Autorisierung eine Legitimationstheorie für seinen Rechtspositivismus mitliefert und durchaus inhaltliche Kriterien einer legitimen Staats- und Rechtsordnung nennt, nämlich Frieden, Sicherheit und Schutz sowie die Ermöglichung der Erlangung von Grundlagen für ein angenehmes Leben. Als Konsequenz seines Reinheitsstrebens verzichtet Kelsen, wie wir gehört haben, ausdrücklich auf solche Kriterien. Und an dieser Stelle erkennt man dann auch den Unterschied zwischen einem Hobbesschen und einem Kelsenschen Rechtspositivismus. Der Kelsensche Positivismus ist motiviert von erkenntnistheoretischen Voraussetzungen wie namentlich derjenigen der Trennung eines „reinen" Seins von einem „reinen" Sollen. Ein dabei entscheidender Punkt ist nun, daß die tatsächliche, empirische Sollensordnung des Rechts natürlich staatlich gesetzt wird. Soweit besteht im Ergebnis Übereinstimmung mit Hobbes. Aber welchen Charakter der rechtssetzende Staat hat, ob er auch ein legitimer Staat ist, darüber macht Kelsens Rechtslehre keine Aussage – auch wenn Kelsen selbst gewiß ein Verteidiger des Verfassungsstaates war: Er ist ja nicht nur Verfasser zahlreicher Schriften zur Verteidigung des demokratischen Verfassungsstaates sondern sogar der Vater der ersten republikanischen Verfassung Österreichs von 1918/20. Seine Reine Rechtslehre aber setzt letztlich den faktischen Staat als Rechtssetzungs- und -durchsetzungsinstanz stets voraus, welcher Qualität er auch immer sein mag. Für die Reine Rechtslehre ist entscheidend, daß der Staat Rechtsordnung ist; ob er dabei auch eine Rechtsordnung ist, die irgendwelchen vor-rechtlichen Kriterien genügt, macht dann keinen Unterschied.

W Dann meinst Du also, daß die Einwände, die ich mit Platon gegen Hobbes erhob, wenigstens Kelsen treffen?
H Durchaus. In der Tat hat man gerade in Deutschland dem Rechtspositivismus angelastet, er habe juristisch den Weg für das totalitäre Naziregime mitgeebnet, weil für den Positivismus alles Recht und rechtens sei, was staatlicher Rechtssetzung entspringt – also auch Nazirecht.[21] Ich bin mir nicht sicher, ob *dieser* Vorwurf wirklich angemessen ist. Immerhin ist nicht zuletzt aufgrund der Einsicht in die Problematik des rechtspositivistischen Indifferentismus Gustav Radbruch – der vor 1933 noch geschrieben hatte, daß derjenige, der das Recht durchzusetzen vermöge, eben damit auch beweise, „daß er Recht zu setzen berufen" sei[22] – nach dem Zweiten Weltkrieg zu seiner Gerechtigkeitsformel gelangt, die wir schon besprochen haben.[23] Und da sind wir bei einem Punkt, den ich in diesem Kontext hervorheben möchte: Die Reine Rechtslehre macht in aller Schärfe den von uns bereits diskutierten bleibenden Anspruch des Naturrechts deutlich, denn nachdem das Recht von allen außerrechtlichen Beigaben gereinigt wurde, stellen sich zum Beispiel die folgenden rechtsphilosophischen Fragen mit umso größerer Dringlichkeit: Warum soll überhaupt Recht sein? Welches Recht soll sein? Kann man Sein und Sollen überhaupt in der Weise trennen, wie es von Kelsen vorausgesetzt wird? Ist der Staat wirklich eine Normenordnung? Hierauf gibt Kelsens Reine Rechtslehre meiner Meinung nach keine überzeugende Antwort, auch wenn sie uns in aller Schärfe auf die richtigen Fragen verweist ...
G ... die wir unter Rückgriff auf die rechtsphilosophischen Klassiker in dogmenphilosophischer Perspektive dialogisch erörtert haben.

3. Habermas' Diskurstheorie

G Auf seine Art dialogisch – nämlich „diskurstheoretisch" – hat auch Jürgen Habermas (Jahrgang 1927) diese Fragen aufgegriffen. In seinem Buch *Faktizität und Geltung* (1992)[24] werden „Beiträge zur Diskurstheorie des Rechts und des demokratischen Rechtsstaats" (Untertitel) angekündigt, von denen Habermas selbst sagt, sie würden „aus den konventionellen Bahnen der Rechts- und Staatsphilosophie ausbrechen ..., auch wenn sie deren Fragestellungen" aufnähmen (FG 21). Dieser „Ausbruch" erfolgt im Zusammenhang einer „Transformation der Philosophie"[25] von der Bewußtseins- zur Sprachphilosophie und mit dem Anspruch, das klassische philosophische Anliegen einer rationalen Begründung von Recht und Staat in den Rahmen einer sozialwissenschaftlichen Theorie der Rationalität zu transformieren.
H Kann man Habermas' Programm auch so erläutern, daß es nicht nur für Insider verständlich ist?
G Trotz – oder gerade wegen – der vielen Verfeinerungen, die jene Theorie in den letzten dreißig Jahren erfahren hat, kommt das Grundanliegen immer noch am bündigsten in dem vielzitierten Festschriftbeitrag über *Wahrheitstheorien* (1973) zum Ausdruck.[26] Seither thematisiert Habermas „Wahrheit" von den „Geltungsansprüchen" her, die mit Behauptungen verbunden sind. Als Jurist und Rechtsphilosoph freut man sich natürlich, wenn man dazu liest: „Was ein Geltungsanspruch ist, kann man sich am Modell des Rechtsanspruchs klarmachen. Ein Anspruch kann erhoben, d.h. geltend gemacht, er kann bestritten und verteidigt, zurückge-

wiesen oder anerkannt werden. Ansprüche, die anerkannt sind, gelten" (W 212 f.). Den „Diskurs" führt Habermas als eine „durch Argumentation gekennzeichnete Form der Kommunikation ein, in der problematisch gewordene Geltungsansprüche zum Thema gemacht und auf ihre Berechtigung hin untersucht werden" (W 214). Die Wahrheit einer Tatsachenbehauptung kann dann aber nicht mehr – wie in der „Korrespondenztheorie" der Wahrheit – nach Maßgabe einer Übereinstimmung zwischen Aussage und Wirklichkeit bestimmt werden, sondern „nur mit Bezugnahme auf die diskursive Einlösung von Geltungsanspüchen" (W 218) in einer „Konsensustheorie" der Wahrheit.

W Daß es neben Korrespondenz- und Konsenstheorie auch noch andere (und meines Erachtens attraktivere) Wahrheitstheorien gibt, sei hier nur am Rande erwähnt.[27]

G In seinem Hauptwerk, der *Theorie des kommunikativen Handelns* (1981)[28] führt Habermas sein Programm aus, indem er die Bedingungen möglicher Verständigung aus den Strukturen von Sprechhandlungen miteinander kommunizierender Sprecher rekonstruiert. Kern dieser Kommunikationstheorie ist ein formales „Dreiweltenkonzept", nach dem jeder Verständigungsprozeß durch „genau drei Geltungsansprüche" charakterisiert ist: durch den Anspruch auf Wahrheit mit Bezug auf die „objektive Welt", auf Richtigkeit bezüglich der „sozialen Welt" und auf Wahrhaftigkeit bezogen auf die „subjektive Welt" (T I 149). Beibehalten bleibt bei allem Einsatz des gesamten Arsenals von analytischer Philosophie und kritischer Gesellschaftstheorie der grundlegende Anspruch der Konsenstheorie, „den eigentümlich zwanglosen Zwang des besseren Argumentes durch formale Eigenschaften des Diskurses zu erklären" (W 240).

H Welche Bedeutung hat in diesem Zusammenhang die „ideale Sprechsituation", auf die ja von Anhängern wie von Gegnern der Diskurstheorie ständig verwiesen wird?

G Hören wir Habermas selbst: „Die ideale Sprechsituation ist weder ein empirisches Phänomen noch bloßes Konstrukt, sondern eine in Diskursen unvermeidlich reziprok vorgenommene Unterstellung... Es gehört zur Struktur möglicher Rede, daß wir im Vollzug der Sprechakte kontrafaktisch so tun, als sei die ideale Sprechsituation nicht bloß fiktiv, sondern wirklich – eben das nennen wir eine Unterstellung" (W 258). Diese Unterstellung einer Situation, in der „herrschaftsfrei" kommuniziert wird[29] und alle Diskursteilnehmer deshalb dieselbe Chance zur argumentativen Durchsetzung der erhobenen Geltungsansprüche haben, kann nicht durch den einfachen Hinweis auf die Tatsache widerlegt werden, daß Kommunikationen faktisch in aller Regel anders verlaufen – weil die betreffende Unterstellung ja eine *kontrafaktische* Annahme ist.

H Auch Kelsens Grundnorm oder die Kantschen Vernunftbedingungen sind keiner Widerlegung dadurch fähig, daß sie „faktisch" nicht existieren.

G Allerdings. Hier muß man aber sehen, daß die erwähnte „Transformation der Philosophie" von der Bewußtseins- zur Sprachphilosophie auch zu einer Transformation der Transzendentalphilosophie führt. Das beste Beispiel dafür ist die „Umformulierung" des Kategorischen Imperativs in einen „Universalisierungsgrundsatz", nach dem – so Habermas – „jede gültige Norm der Bedingung genügen" muß, „daß die Folgen und Nebenwirkungen, die sich jeweils aus ihrer *allge-*

meinen Befolgung für die Befriedigung der Interessen eines *jeden* Einzelnen (voraussichtlich) ergeben, von *allen* Betroffenen akzeptiert ... werden können".[30]

H Das klingt wie eine Transformation sowohl von Kant als auch von Rawls ...

G ... was Habermas auch ausdrücklich betont. Während Rawls aber wie Kant den „Standpunkt der Unparteilichkeit" so operationalisiere, „daß jeder Einzelne den Versuch der Rechtfertigung von Grundnormen für sich alleine unternehmen kann", schließe die diskursethische Fassung des Verallgemeinerungsgrundsatzes dessen „monologische Anwendung" aus.[31]

H Damit müßte ein Dialogiker wie Sie doch ganz gut leben können ...

G ... wenn der „Diskurs" nicht die Konstruktion einer sozialwissenschaftlichen Rationalitätstheorie wäre, sondern seine Prinzipien aus dialogischer Praxis gewönne. Aber das sind allgemeinphilosophische Fundierungsprobleme, die wir hier nicht diskutieren können.[32]

H Speziell rechtsphilosophisch müssen Sie sich aber schon der Habermasschen These stellen, daß die Geltung des Rechts nicht nur ein normatives Phänomen ist, sondern immer auch von seiner faktischen Akzeptanz abhängt und diese Akzeptanz durch jene Diskurse hergestellt werden muß, die der freiheitliche Verfassungsstaat zur Verfügung stellt: von demokratischen Gesetzgebungs- bis hin zu rechtsstaatlichen Gerichtsverfahren.

G Daran ist gewiß richtig, daß die Rechtsgeltung kein eindimensionales, allein aus der spezifischen Normativität des Rechts erklärbares Phänomen ist. Das haben wir ja bereits bei der Erörterung der Reinen Rechtslehre Kelsens unter dem Stichwort der Legitimation einer Rechtsordnung angesprochen. Und auch eine differenzierte Betrachtung der Verfahren, in denen rechtsnormative Geltungsansprüche erhoben und entsprechende Diskurse geführt werden sowie eine Differenzierung nach „Begründungsdiskursen" in Gesetzgebungs- und „Anwendungsdiskursen" in Gerichtsverfahren (FG 265 ff.) leuchtet gerade aus dialogischer Perspektive unmittelbar ein, zumal Habermas für die forensischen Anwendungsdiskurse selbst zugesteht, „daß die Herstellung des Urteils dem professionellen Können der Richter allein überlassen bleibt" (FG 291). Im Unterschied zu unserem Römerdialog, in dem wir jenes professionelle richterliche Können als techne bestimmt und auf das damit verbundene Berufsethos hin untersucht haben, muß Habermas auf eine solche Untersuchung verzichten, weil sich „der juristische Diskurs des Gerichts in einem verfahrensrechtlichen Vakuum abspielt" (FG 291). Dieses Zugeständnis zeigt die Grenzen der Diskurstheorie mit aller Deutlichkeit: Einer dezidiert prozeduralen Theorie kommunikativer Rationalität muß – konsequenterweise – alles nicht vom Verfahren her Erklärbare unerklärbar erscheinen. Als Gesellschaftstheorie blickt sie zwar auch in den Gerichtssaal, das Beratungszimmer bleibt ihr aber verschlossen.

H Immerhin räumt Habermas dies durch den Vergleich mit einem „Vakuum" offenkundig selbst ein.

G Insofern befindet er sich in schönster Übereinstimmung mit der ja sonst so konträren Position Luhmanns. Auch die Luhmannsche Rechtstheorie – die als Alternative zur Diskurstheorie nicht vom Begriff der kommunikativen Handlung ausgeht, sondern vom Begriff des sozialen Systems[33] –, gesteht ohne weiteres zu, daß die soziologische Beobachtung des Rechts nur eine „Fremdbeschreibung" liefern und deshalb bezüglich der „Selbstbeschreibungen des Systems ... jeden Anspruch auf Besserwissen aufgeben" muß.[34]

H Luhmanns Systemtheorie, die das Recht ausschließlich aus *soziologischer* Perspektive betrachtet, beansprucht nicht den Status einer (Rechts-) Philosophie, wenngleich ihre Ergebnisse eine enorme Herausforderung für die Rechtsphilosophie darstellen und von philosophischer Relevanz sind. Die rechtsphilosophische Relevanz der Luhmannschen Theorie haben wir ja am Beispiel der Diskussion des Würdebegriffes kennengelernt. Es kann also nicht verwundern, daß Luhmann auch in philosophischen Arbeiten diskutiert wird.

G Die Diskurstheorie beansprucht indessen von vornherein, Beiträge zur *Philosophie* des demokratischen Rechtsstaates liefern zu können. Insofern konkurriert sie direkt mit unserer Dogmenphilosophie. Wenn der Untertitel von *Faktizität und Geltung* wirklich so verstanden werden könnte, wie er formuliert ist – nämlich in einer gewissen Bescheidenheit, aus der Perspektive der Gesellschaftstheorie „Beiträge" zur Rechtsphilosophie zu liefern –, könnte man als Dialogiker ein Komplementaritätsverhältnis zur Diskurstheorie praktizieren und deren Vakuum im Bereich des forensischen Anwendungsdiskurses mit der Dogmenphilosophie der juristischen Kunst füllen. Im Bereich der Begründungsdiskurse erhebt Habermas aber den Anspruch einer prinzipiellen Überordnung der Diskurstheorie über alle anderen begründungstheoretischen Ansätze auf dem Gebiet normativer Richtigkeitsfeststellungen. Und hier habe ich als Jurist dann doch ein prinzipielles Problem mit dem Exklusivitätsanspruch dieser Super-Theorie: Ihr Prinzip ist der Konsens, während das gesamte Rechtssystem – von der ersten Lesung eines Gesetzes im Parlament bis hin zum richterlichen Urteil aufgrund des in aller Regel mehrheitlich und damit nicht-konsensual beschlossenen Gesetzes – auf Entscheidung angelegt ist. Daß diese Entscheidungen nicht prinzipiell dezisionistisch, im Sinne von Parolen wie „Ende der Debatte" und „kurzer Prozeß" getroffen werden, dafür sorgen republikanische Amtspflichten zur Durchführung eines jeweils angemessenen Dialogs mit der dadurch gewährleisteten Herstellung eines spezifischen (parlamentarischen, exekutivischen und forensischen) „Zwischen", aus dem heraus dann auch die Entscheidungsreife einer Sache beurteilt werden kann. Rein formale, allein am Verfahren der Konsensfindung orientierte Diskursregeln reichen nicht aus, um die Erfahrung zu erfassen, auf die sich die betreffende Urteilsfähigkeit gründet.[35]

III. Angewandte und systematische Philosophie

W Unser bisheriges Gespräch über neuere Strömungen der Rechts- und Staatsphilosophie legt also folgenden Befund nahe, der sich in den einschlägigen Debatten auch sonst bestätigt findet:[36] Entweder geht die darin zustandegebrachte Einsicht über jene Einsicht, die durch sorgfältige Interpretation der Klassiker zu gewinnen gewesen wäre, nicht nur nicht wesentlich hinaus, sondern fällt nur allzuoft dahinter zurück – so geschehen im Liberalismus und im Kommunitarismus. Oder aber das Denken über Recht und Staat hört auf, Philosophie im herkömmlichen Sinne zu sein – sei es, daß es die Gestalt einer Reinen Rechtslehre annimmt, sei es, daß es Philosophie sozialwissenschaftlich transformiert oder gleich ganz in Sozialwissenschaft umwandelt, sei es, daß es, wie ja etwa auch in unserem Dialog,

Philosophie in den Stand einer ancilla iurisprudentiae (Magd der Jurisprudenz) rückt.
G Ich sehe schon: Offenbar wollen Sie abschließend auf die ganz zu Beginn aufgeworfene Frage zurückkommen, ob wir unser Gespräch statt dogmenphilosophisch nicht besser systematisch-philosophisch hätten führen sollen.
W Ja, aber nicht mit der Absicht, unser Vorgehen nachträglich zu tadeln, sondern um den Blick auf eine andere, heute etwas in Verruf geratene Art des Philosophierens wieder zu eröffnen und einige verbreitete sie betreffende Mißverständnisse auszuräumen. Gehen wir dabei ruhig von der nun ja gut bekannten Dogmenphilosophie aus.
G Unsere Dogmenphilosophie ordneten Sie ja bereits der Angewandten Ethik zu.
W Diese stammt aus dem englischsprachigen Raum („Angewandte Ethik" ist die Übersetzung von „Applied Ethics"), wo sie auch am intensivsten betrieben wird und von wo sie sich anschickt, zur vorherrschenden philosophischen Strömung zu werden – nicht zuletzt aufgrund ihrer Nützlichkeit für Entscheidungsträger aus Politik und Wirtschaft, sowie ihrer Institutionalisierung etwa in Ethikkommissionen. Den Vertretern der Applied Ethics[37] zufolge gibt es nun keine Standards, die unabhängig von jeder Praxis gelten; Philosophie müsse sich folglich darauf beschränken, die in der jeweils vorgefundenen Praxis wirksamen Normen und Wertungen zu beschreiben sowie unter Zuhilfenahme der philosophischen Tradition zu klären und zu ordnen. Für die Rechts- und Staatsphilosophie als Angewandter Ethik hieße dies: Sie könne gar nicht anders, als das gerade herrschende Rechtssystem im großen Ganzen vorauszusetzen, weil sie sich sonst ihres Forschungsgegenstandes berauben würde. Ihre Aufgabe müsse sich folglich darauf beschränken, die in der Rechtswirklichkeit herrschenden Normen zu erkunden, dogmenphilosophisch zu erläutern und zueinander in Beziehung zu setzen, um wenigstens eine beratende, höchstens (bezüglich etwa einzelner Gesetze und Urteile) eine detailkritische Funktion erfüllen zu können. Um Mißverständnisse, wie sie in diesem Zusammenhang häufiger auftreten, zu vermeiden, bezeichne ich nur diese Art der Philosophie als „Angewandte Philosophie" (mit großem „A").
G Kann Philosophie denn auch noch in einem anderen Sinne „angewandt" sein?
W Durchaus, nämlich in dem schwächeren traditionellen Sinne als Theorie der Umsetzung von abstrakten philosophischen Einsichten in konkreten Lebensumständen. So spricht etwa Kant von der „Anwendung" seiner Metaphysik des Rechts „auf in der Erfahrung vorkommende Fälle"[38] und bereits mit Platons Überlegungen zu Realisierbarkeit und Realisierung seines Staatsmusters lernten wir ein weiteres Beispiel hierfür kennen. Eine solche Konzeption von Anwendung setzt jedoch voraus, daß es umsetzungsunabhängige und -vorgängige Verhaltensnormen oder eben Muster gibt, die gelten, auch wenn sie niemand befolgt und sie sich bisher womöglich sogar niemand bewußt gemacht hat. Radikale philosophische Kritik am Bestehenden ist gemäß dieser Konzeption nicht ausgeschlossen.
G Daß diese Voraussetzung vorgängiger Strukturen zutrifft, müßte dann aber vor der Anwendung gezeigt werden.
W Ganz recht. Dies kann man aber nur durch „systematisches" Philosophieren leisten.
G Wann genau ist nun eine Philosophie systematisch?

W Zuerst müssen wir leider feststellen, daß das Adjektiv „systematisch" in bezug auf Philosophien auf zwei unterschiedliche Weisen gebraucht wird: erstens im Gegensatz zu „historisch", wonach systematisches Philosophieren darin besteht, gegenwärtig prominente Probleme auf die heutzutage übliche Weise philosophisch zu behandeln. Gelegentliche Verweise auf die Tradition haben dabei oft nur einleitende, anregende oder die Belesenheit des Autors dokumentierende Funktion. Das demgegenüber „historisch" genannte Philosophieren hingegen besteht in der Rekonstruktion von philosophischen Theorien der Vergangenheit. Trägt es an die alten Texte die Fragen nach überzeitlicher Sachhaltigkeit und Wahrheit nicht heran, degeneriert es zu bloßer Doxographie – von griechisch „doxa", das sprachlich mit dem bereits erläuterten „dogma" verwandt ist und soviel wie „Meinung" (im Gegensatz etwa zu „Wissen") heißt. Ein bloßes Darstellen von Meinungen kann man von einer systematischen Auseinandersetzung mit philosophischen Texten gut daran unterscheiden, daß zentrale Termini, Wendungen und Argumente bei der doxographischen Interpretation bloß übersetzt beziehungsweise umschrieben und referiert, nicht aber analysiert und kritisiert werden. Eine solche Beschäftigung mit philosophischen Texten ist im Grunde gar kein Philosophieren, sondern bestenfalls eine rein historische Tätigkeit, die etwa der Philologie, Biographie, Kultur-, Sozialhistorie oder einer anderen geschichtswissenschaftlichen Disziplin zugehört.[39] Historisches Philosophieren beziehungsweise das Betreiben von Philosophiegeschichte gehört demgegenüber nicht zu den Geschichtswissenschaften, sondern ist eine systematisch-philosophische Tätigkeit, nämlich die Behandlung überzeitlicher philosophischer Probleme anhand von Texten, die in der Vergangenheit verfaßt wurden.[40]

H Jetzt kommen die Begriffe aber gehörig durcheinander. Zuerst erläuterst Du „historisch" als Gegensatz von „systematisch" und jetzt kommst Du zu dem Ergebnis, daß jedes historische Philosophieren systematisch sein muß?

W Mit dem Gegensatz von historischem und systematischem Philosophieren habe ich doch nur einen herrschenden Sprachgebrauch aufgegriffen, der sich bei näherer Betrachtung eben als unhaltbar erweist. Denn aus dem bisher Gesagten folgt, daß jedes Philosophieren, das diesen Namen verdient, bereits als solches immer systematisch im bisher erläuterten Sinne sein muß.

H Das Adjektiv „systematisch" wäre in Verbindung mit philosophischen Tätigkeiten und Produkten dann aber überflüssig.

W Dies gilt aber eben nur für den bisher erläuterten Sinn von „systematisch".

H Und was heißt „systematisch" im zweiten Sinne?

W Nichts anderes als „systembildend".

G Die großen philosophischen Systeme sind heutzutage allerdings gänzlich in Verruf geraten; wollen Sie tatsächlich diese einengende Tradition wieder aufleben lassen?

W Einengend ist sie nur dann, wenn man den Begriff des philosophischen Systems zu eng faßt, nämlich als den eines lückenlosen Ableitungszusammenhangs, der aus genau einem, in sich selbst begründeten Prinzip gewonnen wird. Einem solchen deduktiven, geschlossenen System wirft man gemeinhin durchaus zu Recht vor, daß es weder die Mannigfaltigkeit der Realität hinreichend berücksichtigen, noch sein Prinzip – entgegen dem eigenen Anspruch – tatsächlich ausweisen kann und daher schließlich nur ein realitätsfernes Schubladendenken fördert, bei dem man alles das als irrelevant, irrational oder ähnliches abtut, was zufällig nicht ins System paßt.[41] Der hier zugrundegelegte Systembegriff[42] ist allerdings weiter, setzt weder einen Prinzipienmonismus, noch die Möglichkeit einer Letztbegründung voraus, sondern nur, daß zwischen den zentralen philosophischen Begriffen und den einzelnen philosophischen Disziplinen ein begrifflicher Zusammenhang besteht – und zwar dergestalt, daß man einen einzelnen dieser Begriffe niemals isoliert von allen anderen Begriffen hinreichend erfassen und folglich eine einzelne Disziplin (wie die Rechts- und Staatsphilosophie) niemals unabhängig von allen anderen philosophischen Disziplinen angemessen betreiben kann.

G Gegen ein solches systematisches Philosophieren anhand alter Texte ist sicherlich nichts einzuwenden. Ich sehe auch nicht, inwiefern hier ein Gegensatz zur Dogmenphilosophie bestehen soll.

W Der Gegensatz ergibt sich aus der systematisch-philosophischen Forderung nach Immanenz.

H „Immanenz" gebrauchst Du hier offenbar aber nicht in dem geläufigen Sinne von „Diesseitigkeit" (Gegensatz: Transzendenz beziehungsweise Jenseitigkeit).

W Nein. „Immanenz" heißt wörtlich übersetzt: Darinbleiben (von lateinisch in und manere: bleiben). Verwenden wir es wie „Diesseits", meinen wir ein Bleiben in unserer Wirklichkeit. Das systematische Philosophieren fordert demgegenüber ein Bleiben des Denkens innerhalb eines bestimmten philosophischen Systems. Die Forderung nach Immanenz in diesem Sinne umfaßt demnach auch, daß alle Fragestellungen und alle Kriterien zur Beurteilung der erarbeiteten Antworten aus dem jeweiligen philosophischen System selbst gewonnen werden sollen – und nicht etwa, wie im Falle der Dogmenphilosophie und der übrigen Angewandten Ethik, aus philosophieexternen Vorgaben. Denn worin Sachhaltigkeit, worin Problemangemessenheit in bezug auf Philosophien oder philosophische Texte besteht und was eine bestimmte philosophische Frage oder Antwort zu einer sachhaltigen und problemadäquaten Frage oder Antwort macht, kann selbst wiederum nur im Kontext eines ausgearbeiteten philosophischen Systems geklärt und begründet werden.

H Das hört sich aber so an, als ob sich Systeme gegen jede Kritik leicht immunisieren ließen, indem sie alles, was ihnen widerspricht oder widersprechen könnte, kurzerhand für nicht sachhaltig erklären. Karl Popper, auf den wir während unseres Gesprächs immer wieder zurückkamen, spricht in solchen Fällen von geschlossenen Theorien.

W Aber Immanenz verhindert doch gerade eine solche Geschlossenheit, indem sie nicht nur die detaillierte Angabe der eigenen Ziele und Bewertungsstandards vom Philosophierenden fordert, sondern darüber hinaus deren explizite systematische Begründung. Auf diese Weise öffnet sich gerade das philosophische System radikal der Kritik, indem es, wie Popper sagen würde, die Bedingungen der eigenen Falsifikation (Widerlegung) mit aller Deutlichkeit formuliert. Wir sind jetzt aber bereits mitten in eine Diskussion darüber geraten, nach welchen Sachhaltigkeitsstandards im einzelnen wir unser Philosophieren beurteilen sollen; denn die Poppersche Offenheitsforderung ist ja nichts anderes als ein solcher Standard, der selbstverständlich selbst wiederum systematisch begründet werden müßte (was Popper ja auch versucht).

G Als Dogmenphilosophen des Grundgesetzes legten wir uns hingegen auf die Standards der gelingenden Rechtspraxis fest. Ein grundsätzlicher Unterschied zwischen Dogmenphilosophie und systematischer Philosophie bestünde allerdings dann nicht, wenn man diese Festlegung selbst wiederum begründen, das heißt, wenn man systematisch zeigen könnte, daß ein angemessenes Philosophieren über Recht und Staat nur als Dogmenphilosophie möglich ist.
W Das aber wurde, so weit ich sehe, bisher noch nicht gezeigt.
G Wir bleiben also im Dialog.

Anmerkungen

Anmerkungen zur Einführung:
Rechts- und Staatsphilosophie im dogmenphilosophischen Dialog

1. Einzelheiten dazu bei R. Gröschner, Dialogik und Jurisprudenz. Die Philosophie des Dialogs als Philosophie der Rechtspraxis, 1982, Neuauflage in Vorbereitung. Der dort entwickelte dialogische Ansatz wird weiterverfolgt u.a. in den Aufsätzen: Das Hermeneutische der juristischen Hermeneutik, JZ 1982, 622 ff.; Die richterliche Rechtsfindung: „Kunst" oder „Methode", JZ 1983, 944 ff.; Theorie und Praxis der juristischen Argumentation, JZ 1985, 170 ff.; Judiz – was ist das und wie läßt es sich erlernen?, JZ 1987, 903 ff. sowie im Artikel: Rechtsfindung, in: Ergänzbares Lexikon des Rechts, Gruppe 2/430.
2. Internet-Links zu philosophischen Themen finden sich z.B. unter www.sozialwiss.uni-hamburg.de/phil/ag/knoten/main.html; die Jenaer philosophische Zeitschrift Tabula Rasa wird im Internet veröffentlicht unter: www.uni-jena.de/philosophie/phil/tr/tabula_rasa.html. Eine praxisorientierte Einführung bietet: P. Tiedemann, Internet für Philosophen, ²1999.
3. Monologisch verfaßte Lehrbücher zur Rechts- und Staatsphilosophie – in alphabetischer Reihenfolge – sind: K. Adomeit, Rechts- und Staatsphilosophie, Bd. I: Antike Denker über den Staat, ²1992, Bd. II: Rechtsdenker der Neuzeit, 1995; N. Brieskorn, Rechtsphilosophie, 1990; H. Coing, Grundzüge der Rechtsphilosophie, ⁵1993; H. Henkel, Einführung in die Rechtsphilosophie, ²1977; H. Hofmann, Einführung in die Rechts- und Staatsphilosophie, 2000; N. Horn, Einführung in die Rechtswissenschaft und Rechtsphilosophie, 1996; A. Kaufmann, Rechtsphilosophie, ²1997; A. Kaufmann/W. Hassemer (Hg.), Einführung in Rechtsphilosophie und Rechtstheorie der Gegenwart, ⁶1994; M. Kaufmann, Rechtsphilosophie, 1996; W. Naucke, Rechtsphilosophische Grundbegriffe, ³1996; H. Ryffel, Grundprobleme der Rechts- und Staatsphilosophie, 1969; K. Seelmann, Rechtsphilosophie, 1994; S. Smid, Einführung in die Philosophie des Rechts, 1991; R. Zippelius, Rechtsphilosophie, ³1994.
4. Grundlegend: M. Herberger, Dogmatik. Zur Geschichte von Begriff und Methode in Medizin und Jurisprudenz, 1981.
5. F.C. v. Savigny, System des heutigen römischen Rechts, Bd. 1, 1840, Neudruck 1981, 333.
6. Dazu ausführlich R. Gröschner, Das Überwachungsrechtsverhältnis, 1992, 68 ff.
7. G. Dürig in: T. Maunz/G. Dürig, Grundgesetz, Art. 1 (1958), Rn. 28.
8. Zu diesem Ansatz R. Gröschner, Vom Nutzen des Verwaltungsrechtsverhältnisses, Die Verwaltung 30 (1997), 301 ff.
9. BVerfGE 33,1.
10. O. Mayer, Deutsches Verwaltungsrecht, Bd. 1, ³1924, 101 ff. Zum dogmenphilosophischen Hintergrund eingehend R. Gröschner, Das Überwachungsrechtsverhältnis, 119 ff.
11. Dazu statt aller H. Dreier, Grundgesetz, Bd. 1, 1996, Präambel, Rn. 49 m.w.N. Zum dogmenphilosophischen Unterschied zwischen demokratischen und republikanischen Staatstheorien unten, § 9.
12. H. Schambeck/H. Widder/M. Bergmann (Hg.), Dokumente zur Geschichte der Vereinigten Staaten von Amerika, 1993, 114.

Anmerkungen zu § 1 Platon und das Muster des Staates

[1] Platons Werke zitiert man nach Seitenzahl und Abschnittbuchstabe der von Henricus Stephanus besorgten Ausgabe von 1578. Diese Paginierung findet sich auch in allen gängigen modernen Editionen. Als (manchmal leicht korrigierte) Zitiergrundlage dient uns die empfehlenswerte und erschwingliche zweisprachige Gesamtausgabe: Platon, Werke in acht Bänden. Griechisch und deutsch. Sonderausgabe, 1990. Ihre Übersetzungen stammen vor allem von F. Schleiermacher. Im Erscheinen befindet sich die großangelegte Ausgabe: Platon, Werke. Übersetzung und Kommentar, hg. v. E. Heitsch/C. W. Müller, 1993 ff., die neben neuen Übertragungen einen umfangreichen philosophischen Kommentar zu jeder platonischen Schrift liefert. Davon liegt, für unsere Thematik einschlägig, vor: Bd. IX 2: Nomoi (Gesetze). Buch I-III, 1994. Einen Überblick über Platons Schriften verschaffen: P. Friedländer, Platon, 3 Bde., ²1954-1960; H. Leisegang, Platon, in: Pauly's Realencyclopädie der classischen Altertumswissenschaften, Bd. 20, 2, 1950, Sp. 2342 ff.; T. Kobusch/B. Mojsisch (Hg.), Platon. Seine Dialoge in der Sicht neuer Forschungen, 1996. Als (auf Deutsch erschienene) Einführungen in Platons Philosophie zu empfehlen sind: R. M. Hare, Platon. Eine Einführung 1990; K. Bormann, Platon, ³1993; M. Suhr, Platon 1992; A. Graeser, Plato, Die Philosophie der Antike 2. Sophistik und Sokratik, Plato und Aristoteles (= W. Röd (Hg.), Geschichte der Philosophie, Bd. II), 1983, 124 ff. Umfangreiche sachorientierte Gesamtdarstellungen bieten: I. M. Crombie, An Examination of Plato's Doctrines, 2 Bde., 1962 f.; R. Kraut (Hg.), The Cambridge Companion to Plato, 1992. Platons Dialoge, vor allem die Politeia, gehören zu den am häufigsten (meist in englischer Sprache) kommentierten philosophischen Texten überhaupt. Aus dieser Fülle an Kommentaren und kommentarähnlicher Literatur seien speziell zur Rechts- und Staatsphilosophie genannt: R. C. Cross/A. D. Woozley, Plato's Republic. A Philosophical Commentary, 1964; O. Höffe (Hg.), Platon, Politeia, 1997; W. Kersting, Platons „Staat", 1999. Zu Platons rechts- und staatsphilosophischer Aktualität: R. Maurer, Platons „Staat" und die Demokratie. Historisch-systematische Überlegungen zur politischen Ethik, 1970; H. Funke (Hg.), Utopie und Tradition. Platons Lehre vom Staat in der Moderne, 1987. Über Platons Leben informiert: G. Martin, Platon, 1969.

[2] Die Textualität der Philosophie wird in den letzten Jahren zunehmend als philosophisches Problem erkannt: S. die Sammelbände: L. Nagl/H. J. Silverman (Hg.), Textualität der Philosophie. Philosophie und Literatur, 1994; G. Gabriel/C. Schildknecht (Hg.), Literarische Formen der Philosophie, 1990 (mit einem Beitrag zu Platon von T. A. Szlezák) und speziell zu Platon: C. L. Griswold (Hg.), Platonic Writings, Platonic Readings, 1988. Die Eigenheiten platonischer Texte stellt T. A. Szlezák ins Zentrum seiner Einführung: Platon lesen, 1993.

[3] S. die Zusammenstellung in Bd. 2, 223, Fn. 1 der zugrundegelegten Platonausgabe.

[4] Folgende Interpretation beruht im wesentlichen auf W. Wieland, Platon und die Formen des Wissens, 1982. Die Unterscheidung zwischen knowing how und knowing that wird vor allem in der englischsprachigen Gegenwartsphilosophie diskutiert. Locus classicus hierzu ist G. Ryle, The Concept of Mind, 1963, 26 ff. (deutsch als: Der Begriff des Geistes, 1969).

[5] A. N. Whitehead, Process and Reality. An Essay in Cosmology, 1987, 39.

[6] Eine Richtung, den esoterischen Platon zu rekonstruieren, wurde besonders einflußreich: Die sogenannte Tübinger Schule begründete H. J. Krämer mit der Monographie: Arete bei Platon und Aristoteles. Zum Wesen und zur Geschichte der platonischen Ontologie, 1959.

[7] K. Oehler, Der geschichtliche Ort der Entstehung der formalen Logik, in: ders., Antike Philosophie und byzantinisches Mittelalter. Aufsätze zur Geschichte des griechischen Denkens, 1969, 48 ff.

[8] Der Dialog Politikos (Staatsmann) eignet sich aufgrund seiner erkenntnistheoretisch-methodologischen Voraussetzungen nicht als Textgrundlage eines einführenden Gesprächs. Zu dieser Schrift: C. J. Rowe (Hg.), Reading the Statesman. Proceedings of the III Symposion Platonicum, 1995.

[9] Vgl. Nomoi 793a-d. Allgemein zum griechischen nomos-Begriff: O. Behrends/W. Sellert (Hg.), Nomos und Gesetz. Ursprünge und Wirkungen des griechischen Gesetzesdenkens. 6. Symposium der Kommission „Die Funktion des Gesetzes in Geschichte und Gegenwart" (=

Abhandlungen der Akademie der Wissenschaften in Göttingen, Philologische-Historische Klasse, 3. Folge, Nr. 209), 1995. Speziell zu Platon: F. L. Lisi, Einheit und Vielheit des platonischen Nomosbegriffes. Eine Untersuchung zur Beziehung von Philosophie und Politik bei Platon, 1985.

[10] A. B. Hentschke, Politik und Philosophie bei Plato und Aristoteles. Die Stellung der „Nomoi" im Platonischen Gesamtwerk und die politische Theorie des Aristoteles, 1971.

[11] Diesen Begriff stellt E. Sandvoss ins Zentrum seiner Interpretation: Soteria. Philosophische Grundlagen der platonischen Gesetzgebung, 1971.

[12] H.-J. Gehrke, Stasis. Untersuchungen zu den inneren Kriegen in den griechischen Staaten des 5. und 4. Jahrhunderts v. Chr. (= Vestigia. Beiträge zur Alten Geschichte, Bd. 35), 1985. Zur systematischen Bedeutung des Stasis-Begriffs bei Platon: J. F. M. Arends, Die Einheit der Polis. Eine Studie über Platons Staat, 1988.

[13] Sokrates starb siebzigjährig im Jahre 399 vor Christus. Er war als Gotteslästerer und Jugendverderber angeklagt und in einem aufsehenerregenden Prozeß zum Tode durch den Schierlingsbecher verurteilt worden. Den Gifttrank nahm er trotz Fluchtmöglichkeit freiwillig zu sich. Einzelheiten und Gründe möge man dem Studium der Apologie und des Kriton entnehmen. Zum Prozeß des Sokrates im einzelnen: I. F. Stone, Der Prozeß gegen Sokrates, 1990. Zu Sokrates erschienen gerade in jüngerer Zeit zahlreiche Arbeiten. Genannt seien etwa: G. Böhme, Der Typ Sokrates, 1988; G. Figal, Sokrates, 1995; E. Martens, Die Sache des Sokrates, 1992; W. H. Pleger, Sokrates. Der Beginn des philosophischen Dialogs, 1998. Für ältere Sokrates-Auffassungen sei auf folgende wichtige Interpretationen verwiesen: R. Guardini, Der Tod des Sokrates. Eine Interpretation der platonischen Schriften Euthyphron, Apologie, Kriton und Phaidon, 1943 (u.ö.); H. Kuhn, Sokrates. Ein Versuch über den Ursprung der Metaphysik, 1934; K. Jaspers, Die großen Philosophen, 1957, 105 ff.

[14] V. Gerhardt, Der groß geschriebene Mensch. Zur Konzeption der Politik in Platons Politeia, Internationale Zeitschrift für Philosophie, 1997, Heft 1, 40 ff.

[15] J. Annas, Plato's Republic and Feminism, Philosophy 51, 1976, 307 ff.

[16] Eine klassische Arbeit zur Konfliktsoziologie ist der Aufsatz von R. Dahrendorf, Die Funktionen sozialer Konflikte, in: ders., Pfade aus Utopia. Zur Theorie und Methode der Soziologie, [4]1986, 263 ff.

[17] K. R. Popper, Die offene Gesellschaft und ihre Feinde, Bd. 1, Der Zauber Platons, [7]1992, 27.

[18] Den damit angesprochenen systematischen Zusammenhang betont J. Krämer, Das Problem der Philosophenherrschaft bei Platon, Philosophisches Jahrbuch 74, 1966/67, 254 ff. Zu Platons Erkenntnistheorie: T. Ebert, Meinung und Wissen in der Philosophie Platons. Untersuchungen zum „Charmides", „Menon" und „Staat", 1974; P. Stemmer, Platons Dialektik. Die frühen und mittleren Dialoge, 1992.

[19] Eine differenzierte Interpretation der platonischen Gerechtigkeitsformel bietet G. Vlastos, Justice and Happiness in the Republic, in: ders. (Hg.), Plato. A Collection of Critical Essays, II. Ethics, Politics, and Philosophy of Art and Religion, 1971, 66 ff.

[20] U. Mörschel, Ideenlehre, in: Historisches Wörterbuch der Philosophie, hg. von J. Ritter/K. Gründer, 1971 ff. (in diesem Lehrbuch wie allgemein üblich abgekürzt als: Hist. Wb. Philos.), Bd. 4, Sp. 137 f.

[21] Zur Annäherung an die „Ideenlehre" empfohlen sei: A. Graeser, Platons Ideenlehre. Sprache, Logik und Metaphysik. Eine Einführung 1975.

[22] Zum Begriff des Historizismus: Popper, Offene Gesellschaft, Bd. 1, 5 ff.; zum Historizismus-Vorwurf siehe ebenda, 26 ff., 31 f.

[23] Platon gegen moderne Angriffe zu verteidigen unternehmen etwa: R. B. Levinson, In Defense of Plato, 1953; J. Wild, Plato's Modern Enemies and the Theory of Natural Law, 1953; R. Bambrough (Hg.), Plato, Popper and Politics. Some Contributions to a Modern Controversy, 1967; H. Erbse, Platons „Politeia" und die modernen Antiplatoniker, Gymnasium 83, 1976, 186 ff., D. Frede, Platon, Popper und der Historizismus, in: E. Rudolph (Hg.), Polis und Kosmos. Naturphilosophie und politische Philosophie bei Platon, 1996, 74 ff.

Anmerkungen zu § 2 Aristoteles und das Ziel der Gemeinschaft

[1] Aristoteles' Texte werden zitiert nach Buch (I) und Abschnitt (1) der jeweiligen Schrift sowie, den Üblichkeiten folgend, nach Seitenzahl und Angabe der Spalte (a oder b) der von I. Bekker besorgten, heute allerdings überholten griechischen Gesamtausgabe: Aristotelis Opera, 1831-1870. Diese Paginierung findet sich auch in allen gängigen modernen Editionen und Übersetzungen. Als Textgrundlage dienen, sofern vorhanden, die zweisprachigen Ausgaben bei Meiner: Organon, 4 Bde., 1997 f., enthält unter anderem Topik, Kategorien, Hermeneutik, Erste und Zweite Analytik; Metaphysik (Met.), 2 Bde., ²1982, 1984; Über die Seele, 1995; Physik, 2 Bde., 1987 f. Alle von W vorgetragenen Übersetzungen aristotelischer Texte in diesem Lehrbuch stammen von A. Wiehart. Als Lektüregrundlage empfohlen seien die auf zwanzig Bände angelegten und noch nicht vollständig vorliegenden Werke in deutscher Übersetzung, hg. v. E. Grumach/H. Flashar, 1956 ff. Sie enthalten ausführliche Kommentare und umfangreiche Bibliographien. Die Nikomachische Ethik (EN) erscheint dort hg. v. F. Dirlmeier als Bd. 6, 1956 (u.ö.), die Politik (P) hg. v. E. Schütrumpf als Bd. 9, Teil 1-4, 1991 ff. (bisher liegen die Teile 1-3 vor). Zur Anschaffung empfohlen seien die Reclam-Ausgabe der EN (1983), die Dirlmeiers Übertragung ohne ausführlichen Kommentar bringt, sowie die überarbeitete Eindeutschung der Politik von F. Susemihl, 1994. Einen guten Eindruck von Aristoteles' knapper Diktion geben die erschwinglichen, in der Wortwahl allerdings nicht immer konsequenten und nachvollziehbaren Übersetzungen von O. Gigon: Politik, 1973 (u. ö.), Die Nikomachische Ethik, 1991. Die griechischen Texte bieten: Aristotelis Politica, hg. v. W. D. Ross, 1957 (u. ö.); Aristotelis Ethica Nicomachea, hg. v. L. Bywater, 1894 (u. ö.). Zur allgemeinen Einführung wärmstens empfohlen sei J. L. Ackrill, Aristoteles. Eine Einführung in sein Philosophieren, 1985. Genannt sei auch: U. Charpa, Aristoteles, 1991. J. Barnes (Hg.), The Cambridge Companion to Aristotle, 1995, enthält eine hilfreiche kommentierte Bibliographie. Eine Fülle von erhellenden Spezialuntersuchungen zur Ethik findet man in: A. Oksenberg Rorty (Hg.), Essays on Aristotle's Ethics, 1980. Bei der Lektüre der Nikomachischen Ethik begleitet: O. Höffe (Hg.), Aristoteles. Die Nikomachische Ethik, 1995. Einen sehr interessanten, aber ebenso umstrittenen Versuch, Aristoteles' Ethik und Politik für heutiges Philosophieren systematisch fruchtbar zu machen, bietet M. C. Nussbaum, The Fragility of Goodness. Luck and Ethics in Greek Tragedy and Philosophy, 1986 sowie dies., Gerechtigkeit oder Das gute Leben, 1999. Speziell der aristotelischen Politik sind gewidmet: G. Bien, Die Grundlegung der politischen Philosophie bei Aristoteles, ³1985; C. N. Johnson, Aristotle's Theory of the State, 1990; G. Patzig (Hg.), Aristoteles' „Politik". Akten des XI. Symposium Aristotelicum, Friedrichshafen/Bodensee, 25.8.-3.9.1987, 1990; D. Keyt/F. D. Miller (Hg.), A Companion to Aristotle's Politics, 1991.

[2] Zu denken ist namentlich an Hannah Arendt, Alasdair MacIntyre, Martha Nussbaum, Dolf Sternberger. Wichtige Werke dieser Autoren sind: H. Arendt, Vita activa oder Vom tätigen Leben (1958), 1967; A. MacIntyre, After Virtue. A Study in Moral Theory, ²1985 (dt. als: Der Verlust der Tugend. Zur moralischen Krise der Gegenwart, 1987). Zu Nussbaum neben den in Anmerkung 1 genannten Titeln M. C. Nussbaum, Menschliches Tun und soziale Gerechtigkeit. Zur Verteidigung des aristotelischen Essentialismus, in: M. Brumlik/H. Brunkhorst (Hg.), Gemeinschaft und Gerechtigkeit, 1993, 323 ff.; Arbeiten von Sternberger sind in den Anmerkungen 22 und 23 angegeben. Über Arendt informieren D. Barley, Hannah Arendt. Einführung in ihr Werk, 1990; K.-H. Breier, Hannah Arendt zur Einführung, 1992; M. Passerin d'Entrèves, The Political Philosophy of Hannah Arendt, 1994. Über MacIntyre und Nussbaum knapp: W. Reese-Schäfer, Was ist Kommunitarismus?, 1994, 55 ff., 106 ff.; über Sternberger ausführlich: J. Pannier, Das Vexierbild des Politischen. Dolf Sternberger als politischer Aristoteliker, 1996.

[3] F. Schinzinger, Vorläufer der Nationalökonomie, in: O. Issing (Hg.), Geschichte der Nationalökonomie, ³1994, 15 ff.; B. Schefold, Platon und Aristoteles, in: J. Starbatty (Hg.), Klassiker des ökonomischen Denkens, 1989, Bd. 1, 19 ff.

[4] Stellvertretend P. Koslowski, Ökonomie und Politik bei Aristoteles, 1993.

[5] P I 2 1252b. Entsprechend äußert sich Aristoteles auch in Physik II 2 194a.

[6] „Daimon" soll sich sogar von „daiesthai", „zuteilen", herleiten. Eine erste Annäherung an die antike daimon-Vorstellung findet sich in: Der Neue Pauly. Enzyklopädie der Antike, hg. v. H. Cancik/H. Schneider, Bd. 3, 1997, s. v. „Dämonen", Sp. 258 ff.

[7] Den Konzeptionen des Gelingens des Lebens und der Glückseligkeit, ihrem Verhältnis zum Begriff der Moralität sowie der Frage nach dem guten Leben bringt man in der gegenwärtigen Ethik immer mehr Beachtung entgegen. Aus den zahlreichen Veröffentlichungen herausgegriffen seien: W. Schmid, Philosophie der Lebenskunst. Eine Grundlegung, 1998; J. Schummer (Hg.), Glück und Ethik, 1998; H. Steinfath (Hg.), Was ist ein gutes Leben?, 1998.

[8] Kant, GMS AB 12 f., 46 ff.; KpV A 45 ff. Zur Zitierweise der Kantschen Schriften siehe Anmerkung 1 zu § 10.

[9] Seine Psychologie entfaltet Aristoteles in: Über die Seele. Den Begriff der Seele bestimmt er dort in II 1.

[10] Wurden früher Aristoteles auf der einen, Kant (und Platon) auf der anderen Seite oft als Typen unvereinbarer Moralphilosophien einander nur kontrastierend gegenübergestellt, beginnt die neuere Forschung, durchaus wesentliche Gemeinsamkeiten zwischen Kant und Aristoteles zu entdecken: N. Sherman: Making a Necessity of Virtue. Aristotle and Kant on Virtue, 1997.

[11] Formuliert etwa von G. Patzig, Die Begründbarkeit moralischer Forderungen, in: ders., Ethik ohne Metaphysik, ²1983, 40 f.

[12] Hist. Wb. Philos., Bd. 2, s. v. „Entelechie", Sp. 506 f.

[13] Den staatlichen Erziehungsauftrag begründet Aristoteles vor allem in P VII 13. Wie der Staat beim Erziehen im einzelnen vorgehen soll, ist dann Thema bis zum Ende der Politik.

[14] Dazu und zur dogmatischen Problematik dieser Rechtsprechung R. Gröschner, in: H. Dreier, Grundgesetz, Bd. 1, 1996, Art. 7, Rn. 55 ff.

[15] Zum Verhältnis von Wissenschaft und (Technik, Handwerk, Kunst und mehr umfassender) techne bei Aristoteles siehe § 3 II 1.

[16] G. W. F. Hegel, Grundlinien der Philosophie des Rechts (1821), 1970, § 97 Zus.

[17] Der dogmenphilosophische Beitrag, den Aristoteles zur Bestimmung des Rechtsstaatsprinzips zu leisten vermag, ist erst jüngst anerkannt und verarbeitet worden von K. Sobota, Das Prinzip Rechtsstaat. Verfassungs- und verwaltungsrechtliche Aspekte, 1997, insbes. 283 ff.

[18] Entsprechendes gilt auch für das römische Pendant zur time, der dignitas: § 6 II 1 a.

[19] Umsturz (metabole) und Erhaltung (soteria) von Staatsordnungen thematisiert Aristoteles in Buch 6 der Politik.

[20] Dieser Aspekt der Freiheit wurde bereits vor Aristoteles betont. Über den griechischen Freiheitsbegriff allgemein informiert K. Raaflaub, Zum Freiheitsbegriff der Griechen. Materialien und Untersuchungen zur Bedeutungsentwicklung von eleutheros/eleutheria in der archaischen und klassischen Zeit, in: E. C. Welskopf (Hg.), Soziale Typenbegriffe im alten Griechenland und ihr Fortleben in den Sprachen der Welt, Bd. 4, Untersuchungen ausgewählter altgriechischer sozialer Typenbegriffe und ihr Fortleben in Antike und Mittelalter, 1981, 180 ff., speziell zu Freiheit und Regierungsbeteiligung: 223 f., 280 ff., 307 ff., 338 f.

[21] Zum politischen Handeln als klugem bzw. situativ-orientierten Handeln: H. Buchheim, Theorie der Politik, 1981, 104 ff.; ders., Was heißt politisch denken?, Neue Rundschau 79 (1968), 255 ff.; B. Sutor, Kleine politische Ethik, 1997, 45 ff. Ferner zur Klugheit bei Aristoteles: R. Elm, Klugheit und Erfahrung bei Aristoteles, 1996, und zur Klugheit allgemein: J. Pieper, Traktat über die Klugheit, in: ders., Werke in acht Bänden, Bd. 4, 1996, 1 ff.

[22] Siehe dazu für eine erste Auseinandersetzung die beiden Arbeiten von D. Sternberger, Antike Züge im Gesicht des modernen Staates und: Der Staat des Aristoteles und der unsere, beide in: D. Sternberger, Die Stadt als Urbild. Sieben politische Beiträge, 1985, 60 ff., 143 ff. Zum Vergleich zwischen antiker polis und modernem Verfassungsstaat auch M. I. Finley, Antike und moderne Demokratie, 1987.

[23] Zur Verfassung als Mischung bei Aristoteles siehe D. Sternberger, Drei Wurzeln der Politik, 1984, 147 ff.

[24] So der Titel des berühmten (1932 zuerst erschienenen) utopischen Romans von A. Huxley, worin sich die „Schöne neue Welt", so der deutsche Titel, als wenig attraktiv erweist. Erfri-

schend Kritisches zu den Auswirkungen unseres oft so hoch gelobten Wirtschaftssystems bei V. Forrester: L'Horreur Economique, 1996 (dt. als Der Terror der Ökonomie, 1997).

Anmerkungen zu § 3 Die Römer und die Kunst der Jurisprudenz

[1] Gesprächsgrundlage des vorliegenden Paragraphen ist daher kein philosophischer Text, sondern die Erfahrung mit der Anwendung von Rechtsnormen, die jede Juristin und jeder Jurist täglich machen kann, wenn sie/er sich hinreichend wirkungsgeschichtliches Bewußtsein für die Kontinuität der juristischen Kunst über die Jahrtausende zwischen der römischen und der grundgesetzlichen Republik bewahrt hat bzw. bereit ist, ein solches Bewußtsein zu entwickeln. Als normtextliche Basis für die Befassung mit der Rechtsfindungskunst der Römer dienen die zweisprachigen Ausgaben des Zwölftafelgesetzes von R. Düll, ^{7}1995 und des Corpus iuris civilis von O. Behrends/R. Knütel/B. Kupisch/H. H. Seiler (Hg.), Bd. I, Institutionen, ^{2}1997, Bd. II, Digesten 1-10, 1995. Als allgemeine Einführung in die römische Rechtsgeschichte kann diejenige von A. Söllner, ^{4}1989, empfohlen werden, als Einführung in das aktionenrechtliche Denken A. Bürge, Römisches Privatrecht, 1999. Die rechtshistorischen Grundlagen der im folgenden behandelten Themen vermitteln zuverlässig G. Dulckeit/F. Schwarz/W. Waldstein, Römische Rechtsgeschichte, ^{9}1995. Klare Linien hinsichtlich der Besonderheiten des fallbezogenen Judizierens der republikanischen und der klassischen römischen Juristen zeichnen M. Bretone, Geschichte des römischen Rechts, 1992, 201 ff.; H. Honsell, Römisches Recht, ^{4}1997, 7 ff.; M. Kaser, Römische Rechtsgeschichte, ^{2}1986, 159 ff.; W. Kunkel, Römische Rechtsgeschichte, ^{12}1990, 81 ff.; F. Schulz, Prinzipien des römischen Rechts, 1934, 27 ff. sowie – für eine eigenständige Erschließung der Quellen nach wie vor unentbehrlich – F. Wieacker, Römische Rechtsgeschichte, 1988, 519 ff. Eine mit der vorliegenden „Techne"-Lehre kompatible „Theorie der Technik" hat R. v. Jhering in: Geist des römischen Rechts entwickelt: Teil 2, Abt. 2, Neudruck, ^{5}1998, 309 ff. Ein Überblick über die in der gegenwärtigen juristischen Methodenlehre vertretenen Rechtsfindungsmodelle findet sich bei R. Gröschner unter dem Stichwort „Rechtsfindung" im Ergänzbaren Lexikon des Rechts, 1988, Gruppe 2/430. Dem dort dargestellten eigenen Ansatz am nächsten stehen J. Schapp, Hauptprobleme der juristischen Methodenlehre, 1983 – dazu R. Gröschner, Die richterliche Rechtsfindung: „Kunst" oder „Methode"?, JZ 1983, 944 ff. –; F. Müller, Juristische Methodik, ^{7}1997 und J. Lege, Pragmatismus und Jurisprudenz, 1999. Der moderne Klassiker des vorliegend entwickelten Grundgedankens ist K. Engisch, Die Idee der Konkretisierung in Recht und Rechtswissenschaft unserer Zeit, ^{2}1968 – in engem methodologischen Zusammenhang mit den Logischen Studien zur Gesetzesanwendung desselben Autors, ^{3}1964 –, wenngleich die Bezüge zum römischen Recht dort themagemäß fehlen. Für diese Bezüge grundlegend W. Henke, Alte Jurisprudenz und neue Wissenschaft, JZ 1987, 685 ff. und ders., Recht und Staat, 1998, 485 ff. Monographische Grundlagenarbeit hinsichtlich der Entscheidungsbegründungen hochklassischer Juristen wird am Beispiel des Celsus geleistet von J. D. Harke, Argumenta Iuventiana, 1999.

[2] Text und Übersetzung bei Düll, Das Zwölftafelgesetz, 28 f.; Erläuterungen 71 ff.; zur Entstehungsgeschichte des Gesetzes 7 ff.

[3] Zur Diskussion des Begriffsgegensatzes „konkret" und „abstrakt" in der Logik und Ontologie Engisch, Die Idee der Konkretisierung, 1 ff.

[4] Lesenswerte Einzelheiten zur Kompetenz des Gerichtsmagistrats bei Bürge, Römisches Privatrecht, 3 ff.

[5] Das „Rufen zur Gerichtsstätte" geschah „wohl nicht notwendig mit einer starr gefaßten Spruchformel": M. Kaser, Das römische Zivilprozeßrecht, ^{2}1996, 64 m.w.N.

[6] J. Grimm, Deutsche Rechtsaltertümer, Bd. 2, ^{4}1899, Nachdruck 1974, 517.

[7] In der gegenwärtigen juristischen Methodenlehre wird diese Position im Rahmen eines semantischen Ansatzes vertreten von F. Müller, Juristische Methodik, insbes. 168 ff., 186 ff.

[8] Dies ist der Ansatz von J. Schapp, Hauptprobleme der juristischen Methodenlehre, 6 ff.; das Beispiel „grausam" dort 31; zum Modell der „Fallreihe" 53 ff. Von „Fallreihen" in der kasuistischen Methode der Römer spricht auch Schulz, Prinzipien des römischen Rechts, 35.

[9] Die Unterscheidung zwischen „Herstellung" und „Darstellung der Herstellung" ist konstitutiv für den Ansatz von K. Sobota, Sachlichkeit, Rhetorische Kunst der Juristen, 1990, 13 ff.

[10] Das Beispiel etwa bei K. Engisch, Einführung in das juristische Denken, [8]1983, 48 f.

[11] Oft würde schon ein kurzer Blick in eine logisch-sprachphilosophische Einführung genügen, um Mißverständnisse zu vermeiden. Empfohlen sei: E. Tugendhat/U. Wolf, Logisch-semantische Propädeutik, 1993. Speziell zum Begriff des Abstrakten: W. Künne, Abstrakte Gegenstände. Semantik und Ontologie, 1983. Als Einstieg in eine wissenschaftliche Auseinandersetzung mit Logik und Sprachphilosophie eignen sich die so präzisen und klaren Schriften Freges immer noch am besten – vor allem jene, die in folgenden Sammelbänden herausgegeben wurden: Funktion, Begriff, Bedeutung, [7]1994, Logische Untersuchungen, [4]1993, Schriften zur Logik und Sprachphilosophie, [3]1990. Über die Register dieser Ausgaben lassen sich auch die Passagen zur Subsumtion leicht eruieren.

[12] Dazu statt aller Kaser, Das römische Zivilprozeßrecht, 151 ff.; die im folgenden diskutierten Prozeßformeln dort 308 ff., weitere Formeln bei Bürge, Römisches Privatrecht, 7 ff.

[13] Knappe Darstellung des Formularprozesses bei Dulckeit/Schwarz/Waldstein, Römische Rechtsgeschichte, 160 ff. m.w.N.

[14] Das Beispiel findet sich auch bei Henke, Alte Jurisprudenz und neue Wissenschaft, 686.

[15] Die prominentesten Vertreter einer solchen (Vergleichs-)Logik juristischer Ähnlichkeitsurteile sind für die Römer Wieacker, Römische Rechtsgeschichte, 577, 594 f. und für die juristische Methodenlehre der Nachkriegszeit Engisch, Die Idee der Konkretisierung, 199 f.

[16] Dazu eingehend R. Gröschner, Judiz – was ist das und wie läßt es sich erlernen?, JZ 1987, 903 ff.; daran anknüpfend jetzt J. Lege, Pragmatismus und Jurisprudenz, 607 und 541 ff.

[17] Zum „Nachleben und Weiterwirken des römischen Rechts" allgemein Dulckeit/Schwarz/ Waldstein, Römische Rechtsgeschichte, 317 ff. m.w.N.; zur Entstehung einer europäischen Rechtswissenschaft durch die Rezeption F. Wieacker, Privatrechtsgeschichte der Neuzeit, [2]1967, 45 ff., 124 ff.; zur Rezeption im Hinblick auf den spezifisch deutschen Streit zwischen „Germanisten" und „Romanisten" P. Koschaker, Europa und das römische Recht, [4]1966, 141 ff., insbes. 147 ff.; ferner informativ: P. Stein, Römisches Recht in Europa. Die Geschichte einer Rechtskultur, 1996.

[18] Dazu – auf der Grundlage der einzigen Quellenstelle D. 1, 2, 2 – W. Kunkel, Das Wesen des ius respondendi, SZ 66 (1948), 423 ff.

[19] Zur Selbständigkeit der römischen Jurisprudenz gegenüber der griechischen Philosophie Wieacker, Römische Rechtsgeschichte, 520; zu Einflüssen in der Begriffs- und Systembildung 618 ff.

[20] Ausführliche Diskussion bei D. Medicus, Zur Funktion der Leistungsunmöglichkeit im römischen Recht, SZ 86 (1969), 67 ff., insbes. 94 ff.

[21] Und zwar mit der herrschenden Lehre gegen U. v. Lübtow, De iustitia et iure, SZ 66 (1948), 519, der „ars" mit „System" und nicht mit „Kunst" übersetzen möchte.

[22] H. Schneider, Das griechische Technikverständnis. Von den Epen Homers bis zu den Anfängen der technologischen Fachliteratur, 1989, speziell zu Aristoteles: 181 ff.

[23] Dazu mit Diskussion des Quellenproblems R. Gröschner, Dialogik und Jurisprudenz, 1982, 152 ff. und ders., Hippokratische Techne und richterliche Kunst, in: M. Kilian (Hg.), Jurisprudenz zwischen Techne und Kunst, 1987, 11 ff. Von „juristischer Diagnose" spricht auch R. v. Jhering, Geist des römischen Rechts II 2, 314.

[24] So ausdrücklich etwa § 15 Abs. 1 ThürJAPO.

[25] Für die zugrundeliegende „Trennung der Theorie von der Praxis" macht Koschaker, Europa und das römische Recht, 250 f. das spezifisch deutsche Naturrecht mit seinem mos geometricus insbesondere bei Christian Wolff verantwortlich.

[26] Dazu jetzt die (unveränderte) Taschenbuchausgabe H.-G. Gadamer, Gesammelte Werke 1: Wahrheit und Methode, 1999, 330 ff. (335).

[27] Gadamer, Wahrheit und Methode, 332. Kritisch zu der in dieser Verweisung vermuteten Verwandtschaft mit der Hermeneutik Schleiermachers Gröschner, Dialogik und Jurisprudenz, 106 f.

[28] Der detaillierte Nachweis für die Weiterverwendung der Methodenlehre Savignys nach Inkrafttreten des BGB wird geführt von T. Honsell, Historische Argumente im Zivilrecht, 1982.

[29] P. Feyerabend, Against Method. Outline of an Anarchistic Theory of Knowledge, 1975 (u. ö.; dt. als Wider den Methodenzwang, ^{4}1993).

[30] B. Kupisch, Zur Wirkungsgeschichte der Institutionen in der in Fn. 1 genannten Edition, 290.

[31] Wenn etwa J. Derrida in seinem Buch Gesetzeskraft (1996) drei „Aporien" des Rechts diskutiert, so gewinnt man den Eindruck, hier handelt ein Philosoph über Probleme, von denen er meint, daß der Jurist sie hätte, obschon ein wenig juristische Grundbildung zeigt, daß sich diese Probleme dem positiven Recht so gar nicht stellen.

[32] Dazu in einer knappen Zusammenfassung Dulckeit/Schwarz/Waldstein, Römische Rechtsgeschichte, 250 ff. mit Literaturhinweisen 246.

[33] Zu den „Konditionalsätzen" der Klassiker: Söllner, Einführung in die römische Rechtsgeschichte, 37.

[34] Ausführlich dazu Schapp, Hauptprobleme der juristischen Methodenlehre, 47 ff.; zur Abstraktionsleistung der Tatbestandsbegriffe 55 f.

[35] Hier hätte auch die Topik als Techne der Problemerörterung ihren Platz. Aus Raumgründen sei dazu nur verwiesen auf Gröschner, Dialogik und Jurisprudenz, 189 ff. (Aristoteles), 194 ff. (Cicero), 197 ff. (Vico), 199 ff. (Viehweg).

[36] In diesem Sinne jetzt grundlegend M. Reinhardt, Konsistente Jurisdiktion, 1997, insbes. 271 ff. und 409 ff.

[37] Dazu jeweils mit Nachweisen Gröschner, Dialogik und Jurisprudenz, 74 f. und 134 ff. sowie ders., Das Hermeneutische der juristischen Hermeneutik, JZ 1982, 622 ff.

[38] Als moderner Klassiker in der juristischen Methodenlehre steht dafür J. Esser, Vorverständnis und Methodenwahl in der Rechtsfindung, ^{2}1972.

[39] Dulckeit/Schwarz/Waldstein, Römische Rechtsgeschichte, 154 und 173, übersetzen „aequitas" daher treffend mit „Sachgerechtigkeit".

[40] Mit der Forderung nach epieikeia nicht verwechselt werden darf Ciceros Deutung des Sprichwortes „summum ius summa iniuria" („höchstes Recht ist höchste Ungerechtigkeit": De officiis I 33). Dies warnt, so Cicero, vor einer allzu wörtlichen und deshalb sinnentstellenden Auslegung des Rechts um des eigenen Vorteils willen. Zu Cicero allgemein unten § 6 II 1 a; zur Herkunft dieses Sprichwortes Anmerkung 4 zu § 6.

[41] Die Billigkeitslehre des Aristoteles in Absetzung von aequitas und Billigkeit im römischen Recht hat in neuerer Zeit sorgfältig und mit Nachweisen behandelt I. Pernice, Billigkeit und Härteklauseln im öffentlichen Recht, 1991, 34 ff.

[42] So schon BVerfGE 1, 52.

[43] Zum Beispiel des toten Sklaven Stichus mit lehrreichen Fallvarianten D. Liebs, Römisches Recht, ^{5}1999, 285 ff., zum Status des Leichnams M. Kaser, Zum römischen Grabrecht, SZ 95 (1978), 15 ff. Argumente daraus gegen die Privatisierung von Krematorien bei R. Gröschner, Menschenwürde und Sepulkralkultur in der grundgesetzlichen Ordnung, 1995, 52 ff.

[44] Für ein originäres Verständnis römischer Juristenkunst aus der Praxis dieser Kunst namentlich T. Mayer-Maly, Vom Rechtsbegriff der Römer, Österreichische Zeitschrift für öffentliches Recht IX (1958/1959), 151 ff.

[45] Dazu eingehend mit umfassenden Nachweisen auch des rechtsphilosophischen Schrifttums W. Waldstein, Zu Ulpians Definition der Gerechtigkeit (D 1, 1, 10 pr.), in: FS Flume, Bd. 1, 1978, 213 ff.

[46] So W. Waldstein, Zu Ulpians Definition, 225, 231.

[47] A. Dihle, Die Vorstellung vom Willen in der Antike, 1985.

[48] M. F. Quintilianus, Institutionis oratoriae libri XII, Ausbildung des Redners, zwölf Bücher, lateinisch-deutsch, hg. u. übers. v. H. Rahn, 2 Bde., 1972, 1975; ausführliche Diskussion mit Einzelnachweisen des zitierten Kernsatzes und der damit angesprochenen Tugend des „vir bonus" bei Gröschner, Dialogik und Jurisprudenz, 167 ff. (169).

⁴⁹ Der mittlerweile klassische Text zur Logik des Wörtchens „gut" ist: P. T. Geach, Good and Evil, Analysis 17 (1956), 33 ff.
⁵⁰ Nachweise und Diskussion bei Gröschner, Dialogik und Jurisprudenz, 170 f.
⁵¹ Zum traditionell schlechten Ruf der Rhetorik und zur Unterscheidung der antiken „Sophistik" von der „Erisitik" im Sinne Schopenhauers: Gröschner, Dialogik und Jurisprudenz, 165 ff., 172 Fn. 63.
⁵² Schon im Titel programmatisch: Sobota, Sachlichkeit, Rhetorische Kunst der Juristen. Diskussion dieses Programms und der zugrundeliegenden Ansätze (Viehweg, Perelman, Ballweg, Haft und andere) bei Lege, Pragmatismus und Jurisprudenz, 432 ff., 569 ff.
⁵³ Oben, Einführung, II 2.
⁵⁴ A. Wacke, Audiatur et altera pars, in: FS Waldstein, 1993, 371 ff.
⁵⁵ Schon zur Zeit des Zwölftafelgesetzes war es üblich, sich in der Nähe der Gerichtsstätte zu treffen, um eine Verhandlungslösung zu versuchen: A. Bürge, Römisches Privatrecht, 5.
⁵⁶ Dazu eingehend Gröschner, Dialogik und Jurisprudenz, 33 ff.
⁵⁷ W. Waldstein, Zu Ulpians Definition, 231.
⁵⁸ Lege, Pragmatismus und Jurisprudenz, insbes. 563 ff. und 582 ff.
⁵⁹ Dazu jüngst D. Patterson, Recht und Wahrheit, 1999.
⁶⁰ Dazu C. Dierksmeier, Schellings künstlerische Hermeneutik und die Kunst richterlicher Rechtsfindung, erscheint in: ARSP 2000.

Anmerkungen zu § 4
Mittelalterliche Glaubenslehren und das Problem des Naturrechts

¹ Dieses Vorurteil findet sich etwa bei K. Popper, Die offene Gesellschaft und ihre Feinde, Bd. 2, Falsche Propheten: Hegel, Marx und die Folgen, ⁷1992, 32, s.a. ebd. 364.
² Augustinus wird nach Werktitel, Buch, Kapitel zitiert. Die verwendeten Kürzel entsprechen den folgenden Volltiteln: REL = De vera religione, CIV = De civitate Dei, TRIN = De trinitate, Div. = De diversis quaestionibus octoginta tribus. Wir zitieren CIV nach der Ausgabe von W. Thimme ²1985 und REL nach der gut zugänglichen zweisprachigen Ausgabe des Reclamverlages ²1983; ansonsten folgen wir der deutschen Augustin-Ausgabe von C.J. Perl, 1955 ff. Als Einführungen sind zu empfehlen: K. Flasch, Augustin. Einführung in sein Denken, ²1994 und C. Horn, Augustinus, 1995. Zu einer ersten Beschäftigung mit der Sekundärliteratur eignen sich die Schriften: H. Rommel, Zum Begriff des Bösen bei Augustinus und Kant: der Wandel von der ontologischen zur autonomen Perspektive, 1997, und H. Krings, Ordo: philosophisch-historische Grundlegung einer abendländischen Idee, 1982, sowie die Aufsätze von M. Krieger und R. Wingendorf, Christsein und Gesetz. Augustinus als Theoretiker des Naturrechts, und O. Höffe, Positivismus plus Moralismus. Zu Augustinus eschatologischer Staatstheorie, jeweils in: C. Horn (Hg.), Augustinus. De Civitate Dei, 1997.
³ Diesen Ausdruck verwendet Leibniz in seinen Nouveaux Essais, II 21 § 35, 37. Die zugrundegelegte Ausgabe ist genannt in Anmerkung 5 zu § 8.
⁴ Oben, § 1 II 3 a.
⁵ Thomas wird in allen Werkausgaben nach einheitlichen Siglen zitiert (bspw. Sth = Summa theologiae, Sg = Summa contra gentiles; vgl. Thomas-Lexikon, hg. v. L. Schütz, ²1895). Wir zitieren die Sth nach der zweisprachigen Dominikaner/Benediktiner-Ausgabe von 1934, die Sg nach der von K. Albert und P. Engelhardt besorgten zweisprachigen Ausgabe ²1987 und die Quaestiones de veritate nach der Ausgabe von A. Zimmermann 1986. Lesenswerte Einführungen sind: J. Pieper, Thomas von Aquin. Leben und Werk, 1986 und G. Mensching, Thomas von Aquin, 1995. Empfehlenswerte Sekundärliteratur ist: K. Rahner, Geist und Welt. Zur Metaphysik der endlichen Erkenntnis bei Thomas von Aquin, 1964, neu in: K. Rahner, Sämtliche Werke, Bd. 2, 1996; G. Siewerth, Der Thomismus als Identitätssystem, 1961; M. Jordan, The Pars moralis of the Summa theologiae as Scientia and as Ars, in: I. Craemer-Rugenberg (Hg.), Scientia und Ars im Hoch- und Spätmittelalter, 1994, 468 ff.; E. Stein, Husserls Phänomenologie und die Philosophie des Hl. Thomas, in: FS Husserl, Jahrbuch für

Phänomenologische Forschung 1929, 315 ff.; K. Merks, Naturrecht als Personenrecht? Überlegungen zu einer Relektüre der Naturrechtslehre des Thomas von Aquin, in: M. Hiembach-Steins (Hg.), Naturrecht im ethischen Diskurs, 1990, 28 ff.

[6] Diese Schrift zur Regierungslehre wird – in der Reihenfolge: Buch, Kapitel, Seite (bspw. Reg I, 8, 32) – nach der allgemein zugänglichen Reclamausgabe zitiert.

[7] Vor allem unter Eindruck von Thomas' Staatsphilosophie verfaßte Papst Bonifaz VIII. 1302 die Bulle Unam Sanctam. Darin verkündete er die sogenannte Zwei-Schwerter-Theorie, wonach der Papst neben dem geistlichen Schwert auch das weltliche zu führen habe. Wie illusionär dieser konstruierte Machtanspruch tatsächlich war, erwies sich bereits im folgenden Jahr, als Philipp IV., König von Frankreich, den Papst gefangennehmen ließ. Im „Babylonischen Exil" in Avignon (1309-1377) und während der Zeit der doppelten bis dreifachen Besetzung des Papststuhles (bis zum Konzil von Konstanz 1414-1418) verlor das Papsttum weiter an weltlicher Macht.

[8] Dante Alighieri, Monarchia (lateinisch-deutsche Ausgabe bei Reclam, 1989); Marsilius von Padua, Defensor Pacis (deutsch als Der Verteidiger des Friedens bei Reclam, 1985).

[9] Siehe dazu C. Schmitt, Der Nomos der Erde im Völkerrecht des Jus Publicum Europaeum, ^{3}1988; O. Kimminich, Der gerechte Krieg im Spiegel des Völkerrechts, in: R. Steinweg (Red.), Der gerechte Krieg: Christentum, Islam, Marxismus, 1980, 206 ff.

[10] Zum Kosovo-Konflikt die Beiträge in H. Hubel/K. Dicke (Hg.), Die Krise im Kosovo, 1999; völkerrechtliche Aspekte werden z. B. diskutiert in den Aufsätzen von K. Ipsen, Der Kosovo-Einsatz – Illegal? Gerechtfertigt? Entschuldbar? und C. Tomuschat, Völkerrechtliche Aspekte des Kosovo-Konflikts, beide in: Die Friedenswarte 74 (1999), 19 ff. bzw. 33 ff.

[11] In solcher Perspektive diskutiert die Frage nach dem gerechten Krieg – allerdings weitgehend ohne Rückgriff auf die rechtsphilosophischen Klassiker – M. Walzer, Just and unjust wars. A moral argument with historical illustrations, ^{2}1992.

[12] Zur Lehre vom gerechten Krieg neben den in Anmerkung 9 genannten Titeln auch den Artikel: just war, in: The Blackwell Encyclopaedia of Political Thought, hg. v. D. Miller, 1987, 257 ff. (m.w.N.) sowie die Arbeiten in: J. B. Elshtain (Hg.), Just War Theory, 1992.

[13] Zum folgenden P. Engelhardt, Die Lehre vom „gerechten Krieg" in der vorreformatorischen und katholischen Tradition. Herkunft – Wandlung – Krise, in: Steinweg (Red.), Der gerechte Krieg, 72 ff. (76 ff.) und W. G. Grewe, Epochen der Völkerrechtsgeschichte, ^{2}1988, 135 ff.

[14] Zu Gentili siehe Grewe, Epochen, 147 ff.

[15] Siehe etwa Kimminich, Der gerechte Krieg, 216 ff.

[16] Das Thema des gerechten Krieges wird in jüngeren Studien durchaus behandelt, allerdings in einer sehr unbefriedigenden Art und Weise: Die Autoren bleiben bisher weitgehend den Fragestellungen und Denkmustern der Zeit des Ost-West-Konfliktes verhaftet. Damit läßt sich aber die neue weltpolitische und völkerrechtliche Situation kaum bewältigen. Siehe etwa A. Kaufmann, Rechtsphilosophie, ^{2}1997, 248 ff., V. Hösle, Moral und Politik. Grundlagen einer politischen Ethik für das 21. Jahrhundert 1997, 1022 ff.

[17] Unten, § 5 I 2.

[18] D. Martin Luthers Werke, Kritische Gesamtausgabe, Weimar 1883 ff. (daher Weimarer Ausgabe, kurz WA). Unveränderter Abdruck 1966, Bd. 7, 20 ff. („Von der Freyheyt eynß Christen menschen"), Bd. 11, 245 ff. („Von welltlicher Uberkeytt, wie weyt man yhr gehorsam schuldig sey"). Um wenigstens eine annähernde Vorstellung vom „Lutherdeutsch" zu vermitteln, werden wörtliche Zitate in originaler Sprech- und Schreibweise wiedergegeben. Die meistzitierte moderne Edition ist diejenige von K. Bornkamm/G. Ebeling, Martin Luther, Ausgewählte Schriften, 1982 (6 Bände), Taschenbuchausgabe 1995. Als Einstiegslektüre in Leben und Werk des Reformators kann das schmale Buch von E. Maurer, Luther, 1999, empfohlen werden, das auf nur 150 Seiten die beiden zentralen Themen der Lutherschen Theologie – die Rechtfertigung des Einzelnen vor Gott und die Bedeutung der Sprache für ein adäquates Verständnis des christlichen Glaubens – anspruchsvoll und dennoch eingängig abhandelt. Etwas weiter verzweigt ist die Darstellung von D. Korsch, Martin Luther zur Einführung, 1997 (beide mit Literaturhinweisen); grundlegend für das Verständnis des Lutherschen Freiheitsbegriffs: E. Jüngel, Zur Freiheit eines Christenmenschen. Eine Erinnerung an Luthers Schrift, ^{3}1991; hilfreich für die Auseinandersetzung mit der Zweiregimentelehre: H.-H.

Schrey (Hg.), Reich Gottes und Welt. Die Lehre Luthers von den zwei Reichen, 1969. Ins Zentrum der Rechtsphilosophie rückt die Freiheit eines Christenmenschen bei J. Schapp, Freiheit, Moral und Recht, 1994.

[19] Dagegen Erasmus von Rotterdam: „Unter freiem Willen verstehen wir in diesem Zusammenhang das Vermögen des menschlichen Willens, mit dem der Mensch sich dem, was zur ewigen Seligkeit führt, zuwenden oder von ihm abwenden kann" (Vom freien Willen, Übersetzung O. Schumacher, ^{5}1983, 24).

[20] D. Korsch, Martin Luther zur Einführung, 131.

[21] Einzelheiten dazu in der Kommentierung des Art. 20 IV von R. Gröschner, in: H. Dreier, Grundgesetz, Bd. 2, 1998.

[22] Siehe m.w.N. R. Dolzer, Der Widerstandsfall, in: HStR VII, § 171, Rn. 9.

[23] Thoreau (1817-1862) selbst hatte diesen Essay mit „Resistance to Civil Government" überschrieben. Eine moderne, textkritische Edition findet sich in: The Writings of Henry D. Thoreau. Reform Papers, 1973, 63-90. Eine kritische Auseinandersetzung mit dieser Schrift und ihrer Wirkung bieten H.-D. und H. Klumpjan, Henry D. Thoreau, 1986, 100 ff.

[24] Süddeutsche Juristenzeitung 1946, 105 ff.; Wiederabdruck in: G. Radbruch, Gesamtausgabe, Bd. 3, 1990, 83 ff. (89).

[25] Lesenswert: H. Dreier, Gustav Radbruch und die Mauerschützen, JZ 1997, 421 ff; monographische Aufarbeitung jetzt bei K. Seidel, Rechtsphilosophische Aspekte der „Mauerschützen"-Prozesse, 1999.

[26] BVerfGE 10, 59 (81).

[27] So versteht etwa der Philosoph K.C.F. Krause (1781-1832) den Begriff Naturrecht. Dazu C. Dierksmeier, Recht als Grundwesenheit – Die Rechtsphilosophie K.C.F. Krauses, erscheint 2000.

[28] R. Dreier zeigt (Artikel Naturrecht, in: Ergänzbares Lexikon des Rechts 2/370), daß der naturalistische Fehlschluß nur in den wahrlich seltenen Fällen vorliegt, wo aus rein deskriptiven Annahmen normative Konsequenzen gezogen werden, nicht aber, wenn die Seinsaussagen, von denen ausgegangen wird, durch ihre metaphysisch-teleologische Grundierung implizit normativer Natur sind. Der hermeneutische Zirkel, „daß die Zielbestimmungen und Wertstrukturen, die jene Theorie als der Natur immanent betrachtet, vorab in diese hineininterpretiert" werden müssen, bleibt dann aber bestehen. Auf diese Problematik wurde besonders – allerdings weder erstmalig, noch originell, noch sie letztgültig klärend – von Hans Welzel (Naturrecht und materiale Gerechtigkeit, ^{4}1990) aufmerksam gemacht.

[29] Der Begriff ist heutzutage vor allem in Gebrauch bei D. v.d. Pfordten, Ökologische Ethik – Zur Rechtfertigung menschlichen Verhaltens gegenüber der Natur, 1996.

[30] In diesem Sinne etwa Welzel, Naturrecht und materiale Gerechtigkeit.

Anmerkungen zu § 5 Machiavelli und der Begriff der Macht

[1] Daß Machiavelli der Begründer einer neuen Politikwissenschaft sei, behaupten etwa E. Cassirer, Der Mythus des Staates. Philosophische Grundlagen politischen Verhaltens (1945), 1985, 172, 180 und H. Münkler, Machiavelli. Die Begründung des politischen Denkens der Neuzeit aus der Krise der Republik Florenz, 1984, 395, 397. Siehe auch H. Freyers Einleitung zur einsprachigen Reclam-Ausgabe des Principe, 1961, 3 ff., hier 9. Daß Machiavellis Lehre „nur noch Erfahrung, Empirie, Realismus" sei und in ihr „Ideen der Gerechtigkeit und Gottes Willen ... keine Rolle" spielten, meint W. Naucke, Rechtsphilosophische Grundbegriffe, ^{3}1996, Rn. 101.

[2] Von Machiavelli als dem Entdecker einer „Technik der Macht" spricht R. Zorn in der Einleitung zu N. Machiavelli, Discorsi. Gedanken über Politik und Staatsführung, ^{2}1977, XVII ff., hier L.

[3] Nach Münkler beispielsweise beziehen sich Machiavellis Analysen auf die „pure Faktizität der politischen Wirklichkeit; ... normative[n] Anforderungen an die Politik werden von ihm schroff zurückgewiesen." (Münkler, Machiavelli, 251).

4   Machiavellis hier behandeltes Werk Il Principe wird nach folgender Ausgabe zitiert: N. Machiavelli, Il Principe – Der Fürst (italienisch/deutsch), 1991 (= P). Die wichtigste unter den neueren monographischen Machiavelli-Interpretationen ist die umfassende Studie von H. Münkler, Machiavelli (darin auch weiterführende Literaturangaben); eine textgenaue Interpretation des Principe ist die Arbeit von H. Buchheim, Anmerkungen zu Machiavellis 'Il Principe' in: ders., Beiträge zur Ontologie der Politik, 1993, 121 ff.. Ausgezeichnet als Einführung geeignet ist das Büchlein von Q. Skinner, Machiavelli zur Einführung, Hamburg ²1990. Aus der zahlreichen Literatur über Machiavelli seien ferner folgende Monographien empfohlen: A. Buck, Machiavelli, 1985; H. Freyer, Machiavelli, ²1986; W. Kersting, Niccolo Machiavelli, 1988; K. Mittermeier, Machiavelli. Moral und Politik zu Beginn der Neuzeit, 1990. Zum Begriff des Machiavellismus' siehe das einschlägige Stichwort in: Hist. Wb. Philos., Bd. 5, 1980, Sp. 579 ff.

5   Eine deutsche Ausgabe ist: N. Machiavelli, Discorsi. Gedanken über Politik und Staatsführung, übers., eingel. u. erl. v. R. Zorn, ²1977.

6   Die folgende Charakterisierung geht in wichtigen Teilen zurück auf Jacob Burckhardt, Die Kultur der Renaissance in Italien. Ein Versuch, ¹¹1988. Dieser zuerst 1860 erschienene, grandiose Entwurf ist nicht nur der klassische Text und bis heute Bezugspunkt aller Renaissanceforschung, sondern entfaltete um die Jahrhundertwende auch als Ausdruck eines damals gängigen Lebensgefühls Breitenwirkung. Hierzu A. Buck, Die Auseinandersetzung mit Jacob Burckhardts Renaissancebegriff, in: ders., Studien zu Humanismus und Renaissance. Gesammelte Aufsätze aus den Jahren 1981-1990, 1991, 31 ff. Hervorragend geeignet, um das wissenschaftliche Fragen zu lernen, ist Johan Huizingas zuerst 1920 erschienene Kritik an Burckhardts Individualismus-These: Das Problem der Renaissance, in: ders., Das Problem der Renaissance, Renaissance und Realismus, 1974, 5 ff. Über den heutigen Stand der Renaissanceforschung informiert knapp P. Burke, Die Renaissance, 1996. Die verschiedenen Versuche, eine Epoche der Neuzeit anzusetzen und zu verteidigen, würdigt S. Skalweit, Der Beginn der Neuzeit. Epochengrenze und Epochenbegriff, 1982. Die Geschichte des Epochenbegriffs behandeln H. Diller/F. Schalk, Studien zur Periodisierung und zum Epochenbegriff, 1972. Philosophisches zum Thema Epoche und Neuzeit findet sich in: W. Kamlah, „Zeitalter" überhaupt, „Neuzeit" und „Frühneuzeit", Saeculum 8 (1957), 313 ff.; R. Herzog/R. Koselleck (Hg.), Epochenschwelle und Epochenbewußtsein, 1987.

7   In § 3 II 2 und 3.

8   Zur Fürstenspiegel-Tradition des Principe etwa D. Sternberger, Machiavellis „Principe" und der Begriff des Politischen, 1974, 29 ff., hier 42 und 74 ff.

9   G. W. F. Hegel, Vorlesungen über die Geschichte der Philosophie III (= Werke, Bd. 20), 1986, 48. In der jüngeren Forschungsliteratur über Machiavelli ist es inzwischen allgemeine Überzeugung, daß Machiavelli kein politischer Theoretiker in einem anspruchsvollen Sinne war. Siehe etwa M. Ramsay, Machiavelli's political philosophy in The Prince, in: M. Coyle (Hg.), Niccolo Machiavelli's The Prince. New interdisciplinary essays, 1995, 174 ff.

10 Cicero, Tusculanae Disputationes, lat.-dt., hg. v. O. Gigon, ⁶1992, insbes. 5. Buch, 316 ff.; eingehend zum Verhältnis Machiavellis zu den Römern Q. Skinner, Machiavelli, 46 ff.

11 K. P. Rippe/P. Schaber (Hg.): Tugendethik, 1998.

12 Den Stoikern zufolge gibt es strenggenommen gar keine tyche: gewisse Abläufe erscheinen uns nur deshalb als zufällig, weil wir deren Ursachen nicht erkennen. Der Weise, der dies weiß und danach lebt, ist in seinem Gutsein daher von tyche vollkommen unabhängig. Die stark fragmentierten Texte der Stoiker und über die Stoiker finden sich gesammelt in: H. v. Arnim (Hg.), Stoikorum Veterum Fragmenta, 1903 ff.; zu tyche und arete v. a.: Bd. 2, Kap. 6, § 9, 280 ff., Bd. 3, Kap. 1, § 5, 13 ff. Zu demselben Ergebnis wie die Stoiker gelangt Epikur auf anderem Wege: Tyche gebe es zwar durchaus, nur sei die arete des Weisen von allen Gütern, die dem Zufall unterliegen, unbeeinflußt (Brief an Menoikeus 134 f., leicht zugänglich in der griech.-dt. Ausgabe bei Reclam: Epikur, Briefe, Sprüche, Werkfragmente, 1985, 51). Demgegenüber sieht Aristoteles durchaus gewisse unaufhebbare Abhängigkeiten der arete eines Menschen von dem, was ihm widerfährt (EN I 10f., VII 14 1153b).

13 J. G. A. Pollock, The Machiavellian Moment. Florentine Political Thought and the Atlantic Republican Tradition, 1975, 31 ff.

[14] In diesem Sinne auch E. Voegelin, „Die spielerische Grausamkeit der Humanisten". Studien zu Niccolo Machiavelli und Thomas Morus, 1995, 91.
[15] R. Zorn schreibt in der Einleitung der von ihm übersetzten und herausgegebenen Ausgabe des Principe (⁶1978, IV ff., hier XXII), Machiavelli habe die Dämonie der Macht entdeckt. Unter dem Titel der Dämonie der Macht legte G. Ritter eine wirkmächtige Machiavelli-Interpretation vor: G. Ritter, Die Dämonie der Macht. Betrachtungen über Geschichte und Wesen des Machtproblems im politischen Denken der Neuzeit, ⁶1948.
[16] Etwa in G. B. Volz (Hg.), Die Werke Friedrichs des Großen, Bd. 7, 1913, 1 ff.
[17] Die beiden ersten Aristoteles-Zitate sind Aristoteles, Politik, V 11 1314 a-b, in der von F. F. Schwarz besorgten Reclam-Ausgabe, 1989, 289 f., im zweiten Zitat sind bis auf die erste alle Hervorhebungen hinzugefügt. Das dritte Aristoteles-Zitat ist Politik, V 11 1315b, ebenda, 293 f. Zum Vergleich Aristoteles – Machiavelli siehe Buchheim, Anmerkungen, 138 f.
[18] Von einer gänzlich anderen als der hier vorgeschlagenen Machiavelli-Interpretation ausgehend, bemerkt E. Voegelin zutreffend: „Während Machiavelli gegenüber vielen Faktoren der Politik durchaus nicht blind war, ist sein Bild der politischen Realität dennoch nicht vollständig treffend." Voegelin, „Die spielerische Grausamkeit der Humanisten", 37.
[19] M. Weber, Wirtschaft und Gesellschaft, ⁵1985, 28.
[20] H. Arendt, Vita activa oder Vom tätigen Leben, ⁵1987, 194.
[21] Zur Macht als Potential und zu ihrer ethischen Qualität ausführlich H. Buchheim, Die Ethik der Macht, in: ders., Beiträge zur Ontologie der Politik, 1993, 61 ff.
[22] Zur Anerkennung siehe das Stichwort Anerkennung in: Europäische Enzyklopädie zu Philosophie und Wissenschaften, hg. von J. Sandkühler, 1990, 128 ff.; ferner ausführlich A. Honneth, Kampf um Anerkennung. Zur modernen Grammatik sozialer Konflikte, 1992. Honneth diskutiert die Anerkennungsproblematik der Folter im Kapitel über Vergewaltigung, Entrechtung und Entwürdigung, 212 ff. Zum Anerkennungsbegriff bei Hegel H.-G. Gadamer, Dialektik des Selbstbewußtseins, in: ders., Hegels Dialektik. Sechs hermeneutische Studien, ²1980, 49 ff., bes. 55 ff. und L. Siep, Anerkennung als Prinzip der praktischen Philosophie. Untersuchungen zu Hegels Jenaer Philosophie des Geistes, 1979.
[23] Zu Machiavellis Tätigkeit als Diplomat siehe Skinner, Machiavelli, 20 ff.
[24] Siehe etwa Voegelin, „Die spielerische Grausamkeit der Humanisten", 34 f., 42 f., 95 f.

Anmerkungen zu § 6
Neuzeitliches Selbstverständnis und die These von der Menschenwürde

[1] Eine empfehlenswerte Übersicht über die Geschichte des Würdebegriffs bieten: P. Kondylis/V. Pöschl: Würde, in: Geschichtliche Grundbegriffe. Historisches Lexikon zur politisch-sozialen Sprache in Deutschland, hg. v. O. Brunner u.a., Bd. 7, 1992, 637 ff. Eine umfangreiche eigenständige systematisch-philosophische Begründung der Menschenwürde, die auf Literaturverweise allerdings ganz verzichtet, versucht H. Wagner, Die Würde des Menschen, 1992.
[2] Die meisten der philosophischen Werke des Marcus Tullius Cicero (106-43 v. Chr.) sind bei Reclam sowie in der Sammlung Tusculum zweisprachig erschienen. Als Zitiergrundlage dienen hier nach Möglichkeit die preiswerten Reclam-Ausgaben. Die Stellenangaben erfolgen, wie für Ciceros Texte üblich, durch die Nummer des Buches (hier mit römischen Ziffern) und den in allen Ausgaben (bei Reclam z.B. in runden Klammern) angegebenen Abschnittszahlen. Cicero als Moralphilosophen würdigt G. Patzig, Cicero als Philosoph, am Beispiel der Schrift „De finibus", Gymnasium 86 (1979), 304 ff. Vor allem als Erkenntnistheoretiker kommt er in den Blick bei W. Görler, Cicero, in: F. Ricken (Hg.), Philosophen der Antike II, 1996, 83 ff., 285 ff. (Bibliographie). Dieser Beitrag Görlers, der auch einen Überblick über Ciceros philosophische Schriften enthält, sei zur Einführung empfohlen.
[3] Die Bezeichnung „Humanismus" prägte Friedrich Immanuel Niethammer in seiner 1808 erschienenen Schrift: Der Streit des Philanthropinismus und Humanismus in der Theorie des Erziehungsunterrichts unserer Zeit (als Nachdruck zugänglich in F. I. Niethammer, Philan-

thropinismus-Humanismus. Texte zur Schulreform, 1968, 79 ff.). Zur Geschichte des Humanismus von den römischen Anfängen bis in unsere Tage sei das eine Fülle von Quellen zitierende Buch von A. Buck, Humanismus. Seine europäische Entwicklung in Dokumenten und Darstellungen, 1987 wärmstens empfohlen. Über den Ursprung des Menschlichkeitsbegriffs im Athen des 5. Jhs. v. Chr. sowie seine Wirkung bei Cicero und über Cicero hinaus informiert kritisch B. Snell, Die Entdeckung der Menschlichkeit und unsere Stellung zu den Griechen, in: ders., Die Entdeckung des Geistes. Studien zur Entstehung des europäischen Denkens bei den Griechen, [6]1986, 231 ff. Daß der Humanismus nicht bloß keine philosophische oder wissenschaftliche, sondern letztlich überhaupt keine identifizierbare Position darstellt, wird durch die Unterschiedlichkeit all jener (von Buck behandelten) Weltanschauungen belegt, die unter dieser Bezeichnung firmieren. Hier seien nur die fünf wirkmächtigsten „Humanismen" der Neuzeit genannt: 1) der unter anderem von Berühmtheiten wie Petrarca, Erasmus von Rotterdam und Thomas More (latinisiert: Morus) getragene Renaissancehumanismus des 15. und 16. Jhs., der in unserer Zeit durch E. Grassi positive philosophische Würdigung erfährt (Humanismus und Marxismus. Zur Kritik der Verselbständigung von Wissenschaft. Mit Texten von Francesco Petrarca, Coluccio Salutati, Cristoforo Landino, Angelo Poliziano, Mario Nizolio, Lorenzo Valla und Giambattista Vico, 1973; Einführung in die humanistische Philosophie. Vorrang des Wortes, [2]1991), 2) der Neuhumanismus der ersten Hälfte des 19. Jhs., dessen Hauptvertreter in Deutschland Wilhelm von Humboldt war (dokumentiert in: R. Joerden (Bearb.), Dokumente des Neuhumanismus I, [2]1962), und 3) der sich politisch gebende, aber außerhalb der Altertumswissenschaften (zu Recht) wirkungslos gebliebene „Dritte Humanismus" der Zwischen- und frühen Nachkriegszeit (dokumentiert in H. Oppermann (Hg.), Humanismus, [2]1977). Auf die Antike als Vorbild beziehen sich nicht die Sonderformen 4) des „marxistischen Humanismus" (Teil II des Lexikonartikels Humanismus, Humanität, in: Hist. Wb. Philos., Bd. 3, Sp. 1219 ff.) und 5) des „existentialistischen Humanismus" (ebd., Teil III, Sp. 1225 ff.), wie ihn etwa Jean-Paul Sartre wortgewaltig gegen den klassischen und die vielen anderen Humanismen abgrenzt und propagiert (L'Existentialisme est un Humanisme, 1946 (u.ö.), dt. Als: Der Existentialismus ist ein Humanismus, in: ders., Der Existentialismus ist ein Humanismus, Materialismus und Revolution, Selbstbewußtsein und Selbsterkenntnis und andere philosophische Essays 1943-1948 (= Gesammelte Werke, Philosophische Schriften I, Bd. 4), 1994, 117 ff.). Sartres Position wird übrigens ihrerseits von Martin Heidegger – unter Berufung gerade auf die „Ek-sistenz" des Menschen – als bloße Spielart eines sehr weit gefaßten und in jeder Erscheinungsform abzulehnenden Humanismus kritisiert (Über den Humanismus, [9]1991).

[4] Heautontimorumenos (dt. als Der Selbstquäler oder Einer straft sich selbst; zitiert nach der Reclam-Ausgabe von 1981) Vers 77. Cicero bezieht sich hierauf etwa in De officiis I 30 und De legibus I 33. Dieselbe Komödie überliefert übrigens auch jenes für alle Jurisprudenz so wertvolle altrömische Sprichwort: „ius summum saepe summast malitia" (Vers 796), bekannter in der ciceronischen Fassung: „summum ius summa iniuria" (De officiis I 33). Der Freigelassene Publius Terentius Afer (kurz: Terenz, um 185-159 v. Chr.) war insofern selbst „Humanist", als er Werke der attischen Komödie des 4. Jhdts. v. Chr. als vorbildlich ansah und sie in seinen Dramen für das römische Publikum nachdichtete.

[5] H. Drexler, Dignitas, in: R. Klein (Hg.), Das Staatsdenken der Römer, 1966, 231 ff. Diese 1943 als Rektoratsrede gehaltene Arbeit ist auch als zeitgeschichtliches Dokument äußerst interessant, weil in ihr der Bildungsauftrag der Universitäten gegen den Alleinerziehungsanspruch der NSDAP im Rückgriff auf die römische dignitas-Konzeption verteidigt wird. Vom selben Autor stammt die Untersuchung zu dem mit der dignitas-Konzeption inhaltlich aufs engste verbundenen honos-Begriff: Honos, in: H. Oppermann (Hg.), Römische Wertbegriffe, 1983, 446 ff.

[6] Grundrechte als Institution. Ein Beitrag zur politischen Soziologie (1965), [3]1986.

[7] Dazu ebenda, 60 ff.

[8] Die soziologische und sozialpsychologische Literatur zu dieser Thematik ist umfangreich. Prominent sind die empirischen Studien Erving Goffmans, etwa: E. Goffman, Wir alle spielen Theater. Selbstdarstellung im Alltag, [7]1991 oder ders., Das Individuum im öffentlichen Austausch. Mikrostudien zur öffentlichen Ordnung, 1974.

9 Luhmann, Grundrechte, 61.
10 Ebenda, 68.
11 Siehe ebenda.
12 Dazu ebenda, 68 ff.
13 Ebenda, 70.
14 Ebenda, 73.
15 Daß Sokrates die gängigen Selbstverständnisse der sich für Vorbilder haltenden Erwachsenen hinterfragte, blamierte und destruierte, ist der sachliche Kern der Anklage, er verderbe die Jugend. Diese Anklage ist überliefert in Xenophons Memorabilien I 1 und gut zugänglich in der griechisch-deutschen Ausgabe: Erinnerungen an Sokrates, ⁴1987. In der als Verteidigungsrede vor Gericht abgefaßten Apologie läßt Platon Sokrates diese Art zu philosophieren erläutern und rechtfertigen. Platons berühmtes und so vielschichtiges Höhlengleichnis (§ 1 II 2 d) läßt sich auch als Aufruf interpretieren, sich von den Bindungen an unhinterfragte Systemimperative zu lösen und ein wahrhaft selbstbestimmtes Leben zu führen. Auf Pascal, Rousseau und Kierkegaard werden wir unter diesem Aspekt noch in § 9 zurückkommen, speziell Pascal wird uns noch in diesem Paragraphen ausführlicher beschäftigen.
16 Wie ein Mensch ins soziale Abseits gerät und dabei seine „Würde" im sozialwissenschaftlichen Sinne verliert, gerade dadurch aber Würde und Freiheit in einem tieferen Sinne entfaltet, ist explizit Thema von Bertolt Brechts zweimal verfilmter Kalendergeschichte Die unwürdige Greisin (zuerst 1948 erschienen, leicht zugänglich in: B. Brecht, Die unwürdige Greisin und andere Geschichten, 1990).
17 Anselm, der nach seinem Geburtsort (besonders in den romanischen Ländern) auch „Anselm von Aosta" genannt wird, war als Erzbischof von Canterbury einer der einflußreichsten aber auch umstrittensten europäischen Politiker seiner Zeit. Über sein Leben berichtet sein langjähriger Sekretär und Vertrauter Eadmer in: Vita Sancti Anselmi Archiepiscopi Cantuariensis (lateinisch-englische Ausgabe von R. W. Southern, 1962). Sein durchaus überschaubares Werk wurde bei F. S. Schmitt kritisch ediert: Sancti Anselmi Opera Omnia, 4 Bde., 1968, der auch die lateinisch-deutschen Einzelausgaben der wichtigsten Schriften besorgte — unter anderem die hier zugrundegelegte Edition des nach den Abschnitten zitierten Monologion (M; 1964) und des Proslogion (P; dt. Anrede, 1962). Zur Einführung in das sehr anspruchsvolle und vergleichsweise noch wenig sekundärliterarisch erschlossene Anselmsche Philosophieren sei empfohlen: W. L. Gombocz, Anselm von Canterbury, in: ders., Die Philosophie der ausgehenden Antike und des frühen Mittelalters, 1997, 388 ff.
18 Zu nennen ist in diesem Zusammenhang u.a. Gottfried Wilhelm Leibniz, auf dessen Erkenntnistheorie wir in § 8 noch zu sprechen kommen werden. Zu Leibnizens Versuchen, das genannte Manko zu umgehen: A. Wiehart-Howaldt, Essenz, Perfektion, Existenz. Zur Rationalität und dem systematischen Ort der Leibnizschen Theologia Naturalis (= Studia Leibnitiana, Sonderhefte, Bd. 25), 1996, 119 ff.
19 Das kurze Leben des Grafen aus der Poebene, der aufgrund seiner eindrucksvollen Gelehrsamkeit, frühen Brillanz und sanften Umgangsformen von den Zeitgenossen so sehr verehrt wurde, schildert D. Baker, Giovanni Pico della Mirandola. 1463-1494. Sein Leben und sein Werk, 1983. Die im folgenden zugrundegelegte Rede über die Würde des Menschen wollte der erst dreiundzwanzigjährige Pico der öffentlichen Disputation seiner 900 Thesen voranschicken, zu der er namhafte Gelehrte aus ganz Europa nach Rom eingeladen hatte. Jedoch verbot die Kirche diese bereits im Vorfeld aufsehenerregende Großveranstaltung, verurteilte die Thesen als Häresie und Pico als Ketzer. Als selbständiges Werk erschien die Rede erst nach dem Tode des Autors, ihren Titel verdankt sie späteren Herausgebern. Sie liegt u. a. in zwei leicht zugänglichen lateinisch-deutschen Ausgaben (mit informativer Einleitung beziehungsweise informativem Nachwort) vor: De hominis dignitate, hg. v. A. Buck, 1990; Oratio de hominis dignitate, hg. v. G. von der Gönna, 1997 (mit einer Zusammenstellung sonstiger Ausgaben von Werken Picos, 101). Alle hier zitierten Passagen befinden sich auf den ersten Seiten dieser Schrift. Über die Tradition der dignitas-hominis-Literatur, deren wirkmächtigstes Beispiel Picos Oratio ist, informieren P. O. Kristeller, Die Würde des Menschen, in: ders. Studien zur Geschichte der Rhetorik und zum Begriff des Menschen in der Renaissance, 66 ff., sowie A. Buck, Einleitung. Der Begriff der Menschenwürde im Denken der Renaissance,

unter besonderer Berücksichtigung von Giannozzo Manetti, in: Giannozzo Manetti, Über die Würde und Erhabenheit des Menschen. De dignitate et excellentia hominis, 1990, VII ff. (dort auch zur miseria-hominis-Literatur). Zur Einführung in Picos Philosophieren sei empfohlen: P. O. Kristeller, Pico, in: ders., Acht Philosophen der Italienischen Renaissance. Petrarca, Valla, Ficino, Pico, Pomponazzi, Telesio, Patrizi, Bruno, 1986, 47 ff.. Einen hilfreichen (allerdings nicht mehr ganz aktuellen) Überblick über die Pico-Forschung gibt W. G. Craven, Giovanni Pico della Mirandola. Symbol of his Age. Modern Interpretations of a Renaissance Philosopher, 1981. E. Cassirer nimmt Pico als Philosophen ernst und interpretiert dessen dignitas-Konzeption als Fundament eines philosophischen Systems (Giovanni Pico della Mirandola. A Study in the History of Renaissance Ideas, in: E. Cassirer, Renaissance Essays, 2. Ausg., 1992, 11 ff. Eine gekürzte deutsche Fassung des zweiten Teils dieser 1938 verfaßten Abhandlung erschien postum als „Über die Würde des Menschen" von Pico della Mirandola, Agora 5, Nr. 12 (1959), 48 ff.). H. Cancik würdigt diese Konzeption als den (seinerseits von spätantiken Quellen abhängigen) geistigen Ursprung des grundgesetzlichen Würdebegriffs („Die Würde des Menschen ist unantastbar". Religions- und philosophiegeschichtliche Bemerkungen zu Art. I, Satz 1 GG, in: H. Funke (Hg.), Utopie und Tradition. Platons Lehre vom Staat in der Moderne, 1987, 73 ff.).

[20] R. Gröschner übernimmt diese Bezeichnung in: Menschenwürde und Sepulkralkultur in der grundgesetzlichen Ordnung, 1995, 32 (mit Fn. 72).

[21] L'Existentialisme est un Humanisme. Diese bereits im Zusammenhang mit der Humanismusproblematik (Anmerkung 3) zitierte programmatische Schrift kann ihre Abhängigkeit von der Oratio de hominis dignitate nicht verbergen. Es bereitet keine Mühe, die zahlreichen Parallelen (aber auch Unterschiede) zwischen Sartre und Pico im Verhältnis von Würde und Entwurf sowie von menschlicher Selbstschöpfung und künstlerischem Hervorbringen festzustellen. Ebenfalls nur hingewiesen werden soll hier auf die Wiederbelebung und systematische Präzisierung, die der relativ unbestimmte Picosche Würdebegriff auch bei anderen Vertretern des Existentialismus erfahren hat: G. Marcel, The Existential Background of Human Dignity, 1963; A. Camus, Le Mythe de Sisyphe. Essai sur l'Absurde, 1942 (u.ö.), darin der Abschnitt La Création sans Lendemain (Die Schöpfung ohne ein Morgen, in: ders., Der Mythos von Sisyphos. Ein Versuch über das Absurde, 1997, 117 ff.). Auch Martin Heideggers Philosophieren darf man – ausweislich seiner Verwendung von „Würde" in dem bereits in Anmerkung 3 zitierten Brief über den Humanismus – als Versuch interpretieren, die Würde des Menschen zu denken.

[22] Das Bundesverfassungsgericht spricht seit BVerfGE 6, 32 (36) davon, daß die Menschenwürde „zu den tragenden Konstitutionsprinzipien" des Grundgesetzes gehört; ebenso E 50, 166 (175) und E 72, 105 (115). Da sie außerdem als „der oberste Wert" des Grundgesetzes bezeichnet wird – zuerst in E 12, 45 (53), zuletzt in E 50, 166 (175) – und ihr Schutz als „vornehmste Pflicht des Rechtsstaates" – E 72, 105 (115) –, ist die hier gebrauchte Formulierung („das" Konstitutionsprinzip) lediglich der Versuch einer einheitlichen Begriffsbildung: wenn es nur ein einziges Prinzip gibt, das die Verfassung konstituiert, bedarf es keiner zusätzlichen Kennzeichnung dieses „Konstitutionsprinzips".

[23] JöR 1 (1951), 49.

[24] Über Pascals Leben, immense wissenschaftliche und technische Leistungen, Schriften sowie die unterschiedlichen postumen Ausgaben der Pensées informiert auf vorbildliche Weise A. Béguin, Blaise Pascal in Selbstzeugnissen und Bilddokumenten, 1959. Die für wissenschaftliches Arbeiten maßgebliche Gesamtausgabe ist: Oeuvres Complètes, hg. v. L. Lafuma, 1963, welche die Pensées auf den S. 493 ff. enthält. Lafumas Text und Fragmentzählung liegen auch der hier verwendeten neuen Übersetzung dieser Schrift bei Reclam zugrunde: Gedanken über die Religion und einige andere Themen, 1997. Zur Einführung in Pascals Philosophie empfohlen seien: W. Röd, Blaise Pascal und die Logik von Port-Royal, in: ders., Die Philosophie der Neuzeit 1. Von Francis Bacon bis Spinoza (= Geschichte der Philosophie, Bd. VII), 1978, 98 ff.; E. Zwierlein, Blaise Pascal zur Einführung, 1996. Ganz andere Wege, als die hier eingeschlagenen, beschreitet und zu ganz anderen Ergebnissen, als die hier erreichten, kommt Z. Klein, La Notion de Dignité Humaine dans la Pensée de Kant et de Pascal, 1968.

²⁵ George Orwell etwa bleibt in seinem Roman Nineteen Eighty-Four (zuerst 1949 erschienen) durchaus im Pascalschen Bild des Dampfes (vapeur), wenn in dieser bedrückenden Vision eines politischen Systems, das den Menschen keinerlei Gelegenheiten bietet, individuelle Entwürfe zu entfalten, das völlige Auslöschen eines Menschen durch den politischen Apparat als „vapourize" bezeichnet wird.

²⁶ M. Morlok, Selbstverständnis als Rechtskriterium, 1993, 286: „Die Menschenwürdegarantie bildet rechtlich die Anerkennung der grundsätzlichen Rollentranszendenz des Individuums".

²⁷ Ein krasses und seinerzeit berüchtigtes Beispiel hierfür ist: B. F. Skinner, Beyond Freedom and Dignity, 1973 (deutsch als: Jenseits von Freiheit und Würde, 1973).

²⁸ Siehe etwa N. Luhmann, Das Erkenntnisprogramm des Konstruktivismus und die unbekannt bleibende Realität, in: ders., Soziologische Aufklärung 5. Konstruktivistische Perspektiven, ²1993, 31 ff.

²⁹ Reflexionen zur Moralphilosophie, Nr. 6593, in der Akademie-Ausgabe, Bd. 19, 98 f. Über Kants Leben, Werke, Rechtsphilosophie im engeren Sinne, die zugrundegelegten Ausgaben und basale Sekundärliteratur informiert § 10. Die dort in Anmerkung 1 angegebenen Abkürzungen stimmen mit den hier verwendeten überein. Hinzu kommen hier: „ApH" für Anthropologie in pragmatischer Hinsicht, „KU" für Kritik der Urteilskraft. Hingewiesen sei abermals auf Z. Kleins Arbeit zum Würdebegriff bei Kant und Pascal (Anmerkung 24 oben). In Auseinandersetzung mit Kants Ethik und Ästhetik entwickelt Friedrich Schiller seinen berühmten, ganz unkantischen Würdebegriff: „Beherrschung der Triebe durch die moralische Kraft ist Geistesfreiheit, und Würde heißt ihr Ausdruck in der Erscheinung" (Über Anmut und Würde, 1793, zitiert nach der Reclam-Ausgabe: Kallias oder über die Schönheit, Über Anmut und Würde, 1991, 119). Würde wäre demnach also nicht die Bedingung sittlichen Handelns, sondern dessen körperliches Indiz.

³⁰ Die Differenzierung zwischen Würde und Preis als Differenzierung zwischen unbedingtem und bedingtem Wert findet sich der Sache nach bereits in der Antike. So etwa unterscheidet Aristoteles zwischen timion – auf das damit verwandte griechische Wort für Würde „time", sind wir ja bereits des öfteren gestoßen – und epaineton (lobenswert; EN I 12) sowie, terminologisch ganz nah an Kant, der Römer Lucius Annaeus Seneca zwischen dignitas und pretium (71. Brief an Lucilius, Abschn. 33, Philosophische Schriften. Lateinisch und deutsch, Bd. 4, ²1987, 40). Der große Unterschied zu Kant liegt allerdings darin, daß nach Aristoteles und Seneca wie auch nach Cicero (und entgegen der von Pico begründeten Tradition) Würde etwas ist, das dem Menschen nicht bereits als solchem, sondern nur aufgrund einer Leistung – bei Aristoteles der Realisierung von eudaimonia, bei Seneca der von höchster virtus – zukommt.

³¹ G. Dürig in: T. Maunz/G. Dürig, Grundgesetz, Art. 1 (1958) Rn. 28. Das Folgende dort – in der Reihenfolge der Zitate – in Rn. 4, 18, 19 und 29.

Anmerkungen zu § 7 Hobbes und die Autorität des Staates

¹ Zum Begriff der Autorität die gelehrte Studie von T. Eschenburg, Über Autorität, 1976, darin zum Autoritätsbegriff Hobbes' 103 ff. Ferner R. Sennett, Autorität, 1990 und C. J. Friedrich, Politik als Prozeß der Gemeinschaftsbildung. Ein empirische Theorie, 1970, 82 ff.

² Über Hobbes' Leben berichtet eine von ihm abgefaßte Autobiographie, die von B. Herz ins Deutsche übersetzt wurde: D. Herz, Das Leben des Thomas Hobbes aus Malmesbury, in Versen geschrieben im Jahre 1672, in: Politisches Denken. Jahrbuch 1993, hg. von V. Gerhardt/H. Ottmann/M. P. Thompson, 1993, 59 ff., Hobbes' Text dort 64 ff. Hobbes' Leviathan (= L) wird hier nach der weitverbreiteten Übersetzung W. Euchners zitiert (T. Hobbes, Leviathan oder Stoff, Form und Gewalt eines kirchlichen und bürgerlichen Staates, hg. und eingel. v. I. Fetscher, ⁵1992). Eine jüngere Übersetzung ist die von H. Klenner herausgegebene und eingeführte Ausgabe des Leviathan, 1996. Ferner werden folgende Ausgaben zitiert: T. Hobbes, Dialog zwischen einem Philosophen und einem Juristen über das englische Recht (= Dialog), hg. und eingel. v. B. Willms, 1992; T. Hobbes, Vom Menschen.

Vom Bürger. Elemente der Philosophie II/III, eingel. und hg. v. G. Gawlick, ³1994 (= De homine bzw. De cive). Die Hobbes-Literatur ist unüberschaubar; umfangreiche, aber keineswegs vollständige Bibliographien findet man in den genannten Leviathan-Ausgaben. Als besonders gute deutschsprachige Monographien seien die Arbeiten von B. Willms, Die Antwort des Leviathan. Thomas Hobbes' politische Theorie, 1970 und ders., Thomas Hobbes. Das Reich des Leviathan, 1987 empfohlen. Zur Einführung eignen sich gut die Arbeiten von W. Kersting, Thomas Hobbes zur Einführung, 1992 sowie H. Münkler, Thomas Hobbes, 1993. Die folgende Darstellung orientiert sich in einigen wichtigen Punkten an der Hobbes-Interpretation von L. Strauss, The Political Philosophy of Hobbes. Its Basis and Its Genesis (1936), ⁶1996, sowie an den Arbeiten M. Oakeshotts: Introduction to Leviathan, The moral life in the writings of Thomas Hobbes und Logos and telos, alle in: M. Oakeshott, Rationalism in politics and other essays, foreword by T. Fuller, new and expanded edition, 1991, 221 ff., 295 ff. und 351 ff. Eine nach wie vor wichtige Interpretation ist ferner C. Schmitt, Der Leviathan in der Staatslehre des Thomas Hobbes. Sinn und Fehlschlag eines politischen Symbols (1938), 1982.

[3] Dazu W. Kersting, Die politische Philosophie des Gesellschaftsvertrags, 1994.
[4] Siehe den Schluß der lateinischen Fassung des Leviathan, abgedruckt in der hier zitierten Euchner-Übersetzung, 533 f.
[5] Siehe G. Geismann, Die Grundlegung des Vernunftstaates der Freiheit durch Hobbes, in: Jahrbuch für Recht und Ethik, 5 (1997), 229 ff., hier 238.
[6] Dazu namentlich L. Strauss, Naturrecht und Geschichte (1953), 1989.
[7] Eine solche Interpretation gibt Strauss, Political Philosophy, passim, bes. 116. Zu den Tugenden ausdrücklich L 112.
[8] Dazu Geismann, Grundlegung des Vernunftstaates, 233.
[9] Zu dieser Problematik im einzelnen Oakeshott, The moral life, hier insbes. 310 ff.
[10] Siehe dazu etwa M. Riedel, A Paradigm Turn in Political Philosophy? Hobbes and Aristotle, in: P. J. Opitz/G. Sebba (Hg.), The Philosophy of Order. Essays on History, Consciousness and Politics, 1981, 391 ff. Riedel diskutiert (insbes. 399 ff.) überzeugend einige Gemeinsamkeiten und Unterschiede zwischen Hobbes und Aristoteles und nimmt entsprechend eine „vermittelnde" Position ein (402 f.). Zu Hobbes' Sichtweise des zoon politikon knapp ebenda, 398 f., zum Verhältnis des Hobbes zur philosophischen Tradition, insbesondere zu Platon und Aristoteles, siehe ferner Strauss, Political Philosophy, 129 ff. und passim.
[11] Dazu V. Hösle, Was sind die wesentlichen Unterschiede zwischen der antiken und der neuzeitlichen Philosophie?, in: ders., Philosophiegeschichte und objektiver Idealismus, 1996, 13 ff.
[12] Ein namhafter Interpret, der Hobbes als Rationalisten vorstellt, ist Ernst Cassirer. S. seine Bücher: Das Erkenntnisproblem in der Philosophie und Wissenschaft der neueren Zeit, 2. Bd., ²1922, 46 ff. und Die Philosophie der Aufklärung, 1932.
[13] Zu Descartes: B. Williams, Descartes: The Project of Pure Enquiry, 1978, dt. als Descartes. Das Vorhaben der reinen philosophischen Untersuchung, 1988; zu Spinoza: W. Bartuschat, Spinozas Theorie des Menschen, 1992; zu Leibniz: A. Wiehart-Howaldt, Essenz, Perfektion, Existenz. Zur Rationalität und dem systematischen Ort der Leibnizschen Theologia Naturalis, 1996.
[14] So zurecht R. Zippelius, Allgemeine Staatslehre, ¹²1994, 121.
[15] Dazu etwa O. Höffe, Widersprüche im Leviathan: Zum Gelingen und Versagen der Hobbesschen Staatsbegründung, in: ders. (Hg.), Thomas Hobbes: Anthropologie und Staatsphilosophie, 1981, 113 ff., hier 130.
[16] Dazu K.-M. Kodalle, Thomas Hobbes – Logik der Herrschaft und Vernunft des Friedens, 1972, 55 ff., 156 ff.
[17] Dazu Schmitt, Der Leviathan in der Staatslehre des Hobbes, 85 ff. und K.-M. Kodalle, Thomas Hobbes – Logik der Herrschaft und Vernunft des Friedens, 1972, 137 ff., insbes. 151 ff.
[18] Dazu etwa K. Hesse, Grundzüge des Verfassungsrechts der Bundesrepublik Deutschland, ²⁰1995, Rn. 475 ff.
[19] Siehe zum Verhältnis der Gesetze der Natur und den bürgerlichen Gesetzen L 205. Hobbes unterscheidet ferner noch die göttlichen positiven Gesetze, die „Befehle Gottes" (L 218).

[20] Siehe Geismann, Grundlegung des Vernunftstaates, 254 f.
[21] T. Hobbes, Leviathan. Erster und zweiter Teil, übers. von J. P. Mayer, Nachwort von M. Diesselhorst, bibliographisch ergänzte Ausg., 1980, 235.
[22] Dazu oben, § 4 V 3.
[23] Die liberalen Gehalte der politischen Philosophie Hobbes' hob in der deutschen Hobbes-Diskussion als erster F. Tönnies in seinem 1896 erschienenen und noch immer lesenswerten Buch Thomas Hobbes. Leben und Lehre, hervor (siehe in der dritten Auflage von 1925, 222 ff.). Walter Euchner spricht von einer „liberale[n] Grundstruktur": W. Euchner, Auctoritas non veritas facit legem? Zur Abgrenzung von Politik und Nicht-Politik bei Thomas Hobbes, in: U. Bermbach/K.-M. Kodalle (Hg.), Furcht und Freiheit. Leviathan-Diskussion 300 Jahre nach Thomas Hobbes, 1982, 176 ff., hier 182
[24] Vom Hobbesschen Nachtwächterstaat spricht P. C. Mayer-Tasch, Hobbes und Rousseau, 1976, 74.
[25] Dazu namentlich J. Habermas, Strukturwandel der Öffentlichkeit. Untersuchungen zu einer Kategorie der bürgerlichen Gesellschaft (1962), mit einem Vorwort zur Neuauflage, 1990, 163 sowie Schmitt, Der Leviathan in der Staatslehre des Thomas Hobbes, 94.
[26] Dazu Oakeshott, The moral life, 309 ff., 317, 336.

Anmerkungen zu § 8
Locke und der Schutz von Freiheit und Eigentum

[1] Das rechts- und staatsphilosophisch wichtigste Werk John Lockes liegt in einer leicht zugänglichen Übersetzung vor: Zwei Abhandlungen über die Regierung, hg. u. eingel. v. W. Euchner, 1977; das englische Original der Two Treatises of Government wird zitiert nach der Edition P. Laslett, 1960. Für das philosophische Hauptwerk, An Essay Concerning Human Understanding (= E), wird die textkritische Ausgabe von P. H. Nidditch, 1975 und die deutsche Übersetzung der Philosophischen Bibliothek zugrundegelegt: Versuch über den menschlichen Verstand, Bd. 1, ⁴1981, Bd. 2, ⁴1988. In derselben Reihe liegt zweisprachig vor: A Letter Concerning Toleration, Ein Brief über Toleranz, übers., eingel. u. erl. v. J. Ebbinghaus, 1996. Als Einstiegslektüre empfehlenswert: U. Thiel, John Locke, 1990, sowie R. Brandt, John Locke, in: O. Höffe (Hg.), Klassiker der Philosophie, Bd. 1, 1981, 360 ff. und die o.g. Einleitung von W. Euchner, 1977. Ein zuverlässiger Leitfaden für eine selbständige Beschäftigung mit Lockes Denken ist: R. Brandt, John Locke, in: J. P. Schobinger (Hg.), Grundriß der Geschichte der Philosophie, Bd. 3, 1988, 607 ff. sowie V. Chappell (Hg.), The Cambridge Companion to Locke, 1994; für ein Studium der erkenntnistheoretischen Grundlagen unentbehrlich: U. Thiel (Hg.), John Locke. Essay über den menschlichen Verstand, 1997; Weiterführendes dazu (auf Englisch) in: John Locke, Symposium Wolfenbüttel 1979, ed. R. Brandt, 1981; für den Umgang mit Lockes Empirismus hilfreich: F. Kambartel, Erfahrung und Struktur. Bausteine zu einer Kritik des Empirismus und Formalismus, ²1976 sowie R. Specht, Über empiristische Ansätze Lockes, Allg. Zs. f. Philosophie 1977 (2/3), 1 ff. Die Hintergründe des Lockeschen Eigentumsbegriffs erhellt: R. Brandt, Eigentumstheorien von Grotius bis Kant, 1974 (69 ff.); sprachphilosophisch informativ: H. W. Arndt, John Locke: Die Funktion der Sprache, in: J. Speck (Hg.), Grundprobleme der großen Philosophen, Philosophie der Neuzeit I, ²1986, 176 ff.; aus der Perspektive der Gesellschaftsvertragstheorien sowohl für eine erste als auch für eine vertiefte Beschäftigung mit Locke gut geeignet: H. Bielefeldt, Neuzeitliches Freiheitsrecht und politische Gerechtigkeit, 1990, 49 ff. und W. Kersting, Die politische Philosophie des Gesellschaftsvertrags, 1994, 109 ff.
[2] H. Schambeck/H. Widder/M. Bergmann (Hg.), Dokumente zur Geschichte der Vereinigten Staaten von Amerika, 1993, 114; dort auch eine zeitgenössische, bereits am 9. Juli erschienene Übersetzung der Declaration of Independence vom 4. Juli 1776; das englische Original findet sich z.B. in: U.S. Informationsdienst (Hg.), Leben, Freiheit und das Streben nach Glück, 1953, 65 ff.; zur Rezeptionsgeschichte der Ideen Lockes in der Revolutionszeit R.

Brandt, John Locke, in: J. P. Schobinger (Hg.), Grundriß der Geschichte der Philosophie, Bd. 3, 704 f.

³ Dazu etwa H. Hofmann, Zur Herkunft der Menschenrechtserklärungen, JuS 1988, 841 ff. und ders., Die Grundrechte 1789 – 1949 – 1989, NJW 1989, 3177 ff.; ausführlich J.-D. Kühne, Die französische Menschen- und Bürgerrechtserklärung im Rechtsvergleich mit den Vereinigten Staaten und Deutschland, JöR 39 (1990), 1 ff.

⁴ H. Dreier, Grundgesetz, Bd. 1, 1996, Art. 1 II, Rn. 1.

⁵ Leibniz verfaßte seine Schriften, den damaligen Gepflogenheiten entsprechend, meist auf Französisch oder auf Latein, nur in seltenen Fällen auf Deutsch. Unter anderem da Locke 1704 starb, verzichtete er auf die Veröffentlichung der Nouveaux Essais (NE), an denen er bis 1705 arbeitete und die er nicht bis zur völligen Druckreife fertigstellte. Sie erschienen erst 1765, ein halbes Jahrhundert nach Leibnizens Tod. Die maßgebliche Edition der Werke Leibnizens ist die im Entstehen begriffene Akademieausgabe: Sämtliche Schriften und Briefe, hg. v. d. Deutschen (früher: Preußischen) Akademie der Wissenschaften zu Berlin (früher auch Darmstadt und Leipzig), 1923 ff. Als Lektüregrundlage dient uns die erschwingliche zweisprachige Werkauswahl: Philosophische Schriften, 4. Bde., 1996. Die Nouveaux Essais finden sich in der Akademieausgabe in der 6. Reihe, Bd. 6, 1962, in den Philosophischen Schriften in Bd. 3. Wie Lockes Essay werden sie nach Buch (I), Kapitel (1) und Abschnitt (§1) zitiert.

⁶ „Nur Widerlegung", wie Hegel meint (Vorlesungen über die Geschichte der Philosophie III (= Werke, Bd. 20), 1970, 236), sind die Nouveaux Essais also keineswegs, auch deshalb nicht, weil Leibniz ausgehend von einzelnen Schwächen der Lockeschen Konzeption durchaus Ausblicke auf sein eigenes System eröffnet.

⁷ Das Verhältnis von aristotelischem und Lockeschem Erfahrungsbegriff klärt F. Kambartel in der auch sonst nicht nur zu Lockes Empirismus lesenswerten Monographie: Erfahrung und Struktur, 50 ff. Lockes Position dadurch stärker zu machen, daß man dessen These einer ursprünglich sprachlich nicht thematisierten Erfahrung modifiziert sowie zwischen einem „Empirismus der Ideen" und einem „Empirismus der Aussagen" unterscheidet, versucht L. Krüger in seinen Beiträgen zu den zitierten Sammelbänden von U. Thiel (War John Locke ein Empirist?, 65 ff.) und R. Brandt (The Concept of Experience in John Locke, 74 ff.) sowie in der Monographie: Der Begriff des Empirismus. Erkenntnistheoretische Studien am Beispiel John Lockes (= Quellen und Studien zur Philosophie, Bd. 6), 1973.

⁸ Einen sachbezogenen Überblick über die Lockesche Erkenntnistheorie, der zugleich eine Zusammenfassung der Einwände gegen Locke – einige wesentliche davon finden sich in den bereits zitierten Arbeiten von Kambartel und Krüger – darstellt, gibt W. Röd, Die Philosophie der Neuzeit 2. Von Newton bis Rousseau (= Geschichte der Philosophie, hg. v. W. Röd, Bd. 7), 1984, 30 ff. Als Einstieg in Leibnizens Empirismuskritik und seinen Rationalismus eignet sich neben dem Vorwort der Nouveaux Essais vor allem der Brief über das, was von den Sinnen und der Materie unabhängig ist (Lettre touchant ce qui est independant de Sens et de la Matiere, zweisprachig in: Briefe von besonderem philosophischem Interesse, 2. Hälfte, die Briefe der zweiten Schaffensperiode, 1989, 194 ff.). Von Leibnizens diesbezüglicher Position handelt: W Schüßler, Leibniz' Auffassung des menschlichen Verstandes (intellectus). Eine Untersuchung zum Standpunktwechsel zwischen „système commun" und „système nouveau" und dem Versuch ihrer Vermittlung, 1992.

⁹ Dieses so wirkmächtige Bild prägte Aristoteles in Peri Psyches (Über die Seele) III 4 429b-430a, ohne aber (wie von Leibniz und auch Kant bisweilen unterstellt) selbst „Empirist" im hier erläuterten Sinne zu sein.

¹⁰ Topik I 8 103b 15 f. Seine diesbezügliche Lehre vom horos beziehungsweise horismos - wie deren lateinische Übersetzung „definitio" bedeuten diese griechischen Wörter eigentlich so viel wie „Umgrenzung" – entfaltet Aristoteles in Buch VI der Topik.

¹¹ In der unvollendeten Schrift La Recherche de la Vérité par la Lumière Naturelle (Die Suche nach Wahrheit durch das natürliche Licht) stellt Descartes sein philosophisches Programm vor und polemisiert – besonders 56 ff. und 76 ff. der französisch/lateinisch-deutschen Ausgabe v. G. Schmidt, 1989 – in Dialogform gegen das aristotelische Definitionsschema. Pascal verfaßte mit der (allerdings erst 1776 veröffentlichten) Abhandlung De l'Esprit Géométrique

et de l'Art de Persuader, in: ders., Œuvres Complètes, hg. v. Lafuma, 1963, 348 ff. (übersetzt als: Vom Geometrischen Geist und von der Kunst zu überzeugen, in: Die Kunst zu überzeugen und die anderen kleineren philosophischen und religiösen Schriften, 1963, 51 ff.) den klassischen Text der neuzeitlichen, an der euklidischen Geometrie orientierten Definitionslehre. Leibniz erläutert seine Position gegenüber der traditionellen Weise, Begriffe zu bestimmen, in NE III 3 § 9 f. Eine empfehlenswerte Einführung in die Schwächen der aristotelisch-scholastischen Definitionslehre sowie in die heutige Definitionstheorie findet sich in F. v. Kutschera/A. Breitkopf, Einführung in die moderne Logik, ⁵1985, 139 ff.

[12] W. Stegmüller, Das Universalienproblem einst und jetzt, Archiv für Philosophie, 6 (1956), 192 ff., 7 (1957), 45 ff. Den historischen Ort und die sachlichen Schwächen speziell des Lockeschen Nominalismus thematisiert J. R. Milton in dem von R. Brandt herausgegebenen Sammelband unter dem Titel: John Locke and the Nominalist Tradition, 128 ff.

[13] Zur Bedeutung der Auseinandersetzung Lockes mit Filmer W. Euchners Einleitung zu seiner Edition der Zwei Abhandlungen über die Regierung, 25 ff.

[14] In W. Kerstings Buch über Die politische Philosophie des Gesellschaftsvertrags wird beispielsweise der „kontraktualistische Etatismus" bei Hobbes vom „kontraktualistischen Liberalismus" bei Locke und dieser sowohl vom „demokratischen Kontraktualismus" Rousseaus als auch vom „vernunftrechtlichen Kontraktualismus" Kants unterschieden, 59 ff., 109 ff., 140 ff., 180 ff.

[15] H. Bielefeldt, Neuzeitliches Freiheitsrecht und politische Gerechtigkeit, 49 ff., hält den Legitimationsaspekt bei Locke für „zu kurz" gekommen (65), während W. Kersting, Die politische Philosophie des Gesellschaftsvertrags, 109 ff., betont: „die Aufgaben der Herrschaftslegitimation und der Herrschaftslimitation fallen zusammen" (109).

[16] W. Kersting, Die politische Philosophie des Gesellschaftsvertrags, 111.

[17] R. Brandt, John Locke, in: Schobinger (Hg.), 687: „Die Gerichtsbarkeit soll in den Händen unabhängiger Juristen liegen".

[18] H. Bielefeldt, Neuzeitliches Freiheitsrecht und politische Gerechtigkeit, 54: „Die Freiheit ist zwar auf Gesetze hingeordnet, aber diese Gesetze sind in der naturrechtlichen Ordnung gleichsam objektiv vorgegeben; sie sind *Naturgesetze* und *nicht Freiheitsgesetze*" (Kursivierung im Original).

[19] Zu dieser „revolutionären Änderung der Begründung des Eigentumsrechts" R. Brandt, Eigentumstheorien von Grotius bis Kant, 69 ff. (71).

[20] Der weite Eigentumsbegriff widerlegt auch die insbesondere von C. B. Macpherson, The Political Theory of Possessive Individualism, 1962 (dt.: Die politische Theorie des Besitzindividualismus, ³1990) vertretene Interpretation, Locke sei als Theoretiker des „Besitzindividualismus" der Verteidiger eines nur die Reichen schützenden „Klassenstaates", der das Unglück der Armen durch einen Vertrag zu deren Lasten verewige. Erhellend zum „bundesrepublikanischen Macphersonismus" W. Kersting, Die politische Philosophie des Gesellschaftsvertrags, 125, Anm. 6: Reformulierung der marxistischen „These vom Staat als der Selbstschutzorganisation des Kapitals ohne die schweren Hypotheken der marxistischen Theorie".

[21] J. Locke, The Reasonableness of Christianity, As Dilivered In The Scriptures, 1695, Nachdruck 1963 (dt. als Vernünftigkeit des biblischen Christentums; hg. v. C. Winckler, 1914).

[22] D. Hume, A Treatise on Human Nature. Being an Attempt to Introduce the Experimental Method of Reasoning into Moral Subjects, Book III, On Morals, 1739/40; hier zit. nach der dt. Ausg., Ein Traktat über die menschliche Natur, Buch III, Über Moral, hg. v. T. Lipps, 1978, 198 ff. Dazu F. Lineares, Das politische Denken von David Hume, 1984.

[23] Zur Unhaltbarkeit solcher Argumente der sogenannten natürlichen Theologie (theologia naturalis): F. v. Kutschera, Vernunft und Glaube, 1990, 1 ff.

[24] R. Brandt, John Locke, in: Höffe (Hg.), 371.

[25] Näheres zum ideengeschichtlichen Hintergrund und zur Dogmatik der Grundrechtsverwirkung bei R. Gröschner, in: H. Dreier, Grundgesetz, Bd. 1, 1996, Art. 18.

[26] BVerfGE 80, 137 mit abweichender Meinung des Richters Grimm: „Das Reiten im Walde genießt keinen Grundrechtsschutz" (164). Demgegenüber ist mit der Entscheidung des Ersten Senats daran festzuhalten, daß Art. 2 Abs. 1 GG „die allgemeine Handlungsfreiheit im umfas-

senden Sinne" gewährleistet (152) und das Reiten im Walde deshalb keine Frage des Schutzbereichs, sondern der Schranken des Art. 2 Abs. 1 GG ist.

[27] Grundlegend: M. Morlok, Selbstverständnis als Rechtskriterium, 1993.

[28] BVerfGE 47, 46 (79).

[29] BVerfGE 58, 300 (338 ff.).

[30] Einordnung in den historischen und systematischen Kontext wohlfahrtspolizeilicher Wirtschaftsförderung bei R. Gröschner, Das Überwachungsrechtsverhältnis, 1992, 24 ff.

[31] BVerfGE 24, 367 (389).

[32] Das hat vor Rousseau (unten, § 9) und Kant (unten, § 10) schon Locke formuliert: „So werden wir frei geboren ..." (§ 61).

[33] So E. Forsthoff in der von ihm übersetzten und edierten Ausgabe: C. de Montesquieu, Vom Geist der Gesetze, Bd. 1, 1992, VIII.

Anmerkungen zu § 9 Rousseau und das Prinzip der Republik

[1] Für einen ersten Zugang zu Leben und Werk: G. Holmsten, Jean-Jaques Rousseau, 1972 und als informative „lexikalische Skizze": H. Hofmann, Rousseau, in: ders., Recht-Politik-Verfassung, 1986, 90 ff. Das rechts- und staatsphilosophische Hauptwerk Rousseaus, Du Contrat Social wird im französischen Original zitiert nach der Edition von B. Gagnebin/M. Raymond, Œuvres complètes, Bd. III, 1964; eine leicht zugängliche Übersetzung – von der hier allerdings gelegentlich abgewichen wird – ist diejenige von H. Brockard, Vom Gesellschaftsvertrag, 1977 (CS). Für den Diskurs über Kunst und Wissenschaft wird die französisch-deutsche Ausgabe der Schriften zur Kulturkritik von K. Weigand, ⁵1995 zugrundegelegt (KW), für den Diskurs über die Ungleichheit die zweisprachige Edition von H. Meier, ⁴1997 (U) – beide mit hilfreichen Einführungen, letztere mit einem vorzüglichen Kommentar. Émile oder Über die Erziehung wird zitiert nach der deutschen Fassung von L. Schmidts, ⁷1985 (É). Weiterführende Monographien sind diejenigen von R. Brandt, Rousseaus Philosophie der Gesellschaft, 1973 (mit überzeugender Widerlegung der herrschenden Lehre von der Rousseauschen Tugendrepublik); I. Fetscher, Rousseaus politische Philosophie, ³1975 (mit einem repräsentativen Kapitel über Rousseau und die Französische Revolution); M. Forschner, Rousseau, 1977 (mit eingängiger und werkgetreuer Interpretation des Konzepts der volonté générale) und R. Spaemann, Rousseau – Bürger ohne Vaterland, 1980 (mit vier Essays, davon drei zum Rousseauschen Naturbegriff); eine ältere, aber immer noch anregende Studie ist O. Vossler, Rousseaus Freiheitslehre, 1963. Für Zwecke des Studiums der Gesellschaftsvertragsphilosophie gut geeignet sind die Darstellungen Rousseaus bei H. Bielefeldt, Neuzeitliches Freiheitsrecht und politische Gerechtigkeit, 1990 (67 ff.) und W. Kersting, Die politische Philosophie des Gesellschaftsvertrages, 1994 (140 ff.). Weitere Anregungen bieten die Aufsätze von K. Herb, Naturgeschichte und Recht: Rousseaus Weg vom Discours sur l' inégalité zum Contrat social, ZfP 1993, 355 ff.; H. Buchheim, Zur Interpretation von Rousseau „Du Contrat Social", Der Staat 35 (1996), 389 ff. und M. Pawlik, Hegels Kritik an der politischen Philosophie Jean-Jaques Rousseaus, Der Staat 38 (1999), 21 ff.

[2] Brief Voltaires an Rousseau vom 30. August 1755, KW 302.

[3] Als Text Kierkegaards ist in diesem Zusammenhang besonders zu nennen: Die Krankheit zum Tode, die in deutscher Übersetzung etwa bei Meiner, 1995, erschienen ist.

[4] Zu den unterschiedlichen Weisen, Philosoph zu sein: G. Böhme, Weltweisheit, Lebensform, Wissenschaft. Eine Einführung in die Philosophie, 1994.

[5] Dazu Holmsten, Jean-Jaques Rousseau, 64 und Spaemann, Rousseau, 11.

[6] Die bündigste Unterscheidung des amour propre vom amour de soi-même findet sich in Rousseaus Anmerkung XV des Zweiten Diskurses, 368. Hilfreich zum Verständnis: Bielefeldt, Neuzeitliches Freiheitsrecht und politische Gerechtigkeit, 70 f. und Hofmann, Rousseau, 107 f.; in eine eigene, gegen die herrschende Interpretation gerichtete geschichtsphilosophische Deutung eingebunden wird die Unterscheidung bei Forschner, Rousseau, 21 ff. Zum Begriff des Naturzustands im Zweiten Diskurs G. Figal, Die Rekonstruktion der menschli-

chen Natur, in: R. Bubner/K. Cramer/R. Wiehl (Hg.), Rousseau und die Folgen, neue hefte für philosophie 29 (1989), 24 ff.

[7] K. Herb, Rousseaus Theorie legitimer Herrschaft, 1989 und ders., Naturgeschichte und Recht, plädiert wegen der Unabhängigkeit des Contrat Social vom Naturzustandsmodell des Zweiten Diskurses für eine eigenständig-prinzipientheoretische Interpretation des Rousseauschen Legitimationsmodells.

[8] Der später zum französischen „contrat" gewordene Titel läßt in der Fassung der Erstausgabe seinen lateinischen Ursprung („contractus") noch erkennen.

[9] Œuvres complètes III, 297.

[10] CS 4 mit Anm. 1 (155). Zur Unsicherheit Rousseaus in der Titelgebung Brandt, Rousseaus Philosophie der Gesellschaft, 13; Fetscher, Rousseaus politische Philosophie, 101 und Herb, Naturgeschichte und Recht, 355.

[11] Œuvres complètes III, 351.

[12] Dazu Buchheim, Zur Interpretation, 390.

[13] Œuvres complètes III, 351.

[14] Dazu etwa Forschner, Rousseau, 89 ff.

[15] Zur Bedeutung des Contrat Social als Freiheitstheorie statt aller Kersting, Die politische Philosophie des Gesellschaftsvertrags, 154 ff. mit der zutreffenden, zu intensiver Interpretationsarbeit mahnenden Feststellung: „kein politischer Philosoph hat einen anspruchsvolleren Freiheitsbegriff als Rousseau" (155).

[16] In diesem Sinne insbes. Kersting, Politische Philosophie des Gesellschaftsvertrags, 177 f. und Pawlik, Hegels Kritik, 31.

[17] Prominent: J. L. Talmon, Die Geschichte der totalitären Demokratie, 1964, 34 ff.

[18] Zum Teil in der übersetzerischen Gestalt, die Fetscher, Rousseaus politische Philosophie, 111, der von ihm sehr klar interpretierten Stelle gegeben hat.

[19] Œuvres complètes III, 361.

[20] Dezidiert in diesem Sinne Buchheim, Zur Interpretation, 389 ff., in dessen Interpretation der Rousseausche Gesellschaftsvertrag „auf eine allseitig-wechselseitige Zubilligung und Anerkennung des 'amour de soi'" hinausläuft und dieser im Begriff der volonté générale „zum verbindlichen Prinzip des gesamtgesellschaftlichen Zusammenlebens gesetzt" wird (394).

[21] Sie sind beispielsweise gezogen worden von Forschner, Rousseau, 117 ff. oder von T. Petersen, Subjektivität und Politik, 1992, 30 ff.

[22] Gegenthese bei I. Fetscher, Jean-Jaques Rousseau: Ethik und Politik, in: Bubner/ Cramer/ Wiehl (Hg.), Rousseau und die Folgen, 1 ff.

[23] Œuvres complètes III, 364. Weitere Belege in diesem Sinne bei Buchheim, Zur Interpretation, 400.

[24] Buchheim, ebenda.

[25] Eine aktuelle Verfassungslehre, in der Verfassung als „Gegenseitigkeitsordnung" bestimmt wird, hat davon zurecht Gebrauch gemacht: G. Haverkate, Verfassungslehre, 1992, 38 ff. (zur Gegenseitigkeitstheorie), 172 ff. (zur Freiheit bei Rousseau).

[26] Buchheim, Zur Interpretation, 402.

[27] Ebenda, 404.

[28] Dazu jetzt eingehend R. Gröschner, Das Republikprinzip der Weimarer Reichsverfassung und des Bonner Grundgesetzes, in: E. Eichenhofer (Hg.), 80 Jahre Weimarer Reichsverfassung – Was ist geblieben?, 1999, 49 ff. In der folgenden Diskussion werden einige Gedanken und Formulierungen aus diesem Beitrag übernommen.

[29] Dazu namentlich W. Henke, Die Republik, in: HStR, Bd. 1, 1987, 863 ff. (873); ders., Republikanische Verfassungsgeschichte mit Einschluß der Antike, Der Staat 23 (1984), 75 ff.; ders., Zum Verfassungsprinzip der Republik, JZ 1981, 249 ff.

[30] Einzelheiten bei R. Gröschner, Freiheit und Ordnung in der Republik des Grundgesetzes, JZ 1996, 637 ff.

[31] Diese Konzeption ist für das Wirtschaftsüberwachungsrecht im Prinzip und im Detail ausgeführt bei R. Gröschner, Das Überwachungsrechtsverhältnis, 1992.

[32] Art. 17 Abs. 1 WRV: „Jedes Land muß eine freistaatliche Verfassung haben".

[33] K. Hesse, Grundzüge des Verfassungsrechts der Bundesrepublik Deutschland, ^{20}1995, Rn. 72.

[34] In dogmatischer Analogie zu der objektiven sozialstaatlichen Dimension der Freiheitsgrundrechte, die den Sozialstaat zur Gewährleistung der allgemeinen Voraussetzungen realer Freiheit verpflichtet: R. Gröschner in: H. Dreier, Grundgesetz, Bd. 2, Art. 20 (Sozialstaat) Rn. 20.
[35] M. Morlok, Selbstverständnis als Rechtskriterium, 1993.
[36] Henke, Republik, in: HStR, 874.
[37] In diesem Sinne insbesondere J. Isensee, Staat und Verfassung, in: HStR, Bd. 1, 1987, 632: „Der institutionelle Ausdruck der Gemeinwohlidee ist das Amt".
[38] M. Morlok, in: H. Dreier, Grundgesetz, Bd. 2, Art. 38, Rn. 124, 127.
[39] Der homo oeconomicus ist seit Adam Smith nichts anderes als eine Fiktion, die für die Konstituierung eines spezifischen (nationalökonomischen) Wissenschaftssystems axiomatisch vorausgesetzt wird, ohne für das Verfassungssystem des Grundgesetzes in irgendeiner Weise verbindlich zu sein: R. Gröschner, Der homo oeconomicus und das Menschenbild des Grundgesetzes, in: C. Engel/M. Morlok (Hg.), Öffentliches Recht als ein Gegenstand ökonomischer Forschung, 1997, 31 ff.

Anmerkungen zu § 10 Kant und die Pflicht zum Recht

[1] Kants Schriften werden hier nach der Ausgabe von W. Weischedel zitiert gemäß den die Erst- und Zweitausgabe betreffenden Seitenangaben (A oder B): Werke in sechs Bänden, 1983 ff.; (die gleiche Ausgabe ist als preiswerte Taschenbuchausgabe in zwölf Bänden erschienen, 1968 u.ö). Die Werke Kants werden z.t. mit den üblichen Abkürzungen zitiert: MS = Metaphysik der Sitten (darin RL = Rechtslehre, TL = Tugendlehre); GMS = Grundlegung zur Metaphysik der Sitten; KpV = Kritik der praktischen Vernunft; KrV = Kritik der reinen Vernunft. Die noch immer maßgebliche Werkedition ist die Akademieausgabe: Kants gesammelte Schriften, 1902 ff. Gute Einführungen sind: O. Höffe, Immanuel Kant, ^{3}1992; F. Kaulbach/V. Gerhardt: Immanuel Kant, ^{2}1983; J. Grondin, Kant zur Einführung, 1994. Als Kommentar zur Kritik der praktischen Vernunft eignet sich hervorragend: L. W. Beck, Kants „Kritik der praktischen Vernunft", ^{3}1995. Einen – allerdings nicht mehr ganz aktuellen – Forschungsüberblick zu Kants Rechtsphilosophie bietet G.-W. Küsters, Kants Rechtsphilosophie, 1988. Ein guter Begleiter für ein selbständiges Studium des rechtsphilosophischen Hauptwerkes Kants ist der Sammelband von O. Höffe (Hg.), Immanuel Kant, Metaphysische Anfangsgründe der Rechtslehre, 1999. Eine wichtige Monographie ist ferner W. Kersting, Wohlgeordnete Freiheit. Immanuel Kants Rechts- und Staatsphilosophie, 1993. Als klassische Verbindung von Lebensbeschreibung und Schriftenexegese gilt noch immer K. Vorländer, Immanuel Kant. Der Mann und das Werk (1924), ^{3}1992.
[2] KrV, Vorrede zur 2. Aufl., B XI („Revolution der Denkart"), B XVI (Vergleich „mit den ersten Gedanken des Kopernikus").
[3] Descartes' (latinisiert: Cartesius, daher das Adjektiv „kartesisch") Meditationen sind leicht zugänglich in der lateinisch-deutschen Reclam-Ausgabe von 1986. Kritisches zum kartesischen Fundierungsunternehmen bringt B. Williams, Descartes: The Project of Pure Inquiry, 1978 (dt. als Descartes. Das Vorhaben der reinen philosophischen Untersuchung, 1988). Über den heutigen Stand der Subjektivitätstheorie kann man sich informieren bei M. Frank, Selbstbewußtsein und Selbsterkenntnis. Essays zur analytischen Philosophie der Subjektivität, 1991 sowie in den Sammelbänden: K. Cramer/H. F. Fulda/R.-P. Horstmann/U. Pothast (Hg.), Theorie der Subjektivität, 1987; M. Frank (Hg.), Analytische Theorien des Selbstbewußtseins, ^{2}1996; H. Nagl-Docekal/H. Vetter (Hg.), Tod des Subjekts?, 1987.
[4] Hume entwickelt seine diesbezügliche Position in An Enquiry Concerning Human Understanding (englische Ausgabe von L. A. Selby-Bigge/P. H. Nidditch: Enquiries Concerning Human Understanding and Concerning the Principles of Morals, ^{3}1975).
[5] Zur Rigorismus-Problematik bei Kant: M. Henkel, Normen und politisches Handeln: Zur moralischen Verurteilung der Politik bei Kant und Hayek, ARSP 82 (1996), 208 ff.; zum Verständnis des kategorischen Imperativs hilfreich O. Höffe, Kants kategorischer Imperativ als Kriterium des Sittlichen, in: ders., Ethik und Politik, Grundmodelle und -probleme der prakti-

schen Philosophie, 1979, 84 ff. S. aber auch F. von Freier, Kritik der Hegelschen Formalismuskritik, in: Kant-Studien, 1991, 304 ff.

[6] Krause lehrte zur Zeit Hegels und Schellings in Jena Philosophie. Eines seiner Hauptthemengebiete, zu dem er vielgelesene Schriften publizierte, war die Rechts- und Sozialphilosophie. Seine Lehre begründete vor allem in spanischsprachigen Ländern unter dem Namen „Krausismo" eine äußerst einflußreiche politische Reformbewegung, auf die sich heute noch lateinamerikanische Politiker explizit berufen. Wichtigste Inhalte der Rechtsphilosophie Krauses sind seine Lehre von der allgemeinen Menschenwürde, die ein überstaatliches Korrektiv des Handelns sein müsse, die Forderung nach einem Weltbürgerrecht, nach Verteilungsgerechtigkeit und seine Lehre von den Rechten der Natur. Dazu C. Dierksmeier, Karl Christian Friedrich Krause und das „gute Recht", ARSP 85 (1999), 75 ff. sowie demnächst die Monographie: C. Dierksmeier, Recht als Grundwesenheit – Die Rechtsphilosophie K.C.F.Krauses.

[7] Dazu und zum folgenden sehr instruktiv: M. Köhler, Ursprünglicher Gesamtbesitz, ursprünglicher Erwerb und Teilhabegerechtigkeit, in: FS für E. A. Wolff, 1988, 247 ff., sowie ders., Iustitia distributiva – Zum Begriff und den Formen der Gerechtigkeit, ARSP 79 (1993), 459 ff. und ders., Freiheit, Rechtsprinzip und Teilhabegerechtigkeit der modernen Gesellschaft, in: G. Landwehr (Hg.), Freiheit, Gleichheit, Selbständigkeit, 1999, 103 ff.

[8] Dazu C. Dierksmeier, Kant versus Krause – Über Gemeinsamkeiten und Differenzen in der Begründung von Moral und Recht, Studia Iuridica 45 (1999), 71 ff.

[9] Dazu in einer kritischen Auseinandersetzung mit K. A. Schachtscheider, Res publica res populi, 1994, eingehend R. Gröschner, Freiheit und Ordnung in der Republik des Grundgesetzes, JZ 1996, 637 ff. (646).

[10] Dazu C. Dierksmeier: Der politische Imperativ – Zum systematischen Ort der politischen Philosophie in der praktischen Philosophie Kants 1996 (Microfiche).

[11] J. Habermas, Strukturwandel der Öffentlichkeit. Untersuchungen zu einer Kategorie der bürgerlichen Gesellschaft (1962), 1990, 178 ff.

[12] Friedrich Schlegel, Versuch über den Begriff des Republikanismus – veranlaßt durch die Kantische Schrift zum Ewigen Frieden, in: A. Dietze/W. Dietze (Hg.), Ewiger Friede? Dokumente einer deutschen Diskussion um 1800, 1989, 161 ff., hier 164.

[13] Zur Interpretation der Kantschen Friedensschrift etwa M. Lutz-Bachmann/J. Bohman (Hg.), Frieden durch Recht. Kants Friedensidee und das Problem einer neuen Weltordnung, 1996; O. Höffe (Hg.), Immanuel Kant. Zum ewigen Frieden, 1995; V. Gerhardt, Immanuel Kants Entwurf „Zum ewigen Frieden". Eine Theorie der Politik, 1995, K.-M. Kodalle (Hg.), Der Vernunftfrieden. Kants Entwurf im Widerstreit, 1996.

[14] Dazu etwa V. Rittberger, Zur Friedensfähigkeit von Demokratien. Betrachtungen zur politischen Theorie des Friedens, Aus Politik und Zeitgeschichte, Heft B 44/87 v. 31.10.87, 3 ff.; B. Russett, Grasping the Democratic Peace. Principles for a Post-Cold War World, 1993.

[15] Dazu B. Russett/W. Antholis, Do Democracies Fight Each Other? Evidence from the Peleponnesian War, Journal of Peace Research 29 (1992), 415 ff.

[16] Dazu W. G. Grewe, Frieden durch Recht?, 1985, insbes. 23 f.

Anmerkungen zu § 11
Hegel und die Wirklichkeit der Freiheit

[1] Hegel wird nach der leicht zugänglichen Ausgabe seiner Werke im Suhrkamp-Verlag (1970 u. ö.) zitiert und zwar unter Nennung des Titels bzw. einer Titelabkürzung und/oder Angabe der Bandnummer. Abgekürzt zitiert werden folgende Werke: Grundlinien der Philosophie des Rechts oder Naturrecht und Staatswissenschaft im Grundrisse (1821) = Rph bzw. Rechtsphilosophie (der Text der Rechtsphilosophie gliedert sich in Paragraphen, Anmerkungen – Anm. – und von Hegels Schüler Eduard Gans vorgenommene Zusätze – Zus., = Werke, Band 7); Phänomenologie des Geistes (1807) = Phän. (= Werke, Band 3). Als allgemeine Einführung in die Philosophie Hegels sei auf M. Gessmann, Hegel, 1999 sowie H. Schnädelbach, Hegel

zur Einführung, 1999, verwiesen. Ausführliche Darstellungen und Interpretationen der Hegelschen Philosophie aus jüngerer Zeit sind V. Hösle, Hegels System. Der Idealismus der Subjektivität und das Problem der Intersubjektivität, zwei Bände, 1988, zur Rechts- und Staatsphilosophie Hegels Band II, 412 ff. und C. Taylor, Hegel, 1978. Taylor hat ein zweites, weniger umfangreiches Werk vorgelegt, das sich vornehmlich mit Hegels sozialphilosophischem und politischem Denken auseinandersetzt: Hegel and modern Society, 1979. Auch die kurzweilige, leicht lesbare englische Einführung von P. Singer, Hegel, 1983 behandelt vor allem Hegels sozialphilosophisches und politisches Denken. Eine gründliche Darstellung von Leben und Werk Hegels gibt H. Althaus, Hegel und Die heroischen Jahre der Philosophie. Eine Biographie, 1992. Eine wichtige Interpretation des politischen Denkens Hegels ist die Studie von S. Avineri, Hegels Theorie des modernen Staates, 1976. Die vorliegende Darstellung orientiert sich in vielen prinzipiellen Aussagen an Avineris Studie. Von Avineri stammt auch der vorzügliche Artikel über Hegel in der Blackwell Encyclopaedia of Political Thought, hg. von D. Miller, 1987, 196 ff. Ein gutes Hilfsmittel für die Auseinandersetzung mit Hegels Begrifflichkeit ist M. Inwood, A Hegel Dictionary, ^{4}1996, dessen Wert für den deutschen Leser *gerade* darin besteht, daß es in englischer Sprache verfaßt ist. In den Beiträgen des Sammelbandes von L. Siep (Hg.), G.W.F. Hegel. Grundlinien der Philosophie des Rechts, 1997, werden einzelne Abschnitte der Hegelschen Rechtsphilosophie interpretiert. Als wichtige Studien zu Einzelfragen seien aus der unübersehbaren Literatur genannt: H.-G. Gadamer, Hegels Dialektik. Sechs hermeneutische Studien, ^{2}1980; N. Hartmann, Aristoteles und Hegel, in: ders., Kleinere Schriften II, 1957, 214 ff.; O. Marquard, Hegel und das Sollen, in: Philosophisches Jahrbuch 72 (1964), 103 ff.; A. T. Peperzak, Hegels praktische Philosophie. Ein Kommentar zur enzyklopädischen Darstellung der menschlichen Freiheit und ihrer objektiven Verwirklichung, 1991; T. Petersen, Subjektivität und Politik. Hegels „Grundlinien der Philosophie des Rechts" als Reformulierung des „Contrat Social" Rousseaus, 1992; M. Riedel, Bürgerliche Gesellschaft und Staat bei Hegel. Grundprobleme und Struktur der Hegelschen Rechtsphilosophie, 1970; G. Rohrmoser, Hegels Lehre vom Staat und das Problem der Freiheit in der modernen Gesellschaft, in: Der Staat, 3 (1964), 391 ff.

[2] Dies gilt namentlich für Popper und seine Kritik Hegels in: K. Popper, Die offene Gesellschaft und ihre Feinde, Bd. 2., Falsche Propheten: Hegel, Marx und die Folgen, ^{7}1992 und in anderer Weise für E. Topitsch (s. unten Anmerkung 25).

[3] Zu Hegels kritischer Auseinandersetzung mit Kant als einer der Grundlagen seines Denkens noch immer lesenswert der entsprechende Abschnitt in G. Lukács 1948 erstmals veröffentlichter Arbeit: Der junge Hegel. Über die Beziehungen von Dialektik und Ökonomie, 1973, Bd. 1, 239 ff. S. auch Bd. 2, 445 ff.

[4] Siehe Kant, Zum ewigen Frieden, B 92, A 87.

[5] Siehe Taylor, Hegel and modern Society, 11 ff. und T. Z. Lavine, From Socrates to Sartre: the Philosophic Quest, 1984, 202 ff. Das Hegel-Kapitel in Lavines Buch (185 ff.) stellt eine klare Einführung in Hegels Denken dar.

[6] Zur Romantik etwa das einschlägige Stichwort im Hist. Wb. Philos., Bd. 8, Sp. 1076 ff.

[7] Man kann sich dann darauf verlassen, daß „Hegel ... Hegelsche Begriffe ... meist im Hegelschen Sinne zu gebrauchen [pflegt]", wie H.-G. Gadamer einmal bemerkt (H.-G. Gadamer, Hegels Dialektik, 61, Fn. 8).

[8] G.W.F. Hegel, Über die wissenschaftlichen Behandlungsarten des Naturrechts, seine Stelle in der praktischen Philosophie und sein Verhältnis zu den positiven Wissenschaften (1802/1803), in: ders., Werke, Band 2, 1986, 434 ff., hier 435.

[9] G.W.F. Hegel, Wer denkt abstrakt? (1807), in: ders., Werke, Band 2, 575 ff.

[10] Das Beispiel findet sich mehrfach in Hegels Schriften, so etwa auch in: G.W.F. Hegel, Wissenschaft der Logik (1812 ff.), Werke, Band 5, 146.

[11] G.W.F. Hegel, Vorlesungen über die Philosophie der Geschichte (postum 1837/1840 u. ö. veröffentlicht), Werke, Band 12, 32.

[12] Dazu ausführlich G.W.F. Hegel, Enzyklopädie der philosophischen Wissenschaften im Grundrisse I (1830), Werke, Band 8, 169 ff.

[13] Zu Hegels Freiheitsbegriff etwa Hösle, Hegels System, Bd. 2, 468 ff., R. Pippin, Hegel, Freedom, The Will. The Philosophy of Right: §§ 1-33, in: L. Siep (Hg.), G.W.F. Hegel, 31 ff.

[14] G.W.F. Hegel, Vorlesungen über die Philosophie der Geschichte, 30.
[15] Einen ausgezeichneten Einblick in die entsprechenden Theorien Meads vermitteln die beiden Aufsatzbände G. H. Mead, Philosophie der Sozialität. Aufsätze zur Erkenntnisanthropologie, 1969; ders., Sozialpsychologie, eingel. und hg. v. A. Strauss, 1969; einige der dort abgedruckten Arbeiten sind leichter zugänglich in den von H. Joas edierten Bänden: G. H. Mead, Gesammelte Aufsätze, 2. Bde., 1987. Zu Piaget seien genannt: J. Piaget, Jean Piaget – Werk und Wirkung, 1976; ders., Nachahmung, Spiel und Traum. Die Entwicklung der Symbolfunktion beim Kinde (= Gesammelte Werke, Studienausgabe, Bd. 5), ^{3}1993.
[16] Zur entsprechenden „Dialogik eines freiheitsphilosophisch aufgeklärten Eheverhältnisses" R. Gröschner, in: H. Dreier, Grundgesetz, Bd. 1, 1996, Art. 6, Rn. 25.
[17] S. etwa Rph § 133, Zus.
[18] Zur Interdependenz von Gesinnungsethik und Zweckethik bei Kant C. Dierksmeier, Das Noumenon Religion. Eine Untersuchung zur Stellung der Religion im System der praktischen Philosophie Kants, 1998, 52 ff.
[19] So den Hegelschen Gedanken knapp zusammenfassend A.T. Peperzak, Hegels Pflichten- und Tugendlehre. Eine Analyse und Interpretation der Grundlinien der Philosophie des Rechts, §§ 142-156, in: Siep (Hg.), G.W.F. Hegel, 167 ff., hier 171.
[20] Siehe B. Priddat, Hegel als Ökonom, 1990.
[21] So meint etwa Popper, daß „die Staatsgewalt immer ein gefährliches, wenn auch notwendiges Übel bleiben" müsse. Popper, Die offene Gesellschaft, Bd. 2, 152. Eine im bezeichneten Sinne typisch liberale Position vertritt auch O. Höffe, z.B. in der Arbeit: Den Staat braucht selbst ein Volk von Teufeln: ein Dilemma der natürlichen Gerechtigkeit, in: ders., Den Staat braucht selbst ein Volk von Teufeln. Philosophische Versuche zur Rechts- und Staatsethik, 1988, 56 ff., bes. 57 ff.
[22] Dazu etwa Rohrmoser, Hegels Lehre vom Staat, 395: „Die Hobbessche Theorie des Staates versteht Hegel als den Begriff des Staates, den er ... den Not- und Verstandesstaat genannt hat".
[23] Dazu die von D. Henrich herausgegebene Nachschrift der Rechtsphilosophie-Vorlesung Hegels: G.W.F. Hegel, Philosophie des Rechts. Die Vorlesung von 1819/20 in einer Nachschrift, hg. v. D. Henrich, 1983, 147 ff.
[24] Dies ist die überzeugend begründete These der Arbeit von Petersen, Subjektivität und Politik.
[25] R. Heym, Hegel und seine Zeit. Vorlesungen über Entstehung und Entwicklung, Wesen und Werth der Hegel'schen Philosophie (1857), 1962; Popper, Die offene Gesellschaft, Bd. 2; E. Topitsch, Die Sozialphilosophie Hegels als Heilslehre und Herrschaftsideologie, ^{2}1981. An Topitschs Interpretationsmuster schließt sich die von ihm betreute Dissertation H. Kiesewetter, Von Hegel zu Hitler, 1974 an (erweiterte Ausgabe u.d.T. Von Hegel zu Hitler. Die politische Verwirklichung einer totalitären Machtstaatstheorie in Deutschland (1815-1945), 1995).
[26] Zur Kritik der Hegel-Kritik siehe etwa Avineri, Hegels Theorie des modernen Staates, 141 ff. und passim sowie M. Theunissen, Die Verwirklichung der Vernunft. Zur Theorie-Praxis-Diskussion im Anschluß an Hegel, 1970, 2 ff.
[27] Popper schreibt, er habe nicht die Absicht zu erklären, warum Hegels Denken von so großem Einfluß gewesen ist, sondern es gehe ihm darum, „dieses Phänomen [...] zu bekämpfen" (Popper, Offene Gesellschaft, Bd. 2, 38). Die Weigerung, sich ernsthaft inhaltlich mit Hegel auseinanderzusetzen, findet eine Erklärung unter anderem wohl in Poppers Angst, sich „bei der Beschäftigung mit diesem skandalösen Gebilde [gemeint ist Hegels Werk, G] zu beschmutzen" (ebenda, 94).
[28] E. R. Huber, Dokumente zur deutschen Verfassungsgeschichte, Bd. 1, ^{3}1978, 77.
[29] Näheres bei R. Gröschner, in: H. Dreier, Grundgesetz, Bd. 2, 1988, Art. 20 (Sozialstaat), Rn. 5.
[30] L. von Stein, Geschichte der sozialen Bewegung in Frankreich von 1789 bis auf unsere Tage, Band 3 (1850), 1959, 104.
[31] Siehe dazu Avineri, Hegels Theorie des modernen Staates, 231 ff., H. Ottmann, Die Weltgeschichte (§§ 341-360), in: Siep (Hg.), G.W.F. Hegel, 267 ff., hier 268 ff.
[32] Daß eine solche Gegenüberstellung von Hegel und Kant in bezug auf die Problematik von Krieg und Frieden nur bedingt rechenschaftsfähig ist, zeigt überzeugend H.-C. Lucas, „[...]

eine Aufgabe, die nach und nach aufgelöst, ihrem Ziele beständig näher kommt". Geschichte, Krieg und Frieden bei Kant und Hegel, in: D. Hüning/B. Tuschling (Hg.), Recht, Staat und Völkerrecht bei Immanuel Kant, 1998, 247 ff., hier 252 ff. Zum folgenden ebenda 259 ff. und ders., „Es giebt keinen Prätor zwischen Staaten". Zu Hegels Kritik an Kants Konzeption, in: K.-M. Kodalle (Hg.), Der Vernunftfrieden. Kants Entwurf im Widerstreit, 1996, 53 ff.

Anmerkungen zum Ausblick
Neuere Strömungen der Rechts- und Staatsphilosophie

[1] Die deutsche Übersetzung erschien unter dem Titel Eine Theorie der Gerechtigkeit, 1975. Rawls entwickelte seine Überlegungen in Auseinandersetzung mit seinen Kritikern nach 1971 weiter. Wichtige Aufsätze, die diese Fortentwicklung dokumentieren, finden sich in dem Band J. Rawls, Die Idee des politischen Liberalismus. Aufsätze 1978-1989, 1992; darin von besonderem Interesse die Arbeit Gerechtigkeit als Fairneß: politisch und nicht metaphysisch, 257 ff., in der Rawls seinen Ansatz auf knappem Raum darstellt. Die Litatur zu Rawls ist inzwischen unübersehbar. Für einen ersten sekundärliterarischen Zugang eignen sich O. Höffe, Kritische Einführung in Rawls' Theorie der Gerechtigkeit, in: ders., Ethik und Politik. Grundmodelle und -probleme der praktischen Philosophie, [4]1992, 160 ff.; W. Kersting, John Rawls zur Einführung, 1993; T. W. Pogge, John Rawls, 1994; L. Meyer, John Rawls und die Kommunitaristen. Eine Einführung in Rawls' Theorie der Gerechtigkeit und die kommunitaristische Kritik am Liberalismus, 1996; O. Höffe (Hg.), John Rawls, Eine Theorie der Gerechtigkeit, 1998 sowie C. Kukathas/P. Pettit, Rawls. A Theory of Justice and its Critics, 1990.
[2] Rawls, Theorie der Gerechtigkeit, 336.
[3] Ebenda.
[4] Ebenda, 285. Zum Urzustand siehe ebenda, 140 ff. und zum Schleier des Nichtwissens insbes. 159 ff.
[5] Ebenda, 289.
[6] Zu den prominentesten Vertretern kommunitarischen Denkens zählen Alasdair MacIntyre, Michael Sandel, Charles Taylor, Michael Walzer und Martha Nussbaum (die wir in den Anmerkungen 1 und 2 zu § 2 als Aristotelikerin bereits vorgestellt haben). Zu Nussbaum und MacIntyre siehe die Hinweise in den Anmerkungen 1 und 2 zu § 2; zu MacIntyre ferner J. Horton/S. Mendus (Hg.), After MacIntyre. Critical perspectives on the work of Alasdair MacIntyre; zu Sandel: M. Sandel, Liberalism and the Limits of Justice, 1982; ders., Liberalismus oder Republikanismus, 1995; zu Taylor sei verwiesen auf dessen Arbeiten: Negative Freiheit? Zur Kritik des neuzeitlichen Individualismus, 1988; ders., Das Unbehagen in der Moderne, 1995 und ders., Quellen des Selbst. Die Entstehung der neuzeitlichen Identität, 1994. Walzers wichtigste Arbeit ist: M. Walzer, Sphären der Gerechtigkeit. Ein Plädoyer für Pluralität und Gleichheit (1983), 1992 (u.ö.). Einen guten Überblick über die Positionen der Kommunitarier vermitteln W. Reese-Schäfer, Was ist Kommunitarismus?, 1994 und Meyer, John Rawls und die Kommunitaristen. Für ein vertiefendes Studium empfehlen sich die Textsammlungen von A. Honneth (Hg.), Kommunitarismus. Eine Debatte über die moralischen Grundlagen moderner Gesellschaften [2]1994 (mit übersetzten Beiträgen der wichtigsten englischsprachigen Autoren); S. Avineri/A. de-Shalit (Hg.), Communitarianism and Individualism, 1992 (ein englischsprachiges Pendant zu dem Band von Honneth); M. Brumlik/H. Brunkhorst (Hg.), Gemeinschaft und Gerechtigkeit, 1993. Ein Bild der spezifisch deutschen Adaption der Debatte vermitteln die Beiträge in G. Chatzimarkakis/H. Hinte (Hg.), Freiheit und Gemeinsinn. Vertragen sich Liberalismus und Kommunitarismus?, 1997. Ausführlich informiert (u.a.) über die Liberalismus-Kommunitarismus-Debatte W. Reese-Schäfer, Grenzgötter der Moral. Der neuere europäisch-amerikanische Diskurs zur politischen Ethik, 1997.
[7] Dies gerät manchen Darstellungen aus dem Blick, welche das kommunitarische Denken sehr schematisch (wie z.B. W. Kersting, Liberalismus und Kommunitarismus. Zu einer aktuellen

Debatte, in: Information Philosophie, 1993, 4 ff.) in der Dichotomie liberal – antiliberal präsentieren. Solches trifft nicht den Kern der kommunitarischen Sache.

[8] Siehe dazu ausdrücklich etwa die Einleitung von M. Walzer, Vernunft, Politik und Leidenschaft. Defizite liberaler Theorie, 1999, 7 ff.

[9] Dazu aufschlußreich H. Joas, Gemeinschaft und Demokratie in den USA. Die vergessene Vorgeschichte der Kommunitarismus-Diskussion, in: Blätter für deutsche und internationale Politik, 1992, 859 ff.

[10] In Deutschland wären etwa Axel Honneth oder Hans Joas als Vertreter kommunitarischer Ansätze zu nennen.

[11] Zum wissenschaftstheoretischen Status dieses Modells Anmerkung 39 zu § 9.

[12] So zuerst BVerfGE 4, 7 (15 f.).

[13] Erstmals systematisch in seiner Habilitationsschrift aus dem Jahre 1911: H. Kelsen, Hauptprobleme der Staatsrechtslehre. Entwickelt aus der Lehre vom Rechtssatze, hier als „HS" zitiert nach einem Neudruck der zweiten Auflage von 1923, 1984. In reifer Form präsentierte Kelsen seine Konzeption 1934 unter dem programmatischen Titel Reine Rechtslehre, die in einer völligen Neubearbeitung 1960 wieder erschien: H. Kelsen, Reine Rechtslehre (RR), 1934, ²1960. Hier wird zitiert nach einem Nachdruck der zweiten Auflage, 1992. Die Sekundärliteratur zu Kelsen, der auch insbes. im englischsprachigen Ausland breit diskutiert wurde und wird, füllt Bibliotheken. Aus der Sekundärliteratur sei als wichtige Monographie insbesondere genannt H. Dreier, Rechtslehre, Staatssoziologie und Demokratietheorie bei Hans Kelsen, ²1990. Ferner sei verwiesen auf die (jüngeren) monographischen Arbeiten von D. Agostino, Die Normenordnung. Staat und Recht in der Lehre Kelsens, 1998; C. Heidemann, Die Norm als Tatsache. Zur Normentheorie Hans Kelsens, 1997; A. Rub, Hans Kelsens Völkerrechtslehre. Versuch einer Würdigung, 1995; R. Walter, Hans Kelsens Rechtslehre, 1999; aus spezifisch philosophischer Perspektive die ältere Studie: R. Hofmann, Logisches und metaphysisches Rechtsverständnis. Zum Rechtsbegriff Hans Kelsens (1967), 1995. Eine Skizze der Reinen Rechtslehre gibt R. Walter, Das Lebenswerk Hans Kelsens: Die Reine Rechtslehre, in: A. Merkl/A. Verdroß/R. Marcic/R. Walter (Hg.), Festschrift für Hans Kelsen zum 90. Geburtstag, 1971, 1 ff.

[14] Zum ganzen und zum Status der Grundnorm im einzelnen Dreier, Rechtslehre, Staatssoziologie und Demokratietheorie.

[15] Dazu R. Dreier, Sein und Sollen. Bemerkungen zur Reinen Rechtslehre Kelsens, in: ders., Recht – Moral – Ideologie. Studien zur Rechtstheorie, 1981, 217 ff.

[16] Dazu etwa RR 5 ff., 215 ff. und passim; H. Kelsen, Allgemeine Theorie der Normen, hg. v. K. Ringhofer/R. Walter, 1979, insbes. 44 ff.

[17] Dazu H. Kelsen, Der soziologische und der juristische Staatsbegriff, ²1928, Neudruck 1981.

[18] Siehe ausführlich auch RR 289 ff.

[19] Zu verweisen ist etwa auf: H. Kelsen, Der soziologische und der juristische Staatsbegriff; ders., Vom Wesen und Wert der Demokratie, ²1929; ders., Aufsätze zur Ideologiekritik, eingel. und hg. v. E. Topitsch, 1964. Zu einigen der in diesen Arbeiten von Kelsen erörterten Themen siehe die Beiträge in: W. Krawietz/E. Topitsch/P. Koller (Hg.), Ideologiekritik und Demokratietheorie bei Hans Kelsen, 1982.

[20] Siehe § 7 IV.

[21] Ausdrücklich in diesem Sinne etwa H. Ryffel, Grundprobleme der Rechts- und Staatphilosophie. Philosophische Anthropologie des Politischen, 1969, 217. Diskussion der Problematik jetzt m.w.N. bei B. Rüthers, Rechtstheorie, 1999, 277 ff.

[22] G. Radbruch, Rechtsphilosophie, ³1932, 81, zit. nach ders., Gesamtausgabe, Bd. 2, Rechtsphilosophie II, 1993, 313. Radbruch – ein Kritiker der Kelsenschen Rechtslehre – kann allerdings auch in seinen Arbeiten vor 1933 nicht als Rechtspositivist angesehen werden. Dazu R. Dreier/S. L. Paulson, Einführung in die Rechtsphilosophie Radbruchs, in der von ihnen herausgegebenen neuen Studienedition der Rechtsphilosophie Radbruchs von 1932, 1999, 235 ff., hier 240 ff.

[23] Siehe § 4 VI.

[24] J. Habermas, Faktizität und Geltung. Beiträge zur Diskurstheorie des Rechts und des demokratischen Rechtsstaats, 1992 (zit. FG). Als einführende Literatur zu Habermas gut geeignet:

H. Gripp, Jürgen Habermas. Und es gibt sie doch – Zur kommunikationstheoretischen Begründung von Vernunft bei Jürgen Habermas, 1984; D. Horster, Jürgen Habermas zur Einführung, ³1995; W. Reese-Schäfer, Jürgen Habermas, ²1994; zu philosophischen Hintergründen der Habermasschen Theorie ausführlich: J. Keulartz, Die verkehrte Welt des Jürgen Habermas, 1995; gründliche Diskussion des Ansatzes bei T. McCarthy, Kritik der Verständigungsverhältnisse. Zur Theorie von Jürgen Habermas, 1980. Speziell zu Habermas' Rechtskonzeption W. Gephart, Gesellschaftstheorie und Recht. Das Recht im soziologischen Diskurs der Moderne, 1993, 127 ff.

[25] Grundlage: K.-O. Apel, Transformation der Philosophie, 2 Bde., 1973 und J. Habermas, Moralbewußtsein und kommunikatives Handeln, 1983 (Vorwort: „unter den lebenden Philosophen hat die Richtung meiner Gedanken niemand nachhaltiger bestimmt als Karl-Otto Apel").

[26] J. Habermas, Wahrheitstheorien, in: Wirklichkeit und Reflexion, Walter Schulz zum 60. Geburtstag, 1973, 211 ff. (zit. W).

[27] Eine kritische Einführung in die gegenwärtigen Wahrheitstheorien bietet W. Künne, Wahrheit, in: E. Martens/H. Schnädelbach (Hg.), Philosophie. Ein Grundkurs, Bd. 1, 1998, 116 ff.

[28] J. Habermas, Theorie des kommunikativen Handelns, 2 Bände, 1981 (zit. T I oder II nach ²1982). Welche Bedeutung die „Lebenswelt" in diesem Konzept hat, das die Gesellschaft „gleichzeitig als System und Lebenswelt" begreift (T II 180), wäre ebenso ein Thema für sich wie die Frage, wodurch sie sich von der Lebenswirklichkeit unterscheidet, mit der die Jurisprudenz zu tun hat. Dazu R. Gröschner, Zur rechtsphilosophischen Fundierung einer Unternehmensethik, in: H. Steinmann/A. Löhr (Hg.), Unternehmensethik, ²1991, 103 ff. (108 ff).

[29] Wenn die „Bedingungen einer systematisch unverzerrten Kommunikation" erfüllt sind, spricht Habermas inzwischen von einer „machtverdünnten" Kommunikation: (FG 224).

[30] Habermas, Moralbewußtsein, 75 f. (Kursivierung im Original).

[31] Ebenda, 76.

[32] Näheres bei R. Gröschner, Theorie und Praxis der juristischen Argumentation, JZ 1985, 170 ff.

[33] Theoriegrundlage: N. Luhmann, Soziale Systeme. Grundriß einer allgemeinen Theorie, 1984; speziell zur Rechtssoziologie insbes.: N. Luhmann, Rechtssoziologie, 1972 (u.ö.); ders., Die soziologische Beobachtung des Rechts, 1986; ders., Das Recht der Gesellschaft, 1993. Aus der Sekundärliteratur sei auf folgende Überblicksdarstellungen zu Luhmanns Theorie verwiesen: P. Fuchs, Niklas Luhmann – beobachtet. Eine Einführung in die Systemtheorie, ²1993; D. Horster, Niklas Luhmann, 1997; G. Kneer/A. Nassehi, Niklas Luhmanns Theorie sozialer Systeme. Eine Einführung, 1993; R. Pfeiffer, Philosophie und Systemtheorie. Die Architektonik der Luhmannschen Theorie, 1998; W. Reese-Schäfer, Niklas Luhmann zur Einführung, ³1999; einzelne Aspekte der Theorie werden etwa diskutiert in den Beiträgen zu W. Krawietz/M. Welker (Hg.), Kritik der Theorie sozialer Systeme. Auseinandersetzungen mit Luhmanns Hauptwerk, ²1992. Besonders zur Luhmannschen Rechtssoziologie ferner T. Raiser, Das lebende Recht. Rechtssoziologie in Deutschland, ³1999, 138 ff. und W. Gephart, Gesellschaftstheorie und Recht, 97 ff. „Vorbehalte gegen systemtheoretische Rechtskonzeptionen" bei R. Gröschner, Der Staat 26 (1987), 497 ff.

[34] Luhmann, Soziologische Beobachtung des Rechts, 19.

[35] In Faktizität und Geltung zeigt sich diese Formalität der Diskurstheorie exemplarisch in der durchgängigen Interpretation Rousseaus vom „Verfahren demokratischer Gesetzgebung" her, „das per se alle nicht-verallgemeinerungsfähigen Interessen ausschließt" (FG 132, vgl. auch 50, 123, 339, 550, 611). Habermas wird damit zwar seinem eigenen „Diskursprinzip" gerecht, nach dem nur diejenigen Handlungsnormen gültig sind, „denen alle möglicherweise Betroffenen als Teilnehmer an rationalen Diskursen zustimmen könnten" (FG 138), nicht aber dem in § 9 erörterten republiktheoretischen Anliegen Rousseaus, das keine „ethische Überforderung des Staatsbürgers" (132) enthält, sondern nur die politische Einsicht in die Erfahrung erfordert, daß die Freiheit des Einzelnen durch die Freiheit aller bedingt ist.

[36] A. Wiehart-Howaldt, Zum Ort der Rechtsphilosophie in Rechtswissenschaft und Rechtspraxis. Versuch über die IVR-Tagung „Rechtsphilosophie und Rechtsdogmatik in Zeiten des Umbruchs" vom 26. bis 28. September 1996 in Jena, ARSP 83 (1997), 271 ff.

[37] Zu nennen sind hier vor allem Philippa Foot (Virtues and Vices and Other Essays in Moral Philosophy, 1978. Deutsche Übersetzungen daraus und andere Aufsätze enthält: P. Foot, Die Wirklichkeit des Guten. Moralphilosophische Aufsätze, 1997) und Bernard Williams (Ethics and the Limits of Philosophy, ³1993, deutsch als: Ethik und die Grenzen der Philosophie, 1999. Weitere Arbeiten von Williams enthält die Aufsatzsammlung Making Sense of Humanity and Other Philosophical Papers 1982-1993, 1995). Zur Einführung in die unterschiedlichen Arbeitsgebiete der Angewandten Ethik geeignet ist: A. Pieper/U. Thurnherr (Hg.), Angewandte Ethik. Eine Einführung, 1998. Umfassend über deren Themen und Arbeitsweisen informiert R. Chadwick (Hg.), Encyclopedia of Applied Ethics, 4 Bde., 1998.

[38] Kant, MS RL, Vorrede, AB III.

[39] Schlimmstenfalls ist eine solche Beschäftigung Symptom der „hermeneutischen Krankheit", wie sie H. Schnädelbach beschreibt: Morbus hermeneuticus – Thesen über eine philosophische Krankheit, in: Zeitschrift für Didaktik der Philosophie, 3 ff.

[40] W. Bartuschat, Kants „Kritik der reinen Vernunft". Ein philosophischer Text, in: V. Caysa/K. D. Eichler (Hg.), Praxis, Vernunft, Gemeinschaft. Auf der Suche nach einer anderen Vernunft, 1994, 203 ff. Zu der hier angesprochenen Problematik: R. W. Puster (Hg.), Veritas filia temporis? Philosophiehistorie zwischen Wahrheit und Geschichte. Festschrift für Rainer Specht zum 65. Geburtstag, 1995.

[41] S. vor allem B. Williams Kritik an jeder Art systematischer Moralphilosophie in Ethics and the Limits of Philosophy sowie knapp und unterhaltsam: M. Seel, Lob des Systemzwangs, in: L. Nagl/H. J. Silverman (Hg.), Textualität der Philosophie: Philosophie als Literatur, 1994, 113 ff.

[42] Ich lege hier im wesentlichen den Leibnizschen Systembegriff zugrunde: A. Wiehart-Howaldt, Internationalität als Anregungspotential zur Vervollkommnung der endlichen Vernunft. Leibnizens Philosophieren zwischen perspektivischer Vielfalt und systematischer Einheit, in: Leibniz und Europa. VI. Internationaler Leibniz-Kongreß. Vorträge I. Teil, 1994, 788 ff.

Personenregister

A
Abel 60 f.
Adam 137, 177 f.
Anselm von Canterbury (auch: Anselm von Aosta) 74, *133 ff.*
Antigone 101
Apel, Karl-Otto 302
Arendt, Hannah 119, 121, 128, 162
Aristoteles 11, 17, *31 ff.*, 65 ff., 73, 102 ff., 110, 112, 114, 117, 120, 132, 138 f., 155, 157 f., 175 f., 201 ff., 224, 258, 262
Augustinus, Aurelius 81, *82 ff.*, 93 f., 97, 102, 123, 133, 149
Avinery, Shlomo 298, 300

B
Brecht, Bertolt 287
Buber, Martin 78
Burckhardt, Jacob 284

C
Camus, Albert 288
Cato, Marcus Porcius 76
Celsus, Aulus Cornelius 64 f., 70, 73 ff.
Cicero, Marcus Tullius 85, 113, *126 ff.*, 138, 194
Charron, Pierre 112
Cimabue 110

D
Dante Alighieri 89, 110
Derrida, Jacques 280
Descartes, Renè 110, 159 f., 176, 211
Dürig, Günter 4, 148

E
Engisch, Karl 278 f.
Epikur 284
Erasmus von Rotterdam 97

F
Feyerabend, Paul 280
Filmer, Robert 177, 184
Foot, Philippa 303
Forsthoff, Ernst 190
Franz von Assisi 110
Frege, Gottlob 60
Friedrich der Große 116

G
Gadamer, Hans-Georg 69 f., 72 f., 110
Gaius 70
Galilei, Galileo 110, 159
Gandhi, Mahatma 101
Gentili, Alberico 95
Giotto di Bondone 110

H
Habermas, Jürgen *265 ff.*
Hardenberg, Karl August 253
Hegel, Georg Wilhelm Friedrich 11, 44, 53, 112, 122, 158, 188, 224, *233 ff.*, 257 f., 260 ff.
Heidegger, Martin 286, 288
Hesse, Konrad 208
Heuss, Theodor 136, 140
Heym, Rudolf 250
Hippokrates 2, 66
Hobbes, Thomas 7, 40, 119, *149 ff.*, 178 ff., 183, 188, 193, 195 f., 199, 224, 228, 248, 264 f.
Honneth, Axel 285, 300 f.
Humboldt, Wilhelm von 286

Hume, David 183, 212
Huxley, Aldous 278

J
Jacobi, Friedrich Heinrich 236
Jefferson, Thomas 173
Jhering, Rudolf von 99
Joas, Hans 299, 301
Justinianus, Flavius Petrus Sabbatius 57, 62, 64, 70, 74

K
Kain 60 f.
Kant, Immanuel 4, 11, 37 ff., 47, 53, 99, 113, 120, 125, 132, 136, 139 f., *144 ff.*, 151, 158, 166, 175, 178, 188, 202, *211 ff.*, 233 ff., 240, 244 f., 252, 255 f., 257 ff., 263, 266 f., 269
Kelsen, Hans *262 ff.*, 267
Kierkegaard, Sören 132 f., 194
King, Martin Luther 101
Kleinias 13 f.
Kohlhaas, Michael 88
Kolumbus, Christoph 109
Krause, Karl Christian Friedrich 221, 225, 230

L
Leibniz, Gottfried Wilhelm 160, 174 f., 212
Locke, John 7, 53, 105, 125, 151, 172, *173 ff.*, 193, 196, 199, 212
Luhmann, Niklas *129 ff.*, 138, 140, 144, 267 f.
Luther, Martin 81, *96 ff.*, 103, 109

M
Machiavelli, Niccolò 87, 96, 105, *107 ff.*, 125, 128, 155
MacIntyre, Alasdair 276, 300
Marsilius von Padua 89
Mayer, Otto 6
Mead, George Herbert 242
Megillos 14
Miller, Henry 138
Montaigne, Michel de 112

Montesquieu, Charles-Louis de 189 f., 197
More, Thomas 286

N
Niethammer, Friedrich Immanuel 286
Nussbaum, Martha Craven 276, 300

O
Oakeshott, Michael 290 f.
Orwell, George 289

P
Pascal, Blaise 132, *141 ff.*, 147 f., 176, 194
Petrarca, Francesco 110
Piaget, Jean 242
Pico della Mirandola, Giovanni 104, 132, *136 ff.*, 142 ff., 146 ff., 194
Platon 1, 7, *9 ff.*, 31 ff., 44, 46, 48, 51 f., 65, 85, 102, 107, 112, 132, 141, 151, 157 f., 164, 168, 194, 202 f., 206, 250, 258, 265, 269
Popper, Karl 19 f., 24 f., 250, 271

Q
Quintilianus, Marcus Fabius 76 f.

R
Radbruch, Gustav 101 f., 265
Raffael 31
Rawls, John 151, *259 ff.*
Rousseau, Jean-Jacques 7, 16, 47, 52, 108, 132, 151, 172, 178, 188, *193 ff.*, 212, 223 ff., 250, 257 f.

S
Sandel, Michael 261, 300
Sartre, Jean-Paul 139
Savigny, Friedrich Carl von 3, 70
Schapp, Jan 278 ff., 283
Schiller, Friedrich 289
Schlegel, Friedrich 227
Schleiermacher, Friedrich Daniel Ernst 236

Schopenhauer, Arthur 77
Seneca, Lucius Annaeus 289
Sieyès, Emmanuel Joseph 7
Sokrates 1, 9 ff., 15, 132, 168, 250
Sophokles 101
Spinoza, Baruch de 152 f., 160
Stein, Lorenz von 253 f.
Sternberger, Dolf 276 f., 284
Strauss, Leo 290, 299

T
Taylor, Charles 298, 300
Terenz (eigtl.: Publius Terentius Afer) 127
Thomas von Aquin 44, 81, *86 ff.*, 93 f., 100, 102 f., 123, 153
Thoreau, Henry David 101
Thrasymachos 168
Thukydides 149
Topitsch, Ernst 250

U
Ulpianus, Domitius 75 ff., 79

V
Voegelin, Eric 285
Voltaire 193

W
Walzer, Michael 282, 300 f.
Weber, Max 118 f.
Whitehead, Alfred North 11, 16
Williams, Bernard 290, 296, 303

Sachregister

A
Abgeordnete 22
– Abgeordnetenstatus 209
Abhandlung 26, 141, s. auch Traktat
Abkömmlichkeit 54
Absolutismus 164 f., 167
abstrakt 58 f., 61 f., s. auch konkret
– abstrakt - konkret 58, 176 f.
– abstrakt-generell 58 f.
– bei Hegel 236 ff., 245 f.
– Grade der Abstraktion 62, 80
aggregation 199 ff., s. auch association
Ähnlichkeit 28, 135 f., 177
– Ähnliches (simile) 72, 134
– Ähnlichkeitsurteil 60, 63
Algorithmus 217
Allgemeine Handlungsfreiheit 20, 187
Allgemeines 48, 50, 58 f., 69
– A. (universale) 177
Allgemeines Gewaltverhältnis 7
Allgemeinheit 248 ff.
aliénation totale (totale Entäußerung) 200, 204
Allmacht (omnipotentia) 135
Altruismus 43, 247
Amerikanische Unabhängigkeitserklärung 4, 7, 173
amour, s. auch Liebe
– de soi (Selbstliebe) 196 f., 204
– propre (Eigenliebe) 196, 200, 204, s. auch Selbstsucht
– amour de soi - volonté générale 204 f.
Amt
– gemeinwohlbezogenes 209
– Amtsprinzip 54, 208

– Beamter 202
Anarchie 18, 151, s. auch Herrschaft
ancilla iurisprudentiae (Magd der Jurisprudenz) 4, 269
ancilla theologiae (Magd der Theologie) 4
anencephalus 138 f.
Anerkennung 20 f., 46, 121 f., 128, s. auch Ehre
– Anerkanntsein 243
Angemessenheit 73, s. auch aequitas
animal rationabile (vernunftbegabtes Lebewesen) 146
animal rationale (vernunftbegabtes oder vernünftiges Lebewesen) 37, 146
Anlage 145
– biologische 35
an sich 238
an und für sich 238
Anthropologie
– bei Hobbes 152 f., 157
– bei Rousseau 196 f.
– anthroporelational 104
– anthropozentrisch 104, s. auch physiozentrisch
Antike 45, 53, 76, 107, 109, 158, 202
Anwendung
– Angewandte Ethik, s. Ethik
– Angewandte Philosophie, s. Philosophie
– Anwendungsbezogenheit 31, 75
Applikation 69
apodeiktike, s. Beweis
Aporie 168, 174
a posteriori 175, 213

a priori 175, 213
aequitas 73, s. auch Billigkeit, Gerechtigkeit
Äquivalent 144 f.
Arbeit
– Arbeitgeber - Arbeitnehmer 145
– Arbeitsteilung 17
arche, s. Regierung
arete, s. Gutsein, Tugend
Argument 1, 68, 77, s. auch Begründen, Beweis
– Argumentationskriterien 227
Aristokratie 51 f., 55, 226
Aristotelismus 40, 158
ars, s. techne
Artistenfakultät 70
Art 176
– Arterhaltung, s. Erhaltung
– Artunterschied, s. differentia specifica
Askese (askesis) 114
– Asket 138
Ästhetik, s. auch Schönheit
– juristische 79
association (Zusammenschluß) 199 ff., s. auch aggregation
Atheismus 141, 183 f.
– Atheist 183, 187
Athen 13, 16, 151
auctoritas non veritas facit legem 176
audiatur et altera pars 78
Aufgaben
– übergeordnete - untergeordnete 90
aufheben 240
Aufklärung 81, 89, 149, 202
Aufruhr, s. Staatsstreich
Ausgleich, s. ausgleichende Gerechtigkeit
Autonomie 146, 226, 260, s. auch Selbstgesetzgebung
Autarkie 153
Autorisierung 161 ff., 264, s. auch Autorität, Zustimmung
Autorität 83, 95, 149, 162 f., 168
– des Staates 162 ff.

– Autorität - Vernunft 83
– autoritärer Staat, s. Staat
axia, s. Wert

B
basileia, s. Königsherrschaft
Beamter, s. Amt
Bedürfnis 33
– B. (chreia) 16 f.
– Bedürfnisbefriedigung 25, 36, 138, 145, 215 f.
– Bedürfniserfüllung 17 ff., 33
– Grade der Bedürfniserfüllung 17 f.
Befehl 166 f.
Begriff 3, 60, s. auch Terminus
– B. (logos) 67
– Allgemeinbegriff 61, 177, s. auch genereller Terminus
– Gesetzesbegriff 3, 66, 73
– Individualbegriff 61
– Rechtsbegriff 3, 60, 80
Begründen 37, 68, s. auch Argument, Beweis
– Begründung 69, 75
– Begründungszusammenhang 126, 236
Bekenntnis (confessio) 165
bellum omnium contra omnes 154, 157
Beruf
– Berufstätiger 52, s. auch Erwerbsleben, Professionalisierung
Besitz 46
– Besitzstreben 21
– privater Güterbesitz (propria) 97
Besonderes 58 f., 73
Besonderheit 244, 248 f.
– Totalität der Besonderheit 249
Bestreben (voluntas) 76, s. auch Wille
Beteiligungskapital 56, 91
Beweis, s. auch Argument, Begründen
– beweisend (apodeiktike) 68
Bewußtsein

– Bewußtseinsphilosophie, s. Philosophie
– Bewußtseinstheorie 131
– Selbstbewußtsein 241 f., s. auch Wille
Bild, s. auch Metapher
– Abbild 135
– von den Ketten 195, 198
– vom Schiff 27
– vom Schilfrohr, s. Schilfrohr
– Vorbild 28 f., s. auch Muster
Bildung 36, 127, 249, s. auch Erziehung
– politische 152
– Bildungsangebot 41
– Bildungsauftrag 43
– Bildungsbeflissenheit 31
– Bildungsdünkel 108
Billigkeit (epieikeia) 73
biologisch, s. Anlage, Determiniertheit
bonum commune, s. Gemeinwohl
Böse, das 244
Bourgeois, s. Bürger
brave new world (schöne neue Welt) 55 f.
Briand-Kellogg-Pakt 95
Bundespräsident 251
Bürger 20, 55, 57
– B. (Bourgeois) 16, 200, 208
– B. (Citoyen) 16, 195, 197, 200 f., 203 ff., 208, s. auch Republikaner
– B. (polites) 15 f., 46, 48, 52, 203
– Bürger - Bewohner 46
– polites - stasiotes 16
– Idealbürger 54
– Bürgerpflicht - Bürgerrecht 54
– bürgerlicher Zustand 223
– Staatsbürgerschaft 46
Bürokratie 54, 243

C

case law 72
Charakter 26, 146, s. auch Ethos
– C. (ethos) 76
Christentum 36, 94, 133
Christ

– geistliche - leibliche Natur 104
chreia, s. Bedürfnis
circulus vitiosus (logisch fehlerhafter Zirkel) 72
Citoyen, s. Bürger
civil disobedience, s. Ungehorsam
common sense 63
Corpus iuris civilis 62, 64, 176
– Institutionen 64, 70
– Digesten 64

D

daimon 36 f.
Darstellen 60, s. auch Herstellen
Daseinsvorsorge 36, s. auch Infrastrukturvorsorge
Datum (Gegebenes) 175
Déclaration des Droits de l' Homme et du Citoyen 173
Deduktion 63, 69
déformation professionnelle 69
Definition 61 f., 176 f.
– Definitionslehre 176 f., 181
– Definitionsregel 176
deinotes 49
Demokratie 16, 51, 59, 171 f., 183, 226
– attische 51 f., 229
– parlamentarische 51
– repräsentative 55
– Basisdemokratie 51
– Demokratieprinzip 52, 209
– Demokratisierung der Gesellschaft 51
demos, s. Volk, Masse
Denken 37
– D. (pensée) 142
– aktionenrechtliches 63
– dogmatisches - pragmatisches 71
– mittelalterliches 81
– reines 211
depraviert 196, s. auch denaturiert
– Depravation des Menschen 196, 198
deskriptiv 39, 140
Despotie 229
– D. (despotike politeia) 52

– despotisch (despotikos, -e, -on) 14
– despotische Staatsordnung 47
Determiniertheit 137, 145 f.
– biologisch determiniert 40
Diagnose 66, s. auch Subsumtion, techne
– diagnostizieren (diagignoskein) 66
– medizinische 66
– diagnostische Fähigkeiten 175
Dialektik 233, 237 f., 249
– der Freiheit 239 ff.
– Dialektik - Methode 238
– Pflanzenbeispiel 237 f.
Dialog 1 f., 250
– dogmenphilosophischer 2 f.
– platonischer 2, 9 ff.
Dialogik
– des Prozeßrechts 78
– sokratische 10
– Dialogiker 133, 267 f.
Dichotomisierung 117 f.
dictates of reason 156, 160, s. auch Gesetz der Natur
Diener, s. Knecht, Sklave
differentia specifica 176, s. auch Definition
Differenzierung, s. auch Arbeitsteilung, soziales System
– funktionale 129
– soziale 41
dignitas, dignité, s. Würde
dikaios, s. gerecht
dikaiosyne, s. Gerechtigkeit
Diktatur 21, 25
Diskurs, s. auch Verfahren
– Begründungsdiskurs - Anwendungsdiskurs 267
– herrschaftsfreier 266
– Diskurstheorie 265 ff.
divertissement, s. Zerstreuung
Dogma 2
Dogmatik 2, 62
– in der Rechtswissenschaft 2 f.
– Rechtsdogmatik 80
Dogmatismus 2

Dogmenphilosophie 3 ff., 271 f.
Doktrin 2, 11
Dorf 33, 35 f., s. auch dörfliche Gemeinschaft
Doxographie 84, 270
dynamis, s. Vermögen

E
Egoismus
– aufgeklärte Egozentrik 247 f., 261
– Egoist 157, s. auch Nutzenmaximierer
– egoistisches Kalkül 153 f.
Ehe 33, s. auch Gemeinschaft zwischen Mann und Frau
Ehre 21, s. auch Würde
– E. (honor oder honos) 128
– E. (time) 46
– ehrenhaft (honestus) 128 f.
eidos, s. Form, Idee
Eigentum 170, 186
– E. (property) 180 ff., 187, 196, 199
– im Rechtssinne 182
– Eigentum - Freiheit 188, 208
– enger - weiter Eigentumsbegriff 181
– Eigentumsfreiheit 189
– Eigentumsgarantie 188 f.
– Eigentumsposition 186
– Arbeitstheorie 181
– Inhalt und Schranken 170, 186, 188
– Institutsgarantie 188 f.
Eingriffsformel 188
Einheit 22 f., 162, 201, 235
– Bestandteil 22 f.
Einrichtung, zwischenstaatliche 228
Einzelding 23, 60 f., 158, 177
Einzelfall 48, 66, 73, 77, s. auch Fall
Element 236 f., s. auch Moment
Elend
– E. (misère) 142
– E. (miseria) 136
eleutheria, s. Freiheit
eleutheros, s. frei

empeiria, s. Erfahrung
Empfindungswohl 37, s. auch
  Glück, Glückseligkeit
Empirie 67, 107, s. auch Erfahrung
– Empiriker 33
– Empirismus 160, 174 f., 183
Entelechie (entelecheia) 40
Entfaltung 59
– des Entwurfsvermögens 139 f.,
  143
– des logos 38 f., 41
– Entfaltungsmöglichkeiten 36, 55
Entmündigung 20, 56
Entscheidung 268, s. auch Konsens
– Gelungenheit 79
– Entscheidungsgründe 68
Entwurf 41
– Entwurfsleistung 138
– Entwurfsvermögen 138 ff., 143,
  146 ff.
Entzweiung 235
epieikeia, s. Billigkeit
Epikureismus 114
episteme, s. Erkenntnis, Wissen,
  Wissenschaft
Epoche 96, 109 ff., 125, s. auch
  Zeitalter
– E. (epoche) 109
– Epochengrenze 111
– Epochenwechsel 109 f.
Erbdynastie 207
Erbfolgeprinzip 251
Erbsünde 14, 83 f.
ergon, s. Funktion
Erfahrung 67, 125, s. auch Empirie
– E. (empeiria) 66 f., 175
– E. (experience) 175
– E. (experientia) 175
Erhaltung
– E. (soteria) 14, 16, 34 f.
– Arterhaltung 35
– Lebenserhaltung 35
– Selbsterhaltung 40, 152 ff., 169,
  204 f.
Erkenntnis 175, s. auch Wissen
– E. (episteme) 68, s. auch
– Erkenntnisbedingung 144

– Erkenntnistheorie 21, 26, 31, 174,
  211, 214, 233
– Erkenntnisvermögen 11, 174 f.
– Selbsterkenntnis 82
– Strukturerkenntnis 92
Erwerbsleben 52 f., 144, s. auch
  Beruf
Erziehung, s. auch Bildung
– elterliches Erziehungsrecht -
  staatlicher Erziehungsauftrag 42
– Erziehungsstaat, s. Staat
– Herrschererziehung 24, 26 f.
– Wächtererziehung 18, 20 f.
Eskapismus 127
essentia, s. Essenz
Essenz 74, 134, s. auch Wesen
– göttliche 134 f.
Ethik 13, 24, 32, 48, 78, 262, s.
  auch Moral
– Ethik - Politik 42, 50 , 55
– Angewandte 5, 32, 150, 269, 271
– Gesinnungsethik 219
– Rechtsethik 79
– Tierethik 104
ethos, s. Charakter, Ethos
Ethos 76, s. auch Charakter
– juristisches 76
– Berufsethos 78, 267
eudaimonia (Eudaimonie) 36 ff.,
  43, 46 ff., 55, 258, s. auch Gelingen des Lebens, gut leben
eu zen, s. gut leben
Eugenik 25 f.
Europa
– Europäische Union (EU) 228,
  230 f.
– europäische Integration 64, 68
– Europäisierung 109
– Romanisierung europäischen
  Rechtsdenkens 70
Euthanasie 45
Evolutionär 36, s. auch Revolutionär
exeundum est e statu naturali 228
Existenz, relative 201 f.
experience, s. Erfahrung
experientia, s. Erfahrung

F
Fachmann 50 f.
Faktion 151
Fall 60, s. auch Einzelfall
– Fall-Lösung - Problem-Lösung 71
– Fallgruppenbildung 64
– Fallreihe 60, 62, 71, 177
– Fallvergleich 60, 66
Falsifikation 271
Familie 33, 41, 242, 247
Fehlschluß
– naturalistischer 39, 103
– republikanistischer 226
Feind 14, 90, 154
fiat iustitia et pereat mundus 234
fides quaerens intellectum, s. Glaube, Verstand
Folter 121 f.
Form 25, s. auch Idee
– F. (eidos, idea) 23
Formalismus 219
Fortpflanzung 34 ff.
fortuna, s. Glück, Zufall
Forum Romanum 57 f.
Frau
– Frauenwahlrecht 54
– Gleichstellung 19
frei (eleutheros) 14, s. auch Gemeinschaft von Freien
Freiheit 56, 80, 130, 186, 246 f.
– F. (eleutheria) 47
– F. (liberté civile) 203 f.
– als Außenseite 130, s. auch Würde
– des Willens, s. freier Wille
– eines Christenmenschen 99, 103
– Freiheit - Eigentum 188, 208
– Freiheit - Ordnung 207 f.
– äußere - innere 187
– im Staate - vom Staate 184 f.
– angeborene 189, 195
– äußere 223 f.
– bürgerliche 165, 170
– konkrete 250
– natürliche 184 f.
– negative 185 ff.
– negatorische 187

– politische 170 ff., 197, 205
– positive 186 f.
– republikanische 205
– Freiheitsbegriff (Hegel) 238 ff., 241 ff.
– Freiheitsbegriff (Hobbes) 180
– Freiheitsbegriff (Kant) 215 ff.
– Freiheitsbegriff (Locke) 174, 180, 184 ff.
– Freiheitsbegriff (Luther) 97, 99
– Freiheitsbegriff (Rousseau) 203 ff.
– Freiheitsgefährdung 253
– Freiheitsverwirklichung 239 f., 242, 248, 252 ff.
– Dasein der Freiheit 224, 239
– nicht-negatorische Freiheitskonzepte 187 f.
Freiheitsinteresse 205
– allgemeines - politisches 204
Freundschaft 242, s. auch Liebe
– F. (philia) 49
– freundschaftlich (philos, -on) 14
Frieden 4, 154, 160 f., 164, 183, 188, 228, 255
– Frieden - Recht 231
– Friedfertigkeit von Republiken - internationaler Frieden 229
– als politische Leistung 231
– himmlischer (pax caelestis) 84, 86
– internationaler 166, 227 ff., 252
– öffentlicher 164 f., 167 f.
– ziviler (pax terrestris) 84, 86
– Friedensbund 230 f., 252, 256
– natürlicher Zwang zum Frieden 231 f.
Funktion 33, 35, 143, 145 ff.
– F. (ergon) 23
– Funktionssystem 129
– funktionale Bestandteile 33 f.
für sich 238
Furcht 152, 155, 157
– Todesfurcht 155, 160
Fürst
– Fürstenspiegel 87, 111
– Fürstentum 113

G

Ganzes 227
- bei Hegel 235, 237 ff., 249
- bei Rousseau 201 f.
- Teil - Ganzes 201, 205
- Glied - Ganzes 201 f.
- Ganzheit 235, 237 f.

Gattung 176
- nächsthöhere, s. genus proximum

Gegebenes, s. Datum
Gegenseitigkeit 205
Gegenstand 60 f., 177, 238, s. auch Objekt

Gehorsam
- gegenüber dem Staat 6, 163 f.
- Gehorsam - Schutz 164 f.
- Grenzen des Gehorsams 169

Geist 241, s. auch Wille
- Geisteskranker 138

Geld
- Geldmarkt 91
- Geldwesen 18

Gelingen des Lebens, s. Leben

Geltung
- des Rechts 6, 262 f., 267
- Geltungsanspruch 265 f.

Gemeinde 36, 41, s. auch Kommune
- gemeindliche Selbstverwaltung 36

gemeinsam (koinos, -on) 14 f., 16
Gemeinschaft 4, 31, 34 ff., 43, 46, 55, 132, 245 f., 258,
- G. (koinonia) 32 f., 36, 40
- von Freien 50
- zwischen Herr und Knecht 33 ff.
- zwischen Mann und Frau 34 ff., s. auch Ehe
- bedeutendste 32 f., 41
- dörfliche 41, s. auch Dorf
- gutshofartige 41, s. auch oikos
- menschliche 33
- politische 48, 157, 201
- staatliche (politike koinonia) 33 f., 36, 40
- umfassendste 32 f., 41
- unvollkommene 33 f.
- vollkommene 41

Gemeinwohl 16, 24, 26 f., 47, 52, 90, 117, 203, 207, 209
- G. (bien commun) 203
- bien commun - liberté civile 203 f.
- Gemeinwohlorientierung 26, 47, 203 f., 209

generell 58
genus proximum 176, s. auch Definition
Geometrie 65, 73, 159
gerecht (dikaios, -on) 16, 43
Gerechtigkeit 4, 7, 22 ff., 43 ff., 55, 64, 78, 168, 235, 246 f.
- G. (dikaiosyne) 22 f., 46, 73
- G. (iustitia) 75
- G. (justice) 199
- arithmetische 45
- ausgleichende (iustitia commutativa) 44 f.
- dialogische 79
- ökonomische (iustum oeconomicum) 92
- politische 46
- proportionale 45 f.
- zuteilende (iustitia distributiva) 44 ff., 224
- Chancengerechtigkeit 225
- Einzelfallgerechtigkeit 73, 75, s. auch aequitas
- Gerechtigkeitsgrundsätze 259 f.
- Sachgerechtigkeit 73, 79, s. auch aequitas
- Abstraktheit der Gerechtigkeit 24

Gericht 59
- Gerichtsmagistrat 58
- Gerichtsreporter 67
- Weltgericht, s. Welt

Geschichte 111, 233
- griechische 31
- Dogmengeschichte 3
- Menschheitsgeschichte 86
- Philosophiegeschichte, s. Philosophie
- Rechtsgeschichte 3
- römische Rechtsgeschichte 57

- Verfallsgeschichte 25
- Weltgeschichte 239, 242, 255
- Wirtschaftsgeschichte 56
- Geschichtsphilosophie, s. Philosophie
- Geschichtswissenschaft 108, 270
Geschick 28, s. auch Schicksal
Geschöpf 134 f., s. auch Kreatur, Schöpfung
Gesellschaft 129 f., 144, 246
- Gesellschaft - Staat 170 f.
- bürgerliche Gesellschaft - Staat 248 f.
- bürgerliche 242, 247 ff.
- erstarrende 19
- gerechte 259
- moderne 129, 247
- Industrie- und Dienstleistungsgesellschaft 53
- Weltgesellschaft 255
- Gesellschaftstheorie 129, 267 f.
- Auflösungsprozesse 261
- Institutionen 194, 198
- Wandel 19
Gesetz, s. auch lex
- G. (lex) 166
- G. (nomos) 12, 42
- allgemeines 205 f.
- bürgerliches 166 f., 169
- selbstgegebenes, s. Selbstgesetzgebung, Autonomie
- Rechtsgesetz 89
- Sittengesetz 146, 216 ff., 223
- Gesetzesbegriff (Hobbes) 156, 166 f.
- Gesetzeslehre 88 f.
- Gesetzgebung 44, 145, 55, 168, 204
- Gesetzgebungsmonopol des Staates 168
- Gesetzmäßigkeitsprinzip 54
- allgemeines Gesetz der Freiheit 222
Gesinnung 145 f., 219
Gesundheit 37, 68
Gewalt 21, 115, 119 f.
- staatliche 126, 188

- verfassunggebende 7, 187
- deutsche Staatsgewalt 228
- Gewaltherrschaft 20, 52
Gewaltenteilung 22
- bei Hobbes 163, 165
- bei Locke 182, 189 ff.
- bei Montesquieu 190
- im Grundgesetz 189 f.
- im Verfassungsstaat 165
- funktionale Gewaltenbalance 190
Gewissen 195, 219, 244
Gewohnheit 246, 250
Glaube 84, 97, 133, 182
- G. (fides) 165
- G. (sola fide), 104
- wahrer 85
- Glaubensfreiheit 99, 183, 187
- fides quaerens intellectum 133, 135
Gleiches (ison) 44
Gleichheit
- der Menschen 157, 179
- vor dem Gesetz 44
- Gleichbehandlung 73, 75
Globalisierung 255
Glück 37
- G. (fortuna) 112 ff.
- G. (tyche) 114
- Glück - eudaimonia 37
- Glücksgut 37
Glückseligkeit 37, 216, 226 f.
- Glückseligkeit - eudaimonia 37
- Glückseligkeit - das Gute 216
- Glückseligkeit - Pflicht 216
- fremde 220
gnome, s. Erkenntnis
Gott 82, 123, 133 ff., 137, 214, s. auch Theologie
- Anrufung Gottes (invocatio dei) 92
- Gottebenbildlichkeit (imago Dei) 82, 84, 133 ff., 138
- Gnade Gottes (sola gratia) 97
- Gottesgnadentum 27, 207
- Gotteslehre 82 f.
- Gottesliebe (amor dei) 85
- göttliche Essenz, s. Essenz

– göttliches Wirken 82
– göttlicher Wille 83
grausam 59 f., 62
Grund 68
– G. (logos) 71
– G. (ratio) 71
– gerechter (iusta causa) 94
– Regelungsgrund, s. ratio decidendi
Grundgesetz 130, 133, 140
– Präambel 7, 92
Grundrechte 173, 188
– als Abwehrrechte 185, 187 f.
– als politische Mitwirkungsrechte 188
– als subjektive Rechte 188
– als Verpflichtung für den Staat 188
– Freiheitsgrundrecht 131, 187 f., 208
– Gleichheitsgrundrecht 131
– Grundrecht der Menschenwürde, s. Würdegrundrecht
– Grundrechtsbindung 6, 187
– gesellschaftliche Funktion 129
– objektive Dimension 188
– republikanische Dimension der Freiheitsgrundrechte 208
– Verwirkung 184
Gut 32 f., 44 f.
– bedeutendstes 32 f., 36, 41
– höchstes (summum bonum) 152 f., 161, 168
– umfassendes 33, 36, 42
– Kulturgut 31
gut 76
– das Gute 50, 82 f., 216 f., 234, 245
– das Gute – Glückseligkeit 216
– gut leben (eu zen) 36, 49
Gutsein, s. auch Tüchtigkeit, Tugend
– G. (arete) 38, 42, 114, 155, 258
– G. (Trefflichkeit) 114
– G. (virtù) 112 ff., 155
– G. (virtus) 113 f., 155, 258
– gemäß dem Gutsein (kat' areten) 38

– juristisches 80
– menschliches 42 f., 48, 56, 69, 155, 201
– individuelles 42, 49
– politisches (politike arete) 42 f.
Gutshof, s. oikos

H
Haltung 38
– Haltung (hexis) 114
Handel 18, 36, 91
Handeln 25, 38, 49, 130, 214 ff., 234 f., s. auch Handlung, tun
– gutes 216 f., 219
– kluges 50, s. auch Klugheit, Politik
– Ergebnis des Handelns 219
Handlung, s. auch Handeln, Praxis, tun
– H. (praxis) 48 f.
– handlungsbezogen (praktike) 48
– Handlungsbereich 45, 51
– Handlungstheorie 42
– konkrete Handlungssituation 219
– subjektiver Handlungsgrundsatz, 218, s. auch Maxime
– Ausschluß und Aufbau von Handlungsgrundsätzen 220
Haus, s. oikos
Heer 18, 35
Heil
– des Menschen 90
– Heilsordnung 83
– Heilsplan 83
Hermeneutik 72, s. auch Judiz, Urteil
– juristische 69
– hermeneutischer Zirkel 72 f., 110
– hermeneutische Spirale 73, 110
Herrschaft 18, 118 f., s. auch Macht, Regierung
– Alleinherrschaft, s. Monarchie
– Gewaltherrschaft, s. Gewalt
– Klassenherrschaft, s. Klasse
– Philosophenherrschaft 21, 48, 206
– Herrschaftserhalt 115 f.
– Herrschaftserwerb 112 f., 114 f.

– Herrscherdynastie 26
– irrationale Herrschaftsbegründung 26
– metaphysische Begründung staatlicher Herrschaft 207
– Relativität des staatlichen Herrschaftsanspruchs 93
Herstellen 49, 60
– H. (poiesis) 68
– herstellend (poietike) 68
– Herstellen - Darstellen 60
heteronom 146
Hirntod 141
Historizismus 26
Hitlerregime 130, s. auch Terrorregime
Höhlengleichnis 23, 26
Homme Civil, s. Mensch
Homme Sauvage, s. Mensch
homo, s. auch Mensch
– humanus 127, 129, s. auch human
– noumenon 224
– oeconomicus 209, 247, 261
– phaenomenon 224
– republicanicus 209 f.
honestus, s. Ehre
honor, honos, s. Ehre
horismos, horos, s. Definition
human, s. auch Mensch
– h. (humanum) 127, 136
– Humanismus 126 f., 136
– Humanität (humanitas) 126, s. auch Menschlichkeit

I
Identität
– persönliche 130, 132
– von Recht und Freiheit 238 f.
– von Recht und Staat 263
– Identitätsbildung 122
idea, s. Form
Ideal 30
– Erkenntnisideal 159
– Idealbedingung 29
– Idealbild des christlichen Fürsten (princeps christianus) 87
– Idealbürger, s. Bürger

– ideale Sprechsituation 266
– Idealstaat, s. Staat
– ideale Welt, s. Welt
Idealismus 136
– Idealist 31
Idee 174 f., 240, s. auch Form
– I. (eidos, idea) 23
– angeborene 177
– Ideenlehre 23
Ideologie 56, 142
– Blut- und Boden-Ideologie 92
illumination (Erleuchtung) 194
imago Dei, s. Gottebenbildlichkeit
Immanenz 271
Imperativ
– der Politik 226 f.
– hypothetischer 216
– kategorischer 211, 216 ff., 220, 260, 266
– negativer - positiver 218, 220
impossibilium nulla obligatio est 64
individuell 58
Individuum 45, 127, 130, 132, 158, 177, 234, 245, 261 f., s. auch Einzelding
– Individuum - Staat 170 f.
– autarkes 154, 157 f.
– Individualität 157 f., 202
– Individualismus 108, 110, 127, 158 f., 202, 261
– Souveränität des Individuums 163
Indoktrination 21, 43
Induktion 69
Industrialisierung 110, 252
Infrastruktur 18, 248
– Infrastrukturvorsorge 36, s. auch Daseinsvorsorge
Instabilität 14 f., 20, 24 f., s. auch Stabilität
Institut 3
Institution 242
Intellekt, s. Verstand
Interaktion 50, 122, 130, 133
Interesse 118, 120, 225, 227, s. auch Nutzen
– Allgemeininteresse 204
– Eigeninteresse 20 f., 24, 202

– Partikularinteresse 16, 204
– Interessenkonflikt 15 f.
Internet 1
Intersubjektivität 131
– Intersubjektivitätstheorie 131
ison, s. Gleiches
iudicium dare (Klageformel) 62, s. auch Klage
iuris consulti 70
iuris prudentia, s. Jurisprudenz
ius est ars boni at aequi 65
iustitia, s. Gerechtigkeit
iustitia commutativa, iustitia distributiva, s. Gerechtigkeit

J
Jurastudium 67
Judiz 63 f., s. auch Urteil
– Präjudiz 72
Jurisprudenz 68 ff., 76, 80
– J. (iuris prudentia) 57, 65, 70
– klassische römische 64 f., 70
– Pontifikaljurisprudenz 62
Jurist 59, 68 f., 77
– Respondierjurist 64, 74
– juristischer Redner 77
– Professionalisierung 67
– romanistische Prägung deutscher Juristen 70
justice, s. Gerechtigkeit

K
kausal
– kausaldeterminiert, s. determiniert
– Kausalzusammenhang 213
Kirche 85 f., 89, 108
– kirchliche Lehre 163 f.
– Weisheit der Kirche 92
Klage 59, 62 f.
– Zulässigkeit - Begründetheit 63
– Klageerhebung 59
– Klagebefugnis 62
Klasse 25
– politische 55
– Klassendünkel 26
– Klassenherrschaft 25
Klugheit 49 f.

– K. (phronesis) 48 ff., 52, 80
– K. (prudentia) 80
– der Kluge (phronimos) 49
– Klugheit - Jurisprudenz 80
– Klugheit - techne 48 f.
Knecht, s. auch Sklave
– Knecht - Herr, s. Gemeinschaft zwischen Herr und Knecht
know how, s. techne
knowing how, s. Wissen-Wie
knowing that, s. Wissen-Daß
Kodex Hammurabis 79
koinonia, s. Gemeinschaft
koinos, s. gemeinsam
Kommentare 59, 63, 72
Kommune 36
– kommunale Einheit 35, s. auch dörfliche Gemeinschaft
Kommunikationstheorie 131, 266
Kommunitarismus 260 f., 268
Kompetenz 24, 43, 45, 54
– Ausführungskompetenter - Planungskompetenter, s. Gemeinschaft zwischen Herr und Knecht
– Fachkompetenz 48
– Handlungskompetenz 24
– Herrschaftskompetenz 23
Konditionalprogramm 57, 63, 71
Konflikt 20, 223, s. auch stasis
– K. (stasis) 15
– innerer - offener 15
– Konfliktbeseitigung 19
– Konfliktstruktur des Staates 14 f.
König 52, 117
– Königsherrschaft (basileia) 51 f.
– Philosophenkönig 21, 26, 52
konkret 58, 61 f., s. auch abstrakt
– bei Hegel 236 f.
– konkret-individuell 58 f.
Konkurrenz 53
Konsens 268, s. auch Entscheidung
Konstitutionsprinzip, s. Prinzip
Konstruktion, begriffliche 25, 27, s. auch logos
Konsument 26
Kontraktualismus 178
Kontrolle, öffentliche 22

kopernikanische Wende 211
körperliche Unversehrtheit 20
kosmos, s. Ordnung
Kosovo-Konflikt 93
Krankheit 142
Kreatur 134, 137 s. auch Geschöpf, Schöpfung
Krieg 14 f., 93 ff., 154, 255
– als Mittel der Politik 102
– gerechter 93 ff.
– Bürgerkrieg 16, 150 f., 169
– Kriegsgrund, s. gerechter Grund
– Kriegsrecht (ius in bello) 95
– Kriegsverbot 93, 95
– Kriegszustand 154 f., 179 f., 183, s. auch Naturzustand
– Ächtung des Krieges 93, 231
Kriterium 61 f.
Kritik 212
– Kulturkritik 195, 200
Kunst
– Kunst (ars, techne), s. techne,
– Kunstbetrieb 41
– Kunstfreiheit 239
– Kunstwerk 132
– Wiederaufstieg der Wissenschaften und Künste 194

L
Leben
– Innenleben 89
– Lebensform 41
– Lebensführung 37, 41
– Lebensweise 56
– Gelingen des Lebens, gelingendes Leben 37, 40, 56, 102, 158, 258, s. auch eudaimonia, gut leben
Lebensverhältnisse 58 f., 61, 73
– Regelung von Lebensverhältnissen 20, 59
Lebenswelt 59
Lebewesen 37, 40, s. auch Mensch, Pflanze, Tier
– L. (zoon) 39
– vernunftbegabtes, vernünftiges, s. animal rationabile, animal rationale

– physei politikon zoon 17, 39 ff., 132, 158, 201, 262
– politisches Wesen 209
legal
– Legalität 101, 246
– Legalität (Kant) 221, 234, s. auch Moralität
Legitimität 47, 101
– Legitimitätsverlust 171
Legitimation 264
– des Staates 150 f., 178, 193
– des modernen Verfassungsstaates 187 f., 259
Lehrer 24
Leidenschaft 152, 154 f., 160
– anziehende - abstoßende 152
Leviathan 161, 248
– Leviathanvertrag 160 ff.
lex, s. auch Gesetz, Gesetzeslehre
– aeterna 88
– corrupta 102
– divina 88 f., 102
– humana 88 f., 104
– naturalis 88, 103
Liberalismus 248, 260, 268
– liberale Theorie 169 f.
liberté civile, s. Freiheit
Liebe 152, 242, s. auch Freundschaft
– L. (philia) 49
– Eigen- und Güterliebe (amor sui) 85
– Gottesliebe, s. Gott
– Liebesbeziehung 49
Limitation
– der gesetzgebenden Gewalt 187
– des Staates 178
Logik 64 f., 174, 177
– Logik - juristische Methodenlehre 60 f.
logos (Plural: logoi) 25, 27, 37 ff., 47, 55 f., 102
– l. (Vernunft) 37
– logos-Vermögen 37 f., 48, 52, 138
Lüge 21
Lust 22, 24, 142, 152

M

Machiavellismus 49, 108, 123 f.
Macht 23, 50, 107 f., 118 ff., 128, 162 f., 167 f., s. auch Herrschaft
– M. (potentia) 119
– des Staates 162 f., 168
– Macht - Moral 115 f.
– institutionalisierte 119
– Machterhalt 14, 116, 168
– Machtfeindlichkeit 22, 24
– Machtinteresse 22
– Machtpotential 119
– Anwendung der Macht 122
– Ethik der Macht 119 ff.
– Technik der Macht 107 f., 124
– Machtanspruch von Kirche und Papst 89
Maieutik 11, 26
Mandat, freies 208 f.
Markt 36
– Marktpreis, s. Preis
– Marktwert 53
– Marktwesen 18
Marmorblock 138 ff.
Masse 52, s. auch Volk
Mathematik 69 f.
Mauerschützenprozesse 102
Maxime 217 ff.
– Handlungsmaxime 218 f.
Medien 28
– Massenmedien 55
Medizin 65 f., 68
Meinung 51, 125
– öffentliche 55
– wahre (alethes doxa) 21
– Meinungsfreiheit 188, 239
Mensch 37, 40, 50, 56, 123, 125, 128 f., 136 ff., 143 f., 251, s. auch homo, human
– M. (animal rationale) 37
– M. (logon echon) 37
– als zoon politikon 40 f., 157, s. auch physei politikon zoon
– bürgerlicher (Homme Civil) 196
– minderwertiger 45
– wilder (Homme Sauvage) 196, 200

– Menschenbild 82
– Menschenbildformel 262
– Menschheit 254 f.
– Menschenmaterial 143, 147
– Menschlichkeit 145 f.
– Menschsein 125, 127, 139, 252, 254 f.
– homo sum: humani nil a me alienum puto 127
Menschenrechte 4, 105, 121, 173, 179
– Menschenrechtsverstoß 228
Menschenwürde, s. Würde des Menschen
metalepsis, s. Teilhabe
Metapher 72 ff., 128, s. auch Bild
– Funken- und Lichtmetaphorik 12
– Fortpflanzungsmetaphorik 26
– Kettenmetapher, s. Bild von den Ketten
– Maschinenmetapher 204
– Metaphorik 35
Metaphysik 214
– kritische 214
methexis, s. Teilhabe
Methode 65, 69
– Methode - techne 73
– Methodensynkretismus 262
– juristische Methodenlehre 58, 60 f. 66, 177
Milde - Wildheit 18
misère, miseria, s. Elend
Mittel, s. Zweck
Mittelalter 44, 64, 81, 107 ff., 133, 158
– dunkles 81
Mittelstand 53
Moderne 108, 110
Moment 236 ff., 249, s. auch Element
Monarchie 51, 177 f., 226, 250 f.
– Monarch 251
– Monarchieverbot 206
Moral 142 f., s. auch Ethik
– Moral - Effizienz 118
– Moral - Recht 222

– Moral - Recht (Kant) 221 f., 234 f.
– Moralität (Hegel) 234, 239, 242, 244 ff.
– Moralität (Kant) 221, s. auch Legalität
– Moralität (Rousseau) 195, 204
– Moralphilosophie 212, 214 ff., 219, 234
– moralischer Rigorismus 219
Mord 59 ff.
– Mörder 237
more geometrico 69, 159, s. auch Geometrie
Muster 102
– M. (paradeigma) 27 f.
– Farbmuster 28
– Staatsmuster 9, 27 ff., 31, 51, 85, s. auch Musterstaat
– Warenmuster 27
– Realisierbarkeit des Staatsmusters 29 f., 269
Muße 54
– Müßiggänger 53
Mythologie, biblische 84

N
Nächstenliebe 43
nasciturus 138
Naßauskiesungsbeschluß 189
Nation 251
– Nationalismus 250 f.
Nationalsozialismus 99
NATO 93
Natur
– N. (nature) 201 f.
– N. (physis) 35, 40, 201 f.
– naturgemäß (kata physin) 35
– natürlich (physikos, -on) 34 f.
– von Natur (physei) 34 f., 201
– der Sache 104
– der Dinge (la nature des choses) 190
– zweite 246, 250, s. auch Gewohnheit
– Naturgesetz 136, 145

– Naturwissenschaft, s. Wissenschaft
– physei politikon zoon, s. Lebewesen
– Gesetz der Natur (Hobbes) 155 f.
– Gesetz der Natur (Locke) 178 f., 184 f.
– Recht der Natur 153 f., 163, 166
– Reich der Natur, s. Reich
– allgemeines Naturgesetz 218
– denaturiert 196, s. auch depraviert
– kausaldeterminierter Naturprozeß 142 f.
Naturrecht 102 f., 107, 153, 167, 179, 185, 265
– Naturrecht - Rechtspositivismus 105
– primäres - sekundäres 103 f.
– objektive - subjektive Naturrechtspositionen 105
– Vielfalt der Naturrechtslehren 103
Naturzustand 230, s. auch Urzustand
– bei Hobbes 150 ff., 178 f., 183
– bei Kant 223
– bei Locke 178 ff., 183
– bei Rousseau 194 ff.
– Naturzustand - Kriegszustand 179 f.
– Friedenszustand - Kriegszustand 180
– Gedankenexperiment vom Naturzustand 150 f.
– Normativität des Naturzustandes 180, 185
Neigung 215 f., s. auch Bedürfnis
– empirische Neigungen - sittliche Taten 215
Neutralität
– weltanschauliche 43, 126, 161, s. auch Welt
– Neutralitätsforderung 133, 141
– Neutralitätsgebot 3, 187
Neuzeit 37, 45, 108 ff., 125, 158
– neuzeitlich - vorneuzeitlich 125
Nominalismus 177, s. auch Universalienrealismus

nomos (Plural: nomoi; Gesetz,
    Norm, Regel) 12, 42
Norm
– Grundnorm 263
– normative Theorie 233
Normgemäßes (nomimon) 44
Notsituation 14 f.
Nutzen 168
– Nutzen (utilité) 199
– Eigennutz 47
– Nutzenmaximierer 158, 199 f.,
    261, s. auch Egoist

O
Obersatz 60
Objekt 211
– Objektivität 235
– Objektformel 4, 148, 211, 220
Obrigkeit 97, 168
Offenbarung 89, s. auch Theologie
Öffentlichkeit
– gesellschaftliche - politische 171
oikos (Gutshof, gutshofartige Gemeinschaft, Haus) 35 f.
Ökologie 254
Ökonomie 247 f.
Oligarchie 16, 51 f., 55
– Oligarch 52
omnipotentia, s. Allmacht
Ontologie 26, 31, 177
Opportunismus 127
Optimierungsgebot 3, 29, 208
Ordnung
– O. (kosmos) 23
– O. (taxis) 23, 52
– wirtschaftlichen Handelns 90 ff.
– Ordnung - Freiheit 207 f.
– freiheitliche 207
– gerechte 259
– normative 140
– politische (politike politeia) 52
– freiheitliche demokratische
    Grundordnung 184, 207, 228
– Kleiderordnung 189
– Ordnungsfunktion des Rechts 223
Organisation 242
– Organisationsform 22

Orientierung 41, 130
– Orientierungsmöglichkeiten 171
orthos, s. richtig

P
paradeigma, s. Muster
Partei 22
– politische 55
– Parteiapparat 27
– Parteibasis 51
– Parteienfreiheit 188
– Parteienverfassung (stasioteia) 16,
    34, 52
– Parteigänger (stasiotes) 15 f.
– unparteiliche Grundsätze 260
Partizipation 46 f.
Peep-Show 148
Parlamentarischer Rat 136, 148,
    173
pensée, s. Denken
Person 58, 243 f., s. auch Subjekt
– individuelle 143
– juristische 163
– Einzelperson 14, s. auch Individuum
– Rechtsperson 243
– Personalität 119, 121 f., 136
– Persönlichkeit 130, 132, 148
Pflanze 40 f., s. auch Lebewesen
Pflicht 216, 245 f., s. auch Verpflichtung
– aus Pflicht 38, 219, 221, 244 f.
– pflichtgemäß 38, 221
– zum Recht 224, 228, 231, 263
– zum Staat 224
– unbedingte 146 f.
– Rechtspflicht 99
philia, philos, s. Freundschaft, Liebe
Philosoph 12, 41
– Fachphilosoph 150
– Lehnstuhlphilosoph 27
– Philosophenherrschaft, s. Herrschaft
– Philosophenkönig, s. König
Philosophie 38, 56, 69 f., 90, 112,
    258
– Angewandte 269

- mittelalterliche 81, 84, 136
- politische 32, 55, 227
- praktische 214
- systematische 4 f., 272
- theoretische 214
- Bewußtseinsphilosophie 265 f.
- Bindestrich-Philosophie 5
- Geschichtsphilosophie 233, 239
- Moralphilosophie, s. Moral
- Rechtsphilosophie 263 f.
- Religionsphilosophie 245
- Sprachphilosophie 265 f.
- Transzendentalphilosophie 212 ff., 266
- Wirtschaftsphilosophie 32
- Philosophiegeschichte 270
- Transformation der Philosophie 265 f., 268

Philosophieren 56, 70, 132
- dialogisches 1
- historisches 270
- systematisches 269 ff.

phone, s. Stimme
phronesis, phronimos, s. Klugheit
phylax (Plural: phylakes), s. Wächter
physis, s. Natur
physei politikon zoon, s. Lebewesen
Physik 65, 69 f.
physikos, physis, s. Natur
physiozentrisch 112, s. auch anthropozentrisch
plastes et fictor (Bildner und Gestalter) 137 ff., 146
Platon
- esoterischer - exoterischer Platon 11, 23
- footnotes to Plato (Fußnoten zu Platon) 11, 16
- platonische Akademie 12
Pleonexie 18 f.
Pluralität 52 f., s. auch Vielfalt
poiesis, poietike, s. Herstellen
polis (Plural: poleis), s. Staat
politeia 12, s. auch Verfassung
- p. (Politie) 51 ff.
- p. (Staatsordnung) 46, 52 f.

- Politie - moderner Verfassungsstaat 53 ff.
- Realisierung der Politie 53 f.
polites (Plural: politai), s. Bürger
Politie, s. politeia
Politik 42 f., 46, 52 f., 123 f., 129, 227, 262
- Politik - Ethik 42, 50, 55
- Politik - Klugheit 48 f.
- internationale 255
- sachliche 50 f.
- unmoralische 107 f.
- Außenpolitik 231
- Sozialpolitik 253
- Rechtspolitik 263
- Weltpolitik 93 f.
- Politikverdrossenheit 209
- Politikwissenschaft 31 f., 42, 229, 270
- politische Entfremdung 195, s. auch Selbstentfremdung
- politische Fähigkeit (politike dynamis) 43

Politiker 51
- Berufspolitiker 54 f.
politikos, -e, -on, s. Gemeinschaft, Gutsein, physei politikon zoon, Regierung
Polizei 18
pontifex maximus 62
potentia, s. Macht, Vermögen
pouvoir constituant 7
praktische Konkordanz 3, 20, 208
Praxis 39, 69, s. auch Handlung
- politische 27
Präferenz 51
- Präferenzordnung 37, 194
präskriptiv 39, 140
Prätor (praetor) 62 f.
Preis 144 f., 147, s. auch Würde
- gerechter (iustum pretium) 98
- Affektionspreis 144 f.
- Marktpreis 144 f.
Prestige 37, s. auch Sozialprestige
Prinzip 3, 29, s. auch Optimierungsgebot

– einer allgemeinen Gesetzgebung 217
– Konstitutionsprinzip 126, 131, 133, 136, 140 f., 148, s. auch Würde
– Staatsprinzip 226
– Verfassungsprinzip 3, 29, 131
Problembewußtsein 11
Produkt 68, 73
Produktion 36, 56
Professionalisierung 54, s. auch Beruf
Propaganda 21
– Propagandalüge 25
property, s. Eigentum
Proportion, s. proportionale Gerechtigkeit
pros heteron 43
Prozeß
– römischer Formularprozeß 62 f.
– Zivilprozeß 57, 62
prudentia, s. Klugheit
Psittazismus 84
psyche, s. Seele
Psyche, s. auch Seele
– Psychologie 145, 152
– Sozialpsychologie 242
– psychisches Wirken 38
Publizität 226
Putsch, s. Staatsstreich

Q
Quietismus 127

R
Radbruchsche Formel 101 f., 265
Radikalismus 127
ratio, s. Grund, Vernunft
ratio decidendi (Regelungsgrund) 71
Rationalität 37 f., 139 f., s. auch Vernunft
– praktische 147
– Rationalismus 160, 179, 214
– Rationalist 159 f.
– Rationalitätsfalle 160
Raucher - Nichtraucher 20

Raum 61, 134, s. auch Zeit
Realismus 107, 113
– Realist 31, 255
– Universalienrealismus 177, s. auch Nominalismus
Recht 21, 129, s. auch Gerechtigkeit, richtig
– R. (ius) 70, 75, 166
– Recht - äußere Freiheit 223 f.
– Recht - Moral 222
– Recht - Moral (Kant) 221 f., 234 f.
– Recht - Unrecht 164, 166 f.
– enger - weiter Rechtsbegriff 238 f.
– inneres Recht - äußere Rechte 224
– negativer - positiver Rechtsbegriff 222
– Privatrecht - Öffentliches Recht 7
– abstraktes 239, 242 ff.
– angeborenes 162, 224
– formelles, s. abstraktes
– objektives 75, 79
– politisches 197 f.
– positives 67, 156, 167, 246, 262
– subjektives 53, 62, 75, 77, 79, 185
– Strafrecht 44, 59, 248
– Verwaltungsprozeßrecht 59
– Völkerrecht 93, 95 f., 228, 231, 254 f.
– Zivilprozeßrecht 58
– Zivilrecht 44
– Rechtsbegriff (Hegel) 238 f.
– Rechtsbegriff (Hobbes) 166 f.
– Rechtsbegriff (Kant) 222 ff.
Rechtsanwalt 76
Rechtsanwendung 62, 67
– Rechtsanwendung - Rechtsauslegung 59
Rechtsfindung 57 f., 73
– Kunst der Rechtsfindung 69, 78 f., s. auch techne
– szientistische Rechtsfindungsmodelle 65
Rechtslehre
– Reine Rechtslehre 262 ff., 268

– metaphysische Anfangsgründe der Rechtslehre 213
Rechtspositivismus 59, 265
– bei Hobbes 166 ff., 264
– bei Kelsen 264
Rechtsverhältnis 3, 5 f., 20, 44, 58, 77 f., 140
– Grundrechtsverhältnis 6
– Privatrechtsverhältnis 186
– Strafrechtsverhältnis 44
– Verfassungsrechtsverhältnis 5, 7, 140
– Zivilrechtsverhältnis 44
Rechtswissenschaft 4, 257, 263
– Rechts- und Staatsphilosophie als Disziplin der Rechtswissenschaft 263
Redner, s. auch Jurist
– guter 76 f.
Reduktionismus 143
Reflexion 41
Reform 235, s. auch Revolution
Reformation 95, 109 f.
Regel 3, 30
– goldene 218
Regelungsbefugnis 6
– Rechtssetzungs- und Rechtsdurchsetzungsbefugnis 6
Regierung 18, 46, s. auch Herrschaft
– R. (arche) 47
– Regierung - Herrschaft 47 f.
– Regieren - Regiertwerden 47
– Regierender - Regierter, s. Gemeinschaft zwischen Herr und Knecht
– despotische (despotike arche) 52
– politische (politike arche) 52
– Selbstregierung 54
– Regierungsform 51 ff.
– Regierungslehre 89 f.
Regiment
– Zwei-Regimente-Lehre 96, 98 f., 108, s. auch Zweireichelehre
Reich
– der Natur 145
– der Zwecke 144 f., 147, 220

– irdisches (civitas terrena) 85
– Gottesreich (civitas dei) 85 f.
Reichtum 20, 37, 91
Reiten im Walde 185
Religion 14, 41, 136, 165
– wahre 84
– Religionsphilosophie, s. Philosophie
Renaissance (rinascità) 109 f.
Repräsentation 162 f.
– Repräsentativsystem 226
Reproduktion, s. Fortpflanzung
Republik 91, 108, 113, 197, 201, 203, 206 f., 210, 225 f., 250, 254
– R. (Cité) 202 f.
– R. (République) 202 f.
– Republikaner (Citoyen) 202, 205, 210
– als friedfertige Staatsform 229, s. auch Frieden
– noumenale - phänomenale 226
– Römische Republik 229
– Weimarer Republik 163
– Republikenrepublik 230
– Republikprinzip 52, 206 ff., 251
– Republiktheoretiker 193
– Republiktheorie 199
Retter (soter) 14
Revolution 235, s. auch Staatsstreich
– Französische Revolution 184
– wissenschaftliche 110
– Revolutionär 34, s. auch Evolutionär
Rezeption des römischen Rechts 64, 70
Rhetorik 76 f.
– Rechtsrhetorik 77
Richter 72, 79
– R. (iudex) 62
– als iudex und praetor 63
– als Mund des Gesetzes 190
– unparteiischer 182
– Schiedsrichter 94
– richterliche Instanz 180
richtig (orthos) 38, s. auch Recht

– richtige Gesetze (orthoi nomoi) 16
rinascità, s. Renaissance
Ringelmannskala 29
Rolle, soziale 130, 132, 143, 146 f.
– Rollenspieler 130, 132
Romantik 235 f.

S

Sache 50, 78 f.
– Sachlichkeit 77
Sachverhalt 58, 60
Satire 132
Schicksal 142, s. auch Geschick
Schilfrohr 142 f.
Schlußsatz 60
Schönheit 28, 79, s. auch Ästhetik
Schöpfer 136, s. auch Geschöpf
– Schöpfung 134, 147
– Schöpfungsmythos 137
– biblischer Schöpfungsbericht 133, 137 f., 142
Schrift
– aristotelische Schriften 31 f.
– platonische Schriften 9 ff., 24
– Schriftkritik 10
– schriftlich 59
Schule 42 f., s. auch Bildung, Erziehung
Schutz, s. auch Gehorsam
– der Bürger 164
– staatliche Schutzpflichten 188
Schutzbereich 185
Seele 82 f., s. auch psychisch
– S. (psyche) 24, 38
– Seelenlehre 82
– Seelenteil 24
Seligkeit 83, 89, 97
Sein 59, 233, 244, 263, s. auch Sollen
– Dualismus von Sein und Sollen 59, 263 f.
Selbst
– Selbstbestimmung 188, 244
– Selbstbewußtsein, s. Bewußtsein
– Selbstdarstellung 130 ff.
– Selbstentfremdung 197

– Selbsterhaltung, s. Erhaltung
– Selbsterkenntnis, s. Erkenntnis
– Selbstgesetzgebung 47, 146 f., 203, 212, s. auch Autonomie
– Selbstlosigkeit 43
– Selbstregierung, s. Regierung
– Selbstsucht 197
– Selbstverständnis 38, 50 f., 56, 105, 121 f., 125, 132, 143
– Selbstverwirklichung 204 f.
– Selbstzweck 49, 220
– Selbstzweckhaftigkeit 4, 49, 148
Shareholder 56
Sicherheit 164, 168 f., 188
– Rechtssicherheit 169
Sittlichkeit
– bei Kant 145 ff., 227
– bei Hegel 239, 242, 245 ff., 261
– sittliche Forderung 2346
– sittliche Taten 215
Sklave 35, s. auch Knecht
Skulptur 138 ff.
sociable (soziabel) 196
Sokrates
– platonischer 9 f.
– Sokratiker 1
Sollen 59, 233 f., 245 ff., 263, s. auch Sein
– Dualismus von Sein und Sollen 59, 263 f.
soter, s. Retter
soteria, s. Erhaltung, Stabilität
– Soteriologie 14
Souveränität
– des Staates 7, 165
– des Volkes 7, 51
sozial
– soziale Frage 253
– soziale Beziehung 49
– Sozialität 157, 233, 261
– Sozialprestige 21, 46, s. auch Prestige
Soziologie 19
Sparta 53
Spezialisierung 17, 54
Sprache
– S. (logos) 37

- Sprachphilosophie, s. Philosophie
- Sprachvermögen 39
Staat 7, 17, 41 f., 84 ff., 157, 161 ff., 242
- S. (polis) 14, 17 ff., 32 f., 39, 46, 51, 202
- bei Hegel 248 ff., 261
- des Grundgesetzes 5, 20, 42, 131, 188, , 251, 254, 257
- Staat - Gesellschaft 170 f.
- Staat - bürgerliche Gesellschaft 248 f.
- Staat - Gottesreich 86
- Staat - Individuum 170 f.
- im engeren - im weiteren Sinne 17, 90
- soziologischer - juristischer 263
- absolutistischer 163 f., 189
- autoritärer 25, 149
- demokratischer 252, 254
- gereinigter 19
- versteinerter 19
- wahrhafter (alethine polis) 18, 33 f.
- Bundesstaat 254
- Erziehungsstaat 42, 51
- Freistaat 207
- Idealstaat 27, 29
- liberaler Rechtsstaat 182, 189, 199
- Luxusstaat (tryphosa polis) 18, 33 f.
- Massenstaat 202
- moderner Verfassungsstaat 53 ff., 242, 250, 252, 254, 257 ff.
- Musterstaat 25, 28, 33, s. auch Muster
- Nachtwächterstaat 17
- Not- und Verstandesstaat 248 f.
- Rechtsstaat 7, 254, 268
- Sozialstaat 252 ff.
- Stadtstaat 202
- Umweltstaat 252, 254
- Untertanenstaat 170 f.
- Verfassungsstaat 250 f.
- Staatenstaat 230
- Völkerstaat 166, 230

- Weltstaat 228 ff., 255
- Staatlichkeit 17 f., 34, 88, 258
- Staatsform 51 f.
Staat-Bürger-Verhältnis 5 f., 185
Staatsstreich
- von oben (Putsch) - von unten (Aufruhr) 100
Stabilität 14 f., 112, s. auch Instabilität
- des Staates 19, 21, 25
Stand 25 f.
- Standesdünkel 26
stasioteia, s. Parteienverfassung
stasiotes (Plural: stasiotai), s. Parteigänger
stasis 16 f., 20, 151, 202, s. auch Konflikt
Stimme (phone) 39
Stipulation 176, s. auch Definition
Stoa 114
Strafe 44
- Strafrecht, s. Recht
- Todesstrafe 225
Strafgefangenenentscheidung 6
Streik 108
Streit 78 f.
- Streitgespräch 2
- Universalienstreit 177
Struktur
- von Rechtsnormen 57
- Strukturanalyse 34
- Strukturerkenntnis, s. Erkenntnis
- Strukturmerkmal 28 f.
studium generale 70
Subjekt 211, 244, s. auch Person
- Subjektivität 53, 125, 131, 136, 158, 202, 211, 235, 244 ff., 248 ff.
- Subjektivität - öffentliches Zusammenleben 250, 252
- Subjektivitätstheorie 131, 138
Subordination 60, 62
- Subordinationstheorie 6
Subsumtion 58, 60 ff., 66
- Subsumtion - Diagnose 66
- Subsumtion - Subordination 60
summum bonum, s. Gut
Syllogismus

– Justizsyllogismus 58, 60 f.
Symptom 66
System 45, 68, 214
– des Grundgesetzes 4
– ökonomisches 148
– philosophisches 11, 59, 126 f., 236, 270 f.
– soziales 131, 143, 267
– Rechtssystem 69, 268 f.
– Systemzwang 55 f., 132, 146, 159
– Systemtheorie 278
– Systemtheoretiker 131
– systembildend 270

T
tabula rasa 175
Tatbestandsbegriff 57 f., 60
– Abstraktionsleistung 71
taxis, s. Ordnung
techne (Plural: technai) 2, 11, 48 f., 65 f., 68, 267
– t. (ars) 57, 65, 70
– t. (Kunst) 65
– t. (Technik) 65
– der Jurisprudenz 48, 68 f., 71, 80, 175
– techne - Erfahrung 67 f., 71
– techne - Wissenschaft 68 f.
Technik 123, 142, s. auch techne
Technit (technites, Plural: technitai) 66, 68 f.
Teil, s. auch Ganzes
– des Staates 34 ff.
Teilhabe (metalepsis, methexis) 22
telos, s. Ziel
Temperament 145
Terminus, s. auch Begriff
– genereller 177, s. auch Allgemeinbegriff
– singulärer Ausdruck 177
– Wissenschaftsterminologie 176
Terrorismus
– Terrorregime 140 f., 215
tertium comparationis, s. Vergleich
Theologie 89, 108, 164, s. auch Gotteslehre
– mittelalterliche 81, 136

– Offenbarungstheologie (theologia revelata) 89
– Rechtstheologie 182 f.
– Schöpfungstheologie 179, 182
– Sonderwissen der Theologen 83
These 125, 140
– deskriptiv-anthropologische 128 f.
– nicht-interpretierte 140
– These-Antithese-Synthese 238
Tier 41, 136, 139, s. auch Lebewesen
time, s. Ehre, Würde
Timokratie, 16
Tod 142
Toleranz 183 f.
– Toleranzgrenzen im Verfassungsstaat 184
Totalitarismus 45, 200, 250
– totalitäre Herrschaft 132
Traktat 137, 194, s. auch Abhandlung
– traktatartig 11, 32
transzendental 213
– Transzendenz 271
– transzendentale Formel des öffentlichen Rechts 226 f., s. auch Publizität
– Transzendenzbezug 88
Trefflichkeit, s. Gutsein
Trieb 35, 41, 152 f., 241
Tüchtigkeit (virtù) 112 ff., s. auch Gutsein
Tugend 56, 145 f., 245 f., s. auch Gutsein
– T. (arete) 38
– T. (virtus) 113 f.
– politische 155
– Tugendethik 49, 114
– Tugendlehre 171 f.
– Tugendstaat 42, 51
– Tugendtheorie 42
– Schein der Tugendhaftigkeit 115 ff.
tun, s. auch Handlung, Praxis
– ta hautou prattein (das Seinige tun) 23, s. auch Gerechtigkeit

tyche, s. Glück, Zufall
Tyrannis 16, 51 f.
– Tyrann 117

U

Ulpiansche Formel 75 f., 79
Umweltstaatsprinzip 29 f.
understanding, s. Verstand
Unfreiheit 247
Ungehorsam, s. auch Widerstands-
   recht
– bürgerlicher bzw. ziviler Ungehor-
   sam (civil disobedience) 101, 169
universale (Plural: universalia), s.
   Allgemeines
Universalisierungsgrundsatz 266 f.
Universität 36, 57
Universum 214, s. auch Welt
Unmöglichkeit 64, 74
– rechtliche - tatsächliche 64 f., 74
UNO 93, 95, 231, 255
– UNO-Charta 93, 95, 231
Unternehmen 35
Untersatz 69
Untertan 144, 202
Unverletzlichkeit der Wohnung
   188, 222
Urteil 68, s. auch Judiz
– analytisches 213
– prima-facie-Urteil 64
– Vor-Urteil 64, 72
– synthetisches Urteil a posteriori
   213
– synthetisches Urteil a priori 213
– Stimmigkeit 79
Urzustand 260, s. auch Naturzu-
   stand
utilité, s. Nutzen
Utopie
– utopischer Standort 220, 245

V

Verallgemeinerung 219 f.
Verantwortung 21, 28
– vor Gott 92
– elterliche 42
– politische 28

– Regierungsverantwortung 21
Verband, politischer 50, 160 f.
Vereinigungsfreiheit 188
Verfahren 51, 209, s. auch Diskurs
– forensisches 58
– Gesetzgebungsverfahren - Ge-
   richtsverfahren 267
Verfassung 20, 233, s. auch Ord-
   nung
– V. (politeia) 16, 52
– politeia - stasioteia 16, 20
– DDR–Verfassung 207
– Mischverfassung 55
– Notstandsverfassung 100
– Weimarer Reichsverfassung 206
Vergleich 74
– tertium comparationis 74
Verhältnismäßigkeit 101, 208
Vereinte Nationen, s. UNO
Vermittlung 235
Vermögen 141
– V. (dynamis) 139, 141
– V. (potentia) 139, 141
– menschliches 128 f., 137 f.
– Entwurfsvermögen, s. Entwurf,
– Erkenntnisvermögen, s. Erkennt-
   nis
– logos-Vermögen, s. logos
– Sprachvermögen, s. Sprache
Vernunft 37, 56, 83, 89, 154 f., 179,
   233 f., s. auch Rationalität
– V. (logos) 37
– V. (ratio) 175
– vernunftbegabt, s. animal ra-
   tionabile, animal rationale
– bei Hegel 236, 239
– reine praktische 146, 212, 220,
   234
– reine theoretische 212
– Vernunftvermögen 134, 147
– Vernunftwesen 147
– praktisches Wirken der Vernunft
   215
Verpflichtung 38, s. auch Pflicht
– staatlicher Gewalt 140
Versammlungsfreiheit 187 f., 239
Verstand 40, 133

– V. (understanding) 174
– bei Hegel 236, 239
– fides quaerens intellectum 133, 135
Verteilung, s. auch zuteilende Gerechtigkeit
– Güterverteilung 91
Vertrag 44
– Gesellschaftsvertrag 150, 178, 193, 199
– Vertragsrecht 248
– Vertragstheorie 7, 151, 178, 199 f., 259
– Vertragstheoretiker 151
Verwaltung
– Verwaltungsapparat 35, 202
Vielfalt 56, s. auch Pluralität
Virgina Bill of Rights 173
virtù, s. Gutsein, Tüchtigkeit
virtus, s. Gutsein, Tugend
Volk 7, 50 f.
– V. (demos) 52
– Völkerrecht, s. Recht
– Völkerstaat, s. Staat,
– Volksgeist 254 f.
– Volksgenosse 144
Völkerbundsatzung 95
Vollkommenheit
– eigene 220
– vollkommenes Wesen, s. Wesen
– Vervollkommnung als Mensch 49
volonté de tous 204
volonté générale 16, 198, 200 f., 203 ff., 225
voluntas, s. Bestreben, Wille

W

Wächter (phylax) 18, 20 f., 26
– vollkommene (phylakes panteleis) 21
Wahlen 22, 51, 55, 269
– regelmäßige 20
– Wahlrecht 55
Wahrheit 265
– Konsensustheorie 266
– Korrespondenztheorie 266
Welt 135, 147, s. auch Universum

– ideale 85 f.
– soziale 234
– Weltanschauung 126, 136, 141, s. auch Neutralität
– Weltflucht 114
– Weltgericht 255
– Weltgeschichte, s. Geschichte
– Weltstaat, s. Staat
– Weltverständnis 38
Wert 145 ff., s. auch Preis, Würde
– W. (axia) 45
– eines Menschen 45
– absoluter 145
– relativer 145, 147
– unbedingter 147
Wesen 73 f., s. auch Essenz
– Wesenheit (essentia) 134
– höchste Wesenheit (summa essentia) 134
– vollkommenes 135 f.
Westfälischer Frieden 95
Widerstandsrecht 87, 100 f., 169
– aktiver - passiver Widerstand 100
– des Volkes 87
– grundgesetzliches 100 f., 103
– naturrechtliches 100, 183
Wille 75, 119, 217, 219, s. auch Bestreben
– W. (voluntas) 76 f.
– freier 241 f., 244
– guter 145 f., 217, 219
– Allgemeinwille 225 f.
– Gemeinwille, s. Mehrheitswille
– Mehrheitswille 225 f.
– Willensfreiheit 104, 239
Willkür 217, 222, 244, 246
Wirtschaft 129
– Wirtschaftslenkung 56
– Wirtschaftsphilosophie, s. Philosophie
Wissen 26, 175, s. auch Erkenntnis
– W. (episteme) 21, 48
– W. (gnome) 21
– Wissen-Daß (knowing that) 11 f., 72
– Wissen-Warum 72

– Wissen-Wie (knowing how) 11 f., 22
– Strukturwissen 26
– Wissensinhalte 11
– Schleier des Nichtwissens (veil of ignorance) 260
– sokratisches Prinzip des Nichtwissens 9, 24, 228, 258
Wissenschaft 68, 95, 110, 129, 142 f., 176, s. auch Beweis
– W. (episteme) 48
– Wissenschaftler 68, 144
– exakte 65, 69
– hermeneutische 69
– wertfreie 264
– Naturwissenschaft 69, 123, 125, 233, 263
– Sozialwissenschaft 129, 144, 175, 263, 268
– Wissenschaftsbetrieb 41
– Wiederaufstieg der Wissenschaften und Künste 194
Wohlbefinden 37, 49, s. auch Glück, Glückseligkeit
Würde 80, 121, 125 f., 130 ff., 134, 139, 142 f., s. auch Mensch, Preis, Wert
– W. (dignitas) 128 f., 138
– W. (dignité) 142
– W. (time) 138
– als Innenseite 130, s. auch Freiheit
– des Menschen 3 f., 45, 49, 121, 125 f., 135, 137 f., 146, 173, 220, 243, 247
– Würdebegriff (Anselm) 134 ff.
– Würdebegriff (Cicero) 128 f.
– Würdebegriff (Kant) 144 ff.
– Würdebegriff (Luhmann) 130 f.
– Würdebegriff (Pascal) 142 f.
– Würdebegriff (Pico) 137 ff.
– Würdegrundrecht 131, 148
– Würdeverletzung 131 f.
– Menschenwürdeprinzip 126, 131, 133
– grundgesetzlicher Würdebegriff 126, 128, 133, 136

– Potentialität der Würde 148
– menschenunwürdiges Leben 141
– unwürdiges Verhalten 132

X
xynoikia, s. Zusammenwohnen

Z
Zäsur 110 f., s. auch Epoche
Zeit 61, 134, s. auch Raum
– Zeitalter 109
Zerstreuung (divertissement) 142
Zeugung, s. Fortpflanzung
Ziel 40 f., 128
– Z. (telos) 40, 55
– eines Gesetzes 89
Zinsnahmeverbot, christliches 91
Zivilisierung 195
Zivilrecht, s. Recht
zoon, s. Lebewesen, physei politikon zoon
Zufall 27, s. auch Glück
– Z. (fortuna) 114
– Z. (tyche) 114
– Zufallsprinzip 217
Zufriedenheit 37, s. auch Glück, Glückseligkeit
Zukunft 252
Zurück zur Natur 193, 195, 197
Zusammen
– Zusammenleben 17, 33, 49 f., 245 f., 252, 254 f.
– öffentliches Zusammenleben - Subjektivität 250, 252
– Zusammensein 49
– Zusammenwohnen (xynoikia) 17
Zustimmung 21, 162 f.
Zwang
– Zwang - Recht 221
– staatlicher 20, 185
– Zwanglosigkeit 246
Zweck 120, 219 f., s. auch Ziel
– an sich selbst 147, 220
– Zweck - Mittel 121, 147, 220
– Selbstzweck, s. Selbst
– Reich der Zwecke, s. Reich, Zweifel 211

Zweireichelehre, s. auch Zwei-Regimente-Lehre
– bei Augustinus 85 f.
– bei Luther 96, 98
Zwergenweitwurf 148
Zwischen 78 f., 268
– Ethos des Zwischen 79
Zwischenmenschlichkeit 132, s. auch Mensch
Zwölftafelgesetz (lex duodecim tabularum) 57 ff., 62, 71

Lang Kurt

Druck: Strauss Offsetdruck, Mörlenbach
Verarbeitung: Schäffer, Grünstadt